血色南朝

包明宝 著

中国文史出版社
CHINA CULTURAL AND HISTORICAL PRESS

图书在版编目（CIP）数据

血色南朝 / 包明宝著. —北京：中国文史出版社，
2021.11

ISBN 978-7-5205-3191-7

Ⅰ. ①血… Ⅱ. ①包… Ⅲ. ①中国历史-南朝时代-
通俗读物 Ⅳ. ①K239　109

中国版本图书馆 CIP 数据核字(2021)第 186739 号

责任编辑：方云虎
封面设计：新成博创

出版发行：中国文史出版社
社　　址：北京市海淀区西八里庄路 69 号　　邮编：100142
电　　话：010-81136630
传　　真：010-81136666
印　　装：廊坊市海涛印刷有限公司
经　　销：全国新华书店
开　　本：787 毫米×1092 毫米　　1/16
印　　张：35.5
字　　数：750 千字
版　　次：2022 年 3 月北京第 1 版
印　　次：2022 年 3 月第 1 次印刷
定　　价：89.00 元

序歌·咏台城

城下吴楚两茫茫，六朝兴废怕思量！
意惶惶，泪潸潸；
晋冢方过，刘宋已凄凉！
可叹萧齐匆匆来，梁朝灭，陈凋伤……
又是杨隋灭南国，却原来，易君变国一挥间。
伤心石城万古事，百代兴亡走马忙，断碑龙蛇泪千行。
到如今，只留下，
蒋山含青，秦淮似带，台城霏霏柳如烟！

台城霏霏柳如烟

今日的南京石头城

今日的南京台城

目　录

第一编　晋厦将倾刘宋来

第二编　宋室六旬亦悲哀

第三编 萧齐代宋刘家灭

第四编 梁王变国更徘徊

第五编　陈庭歌舞没蒿莱

东晋安帝——司马德宗

第一编
晋厦将倾刘宋来

当年晋人南渡来，对泣百岁终可哀！
吴地越语欲建国，司马蓬山何时回？

一、讨孙恩，乱世出寄奴

东晋末年，皇室倾颓，豪强并起，天下大乱。

晋安帝隆安三年，南方会稽的孙恩叛匪作乱，率众数万，声势浩大。当初，东晋淝水大战中的大将谢玄曾在时称"北府"的京口（镇江），招募建成了一支英勇无比的"北府兵"。接着，晋廷的卫将军谢琰和前将军刘牢之等北府将士，奉东晋朝廷之命率兵讨伐孙恩。

这时，出生在京口的刘裕已经投奔在"北府兵"冠军将军孙无终麾下，成为东晋"北府兵"中的一员。后来，因平击孙恩叛乱的需要，刘裕又转而来到前将军刘牢之部下，成为刘牢之麾下的一员猛将。经过几场战斗，人人都感到刘裕能力超凡，智慧卓越，且其文武兼备，所以，刘牢之和孙无终对他都十分欣赏，并特意将刘裕充作自己的亲将。孙无终曾将刘裕提为司马，接着又让他跟随刘牢之，参与这次讨伐孙恩的战争。

有了建功立业的机会，刘裕自然欣然从命。

这一天，卫将军谢琰、冠军将军孙无终和前将军刘牢之正在刘牢之府中商议剿杀会稽孙恩叛匪的事宜。

"刘司马有事禀报前将军大人！"突然，侍卒进来报道。

"嗬，请他进来！"刘牢之听罢，立即吩咐。

"刘司马……是谁？莫非就是刘裕刘寄奴？"坐在堂上的卫将军谢琰一听就赶紧问道，"听说此人虽然出身布衣，却是非同一般的人物呀！"

"这里说的正是刘寄奴啊！不过，卫将军大人，你还不太明了此人的真正面目呀！刘裕，他虽然生于江南丹徒县的一个贫困农家，但他却是皇亲国戚之后：他的远祖曾是汉高祖刘邦之弟——楚王刘交，所以，他从小就心胸开阔、胸怀大志，恰逢这多事之秋，他更有投军从戎、伺机大展宏图之愿！"前将军刘牢之笑着向谢琰说道。

"他如今已是孙无终将军门下的司马了？"卫将军谢琰又问。

"正是！"刘牢之说，"近月来，刘裕听说我们即将前往会稽杀贼，他也欲随军前往，并且已为我们出谋划策。在其言谈之中，我们已经觉得他的确广有见地，是我军中难得的大才。我已与孙无终将军说定，将刘裕编在我的麾下，前去战场，让他再显锋芒，为国出力！"

"嗬，恭喜北府兵中又添将才！前将军乃淝水战中的名将，一定更是深得刘裕的爱戴。"谢琰接着说。

"嗯，刘裕他也曾说'一笔写不下两个刘字'，老朽比他痴长了几岁，还承蒙他尊我为叔呢！刘寄奴他的确是我北府兵中的一员骁将，是我得力的助手啊！"

"哦，英雄惜英雄！我祝贺刘将军了！对刘裕其人，我也略有所闻！"卫将军谢琰羡慕地说道，"此番剿匪，非同寻常，孙恩、卢循非寻常的小毛贼，这初出茅庐的刘寄奴，正好也可大有作为了。只是不知其真正胆识如何，他尚需历练。"

"是啊，他自然尚需历练！"刘牢之说道，"不过，这刘裕也并非等闲之辈，在下相信他必有大的作为！"

"这刘寄奴也有来头？"谢琰惊问。

"嗯，据和刘寄奴一同前来投军的兵卒们说，寄奴出生时，全屋突发奇异光芒，他一落地，其母赵氏就撒手而去，父亲刘翘以为他是不祥之辈，便将他弃置荒野，幸被其姨妈强行留下。父亲刘翘死后，刘裕又得到其继母的爱怜，他们母子相依为命，虽然家境贫寒，但他却既能读书识字，又能骑马射箭，舞枪弄棒，到十九岁时，就已经成了文武双全的一表人才了。"侧座上的孙无终也赶忙说道，"更有甚者，其家乡还传出刘寄奴少年杀蟒和其寺庙金龙现身的奇闻呢！"

"啊，刘裕果然不出我所料，他或许真不是凡胎！"卫将军谢琰惊叹道，"倘若朝廷有幸，他定可成为国家栋梁之材！"

"我们都有同感！"刘牢之和孙无终同声点头笑道。

说话间，只见小校带着一员身材高大、威风凛然、目光如炬、气宇不凡的将军走了进来。他就是刘裕刘寄奴。

当刘裕大踏步地走进大堂的时候，谢琰忍不住举目看去，其仪态很是令他吃惊，于是谢琰立即起身迎了上去，并伸手请他就座。

"来人是刘寄奴吧，老夫久仰了！"卫将军谢琰欣然起身向刘裕笑道。

"麾下正是刘裕！谢老将军乃淝水战中的名将，国之元勋，竟对我刘裕如此客气，这叫晚辈刘裕诚惶诚恐！"刘裕慌忙跑上去，抱起双手，单膝跪地，声如洪钟地向谢琰说道："麾下承蒙刘将军不弃，甘为此次进军杀敌的先行士卒……"

"哈哈，国家蒙难，壮士能有此番心胸，何愁毛贼不除？"谢琰朗声笑道。

接下来，刘裕慷慨激昂，向各位呈献了破敌之策，说得个个欣喜，人人敬服。于是，在场的各位将要出征的将士们在刘牢之府中，热烈地筹划起讨伐孙恩的具体方案，并约定次日出兵南下。

第二天，卫将军谢琰和前将军刘牢之等人各率大军分头进抵孙恩老巢会稽，刘牢之兵达山阴后，即派出刘裕引领数十人前往孙恩军中侦察。

刘裕等人摸索着进入深山，开始时竟误入敌军营垒中，遭敌伏击，顿时失去了主动。刘裕眼看形势紧急，不能回转，于是，他灵机一动，燃起山中大火，举起大刀，率领着十多名敢死队员，集中放箭，冲锋陷阵，从绝境中杀出，挺进敌军营阵中。

这也是刘裕后来的所谓"却月阵"思想的由来，今日初次显示了他的威风。

"刘牢之大军已到此地！贼兵还不从速前来送死……"刘裕趁着风声火势，率众向敌阵大叫大跑，并且挥刀立刻斩杀了数贼。

孙恩军卒本来驻足未稳，又没想到刘牢之大军竟如从天而降，突然到此，所以见刘裕叫喊，纷纷哭喊着四处逃命，阵脚大乱。

"是刘牢之引军杀到？"孙恩的副将卢循从后面赶来，疑惑地向主将孙恩问道。

"正是刘军主力！那举刀高叫的彪形大汉，更是厉害！"一群小校见问，浑身发抖地指着远处正在呼叫的刘裕背影说道，"我们上次正是遇到了此人，才使全军大败的！"

于是，孙恩无奈，只好亲率大军撤退。随后，刘牢之的儿子刘敬宣又带兵前来接应，直杀得孙恩兵马丢盔弃甲，退到海边。

此次剿匪，刘军旗开得胜。接着，刘牢之率军得胜还朝。刘裕也随军而去，并因功得到晋廷的嘉奖。

不料，刘牢之退军之后，孙恩与其副将卢循通过仔细查访，再作商议。

"看来……当初是我们过分小心了，因而中了刘牢之、刘裕的疑兵之计。其实，刘军主力当时并未能到达此地！"孙恩恼羞成怒道。

"我们应率大军冲击反攻，以泄此怒气……"卢循咬牙切齿道。

于是，孙恩率领三万大军卷土重来，将驻守在会稽勾章城的晋卫将军谢琰的剿匪大军层层围困，并以数倍的兵力向谢军发动了猛攻，谢军不及接战，竟被压往勾章城外的山谷之下。敌军四面纵火，前后冲击，使得谢军大败，一代名将谢琰本人竟也在匆忙中跌入深渊，死于乱军之中。谢军余众，见主帅已亡，遂纷纷败退到山外。

至此，孙军更加气焰嚣张，令人闻风丧胆，勾章更加危急。吴国内史桓谦、临海太守王崇、义兴太守魏隐纷纷弃郡而逃。会稽八郡豪杰并起，各地官员被杀、被害。三吴士兵或望风披靡，或向孙恩投降；乡里民众惨遭烧杀抢夺灭门之灾。于是，孙恩得军数十万，自号"征东大将军"。

初次征剿，朝廷就失去了大将谢琰，举国震动。于是，刘牢之再次奉命东征孙恩，并令刘裕率千军杀往会稽，急救勾章。结果，刘裕率军出击，连连得胜，一直将孙恩逼到海岸边。

拿下勾章以后，刘裕率众进城，将勾城四处巡视了一遍。

"我见这勾章城池破碎，决心重修。现今前军分兵扼守各个要隘，并紧闭城门，外布疑兵；再今后军中卒群起大修战壕，打造兵器，集聚粮草，以便来日一鼓作气，大败孙恩！"刘裕向众说道。

刘裕兵士们应声而去了。然而，孙恩逃到海岛山流浪一时后，死灰复燃，盘踞在城外海边的孙恩贼军的老营，依山傍水，仍旧固若金汤。此时，孙军人多势众，也群情振奋，极力挣扎。孙恩企图突破刘裕据点，挥军登陆，占据勾章。

刘裕一面据隘死守，多次阻挡了孙恩反扑，一面在城内加紧构筑工事，并以少量军力分兵游击，骚扰孙恩老营的部众，弄得孙恩夜战不息，惊慌失措。

孙恩先派出部将姚盛乘舰船，率领人马两路进攻刘裕的部队。刘裕得知此信，忙在山海两侧埋藏了千余兵马，等到敌军到来时，突然挥军出击，当场击沉姚盛的主舰，并擒杀了姚盛。

孙恩从逃回来的残卒口中得到败讯后，气急败坏，忙派出大队人马围攻刘裕，欲与刘裕决一死战。但此时刘军神出鬼没，孙恩又找不到刘裕的主力，深感疲惫。

"刘将军为何让我们进退不定，战术为何变化如此频繁？"部属们问刘裕。

"因为勾章城池修筑未竣，因此，我刘裕此时既怕孙恩急攻城池，又怕孙恩溜走，所以，在孙恩攻城已疲，将欲退走时，我必须率军牵制敌人，开门向外冲击一回，以疲敌军；而一旦孙恩大部队汹涌而来时，我们又必须立刻率军入城，并紧闭城门，以保实力。这样，数日之后，孙军必然被弄得进退维谷，疲于奔命！"刘裕向众人说道。

"将军真是神人呀！"众人齐声赞道。

这天，刘裕又亲率敢死队出击，孙恩暴跳如雷，亲自率众上前拼杀。

"大王要格外小心，上次正是这位举刀高叫的彪形大汉杀得我们纷纷坠落悬崖的！"见刘裕挥军冲来，孙恩正要前行，领教过刘裕厉害的小校们又向孙恩喊叫起来。

"兄弟们不要怕，随我向前——"孙恩没听那小校的叫喊，仍旧率军向前奋进。

结果，正当孙恩一鼓作气率领大军飞奔而来时，刘裕却又卷旗而去，进了城门。

"大王，切不再次上刘裕的当了，我们不如也退回老营，养精蓄锐，以逸待劳！"这时，副将卢循从后面赶来向孙恩说道，"他们远道而来，城内粮草不济，看看到底他们能坚持到几时？"

"你言之有理，我军业已疲惫，不如从现在开始，就立即回营歇息。"孙恩点头同意，并随即率军向海边老营慢慢退去。

此时，孙恩经过反复折腾之后，已经人困马乏，决定死守老营不出。就这样，刘裕城内隘堑渐渐修好，一切战争准备业已部署就绪，但是粮草却越来越少，因此，刘裕又希望立即与孙恩决战了。然而，现在却又轮到孙恩以逸待劳不理敌军了！于是，刘裕忙令部属们多次轮流骂仗刺激，挑战孙恩，但孙恩却就是充耳不闻，紧闭城门不出。

"我们挑战了一天，孙恩就是紧闭城门不出，这如何是好？"骂阵的小校们疲劳地向刘裕问道。

"万般无奈，我们也可以学习当年的诸葛孔明，以空城之计来克敌制胜呀！"刘裕沉思了一会说道。

"空城计……好办法！"部众们听了，欣然点头。

于是，刘裕不再挑战，只是在晚上命令兵士们偃旗息鼓，撤去城楼上的哨兵，将兵马都埋藏在城中，只稍微设置了几个老弱病残的兵卒在城门口打扫街道。同时，刘裕还在城外丛林中设下了一支强劲的伏兵，以待来日迎敌。

　　次日清晨，孙恩的探马来到城边，看到这种情景后，大吃一惊。

　　"城内刘寄奴的大军呢?"孙军的探马轻声地问那些扫地的人。

　　"城中粮草已尽，他们早已在昨晚就跑走了!"扫地人答道。

　　探马知此，慌忙跑回老营向孙恩报告。孙恩听了也大惊，立马率军来到城门前。孙恩见了城楼此景，大失所望，十分气愤。

　　"狡猾的刘裕，他们跑了? 我们何不立即挥军前去占据城池，以图发展?"孙恩打量了一会四周后，忙对副帅卢循说道。

　　"这……是否有诈?"卢循犹豫地问，接着又自言自语道，"当年诸葛亮曾经用过空城之计……"

　　"诸葛孔明空城之计，骗了司马懿，难道说，我们还要做第二个司马仲达?"孙恩听了卢循的话后，立即不以为然地说道，并且赶紧下令："全军进城!"

　　"大王不可! 刘裕其人狡诈，他非等闲之辈，我们必须谨慎!"卢循赶紧上前劝阻道，"即使我军要进城，大王也只能让前锋先进，切不可全军人马都同时涌入城去，以免遭到伏击，前后不能自顾，身遭不测!"

　　"你的话……也有理!"孙恩听罢说道，接着又叫起来，"前锋冲进城去，我大队人马随后就来接应。"

　　孙恩的前锋进城去了，然而，孙恩万万没有想到，此时刘裕所埋伏的大军正张开了捕捞他们的大网，向他们慢慢移来。于是，随着孙军进入，喊杀声突然四起，震荡山谷，刘裕的千军万马将孙军前锋的近万兵马围在其中，众将左右砍杀，孙兵自相践踏，鬼哭狼嚎，顿时血流成河，死伤遍地。

　　孙恩见了大怒，遂急忙率领大军杀向城边，反围城外的刘军，以数倍于刘裕的兵马，压向刘裕。刘裕边战边守，将孙恩引到山阴崎岖的西侧岩石旁边，又以伏击的方式，使孙恩军马遭到了无情的残杀。孙恩无法，只好带着残部约二万兵马，趁夜向海盐逃避。

　　刘裕率军追赶，突然不知孙恩的去向，正在疑惑，却见探马跑来。

　　"将军，我们已侦察到，孙恩已经引军北犯海盐城去了!"探马报道。

　　"哦，全军从小路先行翻山越岭，赶在前头堵截。"刘裕听罢急速令道。

　　此时，海盐令鲍陋也派出其子鲍嗣之率一千吴军配合刘裕追敌。鲍嗣之年少气盛，自恃骁勇，特向刘裕请命。

　　"启禀刘将军，末将鲍嗣之身怀绝技，且对三吴地形和孙匪的行踪了如指掌，堪为先锋!"出发时，鲍嗣之慷慨激昂地向刘裕说道。

　　"孙匪诡计多端，他又人强马壮，小将军不可轻敌，还是暂为后援的好!"刘裕看着鲍嗣之，不安地说。

　　"将军未免太小看晚辈了! 我决意前行，充当前驱，竭尽全力杀贼，虽死无怨——"鲍嗣之急忙叫道。

未能等到刘裕同意，鲍嗣之说罢就带兵而去了。刘裕无可奈何，只得引军随后赶去。

"贼兵数倍于我，我们仍要以智胜之！"刘裕向部将令道，"两旁多备旗鼓，一旦前驱遇到贼兵，两下交战，我伏兵就要大张旗鼓、擂鼓助威，以吓唬敌众。"

结果，刘军轰轰烈烈，吓得贼兵仓皇退缩，他们真的以为四面都有伏兵。刘裕趁机挥军冲击，杀死孙军无数。但这时，偏偏鲍嗣之求胜心切，对孙军紧追不舍，结果深入敌军数里，陷落在孙军的包围圈中，刘裕大军竟被甩在身后，不能相救。鲍嗣之独战数十个回合，身心疲惫，最后战死沙场。

贼军乘胜回头，迎击刘裕的大军。刘裕见敌人来势凶猛，只得边战边退，可是麾下业已损失了多名战将，孙军仍在紧逼。

刘裕只好另设计策，于是，在刘裕转身从一个山峦再现时，贼兵却见刘裕突然翻转下马，部众们也故作闲暇，倒地休息起来。孙兵见了，十分害怕，以为刘裕又设置了什么埋伏，迟疑不敢前行，接着，竟慢慢撤退了。

"刘裕的确不是个好对付的敌手，我们还是尽快撤退吧！"孙恩见此情景，忙向部众们说道，"我们不如移兵沪渎，攻打袁山松的营垒，前去掳掠一番。"

接下来，刘裕见到孙恩将退，反而翻身上马，追了过去，挥兵杀贼。致使孙军大乱，四散奔逃。

刘裕超前引着队伍来到山后，准备堵截孙军，见前面乱树丛生，怪石交错。

"启禀将军，前方有南北两条路可去海盐，我军将行何路？"副将跑到马前问刘裕。

"你引少许兵马分在北路，摇旗点火，布置疑兵，以慑敌兵，将他们堵向南路！我率大军主力在南路崎岖小路两侧埋伏，以便再度伏击孙恩兵马！"刘裕令道。

于是，全军按令行动去了。果然，不出刘裕所料，孙恩乃草野无识之徒，见北路林中，烟雾缭绕，似有埋伏，慌忙引军南向，正好陷入刘裕所设的埋伏圈内。

刘裕见了，亲率敢死士兵，先用绊马绳将孙恩的马脚捆倒，接着冲了出来，举刀攻击马上的孙恩，并斩断了孙恩的马腿，将他掀下马来。但当刘裕正要率众冲上来活捉孙恩时，不料，孙恩却被部下救出了重围。于是，孙恩翻身上了另一匹白马，飞身带着残众，向山上逃去。后面卢循率领的万余兵马又涌向城池，挡住了刘裕去路，城内刘军力弱，渐渐支持不住。刘裕赶紧挥军回头，冲进勾章城，以期凭城自保，阻击成百上千攻城的孙恩贼众，并多次将他们推到山下和海中。

然而，刘裕刚刚进城布置防线，就见孙恩大队人马转身杀来。眼看勾章难保，刘裕只好率军连夜奔走丛林，但是孙恩自觉人多势众，仍然紧追不舍。刘裕此时已经身经数战，人困马乏，再也经不起近万孙军的追杀了。

在孙恩大军追赶下，刘裕趁着月色，率着饥疲之兵爬上山坡，来到昨夜设伏孙军的战场旁边，这时，刘裕看到遍地战死的士兵尸体，立刻心生一计。

"将士们，我们不必再跑了，兵不厌诈，来一个疑兵之计吧！"刘裕突发奇想，向部属们大声下令道，"立即停下来，做出怪异的动作，解除死兵的衣裳！"

于是，刘军应命，纷纷下来给死尸们解衣脱帽。孙军前部兵士急匆匆地来到此处，在夜幕下，依稀见那刘军兵士竟然不再逃跑，却在此地只顾剥夺死尸的衣物，而且形态从容不迫，甚为惊奇。

"卢将军，刘寄奴这是何故？"孙恩见此，惊怕地向卢循问道，"莫非刘军又有什么鬼名堂，又有埋伏？唉，我军这一夜，已中了刘寄奴几次诡计了，切勿再……"

"哦，这刘寄奴恐又在玩弄花招，大王应当小心……"卢循也在疑惑。

而就在孙恩将士们犹豫不决之际，刘裕却在树丛后面与部属们紧急商议好了破敌之策。

"贼兵现在正在疑惑不前，贼兵最怕的是我们昨天的伏击，也怕我们的快速冲击。我们不如在孙恩未能及时进攻之时，现在就将兵士分成三个敢死队，以攻为守，冲进敌阵！"刘裕向部下们吩咐道。

"将军言之有理，我们从速出击——"众兵齐声答应道。

随即，刘裕的三个敢死队从三方冲出，势如离弦之箭。刘裕本人身先士卒，高举大刀，亲自率领中军，以雷霆万钧之势，突然向孙恩大军冲杀下来。孙恩兵将正在犹豫之际，突然遭此冲杀，如梦初醒，只得仓促迎战。但经过几度拼搏，一见刘裕的大刀冲锋队，孙恩军卒想起了自己前几天的败相，都吓得魂飞魄散，立即溃退，纷纷转头远逃。

刘裕再一次大破了孙军，孙军只好率军转走沪渎，乘船向丹徒败退，到了丹阳郡。

接下来，刘裕也转阵疾驰，麾兵丹阳，此时孙恩渐对刘裕产生了畏惧之情。

"刘裕将军，为何孙恩如今越战越弱？"刘敬宣惊奇地问刘裕。

"经过几番较量，我们已经掌握了孙恩流寇式的作战规律。孙恩兵士们通过几次败北，更是尝到了我刘裕雏形'却月阵'兵锋的厉害，加上丹阳原是我的家乡，对于地理形势、风俗习惯，我更是了如指掌。所以孙恩自然心怯！"刘裕笑道。

"如此看来，孙恩必然要死于将军您之手了！"刘敬宣兴奋地说。

"这个自然……"刘裕笑着点了点头。

于是，几次大战后，刘军士气为之大振。接着，刘裕率军日夜兼程，顺利地赶到了丹阳，并在渡口迎头击垮了孙恩。孙恩只得率引残部，向南溃散。

刘牢之得知刘裕连续战胜了孙恩的消息，忙向朝廷报捷，晋廷因刘裕屡建奇功，升任他为下邳太守，命令刘裕继续带军，清剿孙恩残部。

在刘裕的紧追不舍下，孙恩只得慌忙从郁州逃往临海。刘裕沿途设伏，途经海旁时，孙恩的军马，已经被刘裕杀伤了大半。

眼看孙恩残部到达临海，刘裕急忙派员联络临海太守辛景，让他在临海城前，合军围攻孙恩疲军。于是，孙恩骑着白马正要跨过吊桥时，忽见前后伏兵齐出，涌现在眼前，他立马冲到城边，随即被乱军斩杀在城墙之下。

孙恩既死，孙军群龙无首，遂惊怕四散。然而，孙恩的副将、妹夫卢循召集剩余部众，继续活动在沿海地区，为非作歹。

刘裕击败了卢循在海崖边的残部后，凯旋回师。

二、投桓玄，牢之竟衰灭

"刘牢之将军来访——"当刘裕刚刚回到帐中时，突然，帐下侍卒进来向刘裕禀报。

"老将军何故急速到来，有何指令？"刘裕在营前匆匆迎上刘牢之，拉住他的手，并急切地问道，"请进帐详尽吩咐！"

"孙恩已死，此贼现以孙恩的妹夫卢循为王，卢循是何许人也，如今他已经名声在外了？"进帐坐下后，牢之忙问刘裕。

"卢循其人，也非同寻常！末将曾经打听得知：卢循他也是个文武兼备之士！"刘裕对刘牢之说道，"卢循自幼学文习武，长大后通晓天文地理，娴熟兵书，昔日孙恩之所以能够称霸一隅，都是因为有了卢循的帮助呢！"

"哦，看来这卢循还可挣扎几日？不过，孙恩已死，此匪豪情终成强弩之末了。对此，寄奴不必挂牵！"刘牢之笑道，"寄奴贤侄，你连日征战，功劳不小，朝廷对你多有褒奖。然而，这次又有了更大的战事，朝廷还望将军不辞鞍马劳苦，再接再厉，荡平贼军。"

"哦，又有何贼敢趁机打劫？"刘裕惊问道。

"此番不是草寇作乱，而是晋廷外臣反叛！"刘牢之道。

"何人竟敢如此胆大妄为？"刘裕站起来问。

"荆州刺史桓玄！桓玄因受朝中权臣司马元显的猜忌而被迫起兵反晋了！"刘牢之说道，"……桓玄势大，他现在正统领着荆、江八州军事，威慑南国，颇有压倒晋廷的气焰。为了安定南隅，桓玄竟授任孙恩余匪卢循为永嘉太守，以便利用卢循的力量来牵制朝廷。"

"桓玄作乱？对此，末将也曾有耳闻。"刘裕恍然大悟道，"朝廷此次要命令在下配合讨伐桓玄的大军，清剿永嘉余孽？"

"正是！不过……朝廷倒不是让你孤军清剿卢循，而是让你与剿匪大军一起出兵征讨桓玄！"刘牢之轻声地笑道，"皇上钦命桓玄的宿敌——司马元显为骠骑大将军、征讨大都督，令他总领征讨桓玄的军事，令我为先锋，令你为参将，立刻挥军前去剿杀桓玄叛军！不知贤侄有何异议？"

"哈哈……大丈夫身处乱世，只求建立功名，虽马革裹尸，也在所不惜，岂敢有何异议？"刘裕听罢坐下，哈哈大笑道。

"只是……这司马公的劣迹，朝野共知……"停了一会，刘牢之又迟疑地说，"让我们北府将士在他的帐下听用，委屈非常……况且……"

"况且什么？"刘裕惊问道。

"况且桓玄也非等闲之辈！"刘牢之迟疑道，"司马元显他是什么东西？"

"不过，末将曾经听说叛军初来时，司马元显当时自驻石头城，英勇善战，也曾让敌人闻风丧胆呀！"刘裕不解地说，"桓玄的父亲不就是那个早想篡位的桓温吗？他们桓氏虽然御敌的本领不大，却世代都妄图篡位呀！他桓氏一直都是大晋的逆贼，可惜朝廷没有早日除了他们！"

但是，刘牢之却无心倾听刘裕的言语，他只因为曾经受到司马元显的猜忌，所以，当场犹豫不决起来。

"大将军您还有疑虑？"刘裕见刘牢之欲言又止，忙说，"大都督司马元显为人的劣迹，的确朝野共知！司马元显本是朝中权臣，常依靠皇家的威势，鱼肉朝中大臣。只是……此番讨逆，我们应当以国事为重，元显虽然为人所不齿，然而我们也决不能因私废公，怀有他念！我们应全力听从骠骑大将军、大都督司马元显的调遣，以求平定桓玄，为国建功立业！"

"……其实，我本人与司马元显并无私仇家恨！前次孙恩猖獗、进逼建康时，桓玄竟欲率兵东下，声称要来下江讨贼勤王，而司马元显却连忙以皇帝的名义，下诏给桓玄，令他在江陵驻守。司马元显并说下江的贼寇，自有我们北府将士抵挡呢！"刘牢之说，"司马元显很愿重用我北府将士，看来，他似乎很看重我北府将士啊！"

"莫非其中有诈？"刘裕问，"司马公是否另有他图？"

"当然！司马元显无非是怕桓玄来京生事，夺了他的大权。此次，倘若司马元显消灭了桓玄，接着他就要对我们北府兵下手了，因为他忌惮一切权臣呀！"刘牢之忧虑地说。

"唉，如今司马元显身为大都督，举朝廷之兵，依顺伐逆，自然能获大胜，我们也只好听从其命令呀！"刘裕叹道，"莫非我们还能反其道而行之？难道大将军你能够保证他桓玄得势后，不对我们下手？"

"唉，既然如此，我们当谨慎从事！只是，唉……"刘牢之听罢，轻声地说道，随即叹了口气，摇了摇头，向刘裕挥了挥手。二人无语，相偕出了营帐。

刘牢之、刘裕的征剿大军来到历阳，与桓玄叛军开始短兵相接，双方摆开了阵势。牢之和寄奴正欲出战，忽见从城边桓玄的阵中走出一员雄伟老将，待其骑马走到近前时，刘牢之才看清，来人不是别人，原来正是牢之的舅舅何穆。二人阵前相见，顿时悲喜交集。

"舅舅，在两军相对之中，你老人家为何前来？"牢之惊问道。

"荆州刺史桓玄大人派老舅前来，向你们说明厉害，为你们指明前程！"来人何穆笑着向刘牢之说道。

"阿舅之意?"刘牢之轻声问。

"如今，天下已乱，豪杰并起，司马家的晋廷大失人心，已经岌岌可危。司马元显更是淫威冲天，甥儿岂能在司马元显帐下，听其号令？你身为大将，当认清是非，弃暗投明，不可为虎作伥——"何穆大声地向刘牢之说道。

"……甥儿本也无心追随奸臣司马元显攻打桓公，只是作为北府战将，皇命在身，我也是身不由己呀！"刘牢之又说。

"桓公乃当世之英雄，镇守八州，司马无勇无谋更无德行，你们北府兵将虽然作战勇敢，无奈军纪混乱，也不得人心。你们怎能战胜桓公呢？倘若失败，你们将身首异地，即使侥幸得胜回朝，又能如何？鸟尽弓藏，你们最终也逃脱不了被司马氏绞杀之命运啊。"何穆继续说道，"桓玄大人爱才之心可敬，他让愚舅前来劝说，望你归附于他的麾下，以便大事成功，日后得到封妻荫子的结果。"

"然而……"刘牢之听后犹豫道，"倘若甥能为国建功立业……"

"从古至今，战乱时代，君臣之间彼此相互信任的只有燕昭王与乐毅、刘玄德与孔明，但是这都是功业未成而明君先逝的故事，假如功成名就，恐怕就难保他们不大祸临头了！常言道：'飞鸟尽，良弓藏；狡兔死，走狗烹；敌国破，谋臣亡。'正因为如此，才有勾践杀文种，秦王除白起，汉高祖斩韩信的悲剧。唉，这些英雄霸王之主，尚且不相信其手下的功臣大将，更何况那些凶残愚昧、平庸无能之辈呢！"何穆继续对刘牢之说。

"然而，对此，愚甥也略知一二……"刘牢之仍在犹豫。

"自古功高震主，绝非幸事！拥有足以使君主震动的声威，建立无法封赏的勋功，是决不能被昏暴君王所宽容的！相反，管仲箭射齐王衣钩反被齐王重用，雍齿多次威逼汉高祖反而能受到汉高祖的厚封，何况足下与桓公之间无射钩屡逼之仇呢！如今你与桓公为敌，战败了将会遭到灭族之灾，战胜了同样也会遭到灭族之灾，你成败都无出路！与其身败名裂，为天下所不齿，不如掉转矛头，保住自己的富贵，以便英名天长地久。何去何从，请甥儿三思！"何穆又慢慢说道。

"舅父所言是矣，我决定投向桓公！"刘牢之听后说道，"甥儿自以为手握重兵，才能智谋足以统辖江南大地，足可帮助桓公打败司马，况且谯王司马尚之已被桓公打败，晋人士气低落，军心沮丧……"

"知道了就好，请立即行动！"何穆大声说道。

"是的，舅舅之意……甥已知矣，我当遵命行事……"刘牢之听后嗫嚅道。

随即刘牢之回马入阵，和刘裕等参将讨论起来。

"我舅所言是矣，如今我们转战南北，为他们晋廷立功创业。桓玄虽要扫平，但司马元显是什么东西？他臭名昭著，朝廷却要他来充任大都督，讨伐桓玄，我们是在为谁效力？"刘牢之向众人叫道，"司马元显的江东兵不堪一击，我们不如先杀了元显这个贼子，再战桓玄？"

"将军不可!"刘裕斩钉截铁地说,"虽然如今世事纷乱,英雄各自为战,然而,举兵伐贼都还需要一个令世人信服的名分!麾下冒死劝告大将军不可莽撞行事,此次一旦决策有误,即不能反顾,待来日酿成大败之后,悔之晚矣!"

"难道说,我刘牢之就只能言不由衷,为他司马家卖命?"牢之还在固执己见。

"凡成大事者,大丈夫必须从长计议,因为,一旦一步有失,即会全盘皆输!况且,现今剿灭桓玄易如反掌,大功即可告成,而一旦你胜了此战,就会军威高涨,令天下人折服。将军岂能中途变卦?"刘裕急切地劝道,接下来,他回顾刘牢之的儿子和外甥说,"作为后辈,何无忌将军和刘敬宣将军也应考虑,并能以诚奉劝刘牢之老将军啊!"

于是,刘牢之的外甥何无忌和儿子刘敬宣也纷纷上前向牢之苦苦劝告。

"参军刘寄奴,老朽素来敬重你的才智和勇气,不料,你今日竟是如此畏首畏尾,这怎能成就大事?"刘牢之见众人苦劝,更加恼怒地叫道。

"大将军不必焦躁,理应谨慎,成败乃在此一步之间啊!"刘裕又说。

"作为身经百战的老将,在下也略通文武之道。我如何不知现今剿灭桓玄易如反掌?然而,朝廷和司马元显是会猜疑所有勋将的,并非只是疑忌桓玄。等到我们……荡平了桓玄之后,朝廷以及大都督司马元显之流又将对我们北府将士猜忌。到那时,只怕我们身家性命也不能保全,还谈何建功立业?皇帝软弱,已是朝令夕改,多少王公勋臣,无端死于非命!"

"诚然,朝中多有相疑之风,多少功勋英雄也曾蒙冤受屈、死于非命,然而,桓玄力量如何?如今朝廷虽已衰落,但外藩尚有数路勤王之兵,比起桓玄来或许还略胜一筹,倘若大人今日随了刺史桓玄,桓玄也许还能支持数日,但朝廷却会因大人您的反叛而立即诛杀您在京都的九族,国中将领恐怕也将离你而去,岂不可叹?"刘裕又苦苦劝阻道。

"莫非今日我只有为司马家鞠躬尽瘁?"刘牢之愤愤地问,"我将如何是好?"

"大人勿躁!您不如暂时不露声色,拥兵自保!据现今形势看来,无论司马朝廷还是反王桓玄,都不能奈何将军。坐山观虎斗,这或许才是大人目前的上策!"刘裕说道。

"参军大人所言正是,望大人三思!后辈请求大人顾全大局,顾及后辈们的家室性命,慎重行事!"何无忌和刘敬宣听了刘裕之言后,更觉胆战心惊,便再次向刘牢之请求。

"你们后辈不通事理,不通大局!老夫宁可战死,也不愿屈死于司马氏的屠刀之下!况且,凭桓玄江南之兵,再加上我们合力,或可一举铲除司马元显,拿下建康。到那时,我们反而能够得以自救于水火之中。那时,我们也可以反戈一击,顺势消灭桓玄——"刘牢之说。

"唉,人心可畏!倘若大将军欲反复无常,只怕到那时,国人皆不愿跟随大人了!"刘裕叹息道。

刘牢之默然无语。

"……大人，我们就不去桓营了？"过了一会，刘裕、何无忌等人问刘牢之。

"好吧，狡兔三窟，人各有志，你们就候在此营中，观望胜负吧！万一不幸，我北府兵总算还留有有生之力呢！"刘牢之无可奈何地说。

说罢，刘牢之跨上一匹红马，率领着大队人马，飞奔而去，投向了桓玄大营。

刘裕、何无忌、刘敬宣等所有北府将士，见刘牢之终于去了，只好拥军站在对阵观望。

桓玄把大将刘牢之收入旗下之后，急令刘牢之为先锋，进逼晋军。于是，牢之拥军数十万，立即掉头挥师，直取建康。

而在此时，司马元显却只剩下了自己稀稀落落的江东兵，已是不堪一击了。所以，沿途晋兵竟立刻被桓玄杀得大败，其各处守军丢盔弃甲，毫无招架之力。接着，桓玄势如破竹，兵抵京城南郊新亭，最后，司马元显慌忙率众退往京城建康躲避。于是，桓玄、刘牢之也随之率军进入建康城，扫荡朝野，并对司马元显及其党羽，斩草除根，桓玄随即掌控了朝政。

接下来，桓玄势力威慑全朝，挟天子以令诸侯，在朝中一手遮天。他自领大丞相之职，任命刘牢之为会稽内史。

"丞相大人，怎么您也让刘牢之进京了？刘牢之乃国中名将，其北府将士，如狼似虎，威势不可当，京城一山难容二虎，长此下去，就怕他会危及丞相大人您……"得知刘牢之也随军入朝，徐、兖刺史桓修破门而入，急切地向桓玄说道，"听说丞相大人你还请求皇上委刘牢之以重任？"

"你的意下如何？"桓玄问，"我看刘牢之也曾为我出力，我何不因势利导？"桓玄说。

"况且，刘牢之也是个反复无常的小人，莫非丞相大人你还想让他为你做什么大事？"徐、兖刺史桓修急切地说道，"想当初，刘牢之本是和王恭一起谋变朝廷的，但是后来他却因小恩怨，竟然出卖了他亲如手足的主将王恭，后来，他接受庐江太守高素的挑拨，为了得到王恭的职位，竟背叛了王恭，与其子刘敬宣密谋杀了王恭！"

"嗯……刘牢之的这种人品，的确令我所不齿！"桓玄说。

"唉，可怜的王恭，他死到临头还是对刘牢之深信不疑：当王恭的参军何澹之探知刘牢之的机密并向王恭告发时，王恭竟然毫不相信，并且特意置办盛宴，邀请刘牢之前来相聚，而且彼此称兄道弟，将全部精兵都交给了刘牢之统领，让他协同进攻建康，充当后应。谁知正当进军时，刘敬宣竟然反戈一击，让王恭彻底兵败身死，结果刘牢之得到了辅国将军的职位，代王恭镇守京口。今日他父子又故技重演，背叛朝廷，投我怀抱，丞相大人可不要再上他的当啊！"桓修接下来慢慢地说道，"如今形势险恶，我辈切不可像先父那样功败垂成！"

"兄长……你不用着慌，我已让刘牢之做会稽内史去了，实际上刘牢之现在已经难以挣扎了，我这是削去了他的兵权啊！"桓玄笑着向桓修说道，"一员大将，失去了兵权，正如折翅的大鹏，他还能为非作歹？当初入京，我当然已知刘牢之为人，他是想借我之力灭了司马家的力量，然后再反戈灭我。但是，在那时，我还是不得不借用刘牢之的力量呀！请你想一下，石头城一战，倘若没有刘牢之大军进击，那司马元显的部族能够那样俯首帖耳吗？你还是替我试探一下刘牢之日前的动静去吧，别的事就不必操心了！"

"在下遵命——"桓修恍然大悟，立刻起身向桓玄笑道，过了一会又说，"另外，刘牢之他帐下的那位刘寄奴可是个了不得的人物，丞相也当慎重处之！"

"这个自然，刘裕是个有勇有谋之人，他甚至比刘牢之更为厉害，你也应当谨慎对他！"桓玄说着，二人点头相视而笑。

六朝显贵居住地——乌衣巷

巷口王导谢安纪念馆

刘牢之接到桓玄对他的改任之后，心中十分不安，急忙星夜来到刘裕帐中，欲与刘裕商议。此时，刘裕和何无忌、刘敬宣等所有将士也正在帐中计议当前局势。

"贤侄，你看桓玄今后发展将如何？"一入大帐，刘牢之就神色慌张地问刘裕。

"今日桓玄虽然大权在握，一时得逞，但他不得人心，所以前途难测！"刘裕无不忧郁地说，"大将军，你本来拥军数万，现在却成了个会稽内史，手无兵卒，这将何以作为？面对此情，大将军不可漠然置之，你应当设法改变这种处境！"

"桓玄一入建康，就釜底抽薪，命我为会稽内史，收了我的兵权。他这一着十分厉害，让我始料未及！我已不知将如何为之了！"刘牢之急切地向众人说道，"唉，我后悔当初没有听从寄奴的金玉良言，以致落到今日如此被动地步……"

"大将军乃国中名将，总不能就如此让人宰割吧！"刘裕说道，"老将军切不可就任会稽内史，军权决不能放弃！"

"倘若今日，我以讨伐叛贼、匡复社稷为由，反击桓玄，出兵攻打广陵，能有几分胜算？倘若如此，寄奴，你还能追随我而去吗？"刘牢之问。

"当初，将军率领数万禁兵，本来能够亲自挂帅，以讨伐叛贼、匡复社稷为由，号召天下，攻城夺地，削平叛乱，以攫取立足之基业。而如今，桓玄在您的配合下，已经得势，而且能进驻朝中，挟天子以令诸侯，威震天下，四方藩王都对大将军您失望了，如今还有多少人能追随大将军您呢？将军此去广陵，也许会无功而返啊！"刘裕说道，"在下打算率军暂回京口，以便日后，在大将军出现危局时，也有个策应之人呀！"

"唉，人各有志，寄奴既然不愿随我前往，亦即请便。不过……你到京口，日后能与我相互支援，也算是我的一番心意不至于徒劳了！各位权且去我大营，再与我帐下众将商议，群策群力，以求万全之策！"刘牢之最后说道。

于是，刘裕等人都随之去了刘牢之大营。

在刘牢之本部大营中，刘牢之急切地向众将说道："桓玄今日初占建康，欲对我北府将士卸磨杀驴，但是，如今我们的手中尚有十多万大军，驻守京城内外，足可与之抗衡。京城虽然不稳，但我们还可进攻江北，拿下广陵以为据点，再回军讨伐桓玄逆贼，加上各外藩的力量，我想总能驱逐桓玄在京城中的势力的！"

"……在昔时与前秦大战中，刘大将军您的英名曾震荡朝野，我大晋天下几次危机，都赖将军匡复。然而，如今众人皆知，此番桓玄入京毁灭司马朝廷，若没有您的力量，他决不能势如破竹……将军助威桓玄，本已是为虎作伥，今又反过来讨桓，这等反复无常，已令人心不稳，前景堪忧！"刘裕见此，立即又说道。

"时事瞬息万变，我……附桓反桓，本是因时而动，贤侄岂能如此说话！"刘牢之忧伤地说道，"或许……我当初决策有误，现在，贤侄也当为我指出出路呀！"

"……前次，桓玄已派人向我问及他即位之事，我含糊答应，蒙混过关，投其所好，只好让他去登皇位去了。然而，如此一来，朝廷就要大乱了！刘牢之大将军，您不如权且驻足京口，以观朝内外局势变化，再作定夺！"刘裕沉思道。

"唉，老夫既因投桓而得罪了朝廷，今与逆贼反目又得罪了桓玄，我已是内外交困了，如仍犹豫不决，不及时更张自立，恐怕将来就只有坐以待毙了！"刘牢之向众将大叫，"你们追随我多年，出生入死，我希望今日也能同甘共苦、同心协力，我们占据江北，与桓玄的江南大营抗衡，以图来日发展——"

"唉，此一时，彼一时也，大将军此去，凶多吉少……"众将纷纷嗟叹。

"竖子如此畏缩，岂能有所作为？"刘牢之忽然气急败坏地叫起来，"我们北府将士，数十年风雨同舟，你们莫非今天都要舍我而去？"

"既然……将军决意如此……我们听从大将军您的命令就是了……"听了刘牢之的再三催促之言，众幕僚渐渐有人发出了无奈的附和声。

当夜，大雨滂沱，刘牢之的外甥何无忌和牢之之子刘敬宣不愿追随牢之北去，遂偷偷地来到刘裕帐中，与刘裕密商。

"你们都是刘老将军的嫡亲，岂能也弃他而去？"刘裕见了他们，万分激动地问。

"昨晚，虽然部属们附和了家父的意见，但是，大多数人都因家父反复多变而萌生了去意，他们当心前途不妙，都欲自保。"刘敬宣垂头丧气地说，"唉，我北府十多万大军眼看就要分崩离析……"

"如今……大多数人都在阳奉阴违，欲离开刘牢之将军，我虽为其外甥，但因其决策不对，我家有父母妻子，所以也不想做他的陪葬啊！"何无忌也万般无奈地说。

"你们将何去何从？"刘裕问。

"刘参军，您乃文武全才，大将之才，今日所言在理，奈何舅舅未能听从！为了功名前程和我们的身家性命，我也不能随舅舅而去了，我将唯您马首是瞻，随您驱军进发，还望将军指示，纳我于麾下！"何无忌昂然说道。

"唉，诚感何将军知音！"刘裕叹道，接下来又回头看着刘敬宣说，"刘将军乃牢之老将军之子，不论老将军身处何境，也当护守在他的身边……"

"是啊，我已经是不忠之臣，决不能再做不孝之子。我当然要回到家父大营，与之北往！"刘敬宣痛心疾首地说，"然而，来日我父子或遭不测，还望刘裕将军及时相救……"

"此话不必说呀，我与老将军虽然相处时日不长，但也情同父子，岂有袖手旁观之理？"刘裕慷慨地说，"刘将军且先去吧，老将军如今已是一命孤悬了！"

于是，刘敬宣挥泪而去。刘裕目送走了刘敬宣，又接着走到何无忌跟前。

"唉……大将军刘牢之一生英明，可惜今日误入了歧途！他此去广陵要与桓玄及朝廷众将抗衡，必然凶多吉少。"刘裕叹息道，接着对何无忌说，"为今之计，何将军只有随我前往京口，进可攻打京城，退可出走淮上，保全身家性命，甚至还可谋图来日的发展。日后，桓玄倘若能驻守国中，顾全大局，保守人臣之本分，你我将来也可投奔于他，以作暂时栖身之处，否则，可立即设法取而代之，趁他不备而除之，并以讨逆为由，号召天下！"

"末将听命——"何无忌斩钉截铁地答道。

"不过……何将军是否还要到牢之将军营中去道别一声？"过了一会，刘裕问何无忌。

"在如今危难之际，刘将军的一席话，令麾下茅塞顿开。往后麾下悉听刘将军吩咐！愿充将军马前小卒——"何无忌欣然说道，"明日我将随刘将军去京口，也再不与舅舅相商了，以免他会节外生枝。"

次日，刘裕、何无忌等人以打猎为借口，率兵东向，朝京口而去，到达之后，立即在京口安营扎寨。

刘牢之马不停蹄，连夜催兵向广陵进发，不意沿途麾下众将纷纷离去。当他到达新洲时，部众业已散尽，其身边只剩下了其子刘敬宣一人了。一代大晋的名将，此时已近穷途末路。牢之环顾四周，人马稀少，不禁数声长叹。

"苍天不佑，我事难成！孩儿，你前往山阳独自逃命去吧！"刘牢之颓然地环顾了一下四周，惨然向儿子说了一句，遂拔刀自刎于江边。

其子刘敬宣痛哭了一阵后，草草掩埋了父亲，策马投山阳而去。

三、反桓玄，刘裕率众兵

徐、兖刺史桓修得知刘寄奴驻军京口后，觉得刘寄奴有云龙入海的架势，对此很是不安。于是，桓修立即飞骑到京口，想办法笼络和驾驭刘裕。

"刘参军不辞而别，实令丞相挂怀。桓玄大丞相向来珍爱人才，他此次特令我前来，向刘参军禀告，参军你已经被召为中书参军！"一到京口，桓修急忙进帐向刘裕说道，过了一会，他又说道，"如今，永嘉太守卢循反心未死，他又派其麾下徐道复率军偷袭东阳，朝廷即日委派刘参军动身前往剿灭卢循。"

"身为武将，国家有难，刘寄奴当舍身沙场，杀贼保国！"刘裕慷慨答应道，"末将一定杀了卢循、徐道复，以使孙恩余党殆尽！"

说罢，刘裕立即引军前去平贼。桓修见刘裕听令，也兴高采烈地回京城建康复命去了。

数月之后，刘裕领兵杀退了徐道复军队，正率军回返京口，突然见何无忌策马前来。

"哦，何将军此来何干？是朝廷又有新的将令下来了？"刘裕慌忙迎上问道。

"并非如此，刘将军，大事不好了！"何无忌气喘吁吁地向刘裕报道，"据京城密报，桓玄真的已经决定篡位，他们说要将'白痴皇帝'晋安帝废为平固王，并且不日就将迁都于浔阳，改国号为楚，建元永始。桓修因是桓玄的堂兄，因而，桓修也将入朝主政。"

"哈哈，上次刺史桓修前来让我就任徐、兖刺史的中书参军。我如约以往，去了桓府。这其实就是我们来京口时所计议大事的前一步实现了，而今，他们真的就要篡位，我们自然要行走下一步——伺机反桓了！"刘裕听罢说道。

"将军之意，设法除桓？"何无忌问。

"当时我曾说过，倘若桓玄不篡位，我们尚可暂投于桓玄麾下以窥测动向。我接受了他们徐、兖中书参军之职，这就是暂时投靠他了。而今，他们既然反相已出，我们当随桓修一同前往京都，接近桓贼，伺机杀了桓玄，取而代之！"

"将军高见！"何无忌敬佩地说道。

几日后，桓玄的亲信卞范之拟定了禅让诏书，逼迫晋安帝司马德宗照抄了一遍，宣布禅位给楚王桓玄。桓玄将逊位的司马德宗迁到浔阳，自己在姑孰继皇帝位，仍然定都建康，国号为楚，年号为永始。

接着，桓玄率众前往姑孰，登坛即位，改元为"永始"，但这个年号正是当年西汉大奸王莽当权时的不祥年号。这冥冥之中似乎已经预示桓玄政权的崩溃结局了。

桓玄下诏封安帝为平固王，将他软禁在浔阳。

于是，桓玄的大队仪仗从姑孰出发，开向建康皇宫。当日大风异常，所有的仪仗旗皆被吹折刮散。桓玄临登御座，大龙椅子也忽然散垮。

"这是何道理？"朝臣们见了，人人仓皇惊愕。

"陛下圣德深厚，地不能载，所以才有此界象！"才思敏捷的殷仲文见此，急忙说道。

桓玄听了这番话，立刻大悦。

晚上，桓玄宴请群臣，桓玄内殿中坐帐以黄金为檐饰，四张雕木金龙，羽盖流苏，极尽奢华。桓玄好排场，大开建康诸殿大门，重修宽广的驰道，兴造可容三千人坐的大辇，以两百人牵曳；他还爱好出外畋猎，令人制作了极其精巧的"徘徊舆"，机关众多，转动灵活。同时，桓玄还日夜笙歌，游宴无度，即使在为其兄服丧期间，也不废音乐。由于土木频兴，徭役繁重，督迫严促，致使百姓愁苦，纷纷思乱。

桓玄正式篡位后，刘裕随着桓修前往建康谒见新楚皇帝桓玄，桓玄满面春风，热情地接待了刘裕，并对刘裕慰劳备至。

"司徒王谧大人，朕看刘寄奴风骨非凡，乃当今的人杰。"在大殿上，一见刘裕进来，桓玄赶紧上前与之握手，笑容可掬地向司徒王谧说道。

"哈哈，刘将军文武双全，他乃是上天赐给陛下的镇国奇宝，是为陛下匡复新朝的栋梁之材啊！"司徒王谧急忙上前向桓玄献媚地笑道。

桓玄听后，更加高兴。此后，他对刘裕特别宠爱，每逢宴会，桓玄必召刘裕前来，殷切款待，并屡屡许诺为刘裕加官晋爵。

然而，有一天，桓玄宴请刘裕等贵宾时，其聪慧敏感的夫人刘氏躲在屏后多次窥探，见了刘裕后，她不禁大惊失色。

"妾见刘寄奴其人非同小可，其相貌奇伟，气度非凡，龙行虎步，日角中天，似有帝王之相，朝中无人可及，陛下对他不可不防啊——"待桓玄宴罢回宫时，桓玄刘氏夫人急切地向桓玄说道。

"对刘裕，朕也有同感。朕知其非等闲之辈，所以特别优待于他。他是明智君子，来日必会知恩图报，效忠于我朝！"桓玄回答夫人道。

"并非如此——此人器宇深沉，有帝王之相，岂能久居人下？陛下不如趁早除掉此人，以免养虎为患！"桓玄夫人摇摇头，认真地说。

"如今天下未稳，朕正要依靠此人之力荡平天下，等到关陇靖定之后，朕自当要卸磨杀驴，岂能容他长期发展下去？"桓玄漫不经心地说道。

"唉，恐怕到了那时，事态就来不及了！那时，陛下将悔之晚矣！"刘氏更着急地说，"妾虽无才，但总觉得陛下至少要立即削夺刘裕的兵权，以防不测。"

"皇后此言差矣！目下，天下未平，朕如不能广纳贤能，将不能据有这九五之位。为今之势，叫朕不得不容纳各类鸡鸣狗盗之徒以为自用。朕岂能投鼠忌器，害怕贤能？"桓玄叹息道。

"陛下非用他不可？"刘氏又问。

"唉，若论用人，刘裕应是朕首选之人，对于刘寄奴，朕还是要小心取用的，不能削其兵力以免他生疑。"桓玄听了夫人之言，遂摇了摇头，无奈地叹道，"况且，刘裕并非刘牢之，他初出茅庐，毫无根基，等他正式发达起来，尚需时日。皇后，请勿再言！"

"陛下以为刘裕是何其人也？"刘氏又问。

"刘裕其人，或是朕的镇国柱石，抑或是朕的掘墓先驱。是福是祸，当由上天决断，朕不可操之过急，倘若现在就削夺其兵权，恐怕大乱即至了。"桓玄又道，"朕不如让桓修将刘裕调往剿杀卢循的战场前线，这样便可趋利除弊！"

于是，不久，桓修将刘裕召到府中。

"刘将军已知，陛下对你很是器重，今日陛下国事繁重、日理万机，不能为你安置在京公务，我虽为陛下之兄，也将出京镇守丹徒，以防卢循余孽，刘将军能随我同往丹徒？"桓修开门见山地问刘裕，"东南有刘将军在，陛下和我即可高枕无忧了！"

"不然！"刘裕立即答道，"末将在桓刺史您的府中已有时日，多承教诲，本想此番随您同去，舍身报国，无奈前日因在剿匪战中，身负刀伤，今既复发，难以骑马，以至这次不能在将军马前效劳，十分遗憾！"

"哦，既然刘将军身有不适，只好在此静养几日。国家初兴，来日还指望刘将军大显身手呢！"桓修笑道，"我将起程，皇上即将委你以重任，刘将军在此等候皇上新的安排吧！我们就此告别！"

"麾下再送刺史大人——"刘裕上前说道。

"静候佳音！"桓修说罢上马，引众去了。

送走了桓修，刘裕急忙和何无忌等人一起乘船回到京口。在大营中，刘裕招来何无忌等亲信部族，加紧密谋，商谈讨伐桓玄逆贼的大事，并制定了详尽的讨贼计划。

"将军刘毅也是我北府兵的要员，现在身居沛州，实力雄厚，而且早有反桓之心。如今，何将军当立即拜见刘毅，试探其讨逆决心！"最后，刘裕对何无忌说。

于是，何无忌连夜赶到沛州，向刘毅陈述了刘裕等人匡复晋室之意。刘毅听完热泪盈眶，对此十分兴奋，并跃跃欲试。

"如今晋室倾颓，桓玄篡位，朝野人人共愤！我们数路人马，以顺讨逆，自然成功在即！"刘毅信心十足地说，接下来他又愁眉说道，"只是人马分散，军中得有一个主帅……统一号令三军。否则，我们就难以取胜啊！"

"大将军，难道说您忘了'草莽之中藏英雄'的道理吗？"何无忌赶紧说，"将军你可不能小视了天下俊杰啊！"

"哦，何将军你说的是刘裕将军?" 刘毅接下来笑着说，"哦，据我所见，现在也只有刘裕是最合格的统帅了，更何况他也是我北府将领，只是不知他……"

"此事将军不必忧虑，我当回京口禀报，将军就此准备起兵事宜吧！" 何无忌笑逐颜开地说，随即起身向刘毅道别南回。

回到京口，何无忌将刘毅的意思报告给了刘裕，刘裕听罢十分高兴，更加信心百倍。

"哈哈，何将军果然不虚此行！" 刘裕夸奖何无忌道，接下来又说，"眼下时机已到，我们自然不可坐失良机。此外，青州主簿孟昶乃是当今的一位有识之士，他这次来京城公干，回返青州时，恰巧路过京口，我便与他谈到桓玄叛逆之事。我与他英雄所见略同，谈得十分投机。之后，当我问他，'草泽之中有英雄崛起，你知是谁'时，他竟立

京口北固亭

即开怀大笑道，'当今英雄，除了阁下还有何人?' 于是，我将他视为知己，随即与他细谈了谋划起兵伐桓事宜，他也已欣然接受。"

"哦，这样很好！" 何无忌拍手叫道，"孟昶他现在何处?"

"孟昶现在厅后等待与你相见呢！" 刘裕笑逐颜开地说。

"天赐良机！将军的大事指日可待了！" 何无忌听罢，异常高兴地说，接着回头，又惊喜地叫道，"哦，主簿大人来了！"

说话间，孟昶正从后厅走出，与何无忌两人亲切会见。于是，三人又是一番热烈谈话。

"你们青州刺史桓弘是桓修的表弟，也是桓玄凶恶的爪牙，我弟刘道规如今在青州任中兵参军，孟昶贤弟这次回去，要即刻嘱令刘道规谋杀桓弘，以断桓玄逃往青州之路。" 刘裕又赶紧向孟昶吩咐道。

孟昶应声去了。接着，刘裕站起身来又走到何无忌身边。

"豫州刺史刁逵也是桓玄的死党。今日事急，何将军请立马通知刘毅前往历阳，约请豫州参军诸葛长民斩杀豫州刺史刁逵！" 刘裕向何无忌说，"诸葛兄弟也是我北府得力的将士！"

"刘将军，那京城内应的事……" 何无忌起身，在临行前问刘裕。

"方才我已分头派人给建康城内的王元德、辛扈兴、童厚之等人送信，叫他们立即准备起事，充做内应！" 刘裕紧张地说道，"将军今日连夜赶回京口以后，我们就要立马设计刺杀桓修！另外，东莞人刘穆之也是位可靠的人物，他智勇双全，此次成

功后，我将委托刘穆之代署内府事宜。"

何无忌听罢，连连称是，遂与刘裕道别而去。

午夜，在京口刘裕大营中，刘裕等人正在议事，何无忌风风火火地进来找刘裕。

"哈哈，益州刺史毛璩不受桓玄的调令，已经传檄益州各地，号召起兵讨伐桓玄了！"何无忌大笑着向刘裕等人报道。

人们得知后，不禁大喜。

"哈哈，我们起兵号召全国反桓的时机已到！"刘裕最后向众人说道，"我要立即约见赶来汇报起兵事宜的刘毅。速请刘毅将军前来！"

于是，部众引刘毅进来。

"刘裕将军，我们首先应攻打何处？"刘毅来后，何无忌急切地问刘裕。

"挥军丹徒，杀了桓玄的亲将桓修，以桓修的首级祭我大军旌旗！"刘裕欣喜地说道。

接着，刘裕和何无忌等人一起，召集了百名敢死义士，急匆匆地奔向丹徒。

到了丹徒，何无忌一马当先，驰入丹徒城门口，并且立即叩门呼叫。

"门外何人清晨来此？"城门守卫急向城外的何无忌问道。

"奉大楚皇帝诏书，要面见桓修刺史大人！"何无忌大声地向城内人回答。

"哦，既然如此，就请大人进城！"守卫说罢，立即打开了城门。

何无忌等人见城门大开，遂急风暴雨式地涌进了内城，旋即进入桓修刺史府衙。

"刺史大人，朝廷使臣已到，请速相迎——"何无忌下马一面冲进桓府，一面大叫。

"哦，有何大事？本刺史来此没有几日，没想到使臣竟随后又来了！"桓修闻言，毫无觉察，忙一面笑嘻嘻地回着话，一面出署相迎，并叫道，"敬请钦差去大堂讲话！"

眼见得桓修与何无忌两人相遇，桓修还未能再向何无忌问话，就被何无忌一刀杀死。紧接着，何无忌身后的上百勇士也一齐冲上，大呼讨伐桓玄逆贼的口号。桓修部下被这突如其来的杀戮惊得不知所措，他们没有一人反抗，面面相觑了一会后就轰然溃散了。于是，何无忌占领了桓修刺史府，并派人通知刘裕。

刘裕带领大队人马进入桓府后，安抚了城中百姓，处理好桓修后事。然后任命东莞人刘穆之为内府主簿。此时，刘毅将军也已到来，刘裕派刘毅火速驰往广陵，命令孟昶和刘道规立即发兵起事响应。

孟昶和刘道规接令后，立即设计捕杀了桓弘，渡江向丹徒而来，欲与刘裕大军会合。

徐州司马刁弘闻听丹徒有变，慌忙引兵赶到城下探听虚实。

"你们是何方人马，为何来此？"刁军来到丹徒，见城楼上出现了人马，遂向城上叫喊了一阵。

"我们奉旨讨逆，除掉叛贼，现在贼首桓玄的头颅已经高挂在京城城楼之上了，你们无故纠众来此何干？"刘裕登在城头上厉声地向刁弘喝道，"莫非你们要图谋反叛？你们已不是大晋的臣民了吗？"

"晋皇帝何在？"刁弘策马在城下，抬头向城楼上问道。

"晋帝已被江州刺史郭昶迎入京都，贼首桓玄已经投降，并被枭首示众，你们本是晋廷的臣子，难道说你们能够不听圣命，还想造反，为桓逆喊冤？"何无忌也大声地向刁弘等所有在场的文武官员吼道。

"既然将军是为国讨逆，我们还有何话可说？我将率军去了！"刁弘信以为真，只得向丹徒城楼上说了一声，接着引军退去。

而恰巧此时，刘道规、孟昶率军数千已经赶到。刘裕忙命令刘毅趁势引兵，前去追杀刁弘。很快地，刘毅就设计斩杀了刁弘，并收编到了刁弘部下的数千部众，全部纳入帐下，刘裕见了，十分高兴。

"很好！此番起事，一帆风顺，我甚觉欣慰！既然逆贼个个闻风丧胆，我们或许能够很快取得成功。何将军可以派员送信给我的在京任职的兄长刘迈，叫他们城中的内应，立即在京中起事，配合我们行动，斩杀桓玄在京城的逆党！"刘裕见一切进展顺利，欲令京城人马也同时动手。

"然而，令兄刘迈为人谨小慎微，且对桓玄尚有好感，我们今日尚不知其底细，能否贸然深入？倘若欲速则不达，坏了大事，我们将如何处理？"何无忌略有犹豫地问。

"刘迈乃是我的兄长，谅在此非常关头，他也不会畏缩不前。将军权且辛苦一趟，向刘迈说明厉害，叫他及时起兵——"刘裕急切地说道。

于是，何无忌受命，又星夜赶往建康城里去了。

进了刘迈府后，何无忌急切地向刘迈呈报了刘裕的行动计划，并催促刘迈尽早行动。

"在下以上所言都是刘寄奴大将军之意，请大人务必立即行动，决不能迟疑不决！"何无忌再三地向刘迈说道。

"如今之事，纷繁复杂，瞬息万变，险象环生。桓玄乃三世重臣，威震朝野，如今又已经登临大位，拥有兵马数十万，你们的大将军能有几分成功的把握？"刘迈还在犹豫。

"刘裕大将军目前虽然拥兵不多，但是他胸怀大志，文武兼备，可号令举国大军，终将取胜。况且，我军已经节节胜利，占领了青州，斩杀了青州刺史桓弘，拿下了广陵。刘裕将军乃当世一代英雄，何愁大事不成？"何无忌侃侃而谈道，"阁下本是刘将军之兄，竟少有刘将军的气魄！难道说，这事是能够迟疑不决的吗？迟疑不决即会遭到横祸——"

"……何将军勿躁，容在下三思……"刘迈最后还是犹豫不决。

"请大人立即拿定主意，为刘大将军出力，做开国元勋！"何无忌说罢，出门飞马去了。

何无忌走后，刘迈很是惶恐，垂头丧气地走进后室，举目看了看局促不安的夫人。

"唉，事有燃眉之急，桓玄势震全国，寄奴岂能是他的敌手……"刘迈喃喃地说道。

"方才，你与何无忌的谈话我都已听到。大人千万不能和寄奴一起胡作非为啊！当今的桓玄已是赫赫有名的真龙天子了，弄不好我们会被诛灭九族的！"刘夫人大声地向刘迈吼叫起来。

"唉，刘寄奴是我的亲弟……他们的行径，我当星夜报与桓玄得知，否则，我将受到连诛，必不能逃脱干系。"刘迈说道。说罢转身向台城皇宫跑去。

"陛下，不好了！是臣下……刘门不幸，刘寄奴他竟敢辜负朝廷恩宠，欲起兵叛乱……"入宫后，刘迈见到桓玄，急忙伏地痛哭，并结结巴巴地说道。

"哎呀，刘裕他发难了，竟有此事？恨朕当初太宠爱刘裕了！"桓玄一听，大惊失色，转而又欠身向刘迈说，"承蒙爱卿，尚能顾全大局，大义灭亲，来此奏报！"

"为人臣子，当忠心耿耿，一心为国，微臣将不负皇恩！"刘迈接着说道。

"刘寄奴……他在朝中尚有多少同党？"桓玄问。

"据微臣推测……王元朋、辛扈兴、童厚之皆有嫌疑……"刘迈激动地说。

"哦，朕将捕杀这些叛党！"桓玄咬牙切齿地说，过了一会又站起来，手拍刘迈之肩，慨然说道，"爱卿大义灭亲，可钦可佩……既然如此，朕即封爱卿为重安侯，即刻出京，率兵征讨刘裕！"

刘迈拜谢而去。

此时，外面人声嘈杂，朝臣和内侍们纷纷进宫来报，说刘裕的大军已到，京城形势突然紧张起来。见刘迈刚一出门，桓玄亲将——丹阳尹卞范之慌忙从屏后走了出来，冲向桓玄。

"不可让刘迈率兵！刘迈本是刘裕的亲兄，今日虽来告密，陛下怎知刘迈不是刘裕的同党？陛下如此轻易相信刘迈，就如同当初轻率地相信刘裕一样，这将会遭到不测之灾啊！"卞范之慌忙走出来向桓玄说道，"陛下应立即捕获刘迈、王元朋、辛扈兴、童厚之等嫌犯及其家属，审而杀之。接下来，再调兵讨伐刘裕叛军！此事应当马上行动，决不能迟疑！"

"斩草除根，朕决定首先捕杀城内所有叛党！至于……出兵御敌……是否马上出城？这或许还可缓而处之！朕欲屯兵台城外侧的覆舟山上，拒对一切来犯之敌，以守为攻，一可镇外兵，二可安内贼，当为上策！"桓玄向众人说道，"城内的行动现在就办——"

"如今刘裕兵马正在越集越多，臣弟力谏陛下，必须立马进兵淮上，拒遏刘裕各路军马！"此时桓玄的弟弟桓谦也跳出来向桓玄说道。

"既然谦弟也有此意，朕当遵照诸位爱卿破敌之计，发兵北上！"桓玄说，"着令顿丘太守吴甫之和右卫将军皇甫敷率兵北去，并动员城内各军在新亭、石头城数处把守！"

吴甫之和皇甫敷应声率军出城去了。

"唉，各位爱卿决不可懈怠，此次与刘裕对战将惊天动地，我们既要守城，又要出击！"安排应战事宜后，桓玄心中仍然惶恐不安地说道。

"刘裕之流，如今虽然声势浩大，但毕竟是泽野之兵，一群乌合之众，陛下何必如此惊慌？"桓谦向桓玄劝道。

"并非如此！刘寄奴乃是当世英雄，刘毅更是个胆略盖世之辈，而何无忌却又是个智勇双全之才！像这三个人相聚在一起，又有外藩刘道规、诸葛长民等人策应，你岂能说他们是'乌合之众'……朕只怕从此天下不能太平了！"桓玄无不忧虑地向众人说道，"前次重用刘裕时，皇后曾有告诫。朕曾说'刘裕其人，或是朕的镇国柱石，抑或是朕的掘墓先驱'，今日看来，朕其实难料，或许……一语成谶……"

刘裕得知桓玄已经杀了他京城中刘迈、王元朋、辛扈兴、童厚之等内应，并且，已经发兵前来抵御，十分震惊，于是他自封为徐州总督，立即在营中发号施令。

"此令何无忌为督府军师，向四面八方发出讨伐桓玄的檄文，历数其篡国罪孽。同时，任命孟昶为长史，令孟昶率军驻守京口！"刘裕叫道，"我将亲率数千讨逆勇士南下，进逼建康。再令刘毅率兵从旁协战，计划集中精锐，直指桓玄腹地——"

刘裕大军飞奔，西行不过百里，到达江乘，迎面就碰到桓玄派来的抵御之兵，原来是吴甫之麾军从正面扑来。刘裕忙号召部众从旁边绕过，放过了前头敌人主力，却又回军从后方冲杀上来，分割开了吴甫之与其部属的联系，进而趁势呼叫着，斩杀了吴甫之。余众见主帅突然被杀死，立刻慌张地向南逃窜。

四、战寄奴，伪楚兵溃散

日暮时分，皇甫敷应承桓玄之令，率领两万大军也向京口奔来，途经罗洛桥时，皇甫敷策马走上桥头，回首向两侧望去，但见是处：山陡林密，脚下河水翻滚，虽不是高山峻岭，却也是形势险恶之地，不禁倒吸了一口凉气。

"前方离京口尚有多远？"皇甫敷低头问身边的小校，"刘裕兵马是否快到此处？"

"据前军探报，刘裕的兵马早该到此，不知何故，此时还没看到他们的踪影！"身边副将接口答道。

"哦——哈哈！我出发前，陛下曾经忧心忡忡，将刘裕说得如神人一般，要我们分外小心。而桓谦将军却不以为然。我看桓谦将军所言是也，刘裕乃是一介草莽英雄，不识作战之策啊！"皇甫敷在马上忧虑了一会后，竟哈哈大笑起来向身边副将说，"如此险境，刘裕倘若略识兵法，就当在两侧埋伏，到时他挥军稍加冲杀，那么我千万大军就恐会挤成一团，大多会互相践踏或落水伤亡了！"

"皇甫将军所言极是！不过，小小的泽草刘裕，他岂能像皇甫将军您这样娴熟用兵呢！"那副将一听，赶忙说道，"现时正值树草干燥，倘若他以火攻，则更……"

正说到此，皇甫敷却又收住了笑容，低头静听。

"诸位且听，这山泽之间，似有鸟噪之声。莫非……"皇甫敷忽然惊慌地说道，"哦，百鸟归林也不应有此等噪声！"

"皇甫敷，桓玄余孽，吴甫之已经全军覆没……你还要逞能——"此时，未等皇甫敷说完，突然山间两侧千万人马跳出，并呼喊起来，声震山谷。

皇甫敷的兵马听了大惊，没等主帅号令，就立即大乱，纷纷向桥头挤去，相踏落水者不计其数。

"不许后退，违者斩——"皇甫敷见此，忙举起长刀，站在桥头喊叫着，连斩数人，企图拼命稳住阵势。

然而，他岂能禁得住兵士们为了活命，个个争先恐后地向前挤去？此时，立即兵马蜂拥过来，互相踩踏，死伤无数。

过了好久，皇甫敷凭借着自己的体力，率着数百勇士跳出阵中，走上山坡。而此时，皇甫敷抬头向山上望去，迎面竟发现了刘裕单骑，正在山岩石上指挥部众。于是，皇甫敷赶紧率众冲上岩头，将刘裕围得水泄不通，并企图斩杀刘裕。

"擒贼先擒王！将士们，刘裕在那儿，拿下刘裕——"皇甫敷兴奋地大叫道，随即他得意地向山上的刘裕喊道，"哈哈，刘寄奴呀刘寄奴，你竟然独自在此，你将插翅难飞了。你快快下马受死吧——"

皇甫敷一边喊叫，一边举戟就向刘裕刺去。

"我能死吗？呀呀呸——"刘裕听罢，突然狂叫起来，叫声如洪钟，翻身跳马，喊声震荡山谷回响。

皇甫敷一听大惊失色，在慌乱中，他竟刺错了方向。他所率的勇士们，本来就胆战心惊，现在又突然听到刘裕这种奇异的吼叫，仿佛长坂坡当阳桥上张飞的怒吼，不禁个个都被吓得面如土色。而正在此时，何无忌等人所率的人马也冲了过来，救出了刘裕，驱散了皇甫军卒。

方才，那些未被杀死的皇甫士卒在山下努力挣扎着，渐渐地纷纷爬上山坡，正想庆贺自己大难未死，忽见前方又一支人马向他们冲来。

"兵士们，皇甫敷的桓兵残余已经落入我们的笼中，快快举火烧毁他们——"刘裕阵前为首的一员健将——檀凭之一边呼喊，一边急忙带着数百敢死队，举火跳进了皇甫敷的兵马丛中。

顿时，随着叫喊，大火喷起，皇甫敷正在惊慌失措，却被一箭射中胸部，接着，刘裕跳过来，将他一刀劈死。皇甫敷仅剩下的数千人马也消失在烈火之中。可怜檀凭之和他的敢死队员们，也都同时葬身于火海。

战胜了桓玄的吴甫之、皇甫敷率领的讨伐先锋，接下来，刘裕率军直抵京都覆舟山下。

吴甫之和皇甫敷相继被杀的消息传到建康，又闻刘裕率军直抵京都覆舟山下，桓玄及满朝文武都十分惊骇，众人如热锅上的蚂蚁，惶惶不可终日。

"刘裕果真了得！看来朕的江山不保……"桓玄抱头痛哭道。

"陛下料事如神，对刘裕十分了解！"桓谦也叹息道，"唉，想不到陛下当日'刘裕其人，抑或是朕的掘墓先驱'之言，竟不幸言中，陛下一语成谶……"

"昨夜一战，刘裕兵锋太利！朕……"桓玄大叫道。

"刘裕如今兵锋更利，我们将如何拒之？"桓谦又问。

"众爱卿齐来听令——"桓玄冷静了一会后，立即向朝中诸将叫道。

于是众人齐集太极殿。

"刘裕已率大军抵达覆舟山之东。皇弟桓谦，朕命你速率一万人马屯驻东陵，卞范之也率兵一万进驻覆舟山西侧，两军务必抵挡东来的刘裕主力——"桓玄大声令道，"殷仲文引军进驻石头城，并备好船舶以作我们不时之需！其他各将，当严守驻地，抗拒刘裕！"

于是，众人应声分头去了。

刘裕大军已抵覆舟山前玄武湖东岸。他将老弱兵士安排在山上，让他们摇旗呐喊；将其他精壮士兵放在湖南湖北，让他们高声呼叫助威。刘裕自己雄姿英发，登临在鸡鸣埭上，众将齐集在刘裕身边，情绪激昂，个个振奋。而桓玄的兵马大多原是北府兵士，他们深知刘裕的威力，因此个个胆战心惊，常常不战先退。

接着，刘裕召集各部将领来鸡鸣埭商议军事。

"大将军，我军初临大敌，当有战必胜、攻必克的精神。否则，将不可收拾！"见两军对垒，何无忌走上来向刘裕轻声说，"大将军不妨让众将士背水一战，以迅雷不及掩耳之势，先声夺人，占领台城东南方——"

"何将军之计其妙！"刘裕赞同地说，"各位将领，请立即各回本营，令士卒务必饱餐一顿，然后丢弃全部粮草，趁夜让全军强渡玄武湖，到达大湖西岸台城边，背水一战！必须突然袭击，直接进入台城皇宫，不许失败！"

"麾下听令——"全场将士齐声高喊。

"全军誓死血战，为将者，必须身先士卒——"刘裕突然又向众将大喊道。

"身先士卒，誓死血战——"全军众志成城，万众一心，大军也随着纷纷高喊起来。

鸡叫初声，刘裕大军突然爆发，万舰飞起，如奔腾的洪涛，惊天动地地向西冲来。

刘毅高举着长矛率军在前，随即，刘裕也身先士卒，手握大刀跟进。众将士呼叫着，率引全军，穿过十里烟柳长堤，冲进敌阵，以一当百，以雷霆万钧声势进抵覆舟山脚下，此时台城城楼已经在望。守城的桓军见刘军如此凶猛，立即呼天号地，纷纷撤向景阳山坡后。

而恰巧在此时，湖边大风骤起，刘裕急忙号令三军趁风纵火，桓谦、卞范之的两万躲藏在城下湖泊芦苇之中的兵马，未及接战，就被烧得焦头烂额。

在城头督战的桓玄见了，料知刘裕很快就能拿下皇城，心惊肉跳，立刻心灰意冷。

"唉，看此阵式，大事去矣！宫内侍卫们，请尽快备马，朕要前往石头城殷仲文的大营，乘船突围，出走西江——"桓玄转身，急切地催促部下。

接着，桓玄一马当先，众将争先恐后，朝石头城溃退而去。

于是，刘裕大军在湖中乘风破浪，长驱直入，进了京都建康城。

进入台城后，在金殿内，刘裕立即召集众将议事。

"眼下桓玄叛贼已逃往他的发迹之地浔阳，我们将如何对待？望诸位出谋划策！"刘裕问。

"麾下认为，眼下首要的事宜是安定京城内的人心，其次是追杀叛臣桓玄并斩杀桓玄的宗族和亲臣，最后当派员迎接晋安帝进京复辟！"何无忌出班说道。

"何将军所言极是，请各位将士按此进行！"刘裕说，接着命令，"现令刘毅将军率八千兵马，追捕在逃的桓玄，尚书王瑕率百官迎接晋安帝，何将军速派兵查杀在京城的桓氏宗族和党羽！"

众人唯唯听令，纷纷出宫去了。

"这是晋安帝的御玺，下臣保存已多时了，今献与刘裕大将军……"正在这时，司徒王谧出班向刘裕献上晋安帝的御玺。

刘裕接玺，众人十分惊愕，并纷纷议论起来。

"诸位尚有何异议？"刘裕见殿内突然吵闹起来，忙向众问道。

"禀大人，末将曾闻桓玄篡位时，正是司徒王谧从安帝手中夺走了御玺，今日他却来向大将军献媚、呈玺，对此类反复无常之徒，大将军理当杀之——"这时，孟昶出班说道。

"嘀嘀，孟昶将军疾恶如仇，言之有理，只是……此事暂勿再提……"刘裕一听，忙满脸堆笑地对孟昶说，"因为司徒当时也有难言之隐……"

"大将军为何……"孟昶欲张口再问，却见刘裕伸手向他摇动了一下。

孟昶只得低下头。众人见状，本想再参劾王谧，也都只好作罢。

退朝后，朝臣们纷纷走出太极殿。

"大将军为何不杀王司徒？"出殿后，孟昶赶到刘道规面前问道。

"……唉，我兄弟少时贫困，曾蒙王司徒照顾，人非草木，岂能毫无报答之心？"刘道规激动地向孟昶说道，"况且……据说，在安帝西去之时，王司徒就已向皇上举荐寄奴统领扬州军事。刘裕曾再三推辞，并推荐司徒王谧为侍中，兼领扬州刺史呢！看来……王谧对刘裕大将军也还有一腔忠心热血啊，我们不必过于计较他先前对朝廷的一些过失了！"

众将听了刘道规的话后，渐渐地安静了下来，也不再起问。

两天后，刘裕、何无忌等朝臣又聚集在建康台城太极殿议事。此时，何无忌持书俨然走来。

"司徒王谧曾多次举荐刘寄奴大将军统领扬州军事，而刘将军谦恭未受，再三推辞。当日，桓玄挟持安帝西去之前，王司徒又向皇帝举荐刘大将军督领八州军事，兼任徐州刺史，并得到皇上的恩准。因为此职责非常，刘将军当然责无旁贷，现已欣然接受了此旨。"何无忌向众人宣布道。

众人鸦雀无声，都在静静地听着。接着刘裕走到阶下。

"本大将军接受了督领八州军事和徐州刺史之职后，现已决定：任命刘毅为青州刺史，何无忌为琅琊内史，孟昶为丹阳令，刘道规为义昌太守。具体军政大权，交由刘穆之审定。诸位尚有何异议？"刘裕跳到殿中向众人问道。

"刘大将军英明！我们决无异议——"众人闻声雀跃。

"还有一大喜事，让大家知晓！"此时，刘裕又大声说道，"前方，诸葛长民已在历阳起事，军民围攻刁逵半日，而且已将刁逵捕杀了！如今，桓玄已逃到浔阳，郭昶助纣为虐，将他迎入城中，但是，刘毅的大军已抵达浔阳城下，不日就将攻城，捕杀桓玄！此外，何无忌、刘道规也将率军西去，配合刘毅，剿杀叛党！桓氏余孽不日将尽——"

众人听了，又是一阵欢呼。

再说，桓玄仓皇逃到浔阳，惊魂未定，幸好浔阳是他发迹根基，上下大多数人还能对他忠心耿耿。而且，听说桓玄到来，刺史郭昶还急忙率军出城前来迎接。

浔阳城楼　　　　　　　　　　　　浔阳江楼

"今闻大楚皇帝巡幸浔阳，微臣未能远迎，望陛下见谅——"郭昶跪在桓玄马前说道。

"刘裕作乱，搅扰建康，以至让朕突然连夜奔赴浔阳，郭爱卿及时迎驾，有功无罪，不必过谦！"桓玄惊慌失措地向郭昶抚慰道，"爱卿立即请起，引朕回宫。"

"……陛下新来，理当入宫接受朝贺！只是听闻刘毅的人马就将兵临溢口，陛下或许应当在此就下旨分兵迎击，以免因在宫中欢庆，错过了阻敌的时机！"郭昶又急切地向桓玄建议道，"……抑或万一战事对我军不利，陛下也可在此方便地出走他处，所以暂不必进宫？"

"郭爱卿所言极是，朕就在此调遣人马！"桓玄刚进浔阳，就在殿外马背上向众人调兵遣将，并且说道，"现令驻守在溢口的骁将庾雅祖、何澹之立即率军前往溢口之外，阻击刘毅的前军。"

而正在此时，桓玄的话音未落，就听城外突然兵马嘈杂和呼叫声响起。

"奏、奏……报陛下，刘裕派来援助刘毅的大军也已到达溢口，并且现在已经大破了何澹之桑洛洲的水师，夺去了溢口。如今，敌军已临我浔阳城下！"此时，突然前方来的败将庾雅祖跟跄地跑了进来，惊慌失措地冲到桓玄马前叫道，"末、末将……兵马业已损失惨重——"

"啊，刘毅的兵马好生厉害，他竟如此神速！"桓玄大惊道，"刘裕锋芒毕露！快快……庾爱卿，你率军暂且阻敌，其他人急速收拾宫中细软，朕……马不停蹄，带上晋安帝和王皇后等人，要立即从浔阳水关出城，西走江陵，以便暂避刘裕的锋芒。"

于是，众人听令，桓玄的兵马立即人声鼎沸，除了庾雅祖等人之外，城内城外，都向西北沿江溯流而去。

刘毅等人一面率军追赶桓玄，一面派员乘舫东去，向建康报捷，并呈报浔阳桓玄的近况。

桓玄逃到江陵后，急忙召集两万荆州兵马，操练数日。接下来，桓玄又率领人马，分水、陆两路，夜奔峥嵘洲，挟持着晋安帝东下，企图回军卷土重来，抗拒刘毅大军。

刘毅、何无忌、刘道规所率八千兵马在峥嵘洲遇到了桓玄荆州兵马，见桓军兵马塞路，舟舰遮天，自觉敌众我寡，难以持久，于是有人建议退守浔阳。

"现在决不能退却！"刘道规上前向刘毅阻止道，"桓玄虽然出身豪门，气势非凡，但其实他的内心却是胆怯无比的。在上次的水战中，他竟在大舰旁边紧扣一艘小舟，随时准备乘小舟逃走，其部属见此，更是人人自危，全没有了作战的勇气。如此一来，他桓玄人多又有何用处？倘若我们退走，桓玄反而会趁机挥军杀来，反败为胜！"

"正是，两军相遇，勇者胜——"刘毅也说道，"众位请看，桓玄的荆州兵马现在正聚集在一起，舟舰旁靠在山林旁边，正在我军的下风口，倘若我们趁风纵火，一鼓作气，定能给他来一个火烧赤壁！"

"将军所言有理，我们猛冲，必取胜利——"众将士齐声喊叫起来。

而在这时，桓玄的兵马已临洲头的三岔路口，见刘毅军营灯火辉煌，就在不远处安扎，很是忧虑。

"峥嵘洲将到，刘毅的兵营就在前面不远处，我军左面是草树崎岖的小道，右面是江滨大道，大道比小道约远五里，陛下请发号令，我军应走哪条道？"行军中，部将殷仲文上前，急向桓玄问道。

"刘毅大营在前，请陆路兵马趁夜穿过江边小道，杀进刘毅军营——"桓玄令道，"哈，趁此月黑风高之夜，我军正可劫取刘毅大营呢！"

于是，桓玄的水军立即上岸，和陆军在一起，两万荆州兵马掉头走进树木森森的山路。

"将士们举火烧敌，不要放走了桓玄——"正当桓军趁夜，松松垮垮地在树丛中行走时，忽见两边刘毅的人马跳出，高声喊叫起来。

听到喊叫声，桓玄赶忙抬头远望，却见刘毅一马当先，在挥矛大叫。再回头下望，但见四处顷刻火趁风起，烈焰冲天。随即其兵荒马乱，整个山脚下已成了一片火海，两万荆州兵未及接战，便大多丢盔弃甲，葬身于大火之中了。

桓玄痛哭流涕，狼狈不堪，忙带着几个身边小卒，挟持着晋安皇帝，乘着小船掉头西去，向江陵回窜。殷仲文落在火中，押着两位皇后，未能逃出，不幸被刘军捕获，于是，他只好向刘毅投降。

刘毅立即派人将他们送往京城建康，向刘裕报捷。

五、灭桓孽，毛璩杀逆首

捷报传到建康，刘裕在金殿召集诸将商议。

"刘毅在西江取得大捷！"刘裕向众人说道。

众人听了，又是一番欢欣鼓舞。

"刘毅还派何无忌将军亲来传话道：'帝后现已被桓玄劫走，我们可暂时迎奉武陵王司马遵为大将军，入居东宫，以便安定晋朝廷臣之心。'我采纳了他们的意见，并且已经派人迎接司马遵，将他暂做储君。我还令刘毅、何无忌继续追击桓玄。"接着，刘裕满脸笑容地说，"何无忌将军风尘仆仆，昨夜初来，方才休息，稍后他就要来向诸位通报前方消息。之后，何无忌还要立即西往江陵！"

"哦，何将军来了，请何将军说话！"众人在听刘裕说话的同时，忽见何无忌已经笑容可掬地走进了大殿，于是众人纷纷回头叫了起来。

"禀报诸位，桓玄在江陵下游峥嵘洲又吃了一个大败仗，刘毅将军捕获了桓玄的大将殷仲文。殷仲文今已投降，刘毅将军特派我将殷仲文押送来京，敬请朝廷刘裕大将军发落。此外，被殷仲文掌控的两位皇后也被同舟送来建康，如今正在殿后——"何无忌满面春风地走了进来，向众人报告道。

"哦，刘毅果然厉害！"众人听罢大喜道。

"殷仲文已经投降，我们可以量才取用殷仲文！那安帝皇后与穆帝皇后也已到京，请司徒王谧、尚书王瑕对她们慎做安置！"刘裕说道。

"遵命——"司徒王谧、尚书王瑕齐声答道。

"如今桓玄跑到何处了？"过了一会，众将问道。

"桓玄首先逃到江陵！可是，此时，他的江陵旧部郭昶等人均已四散，桓玄已到众叛亲离的地步了。于是，他只得又趁夜逃往汉中，以求南郡太守王腾之和荆州别驾王康产的拥戴。二王将晋安帝迎入南郡之后，还想东迁到江陵，但是，他们此时对桓玄已经毫无理会之心了！"何无忌高声说着。

"事到今日，桓玄已经山穷水尽，十分困倦，他还要寻找更加理想的去处呀！"刘裕接着说道。

"正是——"何无忌说，"然而……他还能逃到何处？也许，他去西川益州了……"

"也许……他只能如此！"众人议论道。

"哈哈，何将军日夜辛劳，就将去江陵。目下是非常时期，各位也精疲力竭了，就此退朝，请诸位都各行其是去吧！"最后，刘裕向大家挥了一下手说道。

于是，朝中文武遂遵刘裕大将军之命，分头行事去了。

在益州刺史府中，面临纷繁复杂的形势，刺史毛璩在厅上局促不安，十分忧虑。

"来人！"刺史毛璩在大厅中徘徊了一阵后，突然向外叫道。

一侍者进来，毛璩忙问："修之尚在府中？"

"是的，少爷尚在府中，听老爷吩咐！"侍者向刺史毛璩报告。

"嗯，叫他进来！"刺史毛璩随即说。

不一会，毛修之走了进来，目望其叔叔——益州刺史毛璩，并静听吩咐。

"唉……如今天下纷争，我益州岂能幸免？刘寄奴乃当世英雄，他既已安定了南国，奈何桓玄未死，他必然还要与刘寄奴争斗，国家兵祸难平！"见毛修之进来，刺史毛璩慢慢向侄儿毛修之说道，"贤侄原是桓玄的屯骑校尉，能凭此关系，将桓玄诱骗到此，以便你我叔侄齐心协力，将他除掉，为国除害呀！"

"大人想让侄儿如何进行？侄儿愿听叔父大人的差遣！"毛修之说，"只是……凭我一人之力，让我去诱骗桓玄，那老贼岂肯轻信？恐怕我……难以成功！"

"桓玄乃是一个穷寇，目下，其实他已经到了穷途末路、山穷水尽的境地，他别无可去之处了！益州是其理想藏匿之所，倘若你去邀请，他自会欣然来此的！"刺史毛璩胸有成竹地说。

"侄儿遵命——"毛修之答道，"不过，桓玄乃是世之骁将，而迎接桓玄的兵马多了恐怕会遭他疑心，但是倘若只派我一人前去，我又怕一人不能制服桓玄。这将怎么办呢？"

"这……我自有妙计！当然，若要万无一失，你我还要细心设计！"毛璩兴奋地说，"只凭你一人之力，当然不足以制服他桓玄的，我当为此周全安排！"

"悉听大人安排！"毛修之说，"只求大人细述！"

"……前日，你小叔毛番已病故在宁州刺史任上，我已请你伯父毛右之与参军费恬将其灵柩扶归故里，还派出冯迁前往护丧。此次他们途经西江，我可让他们趁机埋伏在杖洲水湾秘密处，等你和桓玄的船到，让他们一拥而上，在江面上配合你，共同拿下或杀死桓玄等人！"

"这样很好！"毛修之高兴地笑道。

"我们应如此这般地设下妙计！"刺史毛璩笑着，并走到毛修之身边，二人轻声筹划着捕杀桓玄之计。

再说南郡太守王腾之和荆州别驾王康产，他们虽然将晋安帝迎入南郡府中，但依然对桓玄不加理睬，这使桓玄十分无奈。

这日，毛修之突然赶到江陵，面见了桓玄，并向桓玄陈述了西行之利。

"益州偏远，前次……臣叔侄未能及时应召南回，还望陛下见谅！"毛修之跪向桓玄说。

"哦，爱卿请起！你叔侄忠心耿耿，朕岂能不知？"桓玄感激涕零地向毛修之说道。

"此番，微臣叔侄得知陛下受困于南郡，十分不平，因此，家叔特令臣前来迎驾！"毛修之恭敬地向桓玄跪道。

"这王腾之、王康产的心中只有安帝，却全然没有朕躬。爱卿仍旧一如既往，尽忠尽孝，令朕欣慰，朕自然会随毛将军西去。等到天下安宁之后，爱卿叔侄都要受到特别封赏。"正在走投无路的桓玄，听了毛修之的邀请之言，当然求之不得，随即感激地说道。

"谢主隆恩——"毛修之就势跪谢道，"微臣恭请陛下即日起程西去！"

于是，桓玄决定暂时落脚在益州，并急忙筹划携带一些重要人物，立刻乘船西去。

次日傍晚，桓玄、毛修之等一行人乘船急驶，走在大江之上。这时，看看天色将晚，百鸟噪叫归林，船队业已驶到杜洲地面。人们忽见上游过来了数只小舟，为首的船上立着一员大汉，与这边站在船头上的毛修之打了个照面，也不答话。

"嘿，前面的人听着：你们的船上是否载有叛贼？"正当桓玄在船中苦思冥想之际，竟然听到对方那船上的大汉如此向这边大喊大叫起来。

"你好大的胆子！朕乃是当今的新朝天子，哪里有什么叛贼？谁人竟敢在皇上面前胡言乱语？"桓玄见毛修之没有和那人答话，竟亲自向那人厉声喝叫起来。

但是，未等桓玄话音落下，对面船上又跳出了两员大汉，他们搭弓飞箭，将桓玄面前的护卫全部射倒。接着，一群人手持大刀，迅速地冲了过来，并跳到桓玄的船头甲板上。

桓玄见了大惊！其侄桓振看情形不妙，遂趁乱跳向江中，游水逃脱，奔走华容山道上去了。

"末将正是益州督护冯迁！受益州刺史毛璩大人之令，要前来取你这个反贼的首级！"冯迁大叫一声，同时举刀刺向桓玄，结束了桓玄的性命。

"我们乃是费恬、毛右之，正是来杀戮你们桓党的！"随即，费恬、毛右之也跳上此船，向桓玄之子桓升及族人桓石康、桓浚等人叫着，并且相继取下了桓玄及族人的首级。

冯迁令毛修之带着桓玄的首级，押解着桓升前往江陵。

到了江陵后，晋安帝见逆首被斩，不禁大喜。他立刻晋封毛修之为骁骑将军，将桓玄的首级挂在东市示众。

刘毅削平了桓玄后，令王腾之、王康产带着数千人马驻守江陵。接着，刘毅得知建康局势不稳，安排好江陵诸事，立即率军退到浔阳，以便随时策应下江都城建康。

再说，桓振得知刘毅大军已经退回浔阳，城内只有王腾之、王康产带着数千人马驻守，知道江陵空虚，遂欣喜若狂。于是，他急忙召集数千桓玄余党前来夜袭江陵。落草在沮川的桓谦也纠集了数千人马前来响应。

见桓辇又来，江陵城内王腾之、王康产带着数千人马与二桓对峙搏斗，但是经过了几个时辰，终因寡不敌众，二王人马被二桓杀戮殆尽。于是，江陵再次落到桓党之手。

接着，浑身血污的桓振早已杀红了双眼，他竟持刀，气势汹汹地跑进晋安帝的宫中。

"你这个落魄痴呆的皇帝，我为何杀你不得，我一刀砍了你！"桓振愤然冲进皇宫，怒发冲冠，举起大刀，向晋安帝叫着，说着就要砍下晋安帝的头颅。

"贤侄不可造次！"此时，突然，桓谦冲进来向桓振大叫着，阻止了桓振的行动。

"大将军……"众人一见桓谦进来，遂惊慌失措，向他齐声呼唤。

"左右，还不拿下桓振将军的砍刀？"桓谦向侍卫们喊起来，接着他又向桓振叫道，"岂有此理！对前朝晋帝，我皇兄尚且谦恭有加，你岂能如此无礼？你必须向晋皇请罪！"

于是，桓振只好向晋安帝跪拜，最后怏怏而出。

"上皇且安心，等到收拾了城中的叛匪、葬毕楚帝之后，我们仍将向陛下交还玉玺！"说罢，桓谦引众走出皇宫。

出宫后，桓谦又转身悄悄地向随从们说道："我们明日就要攻打襄阳，为免江陵事变，今晚你们一定要更换晋帝的贴身侍从。"

众人诺诺听命，也去了。

两日后，退驻在浔阳的刘毅正在召集众将在营中议事。

"刘将军，大事不好，上江桓玄余孽又死灰复燃了！华容的桓振和沮川的桓谦趁我江陵兵弱城空之际，发兵袭击了江陵，现已杀败王腾之、王康产的数千驻守江陵的兵马，并且占领了江陵城——"忽然，小校进来向刘毅禀报。

"啊，我本以为桓首既灭，就可以高枕无忧了，想不到二桓竟又死灰复燃！"刘毅一听大惊，随即令道，"现令何无忌、刘道规二将立即引军，前往西江，讨伐桓党余孽！"

何、刘闻罢，立刻率军夜奔江陵，风驰电掣，不到一日，大军已经来到江陵马头地界。

"禀报二位将军，前方桓谦大队人马也已经到达马头！"探马小校上来报道。

"命令前军，快马加鞭，杀向敌阵——"何无忌大叫道。

于是，大军叫喊着，势如排山倒海，向桓谦军营压来。桓军阵脚未稳，立即仓皇败退。何、刘二将胜了一着，又向前奔杀了一阵。此时，但见前方有一座河桥将道路分为两股，他们一时不知从哪条路前行，于是二人只好权在桥头歇息商量，再接着分兵追击。

再说，桓谦被晋军追击着，急速地领着残军败将翻过前山，赶上了桓振大军。

"贤侄，愚叔方才败了一阵，何、刘气势正盛，我们切不可硬战！此处山林险恶，我军当以埋伏之计胜之！"桓谦回过头来，急向桓振说道。

"侄儿已令部将冯该在杨林丛中设伏，并将亲率主力前往灵溪迎战何、刘！"桓振道。

35

"这样很好!"桓谦道,"何无忌来势凶猛,务必要在小路两旁埋下绊脚绳!"

桓振点头称是,并命令兵士安置去了。

"启禀将军,何无忌的兵马业已赶来——"探马飞奔,来到桓振跟前报告。

"前方果然烟尘漫天,大敌就在当前,全军接战——"正在这时,桓振看见何无忌大军业已尾随到来,慌忙大叫,"接下来要依计而行!"

于是,两军大战,桥上立即飞沙走石,桓军与何军在溪边滚打起来。然而,双方激战不过两个回合,桓振拨马就走。何无忌不知是计,趁着胜战的余威,策马追赶上去。桓振且战且退,不觉已经把何军引到杨林深处。

何无忌正在奋勇杀敌之际,抬头望去,不料,此时在林丛之中,突然爆发出"哗啦"一声巨响,接着,桓振伏兵四出,将何军围在崖前的乱草丛中,同时有多名将士的战马被绊绳捆倒。接下来,桓军在林中纵火,烈焰烛天,何军又遭遇到大火的袭击,损失惨重。

"啊,气煞人也!"刘道规身在大河的对面向这边喊叫道,"眼见得何无忌在烟灰中挣扎,我们却隔岸观火,爱莫能助——"

"这将如何是好?"众将惊问刘道规。

幸好,此时忽见一支人马到来,堵住了桓军。

"哦,原来刘敬宣率军到来!"刘道规见了大喜,"看来何无忌有救了!"

于是,已投刘裕的刘牢之之子刘敬宣杀退了桓振兵马,给了何军以歇息的机会,并给何军送来粮草,这才使得何军转危为安了。

接着,刘毅命令何无忌、刘道规二将重整军威,再次军进夏口,自己亲率大军攻进鲁城。何无忌、刘道规在率兵攻克了偃月垒之后,两路大军会师,直指巴陵,兵锋所向,势如破竹,桓军残部,望风披靡。

听到何、刘两路大军以排山倒海之势袭来,桓振闻风丧胆,忙挟持着晋安帝屯兵江津。看看刘军势不可当,遂与桓谦商议向刘军求和事宜。

"如今之事,已然只有智取,我们不妨以屈求伸,向敌求和,以图保留根本,来日方长?"桓谦急切地向桓振说道。

"啊,求和?刘毅如虎,何人敢于前往敌营?"桓振疑惑地问。

"为了大计,愚叔甘愿去敌营一遭!"桓谦答道。

"如此有劳叔叔了!"桓振懊丧地说。

于是桓谦带人向刘毅大营走去。

桓谦来到刘毅大营,软磨硬泡,百计兼施,与刘毅等人作了多次会谈,谈了很久之后,刘毅才慢慢抬起头来。

"……如今晋天子安在?"刘毅严厉地问桓谦。

"我已与桓振说过,望刘裕大将军赐我江、荆二州以为立足之地,我们当将安帝奉还江陵!"桓谦向刘毅恳切地说,"况且……现在安帝业已回返江陵,由卞范之等人看护,一定毫发无损!"

"既然投降，就应当携众回归京城，向皇上请罪，求得宽恕，何必还要占有江、荆二州？"刘毅俨然拒绝道，"其实，你们并非求和，你们无非是想留下一隅之地，以便来日死灰复燃，东山再起。我们岂能中你们的奸计，你们休要妄想！看在我们往昔同朝为官的分上，我今日给你留下一丝生机，否则我就要立即砍了你的狗头！去吧，休要再来胡说——"

"唉……"桓谦见刘毅毫不妥协，只得叹了口气告退出营，策马奔向江津。

"桓将军，大事不好！南阳太守鲁宗之受刘裕指使，已经突然袭击了襄阳，桓振将军已引军前往抗敌去了，他叫您和冯该将军共同留守江陵——"刚到江津，桓谦迎面碰到小校在向他高叫。

"老夫明白，江陵乃是重镇，如今兵马空虚，我将引军驻守江陵，请冯该将军前往豫章口，以屏江陵东隅！"桓谦听罢，立即向部属吩咐道，并随即率军东去。

然而，桓谦刚刚进到江陵城不久，就闻冯该将军镇守的豫章口已经失守，于是，桓谦惊慌失措，只好弃了江陵城池，掉头向西逃去。

"将军为何未战先退？"见兵马仓皇逃避，部众们急忙问桓谦。

"豫章乃江陵门户，今冯该将军镇守的豫章口已经失守，江陵就将不保，我们不如引军先去！"桓谦向部下说，"倘若不去，恐怕我们逃命都来不及了！"

桓谦说罢，见刘毅大军已经浩浩荡荡地向这边奔来，桓谦立马舍掉了晋安帝，丢下了卞范之等人，自己率军弃城而去了。

于是，刘毅来到城外，立即径入江陵城池，清剿了江陵的桓玄余党，斩杀了卞范之等人。

刘毅率众进到皇帝行宫，谒见了晋安帝，安帝对他百倍感激，并大大地夸奖了刘毅及其部众们一番，请求刘毅主持一切军政事宜。

"为今之计，当继续追捕二桓余党——"在宫中，刘毅大声向安帝奏道。

"这一切只有再烦刘爱卿辛苦一趟了！"安帝欣然答应道，"只是桓党疯狂，爱卿也应当格外谨慎才是！"

"启奏皇上，并禀报刘将军，桓振昨夜曾回军救援江陵，在路上闻得江陵失陷，部众霎时如鸟兽散，桓振只得孤军逃向郧州去了！"这时，部将刘怀肃赶来向刘毅报告，"我们是否要立即引军追？"

"哦！"刘毅听罢惊道，接着他又轻声地对刘怀肃说，"不必了，我以为桓振性格暴躁，他对待此败，决不会善罢甘休，他必定仍要收拾残渣余孽，再来偷袭我江陵，请刘怀肃将军立刻挥军前往江陵西郊密林深处埋伏静候，等桓振一旦率军从郧州卷土重来，你们便可以逸待劳，起而击之！"

"末将遵命——"刘怀肃答应后，引军往江陵城外埋伏去了。

桓党的行径，果然不出刘毅所料：未等刘怀肃军队埋伏停当，桓振竟又趁夜色正浓，引兵来袭江陵了。这样，他们恰好中了刘怀肃的伏兵之计，悉数被歼。

在此战中，当桓振身边仅剩数十人时，他仍与晋将索邈大战于沙桥。桓振虽然兵少，但是他们齐心协力，瞋目奋击，竟然使晋军一时不敢向前。但是，桓振终因内心恐慌，深知自己已经日暮途穷，所以数战之后，遂悲观地以酒当水，痛饮完毕后，又乘醉冒险冲突敌阵。晋军见了，连忙齐放箭矢，桓振身中数创，仍前冲不畏。于是，这位桓家勇将终于也战死于沙场。

桓振孤身蒙难，桓谦也再一次受挫，只得带着几个亲兵落荒而逃，投西北的后秦国去了。

刘毅大军扫平了桓党余孽，举国一片欢腾。

回江陵后，刘裕令刘毅、刘道规仍留驻夏口，令何无忌护送晋安帝还都建康。安帝回到建康后，改元义熙，大赦天下，令百官复职。任琅琊王司马德文为大司马，武陵王司马遵为太保。并且重赏刘裕、刘毅、何无忌、刘道规等诸位安国功臣，对其他朝臣也都各加封赐。

然而，针对着纷乱的局势，刘裕为免朝臣相忌，力辞官爵，只乞还乡归隐。晋安帝派百官向刘裕劝慰挽留，刘裕只好请求在京外任职。于是，晋安帝令刘裕督管荆、司、梁、益、宁、雍、凉等十六州军事，并允许他带军回丹徒镇守。又封刘毅为左将军，何无忌为右将军，二人分别督管豫州、扬州军事；再封刘道规为辅国将军，督管淮北军事。

"微臣谨遵圣命，不日即将出京，只是，临走前尚有几言奏上：如今桓党虽灭，然而，南方仍在动荡不定，因朝廷暂时无暇南顾，所以，微臣奏请仍让卢循任广州刺史，徐道复任始兴相，我想以敌制敌，借以维系南隅暂时的安定。"刘裕又出班奏道。

晋安帝一一允准。

三年后，在建康皇宫金殿内，百官齐集。在群臣的建议下，晋安帝为了追念讨伐桓逆之功臣，再次召集众臣计议。

"前次，大将军刘裕等诸位爱卿为了大晋社稷，浴血奋战，削平了桓逆。有大臣上本奏请封赏功臣，所以，朕今将颁旨再加封赏，请诸位爱卿奏报！"安帝向朝臣们说道。

"吃水应当不忘开井之人，为温暖众臣之心，陛下理当封赏功臣——"何无忌首先出班说道，"刘裕大将军出生入死，拯救了大晋，国家岂能忘怀？"

江陵城楼

"何将军所言极是——"随即，众臣齐声上前奏道。

"朕非草木，岂能无情？今即颁旨封赏诸公爵位！"安帝说道。

安帝说罢，向身后内臣们点点头，于是，总管太监手持圣旨，当众宣读："……今再加封刘裕为豫章郡公，刘毅为南平郡公，何无忌为安成郡公……"

听罢全场一片欢腾，接着又引出一阵叽叽喳喳的议论之声，隐藏着危机的征兆。

六、谋大计，寄奴剿谯纵

数日后，秋风渐紧，在丹徒刘裕郡公府花园中，刘裕行走在曲径之上，正在与书记官刘穆之共商大计。

"司徒兼扬州刺史王谧大人已经病故，朝内外对司徒和扬州刺史一职的任免事宜，议论纷纷，十分谨慎！"刘裕忧郁地向刘穆之说道。

"唉，因为司徒兼扬州刺史之职关系重大，此乃国中要害的职位，不是顾及大局，大将军您当初岂能将此职位转让给了王谧？"刘穆之认真地对刘裕说道，"如今王谧已死，而大将军您的功劳盖世，按资历和威望来说，接任此职者，非公莫属！奈何刘毅等人唯恐您位高权重，他们怕您入朝辅政，竟向皇上奏请让中领将军谢混接任扬州刺史，因为谢混正是刘毅的亲信。此乃不祥之兆！"

"嗯，刘毅等人的心思，我已有所察觉。然而，为免过早地让朝内外众臣忌惮，我当初为国尽职尽责，并决定不在朝中为官，因此奏请外调丹徒了。"刘裕无不忧愤地说道，"想不到即便如此，我仍然难防他人的算计。但是，今王谧留下的空缺事关大局，我不得不据理力争！只是……不知如何才能摆平刘毅等人啊！"

此时，二人已经漫步过了山桥，到达圃中的一棵奇形的小槐树前。

"怪哉，郡公且看此树，其主干之上竟并生三枝，三枝粗细相近！"刘穆之突然驻足，指着一棵奇树向刘裕说道。

"此树有何奇怪，莫非先生要借题发挥，另有高论？"刘裕随口笑问道。

"哈哈，园丁通常要斩去这树的左右侧枝，因为只有如此，才能让此树的中间一枝独秀啊！"刘穆之若有所思地说。

随即，刘穆之抽出身上的长剑，"吧嗒"一声，立刻将那树的两根侧枝削去了。刘裕见了，先是一怔，接下来，他会心地向刘穆之点点头，笑了。

"先生虽有再造之能，但也不必操之过急呀！"刘裕说着，并蹲下来扶起那树，轻声说道，"我也欲一枝独秀，然而时机未到呀！先生以为：今王谧留下的空缺，我据理力争，能够得到吗？"

"虽然，刘毅等人不希望您兼任王谧全职，但他们怕您不悦，也不敢让您全部落空。所以，前次何无忌将军曾向皇上建议，让您兼顾扬州军事，而由孟昶处理扬州内务，以便将扬州大权分而治之。"刘穆之向刘裕分析道，"如此说来，对此职的任用，皇上也在犹豫不决，因此，朝廷是会派员来丹徒征询大将军您的意见的。倘若果真如此，我只是希望您莫再过分犹豫和谦让了，以免误了大事！"

"启禀刘大将军，万岁派出钦差皮沈大人前来拜访书记官刘穆之大人——"二人正谈论着，忽闻侍者进园来报告。

"哦，钦差可能正是为司徒和扬州刺史任职之事而来的。哈哈，穆之所言一点不差！你乃一语中的！"刘裕听了侍者的话，立即朗声笑道，"还是穆之先去迎接贵宾去吧，我在此静候！"

"好的，麾下去去就来！"刘穆之应声去了。

刘穆之刚走进后堂，迎面就碰到钦差大臣、尚书右丞皮沈。

"呵呵，尚书皮大人到！不知贵钦差驾到，有失远迎，还望见谅——"刘穆之谦和地向皮沈说道，"快请皮大人上坐、示下！"

"刘大人不必过谦，在下只是为皇上的事来丹徒征求刘裕大将军意见的。而皮某初来，不知深浅，但是穆之深得刘大将军信任，故而我先来向穆之先生探询、请教，望穆之不吝相赐！"皮沈满面春风，向刘穆之笑道。

"大人不必客气，请详细地说来！"刘穆之说。

"王司徒新亡，关于他所担任的司徒与扬州刺史一职的接替人选，皇上至今仍然举棋不定。朝臣提出由谢混担任扬州刺史，或由刘裕大将军兼管扬州军事，但由孟昶处理扬州内务。皇上犹豫不决，因此特差在下前来丹徒，听取大将军本人的高见！"皮沈急速地说。

"哦，这事还得容下官三思……"刘穆之一听，正是方才他与刘裕所虑之事，忙灵机一动，向皮沈说慌道，"唉，下官近日肠胃不适，想要先去如厕，恕下官无礼。请大人稍等，下官去去就来！"

"既然如此，就请方便！"皮沈笑容可掬地点点头，坐下来说道。

离开了皮沈，刘穆之匆匆忙忙地来到后厅找刘裕。

"大将军，皮沈果真是为王谧之事而来的，他们提出了我们刚才所说的两个任职方案。"刘穆之急向刘裕说，"朝廷所提二策都是要分离王司徒的二职，这……皆不可取！"

"先生意下如何？"刘裕问刘穆之。

"如今之事，天下大变，晋廷早已今非昔比，我们应当从长计议——"穆之道，"大将军呀，公匡扶社稷，功高望重，而且帐下兵马业已数十万，已可翻天覆地，时至今日，公难道还真的甘愿一直做别人的一个藩臣吗？公当即日奋起，独自出人头地！"

"刘毅等人与我皆属北府将领，同场杀敌，如今对我未曾傲慢，他们仍然尊我为主，我岂能居功自傲，独居司徒和扬州刺史之职，凌驾于众将之上？"刘裕又问，"方才先生斩枝的意思，我已经明白，只是我不愿伤了兄弟之情啊！"

"刘毅等各位郡公与您同是布衣出身，如今同为北府将领，为国共扫逆臣，同享富贵，只是你们曾有主仆之谊，他们才暂时尊你为上，但是这难保他们能够永久地诚心诚意对您，而一旦您长期与他们一样同为郡公，将来彼此势均力敌，终会相互吞噬，后果堪忧！"刘穆之俨然说道。

"先生之意，让我必须立即拿取要职，方可镇定四方，让自己一枝独秀？"刘裕起身问道。

"正是！"刘穆之果断地说，"并且，现今首先要抓住扬州，因为扬州扼南北之咽喉，屏京都之门户，驻军数万，乃是国之根本，关系非常，此职务必由您独占，全部攫取，决不能拱手让人！当年您任命王谧为扬州刺史就已经是错了，倘若如今再错，恐怕您将会受人所制。您当明了：如今一切唯权而争，您一旦失去了权柄，就将一败涂地，如果再想失而复得就难上加难了！"

"如今我们将如何处理？"刘裕又问。

"您可即刻答复皮沈，说此事重大，本人需要入朝面奏皇上，与朝臣同议万全之策。"刘穆之笑逐颜开道，"一旦大将军您亲自到了京都，凭您现在的威名，在下相信朝中权贵，绝对无人胆敢当面说，要将扬州刺史之职授予他人的了。到那时，即使您再作几度谦让，也能稳取此位！"

"如此太好了！"刘裕兴味盎然地说。

刘穆之说罢，遂迅速地出厅迎接皮沈去了，刘裕也随即走出来，并依计而行，与钦差皮沈作了一番讨论。

于是，皮沈和刘裕相继回京活动。果然，未过几天，安帝降旨，命刘裕为侍中、扬州刺史。刘裕却又摆出谦恭姿态，奏请将督管兖州军事之职让给了他人。

数月后，忽传益州参军谯纵反叛，并且杀了刺史毛璩，自称成都王，于是，蜀中大乱。晋廷恐慌，急忙任命司马荣期为益州刺史，率兵讨伐谯纵。刘裕赶紧入宫面奏晋帝。

"谯纵何许人也，他竟也要谋反？"见刘裕进来，晋帝忙问道。

丹徒刘裕郡公府花园山桥

"谯纵出身也是世家大族，原来在军中也较受人爱戴，后为益州刺史毛璩的军中参军，此番毛璩遣谯纵等人率领诸县氐兵东下征讨桓玄，部将侯晖、阳昧和士兵们都不愿离乡，于是他们逼迫谯纵反叛，并推谯纵为首领，谯纵起初不肯，后来他攻占了涪城，大败毛璩部将王琼，毛璩被杀，于是谯纵忘乎所以，自称成都王了。"刘裕奏道。

"哦，那么，何人可去征讨谯纵？"安帝问。

"启奏陛下，微臣请陛下下旨：令诸葛长民镇守丹徒，刘道规屯驻石头城。让蜀中名将毛修之与益州刺史司马荣期会师，共同讨伐谯纵！"刘裕得知后，立即向晋帝奏请道。

安帝准允，于是大军立即出发。

司马荣期麾军在白帝城大战谯纵弟弟谯明之，双方尸横遍野，损失惨重。最后，司马荣期率领身边近千残兵，乘船夜入敌营，放火烧毁了谯明之的大营，谯军死伤将尽，残部遂狼狈地向巴州逃去。但是，此战两败俱伤，余卒不过百名，司马荣期自己也已焦头烂额。

"前去求搬救兵的人来了没有？"司马荣期策马站在阵前，拖着长枪，疲惫地向身后的小校问道。

"刘裕大将军已派益州宿将毛修之率军来救！"那小校报道。

说话间，只见毛修之已经汗流浃背地赶到阵前。

"毛修之将军，谯明之已大败而逃，请你速率骑兵赶往巴中，截住谯军逃亡的退路！"司马荣期大叫道，"我们乘船随后就去，星夜奔向巴州，以便杀尽谯贼——"

"刺史大人勿忧，谯纵乃是我杀叔仇敌，我对他们绝不会轻恕，将杀尽谯家——"毛修之哭叫道。

于是，司马荣期和毛修之兵分两路，连夜抵达巴州。

"司马老贼，在下参军杨承祖现在已经就任巴州刺史，你姗姗来迟，竟然与我争位？"当司马荣期将到巴州城边时，突然看见山前夜色之下，跳出一支人马，那领头的将军横枪向他大叫着，挡住了他的去路。

原来是叛党杨承祖率军前来了，此时谯军又卷土重来，两军相向，冲锋混战，大开杀戮。

在混乱中，司马荣期不幸在阵前被杨承祖杀死。毛修之闻得司马的死讯，急忙率骑兵飞奔来救，无奈山路崎岖，难以前行，叛军又纷至沓来，毛修之寡不敌众，只好悻悻地退回白帝城。

"毛将军休要气恼，刘裕大将军派末将前来助阵也——"因为失败，毛修之又恨又恼，率军正要入城，忽听身后一位大汉引一支人马大叫着赶来。

同时探马小校也跑到毛修之的马前。

"哦，故乡来人了，原来是益州督护冯迁将军来了？"毛修之低头问那马前小校。

"将军不知，冯将军现已升任汉嘉太守了，他所率的人马已经过万！"那小校答道，"另外，朝廷又派新任益州刺史鲍陋大人助战，他也即将到来！"

"哦，冯太守，叛贼杨承祖不可一世，我们合军一处，剿杀杨军余孽——"毛修之听罢，遂兴高采烈地向冯迁大叫。

"我们当协力剿贼，为益州刺史毛璩大人报仇——"冯迁在远处应声，并率军前来。

于是，毛、冯两军会合，冲向杨阵，千军万马聚集在一起，杀声震荡山谷。

此时，杨承祖凭着一股蛮劲，不顾身心疲劳，竟单枪匹马，上前冲向了毛修之。

冯迁在侧面，看得真切，立即策马跳去，举刀一下，竟然轻而易举地立斩杨承祖于马下。顷刻，毛、冯二军军威大振。

"全军乘胜前进——"毛修之见了，赶紧呼叫着催动兵马。

"毛、冯二将且住，不可冒进！"正在此时，朝廷新派来的益州刺史鲍陋却跑了上来大声阻止道。

"刺史大人竟然阻止大军乘胜前进，剿杀谯贼。你为何不许我们杀贼？"冯迁听了后，大声责问鲍陋，"莫非大人怕我们后辈抢了头功？"

"休得无礼！在下身为刺史，有权决定这里的一切行止，违令者罚——"鲍陋大声吼道。

毛修之十分苦恼，只好停止前行，并立即写信向刘裕据实禀报了鲍陋的行径。刘裕得信后，忙向晋安帝举荐刘敬宣为襄阳太守，令他即日领五千人马前来代替鲍陋入蜀讨贼，并任命荆州刺史刘道规为征蜀都督，调度讨贼各路军马。晋安帝全部恩准。于是，此时，刘道规总督约三万兵马，浩浩荡荡，直趋蜀中。

谯纵听得东晋刘道规数万大军就将赴蜀，闻风丧胆，急忙向北方后秦称臣，以乞求救兵。秦主姚兴接受了谯纵的请求，并派出姚赏等数员大将，引兵五万，汹汹前去援助谯纵。

刘道规等人听到秦、蜀联军飞奔而来，连忙杀猪摆宴，召集众将计议，寻求破敌之策。

"如今谯纵穷寇数万拼命杀来，势在必胜，我军切不可轻敌！"毛修之首先说道。

"敌军虽众，然而其主帅各怀鬼胎，心意各异，行动不一，又多为巴、益的乌合之众，我愿领本部五千人马拒敌，趁其立足未稳，冲而杀之——"刘敬宣首先出班请战道。

"刘将军乃是将门虎子，英气长在，勇气可嘉！只是……常言说，'穷寇勿追'，况且，谯纵今日虽败，但还有秦、蜀数万大军在前，你切不可因求胜心切而误事！"刘道规冷静地向敬宣说道。

"大帅不可小觑了我们后辈之能！"刘敬宣又急叫道，"末将愿率领本部人马为先锋，冲杀谯纵，如若不胜，甘愿受军令惩处！"

"刘将军且去，但务必要小心从事！"刘道规严厉令道，"只要能冲破其阵势就可以了，不可恋战！"

"末将懂得军阵之规，决不负大帅之托！"刘敬宣慷慨答道。

"为了预祝刘将军马到成功，我先奉上一杯！"毛修之举起酒杯为刘敬宣敬酒。

"末将尚无寸功，岂敢先来讨扰大帅的酒水？"刘敬宣连忙推辞，并转头向刘道规说。

"也好，待敬宣将军马到成功之后，再饮此杯！"刘道规举杯笑道，接着又对刘敬宣说，"将军暂且先去，我们大部人马自然随后就来接应！"

刘敬宣引兵飞杀而去了，并且，不久就传来他胜利的喜讯，谯纵大军已被刘敬宣冲向地势险恶的黄虎岭方向。于是，刘敬宣气宇轩昂地率军凯旋。

"刘将军果然不愧是牢之大将军之后，将门出虎子呀！"见敬宣得胜回来，刘道规喜不自禁，忙向他道贺，并向刘敬宣递上美酒，说道，"你果有关公温酒斩华雄的奇能呵！"

"末将尚未拿下黄虎，这岂算奇能？"刘敬宣双手接酒，一饮而尽，并且笑道，"现在末将愿再为先锋，直赴黄虎岭，将秦、蜀二军扼杀于崇山峻岭之中——"

"刘将军不可大意，先前秦、蜀之军或是因为此处地形不利他们作战，故而引你直赴山区，倘若我军真的前往黄虎岭，则必须有周全的计策方可，不能冒险行动！"毛修之又出来说道，"诸公应当知晓：谯纵乃是蜀中名将，他岂会一败再败？"

"毛将军，莫以为我们江南的人都不明了你们蜀中情形，我这次一定要再试一遭！"刘敬宣坚持地说道。

"既然如此，那就烦敬宣再走一遭吧！"刘道规向刘敬宣令道。

于是，刘敬宣气势汹汹，又率军直抵黄虎岭去了。

再说秦、蜀二军在与刘敬宣接战之后，见情势不妙，急忙率军退守黄虎岭。这黄虎岭上，山高林密，悬崖峭壁，离城五百里，前不靠村，后不依店，易守难攻，乃是蜀中险恶之地。姚赏和谯纵的秦、蜀二军暂时扎营在高坡之上，凭险守隘。

"听闻那刘敬宣又已领兵赶来了！"秦将姚赏对谯纵说。

"正是！那小儿真是'初生牛犊不怕虎'，他还真的以为我们败逃至此呢！殊不知我们正在此地张开口袋，等他自投罗网呵！"谯纵笑对姚赏道。

"此地真能阻止住晋军？"姚赏仍然心有余悸地问。

"请将军放心！此地横跨数峰，山路崎岖，前后河湖，沼泽交汇，我们就此扎营，雄关险道重重，乃一夫当关，万夫莫开也。刘敬宣他如果一意强攻，最后只怕落得疲惫不堪，自寻末路。到他粮尽弹竭之时，我们便可率兵冲下山去，一举杀尽晋兵。"谯纵又说。

"倘若晋军长期围攻呢？"姚赏问。

"我军后山运粮之路通畅，长期围攻对我军有利，只怕是他们晋军经不起坐地久战，他们会怕粮尽草竭呵！"谯纵胸有成竹地笑道。

"报告将军，晋军刘敬宣又在山下挑战！"这时又一个小校走上来报告。

"嗬，他如此迅速地赶来了！哈哈！"谯纵随口说，"他要自投罗网了！"

"让我先去会一下这个初生的牛犊！"姚赏策马提刀走出来说。

"莫急！暂且不劳姚将军，等他叫得口干舌燥之后，老夫自然前去会他一会！"此时，姚赏正要下山迎敌，却听谯纵上来阻止道。

"哦，谯刺史竟然如此成竹在胸，我们无忧了！"姚赏停下步，也笑道。

谯纵未答话，只和众将笑谈风生。直到日暮，谯纵这才向侍从大叫备骑，旋即拿起长矛，翻身上马，率兵下山迎战去了。

"下山来的是谯纵叛贼吗？你为何迟迟才来送死？"刘敬宣带着兵马，从清晨一直叫到日暮，才见谯纵跨马前来，真是怒发冲冠，急不可耐地向他大骂起来。

"刘敬宣小贼！畜生，你骂谁是贼？我乃蜀中大王，镇守本藩，与你何干？你却来此捣乱，竟骂老夫是贼！"谯纵回骂道，"如今晋朝早已名存实亡，亡国之地，人人有份，为何你们刘氏能拥有大片国土，倒不许我们有立足之地！这是何道理？"

"晋安帝尚在，刘裕大将军乃是扶持朝廷的功臣，你这屈从外虏的番奴却要勾连外族，扰我大晋！"刘敬宣继续骂道，"你这老匹夫，和桓玄一样，乃是朝廷叛贼！"

"今日之南国无非是刘裕的天下，刘裕挟天子令诸侯，其实是比桓玄更为阴险的叛贼了！"谯纵又骂，"只可惜刘牢之一代名将，反复无常，晚节未保。更可羞的是，他还有了你这个为虎作伥的贼子。岂不惭愧？"

白帝城

"蜀中匹夫，岂知天下大局、人心向背？我刘家……"刘敬宣还要大骂，忽见谯纵已挺枪冲了上来。

"是非曲直，老夫不耐烦听你唠叨，小子先吃我一枪——"谯纵说罢，一枪向刘敬宣刺去。

刘敬宣见了，大发雷霆。

"将士们，直赴山峦——"刘敬宣接着大叫道。

随即，他号令全体兵士向山后冲去。然而，不料，此时山侧，敌军突然伏兵四起，万马呼叫，把一时惊骇的刘军吓得转身东躲西藏起来，大部兵卒退往岗边。在山冈上，刘军不意又迎面碰到一支秦军奔杀过来，于是，刘军又被迫退入深涧潜伏。

接着，蜀军冲击，刘军只好又转头西走，企图藏身于谷中，却又见一支蜀军跳出，挡住了去路。两军混战之后，又一批刘军死于丛林之中。不到一个时辰的交战，刘军已伤亡过半，看看就将全军覆没。幸好此时，后方刘道规已率主力前来援助，众将方才整顿兵马，挣脱重围，跑到山侧扎营。

接着，刘道规、刘敬宣在黄虎岭凭着人多势众，日夜轮番围攻秦、蜀二军，日夜挑战，时时不息，但敌军就是闭门不出，或者每次只派出小股偷袭之兵迎敌，致使晋军每天都要在丛林中送掉一批士卒。

如此下去，双方相持了近两个月，晋军粮草将尽，伤病减员严重，最后无奈，只得带着残兵败将，回归南都建康。

刘军讨蜀，耗时数月，无功而返，使朝廷上下震动。刘裕对此十分气馁，忙上奏晋皇自愿削职，并将刘敬宣就地贬职，将刘道规降为建威将军。在朝议中，何无忌以为胜败乃兵家常事，反对将刘裕削职，最后晋廷只将刘裕降为中军将军，并保留刘裕的其他各职。

七、北灭燕，南讨卢徐贼

讨谯之战失利，刘裕气恼万分，决意亲率大军再度讨谯。在建康台城的太极殿内，晋安帝与刘裕等众臣正在慷慨陈词，计划全力讨谯。此时左仆射孟昶进来。

"启奏陛下，刘裕大将军恐怕暂时不能前去兴兵伐谯了，因为方才警报传来，南燕已经入侵到我国淮北！"左仆射孟昶跪地说道。

"啊，竟有此事，谯匪未灭，燕军又起？"安帝惊慌地问道，"南燕小国如今其力量如何，他们竟也不知天高地厚，犯我南朝？"

"南燕小国几经磨难，现在已经由慕容超掌权。此人宠信部属，猜疑亲族，疯狂地诛杀皇亲，又派出部将慕容兴宗、斛谷提、公孙归等人率骑兵攻入宿豫，侵犯我朝淮北。如今我国形势危急，对他们不能小觑！"孟昶接着说道。

"如今蜀中未平，刘爱卿当先杀谯纵，稳定国内，方好出兵！"安帝说。

"陛下英明，攘外必先安内，蜀乱乃是燃眉之急，燕侵无非是肌肤之患。国中不稳，刘裕大将军暂不能北伐南燕！"一批朝臣齐声说道。

"不然，南燕外患不可姑息，况且，只有先灭了南燕，蜀中震动，我国方可回剿蜀十谯纵叛匪。"左仆射孟昶、车骑司马谢裕、参军臧熹三人齐声说道。

"微臣奏请陛下，准我先行引军铲除燕敌，再荡平西蜀谯贼！"许久之后，刘裕出班向安帝请奏道。

"……朕令刘爱卿为大元帅，总领北伐兵马，调动各军出发讨燕！"安帝点头同意。

"本帅着令刘道规屯兵淮阴，严防燕军东来！"刘裕得旨后，接着向众将下令，"孟昶暂时留京处理中军府事务，参军臧熹、胡藩随本帅调集水军进抵下邳——"

众将应声去了。到了下邳，刘裕留下战船辎重，率军登岸，向琅琊进发，并且每到一处，他都令人筑城防守，以便步步为营，向前渐渐推进。

"启禀大元帅！"参军臧熹对刘裕用兵之策存有异议，并叩马谏阻道，"我军岂能步步前进？燕人见我军远道而来，都避而不战，诱我深入。倘若他们占据大岘山，搜尽了四周粮草，日子一久，我军将无从觅食，进退两难，如何是好？"

"鲜卑小族，乃是鼠目寸光、贪得无厌之徒，他们生来以掳掠为乐，无有长远计划，见我孤军深入，他们必然以为我也同他们一样，只会扫掳一番，而不会久战，更不会长驱直入大岘山，因此他们只会盘踞临朐、广固，安静地等待与我会战。同时，他们也不会进驻大岘。"刘裕忙向诸将解释道。

"然而，一旦我军破釜沉舟，深入敌中，即使占领了大岘山，将士们业已身临险境。这如何是好？"参军臧熹又道。

"将士们既知自己业已身临险境，那么他们就只有背水一战，拼命杀敌，方可生存了！这也不失为一种激励将士之计。"刘裕说道，"而燕人一旦失去了大岘山据点，自然就会北逃，以求自保。这样一来，我军岂有不胜之理？"

"哦，大帅言之有理！"参军臧熹听罢点头。

刘裕说服了参军臧熹之后，遂率大军轻装疾进，昼夜不息。然而，当刘裕军到达大岘山时，竟然不见燕人守军的一卒一马。刘裕派人四处打听，结果见探马前来报告。

"启禀郡公，据悉：燕主慕容超未听他的征虏将军公孙五楼'据守大岘山'的计策，致使岘山成了一座空虚要隘，因此，我晋军才能这样轻易地进入山中了。"探马向刘裕报道。

"哦，果不出我所料！"刘裕高兴地大叫，随即命令，"全军进入大岘山——"

慕容超闻得晋军占领了大岘山，十分惊慌，于是他急忙一边亲自率军四面进攻大岘山，一边调动征虏将军公孙五楼、辅国将军贺赖卢率领原来屯驻在临朐的五万人马前来助战。只是让左将军段晖带着数千兵士居守临朐。

此时，敌我双方十余万兵马相逢于山口，一场恶战在激烈地进行中，喊声震天，山谷抖动，只杀得日暮昏暗，天日无光。转眼日落，双方方才各自缓缓收兵。

"既然，目前南燕兵马齐集大岘山，想必临朐空虚，我们不如从小路前去，偷袭临朐，以乱其后部？"收兵后，参军胡藩向刘裕献计道。

"好，好，妙，妙！此乃是韩信破赵之计呀！"刘裕一听，拍手叫好，"我即刻令你率兵五千，前往南沿，偷袭临朐！"

"末将得令——"参军胡藩答道，随即趁着夜色，引军向临朐奔去。

到了临朐，胡藩果然发现临朐少有燕兵驻守，于是他挥军一战，不费吹灰之力，竟马到成功，不到一个时辰就拿下了临朐。

"陛下，大事不好了！微臣无能，临朐已经失守……"南燕临朐守将、左将军段晖战败后，连夜奔逃到大岘山燕主慕容超的帐下，向主哭诉。

"啊，竟有此事？"燕主慕容超听罢大惊失色。

得知临朐失守，慕容超掉头回窜逃命，燕军顿时失去了主帅，立即溃退。刘裕率大军趁势奋勇追赶，沿途冲杀，燕军死伤无数，段晖也死于乱军之中。公孙五楼护卫着燕主慕容超，仓皇向后方广固城逃窜。

回到广固，燕主未及整顿人马，刘裕的大军却已杀到城下。

"公孙将军把守城门，决不能放进一个晋军！"进城后，燕主吓得魂不附体，急切地命令公孙五楼，同时又喊，"张纲速往后秦求援！"

"陛下，后秦现在正遭夏主赫连勃勃的攻击，自顾不暇，岂能派兵前来救我？"张纲愁眉苦脸地向燕主说。

"无论如何，也烦先生再走一遭——"燕主急切地说。

接下来见张纲应命去了，慕容超这才高兴地向部属们说道："尚书郎张纲先生已去后秦搬兵，广固决不会失陷，将士们务必放心坚守！"

再说南燕尚书郎张纲奉命出使后秦求援，结果未能得到一兵一卒，只得垂头丧气地回返。而正当张纲带着随从沮丧地路过泰山时，竟被泰郡太守擒住，太守将他送到刘裕大营。

"啊哈哈，久闻张纲先生大名，今日得见，刘裕十分欣慰！"刘裕见了张纲，立刻大喜，并亲自下堂为其松绑，赐酒压惊，连声说道，"世事纷乱，先生乃是国中鸿儒，可惜也流落异邦，今日当归回南国了？"

"唉，郡公不必过谦，张纲如今已是郡公阶下之囚，岂敢无礼？在下愿降！张纲概由大将军发落，岂敢多言？"张纲闻罢，忙跪拜在地向刘裕说道，"大将军乃是当今英雄，张纲能为您效力，也算是万幸了，岂有其他妄想之念？"

东晋十六国南燕广固地图

于是，刘裕与张纲握手言和，并让张纲沐浴更衣。接着，刘裕遵照张纲之嘱，让张纲登上楼车，令人将他推到城前向城上的燕军喊阵。

"城上守兵听着：我晋朝数万大军围城多时，本可一鼓作气，踏平广固，只是念惜城内芸芸众生的性命，而一意忍让，不忍加兵于你们，因此，我大帅奉劝你们尽早投降——"刘裕随车也走到城下，并令士兵向城上喊话。

"城下的晋军不必威吓我们，我燕主已告示我们，我国尚书郎张纲大人已去后秦搬兵，等到秦国援兵到来，你们南军即将逃遁！"城上守卒们回答道，"你们攻城战具再利，也不能进我广固城中！"

"燕主是在欺瞒你们，请各位看看，这前方楼车上坐的是谁？他就是你们的张纲大人！"晋军立即指着车上的张纲向城上叫道。

"……我正是张纲，我曾奉燕主之命，前往后秦求助，无奈秦主未能派出一兵一卒救燕，我已向晋国投降了，也请各位归顺南国，以免身遭不测——"此时，张纲也向城上喊道。

城上兵士看到了这种情况，都吓得魂飞魄散。燕主慕容超更是惊得目瞪口呆，半晌无语。看来，救兵不能来，燕军将会全军覆没。

燕主慕容超只得派人，前来与刘裕和谈，并且承诺，愿割让大岘山与晋，向晋称臣。但是，刘裕未准，慕容超无法，只好再次派出尚书令韩范向后秦乞求援助，秦主姚兴无军可借，只得派出使臣来到刘裕大营来发话。

"我秦主希望刘大将军立即退兵，以使各国睦邻友好，否则，后秦将派出十万铁骑进驻洛阳，攻打晋国！"秦使向刘裕威胁道。

"哈，你回去转告姚兴，我军平定青州后，就将进兵秦国的函谷关，倘若他愿意送死，就请速速引兵前来与我决战！"刘裕听了大怒道。

后秦的使者弄巧成拙，碰了一鼻子灰，只好没趣地走了。

"大将军岂能如此说话？您方才给秦使的一席话岂能使秦人畏惧？倘若我军没有拿下广固，而秦军又真的被激怒而来，燕、秦合击，我军腹背受敌，如何是好？"录事参军刘穆之进帐向刘裕劝说道。

"穆之勿忧！试想，倘若后秦果有发兵之意，就会趁我不备而来偷袭我军，以便出奇制胜。今日，他们既然派出使者前来发话、恫吓，其实就是虚张声势，我们岂可畏惧他呢？"刘裕笑向刘穆之解释道。

"哦嗬，大帅言之有理——"刘穆之恍然大悟，也笑道。

"大帅容禀：广固城依山傍水，当用轻巧战具，速战速决，才叫事半功倍！"此时，张纲突然进帐说道，"在下不才，但仍有制具之技，请大帅恩准张某戴罪立功，为您制作战具！"

"如此太好了！有劳张先生了！请先生速办！"刘裕兴奋地对张纲说。

这时，一群人又拥簇着燕尚书令韩范前来请降，刘裕仍一如既往，满面春风地下阶迎接韩范，并令他与张纲一起制造战具，以便攻城。不久战具造成，登城行走，巧妙无比。

"全体将士，我军围城日久，日久生懈，而今光阴紧迫，又有了张、韩二位先生所制的精巧战具，我们理当奋勇攻城，一举拿下广固，扫荡南燕，凯旋京师！"刘裕急令部属道。

全军听了刘裕的话，又立即哗然！于是，上下齐奋，喊叫着，发起又一阵猛攻。燕阵岌岌可危，城上守兵渐渐抵挡不住，纷纷溜出城区。城内守将——南燕尚书悦寿眼见得广固将破，干脆偷偷地打开城门，向晋军投降了。

燕主慕容超见此情景，吓得魂不附体，慌乱地率引着十数骑亲信，趁着夜幕，仓皇逃窜，结果全数被刘裕擒获。

刘裕派员将燕主慕容超等人押送到京城，并上奏了军情。晋廷诛杀了燕主慕容超，并任命刘裕为青、冀二州刺史，自主行事。

接着，朝廷下旨，令刘裕移师下邳，向关洛进军，以便再次攻蜀，削平谯纵叛军。于是，刘裕率领大军向西而去。

"大帅且慢，大事不好了！"正当刘裕大军将转向关洛时，忽闻刘道规飞军赶来说道，"卢循、徐道复又趁机谋反了！而且，目下卢循已攻陷了长沙，徐道复已陷了南康、庐陵、豫章，两军合股，顺流而下，直逼京都建康，朝中大震。皇上特命令麾下飞马前来，召令大帅勤王，率军回救京都！"

"卢循、徐道复又反！这个反复无常的小人，我这次一定要回军杀尽此贼！"刘裕听罢，怒发冲冠，并向刘道规说，"阿弟，请随我一同赶赴江东杀敌！"

"这样很好！"刘道规斩钉截铁地答道，过了一会欲言又止道，"大帅容禀……"

"阿弟还有何话要说，请告知为兄！"刘裕急切地问道规。

"……江荆都督何无忌将军，他……在与卢循、徐道复的作战中……业已为国殉难！"刘道规忧伤地慢慢说道。

"呀，竟有此事！啊，何无忌他竟如此短命——"刘裕闻罢大哭不止，接着愤然地说道，"我们立刻起程，杀向反贼——"

此时，风驰电掣，暴雨大作，刘裕大军飞奔到达江边。然而，就在此时，眼望大江，却见波涛滚滚，天地昏暗、风高浪急，刘裕催促大兵渡江，部将个个面露难色。

"苍天呀！倘若苍天助我，当立即风平浪静，否则，大丈夫浴血沙场，虽马革裹尸，有何惜哉？"刘裕见此，心急如焚，于是他举起大刀，指向上苍，激昂地呼天号地，"全军立即登舟——"

然而，说来也奇怪，当刘裕麾众冲上舰船后，烟波江上，竟然立即风平浪静，刘军不禁欢欣鼓舞，相继上船。此时，从京城来的使者又赶到刘裕面前。

"启禀大将军，京城虽已戒严，人心惶惶，但贼人还没有杀来，只要大人能在两日短期内赶赴到达建康，京城仍旧无忧！"京使欣然安慰道。

"唉，愿上天保佑——"刘裕叹了口气，"愿我军明晨赶到石头城！"

于是，刘裕大军日夜兼程，并且很快地抵达京南凤凰台江面。此时，江岸上的兵民见了刘裕大军的战舰逶迤，旗帜连天，知道救兵已到，京城大难将去。于是，大家都如同久旱逢甘露，欣喜若狂，欢呼雀跃起来。

凤凰台　　　　　　　　　　　　　白鹭州

次日，朝廷内外安宁，京师解严。刘裕带着部众，前来入朝拜见天子。晋安帝在宝座欣喜地与众臣共商御寇之计。

"昨天，豫州都督刘毅曾主动请缨，愿意率军南征叛匪，朕已准奏！刘毅现在已到姑孰。"安帝问众臣道，"诸位爱卿尚有何高见以助刘毅将军一臂之力？"

"微臣本在整治舟械，准备出师讨逆，既然刘毅将军已去，微臣将给他写一封信，和他约定配合破敌之策！"刘裕向安帝说。

"哦，如此太好了，刘毅之弟刘藩将军就要去刘毅军营，请将此信委托他带给刘毅吧！"安帝说，"愿京城上下众志成城，愿此次讨逆成功！"

刘藩得令取信去了。

再说，刘藩到了姑孰，将刘裕的信交给了刘毅。刘毅展纸，见那信上面写道：

"卢循等寇接连获胜，正当锋芒中露之际，锐不可当，贤弟务必不要孤军蛮动！应当等我率水师到达后，再合军破敌！"

"嗬，我与刘裕同为讨逆功臣，又同是郡公，刘裕口气不小哇，他仍然视我如其部下！"刘毅看罢信函后，怒气冲冲地说道，"想当初，我们兴兵讨逆，只因是刘裕首先发起的，因而我们才推举他为首领，而其实在战争中，我刘毅从来都是主力，我与他同为北府将领，他凭什么还要不断地向我发号施令？"

"都督之意是？"刘藩轻声地问道。

"我偏要立即单独召集水军两万，前往桑洛洲。我相信：以我自己的一旅之力，一定可以一举平定卢循、徐道复等贼寇！"刘毅激动地向刘藩说道。

说罢，刘毅怒气冲冲地率军向南作战去了。

然而，数日后，刘毅因为准备不足，被卢循、徐道复等逆寇在桑洛洲杀得大败，最终，他只得带着数百残兵败将，登岸东逃。

消息传到建康，京城又立刻大哗，人人惊怕！安帝更是惊慌失措，忙与刘裕等众大臣齐集在含章殿上，紧急计议。众人都目视着刘裕，盼望他能拿出主意来。

"……看来，卢、徐就要犯京！"刘裕思考了一下后，立即出班奏道，"刘毅兵败，叛军士气大增，而我军因为方才征燕，损兵折将颇多，晋军元气尚未能恢复，全城兵力，再加上诸葛长民和刘道规带来的勤王兵马，总共也不过万人。微臣肯请立即出城招募水兵，以便修固石头城，抵御卢、徐叛匪！"

"这样很好，刘爱卿请立刻照办！"安帝赞同地说道，"如今贼兵势大，他们唯有惧怕刘裕大将军！刘爱卿，只有你出战，京城方可无忧啊！"

"陛下，太看重微臣了！"刘裕笑道。

"卢循、徐道复击毙了何无忌，挫败了刘毅，连破江、豫二镇，拥兵十万之众，舟船绵延百里，楼船高达十二丈，横行于大江之上，不可一世！"刘穆之出班大声说道，"然而，尽管如此，他们也仍和当年的叛党桓玄一样，一旦听到大将军刘裕的威名，就会胆战心惊，不敢小觑！"

"此话千真万确！如今朝内外，都赖刘裕大将军！"诸葛长民也高声地说道，"我们愿随刘大将军讨伐贼寇——"

"众爱卿都认为刘郡公威名果然如此？"安帝问众臣。

"正是！启奏皇上，适才探马报道：卢循、徐道复大军驶达姑孰时，闻得刘裕大帅将亲引大军抵御，十分畏惧。而且，宿敌卢循甚至怕得想退守浔阳、转攻江陵了，只是徐道复仍想乘胜前进，不肯回头，仍旧孤军东下。"忽然，孟昶跑进大殿说道，"叛贼或许会合军齐下，我们愿意立即随刘大帅前去抵御——"

"求刘大将军立刻出兵石头城，以保我京城门户——"众人齐声说道。

于是，安帝下旨，令刘裕总督讨贼军事，即刻麾军西去。刘裕遵旨率军去了。

几天后，形势更加紧迫，前方警讯如雪片似的飞到京都。安帝及前后方众将都齐集在太极殿上，计议破敌之策。

"卢、徐舰艋遮天蔽日，贼势甚大，势不可当——"从前方逃来的几位将士进殿，都异口同声地叫着。

"卢循已被徐道复说服，现在要与徐贼一同，合力东下，并且已临石头城前。贼势强盛，我们不宜以卵击石，陛下应暂时过江北去，以避贼寇锋芒！"孟昶、诸葛长民听罢，遂惊慌地建议道。

"陛下，不可，"刘裕起身大叫，"大敌当前，我们只有前进，摧毁敌军锋芒，熄灭敌人的气焰，才能确保社稷，岂能见凶退却？虽然敌兵气势汹汹，我仍愿驻军石头城下，挡住他们的去路！"

"贼势太盛，虽然郡公刘大帅威名显赫，但也未必能够力挽狂澜……"有几个人仍不放心地向皇上奏道，"陛下还是自己考虑，是否真要撤兵北去！"

"刘裕大将军曾荡平南燕，剿灭桓玄，威震四海，北国都为之惊怕，卢循、徐道复等人更是视刘大帅如猛虎，对大帅万分恐惧！此时，我们正可趁势随刘大帅攻击逆匪，岂有撤兵之理？倘若撤兵，这将使刘大将军再也不能号召将士了！"刘裕帐下参军王仲德跳出来说道，"刘裕大帅也曾说道，'南山可移，我破敌之志不改'，末将深信不疑，想必大帅的心意今天仍然一如既往！然而，既然如此，众人又何必多疑而惧敌？"

"刘裕大将军之威名，我们早已知晓，但是如今叛贼汹涌，我们应当以屈求伸，请陛下北撤，以暂避锋芒，有何不可？"孟昶也坚持撤兵，"暂且撤兵以保实力，此乃尺蠖以屈求伸之策！"

"正值国家危急存亡之际，大人们却不思抗拒叛匪，只在朝堂争吵。这是何意？"此时，刘裕从门外进来，向众人愤怒地叫了起来，其声如洪钟。

"皇帝乃一国之主，北去暂避叛军锋芒，有何不可？"孟昶反问刘裕。

"目下乃是国家非常之际，神州风雨飘摇，各镇均在蠢蠢欲动，他们都有谋反的意图，朝廷牵一发而动全身，倘若京都一迁，举国震动，大晋全国极有可能顷刻土崩瓦解，我们岂能安达北岸？"刘裕大怒道，"况且，即使到了江北，也不过是苟延时日而已，我们岂能在彼久驻长存？"

"凭京中之力，岂能保住陛下？"孟昶又问。

"虽然，目前，京城兵少将寡，但总还能拼杀一阵，倘若此战得胜，叛贼自然败溃，倘若不胜，我横尸庙门，以身殉国，亦不足惜！我刘裕斩钉截铁，誓保京都，决不后退！"刘裕大声叫道。

"大将军宁死不屈，令人鼓舞，然而，勤王保国，也非匹夫之勇就能办得到的！"孟昶哭道，"倘若大将军执意硬战，末将自愿先死，以死谏之！"

"将军如此不通情理，你等我打完了此战，看看结果之后再死也不迟！何必如此性急，要求先死？"刘裕也大声地向孟昶怒道。

"哎呀，苍天呀！臣当初不该力排众议，劝刘大将军北讨，以致强贼趁虚而入，危及社稷！臣当以死向天下人谢罪！"孟昶听了刘裕的话后，摇了摇头，悲愤长哮，说毕，自刎于金殿之上。

众人看罢，个个目瞪口呆，惶惶不可终日。

卢循兵到淮口，京城戒严，安帝和众臣犹如热锅上的蚂蚁，正在大殿上计议守城事宜。

"陛下请立即降旨调兵！"朝臣们看着徘徊在殿上的晋安帝，纷纷呼叫。

"令琅琊王司马德文督守台城内宫，刘裕亲率大军屯驻石头城御敌，咨议参军刘粹屯军京口！"安帝无可奈何地下令道。

于是，各将迅即引军前往，各就各位去了。

八、卢徐尽，晋帝归南位

刘裕来到石头城上，举目西望，但见那云集天际，烟雾弥漫，山水昏暗。接着，远处鼓噪之声传来，敌船逶迤驶入，直逼新亭。

刘裕想令部将出击，但他旁顾左右，却见人人面露愁容。然而幸好，不一会，敌船却又掉头西去，慢慢停泊在远处的蔡洲江面。刘裕见了不禁又转忧为喜。

"果然不出我之所料，卢循犹豫不决，徘徊于江中，他对我刘裕仍有畏惧之心。然而，他今天既然去了蔡洲，则我军就可以从容布阵了。倘若我的战阵布定，那么，这叛贼即使麾军再来，也再难撼动我的营垒了！"刘裕大喜道。

"我军应当趁机增加木栅栏等防御措施！"龙骧将军虞邱建议道。

"正是！应立即照你的建议去办——"刘裕令道。

于是，人心渐渐稳定下来，兵士们纷纷修筑工事，设防栅栏。

"王仲德将军，请你立即带探马前来向我报告！"接着，刘裕又向后面叫道。

"探子已在大将军身后了！"参军王仲德对刘裕说。

"哦，请将叛贼目前的动向说来！"刘裕回身向探马问道。

"叛贼徐道复进入淮口后，本想立即焚舟从新亭登岸。无奈卢循畏于大将军您的神威，不敢背水一战，只是优柔寡断，徘徊于江上！"那探子向刘裕报道。

"怎么，徐道复扬帆西去了？"观察了一会，刘裕又回头问探马。

"正是！"那探马说，"当时，徐道复见卢循不敢靠近京都，心急如焚，甚至惨然悲叹道：'卢循如此畏首畏尾，要误我大事！唉，倘若我以一己之力举事，取建康易如反掌……而不幸，我今日却与他共举大事……大事难成了'。看来，徐道复是要执意西退了！"

"嘀，果不出我所料……哈哈哈！"刘裕听罢笑道，"看来，京城无忧了！"

徐道复在蔡洲休整了数日后，又扬帆来到石头城边侦察，接着，回到大营与众将计议进攻建康之计。

"刘寄奴果然不愧是威武善战的大将！我方才去下江侦探了一回，却在石头城一带，见晋军水师，军容井然，旗帜森森，三军正在严阵以待。看来此战，对于我军真

蔡州外景　　　　　　　　　徐道复在蔡州休整

是凶多吉少啊！"徐道复收起了往日的豪情，略带惊恐地说，"诸位以为此战应当如何进行？"

"刘裕身经数战，威震四海，人说道寄奴有天子之气，我们不宜与他硬斗！"徐道复的部将范崇民不无忧虑地说，"况且……卢循大人他……犹豫不决在江上，无有进取之意，我军士气早衰，岂能独闯龙潭？"

"唉……卢循这个滑头，畏畏缩缩，他乃是怕独担风险，想让我为他冲锋陷阵，最后他再来坐享其成，渔人得利呵！"徐道复生气地说，"我与他本应同舟共济，然而，他身为大将，却患得患失，思虑太多，如此岂能胜敌？看来……我们也应当量力而行，保存实力，决不能冒险从事呀！"

正在此时，石头城下喊叫声四起，两军突然掀起一场大战，其势惊天动地。

"啊，外面是谁派人出战杀敌去了？"徐道复一听忙问左右，"好像是卢循将军已经出兵攻打石头城的栅栏去了。"

"正是卢循将军出战了……"范崇民说，接着，他不安地问徐道复，"现在我军应当采取何种对策，如何对付晋军？"

"哦，此时岂能进攻？"徐道复迟疑了一会后，对左右说道，"那么……请卢循将军前来我舰商议！"

徐道复说罢，一位小校立即乘艋舟而去，不一会，引来汗流浃背的卢循。

"方才我已令十多艘战舰攻打石头城外的防护栅栏，却全被刘裕的神臂弓箭射中，战舰悉数被毁，实在令人心痛！"卢循一进帐就瞪着双眼向徐道复说道，"我本想调虎离山，水军猛攻石头城，骑兵突然登陆，绕道出走鸡鸣埭，进攻台城，谁知又被刘寄奴识破了这一计策，我只得败下阵来了！"

"将军以为不能再战了？"徐道复问道。

"唉，有刘寄奴在，我们将不能撼动建康啊！"卢循怅然地说道。

"……既然不能一举拿下京都，我军不如转攻京外附近各郡城？"徐道复建议道。

"据探子来报，刘裕早已急令各郡严防死守，现在各郡都已经壁垒森严，我军仍将难以撼动他们！"范崇民也插口说道。

"唉，看来，我们此次谋反，实在不合时宜，弄得如今骑虎难下！"卢循垂头丧气地埋怨道，"徐公当初所谓'天下可定'之言差矣！"

"莫非卢大人，你真的甘愿永世屈居番禺那蛮荒之一隅？"徐道复激动地问。

"我并未这样说过！"卢循反驳道，"我当然也想挥戈以图谋天下！"

"既然如此……当初，刘裕兵伐南燕，京都空虚，正是我们攻克建康千载难逢的良机，只是卢公你未能及时起兵，而是举棋不定，致使我们在始兴会师时，岁月已经拖到了次年。此乃贻误时日之一也！"

"其二？"卢循问。

"我们上次兵达江宁时，人马已逾十余万，建康震动，只可惜卢公……你又畏首畏尾，犹豫不决，多疑少断。此乃贻误时日之二也！近日攻袭京城时，本来刘裕并未能布局就绪，我们一鼓可下，然而，大人却又害怕刘裕，举棋不定，退缩不前，误了攻克台城的大好机会。此乃贻误时日之三也！"徐道复接着说，"有此三误，我们当然凶多吉少了！"

"二位大人应当同舟共济，商定今后的破敌良策，何必互相埋怨！"范崇民着急地叫道。

"……既然如此，我军数月征战，业已疲惫不堪。不如暂时退据浔阳，合力攻取荆州，然后再回头图取建康，一定南国？"卢循垂头丧气地与徐道复商量道。

"……如今，也只能如此了！"徐道复颓然地说，随即又大声向范崇民叫道，"大军立刻退往浔阳，留下范将军你率五千兵马据守南陵，以为主力断后，不得有误！"

于是，范崇民闻声引军西去，卢、徐大队人马旋即拔营溯江而上。

击退了卢、徐叛匪，京城建康转危为安，刘裕大功更加卓著。朝议中，晋廷上下，一片喜气洋洋。

"今封刘裕为太尉中书监，并赐黄钺一把——"在含章殿上，安帝笑逐颜开地说道。

"微臣谢恩——"刘裕出班跪奏，并说，"微臣另外有本要奏！臣欲保举王仲德为辅国将军，刘钟为广川太守，蒯恩为河间太守，以便合力进击残匪。"

"既然各位爱卿均已功劳卓著，朕一概准奏！"安帝应允道。

"今残寇业已西逃，陛下可令王仲德、刘钟、蒯恩与咨议参军孟怀玉一起，立即率兵追击残敌。我将加紧修建战舰，等到楼船修建成功后，就令孙处、沈田子率领百艘战舰绕道海路，直捣番禺卢循的老巢，以使残敌得到灭顶之灾！"刘裕接着向众人说道。

"大将军所言虽然不错，只是率舰绕海之计恐怕不妥！"朝臣们听了后，一阵议论道。

"海路迂远，波浪汹涌，又分散了兵力……"接着，将军孙处也疑惑地说道。

"诸位不必多虑！"刘裕向众人笑道，"据我所料：今年年底我军必破叛乱的妖虏。孙、沈等将军，你们只管先去捣毁贼巢，在他们走投无路之时，我们便可以瓮中捉鳖了！你们对其他的事情都不必挂牵，我自有办法！"

于是，朝议平息，孙处、沈田子等人也应声率军去了。

卢循、徐道复率军回到浔阳，急如热锅上的蚂蚁，忙在营中商议对策。

"为今之计，我们应当尽早与谯纵联合，以便合兵共同破晋！"卢循对徐道复说，"上次派出的人与谯纵联系好了吗？"

"启禀大人，回返的使者刚到殿外！"侍从见问，急忙上前报告，"据说，此次谯纵已经带来大批人马前来相助！"

"哦，请他们进来说话！"卢循兴奋有加，急不可耐地令道。

"大人当时请谯纵合攻荆州，谯纵当即答应，并向后秦求助。秦主姚兴封谯纵为大都督，兼相国和蜀王，并调来先前因失败而投靠后秦的桓谦，让他也来协力助战！"那探子说。

"此乃天助我也——"徐道复在一旁听了，兴奋异常地说道，"据说秦将苟林又奉秦主姚兴之命，率骑兵赶来荆州会师。目前，晋朝的荆州空虚，我们正可以图一逞！"

"果真如此？"卢循问。

"是的！因为上次，荆州刺史刘道规派出司马王镇之会合天门太守檀道济、广武将军到彦之去救建康，途中被苟林将军击败，至今尚未回来呢！"徐道复说。

"正是！"那探马接着说，"谯纵任命桓谦为荆州刺史，谯道福为梁州刺史，令他们率领两万人马，也杀奔荆州而来了！苟林兵驻江津，而桓谦也率兵两万到达枝江，数军相逼，江陵大震！"

"很好！如此说来，在西江一带，我军声势已经十分浩大！我军一定能与刘裕决战——"卢循欢欣鼓舞，激动地大叫道，"吩咐全军立刻挥军进攻荆州——"

荆州数路叛军压境，城外激战正酣，血流成河。王镇之等人被敌军重创后，闻风丧胆，慌忙蹿入荆州城中去藏身。

"在数路贼军夹击下，荆州危在旦夕，人心惶惶，已少斗志。人们东张西望，意欲出逃。这如何是好？"王镇之进帐，仓皇地问刘道规。

刘道规徘徊中庭，默察民情，无计可施。

"唉，水大不能堵！将军，不如索性大开城门，让百姓们出走？"王镇之探问刘道规。

道规听罢点了点头，遂策马向城门口走去。

"全城百姓们，外面敌情如火，你们如果不愿留下，那么可以自出城门，各自逃命去！然而，留下的将士们务必严阵以待，拼杀来犯之敌！"刘道规向挤在城门前熙熙攘攘的人群大叫道，"然而，莫看荆州今日有难，但是，刘裕大将军不日就将到达这里，贼兵自会退去的！"

道规开门叫喊一阵后，却无人出城。于是，他又信心倍增，令众将重整兵马，准备与敌决战。

"禀刺史大人，雍州刺史鲁宗之从襄阳率兵来救荆州——"忽然探马进来报道。

"啊，这样很好！开城门迎接——"刘道规闻过则喜，立即令人开门迎接鲁宗之。

"且慢！"司马王镇之此时赶忙上前阻止道，"人心难测，鲁宗之此来，未必是救荆州？刺史大人应当慎重，不可冒险接纳，以防引狼入室！"

"目前城内兵马奇缺，救兵如救火，王司马何必多疑而不接纳援军？如果你们不放心，那么我将即刻单人出城相迎！"刘道规斩钉截铁地说道。

说罢，刘道规单骑出城迎回了雍州刺史鲁宗之，并与他诚挚畅谈，二人心心相印，很是投机。

接下来，刘道规与鲁宗之合军一处，水陆并进，在枝江击毙了桓谦。苟林闻风丧胆，夺路而逃。刘道规急忙命令参军刘遵追击苟林，刘遵在巴陵杀死了苟林，于是，余敌溃退。最后，刘道规得胜返回江陵，送走了雍州刺史鲁宗之。

"刘刺史大人，不好了，叛匪徐道复又率领三万兵马杀来！"刘道规方才回营，就闻小校风风火火地跑来说道。

"竟有此事？"刘道规闻罢说道，"唉，可惜鲁宗之已回雍州，这里只有靠我们城内余兵独自拼搏和防守了！"

"刺史大人，刘遵将军已经得胜回朝！"又一个小校突然前来，惊喜地报告。

"启禀刺史大人，末将回来了！"正说着，刘遵策鞭走到刘道规面前滚鞍下马，上前说着。

荆州城楼

"将军真如雪中送炭，敌首徐道复又引兵来犯江陵了。将军还不能稍息，还需要策马再战顽敌！"刘道规赶忙说道，"望将军不辞劳苦！"

"末将遵命——"刘遵跪接军令，慨然答道。

于是，刘道规、刘遵共率两万兵马，杀向徐道复的乱军丛中。战斗无比惨烈，大将刘道规见徐道复在万军丛中露面，遂亲自冲进敌阵，杀向徐军，斩杀敌兵无数。然而，就在最后时刻，即将冲破敌营之际，刘道规却身遭流矢，不幸坠地身亡。

刘道规战死，全军震动。刘遵临危不惧，一面临阵派人入京向刘裕禀报，一面不顾生死，冲破徐阵，几经反复，竟使叛军闻风丧胆。此时，徐道复不料江陵竟有如此劲敌，立刻精神崩溃，仓皇败退，领着残兵败将，夜奔溢口去了。

贼兵连败，江陵无恙。消息传到京城，朝廷又是一片欢腾。于是，刘裕命令刘毅监管太尉府，全权处理府内事务，然后自率刘藩、檀韶等将领南讨余贼。

"禀太尉大人，王仲德将军的捷报已到！"殿下突然跑来一位小将，兴奋地说道，"王将军业已杀了悍敌范崇民，并夺回了南陵——"

"哈哈哈，天助我大晋——"刘裕听罢大笑道，"全军快马加鞭，即刻赶到南陵与王仲德会师，再次进军雷池，杀尽卢、徐余孽！"

于是，刘军兵达雷池，与卢循、徐道复大战。结果，卢循被杀得孤舟南窜番禺，徐道复带着残部退守到始兴。接着，刘藩、孟怀玉分兵继续追剿残敌，刘裕率军回朝报捷。

"刘裕爱卿功高盖世，朕将封卿为大将军、扬州牧，并赏二十名仪卫！"在太极殿早朝时，晋安帝见了刘裕，立刻大喜，并朗声向众臣宣布道。

"不可，臣恳请陛下收回成命——"刘裕听罢，赶忙出班推辞道，"如今卢循、徐道复两贼未靖，微臣岂能领赏？只是愚弟刘道规，功勋卓著，他已为国捐躯，陛下当……"

"刘爱卿如此谦恭，朕就依卿……"安帝慢慢说道，"哦，江陵的荆州刺史刘道规与卢、徐二匪奋战，结果为国殉难，朕当追任其为郡王！"

满朝都在静听皇帝封赏。此时，却见将军胡藩快速进殿而来。

"前方捷报——"胡藩进殿后，立即大叫道，"残匪卢循、徐道复在逃窜的途中，虽然召集了万余兵卒，分投番禺、始兴，然而，因番禺早被先前刘太尉派出的孙处等人占领，卢循因而失去了巢穴，只好拼命争抢番禺，结果被孙处、沈田子、刘藩等将军合兵击败了。现在，卢循已在逃往交州的途中投水自尽了，徐道复也在始兴被孟怀玉斩杀。"

"哦嗬，如此说来，南方逆匪悉已荡平！"晋安帝从宝座上站起来笑道。

此时，满朝喝彩，欢声雷动。

九、外敌靖，刘裕杀同门

数月后，在建康太尉府。太尉大都督刘裕与胡藩等人在计议国事。

"……叹，我弟……刘道规军功卓著，在荆州刺史任上，秋毫无犯，体恤百姓，深得荆州民心。唉，不幸……他却早逝了！"刘裕悲叹道，接着又说，"在金殿上，我因刘毅的威望颇高，故而特别奏请刘毅为荆州刺史，没想到他去荆州后却全盘篡改了当初刘道规所施行的一切仁政，弄得百姓怨声载道……"

"刘毅还将原来他的豫州文武旧吏悉数调到荆州，置于自己的麾下。他还要兼管交广二州，任命亲将郗僧施为南蛮校尉，命毛修之为南郡太守。这些……太尉您都已一一照准了！"胡藩接着说道，"然而，您知道他下面还将有何动作吗？"

"实在不知！将军你有何见教？"刘裕紧张地问。

"……刘毅如此野心勃勃，这恐非国家之福啊。您为何竟如此放任刘毅胡为？刘毅将军恐不会长期屈于太尉大人您的麾下！"将军胡藩忧心忡忡地对刘裕说。

"将军以为？"刘裕反问。

"依末将看来，刘毅他虽与您同为北府将领，素有军功，但与公相比，他自惭形秽。"胡藩说，"您统领百万雄师，战必胜，攻必克，声震寰宇。对此，刘毅原是自叹不如的，其心中必有所忌。然而，论及文才，他却自命不凡，常自比如古代的孟尝、信陵，如今其门庭若市，他常以此盈得许多文士归附。刘毅他大有与您分庭抗礼之心啊！"

"此情……不佳，朝中常有谁与他来往过密？"刘裕惊问。

"……仆射谢混、丹阳尹郗僧施等人与刘毅往来尤为密切。谢混是刘毅的死党，当初王谧去世时，刘毅就欲将扬州的军权交给他呢！"胡藩严肃地说，"刘毅他在门客们的面前，也自诩大有信陵、孟尝之遗风。您应当趁早图之！"

"啊啊，我与刘毅等人同为北府将士，同心协力，匡复朝廷，他虽然有过，但亦有功，我们岂能轻易就相互猜疑？"刘裕忧虑地说。

胡藩听了刘裕的话，默然垂头不语。

"启禀太尉，荆州刺史刘毅奏表到京，皇上特令呈给太尉过目！"正在这时，太监向刘裕呈上刘毅的奏折。

"……刘毅此折应当是为刘藩之事而写的！"胡藩沉默许久后，慢慢地抬头向刘裕说道，"不过……请太尉细看此折，它应当是郗僧施所书的？"

"哎呀，果然是郗僧施的笔迹，莫非他们为策划此事，真的已经花费了一番精力？"刘裕接过书信，拆而视之，发觉正是郗僧施所写，十分震惊道，"将军果然神机妙算、未卜先知！"

"唉，刘毅骄纵狂妄的为人，末将早有所耳闻，为图大事，其幕僚秘密策划已非一日！"胡藩轻声叹道，"他甚至还狂妄地悲叹自己没有赶上刘邦、项羽的年代，因此无法与之争夺中原呢！"

"他……竟敢将自己与刘、项并论，看来……刘毅的野心不小啊！前次，因其堂弟刘藩讨逆有功，因此我才令刘藩为兖州刺史，并镇守广陵。这一次刘毅有病，他竟想与郗僧施合谋，趁机奏请刘藩为荆州副帅，他们如此急欲聚集部众、招降纳叛，看来，他们或许早有图谋……"刘裕紧锁眉头道。

"……事已紧迫，太尉当从速处之！"胡藩道，说罢，他站起来向门外侍卫点头道，"请左卫将军进来——"

接着，刘敬宣应声快步地走了进来，并向刘裕施礼。

"敬宣请向太尉说一下刘毅的近况吧！"胡藩看了一下刘敬宣，轻声地对他说道。

"哦，禀太尉大都督！"刘敬宣说，"前次刘毅尚未到荆州赴任时，就与末将联络，并向末将许诺：'我到荆州就职，打算对阁下委以重任，不知阁下是否真有辅佐意愿？'末将以为，刘毅此言，分明表示他有谋反之心，因此特来向太尉报告！"

"是的，刘毅的反意已明！"刘裕神情凝重地说，"我将假意允准刘毅的请求，召刘藩入朝，一等到刘藩进到宫阙，便将他捕获，囚禁大牢。"

"这样很好！"胡藩如释重负，遂严肃地说道，"此外，太尉应当立即起草奏本，向皇上奏告刘毅、刘藩两兄弟谋反，并与尚书仆射谢混图谋不轨！请陛下立即下令赐死谢混、刘藩等人。接着就要发兵去上江，讨伐刘毅，刻不容缓——"

刘裕点头同意，并且奏表上达晋安帝，皇上立即照准。于是，刘裕手持诏书，立即派人去谢府杀了谢混。

此时，恰闻刘藩进京受职，见他已入阊阖门，刘裕立即命令两侧所埋藏的刀斧手将他拿下，随即令人当众宣诏：

"……刘毅图谋不轨，反叛之心日久，刘藩、谢混皆为同党，罪不可恕，立即赐死……"

刘裕行动极为迅速，使刘藩等人连一个"反"字还没说出，就都被杀死于廊下。接下来，刘裕开始派兵西去讨伐刘毅。

刘裕奏请皇帝，任命司马休之为荆州刺史，令其随军前往讨伐刘毅。又令参军王镇恶、蒯恩率军为先锋，突然袭击江陵。

"参军王镇恶、蒯恩注意：刘藩等人已死，但荆州的人们都还不知晓，必无防备，你们可率百艘战舰，日夜兼程，打着刘藩的旗号，直抵豫章口。"刘裕轻声地令道。

先锋王镇恶出征不久，为了讨伐刘毅之战万无一失，刘裕立即令豫州刺史诸葛长民监管太尉府，处理内务，令刘穆之为建威将军，辅助诸葛长民，自己也亲率大军溯江而上，前去支援王镇恶。

参军王镇恶等人奉命，率军到达江陵江边，随即舍舟登岸，直接抵达江陵城门。迎面恰巧遇到由城内出来，欲往江津公干的刘毅的大将朱显之等人。

"来者何人？"朱显之见来者装束奇特，神色慌张，急忙问道。

"本部是刘藩刘兖州的部属！"王镇恶随口答道。

"那么……刘兖州本人……他何在？"朱显之又问。

"他就在后面，即刻就到——"王镇恶赶紧骗他道。

此时，朱显之心中起疑，并抬头远望，但见那江津方向火光冲天，鼓声大作，这才知道事情有变，遂赶忙惊慌失措地率众退入城中，向刘毅报告。

"大事不好，外面朝廷大军前来，江津舰船悉被火烧——"朱显之惊慌地向刘毅叫道。

"哦，竟有此事！立即关闭城门——"当得知情况有变时，刘毅急忙下令关闭城门。

然而正在此时，谁知兵将未及披铠，城门未及关闭，王镇恶的水军就已经汹汹地闯进城来，他们举刀乱砍，全城顿时人喊马叫，嘈杂鼎沸起来。

在万分紧急中，刘毅率领数百亲兵杀出城去逃命，深夜请求投宿城外的一座佛寺，但是寺僧见其满面污垢，狼狈不堪，不敢接纳。刘毅无奈，只好连连叹息数声，含恨自缢于山寺庙中，余众遂散。

王镇恶收斩了刘毅头颅，并抄杀了他们的全部族人之后，向刘裕报功去了。

此时，刘裕亲领的大军也已经抵达江陵，在此接纳了王镇恶递上来的刘毅首级，并杀了郗僧施，赦免了毛修之，整顿城内秩序，抚慰荆州兵民，又令荆州刺史司马休之上任。最后，刘裕才率军得胜回返京都建康。

再说，留守在太尉府的诸葛长民自恃功高得宠，并能带五十名卫士进出皇宫，因此他得意忘形，终日不理朝政，只是让部属们为他四处奔波，聚敛珍宝美女，并且大肆地为自己营造宅院府第，弄得百姓怨声载道。

这一天，诸葛长民正在府中狂饮，并将美女左拥右抱，如梦如痴地狂叫。突然，见一名小校惊恐地跑了进来。

"启禀诸葛将军大人，江陵的刘毅已被太尉斩杀——"那小校进府告道。

"因何事被杀？"诸葛长民惊慌地问道。

"太尉说刘毅他们谋反……"小校答。

此时，诸葛突然惊闻刘毅被杀，怅然，他如梦初醒，惶恐不安起来。紧接着，他的弟弟诸葛黎民闻声也惊慌地跑进门来。

"啊，刘毅竟遭屠杀！唉，昨杀彭越，今斩韩信，明日将有何为？"诸葛长民慌慌张张，轻声地对其弟诸葛黎民说道，"看来……我们昔日刘裕的北府兵将弟兄们，都要大祸临头了！"

"情同手足的北府将领刘毅竟能被杀，我们诸葛氏岂能幸免？"诸葛黎民愤然而起道，"我们不如趁刘裕还未到京，京城空虚，就赶紧起事，以便自救于水火？"

"唉，往事不堪回首，我如今再想做一个丹徒布衣也不能了……"诸葛长民哀叹道。

"如今刘裕再不能让兄安稳了……"黎民痛苦地说，"我们唯有起兵自保，或可创出一条活命的新路！"

但是，虽然忧心如焚，诸葛长民听了弟弟的建议后，却还是犹豫不决。

"阿弟且莫性急，待我前往刘穆之处打听后，再作决策，刘穆之是刘裕的副手和亲信呀！"过了一会，诸葛长民又对弟弟说道。

"啊，长兄尚知'唇亡齿寒'的道理吗？刘毅既死，将来岂有我们立命之地？事到如今，岂能再三犹豫？"诸葛黎民急不可耐地向兄长哭叫道。

诸葛长民没有听取弟弟的意见，却赶紧来到刘穆之府中。

"据说，刘太尉对我已有不满……不知何故？"诸葛长民偷偷地向刘穆之探问道。

"刘公远征时，能将太尉府及家人托付与你，倘若他真的会猜忌于你，又岂能采取如此的安排？"刘穆之反问诸葛长民。

"哦……你的话也有道理，这或许是我本人多疑了。"诸葛长民自言自语道。

听了刘穆之的话，诸葛长民又略微放心，因此对反叛之事，他更加犹豫不决了。思索了一阵后，他百无筹措，遂致书给冀州刺史刘敬宣，劝他起兵反叛刘裕，以便共谋富贵。而刘敬宣本是刘裕的死党，前次状告了刘毅，这次，他当然也不会隐瞒诸葛兄弟的反情的。于是，刘敬宣立即派人将诸葛氏的密信转交给了刘裕。

刘裕看完信后，随即做出了应急对策。为了抑制京城的反情，他立刻放出消息，说自己即将抵京。于是，刘裕的这一招，使得诸葛长民急如热锅上的蚂蚁，慌乱一团，无所适从。此后，诸葛长民天天出城恭候，却始终未能见到刘裕的踪影。

几日后，刘裕私下与刘穆之约定半夜入京，别无人知。

次日早朝，刘裕在太尉府处理完京中事务后，诸葛黎民才得知刘裕业已经返京，随即跑进诸葛长民府衙中来向兄报告。

"兄长知否？太尉已经于前夜回京了！"诸葛黎民向兄长叫道。

"哦，原来如此……"得知这个消息后，诸葛长民惊叫了一声。

于是，诸葛长民赶忙前来太尉府来谒见刘裕。见刘裕正与诸臣说话，他只好不安地站在一边等候。此时，刘裕告别了其他几位官员，装得若无其事，并且急忙下堂迎接诸葛长民，喝退堂上参劾诸葛兄弟的其他官员，独与诸葛长民亲切交谈，握手言和。诸葛长民见了，如释重负，心情顿时愉快起来。

"……大都督忙碌，末将要告辞了！"谈了一会话后，诸葛长民遂向刘裕告辞道。

"告辞？哦，你要告辞？"此时，刘裕突然变脸，向帐后大叫一声，"丁午何在？"

随着刘裕的一声大喊，帐后忽然窜出一名壮士——丁午。丁午跑出帐来，一把抓住诸葛长民的脖子，随即将他勒死了。

接着，诸葛长民的弟弟诸葛黎民、诸葛幼民以及堂弟诸葛秀之的全家，也相继被不明身份的人所杀害了。

十、平西蜀，太尉破休之

刘裕灭诸葛氏后，威震朝野，举国震惊。于是，刘裕任命朱龄石为益州刺史，令他偕同宁朔将军臧熹、河间太守蒯恩、下邳太守刘钟率两万大军讨伐西蜀谯纵叛党。

"启禀太尉大都督，谯纵乃国中顽匪，前次大都督亲率大军进剿，尚且不利，而朱龄石之辈威望甚微，岂能挂帅讨伐谯纵？"刘穆之不无忧虑地对刘裕说，"朝内众将对此都不甚放心啊！"

"穆之和众位大人都不必过虑！龄石虽然资历尚浅，然而，他文武兼备，又能听从本督教诲。诸位现在不信，但是，将来必见分晓！这里我为他备有锦函一封，让他到达白帝城后即可打开，依计而行，其这次讨谯之战，结果必胜——"刘裕胸有成竹地说着，停了一会他又说，"不是本督故弄玄虚，赐之锦函，只是如今城内城外人多眼杂，行军之计，目前还不便过早地让众人知晓，以防走漏风声，所以我仿当年的诸葛孔明，授他们以锦囊之计。望诸位见谅！"

刘裕说罢，递给朱龄石一个锦囊，并将朱龄石带到后堂，与他密谈了许久之后方出。最后，刘裕把随军的刘钟叫到身边。

"朱龄石乃智勇双全之才，只是尚须你沿途提醒，此次进军西征，关系重大，你切勿让他失足一步！"刘裕语重心长地对刘钟说。

"大都督不必担心，末将定会时刻牢记大都督的嘱咐，随时提醒龄石将军！"刘钟点头答应道。

在西去的峻岭上，风雨交加，山路艰险，举目云遮雾掩。

晋朝大军在艰难西行，宁朔将军臧熹、河间太守蒯恩、下邳太守刘钟等人均不知朱龄石将如何破敌，只得遵从大都督刘裕的意旨，默默无声地长途跋涉，跟随朱龄石率军前行，后来抵达白帝城。

"请将军尽早打开大都督的锦囊，以便让我们胸有成竹！"这时，众将急不可耐，齐声向朱龄石叫喊起来。

见大家都心急如火地叫喊，朱龄石只得赶紧打开锦函。打开后，众人争相观看，却看到，原来刘裕在其函中写道：

山路艰险，举目云遮雾掩

　　"主力从外水攻取成都；臧熹从中水攻打广汉，以吸引谯纵兵力；老弱士兵乘高舰从内水前往黄虎，以虚张声势。全军速战速决：违令者斩！"

　　"哦，此计非常奇妙！大都督果然费心了！"朱龄石看罢，会意地感叹道。

　　"这是何意？"在场的宁朔将军臧熹、河间太守蒯恩、下邳太守刘钟都不解地齐声问道。

　　"诸公且听我细述：上次刘敬宣伐谯时，取道内水黄虎，结果，劳民伤财，无功而返。此次，刘公令我主力强军取道外水直入成都，却以老弱取道内水虚张声势，仍走黄虎岭大道，这将出乎谯纵所预料，让他将主力布置在内水。而今，又令臧熹从中水进军，谯纵见中水也有敌军，必然要分兵前往中水抵御，这就又分散了谯纵的主要兵力，于是我军攻打成都就更是易如反掌了！"朱龄石兴奋地说，"看来，这次谯纵一定会措手不及，腹背受敌，其必死无疑，而我军必能直取成都，胜利在望了！"

　　"这乃是孔明的妙计！"刘钟听罢大叫。众人听了，也无不折服。

　　于是，朱龄石全局指挥，分兵前去。见晋军疾驰到达平模时，蜀王谯纵这才大惊失色，因为他发觉原来此次晋军目的是一举夺取他的老巢成都，而远不止是夺取黄虎，所以，他慌忙派出谯道福率兵驻防涪陵，以便严防晋军从内水通过的同时，又加强成都的防务。而在此时，朱龄石所率领的大军却离成都不过两百里了。谯纵见此，慌乱无比，只得急速派出秦州刺史侯晖、尚书仆射谯诜率一万大军扑向平模对岸，筑城据守，以便阻扼对岸晋军的兵力。

然而，此时正当盛夏，烈日炎炎，谯军困苦难当，而晋军长途跋涉，也已疲惫不堪。

"目下天气奇热，众敌据险固守，我军暂难攻破，不如先行养精蓄锐，再伺机发兵？"朱龄石踌躇不前，有些忧虑地对蒯恩、刘钟说道。

"将军不可！"刘钟立即说道，"我们老弱疑兵已从内水进入，吸引了谯道福驻军涪陵。侯晖等人虽然率军前来平模，但是都在惊慌失措之中，我军倘若趁其惊魂未定之际而攻之，必获大胜。平模告捷，我军即可乘胜前进，拿下成都！反之，倘若如今，我军犹豫不前，反会暴露了我军的虚实。一旦谯纵知晓我军虚实真相，识破了我军的薄弱之处，调来谯道福大军支援平模，我军就会进退维谷，师衰粮绝，两万人都将沦为蜀虏了！"

"啊，此言有理！刘将军乃出金玉之言，让我茅塞顿开了！倘若没有你的提醒，我军就真的危险了！"朱龄石听后大惊道，"况且，临行时，大都督也曾要求我多听刘将军之言，并且说道：'我军当速战速决，违令者斩'呀！"

"既然如此，请将军拼命麾兵疾驰——"刘钟、蒯恩等人齐声说道。

于是，朱龄石挥汗如雨，催军冲向平模，趁着天色昏暗，敌军慌乱，不到半日，就拿下了平模。臧熹也从中水趋入，过关斩将，并且很快地就占据了广汉。两军会师，直逼成都，势如破竹。

在成都谯王宫中，宫廷哭声一片，谯纵接连收到兵败的消息，吓得魂不附体。

"啊，苍天不佑，我蜀人只有弃城而走了——"得知晋朝大军已临成都，谯纵向众人哭道，并慌忙跑下殿来，打算仓皇外逃。

"父王将去何方？逃跑也难免一死，反而自取其辱，我们不如到先人墓前各自自裁，一死了之，这总能显出王侯将相的风度！"谯纵的小女扯着父亲的外衣，向他哭谏道。

"呜呼，蝼蚁尚且贪生，更何况我们为王之人……"谯纵回头向女儿哭道。

"父王莫非忘了……当年祖父的教诲？"谯女仍旧拉着谯纵衣襟不放，而且大声哭叫。

"你祖父感叹当年蜀汉灭亡时，后主刘禅向魏将邓艾屈膝投降，其子北地王刘谌却能请求守城并决一死战。这……你父王当然记得，然而今日……"谯纵泣不成声地说。

"……当年北地王痛哭皇祖，莫非……父王今日也要孩儿这样再哭皇祖……"女儿撕心裂肺地哭喊道，"呜呼……父王……你一代王侯，竟……"

谯纵不听女儿的劝告，并甩手上马向殿外冲去。其女见此，遂立即撞死于先人的墓旁。

　　谯道福闻得平模失守，成都危急，慌忙从涪陵回军来救，途中遇到了狼狈不堪的谯纵。

　　"蜀王为何弃城而走？你竟如此轻易地放弃了用艰难换得来的功业，还不惭愧？人生总有一死，你何必对死如此狼狈畏惧？"谯道福愤然地向谯纵骂道。

　　谯纵听了，默然无声。

　　"蜀王自思，请先行自尽！"见谯纵默默无语，谯道福随即拔出长剑掷向谯纵，并且叫道。

　　长剑正中马鞍，谯纵慌忙逃躲，后来见身边的侍卫散尽，谯纵这才勉强地解带自缢于身后的树上。谯道福冲向前方，犒赏军士，企图与晋军背水一战，无奈军士们得赏后，仍然渐渐散去。谯道福只得只身外逃，但逃出不远，就被朱龄石部将王志擒住，最后也被斩首示众。

　　次日，王志斩下谯纵、谯道福的首级，献于朱龄石马前。

　　成都既破，朱龄石率军入城，斩杀了谯氏全部族人，整顿军马，继续进军，并将捷报报到京城建康。刘裕以晋廷的名义，令朱龄石监管梁、秦六郡军事，赐封他为丰城县侯。

蜀地剑阁峥嵘

　　蜀乱平息，刘裕功劳更加卓著。于是，他被晋安帝封为太傅、扬州牧，刘裕推辞未受。晋廷又封刘裕的第二子刘义真为桂阳县公，刘裕谢恩后接受了此项御封。于是，刘寄奴父子地位更加显赫，在朝中已能呼风唤雨，其威望更高一筹了。

再说荆州，刘毅被诛后，司马休之继任荆州刺史，颇得江陵人心，但是，这自然又令刘裕不安和忌惮，所以，现在司马休之又成了刘裕进攻的下一个目标了。于是，刘裕在太尉府中与刘穆之商谈。

"荆州乃国之重地，现让司马休之经营，于太尉和国家都很不利！"刘穆之向刘裕说道。

"我何尝不知这种拥兵自重、据守一方之势，对我刘裕形成了新的威胁呢？"刘裕说道，"只是目前又将如何处理？"

"首先，刘公可拿司马休之在京的儿子司马文思开刀！"刘穆之说，"司马文思已经因袭被晋廷封为谯王。而此人本是纨绔子弟，恶习不少，其性情暴虐，结党营私，杀戮小吏，无恶不作，人人共愤。更严重的是，他还叫喊着，说司马氏的天下竟被太尉专权了，因而他企图谋划反抗太尉！"

"正好，我们就拿司马文思开刀！"刘裕欣喜地说道。

于是，刘裕将司马文思等人的罪行奏明皇上，并斩杀了司马文思的党徒，只因司马本人是属于皇族，所以安帝赦免了司马文思本人的死罪。

刘裕只好将他押送到江陵，交由司马休之自行处置，司马休之一面答应将文思废为庶人，一面当然对刘裕表露出了十分的敌意。刘裕对此甚为不悦，于是，刘裕命令江州刺史孟怀玉兼督豫州六郡，以便制约司马休之。

次年，刘裕赐死了司马休之的子侄，令自己的弟弟刘道怜掌管太尉府事，刘穆之辅助。然后，亲领荆州刺史，溯江西去，讨伐司马休之。司马休之联合雍州刺史鲁宗之和他的儿子鲁轨，共同抵御刘裕大军。

在大营中，刘裕与参军檀道济、朱超石等人计议讨伐司马休之事。

"本督曾派女婿徐逵之，招降司马休之的书记官韩延之，这韩延之竟不听号令，并且历数了我的罪过。我早就想剿之！"刘裕怒发冲冠地说，"对此，诸位有何高见？"

"我们不如立刻率军前去问罪！"檀道济、朱超石齐声说道。

"好吧，本太尉现令檀道济、朱超石率军驻守襄阳！"刘裕接着道，"至于粮草……我已令江夏太守刘虔之聚运，令参军蒯恩率军协助，徐逵之、王允之、沈渊子引军策应！"

"这样很好！我们得令——"檀道济、朱超石慷慨答道。

"启禀大都督，鲁轨气焰正旺！江夏太守刘虔之已经被鲁轨击毙，徐逵之、王允之、沈渊子均被鲁轨计杀，蒯恩见此，心有余悸，持重不动，并全军退了回来！"此时，主簿谢晦进帐向刘裕报告。

"啊，事情竟然如此糟糕！"刘裕闻罢大叫，"此战不可失败，我将亲率大军前往征讨此贼——"

于是，刘裕亲率万余兵马渡江，直抵对岸荆州崖礁岸边。

此时，崖礁侧畔，风起云涌，白浪滔天，江岸数丈。鲁轨与司马文思所率的四万士兵已经堵在岸前，严阵以待，杀气冲天。刘军看了，个个心惊，面面相觑，都不敢贸然登岸。刘裕见此，怒火万丈，遂身先士卒，披上甲胄就要单独跳上江岸，众将士们苦谏不住。

"大都督万金贵躯，岂能上前？冲锋陷阵之事，自有麾下的将士承担——"在这紧迫之际，主簿谢晦奋不顾身，冲上前来，抓住了刘裕的胳膊叫道，气得刘裕怒目扬须。

"谁人胆敢阻我，我就要先行杀他!"刘裕拔剑指着主簿谢晦大声叫道。

"不可!"此时主簿谢晦仍然没有放手，并且从容不迫地说，"天下可以没有我主簿谢晦，但不能没有太尉大都督大将军您刘裕呀!"

在此相持之中，将军胡藩见了，无可奈何，遂咬紧牙关，以刀尖顶着岸土，忽然翻腾跃起，首先抽身跳上了陡峭的大江对岸，并挥刀向上冲去。接下来，众士兵也跟着奋勇登陆，争先恐后地杀向敌阵，摇头呼号，与敌人展开了肉搏大战。

鲁轨的部队从来也未能见到这种阵势，不禁吓得纷纷后退。于是，刘裕上马挥刀，引众大刀阔斧地冲杀过去，鲁轨与司马文思的兵卒遂惊慌逃避。

刘裕引军飞奔，直抵江陵城下。接着进入城中，下马扎营，整顿兵马。

"启禀大都督，司马休之、鲁宗之、韩延之均弃城出逃了，鲁轨现在退守到石城——"探马进来报道。

"令阃中侯赵伦之、参军沈林子前去石城攻打鲁轨，内史王镇恶率水军前去追杀司马休之等人!"刘裕在江陵帐中，又向众将发令道。

众将应声去了。

司马休之在逃跑途中听得石城被围，遂与鲁宗之率军回救石城，却在途中遇到仓皇逃窜的鲁轨。

"石城已经陷落，我们只有夜奔襄阳去了。"鲁轨瘫坐在马背上，气喘吁吁地向司马休之和鲁宗之说。

"当初，司马道赐曾与将军王猛子密谋刺杀青、冀二州刺史刘敬宣，以便响应我们起事，奈何东窗事发，反而被刘敬宣府内部将们砍杀了!"司马休之哭泣道。

"唉……如今看来，我们唯有投奔襄阳的一条路了!"鲁宗之叹息道。

三人慌乱地策马相偕奔向襄阳。黎明时分，当他们来到襄阳城下时，却见城门紧闭。

"我们乃是司马休之、鲁宗之、鲁轨，我们是想前来襄阳，暂时歇马——"司马休之、鲁宗之仰面向城上大叫道。

"……我是襄阳参军，请恕我襄城不能收纳叛党!"许久后，襄阳参军才来到城头上，慢慢地向下答道，"望刺史大人见谅!"

于是，三人无奈，只好向西投奔后秦去了。

十一、再加封，郡王征后秦

刘裕凯旋，晋安帝再次加封他为太傅、扬州牧，并允他带剑上殿，朝见免跪。但是，刘裕仍未接受。

于是，晋安帝加封他为平北将军，督管南秦二十二州郡。接着，又封他为中外大都督，封其长子刘义符为兖州刺史兼豫章公，三子刘义隆为北彭城县公，弟弟刘道怜为荆州刺史。

刘裕得胜回朝受封后，立即上书晋廷，请求为国出征后秦。晋安帝在太极殿上召集众臣计议，刘裕出班奏本。

"后秦进犯北疆，而且屡次收容我晋廷的逃犯，这次他们又接纳了司马休之、鲁宗之等罪犯。我欲立刻率军讨伐后秦，光复北国——"刘裕奏道。

"哦，后秦屡次犯我，其罪当诛，只是……如今是否伐秦的时机？"安帝迟疑地问左右。

"近日秦主姚兴新亡，后秦国内骨肉相争，朝野混乱，如今正是伐秦的大好良机！微臣刘裕奏请趁机西征后秦——"刘裕接口说道。

"哦，太尉既有此心，朕当竭力支持！"安帝说，"只是伐秦乃是一场大战，不知刘爱卿有何良策？"

"微臣奏请陛下立即任命微臣为征西大将军，兼为司、豫二州刺史；封微臣长子刘义符为中军将军，监管太尉府；封刘穆之为左仆射，入居东府，掌管内外朝政，令司马徐羡之为副手；令左将军朱龄石守宫禁，徐州刺史刘怀慎守京师。如此，微臣便无后顾之忧，可以一意西伐后秦了！"

晋安帝自然言听计从，立即准奏。

西征的大军出发时，在建康南郊阅兵场上，众将群情振奋，刘裕慷慨陈词，激昂命令："今军分数路！龙骧将军王镇恶、冠军将军檀道济自淮泗进军许洛；新野太守朱超石、宁朔将军胡藩进军阳城；振武将军沈田子、建威将军傅弘之进军武关；建武将军沈林子、彭城内史刘遵考率军出石门，由汴州趋入黄河！"

接着，刘裕总领后军向彭城进发，又令冀州刺史王仲德为征虏将军，督领先锋从巨野进黄河，以策应诸军。

"刘公将伐秦的重任交给了你们，你们切不可让刘公失望啊！"出发前，刘穆之走到军前，语重心长地对王镇恶说道。

"不攻克关中，我誓不回都！"王镇恶斩钉截铁地答道，"倘若关中不平，我将身首异地！"

"这样很好！"刘穆之笑道。

于是，大军出都西进，浩浩荡荡，不日就抵达彭城，接着挥军秦地。

晋军入秦，急风暴雨，所向披靡，势如破竹。

王镇恶、檀道济进入秦境后，沿途各处，后秦的守将们都望风归附。

"启禀太尉，我晋军入秦，一路顺风。秦将王苟生已将漆邱拱手让给了王镇恶，刺史姚赏又将项城献给了檀道济！"军报急速向彭城刘裕太尉大营报来。

"哦，一切如常！那么，西秦就没有敢于阻我大军的人了？"刘裕听罢问道。

"唯有新蔡太守董遵固守城池，拒不投降。檀道济便一举杀入城中，将董遵斩首，并拿下了新蔡！"前方报子答道。

"晋朝大军接着攻克了许昌，擒获了秦颍川太守姚垣和大将杨业！"又一报子接着报道，"沈林子自汴州驶入黄河，襄邑人董神虎前来投降，并带领沈林子攻克了仓垣，降服了刺史韦华——"

"哈哈，如此战况令人鼓舞！"刘裕大笑道。

"麾下多次听说，这一切均赖刘大太尉的声威啊！"此时帐下部将们齐声说道，"如今北方诸国，都视我大太尉如猛虎，谁人还敢再犯我南国？"

"更有甚者：王仲德率军渡过黄河，路经北魏滑台，懦弱的北魏守将尉建，他以为晋军要攻占滑台，所以他急忙弃城北逃。于是，王仲德不费吹灰之力，便入城歇马。"报子接着说道。

"哈哈，竟然如此，看来魏人也莫敢阻我西去了！"刘裕仍旧笑逐颜开道，"后来魏人有何动作了？"

"魏主闻知滑台前方有晋军出没，立刻大惊，急派大将叔孙建、公孙表从河内来到枋头，率兵渡河来救滑台。途中遇到逃命前来的尉建，见他狼狈无能，遂将他捆回滑台，沉入河中，以示严惩。"报子又答道。

刘裕等将帅们听了，十分欣慰。

接着，魏主让叔孙建、公孙表率军来到滑台，与王仲德交涉，处理军务。

"我大魏向来与晋廷相好，你们晋军为何突然袭击，占我城隘滑台？"在台下，叔孙建抬头向城上的王仲德质问道。

"请勿误会！刘裕太尉令我征虏将军前往洛阳扫墓，今日只是借道滑台，没想到你们魏国的守将弃城而去，丢下一座空城，我们便趁机借城息兵，几日后就将西去！我军坚守晋魏和约，决不食言，并无占据滑台之意。"晋军向城下说道。

"那么……滑台城内百姓可曾受到你们的惊扰？"叔孙建接着向城上问道。

"我军入城，秋毫无犯，并且已备有七万匹布帛，安定城内百姓！"王仲德亲自上城向城下说，"况且，洛阳本是我朝旧都，今被后秦占据，陵寝悉成废墟，而且秦人又常常招降纳叛，与我大晋为敌，因此，我军前去严惩他邦，这与贵国无关，请勿多疑呀！"

"……如此说来，我们静听后音，望你们晋人不食此言——"叔孙建、公孙表齐声说道。遂在城下按兵驻守不动，以观事态的变化。

几日后，檀道济意气风发，率兵攻克了秦阳、荥阳二城，直抵成皋，逼近了洛阳。檀道济兵锋所向，令秦人闻风丧胆，驻守在洛阳的秦征南将军姚光，急忙向关中秦主求救。秦主姚泓令武卫将军姚益男、越骑校尉阎生率领一万兵马前去支援洛阳；而且还令并州牧姚懿屯兵陕津，遥相声援。

然而，未等姚益男赶来救援，洛阳的守将却已向晋军投降。于是檀道济拿下了城池，并且俘获了四千秦兵。接着，檀道济带着俘虏浩浩荡荡，逶迤前行。

"在作战途中，携带过多的俘虏，很不方便，将军不如将秦兵全部活埋，以绝后患？"这时，一位部将向檀道济建议。

"不可！我们讨伐暴君，意在招抚百姓。我们的千秋功德，就在今日。我为何还要滥杀无辜？"檀道济严厉地批评道，"我可不愿做暴秦的白起将军啊！"

"大将军言之有理！"众将士听罢说道，"我们也不会忘记，楚汉相争时，项羽曾随意地活埋了二十万秦兵，他虽拥兵百万，最后还是被刘邦打败。此乃上天的报应啊！"

"檀大将军既怀好生之德，就当立即放人！"一位关中老将恳请道。

檀道济听罢点了点头。于是，他命令释放了所有的俘虏，因此，秦人大悦，广播檀德，遂相继依附。

姚益男、阎生等人听说洛阳已失，不敢进军，只得退到关中以求自保。这时，秦廷也已是万分恐慌。

然而，由于秦国此时正处于亲属相斗的内乱中，同室相残，人心离散。结果，屋漏偏遭连阴雨：并州牧姚懿屯兵陕津后，非但没有去救后秦的洛阳，反而听从了司马孙畅的建议，二人率兵转而反叛了秦廷，开始攻打秦都长安。秦主姚泓急忙令东平公姚绍率军攻打姚懿，结果，姚懿战败被擒，司马孙畅也被诛杀。

接着，秦征北将军姚恢又自称大都督，借口护驾，也向西进军，图谋不轨。秦主见姚恢狼子野心昭然，不怀好意，遂飞诏姚绍率军再来反攻姚恢。于是，姚恢也战败身死。此时，秦军因内战而伤亡将尽了。秦主只得升任姚绍为鲁公、太宰，令他支援关中，借以镇定秦国。

在彭城大营中，太尉刘裕正与众将计议。

"眼见得秦国将灭，我将率领后军主力加速向西推进，以安抚西秦！"刘裕急忙向其三子彭城公刘义隆说道，"现在命令你据守彭城，兼管着徐、兖、青、冀四州军事！"

"孩儿遵命——"刘义隆出班答道。

"如今王镇恶率军已经攻入渑池，趋军潼关；檀道济、沈林子从陕北渡河，已经抵达蒲阪。秦太宰姚绍偕同秦武卫将军姚鸾等人率领大军五万进潼关，派出副将姚驴救蒲阪。双方拼死奋战，结果势均力敌，尸体遍地，血流成渠，无限惨烈——"太尉刘裕继续向众说道。

"蒲阪城坚兵广，恐怕一时难克！"帐下有人说道。

"传令檀道济、沈林子，让他们先去与王镇恶会合，同攻潼关，倘若潼关被拿下，则蒲阪自然就能唾手可得！"刘裕接着说。

于是，刘太尉的命令飞达前方，檀道济、沈林子齐声答应。

接着，檀道济、王镇恶、沈林子等人率兵合攻潼关，姚绍出城迎战，屡战屡败，秦主急如热锅蚂蚁，一筹莫展，遂派出使者前往北魏求助。

秦使来到魏廷，向北魏主拓跋嗣陈述了秦主求援的意愿，其情辞恳切，泪流满面。

"我主当年以御妹西平公主嫁给魏主，实为秦魏两国百年相互交好，如今我秦国有难，陛下当不至于袖手旁观！"秦使跪哭在地，请求说道。

"本宫也希望魏能够伸手相助秦国——"坐在一旁的姚泓妹妹、魏国夫人也从旁劝说魏主。

"如此说来，朕当发兵救秦？"魏主拓跋嗣慢慢地向众说道。

"下使代秦主向魏主致谢！"秦使立即躬身向魏主说道。

"启奏陛下，晋太尉大将军刘裕即将大举西上伐秦，特此来函借道——"此时，魏国白马公崔浩进殿向魏主报道。

"哦，刘裕现在已经率军西上，朕欲发兵救秦，势必会激怒刘裕的晋军！"魏主犹豫不决道，"刘裕乃国中猛虎，谁人敢惹？哦，看来……朕……魏军暂不能派出！"

"潼关乃是天险之地，刘裕水师岂能破之？倘若我们让刘裕登陆北犯，自然是助他成功。"朝臣们齐声向魏主说道，"唇亡齿寒，一旦西秦灭亡了，我大魏岂能独存？"

"况且，刘裕声称讨秦，谁知其得手之后，会否顺势灭我？列国时期的'假道灭虢'的前车之鉴，我们岂能忘怀？"又一批朝臣帮腔道。

"更何况，我朝与秦国有姻亲之谊，更应相救！请陛下切勿再三犹豫，应立即发兵，阻止刘裕西进！"魏国夫人再三哭求道。

"陛下不可发兵！刘裕早想攻打后秦了！如今秦国姚兴已亡，其国中多难，亲族相残，新主姚泓无能，国势已经危蹙。刘裕此行必胜，我朝岂能引火烧身，阻遏刘裕，以代秦受敌？"崔浩起身说道。

"先生莫非叫朕坐视刘裕侵犯友邦，袖手旁观？"魏主拓跋嗣惊慌地问崔浩。

"陛下不如先放刘裕西去，再发兵堵塞其东还之路。这样一来，倘若刘裕得胜，必定谢我借道之功，因此他不致与我为敌；倘若刘裕失败，我朝也有堵道助秦之谊。

此乃一举两得之计，万请陛下勿疑——"崔浩说道。

"刘裕乃当今狼虎，陛下不要忘记唇齿相依的道理啊！"朝臣们又齐声说道，"倘若来日，刘裕又发兵占我恒山南路，再进而争夺我河北，我们将怎么办呢？"

"南北风俗迥然不同，即使刘裕占了恒南，他又怎能以吴越士卒守我河北之地？他们来河北只会失败！倘若如此，则刘裕不足为虑！"崔浩又据理力争说。

"崔大人之言不可信！魏夫人和我满朝文武都恳请陛下出兵救秦——"一群大臣又跪向魏主求道。

"如此说来，朕即令司徒长孙嵩率山东士兵，与将军娥清、刺史阿薄干屯兵驻守黄河北岸，隔岸观望，伺机沿途骚扰晋人的艨艟，堵截晋兵西进！"魏主最后下令道，"倘若刘裕的舰只触岸搁浅，你们便可将他们拖出毁灭！"

魏司徒长孙嵩等人齐声答应，并率军去了，引军到达河北岸头驻扎。然而，未等魏军驻稳，刘裕所率兵士就突然痛击了魏军，并以著名的"却月阵"，将他们立时击败，使之损失惨重。魏主得知后，十分懊丧，渐渐失去了进击晋军的勇气。

王镇恶军驻潼关关外，数月有余，兵士缺少粮草，开始喧嚣不安。

"如今我军久扎关上，少有给养，长此以往，兵情将乱！我们不如率军撤退——"王镇恶向部属们建议道。

"如今洛阳已平，关右已得，将军为何反而自挫锐气，意欲前功尽弃？"沈林子拔剑击案大叫道，"况且，将军你所率的乃是前锋，倘若前锋撤退，则后军必乱，随即全军就会大败而逃。那时将军将如何制止溃势？"

"既然军马不能退，那么就只有加备给养了！"王镇恶说。众人纷纷点头同意。

于是，王镇恶急派快马赶到后军大营，向刘裕催要粮草。而此时，刘裕因正在用"却月阵"与魏军交战，无暇顾及，只好置之不理。

王镇恶无法，只得亲自前往弘农筹粮，心中的愤恨虽然不能当面向刘裕发泄，但却对沈林子又增加了一层敌意。而粮草陆续运来后，沈林子又已经率军击败了河北秦军，并且阵斩了秦将姚洽、姚墨、唐小方等人。

王镇恶见了又十分忌妒，于是，他迫不及待，准备孤军突击，并且立刻起兵杀进潼关，以争头功。

"刘大都督曾经明令我们，在洛阳静待大军齐集，方可进军，以便一举破敌。王将军为何竟不听军令，擅自贸然先行，径直趋往潼关？"沈林子又质问王镇恶。

王镇恶未能搭理，遂独自引军去了，最后又无功而返。而沈林子在此却稳扎稳打，又连破了秦军三阵。

秦军屡败，气得秦军太宰大帅姚绍呕血而亡。临死前，他将军事托付给东平公姚赞，姚赞不娴作战，竟轻率出兵偷袭沈林子，结果又被沈林子打得大败而逃。

不久，刘裕大军到来，命沈田子、傅弘之率数千兵马攻武关，进驻青泥。秦主姚泓亲率数万大军攻打沈田子，却又被沈田子打得落花流水。

秦主姚泓见沈军勇猛，遂魂飞魄散，忙掉头逃跑。

秦军上下见主子逃走，全军立刻溃退，于是，沈田子引军追杀，斩敌近万人。接着，沿途关中郡县，望风迎降。沈田子归来时，迎面碰到刘裕派来增援的沈林子所率领的兵马，于是两军会和在一起，胜利而归。

此时，刘裕亲率的大军也已到潼关，他得到前方沈将军送来的捷报后，欣然拍案叫绝。

秦主姚泓退回长安后，屯兵逍遥园，令姚赞屯驻灞东，胡翼度屯驻石积，姚丕屯驻渭桥，以屏卫京师长安。刘裕令王镇恶率水军进逼长安。

王镇恶率军乘艨舴小舰逆流而上，水手都藏在船中，艨舰飞达渭桥，秦军见了此船，个个胆战心惊。

"这……晋舰无人摇桨却能在水上飞奔，这……莫不是天神助晋?"姚丕的部将姚谌、姚烈见此，都不禁瞠目结舌，遂纷纷颓丧地说道，"如此说来，我秦国无望了!"

"你们不必惊恐!这乃是晋人新作的水上器具，水手可在仓内起桨，并非神助!倘若此军未曾上岸，它在水中的作用仍很平常!"姚丕对部将们说。

姚丕说罢，士卒听了，这才稍稍安心。

入夜，在渭桥畔。王镇恶邀功心切，斗志昂扬，等到士兵饭罢，立即命令兵将们跳出艨舰登陆。

"各将士带好武器，火速登岸，落后者斩!"王镇恶挥刀站在桥上传令。

"舟舰、粮草如何处置?"部将们问。

"全部弃之，任流水漂去。我们今日，就要背水一战——"王镇恶大叫，接着说，"我们世居江南，今离家万里到长安，舟楫、衣粮都已随水漂没，只有背水一战了!"

"如此说来，我们已无退路……"众军闻罢，心惊肉跳，不知所措。

"将士们，我们已无退路!倘若此战得胜，我们功成名就，就可以共享富贵!倘若失败，我们就只有客死他乡，尸横荒原。"王镇恶向兵士们叫道，"然而，我愿与众位生死与共，夺取胜利，共享富贵!成败就在此一举，众位舍命冲锋——"

王镇恶大叫着，并且身先士卒，冲向敌阵。部众见了，也只得竞相上前，奋击姚丕大营。此时，姚丕正在岸边与姚谌、姚烈等人商议抵御晋兵事宜，还未及迎战，就被晋军冲杀得落花流水、七零八落，纷纷向西奔逃。

夜幕中，秦主姚泓不辨东西，见前方姚丕大军退来，慌忙挥军冲杀过去，企图阻止。于是，后秦的两支兵马自相践踏，大溃不止。王镇恶趁势追杀向前，乱砍滥剁，秦军将士头如瓜滚，尸血成河。姚丕以及秦国镇西将军姚谌、前军将军姚烈、左卫将军姚宝安等人都在混战中被杀。

经此一战，秦军几乎全军覆没，只有秦主姚泓一人逃回京城。王镇恶追入平朔门，姚泓只好带着妻儿老小，转身逃往石桥。姚赞、胡翼度率兵赶来救驾，不料部众溃散，见走投无路，他们只得向晋军投降了。

晋军在石桥围攻姚泓，姚泓束手无策，只好送钱乞降。

"朕已山穷水尽，当向晋军乞降！"姚泓哭道。

"陛下乞求投降，晋人未必允准，我们必死！"姚泓十二岁的儿子姚佛念哭求父皇道，"然而，既然终究难免一死，陛下还不如自杀，因为这倒可以死得轰轰烈烈，也不愧为一代人主！"

姚泓不愿，姚佛念当即从宫墙上一跃而坠下，顿时脑裂身亡，以身殉国了。之后，姚泓率引着妻儿老小和群臣跪到王镇恶军营前投降，并请求宽恕，随即被王镇恶收监听审。

接着，在黄河原上，西秦的最后数路勤王人马汇聚一处，气势不可挡，摆开阵式，要与晋军作垂死拼搏。

刘裕亲率二万兵马，在黄河战场上迎敌，而一场大战之后，秦军业已穷尽。

日暮之中，刘裕在灞桥上杀退了秦兵余众之后，也率军向长安进发。王镇恶兴致勃勃，赶来灞上迎接太尉大都督刘裕。刘太尉热切相迎，并将他引入营中。

"秦兵倾巢出动，太尉为何能轻而易举地战胜了他们？"在大营中，王镇恶赶忙询问。

"本督在此和在与魏兵交战时一样，都摆开了'却月阵'！"刘裕笑道，"小小的西秦，他怎经得起此阵的冲击？因此，本督一举扫除了秦虏！"

"末将曾多次闻知太尉的'却月阵'，但不知其究竟。其详情如何？"王镇恶又肃然起敬地问道，"它自然比先前太尉的阵式更为完善？"

"这'却月阵'是从本督以往的阵式发展而来的！"刘裕笑道，"其仍有先前'突然冲锋'之爆破力量！我率大军来此，曾被援秦的魏军沿河跟踪，落岸的舰艇多被魏人所掳杀，我无可奈何，只得重整兵伍，以'却月阵'破之！"

"哦！'却月阵'，其阵式如月，水陆相顾？"王镇恶问。

"正是！它是在距水百步之处用战车百乘所布下的弧形似月之阵。"刘裕紧接着说道，"……'却月阵'，两头抱河，以河岸为月弦，设置百乘战车，每辆战车设置7名持杖的士卒，共计700人；布阵之后，再派2000士兵上岸做接应，并携带大弩百张，每辆战车前各加设20名士卒，并在车辕上张设盾牌，以保护战车。

因为'却月阵'是弧形的，因此它可以将所受之力分散到各个方面；阵内的士兵们又因为有杖、弩、槊等武器，所以杀敌能力极强；同时阵内士兵是背水为阵的，所以他们大有'陷之死地而后生'的压力。因此，兵士们能够向敌人突然冲锋，呈现出万夫不当之勇！"

"大都督真是神人也，您是诸葛亮再世啊！"王镇恶和众将听罢，都欣喜地叫了起来，"大都督威震四海，难怪诸国都视大都督如猛虎啊！"

"哈噢，人们言过其实！"刘裕笑道，谈了一会后，刘裕上前慰劳王镇恶，"……本大都督的霸业能够成就，也是因为你立了首功啊！"

"末将此次成功，盖因大都督的威力和诸将士协力同心，末将何德何能敢称功劳？"王镇恶喜不自禁，向刘裕跪拜道。

"哦，王将军竟如此谦虚，你是要学汉朝的冯异吗？"刘裕笑道，并起身携手，笑嘻嘻地与王镇恶一同欣然入城。

入城后，刘裕下令：将后秦君臣姚泓、姚赞、姚仆、尹昭等二百多位投降者全部斩首，将奴隶侍从和皇室嫔妃分配给勋臣。同时，刘裕及其将帅在长安，还大肆收聚财宝珠玉。因此关中烽烟百里不绝，人心惶惶不安。

后秦至此灭亡，当年投奔后秦的晋朝的叛将鲁宗之已死，司马休之等人见后秦无望，急忙改逃北魏去了。

十二、穆之死，相回关中乱

削平了后秦，晋廷加封刘裕为宋公、相国，让他统领百官，处理朝政，再加赐给他十个州郡。刘裕还是上奏，假意推辞。于是，晋安帝召集刘穆之等宋公亲信们商议为刘裕加官封爵之事。

"这次，朕再封刘裕大将军为宋公，又加赐他十个州郡，然而大将军他……还是推辞。这……如何是好？"晋安帝惊恐地问众臣。

众臣人人默默无语。安帝只好下令退朝，最后步行走到刘穆之身边。

"刘太尉他为何屡封不受呢？"晋安帝忧郁地问刘穆之，"……世人皆知，爱卿你与刘大都督情同手足，想必爱卿你已得知刘寄奴的心思？"

"太尉谦虚谨慎，是不想陛下加封啊！"刘穆之随即答道。

"然而……刘太尉曾经密派行营长史王弘来到宫中，恳请九锡殊礼呀！"安帝轻声地向刘穆之说，"但是，既然如此，他又何必屡封不受呢？朕是否还要对刘太尉另作加封？"

"啊，太尉竟已恳请九锡殊礼？对此，微臣确实不知！"刘穆之听罢大惊失色，过了一会，他又垂头丧气地说道，"至于……是否还要对刘太尉另作加封？对此全凭陛下决断，微臣别无他言……"

退朝之后，刘穆之心灰意冷，颓然地出了皇宫，郁闷地赶往自己的府中。

刘穆之从台城皇宫回府后，闷闷不乐，渐渐地精神颓丧起来。

"老爷，为何如此懊丧？莫非身体不爽？"夫人问刘穆之，"是宫中有事？"

"不是啊。唉，如今的大事，再大莫过于刘大都督的事……"穆之强笑道，"事情就出在刘大都督的身上！"

"……刘大都督又有何事？"夫人问。

"如今……刘裕大都督他开始疑忌于我了！"刘穆之接着说。

"老爷与刘裕大都督同甘共苦，情同手足。谁人不知你是他的第一心腹？大都督西征，你一心一意，为他内总朝政，外供军需，大小事务都处理得井井有条。老爷你今日做错了何事，竟遭大都督疑忌？"夫人惊恐地问道，"老爷只是饮食略有奢华，这，大都督也早就知道，岂能怪罪……"

"虽然……我问心无愧，奈何大都督他向来多疑……"刘穆之痛苦地叹道，"自从随大都督起事至今，他无事不与我共同商讨，而今日……他派王弘向皇上求索'九锡殊礼'。像这等大事，我却毫不知晓，岂不怪哉？如此看来，刘裕他已经开始疑忌我了！"

"大都督曾夸大人您的才能，说大人您'对于满屋奏章，目览耳听，手批口酬，立刻就能处理完毕'呢！"一位亲信属吏说道。

"唉，我以为只有刘毅才是他要防备的人啊，却原来……刘寄奴其人……他疑惧一切人呀！因此……"刘穆之惨然地叹息道，"……伴君如伴虎。如此看来，我命将不久了！你们要好有为之。我死之后，你们就谎称我是因病而亡，以免子孙受到连累，同遭不测！"

"这……何至于死？"夫人悲泣地问道，"老爷还曾为他掌握着府中的大事呢！"

"刘寄奴乃是苍龙也，苍龙疑你，你岂能活？既然大都督疑忌到我，我就将死……"穆之垂头丧气地说，"你们岂能忘了前一次诸葛长民的悲剧？诸葛长民也曾是他的司马呀……"

刘穆之说罢，遂郁郁寡欢，愧惧成疾，不久病故于朝。

这时，刘裕驻军关中，正想进军西北，占据中原，以便一统江山大业，然而事不如愿，刘裕此时却突闻京城急报，说前将军刘穆之因病身亡了。为此，刘裕不禁悲痛和忧虑，因为京中失去了一个推心置腹的亲信，内廷就会不稳，他唯恐朝中就要生乱。为免不测，于是，刘裕临时提拔了刘穆之的副手徐羡之代任其职。

但是，刘裕始终觉得，徐羡之远没有刘穆之那样令他放心。于是，刘裕只好决定暂时放弃进攻中原的大计，决定立即亲自率军东归建康，以确保既得的安身立命的江南基业。

"大都督果然要放弃关中大业？"咨议将军王修得知刘裕将要还军南归，遂入宫向刘裕劝告，"关中向来是中国的要枢，占据了长安，就能挺立中原！今日，我们好不容易拿下了长安，关中初定，就要来日方长了，太尉岂能轻易弃之？"

"南国虽小，然而，那里却是我们立命之地，如今刘穆之已死，我们朝中无人，倘若宫廷有变，我们就会后退无路了！况且……此地非我族类，人们多有异心，我们目前也难以掌控此地。而这关中即使日后有失，我们来日仍有再次问鼎中原之时——"刘裕愁眉不展地说道，"这关中之地，就请阁下全力保守了，明日我将从长安排！"

"刘穆之他也是京口人士？"过了一会，王修问。

"啊，刘穆之原籍东莞莒县，南渡后，久住京口，他也是我们的老乡，是我的心腹知己啊！我西征北伐，都让穆之留守京城，以免我们的后院起火。刘穆之如果不死，他一定能帮我治理天下。真可谓'好人散去，国家遭殃！'"刘裕沉痛地对王修说，"刘穆之死后，我江东朝中无人了！"

"麾下理解太尉爱惜部下之心……"王修也流泪道。

"当初，我与何无忌等北府兵将领起兵反桓玄，初克建康后，急需一个主簿的人选，是何无忌向我推荐了刘穆之，他说没有比刘穆之更合适的人了。我欣然同意，并立即派信使骑快马去请他来任职。刘穆之曾任琅琊府主簿，此时赋闲在家。这天，他听到京口方向人声鼎沸，于是早起就到路边打听，正好和前去的信使相遇。于是，穆之欣喜地接过邀请信，返身回家向家人告别，跟信使一道来见我……"刘裕继续叹道，"我与穆之一见如故。我将所有重大事情，全部交给刘穆之处理和安排，他也是竭尽忠诚、极力筹措，没有任何遗漏和保留！"

"那是太尉知人善用啊！"王修又道。

"刘穆之确实是个能干之人。他在内总管府中事务，在外供应军旅的给养，遇事当机立断，处理问题快如流水。各方宾客到他那里，请求诉讼之事千头万绪，内内外外，咨询禀报，各种材料堆积如山。刘穆之竟然能眼看着文件，手写、耳听、嘴说，同时进行这四种工作，应付自如，互不混淆和错乱。"刘裕道，接着又黯然叹息，"可惜如今他再不能在朝中为我分忧了。我只有南归……"

"哦，也只能如此了！"咨议将军王修忧虑地退出。

次日，刘裕立即在长安大殿上升堂，安排日后关中的军政大事。

"今关中已平，我将起程南归，此地需人镇守。现奏封我的二子刘义真为安西将军，令他督管雍、梁、秦州军事，镇守关中。"刘裕朗声宣布道。

"太尉英明——"咨议将军王修附和道，"关中新平，必须有良将镇守！"

"然而，义真年不过十三岁，需贤能辅助。因此，我特命咨议将军王修为长史，王镇恶为司马，沈田子、毛德祖、傅弘之为参军从事，在秦地共佐刘义真。"刘裕又说，"希望诸位能够同心同德，驻守关中！"

部下人头攒动，严正听命。此时，殿外人声鼎沸起来，原来三秦的汉族父老来了，他们都叫喊着要求会见太尉。刘裕只好让他们进殿。

"此地汉民受胡人欺压已有百年，今日幸得再睹汉仪，万民同庆！"一位长老跪地哭道，"然而，朝廷兵马立脚未稳，刘太尉就要南去，我们特来以泪挽留。长安十陵原是汉室祖墓，咸阳宫阙原是汉室旧庭，太尉大都督，您岂忍舍之远去？"

"本督受命于朝廷，身不由己，岂能擅自做主，久留关中？况且我已让二子刘义真及文武贤才留守关中，以保护三秦父老永恒安宁！"刘裕也黯然落泪道，"至于宗庙，这……朝廷已经派来琅琊王司马德文和司空王恢之前来修筑，诸位可以不必挂念了！"

"哦……既然如此，我们告退——"众父老听罢，遂含泪相扶而归。

入夜，沈田子和傅弘之等人走进刘裕所居跸的大殿寝宫内。

"启禀太尉，王镇恶桀骜不驯，其家人都在关中，太尉一旦南回，这里无人能够驾驭王镇恶，大人难保他日后不会反叛！"沈田子不安地对刘裕说，"入关以来，此人劣迹昭然，太尉不可不防啊！"

"沈将军的意思……"刘裕听罢，沉思了一会问道。

"末将以为，太尉不如将王镇恶的长子王试带回建康以作人质，防止他们日后谋变。"沈田子说。

"田子不必过虑，王镇恶其人有粗有细，未必能做出非常之事来！"刘裕说。

"沈田子将军之言，太尉应当再三思之，以免不测！"傅弘之也来奉劝刘裕，"如对此人未能加以控制，我们实在不能放心！"

"你们也太多虑了！"刘裕说，"前次，你们曾说王镇恶私藏秦主姚泓御辇，图谋起事造反，后来，我终于查出，他原是要从御辇上剔取珠宝。他那不过只是爱财之举而已，公等何必小题大做、大惊小怪，说他会叛乱？"

"王镇恶祖父王猛在关中颇得人心，让此人长留秦地，岂能无忧？"沈田子又说。

"王镇恶的祖父是前秦的大将王猛，父亲王休曾为河东太守。王猛认为王镇恶为人奇特，所以称之为'镇恶'。王镇恶一介匹夫，野心勃勃，其幼年时就曾对其养父李方说过要取万户侯呢！"傅弘之也赶紧帮腔。

"哈，这只说明王镇恶有雄心啊！镇恶，王猛之孙，所谓将门有将也，无可非议！"刘裕听后慢慢笑道，"他也是位智勇双全的将军啊！前次袭击刘毅时，王镇恶曾向我请战说：'公若有事西楚，请赐给百舸为前驱。'结果，王镇恶领命，昼夜兼程，抵达豫章口，突进江陵城，士兵也攀城而入，顺利打开大城东门。王镇恶入东门，便直击金城西门，分军攻金城南门，两军混战一日，他又以'北府兵'的旧情感召刘军，直到刘毅身死，其人马全部退散和归降。唉，那时王镇恶立有大功，这次伐秦，其功劳也不小！诸位为何不能与之携手共事呢？"

"唉，我们只怕王镇恶会辜负太尉的好心啊！"沈田子叹了口气，道，"只怕太尉这一去，我关中会乱啊！"

"哎呀，人们常说道，'猛兽不如群狐'，我留下了你们十几位文武将才，令你们统帅万余大军，难道说，你们还怕一个王镇恶不成？"刘裕朗声说道。

众人听罢无语，次日刘裕遂率兵东去。

刘裕去后，沈田子和傅弘之等人又对王镇恶议论了一番，二人一致认为王镇恶是他们关中的第一大威胁和祸首，他们必须认真对待，严肃处理。

恰在此时，后秦西北统万城中的夏国军队蠢蠢欲动，并且，夏王赫连勃勃一直窥视秦地，曾几次率兵来犯关中。

"刘裕本人决不会长驻此地，而刘义真又是个无能之辈，倘若将来刘裕让其子——安西将军刘义真驻守关中，那么关中就将会成为我们的囊中之物了。"夏王赫连勃勃兴奋地向部属们说道。

"启禀夏王爷，刘裕已经率众南回，关中正是让刘义真驻守！"此时一位部将进来报告。

"啊，这太好了！我们要立即调兵遣将，进攻关中沃野！"夏主听罢立刻说道，并且大声下令，"皇子赫连贵率两万兵马进攻长安！前将军赫连昌出兵潼关！长史王买德率兵进攻青泥！朕将亲自统率大军做后援，数路兵马齐出，即时杀向关中——"

于是，刘裕等人刚走，夏主的四路大军就飞奔杀来。

沈田子与傅弘之督军出击，因畏惧夏军势大又退军回堡，并派出使者向王镇恶求援。而王镇恶闻后竟大怒不止，并且走到王修府中大发牢骚。

"刘公将十多岁之子托付给了我们，我们理当竭力辅佐。然而，如今大敌当前，沈田子、傅弘之等人竟敢拥兵不进，只是求我出兵。这乃是无能将军之举啊！"王镇恶向咨议将军王修告状道。

王镇恶的话传到沈田子的府中，沈田子听了王镇恶的话后，勃然大怒，并且随即抬腿就要去找傅弘之共商反击王镇恶的计策。而此时，沈田子的部将沈进正从同乡王水家中出来，于是，沈田子带着沈进一同走到傅弘之府中。这王水原是王镇恶的亲兵，他见沈田子怒发冲冠地带着沈进去了傅府，自忖沈田子可能有对王镇恶不利的行动，于是，此时王水就急忙尾随他们到了傅府后院，潜身窃听。

"……傅将军知否？我们向王镇恶求援之时，王镇恶不仅置之不理，反而居功自傲，竟然怒斥我们是'无能将军'！"沈田子进来后，就怒气冲冲地大声向傅弘之说道。

"……此事我也已知晓！唉，王镇恶桀骜不驯，刘太尉在此地时，尚且奈何他不得，况且现在太尉已走，他自然更要飞扬跋扈了！唉，关中有了此人，则此地绝无宁日，我们也将永无出头之日。'庆父不死，鲁难未已'，关中有了王镇恶，争吵将永无休止！"傅弘之也无可奈何地说道，"可叹太尉及沈林子等人对他，却似乎无动于衷！可惜……太尉已经去了！"

"难道说刘太尉走了，这王镇恶就能无法无天了？"沈田子又叫道。

知道沈、傅的谈话，与王镇恶将军有关，此时，在傅府后院潜听的王水赶忙跳出墙来，飞快地跑到王府去报告。听了王水的报告后，王镇恶十分暴躁，并且很快地，王镇恶就带着儿子王试大踏步地向傅府赶来。

"沈将军的意下如何？莫非我们晋将，还要同室操戈？"傅弘之刚刚向沈田子问了一句，就见王镇恶父子已经怒气冲冲地进来了，于是，为了顾全大局，傅弘之急忙迎上去向他们说道，"哦，王将军来了，请上坐！"

"不必客气——"王镇恶愤愤地说道，随即用手臂甩了傅弘之一下，并且怒不可遏地大叫，"你们在战场上的能耐哪里去了，却在此处支吾！你们将要如何对付我？"

"我们只是……谈到将军你辱骂我们的事！"傅弘之十分尴尬地说，"不过，你白天向咨议将军王修所说的话，也未免有失道理，我们岂是畏敌之人？"

"我们北来关中，本是为朝廷出力的，然而，你们一见小小统万城中的夏国兵就吓得魂飞魄散，算何将军？"王镇恶睁大眼睛说道，"进入渭桥，我水军登陆杀敌万人，你们如何？"

"我们同是大晋的将军，随刘太尉而来，共辅安西将军镇守长安，王将军说话岂能如此居高临下？"沈田子立刻走上来，向王镇恶怒道。

正在此时，王修带着刘义真也进来了。于是众人立即起身迎接他们，而只有王镇恶却仍是坐在榻上喘着粗气，置之不理。王修和刘义真笑着向大家点了点头后，才慢慢坐下。

"哦,安西将军、咨议将军亲临这边来了!"傅弘之见了,立即起身走上来说话。

"王镇恶好生无礼——"沈田子见王镇恶仍旧纹丝未动,忍不住向他大叫,"身为将军,岂能不懂礼仪,见大人到来,却仍坐视不理,成何体统?"

"即使刘太尉亲自到来,我也不过如此,你们是何等人物,难道非要本将军跪拜不成?"王镇恶不屑一顾地靠在榻旁怒吼道。

此时,安西将军刘义真忍不住正要起来说话,却被王修以手扶肩,强压下了。

"众位免礼!王镇恶将军曾立首功,太尉也曾嘉奖,我们不必拘礼!"王修起而说道,"如今关中大敌未靖,诸位将军都应同仇敌忾,同心协力镇守关中,切不可互生仇怨!"

王修说罢,满堂无声。看看局面尴尬,王镇恶遂起身领着儿子匆匆地走了。

"诸位劳苦功高,今夜还是早点歇息,我们也不打搅了!"随即,王修也向众人告辞,领着安西将军刘义真走了。

"安西将军、咨议将军慢走!"众人起身相送,接着沈田子说,"安西将军、咨议将军,今日你们都已亲眼看见,王镇恶如此傲慢下去,对我关中何利?"

"沈将军,此事应当慢慢图之,不必性急!"咨议将军王修向众人轻声笑道,遂带着刘义真回府去了。

"……王镇恶这个居功自傲的老贼不除,关中将永无宁日呀!"王修等人走后,沈田子又向众人说。

"如何处理?目下,刘太尉不在关中,刘义真年幼少知,王修处事谨慎,如何是好?"傅弘之说。

"将军岂能不知?正是太尉不在关中,关中之事才能由关中人处理——"突然,沈进从一旁站起来说,"这正是个除掉王镇恶的绝好时机,将军们可自行设计除了王镇恶!"

"哦,沈进此言有理!"沈田子听了,恍然大悟,立刻应承,并回头问傅弘之道,"傅将军,你以为如何……"

"这……当慢慢图之……"傅弘之仍旧犹豫不决。

"我们明日商议讨伐夏军之事,召王镇恶来我府商议,等他来时,我们可以伏兵杀之!"沈田子又说道,傅弘之无语。

次日,沈田子召王镇恶来府商议军事。然而,当王镇恶刚到沈府时,就被两旁伏兵捕获。

"你们好大的胆子,竟敢谋害国家大将——"王镇恶见此,勃然大怒道,其声如洪钟,顿时震得厅檐"嘎嘎"作响。

"哈哈,王镇恶呀王镇恶,你这头猛狮也有今日,莫非你还能再作挣扎?"正当王镇恶要怒斥沈田子时,却见沈田子等人得意地从屏后走了出来,并且冷笑道。

"啊,你敢杀我——"王镇恶接着大吼。

"左右,还不快将这老贼斩首示众,更待何时?"沈田子怒向两边兵士们命令道。

但是，见王镇恶怒目圆睁，兵士们个个胆怯，不敢向前。

"谁敢杀我，谁敢杀我——"王镇恶紧逼沈田子，再次大叫，声色俱厉。

"我敢杀你——"此时，沈进忽然从人丛中举起大刀，跳了出来大声喊道。

看到沈进叫喊着冲来，王镇恶也大吃一惊，急忙躲闪，但此时为时已晚，沈进立即手起刀落，斩下了王镇恶的脑袋。可怜征战一生的晋军大将王猛之孙——王镇恶将军，此时未能再次呼叫一声，就顿时身首两地，血溅沈府了。

惊悉父亲被杀，王镇恶的儿子王试怒发冲冠，急忙率大队人马冲向沈府，奈何沈府现在已有准备，守卫得如铁桶一般，王试等人不能进入。于是，王试转而从傅府中拉出傅弘之，要与他一同去面见刘义真和王修，要他们替王家做主，为其父王镇恶申冤报仇。

王试和傅弘之来到王修的将军府，报告了王镇恶被杀的消息，王修听了也十分震惊。

"沈田子他这还了得？他私杀大将，犯了死罪——"王修惊叫道，"速报与安西将军！"

"如今将怎么处置？"傅弘之问王修。

"王修将军，你是安西将军长史，是一地之主，沈田子犯了死罪，应当杀之！"王试向王修怒吼道。

"……好好！我即刻与安西将军约定，以召集沈田子前来商议军事为借口，在城外设伏，将前来应召的沈田子及其亲信一网打尽！"王修犹豫了一会后又斩钉截铁地说道。

于是，傅弘之、王试等人立即行动了起来。

次日，沈田子应王修之邀，前来与安西将军及长史王修商议抵御夏国军队的事宜，然而，当沈田子来到长安北城门口时，王修登城下望，见沈田子所带侍卫并不太多，于是，王修立即下令，让城门两侧的兵士出手捕获了沈田子。接着，王修历数了沈田子擅杀大将之罪，而后将沈田子斩杀，并且设计抓获了沈田子的其他部属，最后却让沈进成了漏网之鱼。

"我们一向崇拜王修将军，以为你是国之栋梁，为何今日你却反来捕我？"临刑前，沈田子问王修，"当年刘太尉曾言，'昔时曹操有杨修，我今有王修'。我则告知太尉，'杨修有谋无勇，而王修智勇双全，是王修远胜于杨修啊！'

"沈田子，你花言巧语讨好我，有何用处？你擅杀朝中大将，已是死罪，我岂能容你？"王修怒斥道，"你犯了朝廷之罪，用私情能说服我王修吗？"

"王镇恶目无尊长，目空一切，乃是国之罪人，其罪当诛，我杀之何罪？"沈田子又叫道，"嘿，人总有一死，死有何畏惧？只是我死于此地，甚觉冤枉！"

"不必多言，沈将军请放心去吧！"王修不听沈田子的解释辩护之言，立即叫道，"左右，赶快将沈田子等人斩首示众！"

于是，沈田子等人也被斩于城下。

事毕，王修派出使者回京，向刘裕禀报。刘裕接信后大吃一惊，接着痛哭不止。

"啊，王镇恶已死，我当即刻奏请追封王镇恶为左将军青州刺史……"刘裕向众将士说。

接着，刘裕又任命彭城内史刘遵考为并州刺史，兼河东太守，镇守蒲阪，任命荆州刺史刘道怜为徐、兖二州刺史，调徐州刺史刘义隆为荆州刺史，令到彦之、张邵、王昙首、王华等人为参佐。

最后，刘裕召来儿子刘义隆，并对他说："荆州乃是军事重镇，今日为父派你去驻守，你要千万小心。王昙首器宇轩昂，是宰相之才，你要百事多向他咨询。今你兄义真的关中已经出事，望你们荆州固若金汤，切勿再出大事了!"

刘义隆点头，应承而去。

驻守在长安的诸位将领中，主将刘义真因为年幼无知，荒淫无度，懦弱无能，而且滥赏无边，已经遭到长安城内外兵民共愤。所以，大事全由王修主持。自从王镇恶、沈田子相继被诛后，一切大权都归王修掌握。王修一面要发号命令，处理关中的军政大事，一面还要随时劝谏少主刘义真，不准他亲近像张锋那样劣迹斑斑的侍从，以免玩物丧志，贻误了军政大事。因此，咨议将军王修渐渐成了使主将刘义真和其他人都极为敬畏和忌妒的关中权重大臣。

接着，夏国兵马又聚众入侵，王修只得调兵遣将，以抵顽敌。听说夏军出兵多路，于是，王修令毛修之为安西司马，令他与傅弘之一同出城杀敌，并且已在池阳等地大败了夏军。经几次大战，夏军闻风丧胆，渐渐感到王修乃是难以战胜的对手，于是，只好退往统万城中暂息兵戈。

再说沈田子府中的漏网之鱼沈进，对王修诱杀沈田子之事耿耿于怀，如今又闻得王修将长安事务处理得井井有条，更是十分气恼和忌惮。于是，他在府中潜伏了一段时间后，心中仇恨难平，复仇之心切切，遂在夜幕下，偷偷地溜进安西将军府中。首先，他找到与安西将军刘义真平时交好的少年侍从张锋，与他首先议论了王修一番后，最后请他一同去游说幼主刘义真，以便激起刘义真除掉王修的决心。

"安西将军，你以为王修其人如何?"进了刘义真的卧室后，沈进轻声地问安西将军刘义真。

"王修大人，文能佐我处理政务，武能为我抵御叛匪侵袭，是难得的国之栋梁!"刘义真随意地说道，"王修还为我削平了王镇恶、沈田子等内叛之徒呢!"

"将军大人差矣，何为内叛? 王镇恶想谋反，结果被沈田子杀了，王修又杀了沈田子。王修终日卧薪尝胆，难道他就不想谋反?"沈进诡秘地说，"如今关中父老国人，只知有王修，不知有安西将军您呀!"

"有何风声?"刘义真紧张地追问。

"如今长安只有王修一人大权在握了，倘若他真要谋反，则我们无人可挡。将军您的性命也就危险了！"坐在一旁的张锋也苦着脸说道，"唉，我终日为此忧心如焚呀！"

长安落日

"王修还算谦恭，整日为国事尽力！他能谋反？"刘义真反问。

"大将军不要忘怀，王修每日对大人您的控制何其紧迫呀！"张锋又说，"其意何为？"

"将军乃是大帅大都督的后人，王修他竟敢欺你年少而独断专行，此乃欺主谋逆的行为呀！"沈进又说："汉朝王莽当年如何？他温良恭俭让，处心积虑，无非是为了篡夺汉室江山而已。将军不可不防，今日之王修，就是昔日的王莽！"

"啊，王修他要做关中的王莽了！沈将军的一席话，令我茅塞顿开！对于王修，我们不得不防啊！"刘义真大惊道。

"正是！"沈进神乎其神地说。刘义真听后，信以为真。

于是，刘义真、沈进、张锋等人经过密谋，最后设计杀了王修。王修既死，关中人心惶恐，秦地震怒，军民呼号，顿时关中的晋军大有溃散之态。

夏主听说王修已死，大喜不已，遂调大军，进逼长安，于是关内大震。接着，刘义真知道错杀了王修，心中又怕又悔，急忙派员赶往建康向父亲刘裕求救去了。

南朝开国皇帝之一——宋武帝刘裕

第二编
宋室六旬亦悲哀

胡马未靖宋军来，南渡北国衣冠衰。
又见长烟对泣处，新亭何必筑楼台？

十三、义真返，宋公易天子

消息传到京城建康，刘裕得知关中的王修已死之事，顿时感到惊慌起来。

"关中大乱，我忧心如焚！"刘裕听罢长安使者的汇报，怅然而泣，他沉思了片刻后立即下令道，"辅同将军蒯恩从速率兵前往关中救助，召刘义真回京述职；任命右司马朱龄石为雍州刺史，代守关中！"

"末将得令！"蒯恩、朱龄石出班答应。

"如今关中危难，你到长安后，就叫义真务必轻装急回，只有出关后才可缓行，以免被夏军击溃和捕杀！"朱龄石整装待发时，刘裕又走到他跟前谆谆嘱咐道，"倘若关中实在守不住了，那么，你也可以和义真一同回京，以便日后再作打算！"

"聆听太尉教诲，末将决不懈怠！"朱龄石答道。

"不日我将派出中书侍郎朱超石前去抚慰河洛军民！"刘裕语重心长地对朱龄石说道，龄石点头应答。

蒯恩率兵风餐露宿，匆匆忙忙地赶到长安，进了内宫，却见刘义真全无紧急之态，还在大包小箱地搬弄财宝。蒯恩见了，心中十分着急，只好耐心地劝说刘义真，叫他尽快南归，只是刘义真充耳不闻，仍在安排自己的珍宝。好不容易等了三天，见刘义真仍然慢条斯理，迟延如故，蒯恩只得发起火来了。

"安西将军，太尉紧急催促你立刻起程！"蒯恩见状忍不住迎头大叫，"你知道现在的情形吗？数万夏军就要杀来，敌众我寡，只怕我们会有不测——"

"然而，我的奇珍异宝太多，恐怕五天也不能装完。蒯将军不必催促！"刘义真不耐烦地说，"况且，听张锋他们说，关中沿途风景太好了，我们还想边走边看，欣赏秦地风光呢……谁知我今一旦南去，何日才能重返关中呢！"

"兵荒马乱，敌情紧急，倘若安西将军不遵刘太尉旨意，出了问题，末将实在难以承担！"蒯恩更急切地催促道。

"一切均可由我亲自禀报太尉，不用你再啰唆——"刘义真也大叫起来。

蒯恩听了，只好默然低下头来。于是，就这样，直到朱龄石来后，刘义真拖泥带水，还没能动身出关。

"安西将军，我们出发时，刘太尉曾经再三叮嘱，要你必须轻装急行！如今，夏匪已经遮天盖地地席卷而来，末将奉劝你不要再在此贻误时日了！"朱龄石也在再三恳请刘义真。

这样，又过了两天，刘义真才勉强收拾好行装，从长安出发，但是，他沿途又派出张锋等亲信侍从劫掠财色，所以行速十分迟缓。

夏军得知刘义真磨磨蹭蹭，还没有逃出关陇的消息，屡次三番地派兵追杀过来。兵荒马乱，刘义真曾屡屡遭遇着险情。

这一天，刘义真、张锋等人行进在关陇大道上，突然看到前方一座高楼朱赤。

"这一定又是个豪宅！安西将军稍等，待我前往这楼中，为你抢些古玩！"张锋又对刘义真说了一声，随即带着几个侍从笑嘻嘻地策马向那高楼跑去。

不一会，只见张锋一干人从那楼中出来，喊叫着，正与房主人在抢夺一件珍宝。而与此同时，刘义真却见到自己的身后千军万马喊声大作，向这边奔来了。

"傅将军，后方尘土飞扬，莫非又是敌兵追来了？"刘义真见了，急忙上马，惊慌地问护将傅弘之。

"自然又是夏兵来了，请安西将军再不要留恋此地，快马加鞭逃命去吧！"站在一旁的蒯恩忍无可忍，不禁冲他大叫道，接着蒯恩又大喊，"傅弘之将军，夏兵又到，让司马毛修之护着安西将军先走，我们都去断后——"

傅弘之点头同意。于是，傅弘之、蒯恩引军向后拼杀去了。

司马毛修之护着刘义真、张锋等人押着行箱继续东行。刘义真行囊沉重难行，但他此时仍不肯舍弃辎重。到了青泥，夏兵越集越多，傅弘之、蒯恩拼命厮杀，最后，终因精疲力竭而相继被敌人擒去了。

二将被擒，晋阵大乱，兵将立刻四处各自奔逃。毛修之被冲开后，突然也与刘义真失散，他只好回头去寻找，却迎面与夏将王买德大军相遇，双方激战了十个回合，最后终因敌众我寡，毛修之也被夏军擒了过去。

夜幕森森，莫辨路径。刘义真孤身一人躲藏在草丛之中，浑身发抖。

"我命休矣！"见前途暗黑，刘义真不禁悲泣起来。

"安西将军……刘将军何在——"此时，仿佛远处传来了呼喊声。

"呜……呜……呜……"刘义真一听，顿时感到兴奋，他急忙轻声地答应，并向出声的那方向匍匐前行，"哦，原来是参军段宏？"

刘义真见了，惊喜地叫了一声，急忙跳了出来，抱着段宏，喜极而泣。二人商量了一会后，段宏将刘义真捆绑在背上，策马飞奔，总算带上刘义真逃出了青泥镇。

此时，西方的晋军已被冲得七零八落，东方派来的支援的晋军也已溃不成军。东来的朱龄石缺兵少粮，只好沿途抢劫，勉强进入长安。然而，朱龄石前脚进城，夏主赫连勃勃随后也打进了长安，长安的兵民对朱龄石恨之入骨，遂与夏军共同驱逐了朱龄石。朱龄石无法，只好焚毁了宫殿，逃往潼关，途中被赫连昌擒住。朱龄石的弟弟朱超石赶往蒲阪，打探兄长消息，也被夏军捕获。二朱随即被夏主杀死在关中。听说傅弘之骁勇善战，赫连勃勃多次请他投降夏国，奈何傅弘之宁死不屈，遂被扔到雪窟中，让傅弘之独自在雪窟中叫骂而死。

于是，赫连勃勃占领了关中，他得意忘形，立即宣布称帝。

再说朝中太尉刘裕，在蒯恩、朱龄石等人率兵向西出发后，终日北望，盼望关中的消息，但是，直到月余之后，他才陆续听得西北溃败的音讯。

惊闻关中大败，刘裕慨然涕零，并且执意要出师讨夏，侍中谢晦苦劝不止。见段宏已救回了刘义真，刘裕的情绪这才稍稍平静，决定暂时息兵，以便从长计议。

在宋公府中，刘裕正与麾下刘义符、谢晦、王韶之等人议事。

"唉，关中大败，本大都督已经奏请晋廷，将刘义真贬为建威将军兼司州刺史，以示惩处。并且，奏请陛下升任段宏为黄门郎，召回刘遵考，令毛祖德前去接替他的职务，余众退守虎牢。"刘裕向众位说道，接着，他将手中一纸文书递给谢晦说，"唉，这次夏主得逞了，夏人拿下了关中之后，夏主已然称帝了！这是夏主赫连勃勃称帝的消息文书，诸位可以看它一看！"

"嗬，小小的西北番虏也敢称帝，如此说来，宋公您早就应该荣登大宝了！"谢晦看后遂用眼扫视了一下堂上的刘裕，立即向刘裕进言道，"如今……晋朝的大厦，全赖宋公您支撑，宋公本应独断专行，如今遇事还要奏请晋帝，实乃多此一举啊！"

在场的文武百官都纷纷附和，全场一片欢呼之声。

"诸位莫急，此事应当徐徐图之——"过了一会，刘裕笑容可掬地向众部属说。

"启禀宋公，今日我们前来，正是要筹划此事啊，望宋公允诺！"左长史王弘向刘裕说道，"今宋公既已接受了相国、宋公的封号，理当再进一步！"

"我们当全力拥戴宋公早登大位——"众人齐声说道，"求宋公勿再谦让，即刻吩咐我们着手登极事宜，分封诸将！我们也想攀龙附凤，封妻荫子啊——"

刘裕笑而未答，只是点了一下头。

"诸位之言正合天意！如今南国万事俱备，万民称颂宋公，求宋公荣登大宝，我们也好攀龙附凤！"谢晦、王韶之等人也都叫了起来。

"哦，既然如此，那么诸位听封：本公现尊继母萧氏为太妃，封世子刘义符为中军将军，任太尉府祭酒孔靖为宋国尚书令，青州刺史檀祗为领军将军，左长史王弘为仆射，从事中郎将傅亮、蔡廓为侍中，谢晦为右卫将军右长史，郑鲜之为参军，殷景仁为秘书郎。宋府各官都将依照晋廷分封，宋府规格与晋廷毫无二致。"刘裕说道。

众人听罢，个个欣喜若狂，最后，刘裕挥了挥手，众人欢天喜地地散去了，只有孔靖闷闷不乐，并且默然退出。

"王韶之，你即刻入宫买通皇宫内侍，让他们伺机给晋安帝下毒。你是中书侍郎，可以速办此事！"最后，刘裕走到王韶之身边轻声地说道。

王韶之应承而去。

此时，安帝的弟弟——琅琊王司马德文从长安谒陵刚回京不久，正好看到宋公府门庭若市，人群熙熙攘攘，朝中大臣成群结队地从宋公府进出，料想刘裕就将篡位起事，安帝命在旦夕。于是，他随时提防，每天入宫查验安帝膳食，因此王韶之等人本想给安帝下毒，但又无从下手。

一日，司马德文突然生病在榻上，未能入宫查验，结果没过多久，就见宫中太监到来。

"安帝业已升天，遗诏请司马德文继位——"太监向病榻上的司马德文送上遗诏并且惨然说道。

"微臣接旨！"司马德文颓然答道。

言罢，司马德文入宫查验，竟然看见晋安帝是被人勒死在寝宫的。他明知其中的变故，无奈刘裕势大，宫内外遍布刘氏爪牙，他自感无法挣扎，所以，司马德文也只好顺水推舟，权登帝位。史称晋恭帝。

恭帝改次年为元熙元年，加封百官，大赦天下。并晋封刘裕为宋王，作为诸郡王之首，加九锡礼，又加赐他十个州郡，并且迁宋王幕府于寿阳。而且特许刘裕建天子旗帜，拥有天子仪仗。随即，刘裕封王太妃为太后，世子为太子，宋王府的一切规格等同晋廷。

一年后的一天，寿阳城中风和日丽。宋王刘裕在王府中宴请群臣，众人兴致勃勃。

"……想当年，桓玄谋国，我倡议复兴晋朝，平定四海，功成名就之后，我这才敢于接受了九锡殊礼。"酒至半酣，宋王刘裕捋着胡须慢慢说道，"然而……如今我年岁已经六十有五，已至暮年，这备极尊荣的地位让我不安啊！我打算奉还爵位，归老京师。诸位以为如何？"

"啊，大王南征北讨，救了晋朝，为大晋立下了奇功，功德无量！"殷景仁接口称颂道，并惊问道，"大王岂能奉还爵位？"

"宋王功德巍巍，来日方长，日后当是福寿绵绵，岂能中途归老京师？"侍中蔡廓也起而惊问道。

接着，堂上群臣纷纷称颂，议论纷纭，欢声不绝。但是，刘裕对这些乱哄哄的场景未能欣喜，他以为众人之说，均不得要领。因此，刘裕反而面露惆怅之色。众人见了，都不解其意，却仍在惴惴不安地喝酒聊天，直到日暮时分，窗外风云突变，大家才开始陆续散席。

宋王刘裕面带怒容地转入内殿，众臣随即惶惶退朝。

此时，夜幕低垂，宫灯初放。中书令傅亮在座位上思索了一会后，他突然起身，也走向内殿，追向宋王，并且抬头仔细地端详着刘裕，接着慢慢地向宋王身边靠来。

"中书令有何话要说？"宋王刘裕转身扭头惊问傅亮。

"……臣思量了一下，觉得臣应当立即回京办事。"傅亮神秘地笑着对刘裕说。

"啊，看来中书令对我的意思心领神会了……"刘裕听罢，顿感欢欣，遂目光如炬，看着他，并立刻会心地向他点了一下头，接着欣喜地问，"你今日要去京城，需要多少人护送？"

"数十人足矣！"傅亮笑道。

"好，去吧！"刘裕满意地点点头，挥手说道。

说罢，窗外一声惊雷，随即天空中出现了一颗长星，光芒烛天。刘裕向天大笑，接着，他回头看着傅亮已然翻身上马，引数十随从，连夜驰往建康去了。

次日，晋恭帝司马德文正在建康太极殿内与内侍们谈论佛理，忽见傅亮不请自到，大踏步地走了进来。

"啊，朕未曾宣召，傅爱卿因何入宫？"恭帝回头，惊恐地问傅亮。

"臣奉宋王之令，要来见驾！"傅亮厉声叫道。

"宋王刘裕他有何事……"晋恭帝司马德文颤抖地问傅亮。

"宋王功德可与日月争辉，现在已经万众归心，陛下为何不能效法尧舜，将天下禅让于宋王呢？"傅亮质问晋帝。

"哦……其实……朕早有此念了……请问……爱卿已代朕拟就禅位诏书了没有？"晋恭帝听罢傅亮直截了当的逼宫之言后，吓得浑身战战兢兢地转而问道。

"好吧，诏书在此，请陛下立即抄录，适时签发！"傅亮说着，随即从袖中拿出早已拟好的禅位诏书，递给了晋恭帝司马德文。

几日后，晋恭帝的圣旨送达寿阳，召请宋王刘裕回京。

刘裕令四子刘义康镇守寿阳，任参军刘湛为长史，裁决王府诸事，然后，带着亲军将佐，立即赶往京师。

刚到京都建康城边时，刘裕就见南郊黑压压的一片人影，原来傅亮早已纠集晋恭帝及满朝文武在建康南郊迎接宋王。

"上奏陛下……"刘裕策马走到恭帝面前时说着，正要下马请安。

"今天将日月更替，大人不必下马见驾了！"傅亮见此，立即赶上去，一把拉住了刘裕，大声说道。

"爱卿免礼！"恭帝见此，不知所措，也慌忙赶上来扶着刘裕，颤声对刘裕说道。

"今日贵人已到，还请陛下勿再犹豫，敬请立即颁旨，行禅让大礼——"此时，傅亮等大臣们一哄而上，抓起恭帝的衣襟，强行向恭帝催促着。

"朕……"恭帝还在嗫嚅。

"莫非陛下还要踌躇？"刘遵考见状，急忙举起大刀砍断了阶前旗杆，而且高声大叫道，"这晋朝天下本是宋王所救——"

"是是是！桓玄跋扈，我晋朝早已失去了天下，全靠宋王仗义兴师救亡。我早欲禅让大位了，岂能存有异心？"恭帝抖动着下巴说道，"请诸位准备大礼庆典！"

随即，傅亮将早已拟好并经恭帝抄写的禅位诏书递给了晋恭帝，恭帝接过诏书立马签字，并请刘裕当日受禅，昭告天下。光禄大夫谢澹、尚书刘宣范恭敬地将御玺向刘裕呈上。刘裕又作了一番三揖三让的虚礼，然后才欣然收受。

于是，刘裕令众人前往南郊登坛祭天，回宫驾御太极殿，定国号为宋，并接受百官朝贺。接着，新帝宋主刘裕大赦天下，改晋元熙二年为宋永初元年。同时，刘裕册封晋恭帝为零陵王，令他迁居秣陵，并让将军刘遵考率兵监管秣陵。

宋主追尊先父刘翘为孝穆皇帝，母赵氏为孝穆皇后，继母为皇太后；封弟弟刘道怜为长沙王，追封亡弟刘道规为临川王；立长子刘义符为皇太子，封二子刘义真为庐陵王，三子刘义隆为宜都王，四子刘义康为彭城王；加封尚书仆射徐羡之为镇军将军，右卫将军谢晦为中领军，傅亮为尚书仆射，领军将军檀道济为护军将军。所有迎奉新主的晋廷旧臣全都得到宋主的封赏。

例如：晋封雍州刺史赵伦之为安北将军，西凉公李歆（李渊之祖）为征西大将军，西秦主乞伏炽磐为安西大将军，高丽王高琏为征东大将军，百济王扶余映为镇东大将军。

此外，刘裕还减免租税，放宽刑罚，安抚百姓，于是南国渐兴。

十四、登大宝，宋主谋晋皇

一个月后，宋主刘裕在后宫召来徐羡之、傅亮、谢晦和张伟等人议事。

"诸位乃大宋的开国元勋，今南国初定，百废待兴，你们以为朕躬将如何行事？"宋主向众人问道。

"今闻西凉被北凉杀灭，臣以为当出兵讨伐北凉！"徐羡之回答。

"唉，不妥！"宋主叹道，"朕已老迈，不似当年勇猛了！况且皇子们尚幼，也不宜远征。"

"攘外必先安内。今晋朝虽去，然而，其余烬未灭，那位零陵王还在……"傅亮接口说。

"此话有理！唉，余烬未息，恐有死灰复燃之日。国中未靖，难以外征！"宋主一声叹息，接着他回头对张伟说道，"琅琊中郎将张伟，你可持毒酒前往，送零陵王上路！"

"微臣领旨……"张伟嗫嚅道，没精打采地从内侍手中接过含毒的御酒，神色不安地出了宫门。

"唉，谢晦爱卿，你去看看张伟！"过了一会，宋主见状，遂不放心地对谢晦说，"张伟此行十分勉强，他恐有难言之隐，岂能担负赐酒重任？"

"微臣遵旨，微臣这就出去看看！"谢晦答应道。

于是，谢晦走出宫来，在长廊中追上了张伟，却见此时，张伟正仰起脖子，准备喝下御赐毒酒。谢晦见了，赶忙冲上去，夺下酒来。

"哎呀，中郎将，你何必如此？"谢晦惊恐地对张伟说，"倘若你难以遵命，皇上也可另派他人，总不至于让你去死吧？"

"唉，中领军大人，君命岂能有违？"张伟叹道，"然而，倘若我遵命前往毒杀君主，以求自保，我将遗臭万年了！我……我不如自己先喝了这杯……"

张伟说毕，热泪盈眶，遂将毒酒一饮而尽，慢慢地倒在廊下。谢晦看罢，沉思了一会后，赶紧进宫向宋主奏报。

听了谢晦之言，刘裕叹息了一番，随即，改派傅亮率人持酒，前往零陵王府。

　　零陵王司马德文见了毒酒，犹豫再三后，向傅亮说道："佛家曾说，人如自杀，就不能再次转世！我岂能如此自裁？"

　　傅亮见司马德文犹豫不决，深为忧虑，索性命令左右用被子将他捂死。

　　接着，傅亮回宫，将恭帝的情形向宋主作了回报。宋主刘裕得知后，立即装出一副哀悼的模样，并率领百官为零陵王司马德文送葬，赐谥号为恭帝。

　　除掉了晋恭帝，刘裕觉得身心无比轻松，这时，他终于对晋室的势力放下心来。然而，此时此刻，刘裕却忽然感到自己的年岁已高，心力交瘁，不意疾病开始缠身了。

　　永初三年，刘裕终于卧病在床，并且渐渐病重。近臣长沙王刘道怜、司空录尚书事徐羡之、尚书仆射傅亮、领军将军谢晦、护军檀道济等人，陆续入宫探望。

　　"陛下有恙，何不前往神祇祈祷？"刘道怜、徐羡之问宋主。

　　"不必了，人生在世，生老病死，已是天然，求神何益？"宋主漠然地说道，接着，他又对侍中谢方明说，"爱卿可往太庙为朕祷告，再令太医入宫诊治。以后就让朕在此静养，如此也就行了，不必再徒费精力，求神拜佛！"

　　谢方明答应着退出。接着，刘裕又回头看着檀道济说："护军……"

　　"微臣在——"檀道济见问，赶忙走上前来跪着答应，紧接着问道，"陛下有何吩咐？"

　　"哦，檀爱卿，广陵素为兵家必争之地，也是朕所挂念之处，你是国家重臣，屡建奇功，今令你前往广陵镇守，督管淮南各军！"宋主欠身对檀道济说。

　　"皇恩浩荡，微臣遵旨，微臣决不负陛下的知遇之恩！"檀道济起而答道，接着含泪道，"望陛下保重龙体，军事上自有臣等操持，陛下不必挂牵了！"

　　宋主刘裕靠在龙榻上，满意地笑着点了点头，随即向外挥了挥手，于是，众人渐散。

　　"谢爱卿请留步……"最后，宋主将谢晦留下说话。

　　"……谢爱卿，方才朕见你似乎有话想说？"宋主刘裕轻声地问谢晦，"是太子之事否？"

　　"皇上明鉴！"谢晦凑向刘裕身边道，"陛下年事已高，应为万世社稷着想，好不容易得来的江山，应当交予稳妥之人镇守，这样，方可保江山万世！"

　　"唉，爱卿是对储君不放心吧？"刘裕轻声地问道，"太子年幼，荒唐嬉戏，不务正业，难继大统，朕也有所耳闻……"

　　"嗯……"谢晦点了点头。

　　"那么庐陵王刘义真如何？"刘裕又问道，过了一会又叹息道，"唉，谢爱卿啊，义真年幼，前次关中的败局也不能完全责备他。上次，爱卿前去为朕对庐陵王考察了一番，情况究竟如何？"

　　"微臣仍然觉得庐陵王才华有余，但德行不足。臣以为庐陵王少有君王的气度。他在关中损兵折将之事，陛下不可不给予追究！"

"如此说来，就令他仍旧镇守历阳，督管雍、豫等州军事，兼任南豫州刺史！爱卿通知义真去吧！"宋主喘着气说道。

"微臣遵旨！望陛下静养，龙体早日康复！"谢晦说罢，起身告退。

一年后，宋主刘裕病危，噩梦不断，神魄犹惊，恍惚中，他常梦见晋安帝、晋恭帝等无数冤魂前来索命。刘裕自觉自己将不久于人世，遂分批召来太子及近臣安排后事。

他首先将太子刘义符召来以托后事，然而，太子只知道啼哭，别无他言，病中的刘裕十分为难，百般着急。

"义符儿不必悲伤，朕乃是天子，上天自然要令朕前往天庭。儿就将即位，身负重任。这万里江山，万年基业当由你顶起，你必须慎重！"刘裕悲切地对刘义符说，"朕将去也，你不应支支吾吾，有事望速说来，以便为父能最后为你出谋划策！"

"朝中之事，尚望父皇晓喻孩儿！"太子说，"内外大臣，何人堪用？"

"朕将托孤于徐羡之、傅亮、谢晦三位大臣，令此三人共为三相，辅佐于你。望你慎重调用，好自为之！"刘裕喘着粗气说道。

"为何要三相共辅？"刘义符问。

"……常言道：'天雷不打六耳'，朕想使这三个人的权力均衡，以免一人权重，后来会欺天压主……"刘裕继续说。

"父皇英明！只是，其他大臣应如何安排？"刘义符又问父皇。

"檀道济虽有武略，但少有志向，只可派作北伐将帅，难为朝中相王。"刘裕轻声地说，"徐羡之、傅亮随朕多年，忠心耿耿，当不致心生异志。"

"谢晦……"太子问。

"……谢晦屡次随朕征战，城府颇深，这个人十分机灵，他很有应变之策，只是……他才有余而德不足。倘若……将来这几位大臣若有叛乱者，朕估计……这……首先应当会是谢晦。你嗣位之后，可立即将他调到会稽、江州诸郡，免得他在京滋生忧患。"

刘义符听罢退出。

接着，刘裕在弥留之际，又将徐羡之、傅亮、谢晦等人召来，一一叙话。

"唉，朕就将去了，年幼的太子义符嗣位，朝中大事全赖你们三位宰相处理，皇后不得监朝。爱卿们是随朕多年的老臣，应当尽心竭力，辅佐嗣君！"刘裕气喘吁吁地咳嗽着说道，过了一会，他又递给他们一本诏书，慢慢地说，"……此乃是朕的亲笔遗诏，朕去后，请爱卿们立即向朝内外颁发！"

众人唯唯诺诺，跪地听命。

刘裕说罢，溘然与世长辞，葬于建康麒麟门外的初宁陵。刘裕在位三年，终年六十七岁，庙号高祖。

刘宋高祖刘裕葬于钟山初宁陵

初宁陵石刻

刘裕乃当世英雄，国中猛虎，北方各国都怕他率兵征讨。当得知其逝世的消息后，各国都为之欢欣鼓舞，大家都长长地松了一口气。

十五、高祖崩，南宋战北魏

宋高祖刘裕逝世后，太子刘义符即位。

新帝尊皇太后萧氏为太皇太后，生母张夫人为皇太后，册立皇妃司马氏（晋恭帝女儿海盐公主）为皇后。任命尚书仆射傅亮为中书监、尚书令，令他与司空徐羡之、领军将军谢晦三人共同辅政。

不久，长沙王刘道怜、太皇太后萧氏相继去世，宋廷接连遇到大丧，十分忙乱。

新皇刘义符年方十七岁，童心未泯，不务正业，一意贪玩，百事不管，朝中大事全由辅臣们操办。而正当此时，北魏又趁机兵发河南，因此，举国惶急，国事纷繁，累得宋廷三位辅臣调兵遣将，以求阻止北魏强寇。而嗣主刘义符依旧终日嬉游不止。

"国中丧葬接连，外寇北魏又将袭来，我社稷危在旦夕，陛下岂能仍在嬉戏？"特进致仕范泰见了，再三上奏，规劝嗣君。

"国中上下有你们一群大臣何用，此事何必竟要朕躬亲自操心？"刘义符不耐烦地向范泰怒斥道。

"臣等自当要为国事操劳，为国家和皇上效力啊！"徐羡之、傅亮两人也一齐上奏嗣帝道，"然而，陛下乃是一国之君，国中大事必须有陛下决策，方可执行！如今，魏军已临河南，大有继续南侵之势，陛下不可漠不关心！"

"军事危急，魏兵就要南下了！皇上切不可玩物丧志，贻误了国家大事！"谢晦也焦虑地叫起来。

"魏兵南下，你们可与檀道济一起商讨御敌之计，此事不必烦朕操劳！"刘义符暴躁地说道。

"启奏陛下，昔日，魏主拓跋珪统一了北方，建都盛乐，其势不可当。如今拓跋嗣主即位，勤问国事，劝课农桑，任用崔浩等有识之士，兴利除弊，国家更加强盛。我高祖皇帝当年曾占有了他们的滑台，他们如今却要率兵前来，趁机报当年滑台兵败之耻！陛下对此，岂能掉以轻心？"此时，檀道济也进殿向刘义符劝谏。

"为何北魏昨日还说，是要与我大宋交好的，今日就反目成了仇敌？"宋主刘义符怀疑地问众臣。

"往日，只因我大宋开基，气焰强盛，北魏只好委屈请和修好，互通使节，如今

99

他得知我高祖皇帝驾崩，他们便企图趁机来报仇怨。我大宋使节昨晚回国，在渡河之际，就已被魏兵抓获。他们北魏还兴兵南征，任司空奚斤为大将军，督率将军周几、公孙表等人攻打我滑台、洛阳、虎牢等地。"谢晦接着奏报。

"不仅如此，原来晋室的叛将司马楚之也趁机召集上万兵马，屯驻长社，他要为故国复仇啊。当年高皇帝曾派出沐谦刺杀司马楚之，而沐谦不忍心下手，反而投靠了司马楚之。如今，他们一直伺机反宋，今日他们已投靠北魏，司马楚之还成了北魏的征南将军、荆州刺史。司马楚之他也率军北来，与奚斤互为犄角，夹攻我河洛！"傅亮也上前奏道。

"哦……"刘义符沉思了一会，接着又不以为然地说，"不过，打仗之事朕不及众卿。去吧，抵御魏兵之事，还是由众卿酌情处理吧！"

徐羡之、傅亮、谢晦等人无奈，只好摇了摇头，面面相觑，遂陆续赶往兵部，筹划抗魏军务去了。

镇军将军徐羡之、尚书仆射傅亮、中领军谢晦、护军将军檀道济等众大臣回到兵部大衙商讨抗魏对策。

"护军将军，你刚刚从前方回来，可知道目前的军情如何？"刚在大堂上坐下，谢晦、傅亮就齐声问檀道济。

"在虎牢关的司州刺史毛德祖已派司马翟广支援滑台，让长社令王法政率五百兵士驻守昭陵，将军刘怜率两百兵士守雍丘，以防司马楚之。北魏尚书滑稽偷袭了仓垣，我朝陈留太守严陵已经投降了奚斤。"檀道济担心地说，"如今……虽然滑台尚未被魏军攻破，但魏主拓跋嗣已经责令奚斤必须拿下滑台，并已亲领五万大军前来援助奚斤。军情危急啊！"

"滑台军情危急，朝廷当派兵前往滑台，同时随时派员侦察前方战况！"谢晦说道。众人点头称是。

滑台在激战中抖动。宋、魏双方相持不下，并且战场不断扩大，开始了滑台周边之战。

将军公孙表请求魏主拓跋嗣再派出骁将黑矟将军于栗磾出兵河阳，进攻金墉。南来后，于栗磾立即进了公孙表大营，请公孙表向他面授机宜，以便大败宋军。

得知于栗磾南来，毛德祖急忙令振威将军窦晃守河滨，堵截于栗磾。拓跋嗣又令叔孙建侵犯青、兖二州，由此越过黄河。宋兖州刺史徐炎见此，望风披靡。宋豫州刺史刘粹慌忙派出属将高道瑾据守项城，庐陵王刘义真也派出龙骧将军沈叔狸率三千兵马，前来支援刘粹。徐州刺史王仲德督兵驻湖陆，与魏军相持不下。

接着，北魏中领军娥清、期思侯、闾大肥又率兵赶来与叔孙建会师，联手合军，攻打滑台外围。在诸军混战中，宋国的泰山、高平、金乡等郡相继失守。于是，叔孙建东进青州，镇守东阳城的宋青州刺史竺夔急忙向建康求援。

宋主与首相徐羡之等人齐集朝堂，紧急商讨军务。

"今滑台魏军力量太大，我等国内不安，不如暂且求和！"首相徐羡之开口说道。

"胡说！如今我大宋前方军情紧急，在下以为要立即聚集力量，由大将檀道济率军增援前线，以求保国！"史官王彦丞首先出班说道。

首相徐羡之向来与王彦不和，听了王的发言后，立刻向王彦丞走来。

"王大人身为史官，还是忠于本职工作吧，这里边有你什么事？你竟敢首先发话，目无上尊，成何体统？"徐羡之向王彦丞大怒道。

"国家兴亡，匹夫有责。况且如今国家危亡，首相竟不允朝臣直言救国。对此，作为一名史官，我手中的春秋之笔将来将如何描述徐大人你呀？"王彦丞不屈服地回击道。

"啊，王彦丞，你竟敢威胁本相？"徐羡之大叫道，"本相受先帝委托，与谢、傅二相共佐幼主，受命以来，日夜操劳国事，不敢有半点失误。今前方吃紧，敌众我寡，倘若我朝全力征魏，恐怕激怒了魏虏，军遭大败，还会引起国中内乱呀。因此，我才想与魏人求和，暂且容忍不发，你竟要以匹夫之勇，葬送国家！"

"启奏陛下，微臣力谏由檀道济将军率军抵御，倘若檀将军败了，微臣甘心献上自己的首级——"王彦丞再三说道。

说罢，满朝文武齐声欢呼，徐羡之默然无语。

"好吧，朕即刻命檀道济率军杀敌！"宋主笑逐颜开地说道。

于是，宋廷只好孤注一掷，令檀道济统率全军，与冀州刺史王仲德共同挥军东援。

徐羡之垂头丧气地出了宫门，追上走在后面的傅亮。

"傅大人，如今我国内粮草缺乏，北方战事注定是要失败的，你叫户部不要再给檀道济加发粮草了，再多的粮草给他都是白白浪费啊！"徐羡之咬牙切齿地说。

"啊，倘若如此，檀军不是败得更快更惨了？这……"傅亮听了惊问道。

"他檀道济是要权衡利弊的，请傅大人不必为此操心！"徐笑道。

傅亮听后默默点了点头，转身回府去了。

再说北方战事。残冬刚过，魏将于栗磾在将军公孙表的要求下，立即强渡黄河南下，与奚斤合兵攻宋。几经拼搏，宋军损兵折将，宋振威将军窦晃等人均被杀败，只得退回虎牢。河南太守王涓之弃城而逃，于是，金墉沦陷，河洛失守。接着，奚斤、公孙表两军合攻虎牢，帐下又有于栗磾等气势非凡的战将，耀武扬威，而且，又加上魏主再次拨兵来助，因此大宋的虎牢关危在旦夕。宋军虎牢的主将毛德祖昼夜不懈，竭力抵敌，战势已临紧急关头。

"毛将军，敌军越集越多，城内我军兵力不足，如何是好了"满面血污的窦晃冒着战火，飞马前来，急问主将毛德祖。

"赶紧募集死士——"毛德祖令罢又问，"城边的通往城外的地道是否已经凿通？

敢死队有多少人了?"

"现已凿开了六个地道,一直可以通到魏军营后。出城募集敢死队的死士现在已达四百多人!"窦晃答道,"为了偷袭魏军,这些死士个个敢死!"

"太好了!"毛德祖擦了一把脸上的污汗笑道,接着说,"立即将他们编队,让他们从地道出城,绕到敌营后方去杀敌——"

于是,随着一声令下,这群死士奔出了地道,直接绕钻到魏营后帐,一声呐喊,突然杀入魏营。魏兵猝不及防,毫无准备,以为宋兵天降,惊恐万分,不知所措,慌作一团,有的掉头逃命,也被死士们横七竖八地挥刀乱砍扫荡。魏兵头如瓜滚,被斩首数百,被烧毁的攻城器具无数,魏将闻风丧胆,纷纷开始北窜。

次日黎明,毛德祖趁势率军出城,冲进敌营,又击毙了上千魏兵,又胜了一战。然后,毛德祖见魏人大批援军南来,他也只好立即招兵回城。

今日的虎牢关

虎牢被困数月,激战经久不断,双方兵将疲惫,然而,魏主对虎牢关是势在必得的,于是,其各路大军还在纷纷聚来,把虎牢围得水泄不通。

这天夜幕初降,魏兵又来到城下挑战。

"宋兵死光了没有?没人敢来和我大战一场?"魏阵的一个满脸墨黑的彪形大汉——于栗单,又挥着长矛在城下叫喊挑战,"见我昨日连杀了你阵的二将,你们今日就不敢再战了?"

"毛将军,我们要出城与此人决一雌雄!"城上的窦晃等将见了,激愤异常,纷纷向毛德祖请战。

"莫急……"毛德祖愁眉不展地说,过了一会,见于栗单兵将已有倦意,毛德祖这才扭头对振威将军窦晃说,"窦晃将军,现在你可以出战一试了!"

"胜败乃兵家常事!于栗单,你莫逞能,待我前来杀你——"宋振威将军窦晃得令后,翻身上马,引军出城向那魏将叫道。

"这挑战的魏将就是于栗单,昨日,其长矛已经挑杀了我方多员勇将!"毛德祖在城上忧虑地向部众们介绍说,"你们迎战他时,都要小心谨慎啊!"

部属们听了,都连连点头。

此时,城下人喊马叫,飞沙走石,一场大战又起,双方拼搏惨烈。过了好一会,只见窦晃又垂头丧气地带着残兵败将进虎牢城里来了。

"唉,于栗单……果真了得!"窦晃叹息道。

"不然,城外敌军虽众,于栗单虽勇,但是,这一切都不及魏营中的另一个人……"毛德祖说。

"何人？"窦晃问。

"他就是魏营中著名的智多星公孙表！"毛德祖说道，"此人足智多谋，而且英勇善战，更娴熟于调兵遣将。魏军几次得胜，主要都是因为有了此人啊——"

"我们不如秘密派出刺客，暗中除了此人？"窦晃说。

"此人小心谨慎，更有护卫森森，死士绕膝，你岂能得手？"毛德祖说，"我们不如以离间之计来破他！"

"如何进行？"窦晃又问，"莫非大将军要用三国时曹操离间马超和韩遂之计？"

"正是！我本是北方人，本与公孙表相识，请你趁夜为我送信给公孙表，说我愿与他结约交好。"毛德祖说，"此信我已写好，而且故意在信中涂改了多处，请你拿了此信速往魏营，让奚斤怀疑公孙表与我暗中联络，图谋不轨。并且，你还要派出间谍在敌营四处散布公孙表与我宋营密谋的烟雾，以混魏人的视听！"

"嗬，此计甚妙！"窦晃高兴地说道，随即接过密信就出城去了。

入夜，窦晃到了魏军公孙表营中，将信当面交给了公孙表。不料，公孙表看完信后，竟坦然地笑着，将信递给了在一旁窥视的奚斤。

"哈哈，此乃是宋人的离间之计啊！我公孙表对大魏决无二心，请奚公过目！"公孙表坦荡地向奚斤大笑道。

"大人为何发笑？"窦晃见了遂问公孙表，"莫非大人仍然身不由己？"

"请你快速滚出去，不要在此施离间计了！若不是我们因为'两国交战不斩来使'，那么，我即刻就会斩下你的头颅，以示众人！"公孙表收住了笑容，向窦晃怒斥道。

窦晃听罢，惶恐地去了。然而，奚斤却因此对公孙表起了疑心。于是，奚斤转身回营，而在其营中，奚斤竟然又发现，另有一个宋兵正偷偷地向其营帐内塞进了一封信，转身鬼鬼祟祟地溜走了。

奚斤赶忙拾起书信，展开书信来看，原来此信仍是给公孙将军的，而且内容更为亲密，只是恰恰错投到了奚斤大营而已。奚斤立刻大疑，并且急忙将此信送交给了魏主。

魏主拓跋嗣接到奚斤送来的密信，疑神疑鬼，此时，恰逢向来与公孙表不和睦的太史令王亮到来，王亮看到此信后，十分高兴，并且添油加醋，向魏主大惊小怪地说起公孙表来。

"在此魏、宋大战之际，公孙表怀有二心，陛下不可不防！"王亮不失时机地对魏主说，"陛下应当立即将公孙表处死，以免留下后患！"

"爱卿所言有理！"魏主点头说道。

说罢，魏主拓跋嗣当即派人夜入公孙表的营帐，当场勒死了公孙表。

听说公孙表被魏主处死，于栗磾忧心如焚，慌忙奔到拓跋嗣营哭诉。

"目下双方战斗正酣，陛下何故斩杀大将公孙表？"于栗磾冲进大营，气急败坏地向魏主嚷叫道。

"公孙表……他有反意，他竟与宋人私通信息！"魏主答道，并拿起一沓纸函说，

"现在……其函件物证在此!"

"公孙公智勇非凡,更兼他对陛下忠心耿耿,如今我大魏战事节节胜利,多有公孙之功劳,陛下为何轻信了宋人的离间诡计,反而杀了他?"于栗单继续叫道,"陛下错杀了公孙公了——"

"啊,于栗单将军休得在皇上面前无礼!"此时,奚斤进来,见此,他向于栗单怒吼道,"于将军应当退出!"

随即,魏主无言地向于栗单挥了挥手,于是,于栗单悻悻地退出了大营。

公孙表死后,又听了于栗单的一番陈词,魏主也心生悔意,因此终日忧心如焚,武将们也少了拼杀的情绪,于是魏军暂时停止了进攻。

"唉,此处不宜久留,还是先取东郡去吧!"魏主心灰意冷地向众将说道。

"哈哈……公孙既死,虎牢城外少了一个重要的敌手,岂不快哉!"毛德祖闻得他的离间之计成功了,万分高兴地向部属们说道。

"哦,大将军一纸书信,胜过千军万马,不费吹灰之力,就借刀斩杀了顽敌!"窦晃兴奋地跳了起来。

数月后,魏军探子将毛德祖的这番话传到魏营,魏主拓跋嗣听后又悔又怒。

"毛德祖小人,竟以奸计毁了朕的长城!然而,即使如此,他们也休想取胜!朕将先取东郡,回头再来收拾这个虎牢关。"魏主疯狂地大叫道,随即亲率大军东进。

"今日特令叔孙建急攻东阳城!"在大营中,魏主令道。

"启奏陛下,末将也要前去,助叔孙建一臂之力,以报国恨家仇。"将军刁雍在帐下跳出来说道,"……想当初,刘裕起兵杀了豫州刺史刁逵和我刁氏全族,我还是逃到魏国才保住了性命。我这性命是陛下所赐的,我愿为大魏粉身碎骨。"

"这样很好!"魏主笑道,"请刁将军也一同前去攻打东阳,为朕立功!"

于是,叔孙建和刁雍率魏军东下,围困东阳。东阳守吏竺夔和济南太守调集全城兵民共同死守,直至魏军疲惫不堪,时日渐久,兵士都有去意。

"启禀将军,探马报告:宋国大将檀道济已引大军前来救援东阳,而且已将我围攻湖陆的兵马杀得丢盔弃甲!"一位部将上来向叔孙建和刁雍说道。

"啊,檀道济乃宋国的虎将!他来了,恐怕我军不能在此久留了!"叔孙建听后对刁雍说,"将军之仇,只有等以后再报了!"

"哦,也只能如此……"刁雍心灰意冷,垂头丧气地说道。

"檀道济已率军追来了!"此时,那部将又上来报告。

于是,叔孙建和刁雍赶紧毁掉营垒,率军向西逃去。

叔孙建和刁雍等魏将北回后,急急忙忙地率军面见魏主,魏主得知后,十分恼怒。

"既然东阳未能打下,朕的军队不如再转头西向,集中数路大军的力量,再攻虎牢,朕要亲自督战,拿下虎牢——"魏主咬牙切齿地说。

于是，魏主率领着大军又一次逼进了虎牢关。

被围七个月后，在虎牢城上，仍旧杀气冲天，战火蔽日。虎牢城上城下，兵民尸血遍布，树焦房倒，满目疮痍。

接着，外城被魏军攻破，毛德祖又命人在城内加筑三城，其中两城又相继被魏军攻破，宋营的劲兵殆尽，缺医少药，将士们多已眼睛生疮、面如枯柴。可是，他们还在毛德祖的率领下，昼夜奋战，拼命抵御敌兵。

虎牢关岌岌可危，惊心动魄，即将沦陷。当时驻守在湖陆的檀道济、在项城的刘粹、在高桥的沈叔狸都已经是弹尽粮竭了，见魏军势大，都畏惧而不敢轻举妄动，只是在遥窥魏军，未敢率军前来救援。

"毛将军，虎牢就要失守，我们要护送您出逃！"窦晃等部将齐声向主帅毛德祖叫道。

"……身为主将，城亡我亡，城存我存，岂能出逃？"毛德祖大声叫道，"我感谢诸位的深情厚谊，但我不能接纳你们的劝告，我要血溅虎牢关——"

众人无奈，只得慢慢地退出。

于是，毛德祖仍然继续率军抵抗，奋勇杀

南朝宋国大将檀道济

敌，直到城破身亡。接下来，宋朝的司、兖、豫诸州郡也都相继失陷，沦为北魏的州郡。

这次战事虽然对魏国十分有利，但是，魏主拓跋嗣因为御驾亲征，路途劳顿，加上在军中又错杀了公孙表，引起忠臣的非议，所以，魏主回到平城后，就旧病复发。魏主的谋臣崔浩此时在府中，也很是为魏廷担忧。

这一天，天气放晴，崔浩走出府院，慢慢地向高大的城墙上走去。崔浩站在高墙之巅，眼前豁然开朗，他望着远处连绵起伏的群山，思绪无限，感慨万千。

"啊，云山无限啊！处在群雄纷争的时代，一个想成就伟业的人，其任重而道远！他面前的艰难，犹如这一座座陡峭险峻的高山，当你征服了第一座山后，前面还会有一座……"崔浩仰望着无尽的群山，思忖着，胸怀激荡，感怀万千。

崔浩凭高远眺，想着这些之后，接下来，他又转而想起了魏国朝内大事。他觉得自己为魏国呕心沥血，虽然尚能得到魏主的宠信，但毕竟北魏是异族政权，拓跋高层仍有一些心胸狭隘之徒对他耿耿于怀，再联想到魏主身体欠佳，至今朝内储位空置，他更觉忧虑和不安。

"大人，皇帝请您进宫议事！"这时，侍从突然上前向崔浩叫道，打断了他的思路。

"哦，陛下因何宣我，他的身子……"崔浩听了，立刻回身说道，"我立马前去！"

　　原来年仅三十一岁的魏明元帝拓跋嗣本是一位善骑射、能征战的骁将。称帝后，因为他崇信道教，终日服用寒食散，结果延年无效，反而积毒过深，病入膏肓，时常药性发作，加之连年征战，天气异常和灾难不断，使他深感忧虑，因此其病情也更加严重了。

　　崔浩来到昭和殿，拓跋嗣见到崔浩，便牵着他的手，把他引入密室。

　　拓跋嗣开门见山地对崔浩说："最近，赵、代地区多次发生日食，此为凶兆！而朕的疾病又多年不愈，朕担心此兆正应在朕躬身上。然而……如果朕一旦去世，皇子们还都年幼，那将如何是好？故而……请爱卿前来为朕解忧！"

　　"陛下正值壮年，病情很快就会痊愈的。不过……"崔浩抬起头，慢慢地说道，"倘若陛下一定要微臣说话，那么微臣也愿说上一句。请恕臣直言了。"

　　"爱卿请直说无妨！"魏帝拓跋嗣道。

　　"自从我们魏国创立以来，一向不太注重册立皇储。结果，在永兴初年发生了宫廷之变，险些倾倒了我们的国家。如今，陛下亟待要做的事，就是建东宫、立太子，遴选贤明的公卿做太子的师傅，让陛下左右亲信的大臣们做他的宾客和朋友，让太子在京师时能够主持朝政，出京时则能够统率军队作战，安抚百姓，讨伐敌人。"崔浩深思熟虑地说，"倘若如此，陛下不必亲自处理政事，便可以在宫中颐养天年了。"

　　"立储必然重要啊！"魏主点头说道，"这乃是朕的首要大事！"

　　"是的！"崔浩又说道，"如此一来，陛下百年之后，国有既定的贤明君主，百姓亦有所归附，奸佞之徒岂敢再生他念？况且，皇子拓跋焘现年也将十二，聪明伶俐，性情温和，以长子立为太子，也正合时宜。倘若一定要等到皇子们长大成人，再在他们中间选择太子，那就有可能废长立幼，逆违天伦，从而招致宫廷政变，天下大乱啊！"

　　魏明元帝拓跋嗣听了崔浩的话，十分兴奋。接着，他又亲自驱车来到南平公府，就立太子的问题征询南平公长孙嵩的意见。

　　"立长为储君，名正言顺，选贤为太子，则人心信服。拓跋焘既是长子又很贤能，正是合适的储君啊！这是上天的旨意。"长孙嵩朗声回答说。

　　于是，拓跋嗣同意了崔浩早立太子的建议。并下诏立太平王拓跋焘为皇太子，让他坐正殿，参与处理朝中大事。接着，拓跋嗣又任命长孙嵩及山阳公奚斤、北新公安同等人为左辅官，座位设在东厢，面向西方；命白马公崔浩，太尉穆观，散骑常侍丘堆为右辅官，座位设在西厢，面向东方，共同辅弼太子。百官则居于左右辅官之下，听候差遣。

　　拓跋嗣则避居西宫，但也不时悄悄出来，从旁窥视，观察太子和辅臣如何裁断政事，结果很是令他满意。

　　数日后，魏主拓跋嗣与太子拓跋焘在宫城内巡视，父子共论朝政大事。

　　"父皇对朝臣们有何评论？"太子拓跋焘问魏主。

　　"……长孙嵩是德高望重的老臣，曾经事奉过四代皇帝，功在国家；奚斤能言善辩，远近闻名，他是位出色的谋臣；安同通晓世情，了解民间疾苦，处事明达干练；

崔浩足智多谋，博闻强记，也精于观察天象和民情；穆观深通政务，能领悟朕的旨意；丘堆虽无大才，但他能够一心为公，谨慎处事，也是位难得的忠臣。"魏主拓跋嗣欣然地对太子说道，"用这样六个人来辅佐你这位太子，朕与你只要巡视四方边境，对叛逆加以讨伐，对臣服者加以安抚，就可以了！"

"哦，父皇果然英明，对朝中的人与事都是一目了然！皇儿谨听父皇的教诲！"太子慨然道。

北魏白马公崔浩

太子拓跋焘聪明好学，胸襟开阔，文武百官有时就疑难问题请示魏主拓跋嗣，拓跋嗣却常常轻声地说道："这个，诸位可不必问我，就让太子决定吧！"

于是，此后的魏廷，上下和谐太平。

崔浩为拓跋嗣安排好了后事不久，魏明元帝拓跋嗣就真的与世长辞了，但是此时，魏主虽崩，北魏国内却依旧安定，仍然兵强马壮，魏军仍能节节胜利地向南朝征战。

再说此时，南朝的将士们虽然仍旧在北方苦战，而在南朝建康的宫廷中，宋主却仍在醉生梦死，歌舞升平。

见几番风雨之后，北魏并未杀来，宋主刘义符便兴高采烈。在佞臣们的怂恿下，他宣布改元景平。随即宋主加官晋爵，南郊祭祀，颁诏大赦天下。谁知不久，宋人前方兵败如山倒的消息终于像雪片似的飞来，宋廷上下，这才开始惊慌失措。

徐羡之、傅亮、谢晦三相纷纷上奏自责。可是，直到此时，宋主刘义符却仍然只知玩耍，不顾这一切战事。

接下来，河南魏将周几又攻陷了许昌、汝阳。宋豫州刺史刘粹使出浑身解数，屯兵项城，严阵以待，以防魏兵深入。

"魏兵已经迅速攻破了河南，陛下应当立即行动，作抵抗外敌的准备，倘若再如此懈怠下去，那么魏兵就要南下，侵我淮泗了！"傅亮惊慌失措地跑到阙前，哭着向刘义符奏道，"陛下不可如此漠不关心啊！"

"不，方才微臣已得密报：魏主拓跋嗣回到平城后，不久就去世了，魏廷生乱，我军终于可以暂且休整，以待来日北伐！"突然，徐羡之高兴地上前奏道。

"天助朕也！"宋主刘义符正在不知所措之际，听罢徐羡之所奏，立刻高兴得手舞足蹈。

"哦，拓跋嗣已死？那么，魏廷何人即位？"谢晦急切地问道。

"现由太子拓跋焘即位！拓跋焘仍然重用'三朝元老'大谋士白马公崔浩。"徐羡之说道，"此人劝告拓跋焘暂且休兵，所以我大宋国中战烟暂时可息了！"

北魏都城平城（今大同）

　　"崔浩？"谢晦听罢大惊道，"此人非比寻常啊，其文韬武略盖世。魏人都说，国中有了崔浩这样一个深谙事理的良辅，胜过了拥有一群才高智足的谋臣！有此人在彼，恐我大宋不免还要长遭动乱！陛下千万不要以为北魏会因拓跋嗣故去就不足为惧了。在崔浩的辅助下，其新主拓跋焘更是难以对付的举世雄主呀！"

十六、义符昏，三相谋易主

景平二年，宋主刘义符依旧在吃喝玩乐、歌舞升平之中。他终日只知游戏，不问朝事。而庐陵王刘义真见此则幸灾乐祸，更加以为自己有了觊觎皇位的良机。因此当时，刘宋的内忧外患陡生，众臣因此惶恐不安。

于是，徐羡之等三相纷纷惶恐地来东府议事。

"唉，皇上如此不听我们劝谏，国事危险了！这终会使外敌乘虚而入啊！"傅亮叹息道。

"岂止是外敌？这还会使内奸兴风作浪啊！"谢晦说，"长此以往，国乱在即！"

"正是！"徐羡之接着说，"庐陵王刘义真觊觎皇位已久，恐怕我朝将会出现节外生枝的大事，对此，我们辅相岂能听之任之！"

"……据说，刘义真与太子左卫率谢灵运、员外常侍颜延之、慧琳道人很是亲密。刘义真甚至曾经狂妄地说：'我若得志，一定任命灵运、延之为宰相，慧琳为西豫州都督呢！'"谢晦忧虑地告诉众人。

"这件事实在让我们忧虑！"徐羡之点头说，"我们不如现在就立即调任谢灵运为永嘉太守，颜延之为始安太守，将他们外放到边城，以免他们成了刘义真在朝中的耳目和帮凶！"

"此计太好了！"傅亮、谢晦齐声同意道。

"刘义真也不是个好对付的人，上次他自请加俸，遭到我们的阻止，他正在仇恨我们，并且扬言要回京面君。此人常常出言不逊，我们必须尽快除之，以防身遭不测！"傅亮愤怒地说，"否则，我们将后患无穷！"

"……目下，我们的面前有两件大事要做：一是要废黜无用的皇帝刘义符，二是要除掉无礼的藩王刘义真。"徐羡之慢慢地说道。

"此事刻不容缓，我们当先除了刘义真，再废黜皇帝刘义符！"徐羡之怒然说道，"首先贬刘义真为平民，然后再派出刺客前去除掉他！"

"好吧，请首相立即执行！"谢晦点头说道，"迟了恐怕我们反而会遭受祸殃！"

"诸位高见，我将令人立即行动！"徐羡之说，接着问，"入宫行事的刀斧手们的住处是否安排好了？"

"为了事先安排好起事的兵士，我立即以房屋破损欲修为借口，将我的家人全部安顿到府外去了，以便在我的府舍驻扎行事的刀斧手们！"谢晦说道。

"哦，很好！请行事的将领们立即分头行动！"徐羡之听罢，立即伸头向厅前待命的将士们叫道。

"麾下得令——"大厅前紧急待命的参将们应声而去了。

"关于废黜皇帝刘义符之事……当与南兖州刺史檀道济、江州刺史王弘商议。"接着，傅亮向徐羡之建议。

"此话有理，我们应当立刻拟诏，请檀道济、王弘进京议事！"徐羡之说道。三相都一致同意此举。

员外常侍颜延之得知自己被外放始兴太守，同时他也看到朝中权臣们的异动，心中甚觉不安。于是，颜延之在出发前入宫向皇上辞行。此时，宋主刘义符正在乐游苑中纵饮取乐。于是，颜延之赶到乐游苑。

"启奏陛下，微臣就将外出就任，诚望我主龙体安康！微臣并谏请陛下要时刻关注朝中的动向，以防不测……"颜延之欲言又止。

"去……去吧，好好做好你的事，你不必也像朝中的三相那样，整天只是在朕的面前唠唠叨叨！"宋主刘义符不耐烦地向颜延之挥手叫道。

"不不，微臣之言并非如同三相。陛下……请听微臣临别谏言，愿陛下关心国事，关注朝内异动，勿再……"颜延之正要解释，却被宋主阻止了。

"你这不也是劝朕要终日为国事操劳吗？只不过你又多了个危言耸听的计谋而已，莫非竟真的有人胆敢谋害朕躬？你与三相具有异曲同工之妙啊！"刘义符气愤地说，"朕希望你快点离开这里——"

颜延之被弄了个没趣，只得悻悻地走了。

次日，檀道济、王弘接到三相传来的圣旨后，立即风风火火地回到建康。他们回京后，首相徐羡之就将他们召入谢晦府园的密室中，紧急谋划废黜皇帝刘义符之事。檀道济、王弘二人听后，都欣然同意。

"相爷们以为，当首先除却刘义真？"檀道济刚一落座就急忙问。

"是的，我们昨晚已经派人先除掉了刘义真！"徐羡之答道。

"为了废黜皇帝刘义符，必须在宫中约好内应。今晚宫中内应是否业已约好？行动兵力的安顿之处是否妥当？"檀道济又问，"动手的时间是明晨？太后的谕旨业已备好了吗？"

"正是！一切就绪，明晨即可动手。我们约好宫中的中书舍人邢安泰和潘盛做内应，并且已将我的家人全部安顿在府外，将腾出的府舍交给行事的一队整装已毕的军士驻扎。"谢晦说道，"这也算是万事俱备了吧？檀老将军也一定会当机立断的？"

"相爷们这样很好！"檀道济点头笑道，"明晨我决不会误事的！"

随即，檀道济就在谢晦家府室中就寝，躺下来后，不久他就鼾声大作。谢晦见檀道济能够如此镇静自若，很是羡慕，因为他心中有事，当夜辗转反侧，难以入睡，好容易才挨到天明。

次日凌晨，天刚破晓，谢晦就听到部卒们急促的脚步声，接着徐羡之、傅亮也走了进来。

"谢相爷，昨日天气炎热，皇上曾在华林园避暑，傍晚又与亲信们乘龙舟同游天渊池，并且留宿在船中，未曾入宫就寝！"宫中邢安泰派来的侍从，急急地向谢晦秘密报告道。

"正好！请转告邢安泰将军，一切按既定的计划执行！"谢晦听后回头与众相点了点头，随即向那侍从吩咐道。

"哦，我当即刻率兵前往宫廷，攻入云龙门——"檀道济在旁边听了，立刻翻身跃起，说罢，快速地走出府寝前庭的大门。

"将军谨慎前行，我们随即就到！"徐羡之、傅亮、谢晦三相向檀道济及其部众们说着，并且也紧随其后，乘车赶向云龙门。

他们到了云龙门口，见门内的侍卫早已由邢安泰等人预先安排妥当，此刻，侍卫们虽见檀道济等人率军闯进了华林园，却个个袖手旁观，不予阻拦。

这时，宋主刘义符还在舟中做着美梦，被一阵喧哗之声吵醒后，他急忙惊慌地披衣而起，就见此时乱兵早已闯进船舱内。未及开口，刘义符就被士兵们推搡到了前楼东阁。

刘义符木然地站在东阁廊中，首辅徐羡之进门向刘义符收去了御玺。此时，早朝的时辰已到，大臣们见情况有变，只好陆续来到船舱外面等候旨意。

"今日朝议设在舟内，请诸位大臣上朝听旨——"首辅徐羡之向船外众臣们大声叫道。

于是，百官惶恐不安地走进船舱，入朝听宣。

"……鉴于刘义符怠懈朝政，因而皇太后特旨，将他废为营阳王，皇后司马氏废为营阳王妃；今将奉迎宜都王刘义隆继承大统——"徐羡之说着，并宣读了太后谕旨。

太后谕旨宣读后，百官拜辞了刘义符。直到此时，刘义符仍是一言未发，呆若木鸡地站在东阁的一边。

"檀道济将军，请你即刻送营阳王去太子宫，让他收拾行装，迁出皇宫，令邢安泰率众护送营阳王赶往吴郡！"徐羡之下令道，并且回头向身后的傅亮说道，"请傅亮大人率领百官前去江陵，迎奉宜都王！"

檀道济、傅亮等人得令分头去了。接着，各文武大臣才慢慢退朝。傅亮也正要出门，忽见徐羡之走了上来。

"傅亮将军慢走！"徐羡之说，"将军知否？自古废君不能久留，久留则将祸国殃民！"

"正是！这……末将也还懂得！"傅亮点头说道，"不如让邢安泰在到达吴郡后，立即除了营阳王这个祸根？"

"正是！"徐羡之点了点头。说罢，众人逐渐散去。

几日后，傅亮率人赶到浔阳。傅亮正要下榻歇息，突然见随来的祠部尚书蔡廓慢慢地走了进来。

"下官今日随大人已经到达浔阳，本应跟随大人左右，只是我突然身体有病，特需告别！"蔡廓对傅亮说，说罢仍站在一旁，似乎欲言又止。

"蔡大人不妨请便，我们只是就此相别吧！"傅亮说，接着他见蔡廓仍旧未走，就又问道，"蔡廓大人，你还有何话要讲？"

"……对待营阳王，不知你们三位相爷的意下如何？在下以为，营阳王迁往吴君后，你们还要好生侍奉他，因为，倘若他有不测，恐怕大臣们都会背上杀主的恶名，我们生前死后也会不安的！"蔡廓忧虑地对傅亮说。

"啊，蔡大人所言极是……"傅亮听后，惊慌失措地说道，并接着说，"事情或许有变，我将立即派人处理，令邢安泰务必善待营阳王。否则，或许营阳王的性命已经有危险了，倘若迟误，后患无穷——"

蔡廓听了，遂慢慢地点点头。

于是，傅亮急忙回府派人前往吴郡，阻止邢安泰行事。不料此时，刘义符的死讯却已经传到了浔阳，傅亮惊叹了一番，随即无可奈何，惶然泪下。

接着，傅亮等一群人赶到江陵宜都王府，面见了宜都王刘义隆。

"皇帝业已驾崩，但国中不能一日无主，徐羡之相爷等朝中大臣特令微臣前来，恭迎殿下，回京即位！"傅亮匍匐在地，向刘义隆说道。

"这……"刘义隆诚惶诚恐，犹豫不决，接着看了一下左右部将们后，又说，"傅相大人先请起入座。对此，容本王再三思之！"

刘义隆说罢，随即转身和亲信们一起绕过屏风，进入殿后。

"现今京城形势险恶，庐陵、营阳二王都已经相继被害！殿下岂能自投罗网？"刚进后堂，刘义隆的中兵参军朱容之等亲信们，立刻异口同声地劝告刘义隆说，"今日恐有司马昭、王敦之流再世，王爷不要轻易东行，以免身遭不测啊——"

"事情并非如此，殿下应当东行！微臣先来大胆地向殿下贺喜——"此时，司马王华走上来说出不同的意见。

"此话怎讲？"刘义隆问王华。

"我大宋高祖皇帝攫取江山，威震四海，天下慑服。嗣主虽无先帝的雄才大略，但国中的人心仍旧未改。再说，徐羡之、傅亮二人出身卑微，威望不足，他们岂能与司马昭、王敦之辈相提并论？他们深受先帝重托，绝不敢违背纲常，岂能有非分之想？"王华接着分析道。

"那么，他们为何竟能对庐陵、营阳二王下了毒手？朝中三相如虎也！"参军朱容之又坚持地说道。

"因为庐陵王刘义真过于刚烈，三相他们害怕将来不能与之相容共事，才决意迎奉宜都王爷，并欲借此邀功请赏！"王华说，"至于废主被谋杀，这也是自古常有的事。倘若废主他仍活在世上，始终也是个祸害，因此他们才对他也下了毒手！"

"更有厉害的是：先帝虽然令三相辅政，又令他们三相官阶一样，功劳相同，倘若他们欲图谋不轨，彼此又不能相让，这岂能成功？"王华又说道，"常言道'雷不打六耳'是说三人在一起是不能做谋叛之事的！因为他们会彼此制约。三相摄政比一相摄政高明奇妙得多了！"

"先帝乃是神人啊，他有此三相并驾齐驱、相攘相克之计，殿下就可以无忧了！"校尉到彦之也兴奋地说，"如此说来，微臣也恭请殿下东行，荣登大宝——"

"三相杀戮已毕，陛下大可放心入京——"此时，王华又笑着上前向刘义隆说道，"请允许末将提前尊称殿下一句'陛下'了！"

"王华，你是想成为劝汉文帝据国的宋昌吧？"刘义隆立即高兴地拍着王华的双肩说道。

"攀龙附凤，臣等夙愿。臣等向殿下贺喜——"随即，众人也都欢天喜地向刘义隆说道。

"我决意即刻东行，现令王华镇守荆州，到彦之镇守襄阳！你们必须谨慎从事！"最后，刘义隆收起笑容道，"内奸外寇，你们多需防备呀！"

"我们听令！"王华、到彦之齐声答道，"然而，殿下此行，也须多加小心！"

"请司马、校尉放心！末将随殿下东去，将日夜守卫在殿下身边，寸步不离，夜寝不解衣带！试看谁人能够图谋我主？"中兵参军朱容之斩钉截铁地说道。

"哈，这样很好！"王华、到彦之朗声大笑道。

说罢，众人走出厅堂。

于是，奉迎大队轰轰烈烈，扬帆起程。

然而，在返回京都建康的途中，傅亮站在船头上，思绪就像大江之水翻滚不息。到达浔阳时，他又目睹了当初蔡廓辞别上岸的渡口，想起了蔡廓"不能杀死废帝"的告诫；想起了武帝临终时，太尉长沙王道怜、司空徐羡之、领军将军谢晦、护军将军檀道济和他本人跪受遗诏的情形；再想到庐陵、营阳二王相继被害，宜都王在江陵泪流满面的情景……他感到了莫名的恐惧。

近日来，风云突变。当夜，孤寂的傅亮在摇曳的烛光下把他数日来的感受写成诗文，以抒发自己无限的苦闷和惨然无助。

不久，宜都王刘义隆、奉迎大臣傅亮等人的船只顺风起帆，疾驶东下，全队浩浩荡荡，不日已经到达建康，朝中群臣在新亭迎驾。

"当今的圣上为人如何？"徐羡之远远地看到傅亮走在前头，忙上前与他窃窃私语地问道，"其心意如何？"

"……今上的才智应当在文帝与景帝之上吧！"傅亮含糊地答道。

"唉，但愿今上英明，以便明了我们的一片赤胆忠心啊！"徐羡之忧郁地叹道。

"啊，恐怕未必能够如此……"此时，傅亮却又慢慢地、忧虑地说道，"纵观历史，恐怕我们摄政的大臣难以与之相处啊！"

此时，刘义隆等人已经上岸，于是，徐羡之无暇再与傅亮攀谈，只好仓促地走上前去，奉迎新帝刘义隆入城。

刘义隆顺道拜谒了宋武帝刘裕的初宁陵，然后乘辇入宫。接着，百官奉上御玺，刘义隆谦让再三后，方才接受即位大礼。

接着，刘义隆登上了皇位，改景平二年为元嘉元年，追尊生母胡婕妤为太后，恢复庐陵王的爵位。加封彭城王刘义康为骠骑将军，南豫州刺史刘义恭为江夏王，六皇弟刘义宣为竟陵王，七皇弟刘义季为衡阳王。晋升司空徐羡之为司徒，兼任录尚书事，卫将军王弘为司

新亭（原在南京水西门外）

空，中书监傅亮为左光禄大夫，南兖州刺史檀道济为征北将军。

此时，谢晦已由首相徐羡之新任为荆州刺史了，于是，刘义隆又加封荆州刺史谢晦为抚军将军。

新皇初立，徐羡之、傅亮、谢晦三相总觉得惊恐不安，于是，经常积极相聚商议对策。

"荆州是国命要地，原为宜都王刘义隆镇守，今日宜都王既登大宝，我当心他为了掌控国脉，会将荆州封给他人，因此，我抢先一步命你为荆州刺史，并令荆州的所有精兵旧将都听你调遣。这样，万一将来我们在京有何不测，希望你也可为我们充作外援呀！你要快速去荆州上任，以防意外！"徐羡之紧张地对谢晦说道。

"首相深谋远虑，所言极是！"谢晦感激涕零道，"我将立刻前往荆州上任！"

说罢，谢晦神色慌张地去找祠部尚书蔡廓商议。

"现在情况已经如此，尚书大人，你看我能否躲过此劫？"谢晦不安地问蔡廓，接着又说，"其实，我忠心耿耿，一切行进本来都是为大宋的江山社稷……"

"是的，大人你们受先帝遗命辅佐嗣君，为了江山社稷而废立皇帝了。废立皇帝，本是无错！"蔡廓慢慢说道，停了一会又说，"然而，杀了新主的两个兄长，而且现在仍然手握重兵，由古推今，这都是让君主所不能相容的事。由此看来，大人的前途不妙啊！望大人谨慎从事！"

谢晦听了，更是浑身发颤，觉得其字字惊心，句句动魄。于是，谢晦慌忙调集兵马，率兵出城，赶往荆州就职。

初夜，当谢晦率舟离开了新亭，望着那黑巍巍石头城山影渐行渐远的时候，其心中如释重负了。

"……哦，过了新亭。我谢晦今日总算逃过了此劫！"在夜色中，谢晦独自站在船头甲板上，向后顾望，看着前方那灰蒙蒙的山影怪石，长长地吁了一口气，感叹了一声。

　　新皇刘义隆虽然年仅十八岁，但他长得器宇轩昂，且胸怀大略，城府极深，与他的两个兄长迥然不同。刘义隆他虽然忌恨徐羡之、傅亮、谢晦等三相，但是，在表面上，却从来不露声色，遇到大事他还要假意与三相相商，请他们决定。

　　册立皇后袁氏时，刘义隆甚至将此事交由徐、傅二人全权处理。新主的行为诚挚，以致使三相对他渐渐丧失了戒心，并且感颂嗣主的宽仁大量。然而，等到谢晦去了荆州后，宋主刘义隆却急忙将自己的亲信召回京师。他任命王华为侍中，任命王弘之弟、骁骑将军王昙首为侍中、右卫将军，命朱容之为右军将军。

　　元嘉二年，徐羡之、傅亮为了讨好皇上，多次上奏，请求归政于皇上，但是，宋主刘义隆从容不迫，他却并不着急，因此没有立即准奏。只是经过徐、傅再三奏请后，宋主方才顺水推舟，欣然同意。然而，在宋主刘义隆得到大权，并能亲自处理朝政后，他对三相多年的积怨就将立刻迸发出来了。他下定决心，要除掉徐羡之、傅亮、谢晦这三位昔日的摄政的权臣。

十七、新君立，决意除三相

新主刘义隆已经归政，并开始着手处理朝中三相之事，侍中骁骑将军王华得到消息，急忙入宫求见皇上，与之商议大事。

宋主刘义隆的心腹王华素有心计，他长期跟随宋主。早在刘义隆为西中郎将、荆州刺史时，王华就是西中郎主簿，后迁咨议参军，领录事。刘裕称帝后，晋升刘义隆为镇西将军，王华也随其转府。当时荆州事务都由刘义隆的司马张邵代行，但王华本人富有支配欲，不乐于位居人后。张邵为人好奢，每次出行都有多位随从，而王华只乘羊车，随行的不过两三人。一次二人的车在城内相遇，王华却装作不知是张邵，反而说："这随行如此隆重，肯定是殿下来了"，于是他下车并站在路边迎候。张邵知道后大惊。因此，最终张邵被王华弹劾下台，王华接任了司马、南郡太守一职，并行荆州府事。刘义隆继位后，以王华为侍中、右卫将军。当时王华厌恶徐羡之、傅亮等人掌权，所以经常在宋主刘义隆面前中伤他们。每当他与徐羡之等人碰面时都会愤怒得咬牙切齿。

"太平日子何时才来呀？陛下如今业已归政，当着手解决朝中大事了？"这次，王华一进殿就急忙问皇上。

"正是！朕已召回到彦之，封他为中领军，并委以重任。彦之不日就能到京！"

"这样很好！"王华说，"不过……人心难测，听说到彦之从襄阳回京时，曾特意赶到江陵拜访了刚刚上任的荆州刺史谢晦，还将自己的坐骑和宝刀赠送给了谢晦，谢晦也曾热泪盈眶地为他饯行！到彦之的做法是……"

"那都是谢晦的用意啊！他一厢情愿，他为了使自己在朝内多一个知己，以便充作耳目，才如此热情地拉拢到彦之，而彦之他只是因为一种策略和礼节才与他亲近的。爱卿不必多心！"宋主不以为然地对王华说。

"陛下言之有理！"王华说，接着又问，"此外，微臣还听说陛下要北伐，还要召檀道济入京？"

"莫非爱卿还不知道朕意？"皇帝令左右退出后，笑问王华。

"微臣当然知道陛下的用意，只是陛下要召檀道济回京统兵或有不妥。"王华说，"檀道济与徐、傅、谢三相是一伙的，陛下岂能召用檀道济？"

"爱卿所言差矣！"宋主刘义隆笑容可掬，慢慢地对王华分析道，"檀道济乃是国中一员信守忠孝的武将，他虽然曾经与三相合谋政变，然而，他其实只是个帮凶，而不是首恶和元凶。况且，营阳王刘义符遇害之事与他更是无关。在此非常之际，倘若朕能够对他先行招抚，推心置腹，以诚相待，朕能以君王之力感召于他，他必能为朕效力，决无二心！"

"陛下所言正是！微臣深信，檀道济一定不会辜负皇上的隆恩！"王华点头道。

"更何况，'分而治之，各个击破'乃是兵家的常理，爱卿岂能不知？"宋主接着说，"人们常说，'谢晦与檀道济乃是当世双雄'，檀道济乃是国之大将，如今只有檀道济才能剿灭谢晦啊！况且，因为王弘是王昙首的兄长，朕也要将王弘拉拢过来，为何却不能容忍国之大将檀道济，让檀老将军再次为朕所用呢？"

"皇上英明——"王华听罢，佩服地向宋主说道。

"况且……我朝当年还曾经发生过'张恩替死'的事件，这说明徐羡之在朝中作威作福，他本来就树敌过多，檀道济在对北魏的'战和'问题上与徐羡之分歧颇深呀！此事想必你也知道详情？"

"哎呀，不是陛下提起，微臣倒是忘了那感人肺腑的'张恩替死'事件啊！"王华听了恍然大悟，随即说道，"此事说来话长：想当年，我朝中因北魏入侵，刚直不阿的史官王彦丞与权相徐羡之互议战和，政见不合。王彦丞力挺檀道济出征，而徐羡之则主张向北魏求和，并且打赌，断言檀道济出战必败。为此，徐羡之利用职权，暗中断绝檀道济的粮草，以便达到道济兵败的结果，从而使自己打赌得胜！"

"是啊，当时檀将军是准备为国捐躯的，只因他无子嗣，所以其妻命女佣抱着自己的女儿乘元宵看灯时，窃换他人之子，此时恰逢王彦丞的仆人张恩抱着王彦丞之子赏灯，所以那女佣竟将王彦丞之子调换去了。张恩失儿，尤其是同时将套在此儿身上的御赐宝带也丢了，这可是犯了欺君死罪阿！张恩只得回府请罪，然而，王妻不仅没有处罚张恩，反而怜之放之，让他逃走，并赠给了他路费。张恩感激涕零地走了。在路上，张恩遇到他不愿做永安驿丞的酒友陶二潜。陶认为张恩与他的主人王彦丞长得很相像，很有官样，所以陶让张恩代之为永安驿丞。张恩因为一时无家可归，所以只得暂且同意了。"宋主接下来说道。

"陛下所言极是！后来檀道济兵败，徐羡之就诬陷王彦丞，并将王彦丞发配到西南。而当差官程义押送王彦丞到达永安驿时，徐羡之又派遣缇骑，令驿承张恩杀死王彦丞，张恩深感王大人之恩，加上自己的长相又酷似王大人，所以决定替王受死，并且强逼程义当场杀死他，请王彦丞逃走，继续为国事操心。王彦丞逃出后，与程义一起，沿途筹集军粮，送到檀道济军中，檀军得粮后，转败为胜，杀退了北魏，奏凯回朝。因此徐羡之获罪，被朝臣们参奏了一本。王彦丞获胜，结果王、檀各认子女归宗了。"王华侃侃而谈，接着叹息道，"唉，那件事虽然有了喜剧的结局，但是由此在朝臣们面前，王徐二人孰忠孰奸就昭然若揭了！从此，朝中的大臣们对徐羡之等三相的非议也日甚一日！"

"正是，铲除三相，迫在眉睫！然而……徐羡之、傅亮均在朝中，尚易设法除之，但是，谢晦已在荆州任职，难以捕获。倘若朕先在京城杀了徐、傅，不能同时拿下谢晦，就会打草惊蛇，这如何是好？不能将三相一网打尽，朝廷想剿除他们就要多费许多力气了？"宋主刘义隆接下来问道。

"启奏陛下，此事不难！"王华接着说，"谢晦的两位女儿：一个许配给了彭城王刘义康，一个许配给了新野侯刘义宾。谢晦夫人曹氏和谢晦长子谢世林送谢女来建康完婚，至今尚未离京。陛下不如给谢世林封个在京的官职，以便将其羁押在京，留做谢晦的人质，借以控制谢晦！"

"此计很好！朕立即任命谢世林为秘书郎，让他留在京都。"皇帝点头笑道，"此外，王昙首的兄长王弘是位能臣，为了加强力量，朕还封王弘为车骑大将军。爱卿请立即与有关人员商量动手的计划！"

"微臣听旨！为陛下的大业，微臣赴汤蹈火也在所不辞——"王华说罢，拜谢而去。

宋廷新主刘义隆与侍中王华等人加紧秘密商议，假以北伐的名义，调兵遣将，准备对三相采取斩草除根的行动。然而，徐羡之、傅亮长期受到宋主优待，心受麻痹，所以，虽然身在朝中辅政，但他们却对刘义隆的行径仍是浑然不知，他们还以为宋主真的能够对他们宽宏大量，不计前嫌。他们都以为这次调兵，真的是为了北伐呢。

"首相大人，如今北国稳固，我南国百废待兴，皇上意欲北伐，我深觉不妥，我们不如联合百官，上奏劝谏，以陈述暂不北伐的理由？"傅亮向徐羡之说道。

"是的，似乎皇上还要派万幼宗去江陵征求谢晦对北伐的意见呢！"徐羡之说。

"哦，我们将暗中函告谢相，希望他也对万幼宗说出不宜北伐的理由！"傅亮接着说。

"嗯，这样很好！"徐羡之点头道。

接下来，经过数月之后，宋主与王华等人的密谋风声已有部分泄露出去了。

一天夜晚，谢晦的弟弟——黄门侍郎谢爵正在中书省值班，突然得到宫中就要对三相动手的消息，不禁大惊失色。于是，黄门侍郎谢爵急忙派人去傅府，向傅亮通报这一惊人的消息。傅亮得知后更是惊慌失措，他立刻又派人告诉了徐羡之。于是，徐、傅等人立即如热锅上的蚂蚁，焦虑万分。他们一面立即向江陵谢晦通报，一面紧急商议在京的对策。

"呜呼，在皇帝归政后，我莫名恐惧，总觉得十分惶恐，连日噩梦不断，想不到如今噩梦果然成真！我们措手不及，又岂能挣扎？"徐羡之悲惨地哭泣道。

"莫非我们前途渺茫，末日来临，只能束手就缚？"傅亮问。

"我已身心疲惫，感到绝望了！我们还是就此了结一生吧，傅公，我们来世再见！"徐羡之泪流满面，说罢，慌忙地只身跑出城西，在一个土窑中自缢身亡了。

傅亮也惶恐地赶紧逃出城外，本打算在兄长傅迪墓前自杀，却不幸在半路上被屯骑校尉郭泓收捕了。

傅亮执意求死，但皇帝刘义隆却送诏向他说道："以傅公迎驾之功之诚，朕也可以保你的诸子无恙，傅公可以放心地死去吧！"

"我傅亮受先帝之托，废昏立明，何罪之有？"傅亮不服气地捶胸顿足地哭叫道。

于是，傅亮在一片刀光剑影中被斩于市，妻子儿女均被迁居于福建建安。同时，徐羡之和谢晦的几个儿子也都被斩杀在朝外。

黄门侍郎谢爵听到朝廷将向三相动手消息，也赶紧派员快马加鞭去江陵，向兄长谢晦报告凶信。接信后，谢晦仍旧不相信宋主会剿灭三相，并且与参军何承天再三商议。

"何将军请看，这是京城傅亮大人不久前才给我的来信。"谢晦将信递给何承天看，并惊慌失措地说，"傅公刚刚还写信嘱咐我说，'万幼宗就要来江陵谈北伐之事'，朝廷又怎么会突然袭击，准备对我们三相下手呢？"

"唉……外面都说陛下决心北伐，然而，既然决心北伐，那又怎么会有'派万幼宗来征求大人你意见'之说呢？"何承天双手拿着信，十分疑惑地说，"这两件事，实在是互相矛盾的呀！"

"谣言不足信，傅公不会骗我吧？"谢晦自我安慰道，"看来我当立刻派人南下刺探情况！内史程道惠对我还算忠心耿耿，我不如先让探子去他那儿打听？"

"也只好如此……"何承天轻声地说道。

紧接着，徐羡之、傅亮的联名信也已到来，信中说明朝廷就要对三相下手了。

"唉，事已至此，大人应当火速行动！"何承天提心吊胆地说。

然而，派往程道惠处的探子刚出发不久，内史程道惠就令江夏参军乐炯给谢晦送来了密信，谢晦立刻打开来看，原来信中也说朝廷即将有大的动作——斩杀三相。于是，谢晦这个时候才感到不安起来，他慌忙再次召来何承天商议，并将密信递给他看阅。

"事到如今，万幼宗尚未来江陵，难道说，朝廷真会另有图谋？"谢晦惊慌地说。

"万幼宗来此，此事本不可信！"何承天忧虑地说，"倒是这封信所述内容确实可信，或许事已确凿，刺史大人的危险就在眼前，大人您岂能还在怀疑！"

"倘若朝廷果然对我下手，我将如何是好？"谢晦焦急地问。

"承蒙将军厚爱，我一直想要报答大人，当然，这次要为将军您出谋划策，然而……"何承天感慨地说，"事到如今……只怕我也是一言难尽、无能为力了，您当自己斟酌！"

"莫非你要让我自裁？"谢晦惊问道。

"如今还没有到要大人自裁的地步！"何承天说，"不过……江陵一镇之兵是不足以抵挡国中六军的。如今事已至此，将军想出逃以求自保，这也许还是良策。走为上策嘛！想用荆州一州之兵对抗天下，自古尚无成功的先例呀！"

"一走了之，恐非我愿……"谢晦说，"实力雄厚的江陵，未经一战，就弃城而走，这令我不甘啊！"

"或者……派心腹将士屯驻义阳，将军亲率大军在夏口迎战，万一战败，您从义阳逃了。这也是一条路。"何承天接着说。

"荆州乃是英雄用武之地，兵精粮足。我们是可以一战的，即使战败了，再逃也不迟……"谢晦踌躇许久。

于是，谢晦立即命令全城警戒，与部属咨议参军颜邵、司马庾登之等人商议起兵事宜。

江夏遗景

"就目前局势看来，刺史能有几分胜算？依末将意思说来，大人您还是忠心事主、打消谋反的念头为好！"颜邵起身向谢晦说，"否则，我们的性命都没有了……"

"大敌当前，你岂能如此泄气？此乃是凶言——"谢晦暴跳如雷地向他叫道。

"唉，忠言逆耳，我当先死矣！"颜邵说罢，遂走出府门，服毒自尽了。

"司马庾登之，我打算举兵东下，攻击建康，想让你率三千兵马守城如何？"谢晦又对庾登之说道。

"唉，下官一人死不足惜，只是下官家人都在京都，倘若我随大人起兵，家人性命都不能保！"庾登之忧伤地说，"况且，下官从未带过兵、打过仗……打仗这事，还是请刺史另请高明为好……"

"莫非无人敢于守城？下面有谁敢于守城？"谢晦怅然，接下来又大声叫道。

"末将虽然不才，但是，愿意担此重任！"忽然堂下一人大叫。谢晦看去，原来是南蛮司马周超。

"好，给你三千兵马，够了？"谢晦兴奋地问周超。

"三千已足够！"周超说，"外寇来了，末将全拼死奋战，以建奇功——"

"周超曾经多次率兵打战，此番一定会马到成功！"庾登之上前说道，"等到周超事成之后，下官愿将官职转让给他！"

"养兵千日，用在一遭！"谢晦听了，气急败坏地说道，"庾登之，既然你本人不能出力，那么就不必再来多嘴多舌了！本相自然要对周将军和你严明赏罚——"

于是，谢晦叫罢，立即封周超为行军司马、南义阳太守，并将庾登之贬为长史。

"不好了，京城司徒徐羡之、左光禄大夫傅亮二位大人均已身死家灭了！"正在此时，忽然一位京城徐相府的侍者惊慌失措地从外面跑进来叫道，并且手中拿着徐、傅的遗物向谢晦呈上。

"果真有此事？啊——"谢晦闻罢，大惊失色。

"大……大事不好！二相公黄门侍郎谢爵和大公子秘书郎谢世林都已惨死在京城了——"京城彭城王刘义康府中也来人冲进谢府大叫起来。

"哎呀，我弟我儿均已被杀——"谢晦闻罢，大叫一声，晕倒在座榻上。

惊悉京都大变，谢晦晕倒，被左右救醒后，他仍然痛哭不止。

"大人，眼下还不是哭的时候，府中尚需料理后事！"左右劝告谢晦道。

"哦，传话出去，江陵将士当先为徐羡之、傅亮大人举哀！"平静下来后，谢晦下令说道："发布讣告，为二相公和大公子办理丧事！"

"大人，这是朝廷声讨江陵的圣旨！"这时，侍从将皇上的谕旨呈上。

"昏君——"谢晦一把抓过圣旨，将它撕得粉碎，扔在地上大叫道，"我们赤胆为国，对大宋忠心耿耿，何罪之有？刘义隆，昏君、昏君——"

"请大将军发令！"此时，周超等人上前向谢晦提醒道。

"我即将调集三万兵马，亲率东下，问罪于昏君刘义隆——"谢晦哭叫道。

"不过……依下官看来，将军还应当先礼后兵，首先起草奏本，送达建康为好。首先，借以表明自己的赤胆忠心，苍天可鉴；其次，惋惜徐羡之、傅亮两位遇难的忠臣以显大义；最后，劝告皇上，不要亲近王华及王弘兄弟之类的佞臣贼子，以免误国误民！"何承天上前对谢晦说道，"倘若朝廷不听，那么……我江陵为了'清君之侧'，也就只好与之刀兵相向了。这样有理、有礼、有利……似乎更为合适！"

"我即刻起草奏本，并派员将它送达建康刘义隆的手中——"谢晦点头答应道。

宋主刘义隆看罢谢晦的奏章，立刻大怒，并下诏京都戒严，传令发兵讨伐谢晦。

宋文帝刘义隆下诏诛杀徐羡之、傅亮与谢晦之子谢世休、弟弟谢爵、侄儿谢世平、谢绍，乐阆派人将消息告诉谢晦。谢晦先为他们举哀，然后上表称徐羡之等人忠贞蒙冤，并指王华、王弘及王昙首为奸臣，自己要"清君侧"，要举兵讨伐朝中奸臣。

接着，皇上传唤檀道济。道济惴惴不安地走进大殿，跪伏在地，口称万岁。

"檀爱卿免礼！"宋主刘义隆一面笑容可掬地走下金阶，一面满面春风地对檀道济说，"老将军为朕大宋的江山社稷屡立战功，深得皇家器重。今日召你前来，只是为了商议讨伐谢晦逆贼之事，还望爱卿不吝赐教！"

"臣受高祖皇帝恩宠，当为国家粉身碎骨，虽死亦难报万一。有陛下驱使，微臣敢不从命！"檀道济仍然伏地说道，接下来他又慷慨激昂地说，"臣对讨伐谢逆之战，有十倍信心，并请陛下让微臣亲率大军前去讨谢！"

"檀老将军身经百战，所向无敌，人所共知。只是……朝中有人唯恐檀老将军与谢晦共事多年，难有伐谢的决心……"皇上刘义隆说道，停了一会，接下来又说，"然而，朕深知檀爱卿对国家社稷一片忠心耿耿，必定能为国出力！"

"当年微臣与谢晦共同北伐，那都是为了大宋社稷，今日杀谢也是为了大宋社稷，微臣岂能有丝毫犹豫？望陛下放心，微臣虽曾与谢晦相交，然而今日定会因公忘私，此次讨谢，必然能够得胜回朝！"檀道济感激涕零道。

"这一切，朕早已知道，爱卿自然不必细说！只是谢晦也非无能之辈，请爱卿谈谈胜敌之策吧？"皇上说。

"臣曾与谢晦北征多次，知道那些出奇制胜、入关夺险的妙计，多出自谢晦，也深知他的确是位具有雄才大略之人，当今没有几个人是他的对手。"檀道济大声地说道，"然而，在沙场上带兵打战，始终不是他的长处，他的确不是一位善战的武将。在这一点上，微臣自信要胜他百倍。"

"爱卿果然英气盖世，然而，战争不仅需要勇气，而且还要智谋。老将军，你今日将如何战胜谢晦呢？"宋主再次说道，"请老将军起来细述！"

"忆往昔，臣佩服谢晦的才智，谢晦也佩服臣的骁勇。今日微臣就要依仗陛下的英明和本将军的勇猛战胜谢晦！谢晦他既然不能骁勇独战，微臣此番奉命讨伐，以顺诛逆，一定能为陛下生擒此人！"

宋主听罢大喜。于是，召入江州刺史王弘，任他为侍中司徒、扬州刺史；令彭城王刘义康督管荆、襄等八州军事、荆州长史，留守京师。后方安排妥当后，宋主刘义隆才决定令到彦之为先锋，檀道济为统帅，自己亲率六军，逆流西上，去荆州讨伐谢晦。

得知朝中讨伐谢晦的大军业已出发，谢晦忙令弟弟谢遁、儿子谢世猷、司马周超、参军何承天等人率一万兵马驻守江陵，自己带着司马庾登之率三万大军浩浩荡荡，从江津直趋破冢。此时，只见谢晦的大军，舳舻相接，绵亘数十里，旌旗蔽日，气壮山河。

"苍天呀，偌大的军力，如今却要用在内战之中！我恨不能用这支大军为国君效力呀——"谢晦站在船头上，看着这浩荡水军阵列，不尽向天感叹道。

然而，此时天风却只是呼号悲鸣，上苍只是灰蒙蒙，雾茫茫一片，没有响应之声。

接着，谢晦兵达江口，并击破驻军彭城洲的朝廷将领到彦之，并再次上表自辩，称皇帝如果"枭四凶于庙庭，悬三监于降阙"，自己便罢兵回镇。此时，谢晦尚未得知文帝招檀道济入朝，委以讨逆重任。

谢晦大军顺流而下，行到江口，进达巴陵。此时，江上烟波浩渺，淫雨霏霏。前哨探知，朝廷大军已过浔阳，大战即将开始，但是，总参军庾登之却仍然静坐在仓中，一令不发。

"启禀相爷大人，我军为何在此踌躇不进？"参军刘和之走进仓来，十分不解地问谢晦。

"啊，是呀，总参军为何不发进军令？"谢晦也觉得疑惑，"莫非他是因为现在正值雨季，军旅困乏，所以不发号令？"

"此时我处下雨，宋军处难道就不下雨？今日之势，我军只能速战——"刘和之又说。

"此话有理！庾登之，从速催军进发！"谢晦立即转头命令庾登之。

"当年赤壁大战用的是火。江上水战不如火攻，现在天未放晴，我军当准备火具，待天晴之后，即可发兵向宋军进击！"庾登之不情愿地辩解道。

"……此话也有理。"谢晦说道。

于是，谢晦三万大军，游弋在江面上，踌躇不前，长达半个月之久。

半个月后，天气放晴。庾登之才令中兵参军孔延秀率军进攻彭城洲。此处守将是到彦之的部将萧欣。萧欣极其懦弱无能，见谢军大举杀来，急忙躲藏在阵后，双手抱着盾牌发抖。接着，见孔延秀率大军冲上彭城洲，萧欣慌忙丢下部队，独自乘船逃走。于是，宋军霎时间全军溃散，孔延秀便率军轻易地乘胜占领了彭城洲。

到彦之得知彭城洲失守，心惊肉跳，各位部将也惶惶然不知所措，纷纷要求退守夏口，等待后面的援军。到彦之害怕宋主怪罪，只好一面命人去争夺彭城洲，一面派员催促檀道济速来会师，共同进攻谢军。

檀道济接到信后，率军日夜兼程赶到彭城洲，于是，此时江面上檀字大旗遮天蔽日。谢晦站在船头上，刚因孔延秀的小胜而心中略感安慰，现在却又发现檀道济也率军前来讨伐自己，顿时觉得恐慌万分。

巴陵岳阳楼

"啊，我方才还以为檀道济也被宋主刘义隆惩罚了呢，却原来他已投向了宋主，率兵前来杀我了……"谢晦叹息道，"昔日的战友，今天刀兵相向，我将如何是好？"

"启禀大人，末将无能，彭城洲得而复失了！"而恰在这时，孔延秀又垂头丧气地走上来向谢晦哀叹道，"看来……"

"准备再战——待我来观察一番！"谢晦没有答话，只是大吼了一声就朝东方张望，接着他自言自语道，"哦，敌船并不太多，远处敌阵只有一二十艘战舰，命令水兵继续呐喊鼓噪前进！"

此时，见江心敌舰不即不离，泊在江中，谢晦在主舰上瞭望了一会后，遂命令水军也勒兵静观敌军动向。

然而，等到人夜，忽见东风乍起，鼓声大作，数千艘悬挂"檀"字大旗的敌舰，突然从江边芦苇沼泽丛中四面飞出，绵亘数十里，漫天盖地，呼啦啦向谢军阵中疾奔冲杀过来，谢晦见了，知道檀道济业已全力以赴，他慌忙下令拼死迎战。

但是，谢军阵脚未稳，兵马即溃。檀军风驰电掣，势如翻江倒海。于是，谢晦阵中奔逃的败兵残将，慌不择路，四面退走。谢晦见此，也只好召集散兵，撤退到巴陵城中。接下来，他又转而率军再向江陵逃去，以求自保。

前豫州刺史刘粹调到雍州后，得知谢晦主力东下，遂请旨率军进攻江陵谢晦的老巢，但是在沙桥被周超击败。

周超得胜收军回城，本来还有一些信心，以为谢晦大军胜利东去了，不料，他回城后，却看到主帅谢晦已经狼狈撤退到江陵来了，心中不禁凉了半截。

"周将军你回来做什么？我大军已在江面上大败，你要立即率军死战，保住江陵大本营，以使我军转危为安啊！否则，我们就一切完了——"见了周超，谢晦不但没能抚慰将士，反而不问青红皂白，突然大骂起来，而且傲然地命令周超独守阵地。

"……好吧，待末将再去奋战！"周超无力地答应着。

但在此时，周超的心中已经充满了怒火，又料知全军已溃，不禁忧惧交加，他思前想后，走投无路，遂于半夜偷偷地出城，投向到彦之大营去了。

谢晦惊闻周超已去，加上江陵守兵又散，觉得大势已去，遂心灰意冷，与弟弟谢遁、子侄谢世基、谢世猷等人惊慌失措地出城北逃。谢晦一行七人埋头疾奔，才到安陆，就被守吏光顺之拿住。

随即，谢晦一干人被送往宋主刘义隆的大营。庾登之、何承天、孔延秀等人也全部投降了宋主。

剿灭了谢晦，宋主班师回京，诛杀了谢晦、谢遁、谢世基、谢世猷等人，只有庾登之、何承天得以幸免。

临刑时，谢晦的侄儿谢世基口占四句，道：

"伟哉横海鳞，壮矣垂天翼。一旦失风水，翻为蝼蚁食。"

谢晦应声续道：

"功遂侔昔人，保退无智力。既涉太行险，斯路信难陟。"

吟罢，双双声泪俱下，震撼法场。

"苍天呀，堂堂大丈夫，理应横尸战场，却为何狼藉于市？"前来送行的谢晦之女——彭城王刘义康的王妃披发赤脚，与父凄惨地诀别道。

京城上下闻之，人人嗟叹不已。

接着，宋主加封檀道济为征南大将军、江州刺史，到彦之为南豫州刺史，永嘉太守谢灵运为秘书监，始兴太守颜延之为中书侍郎，左卫将军殷景仁、右卫将军刘湛、王华、王昙首同为侍中，镇西咨议参军谢弘微为黄门侍郎。

十八、战北魏，南北现才子

收拾完了徐、傅、谢等三相这一内忧之后，宋主刘义隆就要着手处理外敌北魏的问题了。

刘义隆嗣位之初，曾派使臣与北魏求和，魏主拓跋焘正准备讨伐柔然，无力南顾，所以也派使者与宋修好。然而，就在北魏讨伐柔然的大军行将出发的时候，北魏派去南宋的使者回国来了。魏主拓跋焘立即向使者询问南国的情况。

"宋主的意思如何？"魏主拓跋焘问使者。

"刘宋要索回黄河南岸，并声称将要以武力攻取！"魏使答道。

"哈哈哈，刘义隆小儿有何能耐，他以为他现在翅膀硬了？"魏主拓跋焘说着，又转头问侍中崔浩，"待朕先灭了蠕蠕（柔然），才能再回头收拾他刘义隆！崔先生以为如何？"

"陛下所言有理！我大魏只有扫除了柔然这个后顾之忧之后，才可放手与宋大战！"侍中崔浩点头同意道，"陛下尽管放心去战柔然，刘义隆他……暂时是不会真的要北伐的！"

"何故？"魏主问崔浩。

"刘义隆他要首先解决他国中三相的问题呀！"崔浩答道。

"朕深信崔公无虚言！立即发兵北去——"拓跋焘欣然说道。

于是，魏主拓跋焘挥军北上讨伐柔然去了。

宋元嘉七年春，魏主拓跋焘征服了北方小国柔然之后，引大军归国，此时，刘宋竟真如崔浩所言，并未打算北伐魏国。魏主对崔浩当初的准确估计叹为观止，并加封崔浩为侍中、抚军大将军，且决定立即开始南犯刘义隆的宋国。

宋主刘义隆得知北魏即将南侵，急令右将军到彦之、安北将军王仲德、兖州刺史竺灵秀三人为统帅，率精兵五万，泛舟河上。又令骁骑将军段宏率军八千直指虎牢关，豫州刺史刘德武率一万兵马为后应。并令长沙王刘义欣率三万大军进驻彭城，督管征讨。接下来，宋主派殿前将军田奇去魏廷下达战书。

"黄河南岸向来是我刘宋属地,因此我宋军应当前往收复,这与北魏无关,希望魏国不要驻军在彼!"宋使向魏主拓跋焘说。

"岂有此理!"魏主勃然大怒道,"朕从没听说黄河南岸是宋国的领地,宋军怎能去取夺呢?你……你从速回告刘义隆,倘若他要一意孤行,侵略朕的大魏国土,悉听其便,只要你们有此能耐就可以了!"

随即魏主打发走了田奇,就立即召集群臣商议南进伐宋事宜。

"我大魏应当先发制人,并诛杀黄河北岸的流民,以免他们为宋人引路!"魏廷群臣激昂地上奏道。

"不可!我军暂不宜动——"侍中崔浩听罢,立即上奏道,"夏季河水泛滥,南方草木浓密,地气郁结蒸腾,易生瘟疫,不利我北人马队行军。"

"我军不行,若南宋北来如何是好?"魏廷有朝臣问道。

"此时宋军也是不易北来的!倘若宋军北来,也一定会出师不利的:因为此时,我军正可以以逸待劳,等到宋军疲惫,给他们来一个突然袭击,一举破之。"崔浩欣然答道。

"崔爱卿言之有理!"魏主拓跋焘笑道,"等到秋后作战,那时,秋高气爽,粮熟马肥,正利于我军的马队行进,我军还可取食于敌军。这不失为万全之策!"

于是,魏军暂时按兵不动。但是,不久,魏国南方诸将因为害怕遭到宋军侵袭,所以不断奏请朝廷增派援兵,请求在漳水修造战船以御敌军。魏主与崔浩相商之后,感到这倒是可以酌情处理的事,因此这部分照办了。

"臣等奏请,令南国降臣司马楚之、鲁轨、韩延之去南朝招降,以瓦解宋军!"又一群大臣上前奏道。

"不然!"崔浩出班奏道,"司马楚之等人一向为宋人所不齿,一旦刘宋的兵民听到我们要派发精兵,大造舰艇,并且欲立旧臣司马皇家,杀灭刘宋,他们一定惊慌,并且要拼命与我们相争!我国虚张声势,却招来真实祸害,这的确是得不偿失的。"

"崔大人所言有理!况且司马楚之、鲁轨之流也非常人,他们所能够招来的也无非是一些无赖之徒。这些人于我大魏有害无益,只能给我大魏留下兵祸。"又一群朝臣也起而说道。

"莫非朕就不发兵了?"魏主拓跋焘犹豫地问众臣。

"今年夏季不宜兴兵,只能稍作军事调动!"崔浩又说,"众位的意见也有能够采纳的部分,如今我们可以建造军舰,先做战争准备!"

"朕将下令在漳水造舰三千,调幽州兵马去集河,任司马楚之为安南大将军、琅琊王,令他率军驻守颍川,以屏南疆?"魏主又问崔浩。

"此计很好!"崔浩点头道。

宋右将军到彦之率军北上,从淮河进抵泗水时,正遇到了淮水暴涨,逆水行舟,行途十分困难,日行不过十里。到彦之大军艰难地走了三个月,才到达须昌,随即再逆河西上,到了高敖。这时,魏兵却早已撤离。到彦之再进滑台,发现滑台也只是一座空城。到彦之直到河南，竟见洛阳、虎牢，都是空城一片。

到彦之见了大喜，遂令朱修之驻防滑台，尹冲驻守虎牢，杜冀驻防金墉，其他兵马屯扎在灵吕津。军中上下见少有魏军，都兴高采烈，而此时只有王仲德深感忧虑、面无喜色。

"安北将军为何面有忧郁之色？"到彦之问王仲德。

"我军在此，未见敌军，人人懈怠。殊不知这乃是魏军的一个怠军诡计啊。"王仲德忧愁地说，"怠军诱敌深入呀！"

"此话未必，胡虏岂有这样的明智高见？将军不必自寻烦恼了！"到彦之说道。

"胡虏仁义不足，但狡猾有余，虽然他们现在退回北方，但是，等到天寒地冻、我军疲惫之时，他们必定会全力冲杀过来。我军不可不防！"王仲德道，"况且，北魏并非无人，众所周知，诡计多端的崔浩不是还在彼国吗？"

"将军多虑了！"到彦之听了，不以为然道。

于是，全军上下仍是醉酒吃喝，松松垮垮，蹉跎时日，不练兵阵。

转眼北方天寒，大地冰结，魏主拓跋焘果然号令兵马大规模地南下侵宋。

魏冠军将军安颉督率三军从河岸袭来，共同攻击到彦之的军营，到彦之派部将姚耸夫渡河接战，但魏军如潮水般涌来，姚耸夫大军未及过河就被冲杀得七零八落。安颉随即乘胜率军渡过了大河，攻取了金墉、洛阳等城池。

见魏军势大，到彦之大惊失色，一面率军退守东平，一面向宋廷求援。宋主立即派檀道济率兵增援。魏主见此，遂再派寿光侯叔孙建、汝阴公长孙道生渡河南下接应安颉。

魏将叔孙建、长孙道生率兵直下，就将抵达宋军大营。为了制止檀道济等援兵到来，叔孙建派出轻骑，绕到宋军身后，并且一举放火焚烧了宋军粮草。于是，檀道济大军缺粮，只得困在历城，没能赶到滑台前线。到彦之见此，异常惊慌，急忙函告将军垣护之前来救援。

"敌人的声势太大，为保实力，我准备全军撤退！"到彦之在信中说。

"不可！"垣护之在回信中说，"目下，将军你不仅不能撤军，而且还要派竺灵秀等人协助驻守滑台，你还要亲率大军向河北进逼魏军——"

"嘿，垣护之说得倒是容易，其意在毁灭我军也——"到彦之看罢来信后，大叫道，"为保我军实力，我将焚船上岸，回军南下！"

"将军不必过于忧惧，现在，我军与胡虏相距尚有千里，滑台尚有强军把守。倘若我军突然弃舟撤军，军心必乱，这样必然会引发溃散之势，其后果不堪设想啊！"王仲德向到彦之劝道，"我军不如先乘舟去历城济南，最后再决定是否撤军吧？"

"唉……就依你的意见办吧！"到彦之叹息道，随即率军扬帆退向历城。

然而，到彦之舰队刚到历城，探马便传来魏军追来的消息。到彦之急忙焚舟弃甲，登岸骑马，再度向南疾驰，一直退到彭城，方才歇马。

竺灵秀听到魏军大队追来、到彦之兵败如山倒的讯息，也闻风丧胆，他忙丢弃了须昌，向南奔到胡陆。于是，青、兖二州的人心因之大震。只有朱修之等滑台官兵还在拼命抵抗，长沙王刘义欣还在慷慨陈词，誓与彭城共存亡，其他驻地守军都在纷纷撤退。

败讯陆续传到京城建康，宋主刘义隆闻罢大怒。

"立刻诛杀竺灵秀，将到彦之、王仲德打入死牢。升任垣护之为北高平太守，速令檀道济援救滑台！"刘义隆站在太极殿上大叫道。

阶下大臣，个个惊慌失措，一筹莫展。

滑台在惊心动魄的酣战中，宋兵早已粮尽弹竭，甚至在靠吃虫鼠度日，人人焦头烂额，筋疲力尽。魏军一面阻击檀道济救援滑台，一面督促四路大军向滑台发起了又一场猛攻，最后，终于滑台沦陷，滑台守将朱修之被擒。檀道济见此情形，自觉独木难支，只好决定还军南退。

魏将叔孙建抓获了一批叛逃来的宋兵，将他们拉到魏营中审查。

"你们的檀道济为何要突然南退？"叔孙建向宋兵们问道。

"檀道济军中非常缺粮，所以……才不得不退走！"宋兵惶然答道。

"哈，倘若果真如此，我军即可趁机追击，必获大胜！"魏军主将叔孙建听了宋兵的话后，十分高兴，接着轻声地向一部将令道，"然而，这是否属实，还请你派人前往宋营，再作探查！"

那魏军将领应声派奸细们去了，叔孙建遂准备趁机追击檀道济，欲对他四面堵截，以期取得全胜。宋军将士得知此情，人人害怕，纷纷意欲逃避保命。

檀道济深知军中粮尽弹竭的困境，又从探马口中得知敌人将趁机追击的消息，自忖：我即使要撤军，也必须从容不迫，否则将会造成全军覆没。于是，他偷偷地找来粮官，商议对策。

"如今形势险恶，魏人知道我军缺粮，将要穷追不舍！"粮官愁容满面地说，"弄不好我大军会全军覆没……"

"你们不必忧虑！"檀道济笑道，接着问粮官，"你们尚知当年，诸葛亮出兵中原，兵败返蜀的故事吗？"

"是啊，麾下只知当年诸葛亮失街亭后，用了空城计和缓缓退返之计。而我军今日？"粮官不解地问。

"其实我军粮食并不缺少，我们不如连夜前去查验一番！"接着，檀道济突然诡秘地对粮官说道，"你们且先去暗中准备一番！"

"哦——麾下知道了！"粮官起初莫名其妙，半天摸不着头脑，听了檀道济的安排后，接着才恍然大悟。

于是，趁天色将晚，檀道济与粮官一起，不慌不忙地走进粮草营帐。召集一大批粮营兵士，当着各类兵卒的面，和他们一起查点粮食。大家一边数筹，一边量米，只见成堆的白米堆积如山。这时混在人丛中的魏军奸细们看了十分惊奇，急忙溜回魏营，将此情报告给了叔孙建。

"我们亲眼见到，宋营米粮堆积如山！"魏军奸细们向叔孙建报道。

"啊，原来向我报告宋军缺粮的那些人都是谎报了军情啊，他们也许正是宋军派来的奸细，他们想以此诱骗我军贸然追击宋军，从而上当！"叔孙建听后大怒。

"那么我们还要追击宋军吗？"部属们问。

"不必追了，檀道济既然并非缺粮，我们岂能再追击他们？"叔孙建不知其中的真实情况，立刻对原先来此的宋兵们怀疑起来，并气愤地叫道，"且将原先那些谎报军情、叛逃来的宋兵们全部杀死！"

于是，叔孙建杀了原先叛逃来报信的宋兵，并停止了追赶檀道济等宋军的行动，因而使得宋军度过了天大的危难时机。

这就是檀道济蒙骗魏军的"唱筹量沙"之计。其实，檀道济是让粮官们事先用白沙上面添加白米的方法，假装宋军粮足，以此骗过了魏军奸细的眼睛，弄得叔孙建惊慌失措，放弃了追击宋军的计划，并且错杀了原先报信的宋兵。

次日黎明，檀道济命令兵士们身披盔甲，自己却换上白衣，坐上马车率军缓缓向南而去。魏军将士大都领教过檀道济的厉害，见了这种奇异的架势，都以为其中藏有伏兵，于是纷纷后退，为檀军让道，使檀道济得以全军安然南回。

魏主已经拿到了河南，遂下令班师。朱修之被押到魏都平城，投降了北魏，魏主欣赏其英勇善战和坚守阵地的气概，封他为侍中，并赐一名宗室女子给他为妻。

魏主拓跋焘得到河南后，遂分兵驻守，对有功之臣大加封赏。此时，魏主还加封崔浩为司徒，长孙道生为司空。

"启奏陛下，如今我国又得到了河南，目下应当偃武修文，招揽贤能！"崔浩上奏道。

"崔爱卿所言很好！"魏主兴奋地说，"打战、治国文才都不可缺！此番南征，若非崔爱卿高瞻远瞩，武士再多也是枉然。没有文才，朕大魏难有此次大胜啊！朕当准崔爱卿所奏，即日颁布求贤旨意，网罗四海贤能。"

"再者，对内，陛下应当完善律令，以平百姓的冤屈。此乃是国泰民安之策！"崔浩又向魏主上奏道。

"一概准奏！"魏主慨然说道，"崔爱卿前次建议朕宫门悬鼓，百姓有冤屈，击鼓申冤的办法，很是有用。施行数月以来，百姓欢欣鼓舞。希望众位爱卿都能为大魏长治久安，出谋划策——"

"又再次，臣还要奏请我皇通好江左，与南宋和平共处，息兵安民——"崔浩再奏道。

"朕仍然准奏！"魏主又说，"朕将仿效汉匈和亲通好的故事，令散骑侍郎周绍出使宋国，向他们乞求和亲通好！"

"此举太好了！"崔浩赞道。

"据说……宋廷也有互通使节的意愿，宋臣魏道生将出使大魏！"长孙将军接下来说道。

"正是！等到太子册立后，朕将派散骑常侍宋宣去宋廷为太子求婚！"魏主欣然地说道。

于是，一个月后，宋、魏两国使节往来不绝，南北两国由此相安了十多年。

接着，宋主刘义隆听说魏主求贤恤民，因此魏国国泰民安，于是，他也下了几道劝农务桑、招揽贤能的诏书。只是此时，宋廷亲贵擅权、吏胥枉法之风渐浓，因此贤才少有出山。

谢灵运算是当时的一个文人，但也是官场中的一个落魄之人。谢灵运恃才放达，郁郁失意，因而没有恪尽职守，不娴政务，所以遭到刘湛等人的弹劾。宋主派人将他捉来治罪，他却赋诗讽喻。有人奏请皇上对他兴兵问罪，宋主却怜惜其才而恕免了他的罪过。但后来又有人告发谢灵运企图谋反，最终他还是为宋廷所不容，受辱被杀。

还有个高士是晋朝大司马陶侃的曾孙——陶潜陶渊明。陶渊明在任彭泽令时，太守派督邮去彭泽考核县令政绩，按例县令应扎束官带出去迎接，而陶潜竟然对此不以为然，见了督邮，不禁感叹，自称本人"不能为五斗米折腰"，因而挂冠辞职去了。

司徒王弘任江州刺史时，曾让陶渊明的朋友庞通之备酒邀请陶渊明共饮，谁知陶渊明竟然只知喝酒，喝完就走，并不理会在场的官员。甚至陶潜的文章落款，也只写"甲子"，不写皇帝年号，这令宋主刘义隆十分不高兴。陶公不通官场习俗至此，令人瞠目。

不久，陶潜病故，接下来王弘、王华、王昙首也相继去世。

谢灵运

陶渊明

十九、朝中斗，冤杀檀道济

因为朝中元老渐少，所以，宋主召来彭城王刘义康回京担任司徒一职，兼录尚书事。本来刘义康就是个聪明能干之士，得到这个机会，自然令他十分高兴，并且渐渐地，他得以独揽大权。随即，刘义康任领军将军，殷景仁为尚书仆射。殷景仁又推举太子詹事刘湛为领军将军。

然而，刘湛虽然也是个才子，博古通今，常常自比管仲、诸葛，他常恃才自傲，直到刘裕当年升任太尉之后，他才同意做了刘裕的参军，但是，在实际为人的品质上，刘湛却又是个奸猾的佞臣。虽然殷景仁是他升官引荐时的恩人，然而他却对殷景仁十分妒忌，入官后，他就暗投了当时的权相彭城王刘义康的门下，并将刘义康的侍从孔胤秀等人掌握在手中，企图对殷景仁恩将仇报，将殷景仁排挤出仕途。

刘湛将其亲信孔胤秀拉到衙内密商。

"如今殷景仁不可一世，你应当将他的罪行向朝臣们散布！"刘湛对孔胤秀说，"以便挫其锐气！"

"将军大人的意思？"孔胤秀不解地问，"尚书仆射大人有何罪行，在下委实不知。况且……他还是举荐大人您升任高官的恩人呢！"

"欲加之罪，何患无辞？况且，殷景仁在处理军政事务中，也并非无懈可击呀！"刘湛凶狠地说道，"古人云：一山难容二虎。倘若殷景仁不能离朝，我将有何出头之日？"

"哦，在下已然明白大人的意思，我将给姓殷的来点厉害的！"孔胤秀恍然大悟地说道，"不过，目下，皇上和彭城王对这个姓殷的都还十分欣赏，所以我们应当小心从事！"

"事在人为，我们当从长计议，只要你，以及刘敬文等人都能联手行动，迟早总会搬走殷景仁这块绊脚石的！"刘湛轻声地说道，"我当与后将军司马庚炳之商议此事！"

"庚炳之虽与将军你交厚，但他与殷景仁的关系也非同一般，对他，将军尚需加谨慎！"孔胤秀提醒道。

"庚炳之才华横溢，是成大事之人！他出入殷府，只不过是探病而已，孔将军不必过虑!"刘湛坦然地说道,"你不必畏首畏尾,还是大胆地准备行动去吧!"

孔胤秀听了,点头同意,答应行动去了。但是,殷景仁深得宋主宠信,听了刘湛、孔胤秀等人中伤殷景仁的话后,宋主不仅没有疏离殷景仁,反而提升他为中书令兼中护军,而刘湛却只兼任了个"太子詹事"。于是,刘湛对殷景仁更加憎恨和惧怕了,因此,他常去找庾炳之诉说心中的不满。

"胤秀知否?殷景仁已经知道我们对他的中伤,然而,他如今仍能安然无恙!岂不让人愤恨?打蛇不死,易被蛇咬。我们应当努力再陷害他一次!"刘湛又一次与孔胤秀策划道。

"如何是好?"孔问。

"如今皇上业已卧床,皇上与彭城王之争已经开始,这'君相之争'乃是朝中的大事。我们不妨因此而从中挑拨离间,让他们君相反目成仇,借以诋毁殷氏!"刘湛说。

"啊,此事无异于火中取栗,未免过于冒险。"孔问。

"不入虎穴,焉得虎子?这是要冒险的,然而,最冒险的行动,往往也是最容易获取最大成功的行动!"刘湛慷慨地说道,"大丈夫处世,岂能过于胆怯?胤秀可不要忘了你的家仇啊!孔灵秀将军之死的教训,你岂能忘怀?况且,我与彭城王已经十分投缘了,彭城王因其岳父谢晦之案,早已怨恨皇上,他现在已是相王,而且终将成为国君。我们此番的行动,能得到相王的支持,必然成功!"

"正是!大将军之言不差。我孔家能有今日,都赖大将军您的提携,我当永世不忘大将军的恩情,愿意听从大将军您的驱使——"孔胤秀激昂地说道。

"孔将军你且去吧!"刘湛缓了一口气说,但孔胤秀仍然立而未走,欲言又止,于是刘湛又问,"将军尚有何话要说?"

"我昨日听刘敬文说,殷景仁已经发觉了我们的所作所为,并且说自己是:'引狼入室,终将噬人',殷景仁随即称病辞官,宋主不答应,只令他在家养病。"孔胤秀接着说道,"看来,殷景仁乃是一块难以搬动的石头,没有非常的办法,是不能置其于死地的!"

"哦,竟有此事!"刘湛听罢不平地说,停了一会又道,"将军不如立即令士兵化装成盗贼,深夜潜入殷府,去刺杀殷景仁。这样就可一了百了!"

"喏,这倒是个干净利落的好方法,末将立即行动!"孔胤秀说完,接着起身走了。

此时,就在他们说话不远处的花园一隅,一个身影也悄悄地从墙边跃出,飞奔而去了。

当夜,四围墨黑。孔胤秀派出去的刺客,悄悄地没入了殷景仁的府中,孔胤秀伏在房侧,静静观察。然而,不一会,又有一个黑影尾随那刺客而入。再过了一会,突然,殷府中竟然灯火辉煌,号声大作起来,全府抓贼的呼声大起。

"啊,原来我们之事已经走漏了风声,殷家知道了我们行刺的行踪,抓住了我们派出的刺客。"孔胤秀不禁大惊,并自言自语地说道。说罢,他赶紧回宫打听去了。

次日傍晚，孔胤秀又来到刘湛府中找刘湛商议。

"我谋刺殷公之事，已被人向皇上告发，殷府设下了埋伏，他们昨夜还捕获了我派出的刺客，并经拷问，得知刺客是我所主使……"孔胤秀垂头丧气地向刘湛汇报道，"如今……皇上已令殷景仁迁居西掖门，住在宫禁之中，我们将无从下手了！"

"啊，竟然会这样？既然苍天不作美，我们也就罢手吧，凡事不可强求！唉，这下可便宜了殷景仁这个老贼了！"刘湛无可奈何地说，"然而，彭城王对我十分恩宠，皇上久病在身，将不久于人世，这大宋江山迟早将会归于彭城王所有，为图日后荣华富贵，我们可以直截了当地对皇帝下手。只是……今之计，还应当先清君侧，为来日立下赫赫奇功作准备！"

"哦，先清君侧？"孔胤秀自言自语道。

"是的，先清君侧，先杀掉皇上的护卫神！你知道今上最大的护卫神是谁吗？"刘湛问道，接着说，"为人要有深谋远虑啊！"

"哦，大将军英明，在下明白您的意思。"孔欣然笑道，"我们要先除掉檀……"

此时，刘湛起而向孔胤秀摇了摇手，二人会意地点头笑了。

"唉，如今事急，还望孔将军速与王履将军联系下一步杀檀的大事！"刘湛又向孔胤秀说，"虽然杀檀是件大事，但是，你与王履是至交，说服他参与此事，此事就一定会办成功！"

"让王履去做？大将军以为他比末将更为能干？"孔胤秀迟疑地问。

"不……只是王履的叔父王球是朝中的吏部尚书，门路宽广，威望颇高，你我都必须依靠他啊！将来我们参劾檀道济时，有了王球的帮忙，必定成功！"刘湛向孔胤秀解释说，"安排好了下一步的事情后，你立即回来向我复命。然而，你千万莫说此事的主谋是我呀——"

"末将遵命！"孔胤秀说罢，快快而去。

不多时，孔胤秀又回到刘府。

"……事情都处理好了？"刘湛看了一眼气喘吁吁的孔胤秀，遂漫不经心地问道。

"一切都已办妥，王履答应将说服他的叔父，要立即去办下一步的事了！"孔胤秀欣然回答。

"哦……"刘湛听罢开心地笑了，接着回头向内室叫道，"将庆功酒给孔将军端来！"

随着刘湛的叫声，侍卫将一壶毒酒递到孔胤秀的手中。

"大将军何必如此客气？为大人办事，末将理所应当，此乃末将荣幸之事。"看着杯中的绿酒，不知有毒，孔胤秀受宠若惊地说道。

"孔将军劳苦功高，请饮了此杯，再来说话！"刘湛挥手向孔说道。

于是，孔胤秀仰起脖子一饮而尽。刘湛见了，立即开怀大笑。孔胤秀见状，莫名其妙，然而，他却感到脖子和喉咙突然发烧发痛起来，于是，孔胤秀立刻恍然大悟。

"刘湛！噜噜……你这个狼心狗肺之徒，过河拆桥……"孔胤秀一面手指刘湛，一面破口大骂。

"孔将军是个明白人，我们杀檀就是帮相王篡国，我们所做的是非常之事呀！弄不好，你我阴谋会招来灭族大祸，如今，殷景仁及朝廷已经知道你是主使人，倘若我不就此灭你，一旦你再被捕获招供，不就会火延我身了？那样一来，我们甚至都会遭到灭门之灾！"刘湛笑着向孔胤秀说，"舍了将军一人，救得你我全族，将军死得其所！你还是放心地去吧，你府上的一切自有我去料理！"

"你……你狼子野心，必遭报应……噢……噢……"孔胤秀手抓脖子，瞪着双眼，气得说不出话来，渐渐地声咽气绝于刘府。

大帅檀道济南征北战，屡建奇功，已成宋廷栋梁之材，因此，从历城回京后，檀道济升任司空，但仍然镇守浔阳。此时的檀老将军自身地位显赫，再加上他的部属亲将们也是个个身经百战，他的亲将和子弟们均为朝中高官，功高震主，于是，满朝都对他怀有疑惧。他更是成了刘湛等佞臣和觊觎皇位的权相刘义康所不能相容的勋将。因此，刘湛等人已经将檀道济列为下手的对象了。

其时，宋主刘义隆已病卧在床，刘湛以为世道将变，有机可乘，急忙进入彭城王府与刘义康商量变乱之事。

"如今，皇上重病已久，这大宋的未来将如何？"一进大堂，刘湛就轻声地问彭城王刘义康。

"将军以为将如何？"彭城王刘义康反问道。

"国赖长君，殿下，您身为当今御弟，年富力强，功威赫赫，相王大权在握，这大宋的万里江山，非殿下莫属！"刘湛斩钉截铁地说道，接下来他又犹豫起来，"不过，朝中百官虽然对殿下都能俯首帖耳，然而……却有檀道济居心叵测，其居功自傲，倚老卖老，殿下应当慎重对待他！皇上一旦驾崩，我们虽能制服他人，但岂能制服得了檀道济？"

"哦，将军所言极是，那么你说，我们将如何处之？"彭城王刘义康吃惊地问道。

"为今之计，殿下不如召檀道济入京，设法除之！"刘湛凶恶地说。

"怎么样才能叫他回来？"刘义康又问，"檀道济可是个功勋显赫的国之大将啊！皇上岂能轻易杀他？"

"当今皇帝向来认为'天下无人可信'，王爷可以先向皇上对檀道济加以诬陷，再借口胡虏犯境，要皇上召他入京商议破敌之策！"刘湛接着说，"只要他檀道济到了建康，我们即可下手除了他！"

"哦，此计不错！"刘义康点头称是，接着自言自语地说，"此计果然不错，难怪王球、王履等人也有此说，而且他们已经在皇上面前弹劾檀道济了，看来我们真的可以行走这一步险棋了！"

刘义康说罢，赶忙入宫面奏宋主刘义隆。

"启奏陛下，外面传说檀道济有不轨之举，臣弟请求调檀道济回京！"刘义康奏道。

"嗯……爱卿,你就去办理吧……檀道济也……非善良之辈,王球……方才……曾说……"宋主正在病中,神情疲惫,也无心详问,只在迷惘中糊涂地答应了。于是,刘义康立即飞诏召令檀道济入京。

檀道济接到诏书后,立即准备起程。

"朝廷何故突然召唤老爷你回京?"妻子向氏见檀道济准备回京,忙问道济。

"……我也不知,说的是北寇犯境!"檀道济慢慢地说道。

"大帅功高位显,必然遭人嫉妒,今朝廷无故召您,恐会对您不利,大帅当三思!"部属亲将薛彤、高进之齐声提醒道,"大帅一定要处处小心才是!"

"诏书说是边关告急,本帅自然要前去走一遭。这有何可忧虑的?我领兵抵敌,镇守边疆。我未负国家,国家怎会负我?"檀道济说道,"请你们也收拾好行装与我同行吧,不必多虑!"

"喏!"薛彤、高进之同时答道,并动身收拾行装,随檀道济翻身上马,扬鞭向建康去了。

檀道济等人快马加鞭,赶到京城,立即进了彭城王府,他的亲将薛彤、高进之不离檀道济的左右,一直竖刀双立在檀道济的身旁,以示警戒。

"殿下,如今敌情如何?"一进王府,檀道济就急风暴雨式地问彭城王刘义康。

"……胡虏业已退走,将军不必焦急了!"刘义康缓缓地对檀道济说,"只是皇上的病情日沉……"

"哦,微臣应当急速前往宫中探望!"檀道济听了,赶紧拜辞了彭城王,入宫探望宋主。

檀道济见宋主刘义隆果然十分病弱,而且病情日益严重。于是,檀道济决定暂时留京,每天入宫探望。开始时,薛彤、高进之为防发生意外,每次都持剑护送檀道济,但时日既久,大家也就自然慢慢地松懈了下来。

次年春晨,建康天气,乍暖还寒,石头城船坞边,冷风习习。

宋主的病情终于有了好转,檀道济这才决定辞行,西回浔阳。然而,当他们一行刚在石头城准备上船时,却又突然见内使匆匆赶来,说是皇上又病重了。于是,檀道济只得慌忙掉头下船,带着薛彤、高进之,急急忙忙地走进台城的含章殿。但是,当他们刚到宫禁门前时,就被彭城王刘义康手下的禁军们拿住了。

"檀道济跪听宣读圣旨——"此时,只见刘湛得意扬扬地走出来,厉声向檀道济叫道。

"微臣听旨——"檀道济一听,只得赶紧跪地说道。

"……因檀道济……私散财物,图谋不轨,着令处斩……"接下来,刘湛兴奋地宣道。

"我从无'私散财物,图谋不轨'!这一切都无非是莫须有的罪名!这绝非皇上的圣旨!"檀道济听罢,不禁大怒,摔下冠帽,圆睁双眼,目光如炬地吼叫起来。

"老匹夫，至死不服？"刘湛走上前来骂道，"且细看诏书——"

刘湛说罢，将帝诏投掷于地上。道济惊见那诏书上说道：

> 檀道济赶逢时遇，受到了皇恩，所得到的宠幸和厚待，无人能及。但他不对这殊遇感动、报答，反而凭空怀疑、存有反心。元嘉以来，其不义不亲之心，已经暴露无遗。谢灵运叛逆明显，但他却赞同他的邪说，常为他隐瞒。还偷偷散发财宝货币，招诱狡猾之徒。投奔他的亡命之徒越来越多，他们日夜窥测谋划，想要达到这非分的目的。
>
> 镇军将军王仲德去年入朝，多次陈说此事。朕因为他位居台鼎高位，预先赏赐封土，希望弥补互相的缝隙，他或许能革面洗心。可是他怙恶不悛，终于发动反叛，因为朕生病，就规划实现其阴谋。前南蛮行参军庞延祖了解了他的全部阴谋，向我密报，证据确凿。
>
> 对天子和父母的叛变，刑罚尚且不能赦免，何况他罪孽深重，按刑处斩。

"啊，我知今日，既已落入你们这群奸佞之手，无话可说。只可惜我宋室大好的万里江山就要被你们这群狐朋狗友葬送了！"檀道济声如洪钟，声嘶力竭地叫道。其声震寰宇，不禁令人胆怯。

"速将这老贼带入牢监……"刘湛吓得魂不附体，急切地向左右令道。

"大丈夫处世光明，堂皇磊落，从不惧赴难身死，何须你们这些小人费事！"檀道济叫道，"如今邪气既起，我将英勇就义——"

檀道济说罢，自己走进狱中，随即被斩杀。薛彤、高进之等亲将也一同入狱被斩。此时，刘湛还同时向刘义康进言，诛灭了檀道济的全家，只留下了他的幼孙檀孺，以续檀氏宗祀香火。

檀道济死后不久，京城兵民就听到从北方传来魏主的欢声："檀道济一死，灭宋就能轻而易举了！"无奈当时宋主病重，朝中已由藩王刘义康及刘湛等佞臣专权，国事日非，众臣敢怒而不敢言了。

二十、帝相搏，相疑刘湛亡

檀道济死后，刘湛在朝中势力更大。司徒右长史刘斌是刘湛的宗亲，被刘义康擢升为左长史。另外，阿谀诌媚之徒王履、刘敬文等人也都得到提拔。刘湛以为有了刘义康这个靠山，更加可以为所欲为了。

又过了两年，宋主刘义隆久病的身体更加衰弱，再加上迷恋上了绝色的潘淑妃，于是，他更到了精神恍惚的程度，因此，朝中大事全由彭城王刘义康主持。刘义康一面要处理国事，一面还要细心地侍候宋主刘义隆，身心疲惫。宋主对刘义康也越来越有依赖，凡刘义康经手的奏章，宋主莫不允准。渐渐地，刘义康权倾朝野，百官莫不敬畏。

然而，见奉承刘义康的人越来越多，这又反过来引起了宋主刘义隆的反感和疑忌。更兼刘义康的亲信刘湛等人傲慢放肆，将朝廷搞得乌烟瘴气，因此宋主刘义隆增加了对他们的警惕和憎恨。

不久，袁皇后病逝，宋主因宠爱潘妃冷落了袁后而更加悲悔交集，其自身的病情也随之加重，以至到了不能理朝的地步。自觉到了末日，宋主遂召殷景仁等近臣入宫商议后事。

"朕的身体越来越弱，国中大事将如何处理？"宋主问殷景仁，"爱卿虽然告病在家，然而，对国事也应当十分牵挂。爱卿以为朕躬尚有何事需要慎重嘱托？"

"微臣不才，却蒙陛下无微不至的关怀。臣虽赴汤蹈火，也难报陛下知遇之恩于万一！为皇上国家大事，臣一定会知无不言，言无不尽的！"殷景仁在宋主榻前激动地说，接着他又诡秘地向宋主奏道，"如今朝中的大忌，就是相王的权势过重，因为这……于社稷不利啊！为了使国家稳定，当稍加抑制彭城王的相权！"

"爱卿所言有理，只是……如今朕体不佳，储君年幼……"皇帝忧郁道。

"陛下年岁尚轻，虽然身有小恙，不日将会痊愈，何至到了托孤之程度？"殷景仁惊慌失措地说道。

"并非如此！人生百年终有一死，况且朕已经久病，恐不久于人世……"帝含泪道，"爱卿切勿忌讳，还是直截了当地说说你的真实意见吧！"

"目下……当立即召彭城王入宫商议托付幼主之事，臣以为相王看在皇兄皇弟的份上，尚能以大局为重，竭力扶持储君！"殷景仁说，"只是，陛下也应对相王以及刘湛等人的权势有所压制！"

"殷爱卿……唉……刘湛一党胡作非为，朕已有所耳闻……"皇上听罢，点头叹了一口气，"朕将令相王刘义康入宿中书省，并密令大内卫士对其严加看护。刘湛之母已故，按例刘湛应辞职回家守孝。朕可趁机罢免其权职，再命廷尉收捕刘湛一党。朝中人手太少，爱卿你应当立即回朝理事，主持这清洗刘湛朋党之事！"

"哦，臣虽卧病多年，今当立即夜入华林园，听候陛下吩咐！"殷景仁情绪激昂地说道。

接下来，殷景仁出了皇宫，宋主立即召彭城王刘义康入宫觐见。刘义康急忙进宫，走到皇帝病榻前，唯唯诺诺。

"……御弟呀，今外有强魏，内有群藩，大宋社稷仍在非常之际，为兄如今身体又每况愈下，大事都赖弟料理，朕……十分感激！"宋主刘义隆靠在榻上喘息着说道，"而后……倘若为兄去了，看在高祖面子上，御弟一定要好好辅助幼主啊……"

"臣弟与陛下乃高祖之子，为了高祖，也是为了陛下和宋室的万里江山，臣弟一定会尽心竭力，辅佐幼主！"刘义康激动地发誓说道，"况且……陛下只是小恙，何出此言……"

宋主听罢，耷拉下脑袋，向刘义康挥了挥手。彭城王刘义康随即出了含章殿。

相王刘义康回到彭城王府中，急忙召集刘湛、王履、庾炳之等部属们计议，并且向众亲信们转达了皇帝遗诏大意。

"他……他的意思一定还是要他的子孙继任大统哇！"最后，刘义康感慨地说。

"如今，国势艰难，幼主岂能稳定大局？"刘湛听了大怒道，"为何这宋室社稷只有他的子孙才有权处理，万一幼主有失，我们将有何脸面面对世人？"

"国临困境，皇上如此，我们当冷静思索！"刘义康说。

"自古国赖长君。宋主驾崩后，当立年长者为君主！"刘湛、王履等人齐声说道，"倘若……殿下不便说出，麾下愿为殿下操办此事！"

"对此，一定要谨慎从事……"刘义康犹豫地说，最后又向庾炳之问道，"后将军，你的意思？"

"详情不知，麾下不敢妄言！"庾炳之吞吞吐吐地说。

于是，众人渐渐散去，但是刘湛却立即着手，开始起草拥戴刘义康为储君的奏本了。

数日后，天空放晴，宋主不觉心情愉快，病情转好，于是，他召来后将军司马庾炳之入宫谈话。

"恭喜陛下今日大愈，心旷神怡！这是万民之幸！"入宫后，庾炳之向皇上跪拜贺喜道，"陛下召来微臣，有何意旨？"

"哈哈，朕也感到今日心境转好了！"宋主笑逐颜开，接下来说道，"朕今召爱卿前来，别无他事，只是朕爱卿博古通今，特召爱卿前来聊天，望爱卿随意说话！"

"感激皇上信任，微臣遵旨——"庾炳之谢道。

"……上次殷景仁与刘湛双方争斗甚烈，多亏了爱卿从中调停……在朕大病的这些日子中，据说朝内又有些异动，彭城王府中刘湛等人的活动，更加频繁猖獗。爱卿你与殷景仁、刘湛两人都是很熟悉的，你与他们往来也多，应当知道他们二府中的繁事细节？"宋主问庾炳之。

"正是！"庾炳之慢慢地说道，"微臣本来就想前来向陛下密奏！如今，那刘湛、王履等人竟敢背着彭城王秘密地起草了拥戴彭城王为储君的奏本了……只是彭城王不知……"

"哦，刘湛胆大妄为，竟敢如此？"宋主听了立刻大怒，接着又轻声地问道，"此事刘义康真的不知？"

"是的，彭城王他不知！"庾炳之道。

"有此等大事，彭城王未必不知……"皇上疑惑地再问道。

未等庾炳之答话，此时，彭城王刘义康也进宫来了，他捧上奏章，奏请任命刘斌为丹阳尹。宋主正在气头上，断然拒绝了刘义康的建议，并将他斥退出宫。接着，宋主立即命令殷景仁、沈庆之等人连夜密商斩杀刘湛之计，宋主要彻底削平刘湛等祸国叛臣。

"特此命令沈庆之等人趁夜率众前往刘湛府第，抄斩刘氏满门！"最后宋主俨然下令道。

彭城王刘义康惴惴不安地回到府中，慌忙与刘湛等人商议皇上突然恼怒之事。

"啊，事情爆发了！事情到了这步田地，难以收拾了！"刘湛听了彭城王的话后，大惊失色，接着哭道，"今日……恰逢家母又突然归天，按常例，末将应当立即辞职守孝！哎呀，末将这一次官印一交，恐怕就将大祸临头了！"

说罢，刘湛赶忙回府。果然，黎明时分，御林军突然袭击了刘府，刘湛及其各子、党羽几乎全部被处斩，同死者达数百人之多。

得知刘湛一党都会获死罪，刘湛的党羽骁骑将军徐湛之的母亲——会稽长公主，连夜带着"百衲衣"前往皇宫为徐湛之求情。

"皇帝呀，陛下，你家本是穷家，这是我母亲给父皇做的'百衲衣'，希望陛下后代富而不忘根本——"会稽长公主当即进宫，跪向宋主哭喊起来。

"皇姐……你这是为什么？"宋主莫名其妙地问道。

"听说陛下要杀尽刘湛一党，我儿子是否也要被陛下残杀？"会稽长公主仍旧激动万分。

"皇姐勿忧，朕决不杀徐湛之！朕将免除徐湛之的死罪，并命其为中护军、丹阳尹。"宋主刘义隆说。

"此话当真？"会稽长公主停止了哭泣，扭头问宋主。

"朕若失言，当对不起父皇陵寝——"宋主坚定地手指北方钟山东首的初宁陵说道。

接下来，王履的叔父吏部尚书王球也来为王履求情，最后，皇帝只好赦免了王履的死罪。

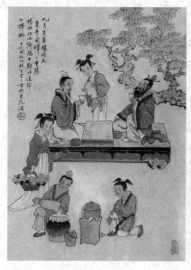
宋主宴请图

宋主刘义隆与殷景仁

刘义康得知刘湛出事，惊慌失措，他急切地上奏辞官，宋主将他贬为江州刺史，令他镇守豫章。令江夏王刘义恭取而代之，担任司徒一职，兼录尚书事。

扬州刺史殷景仁因刘湛一案惊心动魄，深感人生如梦，于是精神错乱，不久也于府中逝世。宋主追封他为司空，并让二皇子始兴王刘浚接任扬州刺史。

此前，殷景仁在家卧病五年，虽然见不到宋主，但却与宋主秘密地书信往来，每天达十多封，大小朝政宋主都要向他询问。他们往来极其秘密周详，却无人窥破这个秘密。宋文帝下令逮捕刘湛的那天，殷景仁忽然从长期卧病的榻上爬起来，让人给他整理衣裳，人们都不知道他的用意。

当天晚上，宋主在华林园延贤堂召见了殷景仁，命他处理刘湛一案。因殷景仁仍然行动不便，所以宋主让他坐在榻上，审理刘湛。

当日，刘义康入宫辞行，宋主却对他一言不发，只是流泪痛哭。

"罪臣至诚感谢皇上不杀之恩，今日应当拜辞赴任！"刘义康泪流满面地说道。

"唉……"宋主刘义隆叹了一口气，接着回头对一位僧人说道，"佛门慧琳，请你送江州刺史西去吧——"

于是，刘义康与慧琳和尚等人泣涕满面，惶恐地出了宫门。

"敢问师父，依您看来，今后……弟子还能回京否？"刘义康试探性地问慧琳，"方才皇上与师父说到弟子罪孽如何？"

"唉，只叹施主未曾多读数百卷书呀！"慧琳向刘义康叹息道，说罢沉默下来。

刘义康茫茫然，惆怅而去。

次日，会稽长公主入宫道谢，宋主设宴招待。

"诚感皇上大恩，赦免了湛之的死罪，我徐家世代将感谢不尽——"会稽长公主拜见宋主道。

"皇姐免礼！"宋主动情地对会稽长公主说道，"……当年，袁皇后生下劭儿时，因见他外貌奇异，恐有不祥，不敢留养。后来朕将西征，刘劭又幸得皇姐你的照料，如今他才得以长大成人。对此，朕躬至今不忘！当时后宫谁不知长公主总摄六宫，功劳卓著啊？"

"本是一家人，举手之劳，敢烦皇上挂记！"长公主又谦逊地说道。

说罢宾主欢笑一堂。但是，过了一会，酒醉半酣，突然会稽长公主又站起身来，离座跪拜于地，并且"咚咚咚"地向皇上磕起头来。

"皇姐，这又是何意？"皇帝刘义隆不知何故，忙起身前去扶持长公主。

"……愚姐不敢起身，除非陛下答应了愚姐的请求！"长公主哽咽道。

"皇姐请说，朕当允准！"皇帝说。

"启奏陛下，愚姐知晓刘义康从此以后或许再不会被陛下所容，但是，愚姐今日特意来为他求情，我们同门姐弟，请求陛下能恕他死罪！"会稽长公主说罢，泪如雨下。

"……朕一定允准！"宋主也伤感道，"朕躬在此向皇姐盟誓：朕如果有违诺言，即是对不起高祖皇帝，朕就会身遭横祸！"

"啊，诚感皇上大恩！愿我刘宋宗室幸甚——"长公主慨然说着，随即站起身来。

"内侍速将桌上残酒盛好，赐予刺史刘义康——"宋主又道，"这就算是朕与他同餐共饮了！"

"皇上既能如此，愚姐也就心满意足了！"长公主破涕为笑道，遂入座喝酒，兴尽方辞。

二十一、恃才反，范晔遭诛灭

时间又过了一年，因为太子刘劭和二皇子刘浚都还年幼，但又都是皇子，将来都要肩负重担，于是，宋主刘义隆很重视对他们的教育之事，于是，他特令后军长史范晔、主簿沈璞二人分别辅佐幼主刘劭和刘浚。

范晔才华横溢，著有《后汉书》，他曾与汉朝的司马迁、班固齐名，只是他生活不羁，为人们所鄙夷，但是他自己却只是抱怨怀才不遇，因此多有不法行为。

宋主与众臣在宫中谈论范晔。

"陛下已任范晔为扬州长史、左卫将军、太子詹事，竟让他与右卫将军沈演一同掌握禁军，参与机密。这……似有不妥！"吏部尚书何尚之向宋主劝谏道。

"朕是爱惜人才呀！"皇帝听后，略作沉思后说道。

"范晔怀有异心，不宜留在京都。陛下不如让他出任广州刺史，以防他在京闹事！"何尚之接着说，"倘若他真的在京中作乱，那么最终难逃一死。那时，陛下本想爱才，却变成了害才，岂不是适得其反了？"

"大才子刘湛刚被朕除掉，倘若朕又贬了范晔，世人会以为朕躬好信谗言，不容才子呢！"宋主摇头说道，"往后，朕已知范晔性情，有所防范就是了。朕料想他终难作奸犯法的！"

何尚之知道皇上不听，只好拜辞退去。

彭城王刘义康被贬，镇守江州。有一日，员外散骑侍郎孔熙先专程登府拜访，刘义康殷勤接待了他。

"将军身在南粤，公务繁重，难有闲暇，何必忙里偷闲，来此看我？"二人坐下后，刘义康赶忙对孔熙先说道。

"末将来此，是受家父遗命所驱使的！在家父孔默之蒙难时，诚感殿下全力相救！殿下对我孔家有天大的再造恩情，末将没齿难忘，岂能害怕路途遥远？"孔熙先感激涕零地对刘义康道，接着又说，"唉，殿下英明聪敏，乃是国家栋梁，神人所归，奈何如今竟被调任在此荒野不毛之地，甚是可惜！"

"来此不久，我曾多次上奏，请求辞官，无奈皇上未能准许！"刘义康又说。

"殿下如今仍司何职?"孔问。

"皇上令我督管江、处、广三州军事,但是,他疑忌之心始终未能解除啊!"刘义康忧愤地说。

"唉,听会稽长公主家人言道:'皇上与殿下恐永难相容了'!"孔熙先又叹道。

"唉,长公主为我向皇帝求请免于死罪,我已足矣,岂能再有他求?"刘义康说。

"长公主又为竟陵王刘义宣求得荆州刺史、为衡阳王刘义季求得南兖州刺史职位?"孔问。

"正是,不过目下刘义季已调镇徐州去了!"刘义康说,"这些也难为长公主了!"

"哦,不知众王的兴起,可否有利于殿下的安全……末将虽然不才,倒也希望拜倒在殿下面前,攀龙附凤,以求日后封妻荫子!"孔熙先又说。

"……不过,孔将军也不必过于对我惦记。你博古通今,天文、历法、占卜具精,何愁将来不能飞黄腾达?"刘义康接着说,"孔将军何必要攀附于我?"

"殿下英明果敢,绝非久居人下之人!末将虽然不才,但为了殿下、为了国家,我也一定要百倍努力!"孔熙先激昂地说,"末将夜观天象,似乎此地江州将出天子……"

"将军且住口!"刘义康一听大惊,并说,"前次刘湛之事,君切勿见忘,如今竟又危言耸听来了?"

"殿下不必惊慌!末将言行,与殿下无关,末将之事纵然不成,也绝不会牵连到王爷殿下!"孔熙先仍然激动地说着。说罢,孔熙先翻身伏地,向刘义康告辞了。

事过三年,江州仍然风平浪静。孔熙先一想报答彭城王刘义康之恩,二想趁机谋取个人的前途大业,所以,他梦想起事,但又怕自己一人孤掌难鸣。正在这时,他想起了附近庵中的道人法略和尼姑法静也曾受彭城王刘义康的恩惠,常想报恩。于是,孔熙先起身去庵中找他们商议。

"二位本也想报答彭城王,今日天象已经诏示江州彭城王将兴,我们应当推波助澜,促其大事成功。奈何我孤立无援,二位有何良策?"孔熙先问。

"朝中范晔乃是个文武全才,而且他极有心计,将军为何不与他商议!"法略说,"况且,范晔也早有怀才不遇的怨气了!"

"此话有理!"孔熙先说,"我应当进京与范先生商议,不知如何才能接近于他?"

"将军可先与范晔的外甥谢综相互交好,谢综身为太子中书舍人,曾是相王刘义康的记室参军,他和范晔一同在京任职,当然乐于为你引见!"法静说,"另外,将军记住:范晔既喜好清谈,又喜好赌博,而且他最忌讳自己历代都未曾与皇族联姻之事。你见他之前,一定要有所准备,这样,方可旗开得胜,与他相交!"

"范晔、谢综其人,在下也都略有所知!谢谢二位的指点!"孔熙先听了,高兴地说,随即出了庵门。

孔熙先风尘仆仆地来到京都,首先找到谢综,并且禀明了心意。谢综立即高兴地带他去见范晔。见了范晔并与之一阵长谈后,范晔见孔熙光无比健谈,自以为找到了知已，非常高兴。范晔也自感本人谈吐不俗，因此乐于找到了知己，并与之清谈不息。

范晔首先与孔熙先谈古论今，而孔熙先竟能对答如流，因此，他深得范晔的钦佩。接下来，孔熙先与范晔赌博，并且能坦荡地对待赌输的局面，这些都令范晔十分喜欢。后来，孔熙先看看时机已经成熟，于是说话转入正题。

"彭城王英明果敢，神人所归，不久将大有作为，可惜……现今他不能在朝理政，此乃是国家的损失啊！"孔熙先突然向范晔说道，"我受先父的遗命，愿至死报答彭城王的恩德。"

"将军将如何报答？"范晔聚精会神地听着，接着问孔熙先。

"近日来，我发现天有异象，百姓不宁，江州当出天子，识时务者当知，此乃英雄建功立业的机会！"孔熙先激动地说，"倘若我们顺从天意，密结英豪，里应外合，一定可以铲除异己，拥立明君。大人意下如何？"

"这……如何使得？"范晔一听，大惊失色，急忙支吾道。

"大人看到刘湛领军的下场吗？才子刘湛，虽然手握大权，最终也仍然难逃灭亡的命运啊。大人虽然权位不及刘领军，但也难保，你将来不会有他的下场！既然目下天象有警，大人不如顺应天意，建功立业。这不仅可使自己转危为安，还可名利双收。大人何乐而不为呢？"孔熙先继续说道。

"这……"范晔仍然无语。

"再说，皇帝昏庸，大人父辈数代功高位显，可是，也一直未能与帝室联姻，皇家甚至无比地藐视大人，大人却仍然不知愤慨，还在为他效力。岂不悲哉？"孔熙先再接再厉地激将道。

"唉……是啊，可叹呀！家父范泰曾任车骑将军、叔父范弘之袭封武兴侯，这又有何用呢？都只因我家在朝中没有靠山，所以，我世代才未能与皇家联姻！"孔熙先此话激起了范晔的愤恨点，范晔不禁叹息起来，接着他又怒发冲冠地说道，"我常以此为耻，愿报此仇怨——"

孔熙光见范晔已经动摇，遂与他附耳密商了许久，范晔听罢连连点头称是。孔熙先见了，这才告辞而去。

接着，孔熙先、范晔又去拉拢法静的妹夫许曜，约定请许曜做起事的内应，并托彭城王的亲信——中护军徐湛之，再去拉拢前彭城府吏仲承祖等人入伙，加紧密谋废立宋主的阴谋事宜。

"如今，天象有利于我彭城，我方人员齐集，天时、地利、人和三者具备，我们当择好时机，做出一番顺应上天的大事来！"孔熙先激昂地鼓动道，"只是具体执行，还须细心策划，众位可为此献出万无一失、出奇制胜的妙计来！"

"诸位还知道当年吴国行刺王僚的故事否？"见众人无言，范晔遂起身引经据典地提示道。

"哦，行刺？"孔熙先一听就兴奋地叫道，"此计干净利落，太妙了！"

"行刺今上，而后拥戴彭城王登基，这的确是最好的办法。"仲承祖说，接下来他又犹豫道，"……只是，这行刺的时机如何选择……"

144

"眼下倒是有一个动手行刺的极好时机!"范晔沉思道,"……不日,将有三位刺史起程北去就任,皇上要为他们饯行,我们何不在筵席上……"

"请先生细讲!"孔熙先听了,十分兴奋,忙凑上前去问范晔。

"据悉,衡阳王刘义季将出任徐州刺史、三皇子武陵王刘骏将出任雍州刺史、四皇子南平王刘铄将出任南豫州刺史,三人将在同一天起程,皇上决定要亲自在武帐冈上为他们饯行……"范晔轻声地说。

"这正是我们下手行刺皇上的大好时机。"仲承祖接口说。

"只是……如今天下不稳,朝中多乱,因此陛下更是多疑,他出入宫禁,常在龙袍之内加衬甲胄,倘若刺客一刀失手怎么办?"

"这有何难?当年的王僚三重甲衣,犹能死于刺客的手中,今上的武功岂能与王僚相比!"孔熙先轻松地笑道,"或许,连范大人也能不费吹灰之力,就可举刀即成!范大人以为如何?"

"是的!"范晔慢慢地说道,说罢又沉思道,"不过……此计也并非万无一失,倘若行刺不成,我们向外也应当有个名正言顺的说法,以作为退路。这些……我们也应事先商量妥当啊!"

"正是!倘若我们在宴席行刺未遂,也还要有个后续方案,以保我们最终的成功!"仲承祖也接口说道。

"领军将军赵伯符近来常常巡视在禁宫东畔,我们不如嫁祸于赵伯符。当我们席间谋刺未能成功时,就诬陷赵伯符要行凶谋杀皇上,于是,我们便可以托词率军入宫平乱,再趁势杀了皇上,方可迎立彭城王刘义康正位!"孔熙光说道。

"此计很好!"范晔兴奋地笑道,"我们在此有了两个连环之计:第一计,是先在武帐冈谋刺皇上。倘若未逞,则用第二计,嫁祸赵伯符行刺皇上,并率兵借口伐赵,趁机再刺皇上,借以拥戴彭城王即位。"

"正是!"许曜也笑着点头同意,接着又说,"不过,范大人还要尽早将声讨皇帝的檄文写好,免得今上已死,我们还没有一个像样的文告昭示天下!"

"这个自然——"范晔笑道,"对此,在下以为并不是件难事!"

计划已定,孔熙先即以彭城王刘义康的名义向徐湛之发函诏告,并确定计他做内应。接下来,孔熙先令奴婢彩藻随尼姑法静一同前往豫章,与刘义康面洽。回来后,孔熙先见彩藻情绪不佳,孔熙先怕她泄密而偷偷地将她杀死了,以便杀灭活口。

万事俱备,也到了宋主三人饯行筵席开始的时候了。范晔、许曜等人作为护驾随员,进入了宴会大厅。

席间,范晔、许曜二人站在皇帝刘义隆两旁,持刀护卫。筵席开始,范晔渐渐感到有些紧张,并且心中思绪万千,心绪不宁起来。

"啊,江中鲋鱼已到——"接着,御庖突然高唱着,端上香气扑面的江鲋,兴奋而来。

范晔听了心里一惊,他突然想起了当年吴王僚筵席中的鲜鱼事件,于是,他思绪不宁,更加感到心惊肉跳起来。而在此时,皇上正起身推开了护身宝剑,躬身向前与刘义季等人举杯共饮。

　　见这正是行刺的好机会来了，于是，许曜再三暗示范晔行动。但是，范晔终归是个懦弱的文人，所以慌乱得心惊肉跳，颤抖着，始终不敢下手。这一下，急得许曜如热锅上的蚂蚁，他再次提醒，但最终仍是未能得到范晔的响应，反而引得宋主刘义隆莫名地警觉起来。

　　于是，许曜等人也只好都收敛起各自的手脚，静待宴会散去，刘义季等人和皇帝陆续离去了。范晔、许曜只好眼睁睁地让这次行动告吹。

　　宴会散去后，徐湛之回到府中，惴惴不安。

　　"我儿今晚因何焦躁？"会稽长公主见状忙问徐湛之。

　　"孩儿无事……只是身有不适……"湛之道。

　　"不对！非一般情形，你决不会如此魂不守舍。今有何大事，我儿必须如实向母亲禀报！"长公主急切地说。

　　"……孩儿果真有事……此乃欲谋皇上的大事……"经公主再三查问，最后徐湛之只得招认，并仔细地叙说了事情的经过。

　　"哇！你……你竟然又有此等谋逆大事！我儿……你应当立即去皇宫自首，否则，悔之晚矣！"得知其详后，长公主叫苦不迭，她慌忙向徐湛之哭叫起来。

　　徐湛之因为曾经有过参与刘湛谋逆之事，胆量变得更小了，他害怕引火烧身，于是，他竟立即同意母亲的意见，赶忙前去向皇上告密。

　　宋主刘义隆得知此事，立刻大怒，遂查抄证据，搜出范晔等人预先写好的檄文，随即捉拿范晔等人入狱待审。在大牢审讯中，范晔矢口否认自己的一切罪行。

　　"范晔，朕念你是个人才，所以处处宽恕于你，你却竟敢如此胆大妄为，密谋造反！"宋主刘义隆怒吼道。

　　"臣……从未曾谋反……"范晔颤抖着牙齿说。

　　"你们未曾谋反？其实当时筵席上，朕就已经感到你们的行为异常了！"宋主仍然怒道，"嘿，你还写出了讨伐檄文。此次，朕岂能再次姑息养奸吗？"

　　"微臣并未写什么檄文！"范晔说道，"那些言语不过是孔熙先他们的激进言辞罢了！"

　　"传孔熙先到庭与他对质——"宋主听罢，回头向侍卫叫道。

　　不久，孔熙先随着侍卫进到审讯室。

　　"孔熙先，范晔说这檄文是你所为，果真如此？"宋主质问道。

　　孔熙先怔了一下，接着走到范晔身边，轻声地说："檄文乃是范晔一手写出的，他怎能竟又诬赖他人呢？"

　　随即，宋主愤恨地下令斩杀了范晔等所有的人犯。夺去了彭城王刘义康的官爵，将他削职为民，并让他迁居安成郡，交由宁朔将军沈邵监管。

　　到了安成，刘义康这才想起了当年慧琳僧人对他所说的话。于是，他开箱看书，当他读到汉朝淮南厉王刘长故事的时候，才不禁长叹了一声："原来古时候早就有此类事情了，可惜，我读书不够，不知此情，因此糊涂行事，遭此重罚！"

　　衡阳王刘义季得知刘义康被废后，也心灰意冷，感到日暮途穷，遂不到二十三岁时，就忧郁而终。宋主只得将三皇子武陵王刘骏调任徐州刺史，以遏北虏，护卫京师。

二十二、边关紧，宋魏重开战

接下来，边关报警，说北魏又大举入侵南宋了，于是，宋廷紧急筹措抵御北魏的事宜。

此次战事应当从西北氏王杨难当说起。

话说西北氏王杨难当，曾派侄儿杨保宗镇守薰亭，保宗竟私下投奔了北魏。魏主拓跋焘封他为征西大将军，令他督管陇西军事，兼秦州牧、武都王，镇守上圭，并招之为驸马。同时，为了拉拢杨难当，魏主也将杨难当封为征南大将军、南秦王。这样，杨难当等人也就暂时归附了北魏，开始觊觎宋地四川，并且派兵偷袭了益州诸郡。

起初，刘宋的龙骧将军裴方明与梁、秦二州刺史刘真道合军一起，大破了杨难当，并捣入杨匪窠穴仇池，擒杀了其子杨虎，逼降了其侄杨保炽，且令杨保炽仍旧留守仇池。

接着，宋主刘义隆任命辅国司马胡崇之为北秦州刺史，监管杨保炽。魏主派人将杨难当接到京都平城，命令统帅古弼与杨保宗一起进兵仇池。结果，胡崇之兵败被北魏擒获，杨保炽逃走，于是，仇池又被魏夺去。

魏主派拓跋齐与杨保宗共镇骆谷，杨保宗之弟杨文德不甘心祖国陨落，遂与杨保宗合谋叛魏附宋，恢复故国。

"我欲离魏而自立，不知公主意下如何？"魏国的驸马杨保宗怕妻子不愿意，只好事先探察妻子的心意。

"我虽然是魏国的公主，但女人出嫁随夫。我情愿做国母而不做小公主呢！"妻子欣然说道，"我一切都会听从将军你的处置！"

然而，拓跋齐听到二杨欲反的风声，遂计擒了杨保宗，并将他押送到平城。此时杨文德逃脱，并挥军占领了白崖山，进军仇池。

深夜，杨文德率军进入仇池，然而，当他刚想冲锋时，却不料陷进了魏将古弼事先所设的伏击圈，于是魏军三路进攻，将杨军打得落花流水。

"苍天哪，我小国何辜，竟遭魏虏荼毒？不杀魏贼，我誓不罢休！"杨文德呼天号地。

"大将军，我国国力弱小，若想收复我国山河，如今只有向宋廷乞援！"部将们纷纷向他哭谏道。

"为了故国，我杨文德愿意向刘宋乞援，以便借军为氐国复仇——"杨文德大声叫道。

随即，杨文德的降书送达宋廷。结果，宋主刘义隆封他为武都王，并派姜道盛率军去援救他。但是，拓跋齐又击毙了姜道盛，逼迫杨文德走入汉中，其妻儿、部属全部被斩。自此，刘宋和北魏又成了仇敌，双方战争不断。

后来，北魏卢水胡盖吴纠众叛魏，战败后，胡盖吴又向宋廷称臣乞援，宋主封其为北地公，并调雍、梁兵驻守其境，声援胡盖吴。不久，魏兵又击毙了胡盖吴，为此，魏主拓跋焘对宋廷更是空前恼怒，为了报仇，他决心率兵灭宋。随即，拓跋焘亲率大军十万渡河向南而来，进逼刘宋的悬瓠城。

刘宋的南顿太守郑琨、颍川太守郑道隐望风而逃。豫州刺史南平王刘铄驻守在寿阳，急忙派出参军陈宪，前去救援悬瓠城。此城驻军不足一千，但英勇善战，面对数倍的魏兵、数次猛烈进攻，都毫无惧色。

"区区悬瓠，朕本以为可轻易地拿下，没想到攻打悬瓠城竟是如此费力！"拓跋焘恼羞成怒地叫道，"全军在城外修筑围楼，对城内拼命射箭，直到宋人投降——"

于是，围楼中的魏军开始疯狂地向城内万箭齐发。宋军只好用门板挡抵，在取水时也要背上门板行动。魏军又利用上面装有大钩的冲车进攻，因此城墙纷纷被拖倒，陈宪只得在内城再修一道城墙，而且外立栅栏，全力阻敌。双方争战了数十天，战斗进行得极其惨烈，魏军踩着尸堆，拼命冲击，最后，仍然未能攻克，而魏兵也损失惨重，只好含恨悻悻地放弃了悬瓠，退避三舍。

接着，宋徐州刺史武陵王刘骏在营中得知：北魏永昌王拓跋仁在汝阳沿途掳夺，民怨沸腾。

"魏虏拓跋仁沿途抢夺。这还得了？"徐州刺史刘骏叫道，随后下令，"命令参军垣谦之、左常侍杜幼文、殿中将程天祚等人率兵五千袭击拓跋仁——"

然而，拓跋仁凶残无比，结果派出的宋军只有九百人逃回，其余全部战死了。

宋主得知败讯，遂将杜幼文打入大牢，将武陵王刘骏贬为镇军将军，又令南平内史臧质、司马刘康祖率一万兵马前去增援悬瓠城。

魏主此时已在此坚持了四十二天，又闻宋廷援兵到来，经几次奋战后，也损失惨重，最终，他只得惨然撤兵北去。

宋主刘义隆君臣齐集大殿议事。

"在此次与北魏争战中，杜幼文等罪将均已被处罚！陈宪守城有功，特将他升为龙骧将军，并委任为汝南、新蔡两郡太守！"宋主刘义隆向众臣说道，"然而，既然已与北魏失和，朕理当不顾前约，趁机收复北国，以便一统天下。众卿意下如何？"

"陛下英明，我大宋今日应当派发大军驱逐胡虏——"丹阳尹徐湛之、吏部尚书江湛一齐出班奏道。

"陛下所言极是！"彭城太守王玄谟也上前激昂地奏道，"我大宋大军今日不去北伐，更待何时？微臣虽然不才，却愿率军做先锋，北伐胡虏，建功立业，万死不辞——"

"不可！"步兵校尉沈庆之出班阻止道，"我朝惯用步卒，北魏多用骑兵，两军不能势均力敌！昔日檀道济、到彦之等大将尚且未能取胜，更何况如今我朝大将已少，岂能战胜魏敌？为今之计，不如权且歇兵，休养生息，以待来日，才可大举进军北伐，这样方可望一举成功！"

"檀道济是因纵容敌寇才致使自己无功而返的！到彦之只是因病回返而失败的！"宋主怒吼道，"朕以为北虏所依靠的无非是马匹，而南军靠的是舰船，目前正值盛夏，河水泛滥，河道畅通无阻，倘若我军乘舟北进，必定能够轻而易举地拿下高敖、滑台、虎牢、洛阳。等到了冬天，他们再纵马过河，来袭南国时，将为时已晚了！因为到那时，这一带子已在朕的宋国之中了！朕岂能失去这大好时机？"

"皇上英明！"徐湛之、江湛两人同时说道，"前次王玄谟已向陛下说出北伐的要务……"

"非矣！今日绝无必胜的条件……"沈庆之仍然要辩解。

"徐湛之、江湛二位爱卿，你们也可再辩北伐之事！"宋主打断了沈庆之的话，"当时朕听了王玄谟的高谈阔论，心情激奋，大有封狼居胥之气概！"

"陛下北伐宏图英明无比……沈大人之言差矣……"徐湛之又欲张口，但只说了一句话，突然见沈庆之又站了出来，于是，他随即闭口退了下来。

"治国如治家，耕地就应该问奴隶，织布就应该问婢女。陛下如今要讨论伐魏打仗的事，却反倒要与这些文人书生商议，和他们岂能商议出什么好结果来？"沈庆之力争道。

徐湛之、江湛听了面有愧色，宋主只好也一笑了之。

"父皇容禀，皇儿也以为沈校尉之言有理……"过了一会，太子刘劭也出班奏道。

"微臣也……"护军将军萧思话也欲启奏。

"众位爱卿不必争论，此次朕一意要北伐胡虏！"皇上打断了太子和萧思话的话，大声宣布道。

"启奏陛下，魏主拓跋焘来书！"此时，一将入殿呈上魏主书信，向皇帝奏道。

太监接过来书迅速地呈给皇上，刘义隆接信看罢怒发冲冠。

"北虏岂有此理，竟以言辞激朕大战！"皇帝叫道，"朕当以倾国之兵，与之决战——"

"陛下英明——"王玄谟此时急速地从殿外跑进来，听得朝中正在争论，兴奋地笑道，"哈哈哈……微臣方才得知，魏国的大谋士崔浩已经被杀了，而且他被人捆在车中，喷射粪便侮辱，死得很惨！"

"嗬，有此好事？如此说来，魏虏少了三朝元老崔浩，此战他们必败——"宋主刘义隆也兴奋地跳起来说道，"崔浩因是汉人，在拓跋焘即位后也曾多次遭到胡人的妒忌和谗害，但终未能下马，他今日到底被杀了，其直爽过度，终于逃脱不了死难！朕大宋幸甚！"

接下来，宋主立即颁诏命令道：

"一、王玄谟为宁朔将军，与步兵校尉沈庆之、咨议参军申坦率万艘战舰水军北渡黄河，由青、冀二州刺史萧斌调度。

二、太子左卫率臧质、骁骑将军王方回率军十万，出兵许洛。

三、徐州刺史武陵王刘骏、豫州刺史南平王刘铄各率部众出发，东西并进。

四、梁、秦二州刺史刘秀之出兵开陇，江夏王刘义恭驻军彭城，调度各路兵马！"

"喏——"众将纷纷答道，相继出发。

接着，宋主刘义隆又大声令道："以上的兵马系我国东路大军，然而，为了此次宋军能够一举成功，所以，这次北伐，朕大宋国还要同时派出西路雄师！由六皇子刘诞督管。"

"东西两路齐发？"众臣听了惊愕道。

"是的，此番除了命令徐州、豫州两亲王分别发兵外，还任六皇子随王刘诞为雍州刺史，让刘诞镇守襄阳，督管西北各路兵马齐心北伐！"宋主令道。

"儿臣遵旨！"刘诞闻风而动，慷慨激昂地答道。

"为了配合东路主力，刘诞出关后即可先派中兵参军柳元景、振威将军尹显祖、奋武将军曾方平、建武将军薛安都、略阳太守庞法起等将领引军向西北进发，攻城略地——"宋主又大声令道。

于是，南宋两路大军相继出发。

南宋北伐大军既发，举世轰动。王玄谟等将所率的东路大军首先抵达魏境。

建武司马申吉率兵赶到高敖，魏国刺史王买德闻风丧胆，急忙弃城北逃；将军崔猛兵达安乐，魏国刺史张淮之也弃城而去。接着，萧斌、沈庆之留守高敖，王玄谟统率大军进攻滑台。

魏主拓跋焘在平城听说宋军大举压来，急忙与部属们在宫中紧急商议。

"宋军大批杀来，我军是否立即出击？"庶子南安王拓跋余出班问道。

"目前天气炎热，雨水漫地，战马尚不健壮，倘若我军全力出击，恐难成功，反而徒然耗费了兵力，不如暂退阴山，以待冬天，我军再大举进攻？"魏主向众人说道。

"陛下所言有理，我军不必立即大举进兵，暂时可以以守为攻。不过，也不能丝毫不作准备！"太子拓跋晃说道，"我魏军应当根据宋军的现在情况，对目下驻军稍做调动，以适应将来进军的需要！"

"正是！"魏主拓跋焘道，"为防柔然，太子拓跋晃应屯兵漠南；庶子南安王拓跋余留守平城，以定国中；朕将亲率大军前去救援滑台。"

众人齐声答应，纷纷行动去了。

且说宋军主将王玄谟兵抵滑台后，立即坐营升帐，调动各军。

"现在命令钟离太守垣护之率一百艘战舰为先锋，前去攻占石济，石济离滑台百里，可为我军犄角！"王玄谟令道。

垣护之得令去了。王玄谟驻扎滑台城下，令兵士四面环攻滑台城楼，昼夜不息，然而宋军兵疲将劳，多日急攻无果！

于是，垣护之率一百艘战船作为前锋，占领了石济。石济在滑台西南，相距一百二十里。此时，垣护之仍见王玄谟静待敌兵，不作备战，然而等到虏寇援兵来到，王玄谟又以"兵伤将疲"为借口，退兵回帐。

"军情紧急，城内多为茅屋，我军不如将火箭射入城中，以引发城中大火和内乱，这样，我军便可一鼓作气，趁乱拿下滑台。"数员部将齐声向王玄谟建议。

"不可！城中一草一木皆为宝贵财产，这些，不久都将为我所用，如今我们岂能将它们烧毁？"王玄谟摇了摇头说。

于是，宋军只得在城外静心等待。而城内的兵民在魏将的指挥下，趁着战斗间隙，纷纷带着家产进入了地穴，城上的守兵也再次加强了防备，于是，宋军攻城越来越难，而且兵力渐少。王玄谟遂大力招兵买马，然而，他又不能爱兵如子，甚至不能给新兵以起码的生存条件，因此，军心逐渐涣散，前途令人担忧。

营寨一扎数月，滑台城连攻不下，士气日益衰竭，王玄谟也觉忧心如焚。

"魏军大部援军即将杀来，垣护之将军说，大人应当立即督军攻城，否则，一旦敌人的援兵到来，我军就将腹背受敌——"此时，垣护之得知滑台困境，特地派人向王玄谟催促，"以往武皇攻打广固，战死的人也很多。况且目前情况和往日不一样，大将军你怎么能只是考虑士兵的伤亡疲劳？末将希望大将军把攻克滑台作为最迫切的任务。"

"何必太急？我当修筑工事，以待时机再来攻打城池！"王玄谟无可奈何地说。

"啊，大事不好！"此时，探子惊慌失措地跑进帐来报道，"魏主拓跋焘亲率百万人马已经到达枋头，就要杀到滑台来了——"

"哦，北虏竟能如此快速奔来！诸位且献退敌计策——"王玄谟听了大惊，吓得魂飞魄散，急忙与部属们商议退敌之计。

"我军应当快速摆开车阵，做好战斗准备，以便阻击敌军——"一位部将大声说道。

"如此有效否……"王玄谟还在犹豫不决。

然而此时已到三更，远处敌人的鼓声已经隐隐传来，于是，王玄谟惊慌失措，惶惶然不知如何应对。

接下来，突然，魏将陆真奉魏主之命率领几名铁骑冲破了宋军营阵，径入城中，王玄谟竟不敢下令截击，却眼睁睁地看着陆真进城报信去了。

次日天明，北魏百万主力大军杀来，鼓声大作，天昏地暗。王玄谟出营远望，但见敌军遮天盖地、漫山遍野地奔来。他看后，吓得面如土色，慌忙入营向众将下令退兵。然而，此时全军将士，大多已没了斗志，一听撤兵，人人争先恐后，如开闸的洪峰，往南奔逃起来。王玄谟自己更是慌作一团，他急忙翻身上马，朝南疾逃而去，恨不得一下飞奔到达江东。

魏兵趁机过河，砍杀而来，势如破竹。宋军后队被冲杀而光，前队却早已跑散，沿途军械丢弃，堆积成山。

此时，更加风雨交加，垣护之驻军在石济，左看右顾。

"报——将军，北魏主力援军已到，即将过河！"探马慌张来报。

"快速通知王玄谟大将军！"垣护之得知后说道，并急忙写好一封信，向探马叫道，"我要急忙致信王玄谟，相约与王玄谟在河岸边一同夹击魏军，否则就晚了！"

"王玄谟将军……他已经未战先溃，魏军夺得王帅的战舰，反过来却截住了我军的归路……"探马不安地向垣护之说道。

"啊！王玄谟他竟如此不堪一击！"垣护之听罢惊怒交集，立刻向部众大叫，"速将百艘战舰列阵杀向中游敌舰，为我们杀开一条归途——"

王玄谟战败撤退，来不及通报垣护之。等到垣护之得到消息，虏寇已经拉走王玄谟水军大船，用三层铁锁连接起来，阻断黄河，打算隔绝垣护之的归路。黄河水流迅急，垣护之的船沿黄河中流顺水而下，每当遇到铁锁，就用长柄斧头砍断它，虏寇无法阻挡。他只损失一条船，其余的船都保存了下来。

于是，垣军战阵列出，舰队迅猛冲向魏舰，魏兵招架不住，只好给垣护之让开了一条南归的血路，放垣军去了。

萧斌军驻高敖，得知军情紧急，急忙聚众商议，调遣军队。

"今日方才得知：魏主已率大军南下支援滑台，请沈庆之率五千兵马前去援助王玄谟！"萧斌叫道。

"王玄谟的将士早就没了锐气，难道还能打仗？"沈庆之抗拒道，"况且……大敌业已逼近，五千兵马如杯水车薪，有何用处，无非是白白地去送死罢了？我们不如不去！"

"沈庆之将军，你莫不是要抗拒军令？"萧斌向沈庆之怒吼道，"身为将士，当知违令的后果——"

"末将遵命就是……"沈庆之无可奈何，只好应命引军去了。

但是，沈庆之出城刚走不到二里路，迎面就遇到了狼狈逃奔回来的王玄谟。沈庆之料知败局已经无法挽回，只得硬着头皮，中途折回，与王玄谟一同来见萧斌。

"王玄谟身为大将，岂能不战而溃，军法无情，此罪当斩——"萧斌向王玄谟大叫道，接着他向侍卫令道，"将无能的败将王玄谟推出去斩首——"

"啊，不可！大帅息怒——"此时，沈庆之又出面劝萧斌，"魏主拓跋焘威慑天下，率领的百万大军如狼似虎，王玄谟本不是他们的对手，王将军以卵击石，其败自然，萧大将军你何必如此严正军法？况且，大帅临阵杀掉战将，只能示弱，也于军不利。望慎重……"

"唉……如此说来，就暂免王玄谟死罪！"萧斌缩回了脖子，轻声叹息道，"不过我军应当努力守住高敖！"

"不可！"沈庆之又说，"如今，青、冀力量薄弱，倘若胡虏东来，我军就是想守，也是无凭可依的，反而会损兵折将！"

"那么……诸位将军的意见是？"萧斌不安地问，"就按沈将军之意，暂时回军？"

"圣旨到——"此时，突然京使送上皇帝刘义隆的诏书。

"哦，皇上也不许我们退兵！"萧斌看罢诏书，向众将说道，"我们如何是好，是撤兵还是遵旨驻守？"

"将在外，君命有所不受。陛下远在京城，他怎能知晓现在我军之危？因京都不知军情，所以皇上才下了不许撤兵的命令。而我们身在战场，应当明了当前的局势，做出正确的对策，以免丢了城池，又损兵折将，人地两空！"沈庆之又说。

"唉……事关兵马留退的大事，我们当召唤全体将士商议，而后再决定是留是退！"萧斌又叹了一口气说道。

"眼下就有个范增在大将军你的眼前，你却不用，还要召集众将商议，岂非多此一举？清谈空议于打仗又有何用？"沈庆之不悦地摇头说道。

"嗬……沈公学问颇深，原来就是范增！"萧斌看了沈庆之一眼冷笑着，又回头轻声地对左右说。

"大将军何必如此冷嘲热讽？"沈庆之更加不悦，遂怒气冲冲地大叫道，"众人胸中的文墨，本不如末将耳闻目睹的东西更为实用！"

"沈公不必生气！"萧斌笑道，接下来厉声向众将令道，"就请王玄谟留守高敖，申坦、垣护之据守清口，其他兵将随我退回历城，以待时机再战。"

然而，此次北伐，宋国的东路大军虽败，但是，西路由六皇子刘诞督管的北伐大军却进展顺利。

中兵参军柳元景、振威将军尹显祖、奋武将军曾方平、建武将军薛安都、略阳太守庞法起等将，引领着大军如暴风骤雨向西北进军。西路大军势如破竹，接连攻陷了卢氏县、弘农城，捷报频传，迅速到达南国。于是，宋主晋封柳元景为弘农太守。

"如今我大军北伐进展顺利，所以，我们可乘胜在弘农督办粮饷，以便再接再厉，深入敌后！"柳元景激奋地说道。

"我们悉听将令——"众将应道。

"着令庞法起、薛安都、尹显祖继续西进！"柳元景又道。

众将应命北去。薛安都军达陕城，见阵前魏军人山人海，穷凶极恶，宋兵有惧怕情绪。

"将士们，魏虏外强中干，你们休要被他们的表象所吓倒——"薛安都见了十分愤怒，于是，他大叫着，脱下盔甲，怒发冲冠，横矛单骑冲入敌阵，魏军向他万箭齐发，终未能伤得其身。

"薛将军身先士卒，我们理当冲锋陷阵——"随即众兵士也齐心大叫着冲了出去。

于是魏军惊慌倒退，死伤无数，只得纷纷逃避。接着，薛安都又攻陷了陕城，进入潼关。宋军声威大振，关中豪杰及羌胡也闻风而起，纷纷将粮草运到宋军营前，情愿投效宋军，抗击北魏。

接着，柳元景继续引军向敌后深入。

"启禀柳大将军，圣旨到来，命令我军南退！"突然一将奉旨叫道。

"啊，我军节节胜利，皇上却为何要我们回去？"柳元景不解地说了一句。随即他接过圣旨，看罢说道，"哦，原来我军东路已败！宋主因为害怕东路王玄谟兵败的形势，会对我军西路独自深入不利，所以下旨，令我还军！"

"我们就要遵旨南归？"众将问。

"是的！现令薛安都率军断后，我们遵旨班师，同返襄阳——"柳元景叫道。

于是，宋军西路也纷纷南撤。然而，魏主见此处宋军退步，反而以为宋军软弱可欺，竟然趁机全力南下，接着，踏破尉武，进逼寿阳。南平王刘铄固守寿阳，魏主拓跋焘却令永昌王拓跋仁统管豫州军事，自己亲率精骑赶赴徐州，直抵萧城。

彭城与萧城相距不过十里，彭城城内兵多粮少，彭城守将江夏王刘义恭焦急万分，忙召集部众商议。

"北虏大军已逼，但我城中缺粮，恐彭城不能长守？"刘义恭惊慌失措地问道，"我欲弃城南归。众将以为退守何处为好？"

"历城粮多，二王及王妃、子女不如直趋历城，由护军萧思话驻守彭城！"沈庆之出班说道。

"不可！"长史何勖反对道，"为保万无一失，二王不如退往郁州，再从海路转回建康！"

"历城、郁州两地都不能去，而且也都去不了！"见沈、何二人还要相互争论，沛郡太守张畅忙走到刘义恭身边大声说道。

"何以见得？"沈庆之质问道。

"目下我城中缺粮，兵民都想离开，只因全城警戒，城门严闭，人们才不得已而静待此地坚守。然而，一旦主帅弃城而走，兵民溃散，胡虏就会从后面追赶烧杀而来，那时难道二王还能安然抵达历城、郁州吗？"张畅说。

"如此说来，我们就只能硬撑在此坐以待毙，别无出路了？"何勖反问张畅。

"并非如此！"张畅说，"虽然目前城中粮缺，然而总可支撑一月，到时总有办法击退敌兵。如此看来，我军至少在一月之中太平无事，然而，倘若我军现在就慌忙出逃，则会立即溃散。我们岂能舍安就危、自寻死路？"

"张畅之言不可信！"沈庆之、何勖同声叫道。

"启禀殿下！"此时，张畅郑重地走到刘义恭身前说道，"下官以为沈、何之言有百害而无一利！倘若他们的建议可行，下官我愿先溅颈血，以洗马蹄——"

"啊……"刘义恭仍在犹豫不决。

"叔王乃是全军的调度，要去要留，我是无权干涉的，但是，我是本城的守吏，如果今日将责任一推，也跟随你们出城逃走，那么将来就无脸面回朝面君了！"此时，武陵王刘骏急忙走上来说道，"身为守吏，我愿依照张太守之意，与城共存亡——"

"……如此说来，我们都应当同心协力，再度守城！"刘义恭最后说道。

"嗯，张太守之言有理！"众人也说道。

"在下还有一言！魏人向来畏惧神灵，如今魏军深入南方已久，兵将情绪渐生不安，因此，我军在军事争战的同时，尚须加大对他们的精神摧残！"张畅又上来献计道，"末将建议立即向彭城四方派出数十名探马，让他们宣教童谣，以瓦解魏人的斗志！"

"此计太好了，不过张先生有何童谣呢?"刘义恭笑问道。

"……虏马饮江水，佛狸死卯年……"张畅笑道，"在下已经准备好了这首童谣！"

"好吧，请张先生加紧派出兵士深入乡间，向百姓们宣教！"刘义恭高兴地令道。

二十三、魏军下，盱眙阻敌锋

攻占了萧城后，魏主拓跋焘军达彭城，兴致勃勃，并在马戏台上叠毡为营。接下来，魏主踌躇满志，引着尚书李孝伯等随从登高俯瞰，察看敌情。

"李爱卿，朕看这彭城城里的宋军阵列齐整，器械精利，恐不能轻视呀！"魏主观察了一会后，向身边的尚书李孝伯说，过了一会又笑道，"爱卿乃是当世奇才，口才盖世，才智过人！爱卿可以以朕的名义前往宋营，给刘义恭、刘骏叔侄二人送礼，借以窥其军情。"

"微臣遵旨——"李孝伯答道。

接着，魏国尚书李孝伯策马来到彭城南门，代魏主赠给刘义恭一袭貂裘，给刘骏赠送数头骡马。

"李尚书，魏主既然率兵与我打仗，何须又派你前来送礼，此为何意？"刘骏站在城头，向李孝伯问道。

"我主嘱咐我向安北将军致意，请将军不要误会，权且出城相见吧！我主不过是到此巡阅，并非想攻取你的城池，将军何必如此兴师动众、劳苦将士守城呢？"李孝伯抬头向城上大声说道。

刘骏正要出城，身边的张畅太守忙自告奋勇地说："殿下，暂且勿动，请让下官先去会他一会！"

刘骏向张畅点了点头，随即命张畅出城。张畅骑马走到李孝伯的马前。

"安北将军也想来拜见魏主，但为人臣子，未经君王允许，不能擅自与别国结交。"张畅对李孝伯道，"至于守城，城主安北将军应是责无旁贷，这是城主的应负职责，并不是针对魏主的，请勿多疑！"

听了张畅的话，李孝伯哑口无言，忙回去报告给了魏主。接着，魏主还想喝酒吃橘，又想要甘蔗、赌具等物品，刘骏也都一一照给了。

"启禀殿下，魏主又送来了毛毡、大豆和盐巴，同时还要向城中借用乐器！"张畅接着又向刘义恭报告。

刘义恭听后不悦，便让张畅出城周旋。但是，当张畅刚出城时，魏尚书李孝伯就率数骑飞奔而来，城中的守将见此，急忙拉起吊桥，关上城门，以防万一。

张畅

北魏主佛狸拓跋焘

"望阁下原谅，我和二王奉命镇守此城，未带乐器！"张畅对李孝伯说。

"这没关系！"李孝伯说道，接着又问，"只是将军你一出城门，城内就立即闭门绝桥。我不知这是何故？难道你们就是如此畏惧我军？"

"并非如此！那都是为了魏主的安全啊！只因二王顾及魏主刚来，营垒尚未扎好，兵将也十分疲劳，担心我城内十万精甲会挟怒出城，冒犯魏主，所以才下令闭门阻止。"张畅答道，"等到魏主兵将们士气恢复，双方下了战书，指定战场，才能一决胜负！"

李孝伯正要答话，却见一魏将奉魏主之命，策马前来，并上前插话道："向太尉和安北将军致意！我主想问，大人为何不派人来我营看看，哪怕不能尽兴畅谈，也可知我主的年龄外貌，了解我主的心意呀！即使部将不能随意调遣，也可派侍童前来呀！"

"魏主的外貌才能，我们耳闻已久。李尚书亲来，彼此已然尽兴畅谈，不必再派使者了。"张畅回答说。

接着，谈话稍停了一会后，李孝伯又走上来。

"……唉，王玄谟是个庸才，南国怎么竟然误用了他，以致他遭此大败，溃不成军。魏主尚未能动手，我军就已入境七百里！如此看来，偌大彭城，也难以经得起魏主的大军了！"李孝伯抬起头来，又漠然地说道。

"王玄谟只是南国前驱的一小部将，只因魏主大军未来，我主才让他乘夜还军，共商大计，兵卒不知实情，才致阵容稍乱。至于魏军长驱直入七百里，无人相拒，这不过是你们的错觉！这其实乃是我太尉镇军所采用的欲擒故纵之计，我国并非无人敢拒魏军!"张畅立即反驳道。

"你们败退也算是妙计?"李孝伯故作惊愕地问。

"军事机密,恕不能奉告!"张畅答,"谁知你们竟围我彭城来了!"

"魏主本无意围城,我军如此长驱直入,几天就会到达瓜步,建康即下,哪还用得着攻打彭城?即使我军出师不利,也可南饮江水,聊以解渴!"李孝伯又说。

"去留悉听尊便!不过,北方的马饮了南方的江水,恐犯天忌!倘若魏主佛狸的战马真能喝下江水,那就没有天理了!"张畅若有所思地笑道,"其后果不堪设想呀!"

"哎呀,不好!"李孝们正要答话,忽听他身后那魏将走到他身前,轻声对他说道,"尚书大人,请勿再言!"

"何故?"李孝伯忙回头问那魏将。

"莫非大人忘了彭城四周的那首童谣了?"那魏将轻声地问。

"什么童谣?"李孝伯问那魏将。

"虏马饮江水,佛狸死卯年。"那魏将忧心忡忡地说道,"今年正是卯兔之年呀!"

"啊——"李孝伯听罢大惊失色,轻声地惊叹了一声,"莫非我们真的犯了大忌?"

"也许……"那魏将慌乱地答道。

听了此话后,李孝伯立即心慌意乱地策马走到张畅身边,心有余悸地说:"大人口若悬河,乃是国中大贤,我自叹不如,就此告别。请大人多多保重!"

"在下也请李尚书多加保重!李尚书本是汉人,他日南国平定了中原之后,你回到我朝,我们还会相聚畅谈的!"张畅说着。

说罢,张畅向李孝伯一揖而散。

次日,魏主督兵攻城,城上矢石如雨,魏兵伤亡无数,但彭城仍在危急中。

魏主见彭城久攻不下,遂移兵南向,令中书郎鲁秀攻打广陵,高凉王拓跋那攻打山阳,永昌王拓跋仁攻打横江。一路上,魏军势如破竹。于是,江淮大震,建康戒严。

宋主刘义隆得到警讯,急忙任命臧质为辅国将军,令他率一万兵马援救彭城。臧军行至盱眙,听说魏军已过淮河,臧质忙令部将臧澄之、毛熙祚分屯东山、前清,然后亲率大军在城南驻扎。不幸臧、毛二营相继被魏军攻破,魏燕王拓跋谭长驱直入臧质营寨,宋军立即惊散,最后只剩下了七百人,随臧质奔往盱眙。

盱眙太守沈璞虽然上任不久,但他治军有方,竟将城郭整治一新,十分坚固。

"如今战乱之际,我盱眙城池虽已修好,但还需要粮草、刀矛,还需要将矢石储藏充盈,方可御敌!"沈璞对部属们说道,"我们守城一天,当有防御百日兵祸的准备!"

"大人何必过于烦恼,敌兵尚无踪影!"部属们日夜备战,多有倦态,遂纷纷埋怨道。

"养兵千日,用在一遭!"沈璞叫道,"你们切勿懈怠!"

于是,他们仍然夜以继日,加紧备战。

"禀报太守大人,魏主真的亲率大军百万向这边涌来了!"突然,探马报告。

"盱眙兵少城孤,我军当退往建康,以保实力!"这时,一些部众又惊慌地叫嚷起来。

"我前日所以要大加备战,为的就是今日,我军岂能未战先退!"沈璞大怒道,"你们的忠心何在?"

"我们小小的盱眙城能够顶住魏主百万大军吗?"众人齐声问沈璞。

"倘若魏军因我城小而不攻打也就罢了,倘若他们要率军攻打,那正好是我们建功立业、尽忠报国的良机来了。我们岂能错过这大好时机?"沈璞又慷慨地向部属们说道,"即使失败,总是轰轰烈烈,我们有何惧哉?况且……也许我们尚有得胜的把握呢!"

"前面王玄谟数万大军都已节节溃散,区区盱眙岂能力挽狂澜?这里敌我力量悬殊,我们又岂能取胜?"部属们又担心地问。

"诸位听闻昆阳、合肥的故事么?新莽、苻秦拥兵数十万,却被昆阳、合肥两个小城打得一败涂地。我们盱眙比那两城要强得多了,岂能不胜?这里的关键是要看我们是否有昆阳、合肥人的智慧和勇气啊!"

"正是!"众部属听了此话,遂渐渐有了斗志,并齐声说道,"我们的智慧和勇气不逊于昆阳、合肥!请太守大人安排,我们应当众志成城,协力破敌!"

于是,沈璞召来两千精兵闭门待敌。

"大人,臧将军兵败,正在城外叩关求进!"这时,一位守将前来向沈璞报告。

"前方战将,作战不力,败落的将士,我们不必放他们进来,倘若轻开城门,就会泥沙俱下,引得贼寇混入!"一些部将又齐声叫道。

"唉,同甘共苦,同舟共济!倘若我们不放他们进来,臧将军孤军在外,恐怕有灭顶之灾。我们怎能忍心将臧将军拒之门外?"沈璞叹道,"况且,人多力量大,我们应当接纳他们入城,共守盱眙!"

沈璞说罢立即令人打开城门,将臧质迎入城中。臧质进城后,见城内粮草充足,喜出望外,遂与沈璞一同策划坚守盱眙之计。

魏兵出征常不带粮草,他们只是靠沿途打劫粮草来作为军需,然而,这次南方百姓不等魏兵过河,便将粮草藏匿了起来,魏军一无所获,所以,他们此时已经人困马乏,奇缺粮草。于是,魏主命令全军拼命攻打盱眙以求粮草,但无奈盱眙上下,众志成城,毫无动摇。魏主无计可施,只得丢下了盱眙,草草率军绕道南下去了。

"启奏我主,南国民间童谣四起,恐于我不利!"这时,魏尚书李孝伯又忧心忡忡地上来向魏主奏道,"我军此次南征……还是应当适可而止。"

"什么童谣?还是'虏马饮江水,佛狸死卯年'吧?"魏主痛苦地问,接着叹了一口气道,"唉,虽然如此,朕魏国大军总要打到江边之后再谈北还呐!否则,劳民伤财一场,不就如此半途而废了!我们军达广陵之后再说退兵!"

"陛下英明……"众将说道。

魏兵行到瓜步,毁房造筏,扬言就要渡江。建康君臣闻罢大震,宋主刘义隆急忙与众臣齐集金殿计议。

"现在命令领军将军刘遵考率兵扼守入京的要隘,从采石到暨阳,绵亘数百里,全部陈舰列营,严防死守——"宋主在朝堂上大声令道。

"臣下得令——"刘遵考答道,随即引兵去了。

"太子刘劭镇守石头城,调度各路水军!丹阳尹徐湛之驻守石头仓城!吏部尚书江湛兼职领军,调度各路陆军!"宋皇刘义隆又连续下令道。

众将应声而去了。宋主刘义隆忧心如焚,慢慢地随着侍卫登上石头城,举目远眺,但见那前方不远处,敌影熙熙攘攘,无边无际。过了一会,他又回头看看江湛,见他仍然愣愣地站在自己身边,于是,宋主不禁长叹。

"唉,北伐之事,本来也就只有你们几个人赞同,朕同意了你们的建议,如今弄得百姓怨声载道,百官惊慌不宁,此乃朕的过错啊。朕真是后悔莫及呀!"宋主向江湛叹息道,"无奈朕派人向城外无人的村庄去投毒放药,以便毒杀魏兵之计也未能得逞!"

"啊啊啊……"江湛支吾着,红着脸无言以对。

"啊呀!"宋主大叫了一声,随即又叹道,"唉,可惜,檀道济被人所不容,过早地去了!倘若檀道济尚在,胡马怎能如此嚣张?"

江湛听罢,脸色由红变紫,渐渐地浑身发起抖来。接下来,宋主刘义隆率众回到台城。

"启奏陛下,魏主派人带着驼马前来请和求婚——"正当宋主刘义隆惶恐不定、束手无策之际,突然内侍引北魏使臣走了进来,并且上前报道。

"这……是何缘故?他们已经兵临我的城下了,却还要……"宋主听了,深感莫名其妙地问左右。

"魏军虽然长驱直入,但在滑城、盱眙等途中,他们也曾受到劫难,因此他们也已十分困倦,况且……今日他们兵马缺粮少药,又与我军长期对峙,魏廷各方内部争吵不休,魏主也久动思静、归心似箭了!"宋主近臣田奇说道,"……此外,彭城一带童谣四起,也让魏人胆战心惊啊!"

"也是啊!看来这也许是息兵安民的时机来了?"宋主轻声说道,接着对田奇说,"迎接魏使后,你也给魏主送去珍馐美味。唉,礼尚往来嘛!"

"喏——"田奇应声去了。

田奇带着黄柑、美酒等礼品赶到魏主大营。魏主拓跋焘见了,很是高兴,并且当场取过黄柑就往嘴里送,同时还大口大口地喝着宋廷送来的御酒。

"陛下小心,不可随意食用宋人的食品!"魏主的众亲信们见了,急忙上来提醒魏主。

"不必相疑!"魏主听了,忙向他们摇了摇手说道,"宋人尚未无耻到那程度。"

接下来,魏主将他的皇孙拉到田奇的面前。

"朕千里到此,并非想占据你们的土地,而是想与你们和睦如初,永结良缘。"魏主说,并指着其孙向田奇道,"倘若宋主愿将其公主许配给朕的皇孙,朕就愿将魏国公主许配给武陵王刘骏,并且从此不让一匹战马踏入南方土地!"

"倘若魏主果不失前言,在下即可回奏我主,力争和好!"田奇说。

说罢,田奇动身回返台城。

田奇回城后,立即将魏主求亲之言奏报给了宋主。

"启奏陛下,以微臣看来,魏主此次真有休兵之意,我朝不如暂且与之和好,以待来日!"田奇奏道。

"田大人之言有理,请皇上定夺!我们不如权且息兵!"众臣齐跪下向皇帝奏道。

"这乃是误国之计!"此时,江湛又出班叫道,"胡虏言而无信,我朝岂能与之和亲?"

"江湛,你更欲何为?"突然一人跳出来向江湛大叫道。原来他就是太子刘劭。

"啊啊啊……此话怎讲?"江湛正要反驳,但见是太子在问话,遂无可奈何地把头低了下来。

"如今,三位王爷在外,危在旦夕,陛下也忧心如焚,难道说,你还要主战下去?"刘劭逼上前来,向江湛怒吼道。

江湛听了,缩回了头,红着脸,惊恐地看了看太子,随即慌忙地从西侧台阶边退下。这时,刘劭向身边的部属使了个眼色,于是,其部属有意地向西移了几步,竟然差点将江湛挤跌阶下。

"太子不可无礼!"宋主见了,忙出言呵斥。

"北伐战败,数州沦陷,唯有斩杀江湛、徐湛之二人,才能向天下人谢罪——"刘劭大声说道。

"唉……北伐也是朕的意思,这不能只是怪罪江、徐二人啊!"宋主刘义隆叹了一口气,艾艾地说道。

刘劭见说,遂怒气冲冲地退下了。

太子刘劭出了宫殿,迎面碰到了皇姐——东阳公主。这东阳公主已下嫁给了侍中王僧绰,但是,在宫中,她对太子仍很关心,因此今日见到太子匆匆走来,她赶紧迎上去问候。

"太子因何怒气冲冲,是谁人惹恼了你呀?"东阳公主大声问太子。

"还不是因为北伐的事,朝中江湛之流其是可恶!"刘劭气呼呼地答道,"朝中朝外诸事,令人忧愁!"

"太子且去我处,我可设宴为你解愁!"东阳公主笑容满面地说道。

"如此有劳皇姐了!"刘劭说罢,即随东阳公主而去。

再说太子刘劭本是个残暴好色之徒。在东阳公主的酒席筵上，刘劭忽然发现一个传菜的婢女，长得十分妖艳，于是，他顿时起了淫心。

"请问皇姐，此女是谁？竟是如此之美……"刘劭忍不住地上前在那女婢的手臂上拧了一把，并且笑着问东阳公主。

"她名叫王鹦鹉，原是我的一名歌女，因为她为人伶俐，所以我一直将她留在身边。倘若太子有意，我可割爱！"东阳公主也笑道。

"如此多谢皇姐了——"刘劭听罢，笑逐颜开，"然而，弟岂能夺皇姐之爱？"

于是，东阳公主让王鹦鹉前去专侍太子。由于王鹦鹉是天生好淫、擅长谋略之徒，所以，只此一次，他们立马就能阴阳相悦，进入颠鸾倒凤的地步了。

次日，他们二人又在东宫苟合，事毕，王鹦鹉忽见刘劭有些心神不宁，而且好像有无限的忧愁一样，遂急忙起身追问其原因。

"殿下今日因何全无兴致，莫不是奴婢有得罪太子之处了？"王鹦鹉笑问刘劭。

"不是美人之错，乃是因我与始兴王刘浚今日都被父皇申斥了一场，我心中恼怒啊！"刘劭说，"唉，父皇不死，我虽然贵为太子，也难有出头之日！"

"哦……殿下竟有此意，何不请人作蛊消灾？"王鹦鹉慢慢地说道，"我认得一位女巫，名叫严道育，其法力无边，能掌控生死！经她所咒之人，倘若是平民百姓，只要三七二十一天便能去见阎王；王侯将相也只要七七四十九天便死；即使他是皇帝天子，也不会超过九九八十一天，就会驾崩于朝！"

"哦，既然有此能人，你何不请他来东宫为我行蛊作法？"太子听罢，兴奋地叫道，"倘若她能为我除掉父皇，我登上大位之后，就一定会大大地奖赏于你的！"

王鹦鹉听了，更是兴奋异常。于是，二人仔细地商议起来。

再说，魏主拓跋焘久久未能得到宋廷和亲的回音，只好在瓜步过了新年之后，就灰溜溜地下令拔寨北归了。

当魏军路过盱眙时，魏主派使者入城，以刀剑求换美酒。守将臧质给了他几坛，魏主接过酒坛开封取酒，却见一股臭气冲鼻，原来臧质派人送来的是混浊的尿便。魏主见了，不禁大怒。

"奸妄南蛮，朕誓破此城，以泄心底之怨——"魏主扔掉酒坛大声咆哮道，"全体将士，加紧攻城——"

于是，魏军蜂拥而至，将盱眙又结结实实地围困得水泄不通。然而，盱眙虽小，但魏兵多次攻击，却仍然固若金汤。一天、两天，直到又一月有余，魏兵仍然没能拿下盱眙城，自己却死伤了上万兵马。

为了激怒宋军出城奋战，魏主拓跋焘亲自写信给城内宋将沈璞和臧质道：

　　　　我派的这些攻城兵将都不是我鲜卑嫡系，城东是丁零人和匈奴人，城南是氐人和羌人，倘若你们杀了丁零人，正好减少了我国冀州的贼患；杀了匈奴人，也是减少了我并州的贼患；倘若氐人和羌人都被你们杀了，我国关中就少了贼患。阁下无论杀了他们中的哪些人，都会使我国有益无害！你们将奈我何？

得信后，沈璞和臧质如获至宝。

"拓跋焘自寻灭亡，我们应当立即将此信抄录多份，向魏军展示，以瓦解他的军心！"臧质兴奋地说。

"我们还要告诉魏军：他们的狼主佛狸的心肠已黑，叫他们再不要为佛狸卖命了！"沈璞接着说，"并告诉他们：有斩佛狸首级者，赏赐布、绢各万匹，封万户侯——"

"如此一来，魏军阵营内部，将会大起波动，我军便可趁机冲杀！"臧质拍手叫道。

于是，宋军文武兼用，奋击魏军，结果，魏军大乱，死伤无数。加上天气渐热，尸体熏蒸，终于又引起了瘟疫，魏兵多半染病。后来，又传宋廷援军入淮，就要抵达盱眙。驻兵彭城的武陵王刘骏、江夏王刘义恭也将会阻止魏人的归路。魏主听了，惊慌失措，急忙毁灭战具，率众北逃去了。

此时，正当宋魏相战胶着之际，将军胡藩之子胡诞世又想趁机奉迎废王刘义康为主，他纠集了两百多名死士潜入豫章，杀死了太守桓隆之，据郡作乱。然而，他却被卸职归乡的檀和之击毙。太尉江夏王刘义恭举荐檀和之为司马，并奏请迁刘义康去广州。刘义恭将书信送达建康。刘义康得知后，也给皇上送上奏章。

"人总有一死，我也不想再活了。如果真想作乱，那么何必还要区分远近？我就死在此地，不想再行迁居……"刘义康在奏章中如此说道。

"刘义康不想迁居，这如何处之？"在深宫，宋主犹豫地问太子刘劭及众皇子。

"今日与北魏大战未绝，倘若刘义康真的趁机作乱，朝廷就危险了！"刘劭说，"父皇不可迟疑，应当大义灭亲，赐刘义康一死！"

"太子所言有理！"武陵王刘骏也附和道。

"如此说来，当斩草除根，令他一死！"宋主说道。

不久，宋主派中书舍人严龙携毒酒前往安成郡，让刘义康喝下。

"佛家不允许人们自杀，还是请你来处理我吧！"刘义康看着毒酒，皱起眉头说。

于是，严龙走上前来，用绳子将刘义康勒死了。

在这次宋魏大战中，江夏王刘义恭、武陵王刘骏二人因为没有能够抵制住胡虏，也遭到贬责。刘义恭被降为骠骑将军，刘骏被降为北中郎将。青、冀刺史萧斌、将军王玄谟被罢官。经此一战，刘宋的南兖、徐、兖、豫、青、冀六州城邑皆成废墟。刘宋从此衰落不振了。

二十四、欲废储，宋主遭弑杀

宋魏大战之后，宋宫内部也发生了变化。自袁皇后病逝后，潘淑妃就得以总掌内宫。太子刘劭本性凶狠，加上其母后之死均与潘妃有关，因此，他自然对潘妃及其儿子刘浚十分仇恨。而刘浚担心刘劭会加害自己，只好极力过分地奉承刘劭，二人终日混在一起，狼狈为奸。

然而，刘劭、刘浚都是处世不稳、不务正业之徒，常遭到父皇的责骂，因此，他们常常为此而忧心忡忡。一天，他们又聚在东宫议论被父皇责骂的事，并且竭尽全力，在思索对策。

"我们虽然贵为皇子，然而却总是惶惶不可终日，这如何是好？"刘浚见太子忧愁，急忙对他说道，"太子本应成为人君，奈何父皇长命未死，兄长不能即位……"

"是呀，除非父皇驾崩，我们才能得到自由！"太子刘劭愤恨地说。

"怎么样才能……"刘浚问。

"……据皇姐东阳公主的侍女王鹦鹉说，她认识城外寺内的一名女巫，其名叫严道育，她很有法术，能行法作蛊，咒人早逝！"刘劭轻声地对刘浚说。

"哦，既然如此，我们何不请她前来帮忙？从速叫她前来作法——"刘浚听罢立刻手舞足蹈，高兴地说，"只要她能帮忙，我们即可逍遥自在了！"

"哈！她已在宫外等候了！"刘劭笑道，接着他回头向着宫外叫道，"有请严仙姑——"

接着，侍从带引着严道育进来内殿。

"小仙在宫外等候多时了！祝愿二位皇子万福！"严道育进来后，跪地说道。

"闲话少说，请立即作法，为我除灾——"刘劭迫不及待地下令，"我们的灾星就是当今皇上，请务必设法将他除掉，要他早死——"

"啊啊！"严道育慌忙答应着。

接着，严道育令人摆好香案，对天膜拜，口中念念有词，并且对天问答，仿佛此时有天神下凡，在与她对话。约半个时辰后，祷告完毕。

"我已将殿下之意转告了天神，二位皇子今后将一切平安了！"严道育起身，并认真严肃地向刘劭、刘浚二人说，"为了二位皇子长期安然无恙，本仙姑还要为你们行盅作法。"

说罢，严道育让刘劭找陈天兴在一块玉石上雕刻出宋主模样，给他扎着钢针，然后让陈庆国偷偷地将玉人埋藏在含章殿下。

东阳公主的玉器采办陈天兴和太监黄门陈庆国是操办埋藏玉人的执行者和传信人，因此，他们都对作盅之事了如指掌。

几天后，刘浚突然进了东斋室。

"太子知否？东阳公主已经病逝了！"刘浚悄然向刘劭说。

"哦，我已听说，皇姐她死了！"刘劭太子先是一惊，过了一会他又兴高采烈地说，"不过……这倒是件好事，因为这反而少了一个知晓我们'请巫作盅'的人了！"

"然而……树倒猢狲散。按例她的侍女王鹦鹉是要外嫁的了，而倘若王鹦鹉外嫁，就会泄露我们的机密，这如何是好？"刘浚提醒道。

"哦，这倒是个难题！"刘劭听罢发愁道，但是，他思索了一会后又笑道，"这容易，我就先将王鹦鹉嫁给你的下属为妾不就行了？"

"好呀，太子高明！"刘浚笑道，"唉，我们作盅本想让父皇早死，想不到皇姐东阳公主刘英娥自己反而暴病先亡了。东阳死了引起王鹦鹉要外嫁，就让她嫁给我的府佐沈怀远做妾好了。沈怀远他当然会求之不得，他会宠爱王鹦鹉的！"

于是，事情就这样决定了。然而，王鹦鹉其实早就与陈天兴有了私情，她怕自己改嫁的事，会激怒陈天兴，害怕陈天兴会因此将他们的私情外泄，所以王鹦鹉就去找刘劭派人去杀陈天兴。

"……奴婢深感殿下再造之恩！殿下未忘我们几日之情，将奴婢改嫁王府中的官员，奴婢即使做不了王妃，却能成为官宦之妇，已觉满足了！"王鹦鹉慌忙找到刘劭请求道，"只是……然而……陈天兴曾托人说媒，要娶奴婢，奴婢害怕陈天兴会因我即将嫁给他人而心生报怨，从而泄露我们巫盅之事。殿下不如趁早杀了陈天兴，以绝后患！"

"此言有理！我立即派人杀之！"刘劭听罢，马上答应道。

但是，陈天兴一死，却吓坏了另一个知情人——陈庆国。

"啊，太子刘劭之流何其狠毒！事情尚未办完，他就杀人灭口了！为了保命，我一定要先下手为强，赶紧向宋主报告刘劭、刘浚请女巫严道育设盅作法之事啊！"陈庆国摩拳擦掌道，"否则，恐怕我也会和陈天兴一样，遭到不测！"

于是，陈庆国赶紧飞跑入宫。

在含章殿中，陈庆国当着皇帝和在场的大臣王僧绰、徐湛之、江湛的面，报告了太子行盅之事，众人听罢大惊。

"……大胆奴才，你莫不是对太子抱恨，以至泄私愤，污蔑太子？你有何证据？"宋主听罢，过了一会，厉声向陈庆国叫道。

"奴才不敢，然而……此事是有证据的！"陈庆国结结巴巴地申诉道。

"证据何在?"王僧绰追问。

"就……在诸位的坐榻之下!"陈庆国手指着地下说道。

于是,宋主令人挖开榻下之地,结果竟然真的得到了巫婆所埋藏的玉人。那玉人刻画得如同宋主一模一样,并且上面还醒目地刻有"刘义隆"的名字。宋主见了不禁大怒,并要立刻收捕太子和刘浚。

"陛下且慢,此事还应再三查实。今日虽然见了玉人,但这又怎知它一定是太子所为的呢?"王僧绰又起身奏道。

"也罢,请江湛带人先查抄东宫!"最后,宋主缓和了一下口气说道。

刘劭、刘浚请女巫之事败露。宋主立即令人严查,结果从太子卧室中查获了大量太子与严道育往来的函件,其中多有明目张胆地咒骂皇上的言辞。查明真相后,宋主又下令捉拿女巫严道育,无奈严道育已经逃匿,宋主只好闷闷不乐地回到后宫。

"唉……太子盼望朕早逝以继大统,这倒还可以理解,然而,你儿刘浚竟也与他狼狈为奸,这实在令朕难以理解!"宋主刘义隆垂头丧气地向潘淑妃叹道,"倘若没有朕,你们母子能有今天吗?"

"哎呀,这逆子竟敢如此!"潘淑妃闻罢大惊道,接着赶紧跪下来问道,"既然有了此事,陛下将对他们如何处理?"

"害君之罪,按律当斩——"刘义隆迟疑了一会后说道,"然而,朕素有好生之德,况且都是亲生骨肉,朕岂能忍心……"

"啊,谢主隆恩——"潘淑妃满面涕零地说道。

"死罪权且饶恕,活罪难免!二人现在已经招供,上奏请罪,正在受着中使的鞭打呢!"宋主说道。

元嘉三十年,刘浚自京口向朝廷上奏,请求调动,镇守荆州,江湛闻讯,夜深进宫,想向宋主面奏。

"江爱卿寅夜进宫,有何急事?"宋主问江湛。

"陛下允准始兴王请调,并且令他入朝述职了?"江湛急切地问皇上。

"正是!"皇帝答道。

"既然如此,陛下能够让他入朝听令,这样很好!"江湛又说。

"爱卿此话有何意?"帝问。

"微臣现已查明:严道育曾藏在京口张家,而臣派人搜查时,她却又跑了,微臣只捕获到了两名女婢。经过对此二女婢严刑审讯,微臣得知严道育原来曾经以尼姑的身份,躲在太子刘劭的东宫,后来投靠到了京口始兴王刘浚门下,这次她也会随始兴王回京来活动的。"江湛紧张地向宋主秘密地报道。

"哦,朕已令刘浚回京述职,可能他将到京都!"宋主听了十分震惊,随即怒道,"等到他们入京后,朕一定要将他们拿下,严加审讯、严肃惩办!"

"正是!"江湛说,"皇上可以亲审二婢,叫她们与二位皇子当堂对质。"

入夜，刘浚风尘仆仆地回到京都，当他刚到皇城边时，迎面就遇到了刘劭的亲信陈叔儿。

"始兴王，殿下，你还不知，皇上因殿下私下藏匿严道育的事，就要问罪于殿下了！"陈叔儿慌忙将刘浚拉到一边，偷偷地向他报告道。

"啊，有此大事，我命休矣！"刘浚听了，立即哭了起来。

"殿下应当速往深宫向潘皇妃求救，以免身遭不测！"陈叔儿提醒道。

"此言有理，我当立即入宫！"刘浚说罢，急忙转身，偷偷地溜向后宫去了。

"母后请救孩儿一命，此番，我命休矣——"一见潘淑妃，刘浚便向她报告了一切，随后扑倒在地，向母亲大哭。

"……之前，因为巫蛊之事，你父皇差一点杀了你，幸亏有为娘力劝，你才得以免罪！可是，如今你又为何要匿藏严道育呢？难道说，这次我还能劝说皇上吗？儿子呀，不能了啊！"潘淑妃听罢也大哭起来，随即取来毒酒，对刘浚说，"为今……我只有喝了这瓶毒酒，先你而去，免得我将来看到你的不幸而难过……"

"路都是自己走出来的，请母亲大人放心！男子汉大丈夫处事，岂能如此窝囊地听人摆布？老头子他要我死，我却为何不能要他先死？母亲放心，我不会惨死的，我更不会连累母亲的！"刘浚听罢大怒。

刘浚说罢，咬牙切齿，并且连头也不回地出宫去了。

当夜，宋主刘义隆召入侍中王僧绰，与他密商处理皇子作巫的事。

"唉，太子不孝，刘浚残忍，朕欲废除太子，赐刘浚自尽。爱卿，你且去找出汉魏时期废立储君的典故来，以备后用。"宋主对王僧绰说。

王僧绰得令去了。此时，江湛、徐湛之二相也陆续地进宫与皇上商议，并确定了拟定诏书，重立新储的细节。但是，因为江湛的妹妹是南平王刘铄的王妃，徐湛之的女儿是随王刘诞的王妃，所以他们一个要立刘铄，一个要立刘诞，二相各怀私心，争论不休。最后，他们请宋主刘义隆裁决，而宋主又偏爱七皇子建平王刘弘，想越序改立刘弘为太子。于是，三人各执一词，一直议而不决。

不一会，王僧绰带着一大堆古典书籍进来，放在案桌上。

"启奏陛下，微臣以为立储应由陛下一人定夺，不必再三争论了！古人云：'当断不断，反受其乱'，请陛下速裁！"王僧绰焦急不安地说，"倘若，陛下实在不忍心废除现在的太子，那么，就应立即放弃废储之念，包容太子如从前。这样，陛下也不必终日因为废立而忧虑了。"

"此事关系重大，朕不能轻易……定夺！"宋主仍旧犹豫道。

"然而，微臣以为，对这种大事犹豫不决，极易泄露出去，从而引起朝中混乱和遭遇意外。望陛下当机立断！"王僧绰又急切地说道。

"事关重大，朕不能不三思而后行！况且彭城王刚去贬不久，倘若朕再起杀戮之心，世人会认为朕实在无情！"宋主仍然犹豫地说。

"不然!"王僧绰断然地说道,"臣倒是怕陛下千秋之后,世人会说陛下只能舍得兄弟,而舍不得对儿子下手啊!"

宋主听后低头不语,且漠然视之。于是,王僧绰只好默然退出。

此后,宋主每夜召江湛、徐湛之二相秘密策划废立之事,潘淑妃也设法从宋主口中套出话来,再派人通报给儿子刘浚,刘浚又转告刘劭。刘劭随即与陈叔儿、斋帅张超之等人商议对策,并加紧密谋弑主的事宜。

这一天雨夜,潘淑妃从后宫内窃听得知皇帝就要动手"废掉刘劭,赐死刘浚",深感大祸临头,慌乱不已。

潘淑妃思绪万千,并自忖道:"看来,皇帝和太子已经到了你死我活、水火不容的地步了,然而,无论他们中是谁人得胜,我和刘浚都将无立命之地,此时我不如挺身而出,让浚儿快刀斩乱麻,扫除宋主和太子,以图我母子日后的平安?"

想到此,潘妃赶忙为刘浚写了一封信,并连夜委托一个小太监送交始兴王府。其信言道:

"皇帝已决定'废劭,杀你',你应立即行动:先杀刘劭,再杀你父,这样我们母子方有出头之日。"

然而由于雨夜深沉,天黑路滑,那送信的小太监竟然偷懒地将信就近送交给了东宫太子刘劭。因为在他看来,太子与刘浚向来总是在一起玩乐的,于是,信交给了太子,也就等于交给了刘浚。

当夜,太子刘劭正在府中与刘浚等人商议弑父的大事,因为他知道一旦父皇审好了严道育京口的那两位婢女后,就将动手杀子了。而在此时,他竟然又收到了潘妃给刘浚的信,阅罢此信,刘劭顿时火冒三丈,并且紧抓着信函,将它塞入怀中,唯恐被刘浚发觉。

"好一个刁妇,心如蛇蝎,待我的大事成功后,定要将你们母子千刀万剐!"刘劭心中暗暗发狠地叫道。接下来,他抬头见那送信的小太监还呆呆地站在一旁,遂向他大吼,"奴才传送反书,罪当灭族!"

"奴才冤枉,奴才是奉娘娘之命送信,信中所写的,我一概不知啊!"小太监哭泣道。

"哦,那么……就请你和我一起来!"刘劭灵机一动,带着那小太监来到卫士营地,并向卫士们大叫道,"江湛、徐湛之犯宫作乱,陛下已经派这位小黄门前来传诏,令我入宫除贼。因此,诸位立功请赏的机会到了——"

于是,卫士们全体振奋,集中待命在东宫营中。刘劭趁热打铁,急匆匆地再入内厅,与刘浚商谈起事弑父之事。

"事已至此,我们应当立即动手!"刘劭在与刘浚商议后,斩钉截铁地说,"刘浚,请你快速请人假造诏书,谎称从北魏归国的鲁秀和在宫中主政的江湛、徐湛之谋反,皇上令东宫卫队入宫护卫。以防到时宫卫不让我们东宫人马进入禁宫呀!"

"尚须通知外臣？"刘浚问，接下来又说，"中庶子萧斌、左卫率袁淑、中舍人殷仲素、左积弩将军王正见等人，已奉命在宫外等候了！"

"正是！"刘劭道，"好的，请他们进来——"

于是，萧斌、袁淑、殷仲素、王正见等人相继进来。刘劭见了他们后，就假惺惺地大声哭叫起来。

"陛下听信了谗言，就要将我废黜，然而，我自知并无过错，因此不愿受此委屈！"刘劭激动地说道，说罢起座下拜道，"诸位都是我的心腹，我决定明晨就要干一件弑父大事，望诸位能够尽力相助，共图富贵——"

萧斌等人见了，十分惊愕，遂急忙避开。

"殿下想要弑父？从古到今，此乃是罕见之事！请太子三思，岂能……"萧斌惊慌失措地支吾道。

"你说何话？"刘劭见众人犹豫，萧斌说话，立即大怒。

"殿下切莫误会，太子之事，臣等一定竭力效命！"萧斌等人忌惮刘劭的凶威，只好改口说道。

"你们真以为太子会谋逆？太子幼年时曾得有疯病，今日可能是旧病复发，殿下并非真有谋反之事！"左卫率袁淑向众人大声解释道。

"什么什么？你是说我不能成功？"刘劭一听大怒，遂回头瞪眼质问袁淑，"我有何病？我看还是你有病吧？岂有此理！"

"……太子也许会成功，但成功后，恐怕不为天地所容！"袁淑又从容不迫地说，"倘若太子真有谋逆之心，臣请殿下还是趁早打消此念头为好！"

"事已至此，还能罢手吗？"陈叔儿在一旁厉声叫道。

"将这老贼赶出去——"刘劭大怒道，并举起长剑向袁淑叫道。

袁淑仓皇地退出去了。

深夜，袁淑回到寓所，绕床行走，彻夜难眠。

次日清晨，宫门还没有开启，刘劭和张超之等人就开始率领着东宫两千兵士起事。他们在甲胄之外再套上一件大红袍，与萧斌等人一起乘辇车赶往禁宫。

一出东门，进了袁府，刘劭就急催袁淑上车。

"太子殿下，袁淑尚未起床！"侍卫向刘劭报告。

"将他拖起来，让他披衣出来相见！"刘劭大叫道。

于是，袁淑被士兵们拉了出来。刘劭再次要袁淑上车，袁淑始终不肯。

"将这'敬酒不吃吃罚酒'的老儿宰了——"刘劭见了，气得大吼。

随即，侍卫们赶紧上去给了袁淑一刀，袁淑立即死于车下。

车辇径往常春门前，此时，宫门正好打开。刘劭随即假称父皇有诏，急促地下令："车辇直入禁城——"

"东宫人马不能径直进入禁宫！"宫门卫士见状，赶紧上来阻挠，并挺起数杆长枪。

"奉陛下密令，入宫征讨逆贼！"刘劭急忙从车内探出脑袋，向卫士们叫道。

"请殿下出示诏书，否则，就恕我们无礼了。没有圣旨，我们决不能放人进入内宫！"门卫们仍然阻止道。

"圣旨在此，后面的人马也应一律准入——"此时，刘劭举起伪诏在卫士面前亮了一下，随即向后面的人催促道，"后面人马快速跟上，进宫——"

卫士们见了诏书，目瞪口呆，虽然不知真伪，但也只得退后数步，让刘劭及其兵马进入宫廷。

接着，张超之领着数十名东宫卫士率先闯进了云龙门，直接杀入含章殿。宋主与徐湛之密谋了一夜，刚刚睡下，宫内的卫兵们也还在睡梦之中，宫殿内的所有的人，对这一切都浑然不知。

于是，张超之等人突然袭击，拥入大殿。宋主见了大惊，遂慌忙起身回望，见来者气势汹汹，大刀"呼"地一下飞来，宋主急忙举起榻上的案几去阻挡。张超之却一刀劈来，一下剁落了宋主的五个指头，宋主手上的案几也随之落地，宋主应声扑在地上。接着，陈叔儿见此，又跑上去向宋主连砍数刀，于是宋主躺地蹬脚，一命呜呼了。宋主刘义隆此时身死，享年只有四十七岁。

徐湛之当夜留宿在宫中，被禁宫内的喊杀声惊醒，得知宫中变乱，慌忙逃向北户。然而，当徐湛之奔到北户门前、正想开门逃生时，不料，却见乱兵业已追来。于是，他奋起反抗，挣扎了一个回合后，遂跳窗而逃，结果也被窗外一阵乱刀砍死。

江湛留宿在尚书省，早起听到殿前喧哗声，料知叛乱已起，宋主已遭不幸，于是，惨然向天大哭起来。

"陛下呀，倘若你早前听从了王僧绰之言，当机立断，也就不会有此祸发生了！"江湛哀叹了一声，接着他一头钻进柜底，结果也被搜了出来，被乱军杀死。

接下来，刘劭率众进入含章殿中阁，在那里杀死了中书舍人顾假。在此巨大兵力的威慑下，左卫将军尹弘、宿卫旧将罗训、徐罕等人也都望风屈服刘劭了。

"张超之速速前往东阁去杀死潘妃！"接着，刘劭走近张超之身边，轻声命令。

"微臣明白——"张超之答应着，提着大刀去了。

东阁潘淑妃刚刚起床，见宫前吵声大作，乱兵朝这里边冲来，她顿时吓得面如土色。此时，张超之率着粗鲁的武夫们匆匆赶来，走上前来，一把抓起她那玉骨冰肌，一刀刺入，于是潘妃也立刻死于非命。张超之还挖出了她的心脏，血淋淋地献到刘劭面前。

接着刘劭、张超之等人杀尽了宫中所有的侍役和宫娥，方才进入太极殿。

二十五、先帝死，刘劭护残局

刘浚住在西府，刚要起床，就见舍人朱法瑜跟跄地奔了进来。

"不好了，宫中发生了事变，外面人都说太子造反了——"朱法瑜向刘浚大声惊叫道。

"啊，竟有此事?"刘浚佯装吃惊的样子问道，"这如何是好?"

"殿下，不如赶紧去石头城，凭城观变，以定日后的大计!"朱法瑜说。

"不可，宫中有变，还不知陛下的生死，臣下怎能向石头城逃命去呢?"将军王庆大声地阻止道，"为人臣子，理应投袂赴难——"

"将军且去赴难，我可要去石头城一避叛军锋芒了!"刘浚并未曾弄清现状，却面露喜色地说道。

于是，刘浚带着一千多名文武官属从南门直趋石头城去了。

石头城由南平王刘铄驻守，他见刘浚突然闯来，十分诧异，急忙走来查问。

"你为何突然来此?莫非宫中出了大事了?"刘铄紧张地向刘浚打听宫中的情况。

"哦哦……"刘浚语无伦次地好一会，尚未及回答，就见张超之向这边飞奔来了。

"启禀殿下，末将奉旨宣召始兴王刘浚入朝——"张超之一见到刘浚，急忙跪下禀告道，"殿下应当火速入朝面君!"

"将军请细述宫中的情况……"刘浚令身边的人退下，然后走向张超之，轻声地问道。

"太子已经起事，皇上已死，一切如殿下所愿!"张超之神秘地轻声回答道。

"哦，我当快速入宫!"刘浚说罢，遂一身戎装，上马就要疾驰回宫。

台城西府

"殿下万万不可冒失进宫，目前宫内情形尚是毫无知晓！"朱法瑜拉着他的马鞭苦劝道。

"你们懂什么？滚开，休得阻拦我——"刘浚三分得意地叫喊道，"我此刻前往深宫，已经再无危险了！"

"如今已是'声讨逆罪'之时，殿下不可轻往皇宫！"王庆又急急忙忙地拉着刘浚，激昂地说道。

"太子有令，多嘴者——斩！"刘浚大叫一声，随即推开了王庆，匆匆地带着张超之等人，挥鞭而去。

在太极殿上，见刘浚匆匆跑来，刘劭赶忙迎了上来，笑容可掬地与他说话。

"皇弟来了，我们一切顺利！"刘劭兴味盎然地说道，"只是可惜了潘淑妃……"

刘劭说到这里，忽然停下了，同时观察着刘浚的脸色。

"哦，难道她死了？哦……这没关系！"刘浚听后略一犹豫，接着就坦然一笑道，"这也是她的命该如此。没关系，只要我们的大事进展顺利就好，我也顾不了她了！"

"可惜！为兄有错，不曾注意，潘淑妃竟然被乱军杀了！唉……"刘劭见刘浚神色如常，遂放心地说道。

"唉，她自寻死路，也没什么可惜的！"刘浚轻松地说道，"眼前的大事很多，太子应当胸有成竹，一件件传令臣下操持。"

"正是，皇弟所言有理！"刘劭沉思了一会说道，"首先要传旨召回江夏王刘义恭、尚书令何尚之，将他囚禁起来，责令他们屈服于我们。"

"喏！"张超之自告奋勇地说，"末将愿往！另外，我们应当立即召集百官入宫朝见太子新帝！"

"此话有理，望速照办——"刘劭大叫道。

接下来，众人吵吵闹闹，向外叫喊，要让宫内众臣觐见新主。然而，叫了半天，稀稀落落地也只来了十来个朝臣。刘劭急不可耐，忙穿上龙袍，戴上皇冠，登上帝位。接着，他宣读了诏书，大赦天下，改元太初。刘劭就这样草草地即了皇位。

回到含章殿和永福省，刘劭见四处尸血，一片狼藉，十分惊恐。他不敢抬头正视宋主遗体，只得令部属大臣入宫为宋主和潘淑妃殓棺。一切妥当之后，刘劭立即追封宋主刘义隆为景皇帝，庙号中宗，葬长宁陵。

接下来，刘劭大封群臣道："萧斌为尚书仆射兼领军将军，何尚之为司空，王僧绰为吏部尚书、兼司徒，殷仲素为黄门郎，王正见为左军将军。另外，对张超之、陈叔儿等人都特别给予了加官晋爵！"

"启奏陛下，如今形势紧急，京城应当重新派将驻守！"张超之慌忙奏道。

"张爱卿言之有理！"刘劭听了立即说道，"此外，为保国家稳固，朕特命太子右卫率檀和之前去镇守石头城，征虏将军侯义綦镇守京口，辅国将军鲁秀与屯骑将军庞秀之共掌禁军大权。"

"启奏陛下，内宫发现了王僧绰草拟的《废储诏书》！"刘浚突然抱来一沓纸张，扔在案上大叫道，"王僧绰他……"

"王僧绰他竟敢草拟废储诏书，欲图不轨？朕当削夺他的官职，斩杀他的全族！"刘劭听了不禁大怒道。

"陛下，不仅如此，我们还可以借此将刘义欣、刘义庆等反我的宗室王侯，都纳为王僧绰的同谋，因而趁机大开杀戮之门，斩杀刘义欣、刘义庆父子等皇族家人！"刘浚见此，连忙走上来向刘劭耳语道。

"皇弟所言有理，请就照此办理——"刘劭听罢高兴地叫起来。于是，京城内外又掀起了一场大屠杀。

"今日再任命江夏王刘义恭为太保，南谯王刘义宣为太尉，始兴王刘浚为骠骑将军兼雍州刺史，臧质为丹阳尹，随王刘诞为会州刺史！"接着，刘劭又叫道，并说，"朕还要册立妃子殷氏为皇后，命令皇后的叔叔殷冲为司隶校尉，尊女巫严道育为神师，同时释放曾经参与巫蛊事件的女婢王鹦鹉等人！"

于是，众人先后接旨去了。

次日，王鹦鹉带着女伴进了东斋室，声称前来面君，并在宫门前争吵不休。宫卫们阻止不住，只好进殿向刘劭报告。

"启奏陛下，那王鹦鹉特来进宫谢恩！"卫侍跪在殿下向刘劭奏道。

"什么鹦鹉？哦，就是东阳公主府上的王鹦鹉？"刘劭问。

"正是……曾经参与巫蛊事件的女婢王鹦鹉！"卫侍答道。

"哦，她是蒙冤受屈的有功之人啊。快快让她进来！"刘劭听罢，赶紧大叫道，"王爱卿，你来了！"

"是呀，陛下，奴婢来了！"王鹦鹉闻声嗲声嗲气地答应道。

接着，王鹦鹉一身盛装，扭动着腰肢，满面春风地走了进来。

"婢女王鹦鹉谢主隆恩——"鹦鹉在殿前跪了下来，向新主刘劭谢道，并同时向刘劭嫣然一笑。

"哦，美人王爱卿……你……你今日更美！"刘劭突然惊艳，立即站起来，发疯似的冲向鹦鹉叫道。

王鹦鹉妖艳善媚

此时，刘劭见王鹦鹉妖艳善媚，立刻魂不守舍，竟突然起了淫心，一时语塞，忘乎所以，只好长时间地让她跪在殿前。

"陛下……陛下……"王鹦鹉这时紧锁眉头，跪在厥下，也一时不知所措。

"哦，美人……爱卿请起，来来……"刘劭春心荡漾，竟然忘情地走下台阶，一手拉起王鹦鹉，将她搂入怀中，"美人……你如此之美，朕已临大位，爱卿今夜就……就在此侍寝。"

这位王鹦鹉，本来就是个性意淫荡之人，况且她已与太子有过前情，看到太子今日已得大位，更是喜出望外，于是，她随即半推半就，一下子就瘫倒在御座旁边，两人公然在榻上忘形相戏。

"嗯呀，陛……下你……"过了一会，王鹦鹉细声细气地叫着，并且伸手捧起刘劭的脸，开始疯狂地亲吻。

这时，刘劭浑身已软，见厥下尚有侍从在走动，遂挥手示意殿内的人们退出。接下来，刘劭将王鹦鹉拥入内宫，尽情欢淫起来。

从此，王鹦鹉正式成为刘劭的爱姬，与刘劭流连枕席，曲意承欢。有时，王鹦鹉用尽全力，勾引得刘劭心花怒放，二人竟然通宵取乐。

"陛下，今日既然已临大位……既然陛下……有心于妾，那……那么就应当给妾以名分！"王鹦鹉在枕边向刘劭撒娇道。

"朕恨不得立即将爱卿立为皇后，无奈正宫有主，一时不便废黜，只得先封爱卿为姬妾吧，你让朕躬日夜享用吧——"刘劭狎然向她嬉笑道，"哈哈，爱卿终会有做皇后的一天——"

"嗯，妾……妾就等那一天了！"王鹦鹉也吟吟地浪笑起来。

武陵王刘骏移镇江州，贼寇四起，他便屯兵五州，以拒群贼。老将军——步兵校尉沈庆之也从巴水前来与之会师，共讨贼寇。

刘骏坐镇上江剿匪，为朝中新发生的变乱忧心如焚。

"启禀殿下，朝使送来诏书！"刘骏正在江州王府中闷闷不乐之际，忽听部将上来叫道。

刘骏忙忧郁地接过诏书看着，却原来，刘劭命他为征南将军。

"殿下不可轻信东宫，末将刚从建康城中回来，耳闻目睹，世人都说太子多有大逆不道之事，看来……他也难成大器。殿下当慎重考虑，不可……"典签董元嗣见刘骏犹豫，立即上前说，"太子夺权，现在已为天下人所共愤！殿下要小心呀，太子对殿下恨之入骨，对殿下您怀有莫大的敌意呀——"

"何以见得？"刘骏问董元嗣。

"……他一面给殿下以封赏任命，一面却飞传密诏，令沈庆之设法除掉殿下！"董元嗣说道。

"哦，竟有此事？我应当慎重对待，小心行事！"刘骏略带疑惑地说道。

话说此时，身在江州营中的沈庆之，也已接到刘劭给他的密诏，刘劭令他斩杀刘骏。几番阅读之后，他不知所措，心中犹豫不决，急忙找亲信们商议对策。

"将军不可轻率！倘若你杀了武陵王，就将落下了杀王的罪名！"一位部将说道。

"太子已临大位！然而，倘若我不杀武陵王，即有抗旨之嫌，倘若将来太子长期御驾在皇位上，我将如何生存……"沈庆之反问道。

"形势发展，瞬息万变，将军可静观其变，暂缓动手。"那部将又建议道。

"如今冰在火上，形势变化紧迫，我应当当机立断，否则后患无穷！"沈庆之忧虑地说，接着，他思索了一会后，又转忧为喜道，"我看太子已经遭到天怒人怨，东宫一方将帅都不足虑，他们只不过三十人而已，而且除了萧斌外，别无能人。然而，即使萧斌本人也不可怕，他常怀妇人之心，也难成大事。看来……倘若……我能辅助武陵王讨伐太子，必定成功！"

"对呀，将军不如投在武陵王门下，随众讨伐太子！这乃是一条康庄大道——"那部将笑道，"不过，将军既有此心，立即行动以免夜长梦多，引起武陵王的误会。"

"正是！"沈庆之点头说道。

沈庆之说罢，遂起身前往武陵王府。

沈庆之到达王府时，立即向门卫说明要求会见武陵王刘骏的意思。而在此时，恰逢武陵王刘骏正在与董元嗣等人商议处置朝中事变之事。听说沈庆之已到，刘骏立刻警惕起来。

"你去转告沈庆之，就说本王今日身有小恙，不能见客！"刘骏对卫士们说。

卫士领命就要转身出去，却见沈庆之已经笑呵呵地大踏步地擅自闯了进来。

"哈哈，殿下不见客人，然而，末将乃是殿下的麾下亲将，岂能是客？所以，末将冒昧地不请自来了！"沈庆之一面走进，一面笑道，"现有诏书，殿下应当听完了诏书之后，再来说话？"

随即，沈庆之展开诏书，就开始宣读。众人都纷纷惶然地面向沈庆之看着。

"啊啊啊……"刘骏见沈庆之之突然袭击，无从避匿，只得慌忙出来向沈庆之说道，"我……不怕死，然而，我上有慈母，她正随子居住在此藩地，将军能否让我见慈母一面？"

"啊，殿下呀！你将我沈庆之看成是何种人了？末将曾经蒙受先帝厚恩，岂能对先帝被弑而无动于衷？难道说我会归附弑君的逆子刘劭吗？我现在理应辅顺讨逆，殿下为何如此多疑于我？"沈庆之愤然地问道，随即，他向刘骏跪了下来，泪流满面。

武陵王刘骏一听沈庆之之言，大喜过望，遂热泪盈眶，转身也哭拜在地，接着扶起了沈庆之。

"将军有此忠心，本王有救、国家有救了！如今国家安危都系于将军一身！"刘骏跪道。

沈庆之慌忙上来拉起刘骏，二人共同感叹了一番，此时，满府顿时一片欢腾。

"王爷当立即起兵南下——"沈庆之等人齐声说道。

刘骏欣然点头。接着，刘骏率将操练兵马准备南下，讨伐京师弑父逆子——刘劭。

"……刘劭占据了天府，靠我们一家的力量，未免孤危，京都恐怕一时难以攻下，我们不如先联络各镇，共同谋划，然后起事？"此时，江州府主簿颜竣上前说道。

"如今我们正要仗义出师，你这黄毛小儿竟敢扰乱军心，我军怎可不败？"沈庆之听罢向颜竣大声怒道，"只有将你斩首，方能振作士气！"

沈庆之此话一出，全场气氛又开始紧张起来。刘骏见沈庆之动了大怒，急忙上前让颜竣向沈庆之谢罪。

"啊，你是个执笔的文官，行军打仗的事，你是不明白的！"颜竣向沈庆之赔罪之后，沈庆之这才温和地对颜竣说话。

"众人不必多言，就照沈将军的意思去做！"见气氛缓和了，刘骏欣喜地向众人说道。

接着，刘骏严肃地下令誓师。

"现令沈庆之为江州司马，襄阳太守柳元景、随郡太守宗悫为咨议参军，内史朱修之为平东将军，颜竣为录事，长史刘延孙为浔阳太守，负责处理府事。"刘骏大声命令道。

于是，沈庆之大显身手，十天之内就准备好了一切，沈军犹如神兵，威风凛凛，阵列于上江。刘骏令颜竣起草好了讨逆檄文，号召四方的镇守将士一起讨伐刘劭。南谯王刘义宣、丹阳尹臧质、司州刺史鲁爽首先起兵响应，举兵相从。

刘骏令鲁爽留守江陵，然后他与臧质等人前往浔阳誓师。

刘劭得知刘骏出师，闻风丧胆，急忙调任兖、冀二州刺史萧思话为徐、兖二州刺史，命张永为青州刺史。然而，萧思话却率兵响应刘骏，建武将军垣护之也从历城赶到浔阳投靠了刘骏。随王刘诞也致信刘骏，表示愿意共同讨逆。于是，不到一个月，义兵四起，讨逆的鼓声震天，刘劭的小朝廷处在即将被颠覆之中了。

"启奏陛下，叛王刘骏起兵，外藩也有响应！"黄门侍郎殷仲素忧心如焚地对刘劭说，"陛下当设法平息！"

"只不过一两个州镇响应而已，有什么可怕的？"刘劭疯狂地大叫，"你们只需为朕处理好文书，不必担心军旅之事，朕自幼熟读兵书，用兵如神，贼寇发难，朕自能抵御，恐怕他们还不敢轻举妄动呢！"

"不不……不好了！"正在这时，张超之又慌张地跑进来报告，"启奏陛下，微臣今日得悉，许多王爷也率兵反叛了，而且已有数路反贼的大军向京都逼来了！"

"啊！"刘劭听罢大惊，并立即下令道，"从速备战拒敌——"

于是，刘劭开始加紧调兵遣将，建康城内人心惶惶，警信日益频繁起来。

接着，柳元景率领宁朔将军薛安都等共计十二支军队，从溢口出发。武陵王刘骏从浔阳出发，令沈庆之总掌中军。

武陵王的讨逆大军浩浩荡荡，杀奔建康而来。

二十六、讨逆子，新主据皇位

在京都台城太极殿上，刘劭正在召集众臣计议应急之策。

"启奏陛下，叛军檄文到——"陈叔儿进来将刘骏的《讨逆檄文》呈上。

刘劭接过檄文看了看，发现其中的文字乃是颜竣的笔迹，随即将檄文递给刚刚应征、被任命为光禄大夫的颜延之观看。

"颜爱卿，你知道这檄文出自何人之手？"刘劭咄咄逼人地问颜延之。

颜延之接过檄文，细心地看了看，然后仰面看了看刘劭，沉思了一会。

"此乃不孝之子颜竣所写！"最后，颜延之坦然地答道。

"这颜竣不是你的长子吗？"刘劭又厉声地问道，"你是如何知道的？莫非你们早已串通好了？"

"不是这样的，其实我们父子早已不相往来了！我只是从书中字迹上看出来的！"颜延之慢慢地说着。

"颜竣怎能对朕如此不恭敬？"刘劭勃然大怒，向颜延之责问道。

"竖子连其老父尚且不顾，岂能顾念于陛下？"颜延之仍然慢条斯理地回答。

刘劭听罢，无可奈何，这才慢慢平息了心中的怒火。

"……众卿听着，城内反军家属应当一律收监、候斩！"过了一会，刘劭又大叫道，"先将颜竣之子拘禁在侍中下省，将刘义宣之子拘禁在太仓空舍，另外，还要杀尽参与叛乱的三镇将士的眷属——"

"陛下，不妥！"江夏王刘义恭、司空何尚之出班，齐声劝谏道，"一个打算干大事的人，决不会顾及家人的！陛下倘若将他们都杀掉，只会逼迫贼人心生杀意，使其反意更加猛烈，这反而会更加助长了贼人的势焰——"

刘劭听罢，默然无语，于是杀人之事，暂且不提。但是，经此事之后，刘劭渐渐感到朝中旧臣多有异志，所以，他只得以重金招抚辅国将军鲁秀、右军参军王罗汉，并委以军事重任。同时，任萧斌为军师，令殷冲掌管兵符。

"启奏陛下，叛军虽然人众，然而，他们仓促而来，立足不稳，陛下应亲率水军出城决战！"此时，萧斌力谏刘劭道，"或者……占据梁山，固垒扼守，也必可获全胜！"

"不可！"江夏王刘义恭内心害怕刘骏准备不足，水战失利，所以赶紧出班说道，

"我们应当从长计议，不必心慌，如今朝廷尚不宜远征。陛下应当养精蓄锐，以逸待劳，才能取得全胜！"

"武陵郎一个少年，如今做下了如此大事，岂能小觑？"萧斌听罢大怒道，"况且……他还有三个厉害的帮手占据了长江上游。沈庆之深谙军事，柳元景、宗悫乃是国中骁将，屡立战功。我们所面临的是劲敌呵，岂能缓慢应敌？"

"欲速则不达，我们何必操之过急？"刘义恭又说。

"……幸好，如今京城中的军民们尚未心乱，陛下还可以令其一战，倘若我们至今仍是稳坐台城，等到人心涣散后，将会十分被动，那时我们如何应敌？"萧斌又问。

"……众位爱卿之言都有道理！"刘劭听后慢慢地说道，"如今众卿还是加紧慰劳将士，督造战舰，待敌人逼近，才可与之决战！"

"我军当固守石头城！"张超之上前建议道。

"不不不！"刘劭忙说，"前人固守石头城是想等各地诸侯率军前来勤王的，而朕如今又能等候谁人呀？朕唯有与之决一死战而已，别无出路！朕要将秦淮河南的居民全部迁居到河北，朕要据河坚守——"

"不过……总得有人驻守石头城……"张超之又急忙地说道。

"现在命令庞秀之坚守石头城！"刘劭说道。

庞秀之应声引兵去了。不一会，陈叔儿又气喘吁吁地跑进宫来。

"庞……庞秀之他……他直接率军向西而去，投奔刘骏去了！"陈叔儿跑到殿上大叫起来。

"噢，竟有此事！"刘劭大吃一惊，也大叫起来，"这如何是好？"

于是，满朝人心大乱，京都人人惊愕。

武陵王刘骏率军抵达鹊头，宣城太守王僧达前来向刘骏投诚，刘骏任他为长史，并留他在身边听用。

"如今军情紧急，舟舰不可久用，我军当昼夜兼行，抵达江宁，立即登岸，奔赴新亭！"此时，柳元景向众将说道，接着他下令，"薛安都带领铁骑，耀武扬威于淮上，以镇刘劭！"

薛安都等人应命去了。接着，柳元景率领大军向建康城南进发。同时，柳元景还致信京中百官，申明利害，呼吁他们反叛刘劭。因此，朝中官吏们纷纷偷出建康，投奔到刘骏的军中来了。

次日，柳元景偷袭了京城，并率大军占据了新亭，依山为垒。刘劭急速调兵遣将，向他反扑。

"新亭既失，今命鲁秀、王罗汉为先锋，再令萧斌率步兵、褚洪之率水兵为后援，共用兵马一万，进攻新亭——"刘劭令道。

"喏——"众将齐声答道。

于是，大军浩浩荡荡地出了城门，向西而去。刘劭见状，兴高采烈，并且亲自登上朱雀门城楼，欣然督战。

建康南郊新亭坡

"朕有如此声势浩大的千军万马，出城之后，即可压垮敌军！"刘劭兴奋地对左右说道。

然而，左右部将们尚未来得及答话，突然，刘劭看到大军溃退了下来。于是，刘劭慌忙下城，亲率大军再次攻垒，却又被柳元景击败，死伤无数。萧斌受伤逃走，鲁秀、褚湛之、檀和之都投奔了柳元景，只有刘劭本人单骑逃回建康台城。

柳元景亲自迎接鲁秀等人投营，并与之热情交谈。

"敢问鲁将军，为何我军尚未出战，你万名大军就溃退下来了？"柳元景笑着问鲁秀。

"哈哈！我方大军一到新亭，我就命令士兵擂起了一阵退兵鼓，于是，千军万马听到鼓声，就立即掉头退下了——"鲁秀笑道，"弑君杀父的逆贼刘劭，费了九牛二虎之力，妄图让我留京听用，殊不知我早有异志了！"

"哈哈，人心向背，不可逆转！"柳元景也大笑起来，接着朝左右说道，"向各方告捷，迎接武陵王来新亭歇马——"

众将答应。很快地，武陵王刘骏率领中军到达新亭，慰劳各位将士，并派兵趁机进入江宁城。

"启禀殿下，江夏王刘义恭从建康溜出，投奔这里来了！"此时，帐下又向刘骏报道。

刘骏慌忙上前迎接江夏王。接着，帐下又有一位部将，引一人前来。

"末将骑侍郎袁爱，以追捕江夏王为借口，从建康脱身，前来投奔武陵王来了——"袁爱上前拜见刘骏。

"哦，欢迎各位——"刘骏喜不自禁，躬身扶起诸将，并张口笑道。

"廷中不可一日无君，敬请武陵王刘骏即皇帝大位——"江夏王刘义恭看了看这千军万马浩大的阵势，突然向刘骏恳请道。

随着刘义恭的一声恳请，众将齐声欢呼，于是，刘骏应允。

"承蒙诸位厚爱，刘骏虽然不才，然而，为了江山社稷，我却之不恭，权且应允！"刘骏笑逐颜开，接受了众请。随即俨然说道："袁爱深通朝仪，现令袁爱兼任太常丞，负责即位大礼事宜！"

袁爱得令去了。随后众人在新亭筑坛，武陵王刘骏即皇帝位，大赦天下。

接下来，宋主刘骏下旨封赏：赐文武官吏各晋升一级，将大行皇帝刘义隆的谥号改为文帝，庙号为太祖；任命江夏王、大将军刘义恭为太尉、录尚书事、兼南徐州刺史；封南谯王刘义宣为中书监、兼扬州刺史；随王刘诞为卫将军、兼荆州刺史；臧质为车骑将军、兼江州刺史；封沈庆之为领军将军，萧思话为尚书左仆射，王僧达为右仆射，柳元景、颜竣为侍中，宗悫为右卫将军，张畅为吏部尚书。并将他们所住的新亭更名为中兴亭。

再说，刘劭军败，从新亭回到建康台城中，疯狂已极。

"启奏陛下，刘义恭等人也已逃走！"刘浚迎面向刘劭报告。

"啊，刘义恭老贼他也反了？速将其十二子全部杀死——"刘劭听了大怒道。

接着，刘劭立自己的儿子刘伟之为太子，又大赦天下。并令刘浚为南徐州刺史，让他与南平王刘铄共掌尚书事。听说刘骏就要杀来，刘浚与刘劭别无他法，只好天天向蒋王神像顶礼膜拜，虔诚祈福，以求太平。然而，现在臧质等人所率的兵马已经步步紧逼，直指京城皇宫了。而刘劭派出的军队，或逃或降，都是有去无回。见此情形，刘劭只好以守为攻，紧闭六门，并在城内设栅，以阻外军。

此时城外大军气势汹汹，城内一日数惊，兵民慌作一团。接着，丹阳尹尹弘出城请降，萧斌也从石头城前往刘骏军中投降。鲁秀等人认为萧斌罪重，遂求刘骏立即将其诛杀。

夜色朦胧，人声嘈杂，在建康台城的太极宫内，刘劭、刘浚等人如热锅上的蚂蚁，惶惶不可终日。

"如今大势去矣，我只有逃走——"刘劭此时惨痛地叫了一声。

"陛下可以多带些金银财宝，航海逃向远方！"刘浚向刘劭建议道。

"不可！携带财宝太多反而会招人注意，更加不利于出逃，我们应当轻骑逃生！"刘劭反对道。

"那……如何是好……"刘浚也在犹豫和沉思。

"陛下……不好了，那边阊阖门业已被薛安都、程天祚等人打开，他们已领兵杀向这边来了——"这时，侍卫惊慌失措地跑到刘劭面前叫了起来。

"那里的守城卫兵何在？"刘劭惊问。

"门外的守兵早已仓皇四散了！"侍卫答。

说话时，薛安都等人已经奔到太极殿前。接着，臧质、朱修之也从南北二门杀入，刘劭、刘浚、王正见、张超之等逆党见了，纷纷四处逃窜。但是，王正见当场被冲进来的兵将们斩首，张超之也在含章殿中被乱刀分尸。

刘劭走投无路，只好凿通西墙，躲藏在武库之中。刘骏的将领高禽率兵进入武库，七手八脚地将他捆住，拉了出来。

"将他押送出去，前往新亭，交由皇上发落——"高禽对部属们吼道。

"天子现在何处？"刘劭惊恐地问。

"就在新亭！"高禽答道。

此时，臧质也已经进来，一见刘劭这等狼狈模样，痛哭不止。

"臧将军，天地不容我，你哭什么？"刘劭感动地大声问道。

听了刘劭的话后，臧质这才止住了眼泪，并将刘劭捆在马背上，将他押送到新亭。接下来，皇后殷氏、皇子刘伟之的兄弟四人、巫婆严道育、王鹦鹉等人也都被全部捕获，女人们都押入监狱，男子们都带上刑具，一齐被送往新亭去受审。

宋主刘骏和文武百官，以及眷属，黑压压的一片，聚集在京都城南新亭前。

"启奏陛下，传国御玺也从严道育身上搜出，请万岁接纳！"一名太监说道，并将御玺送到宋主刘骏手中。

"先带逆贼刘劭等人前来——"宋主接玺后，向部将令道。

于是，刘劭以及他的四个儿子都陆续地被带到亭前。

新亭外景

"我背逆归顺，何罪之有？你这贼子，杀父弑君后，竟然还杀了我的十二个儿子和全家老少！"江夏王刘义恭一见刘劭，怒火中烧，急忙上前疯狂大叫道。

"……杀了各位弟弟，是我对不起叔叔……"刘劭惶然支吾道。

"我要吃了你这贼子之肉——"江湛的妻子庾氏专门乘车到来，一下车就扑向刘劭，大声地哭骂起来。

"你……你……还要做皇帝吗？"庞秀之也在旁边对刘劭冷嘲热讽。

"将他千刀万剐——"众人大叫起来。

"要不就让我死去吧，何必还须再说！"此时，刘劭无言以对，竟然也大叫起来。

刘义恭愤怒地冷笑着，令人在刘劭面前先杀死了刘劭的四个儿子，一刀一个，鲜血淋漓，刘劭看得心惊肉跳。然后，又见刘义恭亲自拿来大刀，走到刘劭面前，举刀欲砍。

"逆子，本王恨不得一口一口地吃了你的肉——"刘义恭哽咽道，"我刘宋被你这个逆子搅乱到如此地步……"

"苍天哪——我也从没想到：我刘宋皇族，竟如此同室操戈！大宋怎么会弄成此等模样啊？"刘劭大叫一声，随即被刘义恭一刀狠狠地剁下头来。

接着，刘义恭奉命首先进了建康内城。在越城，刘义恭迎面遇到了正在狼狈逃窜的刘浚父子和刘铄。

"武陵王现在如何?"见了刘义恭,刘浚面带泪水,赶紧下马问道。

"嗯,皇上已经君临万国了!"刘义恭严厉地对刘浚说,"他现在已到朱雀桥!"

"唉,我来迟了!"刘浚叹息道。

"的确是太迟了!"刘义恭漠然地说,"事到如今,莫非你还想活命?难了难了!"

"那么,我们还能有办法保得住性命吗?"刘浚又问。

"你们自己前往皇帝那里去请罪吧!或许可以……"刘义恭微微冷笑道,接着向刘浚下令道:"叛王请立即上马,前往新亭!"

刘浚听了刚欲上马,却冷不防,被刘义恭摔起一刀,剁下了脑袋,随即刘浚的三个儿子也都被刘义恭杀死在马下。

不久,诏书命令狱中的殷皇后自尽。

"我并未犯罪,为何要杀我?"殷氏接诏后,质问狱丞江恪。

"你已被册封为叛王刘劭的皇后,岂能无罪?"江恪说。

"这只是一时的册封,过不了几个月,刘劭就要改封王鹦鹉为皇后了!"殷氏又辩解道。

"哦,刘劭死了……你有疑问就去阴曹地府,问叛王刘劭去吧,在下是奉旨行事的。请你立即上路!"江恪不耐烦地说。

于是,殷皇后无助地将绳子套在脖子上,悬梁自尽了。王鹦鹉此时也被兵士们从狱中拖来。

"你还犹豫什么,也与她一同去吧!"狱丞江恪向王鹦鹉叫了一声。

"哦哦……"王鹦鹉绝望地哼着,说罢抬头看了一下苍茫的云天。她无可奈何,也就含泪上吊自杀了。

其他嫔妃也尽皆被赐死。严道育被押到市曹,鞭笞而死。殷氏叔叔殷冲、尹弘、王罗汉曾为刘劭效力也都被赐死。淮南太守沈璞坐守湖上,没有及时归附,也被斩首。

屠戮完毕,刘骏命人将刘劭父子、刘浚父子以及严道育等人暴尸于建康市曹。并将其他罪犯的腐尸推入江中。于是,血尸竟顺江而下,臭气数天不绝。当时的民谣曾经唱道:

"遥望建康城,小江逆流萦。前见子杀父,后见弟杀兄。"

接着,宋主刘骏从新亭移居京都东府,那些当初随从刘劭的官员接踵前来请罪,刘骏下诏全部赦免,并且急切地派出建平王刘弘去浔阳接回他的生母路淑媛,并尊之为皇太后;册立妃子王氏为皇后。另外,刘骏还追封袁淑、徐湛之、江湛、王僧绰等人的官爵。毁掉刘劭所住的东斋室,改建为园池。封高禽为新阳县男。晋升江夏王刘义恭为太傅,南平王刘铄为司空,建平王刘弘为尚书左仆射,随王刘诞为右仆射。后来,又改封南谯王刘义宣为南郡王,随王为竟陵王。其他文武百官均给予论功行赏。

　　刘浚的王妃之父褚湛之，因为及时归顺而免死，何尚之因为刘义恭从中调解而被授予尚书令，其子何偃还被提为大司马长史。

　　刘骏即位后，将刘劭拘禁的刘义宣等各王公大臣之子全部放出。接着，刘骏册立皇长子刘子业为皇太子，封刘义宣之子刘恺为南谯王，刘义宣不受，所以改封刘恺为宜阳县王。

　　刘恺有十六个兄弟，二十个姐妹，有的随父亲刘义宣住在藩地，有的留住在京城。宋主本让刘义宣兼镇扬州，而刘义宣却情愿只镇荆州。刘骏恩准后，刘义宣拜谢而去。那时，刘义宣留京的子女们仍在京城王府中居住。

昔日新亭近影

　　宋主刘骏入居大内，开始尽情地享受太平和宫廷欢乐。

　　南平王刘铄虽被晋升为司空，但是，因为他归顺得太迟，所以常常遭到宋主刘骏的忌惮，因此，他十分忧惧，终日不宁，以致突然暴毙。不过，世人传说，其实刘铄是被宋主暗害致死的，于是，宋主刘骏只得追封他为司徒以掩饰过去。

二十七、帝乱伦，宋国又内残

次年，是宋主刘骏孝建元年，刘骏年方二十四岁，本来正是血气方刚、振奋有为之际，然而，无奈，他好色淫乱过度，以致引起了公愤。

刘骏见到女子，不论其亲疏贵贱，只要稍有姿色，都要召入御幸，决不放过。因为路太后住在显阳宫，宫廷内外命妇及宗室女子常要谒见太后，而刘骏则要经常趁机闯进显阳宫，选美评娇，并且一旦被他看上，他就要迫令其即时侍寝。甚至在太后房内，他也要演上龙凤奇缘。太后溺爱儿子，已是过分，眼见儿子淫乱，她也不加制止，甚至常会从中帮忙。因此，宋主的艳事越来越多，并且传遍了京城内外，引得群情激愤。

刘义宣的女儿们也经常出入宫门，有的美貌如花，但是，只要被宋主刘骏看见，不论是他自己的堂姐还是堂妹，都要一概抢入宫中奸淫。

宋主的丑闻转到刘义宣的耳中，令他大为愤恨。这事逼得刘义宣百般无奈，只好生起了反叛之心。

再说刘义宣的表弟、儿女亲家、江州刺史臧质，他本来就自以为功高赏薄，于是也心怀不满，加上他本来与刘劭有一定感情，所以，臧质也早有谋反之意，因此他便主动地与刘义宣商议谋逆之事。咨议参军蔡超、司马竺超民一心谋取富贵，也想趁乱发迹，所以，他也从旁怂恿刘义宣早日起兵。

刘义宣和臧质的好友——豫州刺史鲁爽，刘义宣的旧时部属——兖州刺史徐遗宝等人也都前来与刘义宣密商秋季起兵叛乱的事宜。

然而，鲁爽是一员粗鲁的蛮将，他有了图谋之后，便时刻挂怀在心，终日不宁。

这一天，鲁爽在府中为反叛的事情思虑重重，并且在府中以酒压惊。

"哦，要起兵了，末将岂能误了大事，赶快调集兵马！"突然，鲁爽在酒醉半睡半醒中叫喊起来，"全军集合——"

于是鲁爽的军队立即集合，接着大张旗鼓地向彭城进发。原来鲁爽竟然没有弄清起兵的时间，所以突然调兵遣将，首先率兵发难了。

徐遗宝见了，也整兵向彭城进军。鲁爽的弟弟鲁瑜在建康也闻风而动，前来投靠鲁爽。

鲁瑜的弟弟鲁弘是臧质的部属，因此，得知鲁爽叛乱后，朝廷降旨，命令臧质捉拿鲁弘。于是，臧质不得已只好也提前起事，并且催促刘义宣也赶紧发兵响应。

刘义宣本想在秋季起事，不意鲁爽、臧质等人已经提前发难，所以只好仓促起兵，并向各州提出"讨伐奸佞，匡扶君主，以清君侧"的口号，将檄文发到京城建康。

此时，刘义宣自称都督中外诸军事，设置左右长史及司马等官位，并加封鲁爽为征北将军。鲁爽高兴地立即将车辇和龙袍送到江陵，并投上文书，称刘义宣为天子，称臧质为丞相。刘义宣见了以后，受宠若惊，很是诧异，于是，他忙致信给臧质，要他注意鲁爽的行为。臧质想笼络鲁爽，所以特封鲁弘为辅国将军，令他驻守大雷拒敌。

刘义宣得知国中情形，又召群臣计议，并立即下令进军。

"今日特派咨议参军刘湛之率一万兵马前去支援鲁弘——"刘义宣大声下令。

刘湛之领命去了。

"司州刺史鲁秀是否到来？"接着，刘义宣大声向左右问道。

"末将已到——"鲁秀出来答道。

"今令你率军做刘湛之的后应！"刘义宣和他议论了一番后说道。

"哎呀！兄弟误我了，令我与痴人做贼，这……将要使我身败名裂、家破人亡啊！"鲁秀听罢，遂不满意地轻声向部属们叹息道。

再说京都，宋主刘骏听闻刘义宣反叛，大惊失色，急忙召集众臣计议应对之策。

"刘义宣镇守荆州十多年，兵强马壮，粮草充盈，朕恐不能敌他！"刘骏忧郁地说，"为免兵祸，朕不如将皇位转让给他。"

"陛下之言差矣！兵来将挡，火来水灭。刘义宣乃是犯上作乱的人，陛下岂能将帝位让给逆贼呢？"竟陵王刘诞反对道。

"如若不能，可否请江夏王刘义恭致信刘义宣，历陈其起兵之祸福，以便劝降？"宋主接着说道。

众人称善，于是诏书送向江陵。

次日，宋主刘骏得到了叛军最新的消息，再召众臣到太极宫殿前计议。

"刘义宣不肯受降，朕将如何是好？"宋主刘骏向众臣问道。

"陛下应当立即发兵征讨他！"众臣齐声说道。

"众卿之言有理！"宋主刘骏思考了一会后，斩钉截铁地说，"今封领军将军柳元景为抚军将军，兼雍州刺史；左卫将军王玄谟为豫州刺史；安北司马夏侯祖欢为兖州刺史；安北将军萧思话为江州刺史。四将齐集，以柳元景为统帅，讨伐刘义宣、臧质、鲁爽等叛乱之军！"

"喏——"众将应声去了。

"雍州刺史朱修之的使者到——"此时，阶下有人喊道。

随即一人上殿，向宋主送上文书。刘骏看罢大喜。

"原来雍州刺史朱修之仍然没有二心！他收到刘义宣的檄文后，只是佯装愿意与他联络反叛，但是实际上，他却仍是朝廷的忠臣。朕既让柳爱卿兼任雍州刺史了，现在既然原雍州刺史朱修之并未从叛，所以，朕当改封朱修之为荆州刺史！"宋主刘骏兴奋地说道。

台城太极宫

"修之治身清廉简约，离开镇守之地时，其军纪严明，对百姓秋毫无犯，他甚至连在雍州点灯的油钱和牛马所吃的谷物草料钱，也要用自己的十六万钱，给予偿还。"刘诞正色说，"像这样清廉忠正之士，岂会从叛？"

"启奏陛下，前方探马得悉：刘义宣派使者与益州刺史刘秀之联络反叛，刘秀之却斩杀了他的使者，并且引兵进攻江陵去了。"刘义恭向刘骏奏道。

"那刘义宣的反应如何？"宋主问。

"然而，刘义宣至今还仍然不知呢！"刘义恭答道。

"啊，这很好！很好！"宋主拍手叫道，接着问，"如今刘义宣在江陵做什么？"

"刘义宣封其子刘滔为辅国将军，让他与司马竺超民留守江陵；令臧质、鲁爽为先锋，自己亲督大军十余万人已从江津出发了，企图东下，犯我京都！"竟陵王刘诞报道。

"哦，如此说来，我们前方会有一场大战——"宋主说道，"众卿且各自努力协助前方将士，叛军不日就将灭亡——"

王玄谟来到梁山，忽然看见探马前来报告。

"启禀将军，叛匪兖州刺史徐遗宝，劝说他姐夫冀州刺史垣护之一同谋反，桓护之不愿，而与夏侯祖欢一同攻打徐遗宝，结果，兖州叛军已被打垮，徐遗宝逃奔鲁爽军营躲藏去了！"探马向王玄谟报道，接着拍手称快道，"如此说来，叛军不足虑了！"

"不，叛将臧质凶猛，这次徐遗宝虽败，然而……鲁秀不日就要南来，这梁山仍然是个危险之地啊！"王玄谟忧虑地说。

"并非如此，根据前方军报：鲁秀将不能南来了！因为，如今刘义宣已知雍州刺史朱修之要攻打他的江陵了，并且已经命令鲁秀率万名大军北往，攻打朱修之去了！"探马说道。

"哦，这就好了！鲁秀不来，这里只有一个臧质，本将军就毫无畏惧了。我们可以高枕无忧!"王玄谟听后立刻高兴起来,"我们深挖沟壑,扼守梁山,将全力击败臧质——"

部将们分头准备去了。此时,鲁爽率兵直趋历阳,与臧质水陆并进,共击宋军。

宋殿中将军沈灵赐,奉柳元景的将令,带着百舸,游弋在南陵,他见臧质的前锋徐庆安率舰东来,随即率军掩杀了过去,趁着东风,顺势逆击,把徐庆安的船舰掀翻在水中,并且让水兵下水征战,生擒了徐庆安。

臧质闻得徐庆安被擒,没想到他们的大军突然在南陵受阻了,他怒发冲冠,立即驱舰急进,径抵梁山。臧质逆流直上,一鼓作气,占领了西垒。守将胡子友迎战失利,只得弃垒逃到王玄谟的营前,玄谟慌忙向柳元景告急。

"前锋精兵从速援助王玄谟!"柳元景屯兵湖熟,得信后急忙向前军首领下令道,"并让王玄谟在梁山上遍插旗帜,以作疑兵——"

前军首领引兵去了。

"偏将郑琨出兵南浦,以为后屏!"柳元景又接着令道。

于是,郑琨向南浦山前挺进,臧质派庞法起率众偷袭了山后,与郑琨一场厮杀,惊天动地。结果,庞法起兵败,庞法起自己也倒毙在水中。臧质因为本人在梁山受挫,并且失去了得意的部将庞法起,所以暴跳如雷,立即拼命抵抗,并且勉强占领了梁山半侧。他誓与王玄谟夹岸立营对抗。

叛军勇将鲁爽、鲁瑜兄弟见状,也大发雷霆,于是率军拼命杀出。薛安都、宗越截击了鲁爽,并且斩杀了鲁爽的先锋将领杨胡兴。接着,二鲁重整旗鼓,让鲁爽留驻大岘,鲁瑜屯守小岘,互为犄角,致使百战的老将沈庆之也因粮尽而退走了。

鲁爽、鲁瑜兄弟得胜回营,相聚畅饮,以为官军不会再来了。然而,正当二鲁酒至半酣时,鲁爽却突然发现薛安都的轻骑已经到达小岘营前,他骨软筋酥,不能征战,只得在醉梦中勉强迎敌,不幸被薛安都挑落于马下。徐遗宝见鲁爽已败,随后慌忙逃向东海,途中却被土人杀死于礁石之下。

"禀沈大将军,薛安都将军奉命前往讨伐叛军,途中和鲁爽的兵马相遇。鲁爽世称万人敌,英勇非凡,一般将领闻之丧胆,然而,薛安都将军见了,却立即跃马大呼,闯入他的军中,持矛猛刺,鲁爽未及防备,措手不及,中矛后翻身落马,薛安都下马将其头斩下,又上马朝这边来了。其动作之速,吓得在场所有的人都目瞪口呆。"突然,一将飞奔前来向沈庆之报告。

接着,薛安都飞奔前来,并向沈庆之递上鲁爽首级。

于是,沈庆之派人将鲁爽的首级和一封私函送到刘义宣的营中,以便蛊惑叛军的军心,瓦解叛军意志,消灭豫州的叛军。

沈庆之在信中说道:

> 当年殷仲堪将兵权交给了桓玄,结果桓玄杀了他全家;王恭对刘牢之推心置腹,结果刘牢之背叛了他;何况臧质这个小人呢?你如果再相信他,就将死无葬身之地了!

刘义宣接到败讯，又收到沈庆之送来鲁爽的首级和沈庆之给他的离间臧质的书信，看后，刘义宣十分惊慌，遂昏昏然，奔到梁山，与臧质会合，同时也开始对臧质怀有了戒心。

"啊，鲁爽生于将才之家，骁勇善战，今日也落得身首两地！令人心酸……"刘义宣痛哭道，"我们现在将如之奈何？"

"为今之计，我们应当出其不意，攻其不备，率军直抵京城！"臧质向刘义宣建议道，"殿下你仍然攻打梁山，我率兵一万，直趋石头城，捣乱他们的老巢，这样方可一举得胜啊——"

"此乃冒险之计，我不敢从命"刘义宣犹豫不决。

"臧质自告奋勇，引军杀敌，王爷为何还要犹豫？"见刘义宣未同意臧质的请求，刘湛之轻声地问他。

"我我……怕臧质计中有计，另有企图啊！我怕他自己欲独占鳌头……"刘义宣对刘湛之说，"你没见沈公的信吗？"

"唉，是的，臧质竟然自请做行军前驱，看来其城府颇深，殿下不可不防！"见刘义宣犹豫，刘湛之忙上来轻声地对义宣说，"殿下不如让他与我们一同攻打梁山，等到攻克后，再一同东下，免得臧质节外生枝。此乃万无一失之策！"

刘义宣点点头，并且回头对臧质说："为保万全，将军还是与我们合力攻打梁山吧！请你独攻东城，而后，我们再一同东进建康！"

臧质无奈，只得听令，遂整兵前往东城。

此时，薛安都、宗越、垣护之都已来到梁山，几次进攻，都未能攻克叛军，王玄谟气急败坏，立马慷慨誓师，督众大战，决心拿下梁山。眼看臧质军登江岸，王玄谟立即挥军冲杀，弄得臧军惊慌失措。于是，薛安都攻击臧质东南，并且一枪刺死了刘湛之；宗越攻击西北，立斩臧军数百人。臧军见此，只好退缩，纷纷登舟向西岸逃奔，却没想到垣护之又从中流杀来，因风纵火，烟焰蔽江。臧军遭焚，死伤无数，于是军阵立刻大乱。

"对岸火光冲天，鬼哭狼嚎。莫非臧军已被王玄谟打得大败？"刘义宣在西岸遥望，慌忙问左右，"我欲前往施救……如何？"

"垣护之、薛安都、宗越三军业已乘胜杀奔到这里来了，王爷还有何作为？王爷只有逃走，哪能去救他人——"左右见了，吓得惊慌失措地乱叫起来。

"哦，朝廷兵马何其凶恶！"刘义宣见了也大叫道，"我们驶船西去吧！"

于是，叛众随着刘义宣的哭喊，四散而逃。

接着，臧质大败，单舸逃到浔阳，想与刘义宣商议后事，无奈义宣已走，于是臧质自思浔阳已不能独守，遂携妻眷等人奔往西阳。

西阳太守鲁方平，见臧质狼狈逃来，遂闭门不纳。臧质只好再转奔武昌，结果武昌也不能进。臧质日暮途穷，无处藏身，只得潜入南湖躲藏，以莲藕为食。

接着，垣护之派出郑俱儿率兵追击臧质。臧质见追兵又来，忙自匿于水中，用荷叶遮头躲藏，只露出鼻子在外呼吸。这时，郑俱儿来到岸边，四处张望，不见人影，随即观察荷莲。忽然，他定眼望去，见荷叶下有人，看得真切，忙射了一箭，直透臧质胸怀，接着乱刀杀去，于是臧质死于非命，遂被斩首于水中。

刘义宣逃到江夏，想转身投往巴陵，但是探马报说，巴陵已有益州军卒把守，所以，刘义宣只得又回头向江陵进发。然而，此时刘义宣已经人困马乏，众人散尽，左右不过十多人，沿途乞食，伤残不堪。他们好不容易来到江陵廓外，刘义宣忙派人通报城内的竺超民，超民见了来人，只得率众出迎。

见了竺超民，刘义宣又哭又说，无比狼狈。超民害怕刘义宣的惨相会影响到士气，慌忙劝阻。见鲁秀也在场，义宣又忙问鲁秀的详情，才知鲁秀被朱修之杀败，已经退兵回到江陵。刘义宣垂头丧气，和竺超民等人一起入城。

"殿下不可如此灰心！"亲吏翟灵宝见过刘义宣之后说道，"现在荆州兵马还不下万人，尚可一战！"

"我将如何处之？"刘义宣惶恐地问。

"请殿下抚慰将佐，只说一切失败皆因臧质违令所致，现在要整治军威，再做大战的准备……"竺超民走上来，轻声地向刘义宣建议说。

"哦……"刘义宣仍在惊慌中，并问："我军尚有几成胜算？"

"当然，事在必胜！"翟灵宝激昂地说，"当年汉高祖经过了百次之败，最后终成大业，如今怎知殿下他日不能转败为胜、化家为国呢？"

"将军……军所言有理！"刘义宣说道。

于是，刘义宣接受了众人的意见，依议召慰将士，晓谕全军。只是刘义宣本来就口吃舌短，加上惊慌失措，所以在誓师的大会上，说话时漏洞百出，多次将高祖说成是项羽，引得众人忍不住大笑，弄得他也面红耳赤，只得返入房中不出。

鲁秀、竺超民等人本想再次决战，无奈见刘义宣已无斗志，城中心腹将弁，多已悄悄离去。鲁秀已知前途无望，遂独自北去。刘义宣闻得鲁秀北去，也想随往。

刘义宣急令爱妾五人女扮男装，他和儿子刘滔带着佩刀、干粮，跨马出城，又见城中混乱，竟慌忙地跌下马来。竺超民扶起刘义宣，护他出城，并以马相送。最后，竺超民揖别还城，闭门自守江陵。

刘义宣出城数里，已不见鲁秀，随众渐散，遂决定再回江陵，然而此时天色已晚，叩门不应，只得在野外露宿一夜。次日早晨，遣黄门向竺超民通报，但超民已经变心，不再接纳义宣，只给了他小车一乘，将他送入狱中，而且不准他与妻妾同住。

"苍天呀！臧质老贼误我——"刘义宣在狱中坐地，无可奈何地长叹。

"殿下已经知道痛苦了？"狱吏听罢，好奇地前来问刘义宣。

"唔，平时说苦，其实都非真苦！今日才算真苦啊！"刘义宣向狱吏哭泣道。

鲁秀本打算北投魏国，无奈随从尽去，看看北魏也不会器重他了，只好重回江陵。然而，他到了城下，城上守兵竟以箭矢来迎接他，鲁秀躲避不及，身中一箭。鲁秀自觉逃生无望，遂投濠溺死。城内兵士出来取了他的首级，送往京都报功去了。

宋主刘骏令左仆射刘延孙前往荆、江二州处理叛军投降的事宜。刘义宣和儿子刘滔被赐自尽，竺超民全家被杀，刘义宣的十六个儿子、臧质的子孙也全部被斩于市。

宋主杀尽叛党之后，加封沈庆之为镇北大将军，柳元景为骠骑将军。王玄谟等人也各有封赏。

平定了刘义宣等人的叛乱，宋主刘骏为保皇位，再次绞尽脑汁，他要设法限制臣藩的权力。宋朝曾沿用前晋故例，以扬州为屏蔽，荆、江二州为外藩，二州利于练兵，由诸位大将镇守，因而使藩王有了叛乱之机，给朝廷留下了隐患。

"为何荆、扬藩臣反叛如此之多，爱卿将有何法以制之?"刘骏困惑地问太傅刘义恭，"朕欲以集权之策处理此事，如何?"

"陛下想集权这不难，想减少叛乱也不难!"太傅刘义恭说，"荆州、扬州将帅所以常易叛乱，乃是因为这里的州郡地大兵多。陛下只要能重新划分州郡，就可以消除此种顽疾!"

"如何重分州郡?"宋主问。

"臣以为可将扬州东五郡划为东扬州，总府设在会稽；从荆、江、湘、豫四州中划出八郡为郢州，总府设在江夏；再撤去南峦校尉，将守兵移到建康，以削弱荆、扬藩王的势力。"刘义恭又说。

"此言有理，朕将令人照此去办!"宋主道。

接着，太傅刘义恭见宋主力图集权，也心有余悸，遂恳请撤销自己的录尚书事职衔，并裁减王侯车服器用等等，宋主全部照准。

七十高龄的沈庆之，害怕自己功高望重，遭到君臣猜忌，遂上奏皇帝请求告老还乡。

"沈爱卿功高盖世，应当尽享荣华富贵，留在京中，朕可随时听你赐教，爱卿岂能告老还乡远去?"宋主刘骏对沈庆之说。

"像汉朝张良那样的贤能，汉高祖犹能让他恬然退隐，更何况像愚臣这样的庸碌之辈呢!"沈庆之再三请求道，"望陛下允臣离职还乡，臣将感激涕零!"

"沈爱卿何必过谦，卿乃是国之栋梁，朕时刻不能离卿啊!"宋主说。

"虽然当年微臣尚能为国沙场出力，然而，如今微臣老矣，还有何用?"沈庆之含泪说道。

宋主仍然劝告，让沈庆之留下，沈庆之却满面涕泪，一意固请，最后宋主才怅然恩准。

"也罢，朕且准奏。爱卿劳苦功高，朕特封爱卿为始兴公，卿辞职离京吧!"刘骏说道。

接下来，柳元景也告老还乡了。此时，朝臣都感到惊惧，觉得像刘义恭、沈庆之、柳元景这样的重臣都请求离职，朝中还有谁人再敢向皇上进谏呢?

从此，刘骏便可威福独专，无人可违了。这样一来，宋主刘骏无拘无束，除了例朝，每天都在后宫宴饮，纵情享乐。以前，他只和刘义宣女儿偷欢，如今，他则干脆将她们召入后宫，排入妃嫱，公然追欢取乐。

其中刘义宣有一位小女，姿容娇艳，面似芙蓉，腰若杨柳，汪汪媚眼，勾魂动魄，更加上一副脆生生娇喉，曼音悦耳。宋主刘骏将她视若珍宝，与她终日形影不离。几度春风之后，刘骏居然和她生下了一子，取名子鸾。刘骏因此更加喜欢她，并封她为淑仪。但是，终究她是自己的堂妹，不便传扬，所以宋主只得假称她是殷琰之女，这样张冠李戴，将她称为殷淑仪，以便掩人耳目。

刘骏乱伦的行径，还远不止于此，他竟然还与其生母淫乱，成为史上少有的荒淫君主。曾有人如下描述此事：

当初，刘骏母子俩人在荆州、江州等封地同居时，刘骏的变态心理就已经开始萌发，其时他与他的母亲路淑媛具有了特殊的依恋关系。

他渐长大后，其母路淑媛按理可以回皇宫入住了，但是路淑媛一是因为她对宫廷生活厌倦，二是因为她爱子心切，所以，她仍旧一直住在儿子的封地，没有回宫。

而此时，刘骏更是离不开自己的母亲。他恋母之情，甚至到了神经错乱的地步。在刘骏的心目中，世上只有母亲才是最亲、最敬、最美的女人，他甚至已将自己的情爱和性爱混在了一起。

在萌动之初，刘骏就常梦见与母亲赤裸相拥，醒来后，他虽然也会自责，然而，他却仍是情不自禁地回味着梦幻中的情景，并觉得甜美无比。

有一次，在母亲午休时，刘骏误入了她的卧室，当他看到母亲美丽的、美妙身段的时候，他全身的血液都沸腾起来了。此后，当他再和母亲相处时，常常会因此产生难耐的冲动和联想。

在他成人大婚之后，刘骏虽然已有成群的妻妾，他虽然可以移情别恋和妻妾欢娱了，他可以减少对母亲的性冲动了，然而，他却仍然常常会不自觉地拿那些妃子和母亲做比较，并且他深感嫔妃们没有其母那样美丽和动人。

二十三岁的刘骏已经成了荆、豫二州的江夏、西阳、晋熙、新蔡四郡军管都督、南中郎将、江州刺史。接下来，京城建康平息了刘劭杀父之乱后，刘骏有幸得到了皇位。随即，刘骏就决定尊封其母为皇太后，立妃子王氏为皇后，并且立即派人前往荆州将她们接来京都。

当初，为了皇位大事，刘骏历经沙场，只得辞别母亲。然而，此时其念母之情，难以言表，现在他讨伐成功，自己大权在握了，他更是迫不及待地想早与母亲团聚，并计划要为皇太后举行盛大的尊封典礼。

太后来到了京城后，刘骏欣喜若狂，他马上亲自出城迎接。

"自从与您别后，孩儿无时不想念母亲，朕不能与您分离啊——"母子相见时，宋主刘骏紧紧地与母相拥，久久泣诉。

"现在，皇儿你已得帝位，应当以国事为重，再不能与为娘长相厮守了！"路太后也哭泣起来。

"朕不能与太后分开……"刘骏仍旧抱着太后不放，并且放肆地狂吻起来。

"皇上你走吧，朝臣们都在等皇上去办理大事呢！"最后，路太后说着，并用力推开了刘骏。

于是，刘骏只好与母惜别。

当夜，刘骏忙到深夜，但是，当他躺下歇息时，仍旧梦魂缥缈，心神不定。接着，他突然心潮澎湃，要去临幸妃嫔。随即，他与一个妃子恋情达如痴如醉境地。

"啊，你……你是皇太后？好！太后，母亲……"猛然间，刘骏迷茫地向那妃子大叫起来，认为那个妃子就是自己的母亲！

"陛下……不不，妾不是太后啊……"那妃子立刻惊慌地告诉皇帝。

"不，你是母后，母后……朕爱您，朕要与您——"刘骏此时更加兴奋地叫起来，并且拼命地与之求欢。

"陛下……陛下……"刘骏榻上的那位妃子更加惊恐不安地叫喊。

事毕之后，刘骏汗湿重衣，门外侍女也进来替他更换内裳。看着身边的那个妃子和其他宫女，刘骏慢慢地清醒了过来，并且也觉羞愧。

次日，就是尊封太后的大典。刘骏因为有了昨晚的事，所以在面对母亲时，也难免有些愧疚，顿时清醒了许多。然而，当刘骏再次抬头看母后时，一见盛装在身的母亲是那么雍容华贵、美丽诱人，他又魂不守舍起来了。

"啊，虽然母亲已是半老徐娘，可是，其风韵犹存，仍能摄人心魄啊！"刘骏自言自语道，不禁心中又情波荡漾起来。

殿上人来人往，刘骏神不守舍，害怕出了差错，只得举目遥望母亲。他盼望典礼快些结束，然而，当典礼结束时，看着母亲离开的身影，刘骏又感到了一阵莫名的失落。

典礼结束后，就是盛大的宫廷宴会。在后宫的宴席中，那些王公贵妇都想巴结太后，因此，争相为路太后敬酒。太后没想到自己竟能被尊封为太后，她深感这一切都如梦境。于是，在恍惚之间，太后几乎接纳了所有的敬酒。这样，她很快就酒醉倾倒了。知道自己已醉，太后遂匆匆向众人话别，由宫女们扶归寝宫就寝去了。

在前殿的宴席中，和众皇亲大臣们喝酒散席后，刘骏突然又想到母亲。于是，他立刻起身来到后宫。

"皇太后哪里去了？"一到后宫筵前，刘骏就向众人问道。

"太后她已经不胜酒力，回宫歇息去了！"皇后起身说道。

"哦，她……她已经歇息……睡觉去了……"刘骏听到母亲已经睡去，不禁一阵莫名其妙的兴奋。

"是的……"众妃齐声躬身向皇帝答道。

此时，刘骏猛然想起了小时候看到母亲午睡时那使他终生难忘的情景，这情景现在又突然浮现在他眼前。于是他借着醉意，一阵兴奋，带着两个太监，激动地赶往太后的寝宫。当他来到宫前时，宫里的太监和宫女们忙全都迎出门外。

"太后睡了吗？"踏上了太后的寝宫门槛时，刘骏急切地问侍从们。

"回皇上的话：太后她已睡下了，而且……已经睡沉了。"领头的太监答道。

"哦，我要进去看看太后！"刘骏听了，激动地说道。

"这……不太方便吧，太后她……"领头的太监见此，忙支吾着。

"放肆！"刘骏断喝了一声，抬脚就进，众人只好退避。

进了寝宫，刘骏慢慢地走近母亲的床边。红烛之下，刘骏只见母亲半裸着身子，真的睡沉了。由于天气炎热，所以太后身上几乎未穿一物，红鸳衾下，太后的蓬丝玉肌尽现。

"哦，如此之美……怪不得……大太监说'不太方便'呢！"刘骏见了太后身体，神魂飘荡，遂又自言自语地说道。

刘骏喃喃地说着，如痴如醉地站在母亲榻前，贪婪地看着她。母亲美丽的脸庞，薄衣紧裹着的美妙的身段……再次撩动着刘骏不可遏制的空前欲火。

刘骏欲火中烧，在经过长时间地犹豫之后，他终于迈出了罪恶的一步：他竟然冲了上去，不顾一切地与太后疯狂地云雨起来。太后害怕丑事败露，为了儿子，也只好不作反抗，于是，他们成就了史上少有的帝王母子乱伦的丑孽。

话说宋主刘骏杀了刘义宣，又将其女纳为殷淑仪，再加上他又母子乱伦……这些丑闻外传，当然会引起朝内外的共愤。为压制王公大臣们的众怒，宋主采取强硬手段。不料，他越强硬，王公大臣们的反抗也越加强烈。首先起来反叛的就是他的弟兄。

宋主刘骏上有二兄刘劭、刘浚，如前述已被杀身死，他下面还有弟十六人之多。刘铄、刘绍、刘弘也已早死，接下来就是右仆射竟陵王刘诞、东海王刘伟、义阳王刘昶、武昌王刘浑、湘东王刘彧、建安王刘休仁、山阳王刘休佑、海陵王刘休茂、鄱阳王刘休业等等。

孝建元年，柳元景辞职后，宋主任武昌王刘浑为雍州刺史。刘浑年轻有为，身材高大。他常与身边人戏作檄文，自称楚王，年号元光，还备置百官。长史王翼之认为这乃是大逆不道之举，于是将此事上报朝廷，宋主闻罢大怒，收回其王爵，并逼他自尽了。

竟陵王刘诞功勋最高，升为太子太傅、扬州刺史。然而，他在家府中建造亭舍，工巧穷极，园池华美，冠绝一时，又招募壮士为府卫，甲仗显赫，夸耀京城。宋主本来就十分多疑，经刘义宣谋反之事后，他更加疑忌王公群臣。见刘诞如此夸耀奢侈，宋主表面上推崇安抚，加封他为司空、南徐州刺史，出镇京口，而其实却对他已经恨之入骨，并发誓要彻底铲除他。

宋主因为京口离京城建康太近，于是首先改调刘诞为南兖州刺史，接着让右仆射刘延孙镇守南徐，暗中监督刘诞。

在朝中，宋主刘骏只是重用他在江州时的部属亲信戴法兴、戴明宝和巢尚之，凡事他必先与这"两戴一巢"商议，并且提升他们为南台侍御史、兼中书通事舍人。巢尚之涉猎文史，颇有声誉，所以他更得到宋主的重用。

血色南朝

孝建三年冬，宋主刘骏踌躇满志，一日坐在金殿接受朝觐。

"陛下声名远扬，国内太平，我主当再作庆贺——""两戴一巢"纷纷上奏献谀道。

众人也附和着。

"今改孝建四年为大明元年，大赦天下——"宋主兴味盎然，忘我地笑道。

于是，全场一片喜气洋洋。

二十八、屠骨肉，刘宋兴惨案

大明二年，宋廷君臣聚集在朝。

"启奏陛下，今有北虏内侵，东平招架不住，请求发兵救援——"突然东平太守刘胡上前奏报道。

"哦……令薛安都率兵前往救援东平！"宋主刘骏闻报后，与宠臣"两戴一巢"等商议后，说道。

于是，薛安都、刘胡等应声去了。

"南彭城妖民谋反大案已经了结。中书令王僧达自恃才高，诽谤朝政，详情如何？"接着，宋主又问群臣。

朝臣见皇帝发问，一时无人回答，过了一会，只见路太后的侄儿路升走上殿来。

"路爱卿有何事要奏？"宋主问。

"前次，臣前往王僧达处，发现他竟敢升榻高坐，目中无人，此乃是藐视朝廷之举！"路升奏道。

"爱卿以为……"宋主问。

"臣回来后曾与太后说及，太后以为中书令竟如此怠慢朝廷钦差，是有参与南彭城妖民作乱之嫌，因而请陛下降旨严惩！"路升愤然地奏道。

"王僧达清高傲慢，可以杀之！即照爱卿之意，将王僧达以通匪谋反罪论处，施以绞刑！"刘骏怒道。

于是，路升欣然得令执行去了。

北魏镇西将军和征西将军先后进攻清口、青州，被守将傅乾爱和颜师伯击败，魏军退回。此时，南兖州刺史刘诞竟欲趁机作乱。他借口防御北魏，大加巩固城垒，招兵买马，要与宋主刘骏一决雌雄。参军刘智渊得知刘诞将要作乱，便请假回京向刘骏告密。

宋主刘骏立即任命刘智渊为中书郎，以便监督刘诞的行动。

一日，在朝中，君臣齐集。

"南兖州曾有报告,刘诞已有反意!"宋主突然说道,"众位爱卿以为将如何处之?"

"果有此事?"阶下群臣闻罢诧异道。

"如今国内局势渐稳,朕理当开始对宗室加以严防。刘诞自恃屡立功勋,位高权重,建筑豪华府第,聚集文武英才,配备精甲利器,实令人猜忌。为了让他远离京都,朕转派他任南兖州刺史,镇广陵,他竟仍旧未能悔改。他已经开始积蓄实力做出防备,以北魏常常入侵边境为理由,修治城防,积聚粮草军械,训练军队。国中开始流传刘诞将会谋反的传言!"宋主刘骏向众臣说道。

"禀报诸位大人,的确,我曾闻得此种风声!"参军刘智渊接口说道,"吴郡人刘成、豫章人陈谈之也先后告发了竟陵王刘诞谋反的事实!"

"确有此事!"宋主说,"现吴郡、豫章有二人揭发刘诞造车行蛊、蓄意谋逆的事实!众卿理应上疏弹劾,与之理论!"

"刘诞大逆不道,当诛——"中书舍人戴明宝闻声,立即出班说道。

"唉,虽然刘诞有罪,但朕仍旧念及手足之情,况且,他也曾经有功于国家啊,所以……朕欲让他觉悟,权且把他降为侯爵,免他死罪——"宋主又不动声色地接口说道,过了一会又道,"倘若众卿无事,便可退朝!"

于是,朝臣们陆续退去。

此时,义兴太守桓阆正要退朝,太监却走了过来,拉住他的衣襟。于是,桓阆随太监返回殿中。

"桓爱卿!朕封你为兖州刺史,并率羽林禁兵前往广陵,伺机偷袭刘诞如何?"宋主对桓阆说,接着回头指着戴明宝,对桓阆说,"朕任中书舍人戴先生为军师,与你一同前往!"

桓阆和戴明宝兴高采烈地退出宫殿去了。

次日午后,宋主刘骏正在后宫嬉闹,却听到太监和戴明宝急切跑来的脚步声。

"启奏陛下,桓阆刚到广陵,因出言不逊,就被刘诞察觉,而且立即被杀死,臣……臣侥幸得以逃脱!"戴明宝向宋主刘骏哭泣道。

"啊,竟会如此?"宋主惊叹道,"如今打草已经惊蛇,朕当立即发大军前往讨伐刘诞——"

"刘诞骁勇,别人皆非其对手,只有起用始兴公沈庆之了?"戴明宝轻声地奏道。

"传始兴公沈庆之星夜来见,任他为车骑大将军、南兖州刺史,令他即时率兵征讨反贼刘诞——"宋主刘骏向身边的太监大叫道。

那太监应声领旨去了。

为了迎接广陵大战,刘诞将城外居民赶入城内,一面号召远近各镇起兵反叛,一面向外投递征讨宋主刘骏的檄文,历数了刘骏昏庸不堪等罪行。刘骏看到揭露他宫阙丑闻的檄文后,恼羞成怒,咬牙切齿。

"立即在城中搜捕刘诞的全部亲友，不论其是否与刘诞有关，一概将他们满门抄斩，一个不剩——"刘骏向众臣狂叫道，"朕将与反贼刘诞誓不两立！"

随着宋主的一声令下，建康城内城外鸡飞狗跳，大批刘诞亲友被押赴刑场、横加斩杀。转眼间，京都四处，尸颅成山，血流成河，一千多具尸体堆在台城北侧。

宋主刘骏在朝中，声嘶力竭地叫喊了一阵后，仍旧不能解气，于是，他连忙出居宣武堂，打算号召外藩兵马也来参与剿杀刘诞之事，不想却迎面碰到赶来请旨的老将沈庆之。

"沈老将军，你为何还不速往广陵讨贼？"刘骏向沈庆之迎头大叫道，"你与豫州刺史宗悫、徐州刺史刘道隆在广陵会师，朕限期破贼——"

沈庆之惶然得令去了。台城内外仍在一片慌乱中。

"全城内外戒严——"宋主刘骏又狂叫了起来。

豫州刺史宗悫是南阳人，他自幼胸怀大志，野心勃勃。而其叔宗炳却是个性情恬淡、不图名利之士。

"侄儿将来志向如何？"宗炳曾经这样问宗悫。

"我愿乘长风破万里浪！"宗悫欣然地答道。

"唉……你的志向太高远。也许……你不仅谋求不到富贵，反会弄得家破人亡啊！"叔叔宗炳闻而叹息道。

"阿叔何必危言耸听！"宗悫漠然说道，"侄儿就是不愿虚度此生！"

后来，在宗悫兄长宗泌娶亲之夜，有盗贼行窃。当时只有十四岁的宗悫却一人打倒了十多个贼人，其他贼人闻风丧胆，逃奔而去。从此之后，宗悫的威名远扬。后来宗悫成了江夏王刘义恭的部将，与义恭南征北讨，立下了赫赫战功，并成为随郡太守。接着，宗悫又在雍州讨伐刘劭的战争中，创立了大功，得封左卫将军、洮阳侯。如今，宗悫虽已年过六旬，但是，承蒙宋主差遣，他仍然十分豪迈。

再说，刘诞站在城头上，看到宗悫到来，颇为畏惧。宗悫在城下绕城一周，向城上怒目而视。

"将士们不要惊慌，宗悫是来帮我的！"刘诞以谎言告慰城内的部属。

"我就是宗悫，我就是奉命前来镇压反贼刘诞的！"突然，宗悫在城下向城头上大叫道，"我只知讨逆，对你们决不宽恕！"

刘诞俯瞰了一会，摇头感叹，又见沈庆之也在挥军攻城，只好以好言相劝。

"沈公，你已是应该尽享天伦之乐的人了，何必还要来此受苦？"刘诞凄然地向沈庆之说道，"你还有多大力气，何必还要与我们对抗？"

"你不仅狂妄，而且愚蠢，朝廷认为对付你，不必用年少俊杰，只用老夫就行了！"沈庆之听罢，怒发冲冠地回话。

见城下兵势渐盛，刘诞越加畏惧，他忙交代中兵参军申灵赐固守城池，自己却下城整装，率着数百亲兵，托词出战而开门北逃去了。

刘诞等人走了十多里，见后方尘土飞扬，似乎追兵前来。

"殿下，我们莫非未经一战，就立马逃避？"部属们知道这是在逃跑，急忙问刘诞，"既然追兵已来，我们还不如回城，与之决一死战！"

"你们真能为我死战沙场？"刘诞骑在马上，回头含泪问众人。

"我们愿为殿下效力——"众部属齐声应道。

"无论如何，我都会追随殿下！"部将杨承伯拉着刘诞的坐骑，哭泣道，"请王爷尽快回城，否则就来不及了！"

刘诞听罢，掉头往回走。但未走几步，就见追兵到达。为首的大将戴宝之手执长矛，直冲过来，那矛头差一点就刺进了刘诞的咽喉，幸亏杨承伯及时挥动大刀，一下挑开了戴宝之的矛头。同时，全体护卫一齐冲上，才为刘诞杀开了一条血路。杨承伯边战边撤，刘诞这才得以匆匆地回到城中。

"文武将佐，我们要筑坛歃血，誓死固守广陵——"进城后，刘诞聚众誓师。

"我们愿与城池共存亡——"众将义愤添鹰地答道，"敢于抗拒昏淫皇帝刘骏。"

"全体将士听着！"刘诞立即向众将宣布道，"封申灵赐为骠骑府录事，参军王与子为中军长史，主簿刘琨之为中兵参军，世子刘景粹为中军将军，别驾范义为中军长史，府中文武将佐全得封赏！"

"末将乃是宗室刘遵考之子，我要拜谢殿下封赏之恩！"刘琨之含泪说道，"然而，末将不能就殿下所授之职，因为自古忠孝不能两全，我父还在京都，我欲行孝，恕我不敢奉殿下之命——"

"我们聚众誓师，你却要违抗我的命令？"刘诞闻罢大怒道，"违令者当斩！"

于是，刘诞当场斩杀了刘琨之。

城外，右卫将军垣护之、虎贲中郎将殷孝祖曾奉命防魏，现在也回到广陵，与沈庆之一同攻城，广陵城处重兵共压之中，危在旦夕。

刘诞派人给沈庆之送上美味，庆之却弃之不闻。

"我有苦衷，这乃是奏章一道，望沈老将军代为奏明皇帝！"刘诞又在城上捧出奏章，向城下的沈庆之乞求道。

"我奉命讨贼，不能替殿下传话！"沈庆之又说，"倘若殿下诚心悔过，那么就应当打开城门，去京请罪，我当护送！"

刘诞无言以对，竟派兵从四门突然袭击朝廷大军，但是，他自己却节节败退。沈庆之又在加紧催战，将士奋勇，刘诞屡次战败，穷蹙至极。于是城中兵民纷纷外逃。

"事已至此，我劝殿下向朝廷投降，或者还能留下一线生机！"记室参军贺弼又向刘诞劝谏道。

"我至死不会向刘骏投降，请你不必再说！"刘诞对贺弼说道。

"贺将军，你曾多次劝谏，殿下总是不允，既然军情业已危急，贺将军不如自己出城求降，以保自身？"一位部将偷偷地对贺弼说。

"不可！"贺弼断然拒绝道，随即，他取出腰中的一包毒药，接着说，"叛君不忠，背主不义，我不能既不忠又不义！竟陵王既然不从我言，我只有以死明志了——"

贺弸说罢，立即仰起脖子吞下了那包毒药，自杀身亡了。

参军何康之等人见此，顿时惊慌，急忙陆续偷偷地出城投降去了。刘诞得知后，立即抄斩了他们在城内的全家。

眼见对刘诞劝降不成，宋主刘骏急火攻心，聚众在太极殿中廷议。

"为了尽早消灭刘诞叛贼，现在只得颁发了重奖令：先登城，一等功封竟陵县千户侯，二等功封建兴县三百户侯。"刘骏向义武大臣叫道。

"皇上英明！"戴明宝狂叫道，"此外，还要对前方将士提出限令！"

"如何限令？"刘骏问。

"攻城可设三步走：第一步克外城，第二步拿内城，第三步擒刘诞！陛下必须责令他们在限期内完成杀敌的任务！"戴明宝答道，"对不能完成战绩者，诛杀他们的全家——"

"就按戴爱卿所言颁旨——"宋主道，"此外，为了早日踏平广陵，现又令谭金、郑景玄率羽林军再助沈庆之！"宋主又迫不及待地叫道。

于是，诸将应命去了。宋主及其亲信等人，日夜焦虑不安地等候在大殿上。

"报——"前方有人报进殿来。

"广陵军情如何？"宋主急问报子。

"因江南连日大雨，不便进攻，广陵久攻至今未下！"戴明宝慌忙入殿奏道。

"这……如何是好？"宋主焦急万分地叫道，"不如……朕御驾亲征！"

"不……不不！陛下万乘之躯，切不可亲临险境！"太傅刘义恭劝阻道，"荡平叛匪，自有国中良将，陛下务必保重龙体——"

"哦哦……既然如此，就请传出御旨，再催沈庆之加紧进攻广陵——"宋主暴跳如雷道，"不踏平广陵，朕夜不能安寝！"

沈庆之等人接到御旨后，立刻催促大军各路齐进，从早至夜，时刻轮番，攻城不息。终于，广陵外城、内城均被陆续攻破，接着"三步"告成。沈庆之斩了刘诞、申灵赐等人的首级，逼得刘诞母亲、妻子全部自尽。接下来，沈庆之向朝廷报捷。

捷报传到京都，宋主在宣阳门升殿，举朝欢呼。宋主刘骏大宴群臣，朝臣们觥筹交错，弹冠相庆。接下来，宋主兴高采烈地召来王公贵戚和文武百官，到大殿汇集商议庆贺之事，百官颂扬之声不绝于耳，只有侍中蔡兴宗默然站在一旁。

"众人欢呼为朕祝贺，蔡爱卿何故一言不发？"宋主刘骏情不自禁地从宝座上站起来，走到蔡兴宗面前问道。

"陛下又痛失手足了，现在应当是万分伤心之际，臣怎能向陛下祝贺？"蔡兴宗正色地说道。

"此话何意，不识时务——"刘骏不悦地说，并快步走上丹墀，回头下令，"对广陵屠城——"

"陛下,不可!"沈庆之立刻出班劝谏道,"城中老幼无辜,微臣乞求陛下饶恕广陵百姓,陛下切不可杀之!"

"哦,那么就依老将军之言,不杀城中老幼!"宋主说,接着又咬牙切齿叫道,"对广陵城中的一切壮丁,均……杀无赦!并恩准宗悫前去对罪犯们施以挖肠、抠眼、剖腹、鞭笞等各种极刑!将城中妇女充作军赏,配给各路将士受用,让全军欢欣鼓舞!"

"何必还要施以如此酷刑?"沈庆之轻声地嘀咕道,"不久前……祖冲之所颁的历法叫'大明历'、广陵寺院也叫'大明寺',它们虽然都是在我朝大明年间出现的,然而……其实大明年间无大明啊!"

"沈老将军请勿操心,处理叛匪之事,朕自有对策!"宋主怒道,"况且……你也不能再说什么'无大明'之言了!"

沈庆之愕然地低下头,默默而退。

宋主对此非常不悦,他并不听沈庆之的劝告,还是决定对广陵兵民施加种种酷刑。

于是,随着宋主一声令下,整个广陵城中便立即血肉横飞,尸骨成山,哭声震荡天地。三天后,宋主便在石头城南坡上,用三千广陵人的头颅堆起一个小山,作为京城的一景,供人欣赏。刘诞幼子刘景粹由一黄门携逃出城,匿藏民间,几日后被搜查出来,也被刘骏斩成两段,尸挂树梢。另外,京城内外连坐伏诛者还有八千兵民。

沈庆之班师回朝后被封为司空、南兖州刺史,但是不久,沈庆之将司空职位让给了柳元景,自己决定进山归隐。

"老爷为何要急流勇退,执意归隐?"夫人问沈庆之。

"唉,老夫已老,当求安逸,然而在京不能安享荣华呀!"沈庆之叹息道。

"老爷有功于朝廷,怎会不能享受荣华富贵?"夫人又问。

"当年武陵王在西江起事讨伐刘劭时,老夫最早与颜竣发生了争执。"沈庆之无力地叹息说,"唉,现在,你就听我向你慢慢说一下这颜竣之事吧!"

"哦,颜竣有何不是,竟遭惨祸?"夫人再问。

沈庆之接着说:"颜竣曾辅佐皇上,被封丹阳尹后,在京过起了奢侈生活。而他的父亲颜延之却仍是一身布衣,不改本色。有一次,颜延之坐牛车郊游,遇到颜竣的仪仗队,只好让路在一旁,后来颜延之步入颜竣府中训诫其子,说他如此招摇,其富贵难以久远。但颜竣仍不思悔改,颜延之病故,颜竣只守孝一月,就赴任丹阳尹去了。"

"后来……"夫人问。

"后来,见宋主荒淫无度,颜竣居然也看不过去,沽名钓誉,前去劝谏,但未被宋主采纳,而且他还被外调为东扬州刺史,加上他的仇敌也乘机从中中伤陷害,结果,他竟被作为刘诞的同党,遭到满门抄斩的厄运。"沈庆之叹息道,"况且……我因不满皇上的残暴，也曾多次劝谏。倘若仍然留在京中，我的前途岂能比颜竣好些？我只有远离京都这是非之地，才能尽享天年啊！"

"按常理说，颜竣也的确是有大功于朝廷的人呀！"夫人说，"老爷当初未能赞扬颜竣，可是后来却对他大加赞扬！"

"是呀，颜竣在任职十多年中，与陛下关系和谐密切，感情深厚，颜竣尽心尽意辅佐了宋主。颜竣为今上夺帝位立下大功。今上当年正是利用了颜竣所写的讨逆文书，传檄州镇，统辖精兵良将讨伐太子刘劭，才一举成功。起初，敢于公开反对刘劭的人是不多的，只是颜竣撰写的檄文发布后，全国各地才公开亮出了声讨刘劭的旗帜。颜竣的笔力雄壮，文章气势磅礴，动民心，振士气，一纸檄文胜过千军万马。这是颜竣为陛下争得帝位所立的第一大功。"沈庆之接下来说道，"其次，当年讨伐刘劭大军东下时，陛下一离浔阳就病倒了，他甚至多次生命垂危。那时，正是颜竣利用自己可以独自出入陛下卧室的特殊条件，不但代陛下决断一切军务大事，而且对外严格封锁了陛下病重的消息，从而挽救了陛下进军途中的危机！唉，作为今上的心腹，颜竣没有辜负今上对他的期望啊，然而……颜竣他最终却未能逃脱劫难！"

"原来……果真……伴君如伴虎……"沈夫人叹道，"但愿老爷能一如既往，从此再不与虎相伴！"

"那也未必能够办到。我身为人臣，食用朝廷俸禄，倘若将来朝廷召唤，老夫只要仍旧有一丝精力，也还要应召入京。为皇帝效劳，责无旁贷！"沈庆之正色道，"同时，老夫天生耿直，将来只要是在皇帝身边，也还总不免有劝谏的举动啊。"

"如此……老爷怎能避祸祈福？"沈夫人又问。

"唉，我们一家人，只能暂且逍遥村野……"沈庆之叹息道，"将来如何，不能预料……"

随后，沈庆之带着家眷迁居娄湖，广置田园，蓄收数十名姬妾，上千奴僮，闭门享乐去了。

大明五年，宋主十四弟海陵王刘休茂谋反，虽被剿灭，但经过州郡重新划分后仍不能遏止外藩反叛的势头，这令宋主更是忧心不已。

"唉，如今州郡已经重新划分，然而却仍然不能因此而让朕高枕无忧。这……实令人恼怒和不安。"刘骏叹息道，接着他又问太宰刘义恭，"爱卿有何良策？"

"……总览竟陵王、海陵王叛乱的案例，臣以为欲得国家长治久安，就要从根本上铲除祸乱。陛下应当下令，裁抑诸王势力！"太宰刘义恭为迎合宋主之意，竟上书向刘骏奏道。

"啊，妙妙！这乃是源于汉武的削藩之计，朕一概准奏！"宋主听罢，并看了刘义恭的奏章，十分高兴地说，"朕理当重步大汉之后尘，振兴国家社稷！"

"不可！此乃是'牵一发而动全身'的非常之策，陛下不可贸然推行！"侍中沈怀文强烈地谏阻道。

"为何汉武可为而朕不可为？"刘骏惊问沈怀文。

"昔日的汉朝与我朝不同，况且，当年汉朝的削藩之策，也曾撼动了国家根基。"沈怀文忧虑地说。

"莫非朕就不能裁抑诸王，只能让他们为非作歹了？你真会说话！"宋主不悦地对沈怀文说，"……记得颜竣是你的朋友？颜竣倘若不是太能说话，他也不至于被满门抄斩啊！"

"陛下难道……决意削藩？"沈问。

"朕可以暂缓削藩，然而，你也别再多嘴多舌了！"宋主愤愤地说，"你应当小心你的前途啊——"

沈怀文听了，十分不悦。但是，面对好色好货、好博好饮、好猜忌群下、好狎侮大臣、大失君主之风的刘骏，刚直不阿的沈怀文也不能忍受，后来，他还是不断地将奏牍传达宫中，其谏言越来越犀利，不能再让宋主刘骏容忍了。后来，沈怀文被任命为广陵太守，在大明六年初，入朝觐贺时，他因女儿有病请假，并请回归武康原籍，触怒了龙颜，宋主遂以谋反罪，斩杀了沈怀文的全家。

朝中又少了一个正直的大臣，于是，奸佞们更能被重用，从而更加猖狂了。此时，"两戴一巢"更是飞扬跋扈。他们和晋升为侍中的颜师伯等人一起，一边向宋主邀宠，一边收受贿赂。颜师伯还采用与宋主赌博输钱的办法赢得宋主的欢心。

刘义恭见朝中能臣和本家子弟一个又一个地被斩除，也害怕起来。他怕权重主忌，急忙再三将其扬州刺史之职让给了刘骏的不满十岁的二皇子刘子尚。

接下来，宋主又封其受宠的殷淑仪不满六岁的八皇子刘子鸾为新安王、南徐州刺史。接着，宋主又封刘子鸾为司徒、加号抚军，任谢庄为抚军长史，辅佐爱儿刘子鸾。

此外，宋主还喜欢戏谑大臣，他称光禄大夫王玄谟为老伧，仆射刘秀之为老悭，颜师伯因露齿而被称为老齿。朝中大臣们几乎每人都有这种"雅号"。宋主刘骏还宠养了一个昆仑奴，此人身高力大，常手拿长棒立在宋主旁边，宋主对谁看不惯，昆仑奴就会以棒殴击，群臣几乎都曾遭到过他的殴打。

因宋主刘骏挥金如土，挥霍无度，所以，他还用各种各样的方式聚敛财富。如，刺史要上供二千石，卸职回京也要上交俸银，他还需要用赌博的方法向众臣敛财。

宋主嫌自己的宫殿窄小，特令人建造玉烛殿。而在拆毁高祖寝室时，宋主见先帝用品陈设简陋，感到十分可笑，遂向随从问话。

"这能是帝王所用之物吗？"刘骏笑问侍中袁岂道，"这说明高祖是什么人？"

"高祖多有俭朴之德，乃是人主之楷模啊！"袁岂认真地回答道。

"人主岂能如此穷困？"宋主刘骏冷笑道，"哈哈！不过，高祖本是乡下的农民，所以他也只能用这些器具啊，哈哈！"

"哦……哦……"袁岂闻后惊慌，不知如何言答。

二十九、昏淫主，子业多作恶

刘骏的殷淑仪红颜薄命，竟于大明六年四月一病身亡。对此，宋主刘骏如丧考妣，下旨按帝后规格发丧，并仿《汉武帝李夫人赋》作赋祭奠，其语语悱恻，字字缠绵。

当日，宋主昏昏然，悲戚地在含章殿内榻上，接受群臣的问候。

"启奏陛下，谢庄大人入宫来了！"突然，太监跪报道。

"哦，谢爱卿有何要事？"宋主刘骏抬起泪眼，向入殿跪伏在丹墀上的谢庄问道。

"微臣为娘娘献上祭悼哀文一篇！"谢庄答道，并递上文章。

"啊，谢爱卿的大作如此悲切，比朕的赋文更高一筹！"宋主接文看后，叹为

宋主刘骏的殷淑仪

观止，并且向左右叫道，"着令礼部派员将谢爱卿的哀文勒石镌墓——"

侍卫领旨去了。宋主刘骏因殷淑仪死后，对后宫所有佳丽失望，所以情思昏迷，身体每况愈下，于是，在大明八年夏，因伤心过度，宋主刘骏的生命已临垂危，他卧在榻上，朝中王公大臣齐齐入殿跪伏问安。

"苍天不佑，朕……将归天……"过了一会，刘骏又抬起头来，向榻下的群臣绝望地说道。

"我主无恙，望静养龙体——"众臣齐声高呼。

"唉，上天既然要让朕去，朕岂能逆天？"宋主喘着气，轻声地叹息道，"望众臣悉听遗旨……"

于是，大太监持诏站在榻下开始宣旨：

"……诏令太子刘子业嗣位，加封太宰刘义恭为中书监，仍录尚书事；骠骑大将军柳元景为尚书令；仆射颜师伯处理尚书内事……"

众臣在榻前静听遗诏。

"此外……召回始兴公沈庆之和领军将军王玄谟……他们也是顾命大臣……"宋主又在榻上吃力地说道,"朕……朕曾嘱咐刘子业……遇事应当首先咨询刘义恭、柳元景,大事还要请始兴公沈庆之参决……"

宋主刘骏说罢气绝,遂驾崩于含章殿上。刘骏在位共十一年,享年三十五岁。

见父皇驾崩,刘子业毫不哀伤,当户部尚书蔡兴宗将玺绶亲奉给他时,他竟然只是兴味盎然,对父皇驾崩之事,毫无悲戚之情。

"唉,当年鲁襄公去世时,继位的昭公也是不知哀伤,因此叔孙穆说他不能善终,如今看来,我国难也许为期不远了!"蔡兴宗沉痛地对刘义恭说。义恭摇头不能作答。

十六岁的刘子业即位后,追尊父皇刘骏为孝武帝,庙号世祖,皇太后路氏为太皇太后,皇后王氏为皇太后。

太后王氏是刘子业的生母,她守丧三个月后得病,但刘子业此时,仍旧只知玩乐,从不向母后问安。王太后病重时想念儿子,忙派宫人宣召刘子业,然而刘子业对母后的懿旨毫不在意,常常充耳不闻。

"病人的房中鬼怪太多,朕不愿去!"刘子业无情地对宫人们说道。

宫人无奈,只得将刘子业的话禀报给了王太后,太后听后大怒。

"你们赶紧拿刀来!"太后愤怒地命令宫人。

"拿刀何用?"宫人问。

"拿刀剖开我的肚子,看里面是什么样的,竟然孕育了这样的一个不孝之子!"太后大声怒道。

于是,宫人们慌忙劝慰,王太后这才稍平怒气。不久王太后终于病逝,与刘骏同葬在景宁陵。

此时,戴法兴、巢尚之仍在朝中担任要职,参与国事。

刘骏死后,刘义恭如释重负,以为再也不必因害怕遭罹祸殃而提心吊胆地过日子了。刘义恭一生谨小慎微,虽然他受命辅佐新帝,但是凡事能躲的他还是尽量绕过不管,以免惹是生非。这样,他就使得戴法兴等朝中佞臣们能够乘虚而入,总揽大权,更加专横起来了。

蔡兴宗因职掌吏部,常劝刘义恭荐人任用,刘义恭不想多事,因而置之不理,于是,他自己上奏,向皇上举荐贤能,结果,上举人员的名单却全被戴法兴、巢尚之等人否定了。

一次,蔡兴宗与刘义恭、颜师伯三人在中书省议论。

"陛下年幼,不能亲理朝政,而我递上去的奏章却被人全换了,所荐人名大多被改动了,但奏章上的批示又非二公所写的。这是谁改动的呢,莫非朝中还另有一个天子?"蔡兴宗对刘义恭、颜师伯说,"二公乃是辅政重臣,二公未改,还有谁能有权改动呢?"

刘、颜无言以对，也深感不妥，于是，他们反而将此话告诉了戴法兴，去转问戴法兴要他说出其中的缘由，戴不能回答，于是恼羞成怒，对蔡产生了不满。

"蔡兴宗过于狂妄，荐人之事，难道只有他一人能专？"戴法兴怒向刘义恭说道，并趁机诬陷蔡兴宗，"他能如此行事，是想将万岁放在何种地位？"

"这也使龙颜大怒了？"刘义恭轻声地问。

"陛下对此甚怒，将贬蔡兴宗为新昌太守！"戴法兴得意地说，"诏书已下！"

"哦……"此时，刘义恭也后悔不该和戴说及此事，接着忙说，"蔡公主管吏部，不宜远调！"

见刘义恭不同意，戴法兴也心有余悸，因此，蔡兴宗仍旧被留在京中。不过，但凡戴法兴等人嫉恨的人，其最终也都陆续遭贬。如，尚书袁粲被降为御史中丞，袁粲遂辞官而去；领军将军王玄谟被贬为南徐州刺史；湘东王刘彧被降为领军将军。接着，建安王刘休仁被任领军将军，刘彧又被降为南豫州刺史。宗悫病故后，刘彧接任其职，再被降为雍州刺史。

永光元年，刘子业嗣位一年，想收揽大权，怎奈戴法兴从旁掣肘，于是，刘子业对佞臣戴法兴也开始生恨。宦官华愿儿因戴法兴裁减了自己的赏赐，因此，也对戴法兴不满。这样，朝中各类反戴的团体渐渐形成。

"戴法兴神出鬼没，外面盛传戴法兴才是真天子，而陛下则是假天子！"华愿儿恶意地对宋主刘子业说道。

"竟有此事？"宋主刘子业笑道。

"陛下深居简出，与外接触不多，戴法兴与太宰颜师伯、柳元景等人串通一气，朝内外王公大臣谁人可敌？长此以往，陛下的皇位犹恐不保……"华愿儿接着说。

"如此说来，朝廷真的有危险了！"刘子业惊问道，"这如何是好？"

"陛下应当立即下诏，将戴法兴赐死，将巢尚之免职。"华愿儿又进言道。

于是，皇帝照准。佞臣居然也会受惩，这真令身为同类的颜师伯也大吃了一惊。

接着，刘子业又降旨，撤销了颜师伯原来所有的兼职，命令颜师伯为尚书左仆射，晋升王彧为右仆射，与颜共理尚书事。颜师伯又惊又怕，只好急忙与柳元景等人密谋废立皇帝。

"如今看来，应当立即废了嗣君刘子业！"颜师伯紧张地说，"否则，我们都将身家性命不保！"

"那么……将另立何人为帝呢？"柳元景轻声地问道，"看来只有立刘义恭较为合适。"

"正是！我们应当立刘义恭为新帝！"颜师伯斩钉截铁地说，接着又说，"此事……还应当与沈庆之商议之后，再作定夺！"

"很好，沈庆之现在正在京都，可立即请沈老将军前来会商！"柳元景同意道，接着对侍者说，"有请沈老将军——"

随后，沈庆之也走进了尚书省。并且倾听了颜、柳二人的谈话。

"……诸位的意见高明，容……老朽回去再次斟酌……"沈庆之闻罢垂头说道。

然而，沈庆之向来与刘义恭不和，对颜师伯专横的行为也很反感，所以，离开了二人后，沈庆之却立刻入宫向刘子业告了密。于是，刘子业急忙率领羽林军包围了刘义恭的府第，然后挥军冲入，杀死了刘义恭及其四子，并对他们断肢、捣肠、挖眼。而且将他们的眼珠做成粽子，称为鬼粽。同时，柳元景、颜师伯等人也遭到了满门杀戮。

不过，柳元景被害，实是冤枉！柳元景虽然行伍出身，当朝理事，非其所长，但他为国征战，为人高洁，仍然是具有宽宏、高雅、清廉美德的人。当时，朝中的重臣大多贪赃枉法，而柳元景却是一贫如洗。据说，他家里曾有几十亩菜园，守园人将吃不了的蔬菜拿出去卖掉，得钱二万送给他。柳元景也生气地说："我立此园种菜，以供家用，并不是想卖菜获钱，掠夺百姓之利！"说罢，他将钱送给了守园人。

颜师伯也是宋室的一位重臣，宋主刘骏临崩时，颜师伯受遗诏辅佐幼主，领尚书中事。大明八年，刘子业即位后，颜师伯仍任前职，领卫尉。据史书记载：颜师伯居权日久，天下辐辏朝拜、纳贿者门庭若市，家产积聚丰厚，妓妾声乐，尽天下之选，园池宅第，冠绝当时，骄奢淫逸，不可一世。不久，他又升任尚书右仆射，领丹阳尹。刘子业欲亲主朝政，发诏任颜师伯为左仆射，加散骑常侍，以吏部尚书王景文为右仆射，夺其丹阳尹，又分台理政。直到这时，颜师伯才觉察到问题的严重性，开始着慌，因而与柳元景密谋废掉刘子业。

刘子业归政后，改元景和，百官朝贺，对他歌功颂德。其实，他是个出了名的残暴荒淫的君主。他命沈庆之为太尉，兼侍中；袁岂为吏部尚书，并赐爵位；尚书左丞徐爰擅长逢迎，因此也得擢升。从此，刘子业狂暴昏淫，更是毫无忌惮。

山阴公主刘楚玉是刘子业的同胞姐姐，她已嫁给了都尉何戢为妻，刘子业却将楚玉召入宫中，与之共餐同宿，过起夫妻生活来。出行时，他们同车，而且要让沈庆之陪乘，徐爰护驾。接下来，刘子业封楚玉为会稽长公主，让她监管各位郡王。

"妾与陛下，虽然男女有殊，然而，都是先帝的子女。陛下有六宫嫔妃数千人，而妾唯有驸马一人。这事不公平啊！有一次，山阴公主入宫对刘子业说。

"爱卿之言有理！"宋主刘子业笑道，"朕将为爱卿挑选三十名英俊少年，送往公主府，让山阴公主纳为男宠面首，如何？"

"臣妾谢主隆恩——"山阴公主高兴地笑着，赶紧上前谢道。

就这样，应刘楚玉的要求，刘子业从羽林军卫士中给她选取了三十名膀大腰圆的美男，供其终日淫乐。

数月后，淫性不足的山阴公主又找到宋主刘子业。

"大臣褚渊长相风流，陛下可以再帮我一下吗？"山阴公主说。

"你是让朕命令褚渊去你的公主府以便你去勾引他？"宋主问。

山阴点了点头，于是，宋主刘子业只好诏令褚渊去了公主府。

但是，褚渊去了山阴公主府后，尽管山阴在家梳妆打扮，施展了浑身解数，百般引诱褚渊十多天，褚渊却始终对千娇百媚的山阴公主毫无反应。

"唉，你虽是个男子，怎么却毫无阳刚之气呢？"山阴责备褚渊道。

"我是你的姑父呀，我虽不才，但也不敢乱伦啊！"褚渊文质彬彬地笑道。

"本公主拥有生杀大权，你岂不怕得罪于我？"山阴公主怒吼道。

"公主势大，我虽然不能忤逆公主，但我自杀总是可以的吧！"褚渊斩钉截铁地说。

于是，山阴公主见此只得收手，将褚渊好好地送出公主府。

山阴公主刘楚玉园庭

刘子业淫遍了宫中美女和山阴公主后，仍不尽兴，遂将总管太监召来。

"新蔡公主生得杏脸桃腮，千娇百媚，甚是可爱。朕命你速将她召来后宫——"刘子业笑眯眯地说道。

"新蔡公主……她是陛下的姑妈，也是宁朔将军何迈的夫人，并且年岁也不小了，陛下竟有如此的雅兴？"大太监咧嘴笑问道。

"年岁大些何妨？但其风韵却仍合朕的胃口啊。你们阉人能懂得什么！"刘子业突然向大太监大发雷霆。

于是，大太监急忙将新蔡公主召入宫中，让刘子业与之日夜欢淫。

"哦，新蔡公主，你终于投入了我的怀抱！"宋主刘子业淫荡之后，兴奋地笑道。

"我新蔡公主刘英媚本不愿如此！我本是陛下你的姑姑，也是你的路妃的远亲。陛下你竟敢假借路氏的名义把我召进宫来。我进得宫来，却不见路氏的踪影，我问你路妃何在，你竟不答话，反而把我抱上床来。这让我大恐大惊，拼命挣扎，我再三说明我是你的姑姑。你竟说'姐姐尚能侍寝，姑姑侍寝又有何妨？'后来，你更是抽出剑来威胁我。我新蔡无可奈何，只好屈从啊！"新蔡公主刘英媚俨然说道。

"姑姑何必闷闷不乐？"刘子业笑问。

"唉，陛下六宫粉黛上千人，何必还要将姑姑我纳入怀中？"新蔡公主入帏之后，在刘子业的怀中娇柔地问道，"你不怕朝臣们说闲话？"

"朕就是喜欢你这娇艳的体态呀——"刘子业嬉笑道，"朕是皇帝，可以为非作歹，还怕谁人说话吗？"

"然而，妾以为……皇上淫乐姑妈，传出去总是不好听的！"新蔡公主说道。

"这将如何处之？"刘子业有些发愁地问。

"为了掩人耳目，陛下不如特地将一名婢女毒死，谎称她就是我。陛下再向外声称新蔡公主已在宫中暴毙入棺。其实，真新蔡已被封为贵嫔，诈称谢娘娘。这样，陛下一可向自己的何迈姑父交差，二可让我仍在宫中与你日夜行乐。岂不美哉？"

"哦，爱嫔高明！朕立即照办！"刘子业听罢，手舞足蹈地叫起来，并且马上如此安排了下去。

刘子业与谢贵嫔同游太庙，见庙中只有各祖牌位而无绘像，急忙传唤画师，将高祖等人像一一画出。之后，刘子业带着众人前来察看。

"嗯，他倒是算个英雄，能活捉数名天子！"刘子业指着高祖刘裕的像说。

"喏！"众随从应道。

"他……长得也不差，只是老来之后，却被儿子砍了头。可笑之极！"刘子业又指着太祖刘义隆的像说道。

"哦……"左右见说，面面相觑，无言以对。

"啊，他……他的鼻子上还有个大包呀，怎么没画？补上！"刘子业又指着自己的父皇——世祖刘骏的像向画师叫道。

"喏！喏！"画师闻罢，立即给世祖补画上一个鼻包。

"哈……哈！"最后，刘子业哈哈大笑一场，挥袂而归。

世祖刘骏驾崩后，新安王刘子鸾为父守孝，暂留京都，事毕后，他入宫走上丹墀，向宋主刘子业辞别。

"哦，好好，你……去吧！"宋主刘子业向刘子鸾随意地摆了摆手，说道。

"如此……臣弟告退——"刘子鸾闻罢起身说道。

然而，正当刘子鸾转身欲走时，宋主忽然想起，当年自己的储君之位差一点被他刘子鸾夺去了，于是他立刻又大怒起来。

"你是谁？朕令你立即自尽——"刘子业突然向刘子鸾叫道。

刘子鸾听后大惊，接着哭哭啼啼，万般无奈，只好拿起长剑，但举剑许久，不忍自杀。

"我今将死去，但愿下辈子再也不生在帝王之家了！"刘子鸾说罢，举剑自刎而亡，死时还不到十岁。

接着，新安王刘子鸾的同胞弟妹，全家都被抄斩。同时刘子业还毁掉了殷淑仪的陵墓，并且想再毁掉父母陵寝，却经太史劝阻后，才勉强罢手。

后来，宋主刘子业在朝堂上与众臣议论朝事。

"如今朝内外都在谈论谋反之事，朕的九皇叔——义阳王徐州刺史刘昶，为人急躁，他……是否也将谋反？"突然宋主刘子业问左右。

"这……这臣等尚不得而知……"大臣们都面面相觑，回答不出。

"哦，据说义阳王刘昶他近来要入京……"吏部尚书袁岂小心地说道。

"听说刘昶曾与太宰串通一气，意欲谋变，朕本想发兵讨伐他，他却想回京面君？"刘子业立即向众人大叫道，"好好好，叫他来吧，朕要很快地杀了他！"

众臣听罢无言，但消息很快就传到了刘昶的耳边。刘昶闻罢大惊，随即急调兵马，准备反叛，并传檄各镇，向邻镇求援，无奈无人响应。所以，他只好丢下了老母和妻子，带着女扮男装的爱妾，逃向北魏去了。魏主知道刘昶博古通今，遂赐给他爵位，并将公主嫁给了他，将他留在北国。

吏部尚书袁岂本是刘子业的宠臣，失宠后，袁岂也十分害怕，他申请外调，刘子业任命他为雍州刺史，驻防襄阳。袁岂的舅舅蔡兴宗得知消息后，来与袁岂谈话。

"为舅略知天象，认为你还是不去的好！况且襄阳……"蔡兴宗对袁岂说。

"目前国中形势紧迫，甥儿我只求能早离虎口，哪管襄阳还是洛阳！"袁岂惊慌地说，"听说，朝廷也要让舅舅镇守南郡？"

"正是！然而为舅要上奏乞求辞官——"蔡兴宗说。

"何必辞官？"袁岂惊问，"目前人人都知道朝廷危机，京内大臣朝不保夕。陛下让舅舅出居南郡，占据上游，甥儿在襄阳，与大人相离不远，水陆交通便利。一旦朝廷有事，我们便可相互支援，同建齐桓晋文之大业。舅父却为何反要推辞？如今，手中无权，那是十分危险的呀！"

"并非如此！"蔡兴宗说，"你想外出求安全，我想居中求避祸。我们的想法一样，只是做法不同而已！"

于是，袁岂匆匆上路，连夜赶到浔阳。这时，他这才松了一口气，欣然地说道："现在……我总算保住了性命！"

不久，蔡兴宗又被恢复了吏部尚书之职。

接着，所谓的谢贵嫔即新蔡公主，也被加封为夫人，出入宫廷，势如皇后。驸马都尉何迈暗中得知了内情，对刘子业产生了夺妻之恨，心中不可平静，因此，他蓄养死士，欲伺机除掉刘子业，拥立晋安王刘子勋为帝。不料，刘子业得到了消息，急忙率领禁军偷袭了何迈，何迈寡不敌众，结果也身首异地。

听到刘子业荒淫残暴的行径，沈庆之也很反感，于是，他忙进宫向刘子业劝谏。

"臣以为陛下近日之事不妥……"沈庆之向刘子业奏道。

"普天之下，莫非王土。朕乃是天子，有何事不妥？老将军，朕看你是老糊涂了，休再多言——"宋主听了不悦，并向沈庆之大声叫道。

沈庆之心灰意冷，回到府中，闭门谢客，突然侍者禀报吏部尚书蔡兴宗来访。

"哦，蔡尚书大驾光临，敬请赐教！"沈庆之热情地接待蔡兴宗，并与他寒暄。

"沈公德高望重，下臣岂能赐教？只是朝廷……"蔡兴宗微微笑道。

"蔡公请入内室雅座！"听到蔡兴宗话题转到朝廷，沈庆之立刻紧张起来，连忙说着，并立即警惕地将他拉到内室。

"在下曾闻沈公多次劝谏皇上，毫无效果，看来……皇上他……是无可救药了。在下……仍然觉得沈老将军应当顺应人心，除暴安民，然后入承大统——"蔡兴宗随沈庆之进入内室后，一边入座，一边急切地建议道。

"老夫何德何能，岂能……"沈庆之不安地说。

"如今国事堪忧！老将军三朝元老，国中功臣，只有您才能力挽狂澜！"蔡兴宗激昂地说，"况且……老将军的贤侄——直阁将军沈攸之也是神通广大，或许还是个帮手！"

"蔡公何必竟提到沈攸之！"沈庆之听了，突然暴躁起来道，"我沈家家门不幸，出了那个不忠不孝不义的畜生。他只能为虎作伥，他还能做出什么好事来？"

"哦，'清官难断家务事'，蔡某还真不知沈攸之竟会如此，只是不知究竟何故！"蔡兴宗愕然地问。

"唉……家丑不可外扬。蔡公不必再问了！"沈庆之痛心地摆摆手。

"然而……无论如何老将军当以国家社稷为重，对朝廷……"蔡兴宗再说。

"唉，为臣者，当以忠为最。恕老夫实难从阁下之命，请勿再言……"沈庆之摇了摇头，轻声说道。

蔡兴宗听罢，遂摇了摇头，怏然退出。随即，沈庆之的侄儿沈文秀走了进来。

"方才我已经听到蔡公之言，我以为他言之有理。侄儿现在已经被调任青州刺史，即将起程，今日特地上门奉劝叔叔早日除掉暴君！"沈文秀也向沈庆之说道。

"为叔老矣，岂能有此雄心？侄儿还是以忍让为好！"沈庆之说。

"时事瞬息万变，叔父乃朝中重臣，皇上多有忌惮！叔父如此瞻前顾后，畏首畏尾，恐怕会大祸临头——"沈文秀痛哭流涕道。

"唉……无论如何，为叔也不能有此非分之念！"沈庆之叹息说，"贤侄，你且去吧，不必再说！"

三十、杀暴君，刘彧登大宝

话说宋主刘子业杀了何迈，自己觉得除掉了一患，心中十分高兴，遂大胆地下旨，决定册立谢贵嫔——新蔡公主为皇后。

"陛下容禀！"此时，直阁将军沈攸之出班奏道，"陛下在宣布册封皇后的诏旨之前，应当首先将青溪各桥道路都堵住，以免沈庆之那老儿又来多嘴多舌，出言进谏！"

"哦，爱卿是沈庆之的侄儿，对他的为人十分知晓？"宋主说。

"是的，那沈老匹夫听到要册立谢贵嫔之事，一定会又要前来噜苏！"沈攸之说。

"好，就依沈爱卿之言！"刘子业说道，"堵住青溪各路桥，以免沈庆之前来皇宫言事——"

于是，刘子业下令派人前往青溪各路口，去设置障碍。

接着，八十多岁的沈庆之听闻皇上要颁旨册封新蔡公主为皇后，十分震惊，遂决定前往台城皇宫，要入宫劝谏。谁知沈庆之的车马在城中转来转去，四处碰壁，因为青溪各处的路桥均已被羽林兵堵死，他无法走出青溪桥口。一直到此时，沈庆之才真正感到：皇上是再也不想用他了！入夜，他才怅然回到府中。

"直阁将军到——"此时，侍从进来叫道。

"哦，攸之贤侄，寅夜来此何干？"沈庆之惊问刚才进门的沈攸之。

"皇上特命愚侄为叔叔送来毒酒，将赐叔叔一死——"直阁将军沈攸之说。

"老夫何罪，岂能一死？"沈庆之怒道，"沈攸之，你这个畜生，不是老叔，你岂能做官？今日你却前来为老叔送行了！"

"愚侄身为国家将士，应当遵从圣旨。倘若叔叔不能遵旨，愚侄只好对不住您老人家了！"沈攸之气势汹汹地大声叫道。

"畜生你敢怎么样？"沈庆之怒发冲冠道。

此时，沈攸之立马上前，用被子将沈庆之捂死了。随即沈庆之的全家被斩，只有二子沈文季逃离了京城。

沈庆之一死，老辈功臣就已丧亡殆尽。因此，宋主刘子业更觉得可以为所欲为了。于是，刘子业立即来到新蔡公主的寝宫。

"如今多嘴多舌的沈庆之也已经死去了，朕欲立刻册封爱卿为皇后——"宋主刘子业欣然对新蔡公主笑道。

"不可！"新蔡忧伤地说，"妾自惭形秽，况且……外番的叔王们也不能容忍，妾难以接受此封……"

"哦，既然如此，册封之事只好日后再说吧！"刘子业泄气地说，"不过为了防止在京外供职的叔叔们造反，朕马上要下令将他们一起召回京都，朕要用各种方法将他们软禁起来，并将他陆续除掉！"

"嗯，这样很好！"新蔡公主笑道。

于是，圣旨下达后，外番诸王只得陆续进京。湘东王刘彧、建安王刘休仁、山阳王刘休佑身材高大，刘子业一向对他们忌惮和憎恨，所以也想尽早设法除掉他们。

次日上朝，刘子业见众臣和湘东王刘彧、建安王刘休仁、山阳王刘休佑都已前来，竟然走下金阶，大呼大叫起来。

"哦，朕是天子，朕可以再次分封诸位！此封：刘彧为猪王，刘休仁为杀王，刘休佑为贼王——"刘子业手足无措，高兴地叫道。

众臣听罢大惊，惶惶不知所云，立刻鸦雀无声。

"陛下，这是开玩笑的吧？岂能有此封号。"宫内一位中官走上来，笑问刘子业。

"是玩笑话！但是，他们必须都要表演一番！"刘子业说，接着，他又转了一下眼珠叫道，"你们在殿外地上挖个大坑，坑中和好泥水，扒了刘彧这只猪的衣服，将他丢进去！"

于是，侍从们嬉笑着，遵旨而行，他们挖好坑，并将赤身裸体的肥胖的刘彧放到坑中，让他"咕咕"地学猪叫。

"陛下，我叫完了，可以上来了吧？"刘彧在坑中挣扎了一阵后，向上乞求道。

"不可！侍从们还要在坑中再放上装满剩余饭菜垃圾的木槽，让你像猪一样地吃臭饭烂菜——"刘子业又乐呵呵地说着，并以此为笑谑。

"陛下，叔臣并非猪类，做猪有辱臣下！"刘彧忍无可忍，最后向宋主申辩道。

"你敢违旨？朕的皇子不久将出世，朕还要杀猪庆贺一番！"刘子业一听大怒道，忙扭头对侍从们说，"他就是猪，要将他捆在木杠上，抬送到厨下当猪杀了——立即杀——"

见宋主真的要无故杀人，众人都惊呆了，惶惶不知所措。

"哈哈！"刘休仁在一旁笑道，"现在还不是杀猪的时候，不要杀！"

"为何？你敢抗旨？"刘子业瞪眼问刘休仁。

"等皇太子出世时，我们才杀猪取肝，以示庆贺！"刘休仁接着笑道，"现在不能杀……"

"哦，哈哈，好的！你向廷尉交代好，缓几天再杀——"刘子业听罢哈哈大笑。

"猪还应当多养几个月，只有养肥了，杀了才好吃肉。请陛下暂时将猪放了，否则倘若将他一直拘禁，猪是会瘦的！"刘休仁又上前奏道。

"哦……就依你的话，将猪暂时放了！"刘子业犹豫了一会后，又高兴地说道。

于是，刘彧暂时得以免死。

几天后，江州刺史的使者来京觐见。

"你是朕的三弟晋安王刘子勋的使臣？"刘子业正在与群妃嬉闹，同时回过头来，随意地问了使者一句。

"正是！"使者答道，"微臣受晋安王之托，前来拜谒陛下！"

"刘子勋他是老三啊，啊……历代帝王多为老三？"刘子业突然惊叫道，"莫非刘子勋将来他也要抢夺朕的宝座？"

"不不不！"使者惊慌失措地说，"晋安王是老三，不错！但是，他对陛下忠心耿耿，决无反叛之心！"

"空说无凭，老三多成帝王！"刘子业武断地说，"况且，上次何迈还声称，要拥立刘子勋为主呢！"

"这、这……"晋安王的使者结结巴巴起来，"况且……晋安王才只有八岁……"

"现令侍臣朱景云，手持毒药，前往江州，朕要赐死刘子勋！"刘子业思索了一会后，又斩钉截铁地大声令道。

于是，侍臣朱景云手持毒酒转身去了。接着，直阁将军沈攸之走了进来。

"陛下，湘江有人传说，当地会出真龙天子！"沈攸之走到刘子业面前，轻声地说，"湘东王他……"

"哦，刘彧他现在秘书省，朕就派你持旨去杀了湘东王刘彧吧！"刘子业随意地说。

沈攸之听罢，急匆匆地去了。但是，当沈攸之来到秘书省时，却被刘休仁挡在了门外。

"沈将军来此何干？"刘休仁问。

"皇上特命末将，前来为湘东王送上御酒！"沈攸之胆战心惊地答道，"王爷们不必多疑！"

"哦，我们要与刘彧商谈事务，你下次再来吧！"刘休仁看了看沈攸之，明白了其中问题，随即吼道。

沈攸之无法，只好胆战心惊地拿回御酒，并决定等明天刘休仁走后，才来行事，于是他转身回府去了。

在江州晋安王府中，典签谢道迈与长史邓琬正在商议政事。突然看到皇帝钦差朱景云到来，不禁大惊。

"钦差来此有何贵干？"谢、邓一见惊慌起来，并齐声问朱景云。

"我奉皇上的旨意，持毒酒特来赐死晋安王！请殿下上路——"朱答道。

"啊……贵钦差勿急，你应当告诉我们：皇上为何要赐死晋安王？"谢道迈问。

"皇上遇事，少有喜形于色，臣下岂能知道为何？在下只是奉诏行事而已，不知何故，皇上要赐死晋安王！"朱景云又说道。

"既然如此，贵钦差可暂在寓中歇息，我们商议设宴为你接风！"邓琬卑躬屈膝地说道。

随即，邓琬等晋安王府中的人一面安顿好了朱景云，一面紧张地商议对策。

"现在别无他法，唯有起兵反叛而已！"邓琬最后说道。

"晋安王还是个幼童，一切当由邓长史大人决断！"典签谢道迈说。

"既然诸公都有此意，邓某就决定：以晋安王刘子勋的名义，让全城戒严，并动员外藩各镇协力讨伐昏君刘子业！"邓琬急切地说道。

"末将愿做先锋，率军出战！"参军陶亮首先请战。

接着，众志成城，人人请战。于是，邓琬立即调兵遣将，准备叛乱。

"兹命陶亮为咨议中兵，统率全军！命长史张悦为司马，功曹张沈为咨议参军！再命南阳太守沈怀宝、岷山太守薛常宝、彭泽令陈绍宗三人同为将帅，召集五千兵马屯于大雷——"邓琬继续下令道。

于是，众人纷纷得令率军出发了。

昏君刘子业自从派出朱景云前去赐死晋安王之后，就立即将这事忘在了脑后，此时，仍在建康皇宫中醉生梦死的刘子业对外地的情况，还毫不知晓，他还在终日荒淫无度。

这一天，他又想出了一个新主意：他召集王妃、公主、宫女同住一室，再令自己的宠臣、侍卫们进去和他一起任意淫乐。

刘休仁之母杨氏竟也被拉入其中，并且还被刘道隆压在榻上，公然大加奸淫。

接着，刘子业嬉笑着，要强奸南平王刘铄的妃子江氏，但是，江氏抵死不从。

"你若仍旧不从，朕就要立马杀了你的三个儿子！"刘子业大怒道。

"我至死也不能供昏王淫乱——"江氏疯狂地哭叫道。

"左右，加速鞭打江氏，并且立即前往南平王府，杀了江氏三个儿子——"刘子业也疯狂地叫喊。

于是，刘铄的三个儿子以及江氏顷刻都全部遭杀，刘铄绝后了。刘子业被江氏搅得少了兴致，又设新招。

"后宫所有的妃嫔、婢女、侍卫都去华林园游戏——"刘子业接着喊叫道。

"陛下，下面将如何游戏？"有个侍从上来笑问。

"让全部男女都赤身裸体，在林堂中追逐嬉戏！"刘子业又下令道，接下来，他又走到宫女们的身边大笑，"哈哈哈，快快，你们快与猪狗牛马交媾——"

说罢，刘子业下令，让侍从们向园中放进一群牲畜。宫女们见了，大为惊惧，忙四处奔逃。刘子业笑着上前抓住一个宫女叫起来。

"贱婢不能从命……"这名宫女惊慌地大叫。

"哦，你不能与狗交媾？"刘子业听后大怒道，"将她斩首——"

于是，该女立刻被侍从一刀两断，抛尸于地上。

直到深夜，宋主刘子业才兴高采烈地回宫休息。但是，由于刘子业白天杀人太多，所以晚上惊恐不已，在梦中，他恍惚见到一位女子，浑身血污，闯了进来。刘子业大为惊吓。

"你这悖逆不道之徒，活不到明天——"那血女指着他的脸，哭骂道。

刘子业从梦中惊起，并且立即在宫中寻找此女，见殿前一位宫女的模样与她相像，竟随手给她一刀，将她斩下头来。

但是，第二天夜里，刘子业又看到那个血女，披头散发，向他索命而来。

"我已向上天大神说过你的行径，上天马上就要派人来取你的狗命！"那女鬼向他高声咆哮道。

"你……你是何方妖孽……竟敢恐吓朕躬……"刘子业紧张地叫起来。

"请看这头颅——"那女鬼叫喊着，并将手中的头颅砸向刘子业，刘子业当场吓得晕了过去。

此时，刘子业仿佛看到他的四名护卫直阁将军宗越、谭金、童太一、沈攸之业已到来，使得欲杀他的人未能下手。

湘东王刘彧经过上次"杀猪"事件之后，心有余悸，他深感伴君如伴虎，他自知在刘子业身边，将朝不保夕。于是，他决定除掉暴君。接着，他与主衣阮佃夫和寿寂之、内监王道隆、学官令李道儿、直阁将军柳光世等人密商谋杀刘子业。他们还串通了淳于文祖、姜产之等刘子业身边的人一起行事。

这天，刘子业夜里受了厉鬼的惊吓，急忙带着男女巫师去华林园林堂去捉鬼，会稽长公主也随他去了，建安王刘休仁、山阳王刘休佑奉命在前面开路，湘东王刘彧仍被软禁在秘书省。刘子业此次行动没有带四大直阁将军作护卫。

黄昏，刘子业等人到了林堂，巫师开始作法。

"厉鬼已到，现在恭请陛下向妖怪发箭！"巫师披头散发地叫道。

"朕来矣！"刘子业答道，随即向前连发三箭，乱射了一阵。

"鬼已死光，诸位庆贺——"巫师高兴地大叫起来。

于是，刘子业大喜，摆酒庆贺。

宴席中，刘子业又淫性大发，令众宫女裸身侍奉，自己也一丝不挂，随意拉来一名宫女，当众在宴台上奸淫，事罢，他又疲劳地在大台子上昏昏睡去。

接着，刘子业正在恍惚之中，依稀看见一群人手持寒刀闯了进来，走在前面的正是寿寂之、姜产之、淳于文祖等人。此时，刘休仁、刘休佑、巫师、侍从等人见状，都纷纷溜走。刘子业见来人怒气冲冲，料想有变，于是他立刻惊醒，忙赤身裸体地引箭向寿寂之射去，而偏偏未能射中，寿寂之反而冲到刘子业的跟前。刘子业手忙脚乱，急切地喊叫着，企图向后逃去。但是，寿寂之此时却已经举刀走到他的身后，并且一刀刺入其背，再起一刀，断送了刘子业的性命。

刘休仁见宫廷变乱已起，遂惊慌失措地跑到后宫景阳山上，不知所措。

"暴君已除，应立即迎立湘东王为帝！"寿寂之等人找了过来，向刘休仁请示道。

"哦，你们言之有理！"刘休仁恍然大悟，"我们且前往秘书省，迎接湘东王刘彧！"

刘休仁惊慌失措地跑到景阳山

于是，刘休仁等人急忙跑到秘书省，向刘彧下拜称臣。

"事情真的办成了？"刘彧满腹狐疑地惊问。

刘彧虽然也一直在筹划谋杀刘子业的事，但他没料到，其手下的人竟能如此迅速地将事情办成了。

"千真万确，办成了！我们恭请殿下前往前殿即皇帝位——"刘休仁、寿寂之等人说着，拉起刘彧就冲上景阳宫。

刘彧如梦方醒，随着众人赶往内廷，仓促登位，群臣们依次谒见。天亮后，四大护卫才闻风赶来，刘彧遂以好言慰抚，宗越等人只好唯唯从命。扬州刺史刘子尚傲慢无礼，会稽长公主淫乱宫闱，皆被新主以太皇太后的名义，下诏赐死。

刘子业暴尸数日后被草草安葬，时称前废帝，享年十七岁。

当年十二月，刘彧正式即位。

刘彧母亲沈婕妤死得较早，刘彧他是由路太后抚养长大的，因而，刘彧封路太后之侄路休之为黄门侍郎，路昊之为中书侍郎，借以报答太后的养育之恩。此后，刘彧论功行赏，寿寂之等十几人也都得到加封。封东海王刘伟为中书监太尉；建安王刘休仁为司徒、尚书令、兼扬州刺史；山阳王刘休佑为荆州刺史，桂阳王刘休范为南徐州刺史，晋安王刘子勋为车骑将军。

接着，宋主刘彧晋封南豫州刺史刘遵考为光禄大夫、辅国将军，建平王刘景素为南豫州刺史，荆州刺史临海王刘子顼为镇军将军，徐州刺史永嘉王刘子仁为中军将军，左卫将军刘道隆为中护军。

"启奏陛下，臣请辞官——"建安王刘休仁得知刘道隆也得封官后，立即上奏道。

"何故？"宋主刘彧问。

"刘道隆对臣有辱母之恨，故而臣不能与他同朝为官！"刘休仁咬牙切齿地说道。

"哦——"宋主突然想起，当年刘子业曾让刘道隆奸淫杨氏的事情，于是立即令道，"将刘道隆赐死——"

刘休仁这才欣然受命而退。接着寿寂之走到宋主身边。

"陛下，对刘子业的四位护卫将如何处理？"寿寂之间。

"将沈攸之留京，将宗越、谭金、童太一都调往外地！"宋主刘彧想了一会，轻声说道。

朝议罢，众人退去。

入夜，沈攸之偷偷地走进深宫。

"启奏陛下，宗越、谭金、童太一听闻将要被外调，遂召微臣共同策划谋反！"沈攸之向宋主告密道。

"岂有此理！他们本是刘子业的帮凶，朕未能对其加罪，而他们不仅不对朕感恩戴德，反而企图作乱？罪不可恕——"宋主刘彧听罢大怒道。

于是，宋主刘彧立即下令，将该三人斩杀于台城脚下。此后，京城人心方才安定。

话说刘彧登位之初，国内渐定。然而，浔阳晋安王刘子勋虽然只有十岁，但是，其身后的长史邓琬等人本来就是一批野心家，他们已经决定讨伐刘子业，以便让晋安王得到皇位后，自己能够攀龙附凤，而且大军曾经已经出发，只是由于京中有变而中道返回。

得知皇位已被刘彧攫取，邓琬等人心中很是不平，他们仍想发兵进京，为浔阳晋安王刘子勋夺取皇位。

"昏皇刘子业无道，我晋安王兵马本来已经出发征讨，不料，今日大位却轻而易举地被刘彧拿去了。刘彧有何德能，竟敢窃居大位，我晋安人马决不能就此罢休！"邓琬对将军陶亮说。

"长史意欲再次东下，进攻京都？"将军陶亮问。

"正是，我们应当发兵，为晋安王夺回皇位！"邓琬说，"请将军陶亮迅速出城，争取邻镇出力！"

"末将愿往——"陶亮答道。

"此事尚需要请求路太后支持。"典签谢道迈问。

"是的！为此，我邓琬决定亲赴京师，以求路太后帮忙。"邓琬兴奋地说，"哈哈，等到大事成功，晋安王得到皇位，我们皆可封妻荫子了。"

"好好！那么，就请长史大人辛苦一趟了！"众人齐声道。

再说，邓琬一行人风尘仆仆到了建康，深夜入宫觐见路太后。恰逢此时皇帝不在宫中，于是，路太后急忙及时地召见了邓琬。

"长史寅夜来访，有何要事？"路太后问邓琬，"本宫的孙儿——晋安王刘子勋承蒙阁下照顾，这些日子，他还好吧？"

"晋安王一切尚好！"邓琬轻声走到太后身边答道，接下来说，"这皇位本应是您路太后的子孙所有，如今……却被刘彧窃取，太后应下旨讨回！"

"你们竟敢有此居心！"路太后听罢大惊，并说，"刘彧，他虽不是本宫的亲生，然而却是本宫所养，他敬本宫如母，而且，即位后，他也给我路家和刘子勋等人进行了封赏，本宫岂能从中作乱，有碍于君王和国家？"

"太后之言差矣！"邓琬说，"刘彧他终究不是太后的亲子，谁知他将来对太后如何？他杀了太后的孙子，又夺取了他的皇位。是可忍，孰不可忍？"

"况且，子业他已经死了，刘彧他现在业已登上大位，长史有何良策？"路太后思索了一会后，情绪稳定了一些，随即轻声地问道。

"先皇刘子业虽然已经驾崩，然而，太后尚有孙儿晋安王刘子勋在呀！臣等有心改立刘子勋继承大统，乞太后在京助我们一臂之力！"

"本宫有何力量，能够帮助你们？"路太后轻声地问道。

"太后可为晋安王留下一道密诏，以便臣等起兵讨逆！"邓琬说。

"这……恐怕不能，京城皇上耳目众多，拿到外地，恐怕更有风险。本宫只有在宫中见风使舵而已。"

"太后既然首肯讨逆，臣等就已经知足了！"邓琬高兴地说，"臣当为晋安王鞠躬尽瘁！"

"哦，你们有此忠心和雄心！本宫自然感激，并愿意在京都为你们竭诚效力！"路太后睁大眼睛说道，接着又催促道，"此处不是久留之地，还请长史早回西江吧！"

"诚感太后恩准——"邓琬听罢跪地谢道，随即辞别了太后，向西江浔阳去了。

三十一、新主立，晋安谋篡夺

在浔阳晋安王府中，邓琬等人正在加紧商议军政大事。

"启禀王爷，京城皇帝的诏旨到——"此时，一位部将入府报告，并呈上宋主刘彧晋封刘子勋为车骑大将军的诏书。

"这天下本是我们王爷的，车骑大将军本是我们的。朝中的人为何要抢走王爷的皇位，却只给他一个车骑大将军？"部将们正在纷纷向晋安王祝贺，邓琬却一把抢过诏书，扔在地上大声地向众人说道。

"啊，长史大人之意是……"众人惊奇地问邓琬，"新主初立，我们能够……"

"我已与陶将军谋划，请诸位协力同心，率军起事，共谋我晋安王的大业！"邓琬说道，"目下，我已经以晋安王的名义向四方发送了檄文！"

众人异常惊怕，纷纷议论起来。

"我们此行，能有多大胜算，响应者有多少？"典签谢道迈不安地问。

"雍州刺史袁岂与咨议参军刘胡首先响应，并且我已经声称是奉太皇太后密令出师的！"邓琬回答道，"而且袁、胡他们还上书浔阳，奉劝晋安王早日即位呢！"

"今得新报，四处闻风响应！"这时，将军陶亮突然从外面进来，兴致勃勃地大声叫道，"晋安王兄弟：郢州刺史安陆王刘子绥、荆州刺史临海王刘子顼、会稽太守浔阳王刘子房都已经表示愿意协力讨伐刘彧。此外，徐州刺史薛安都、冀州刺史崔道同、青州刺史沈文秀、义阳内史庞孟等人都愿归附我晋安王！"

众人闻罢，一时默然无声，后来又纷纷表示愿意听从邓琬等人的安排。

"很好！既然诸位都有此忠心，内外归附者又已经很多，那么，我们自然要积极草拟仪礼，声称受路太后玺书，率领将佐向晋安王刘子勋劝进！"邓琬喜出望外地说道。

"我们悉听邓大人安排——"众人齐声叫道。

于是，宋主刘彧泰始二年，邓琬等人在浔阳奉请刘子勋登基，并且改元义嘉。

刘子勋即位后，封邓琬为尚书右仆射，张悦为吏部尚书，袁岂为尚书左仆射。此外，将佐及各州郡官吏均得到封赏。接着，天下大震，众多藩王响应，四方贡献，多归浔阳。

　　然而，刘子勋本来只是个不懂事的小孩子，而邓琬虽然身为起事的主谋，但他在实质上也只是个庸碌之辈，他刚得势就与其子一起卖官鬻爵，终日也只知酒宴歌舞，横行霸道，因此，浔阳叛军并无后劲。

　　此时，宋主刘彧却只保有了丹阳、淮南几十个州郡，形单影孤，军情危急。于是，宋主刘彧急忙召集群臣在殿中商议平叛之事。

　　"叛情紧迫，朕现在命令建安王刘休仁都督征讨晋安王诸军事，命王玄谟为江州刺史、辅助刘休仁。朕又任沈攸之为浔阳太守，率兵一万，出屯虎槛——"

　　于是，众将引兵向浔阳去了。

　　然而，刘休仁出京西去不久，众臣就见南方前线的一批军将们跟跄进宫来了。

　　"启奏陛下，刘子勋的会稽太守所率的反叛大军已经进到永世县，离建康不过数百里了！"军将们跪在殿前，急切地齐声说道。

　　众人闻风丧胆，京都震惧，风声鹤唳，朝臣们个个六神无主，目瞪口呆。

　　"唉，朕后悔让刘休仁等人引兵西去了……"宋主惊慌失措地说，"如今京都危急，勤王之兵不足，众卿是否以为要立即召回刘休仁他们入京护驾？"

　　"不必！微臣恭请陛下镇静！今日普天同叛，各怀异心，急需要陛下处事镇定自若，以诚待人，感召天下！"此时，蔡兴宗缓缓地上前奏道，"陛下也不必忧虑！"

　　"蔡爱卿之意……"宋主刘彧问。

　　"请陛下立即下诏，安定叛党在京的亲朋好友，明白地向他们表示，决不让他们同罪。要让他们觉得，陛下实为可信的仁义之君。倘若他们人心安定，能甘心为陛下效命，那么朝廷大军将攻无不克！陛下何必忧虑？"蔡兴宗继续说道。

　　宋主刘彧连声称善，并且吩咐朝臣们依言施行。但是，才过两天，外面又传来豫州附逆的消息，宋主刘彧的旧恨未已，又添新愁，更加慌乱不已。

　　"各地叛情尚未平息，今又有豫州刺史殷琰投靠叛军的消息传来，朕将如何处之？"宋主刘彧愁眉苦脸地对蔡兴宗说。

　　"据说，殷琰家属多在建康，本不愿意附叛，只因为目前他尚不知陛下仁义的旨意，加上他受了参军杜叔宝、柳光世等人的胁迫，所以，他才勉强从之。"蔡兴宗漫不经心地轻声说道，接着他站起身来，摇了摇头向宋主刘彧说，"其实，臣现在还不想分辨谁顺谁逆之事，臣只是知道眼下商旅断绝，米粮却不太贵，四方兵马虽然聚来，而城内百姓却未有十分惊惧，反而日渐安定。如此看来，平叛是一定会成功的！"

　　"莫非……对于平叛，朕不必忧虑？"宋主刘彧问。

　　"平叛虽无忧，然而平叛成功之后……"蔡兴宗慢慢说道。

　　"会是如何？卿且说来！"宋主刘彧问。

　　"陛下曾经听说过昔日晋朝羊祜的话吗？"蔡兴宗轻声地问，"羊祜曾经说真正让君主忧愁的事都发生在平叛之后。臣也有此同感！"

　　"哦，但愿事情真的像爱卿所言，早日平叛成功！平叛后，朕决不会乱杀无辜的，对叛党亲属，朕决不株累，而且还要好好地安抚豫州刺史的家属。这样一来，其结果如何？"宋主刘彧说。

"陛下所言，正是招携怀远、安定民心之要策！"蔡兴宗说，"征服兵马，首在征服人心啊！"

"朕将令侍臣去慰抚殷琰家属，好言劝说，令他们劝降殷琰，并派兖州刺史殷孝祖的外甥荀僧韶宣诏殷孝祖回朝！"宋主刘彧激动地说。

"如此，我朝幸甚——"蔡兴宗感叹道。

荀僧韶到了兖州，谒见殷孝祖。

"启禀舅父大人，请您再三考虑一下！"荀僧韶对殷孝祖说，"刘子业荒淫残暴，古今罕见。如今陛下诛杀了狂徒，再造山河，有利于家国，理所应当。不料，现在又有人造谣生事，倘若天道助逆，群凶得志，那么，你我及广大黎民百姓不是又要蒙冤受难？"

"此言有理！不过，你以为，为舅现在将如何行事？"殷孝祖两眼圆睁地问。

"大人自小胸怀大志。今日如能召集义勇将士，辅佐朝廷，匡主靖乱，则不仅会成为当朝功臣，还能名垂后世！"荀僧韶接着说，"况且，以愚甥看来，浔阳刘子勋小儿及邓琬之流贪得无厌、鼠目寸光，他们本是成不了气候的跳梁小丑！我们何必自趋危境，为他们陪葬？"

"贤甥高见！"殷孝祖听罢立即高兴起来，接着大叫，"我当立即行动，现在就率领两千人马，前往建康勤王！"

"尚需安顿好家属？"荀僧韶问。

"如今会稽等郡叛军已逼京都，军情紧急，我暂时不能顾及家属了！"殷说道。

说罢，殷孝祖立即起身随荀僧韶率兵东下，疾奔建康。

当时，建康城外，叛军压境，京城已经开始混乱，不少人都想逃出。幸而有了殷孝祖带来的两千雄师轰轰烈烈地赶来，使得形势立刻好转，这才安定了人心。

殷孝祖到京之后，宋主刘彧即日晋升殷孝祖为抚军将军，督管前锋军事，令他率军进抵虎槛；又命山阳王刘休佑为豫州刺史，督领辅国将军刘勔、宁朔将军吕安国等将领，北讨豫州的殷琰；宋主还令巴陵王刘休若督领建威将军沈怀明、尚书张永、辅国将军萧道成，东讨会稽郡的叛党孔觊。

巴陵王刘休若立即率众前行，并在马背上与众将商议军事。

"孔觊刚与东南各叛军会师，气焰正盛。沈将军应当先率大军，竭力奋进！"巴陵王刘休若向沈怀明说道。

"末将明白！"沈怀明答道，并率兵疾往奔牛镇飞驰。

但是，当时正值春雨连绵，大水崩塘，众无斗志，孔觊驻足晋陵，见此情景，更加气焰嚣张。沈怀明来到奔牛镇，他见孔觊气盛，所以未敢轻战孔觊，只是筑垒固守，以待战机。

张永到曲阿县后，更是被敌人的气焰吓退到了延陵，并且欲投向刘休若的大营去躲藏。

"今日天时不佳，我们不如暂时退保破冈，以待来日！"诸将劝主帅刘休若道。

"你我身为国家将士，为国平叛，而今贼寇尚未到来，就想轻言退走。你这是何道理？你们有敢再言退逃者，斩——"刘休若闻罢怒吼道。

宋主刘彧闻得东吴军情紧迫，十分忧虑，遂长吁短叹不止，急忙召集众臣计议。

"启奏陛下，殿中御史吴喜恳求前往战场效命！"此时，吴喜急忙出班奏道。

"哦，朝廷有幸，爱卿愿意为国出力！朕封爱卿为建武将军，令你带千名羽林勇士前去——"宋主欣喜地说道。

吴喜率兵东去了。因为吴喜曾经出使东吴，性情宽厚，颇得三吴百姓的敬爱，所以，沿途受到众人的拥戴，官员们见吴喜引军前来，纷纷望风而降。于是，吴喜此次竟然自成一路雄伟的大军，率兵轻而易举地直捣了贼巢。

接着，永世县的叛军县令孔景宣，为平民徐崇之所杀，徐崇之向吴喜报捷，吴喜令徐崇之暂为永世县令，自己仍旧率军攻打吴城，并且连破义兴军。叛军义兴太守刘延熙正想筑栅自守，却被吴喜引军一举击毙。于是，吴喜收复了义兴。

义兴兵败，使得驻守在晋陵的孔岂惊慌失措。宋主刘彧又派积射将军江方兴、御史王道隆出击晋陵，大军屡战屡捷，接着攻克了晋陵。叛军纷纷弃郡出逃。于是，吴郡、吴兴、晋州相继荡平。

捷报送到京城，宋主刘彧又调张永出兵彭城，江方兴出兵浔阳，令建武将军吴喜与建威将军沈怀明东击会稽。吴喜引军入柳浦，拔西陵，势如破竹。上虞县令王晏也起兵攻城。于是，孔岂抵挡不住，逃往崤山。

会稽城内只剩下了刘子勋的弟弟浔阳王刘子房了。随即，刘子房又被王晏抓住，押往建康请功。接着，王晏悬赏捉拿孔岂，不久孔岂、孔噪兄弟二人也一起被捕、被斩杀于城下。

会稽既平，各路叛将遂土崩瓦解，纷纷乞降，宋主一一恩准。甚至对刘子房也给予了宽容，只是将他降为松滋侯。

山阳王刘休佑到了历阳，命令刘勔先行，进军小岘。殷琰的南汝阴太守裴季之以合肥全城向宋军投降。宁朔将军刘怀珍，又奉命带龙骧将军王敬则等五千兵马前来帮助刘勔攻打寿阳，并且斩杀了叛军的庐江太守刘道蔚。

"刘休佑已经派刘勔前来攻击我军，刘道蔚又已兵败。现在，我命令将军刘顺、柳伦、皇甫道烈、庞天生等人率兵阻击刘勔——"殷琰向部属们叫道。

于是，刘顺等人率军去了。然而，经过一个多月后，刘顺等人弹尽粮绝，遂派柳伦前往大营求救。

"启禀大将军，我军现在已经粮尽，盼速接济——"柳伦向殷琰哭道。

"参军杜叔宝，请你速发军粮五百车给刘顺——"殷琰闻罢，向杜叔宝命令道。

杜叔宝催军去了，殷琰满面汗水，静待回音，却见部将们又仓皇地跑了进来。

"报——"一位部将惊叫起来，向殷琰报道，"运粮车队在途中已被刘勔率兵劫获！我军无粮，已经溃散，刘勔又已引军进抵寿阳来了！"

"啊——"殷琰听后惊慌地叫道。

殷琰见此，非常惶恐，遂与杜叔宝等人招集散兵，驻城自守，其危在旦夕。

薛安都所居的彭城是徐州的治所，城池坚固。得知张永与萧道成来攻彭城，安都之侄薛索儿和太原太守傅灵越急忙夺据睢陵，阻挠官军。张永与萧道成两厢夹攻睢陵，威力无比，于是薛索儿战死，傅灵越逃到淮西被捕，被送至建康，因他出言不逊也被斩杀。

邓琬焦头烂额地回到大帐中，从赭圻赶来的右卫将军陶亮也尾随其后跑了进来。

"如今，我们浔阳皇帝的兵马连败，相爷，这如何是好？"将军陶亮仓皇失措地问邓琬，"莫非我们的前途堪忧？"

"嗯，我看……前途似乎不佳……"邓琬十分懊伤，无可奈何地说。

"莫非相爷你就无法力挽狂澜了？"陶亮惊慌地问，"我们就只能束手就擒了？"

"……我倒是还有最后的一步棋，也许能一子定乾坤！"邓说。

"何计？"陶惊喜地问。

"冒险派出密使入京求救于路太后，以便请太后在京都直接对宋主刘彧下手！"邓琬咬牙切齿地说。

"哦，此计干净利索，大妙！望立即施行！"陶亮激动地说，"但是，此事重大，邓大人将派谁作浔阳密使前往建康行事呢？"

"典签谢道迈家府在建康，而且其聪明能干，对我浔阳皇帝忠心耿耿。谢道迈他是这次出使建康的最好人选啊！"邓琬大声说道。

"好！望谢道迈此去一帆风顺！"陶亮也兴奋地叫道。

邓琬斩钉截铁地点了点头，于是，他派浔阳密使谢道迈连夜赶到京都建康。同时，陶亮也匆忙向南赶往赭圻去了。

浔阳密使谢道迈快马加鞭，不日赶到建康，立刻潜入路太后的深宫。

"太后，前线战事，对我浔阳皇帝十分不利，皇帝和臣下终日惶惶！"浔阳密使谢道迈急切地向路太后说道。

"哦，本宫也略知一二！"路太后说，接着哭泣道，"当初刘子勋在浔阳登基时，本宫还着实兴奋了几日，奈何苍天不佑，今日他就将兵败，或许……又要惨遭……"

"太后不必痛哭，目前，鹿死谁手，还未确定！我们尚有最后一计，可救我浔阳皇

浔阳残楼

帝!"密使谢道迈轻声地说道。

"何策?请贵使告诉本宫!"路太后急忙抬起泪眼,问道。

"如今只有釜底抽薪,请太后伺机毒死刘彧!建康皇帝没有了,我浔阳皇帝自然就可以名正言顺、登上台城了!"浔阳密使谢道迈咬牙切齿地对路太后说。

"哦,要走这一步险棋?"太后惊道,"万一不成,可要千万人头落地啊!"

"天无二日,太后此着倘若成功,浔阳皇帝即可还都建康城,太皇太后一家人团聚,一切顺理成章,万事无忧了!"浔阳密使谢道迈急切地说,"太后不可犹豫!"

"唉……好吧,也只能如此了!"太后轻声地答应道,"本宫就将伺机而为!"

"如此,我刘宋朝廷万幸了!"密使谢道迈说。

说罢,浔阳密使谢道迈拜别了太后,起身回自己在京的府邸去了。

浔阳密使去后,路太后惶惶不可终日,遂备好了一壶毒酒,吩咐侍从,宴请宋主刘彧。刘彧全然不知,立即欣然前来赴宴。

"如今前方军情尚紧,母后为何却突然要来此宴请皇儿?"宋主刘彧一边入座,一边笑问太后。

"哦,皇上多日操劳,你我母子许久未能痛饮,今日战事稍缓,所以,我特地略备水酒以慰皇上!"太后轻声地说道,并且满斟了一杯,递给了刘彧。

"陛下……"宋主刘彧接过酒,正要饮食,突然发现侍者神色紧张地叫了一声,并偷偷地将他的龙袍后襟拉了一下。

刘彧这时才觉得其中似有蹊跷,并且料知此酒中或许有毒。于是,他为免事情败露,只好灵机一动,将计就计,把手中的酒盅捧给了路太后。

"多谢母后恩赐,但皇儿不能占先!还是请母后先饮了此杯。皇儿祝愿太后千岁福寿安康——"宋主刘彧跪在太后面前,举杯说道,"请母后喝了此杯!"

路太后迟疑了一会,料想不能推辞,所以只好拼死喝下了这杯毒酒,于是当即中毒身亡。

浔阳密使谢道迈在建康自家的府邸中得知路太后在宫中行事失败的消息,自知他本人已经大祸临头,就要满门抄斩了,于是他号啕大哭。接着,他转身劝妻投缳自尽后,自己举刀亲自杀尽了自己的子孙十三口,最后他才不慌不忙地走进皇宫,投案自首,并且英勇就义于金殿台下。

浔阳皇帝的叛军将亡,朝廷各路大军纷纷告捷。朝廷方面,只有殷孝祖因为急躁冒进而受到挫折,而且殷孝祖本人也在激战中阵亡了。

殷孝祖仗着他的忠诚节操,欺凌众将领,官军有父子兄弟在南边的,殷孝祖都要追究治罪,因此使得人心背离,没有人乐意为他出力。此时朝廷让他都督兖、青、冀、幽四州诸军事。叛军占据赭圻,殷孝祖决定进攻叛军,与统帅王玄谟告别,悲痛不已,众人见了无不惊异。接着,殷孝祖与叛军交战,常常让战鼓伞盖跟在自己身边,因此军中将士们都惊异地说:"殷统军是必死的将军啊!他今日与敌人交战,竟用官位仪盖来显示自己，这样如果敌人有十人一齐向他射去，他能不死吗?"当天，殷孝祖在战斗中真的中箭身亡了，时年五十二岁。

大将殷孝祖被杀，其部众个个惊怕，多亏沈攸之及时安抚部将，才镇定了人心，军队才渐渐恢复了战斗力。此时，江方兴已经被宋廷从南方调来，他与沈攸之名位相近，众人想推沈攸之为帅，攸之却让江方兴统率全军。于是，江方兴大喜，并令全军准备开战，进逼赭圻。赭圻的守将是刘子勋叛军的左、右卫将军孙冲之、陶亮二人，他们率兵约有两万人。

"殷孝祖是位著名的骁将，尚且也被我们打垮了，看来我们浔阳大军真是天下无敌的了。我们不必死守此地，不如干脆直取京都?"孙冲之对陶亮说。

"不可!"陶亮说，"我们不能因为他们的一将之失就全然轻敌啊!"

"陶将军你将如何?"孙问。

"我将命令部将薛常宝、陈绍宗、焦度等人出兵对垒，与官兵决一死战!"陶亮说，"一定要步步为营，稳扎稳打!"

然而，就在此时，江方兴、沈攸之两军夹攻，已杀得赭圻山前的叛军丢盔弃甲，溃不成军，有的甚至逃往姥山去了。陶亮见了，十分惊惧，他急忙和孙冲之退守到鹊尾，并令薛常宝留守赭圻。接着，见邓琬前来察看军情。

"请相爷急速上奏浔阳，请求陛下速发援兵!"陶亮惊叫道。

"哦，前锋战败?急派豫州刺史刘胡率三万大军增援——"浔阳皇帝刘子勋的丞相邓琬得知求援，赶紧向传令兵下令道。

刘胡是一员有勇有谋的战将，一直为将士们所敬服。在邓琬的命令送达刘胡大营后，刘胡立即闻风而动，率领援军赶往鹊尾。孙冲之、陶亮以为有了刘胡这个靠山，就能有恃无恐了。然而，他们还不知道，此时宋主已经命令沈攸之为辅国将军，让他代替已死的殷孝祖督管前锋军事，并调建武将军吴喜来赭圻助战。接着，沈攸之率领各军开始围攻赭圻城，战斗进行得异常惨烈。

"多路宋军已抵赭圻，此处敌众我寡，粮草奇缺，请将军火速发粮——"此时，赭圻城中的薛常宝招架不住，急向刘胡求援。

"我将亲率重军护送粮草——"刘胡答应道。

随即刘胡亲率一万步兵为赭圻护送粮草，但在赭圻城下又被沈攸之阻住，攸之下令射箭，万箭齐发，刘胡三却三进，终因身负数箭而率军撤退。接着，沈攸之趁势奋击，大破了刘胡军队，刘胡狼狈退回。薛常宝见刘胡已经败去，自知孤城难守，遂开门突围，丢下了赭圻城，独自逃入刘胡寨中躲藏去了。

赭圻城中的叛军将领们见薛常宝已逃，知道大势已去，随即纷纷慌忙出降，于是赭圻失陷。刘胡兵退浔阳。

于是，沈攸之挥军进入赭圻城，安抚百姓。建安王刘休仁此时也从虎槛赶到赭圻，众军在此胜利会师，宋主派尚书褚渊前来军营犒赏将士，并令众将乘胜进军。

"敌军势大，请陛下速发救兵——"此时，刘胡紧急向邓琬求救。

"侍卫听令——"邓琬突然向身边的侍卫叫道，"速去袁岂大营，以浔阳皇帝的名义，征诏袁岂，令袁岂从速率兵到浔阳赴敌——"

接令后，袁岂虽不想应召，但表面上只得同意，并率雍州全部兵马，即楼船千艘、兵马两万奔赴鹊尾，来浔阳会师。先到的刘胡等人见了袁岂，欣然将袁岂迎入军营。

"袁将军到来，浔阳无忧了！"刘胡笑向袁岂道，"将军要知近日敌情如何？"

"初来浔阳，天下太平，可暂免谈及军情！"袁岂漫不经心地说。

接着，多日以来，袁岂仍旧只是身着华服，赋诗饮酒，很少谈论军情，他甚至对待军务，少有兴趣。

"我军军资不足，将军可否暂借襄阳军资一二，为我所用？"刘胡对袁岂说道。

"何必借饷？据说建康粮价奇贵，人心惶惶，恐怕就将陷落，我们可以坐取京城军资了！"袁岂笑对刘胡说，"我们就将全胜，此时还要什么粮饷？"

刘胡被弄得没趣，只好回到自己的营中，但是此时，宋军还在源源不断地向这里涌来。

"前方敌军未能退却，我们岂能按兵不动？"刘胡见此，按捺不住，只好又走到袁岂营中急切地向袁岂说，"末将愿率本部人马前往御敌——"

"……也罢，你且率军一万，出屯浓湖，堵截刘彧的宋军兵马！"袁岂一边喝酒，一边懒洋洋地说道。

这时，青、兖各郡官吏纷纷响应建康，弋阳山贼田益之也愿为宋主效力，而且率领了一万兵马围攻义阳。

刘子勋的司州刺史庞孟虬率兵打退了田益之，然后奉邓琬之命去救殷琰，攻打刘勔，刘勔招架不住，急忙向刘休仁求援。

"刘勔受击，来求援兵。我今命令龙骧将军张兴世前去援救刘勔！"刘休仁向众将说道。

"末将得令！"张兴世答道，接着又支吾道，"……不过，末将本来打算绕过鹊尾，占据钱溪上游，以便截住叛军的粮道。然而……将军却要末将去援救刘勔……"

"王爷之令不妥！"沈攸之听了，急忙对刘休仁说，"我认为，像庞孟虬这等人，将军随意派个人就可以打败他，何必要动用张兴世这等大将前去救援刘勔？张兴世截击叛军粮道之计，也许更为重要，将军应能重视！"

"哦，沈将军高见，本王决意听从！"刘休仁闻罢说道，并立即发令，"现在改令部将段佛荣前去救援刘勔，抵抗庞孟虬。令张兴世率七千精兵前去截击叛军粮道！"

"那么张将军将如何作战？"接着，沈攸之问张兴世。

"上游只有钱溪可以据守，地势既很险要，江面又很狭窄，距离大部队也不远，策应赴援方便。同时此处江水有漩涡暗流，上水之船一定要停泊，那岸边有横浦港，可以隐藏大小船只，末将将力求占据钱溪，以夺取战争的主动权！"

"这很好！"沈攸之笑道，"如此将军就胜利在望了！"

众将得令去了。

三十二、晋安灭，帝乐极生悲

张兴世率轻舸二百艘逆流而上，途中经历风浪，屡进不利。

接下来，当夜四更时分，江上风向突变，于是张兴世举帆直向上游飞奔而去，乘夜渡过湖口，来到鹊头，又再回船往下游来迷惑敌人。张兴世夜宿在景江浦，当夜暗地里派黄道标带领七十条小船，径往占领钱溪，营建城寨防守。次日早晨，张兴世同他的部队都在钱溪聚集。

"张兴世要去上游占据钱溪——"刘胡的部将胡灵秀闻罢大叫起来。

"哈哈哈，我不敢顺水推舟，轻易越过他们，攻取扬州，他张兴世有何能耐，却敢逆流而上，占我上游。他这是自寻死路——"刘胡听说张兴世的行军情况，向部众们哈哈大笑道，"我们不必惊慌，且可暂时歇息！"

"大将军，不好了，张兴世的船队已经挂帆越过了鹊尾——"突然，部将胡灵秀慌张地跑进营帐来向刘胡报告。

"啊，竟有此事？张兴世他们逆水行舟，岂能轻易越过？"刘胡惊慌地问。

"将军要知道，天有不测风云。"胡灵秀说，"方才东北风忽起，张兴世竟悬帆直赴上游去了！"

"快，现令你从速率军前去阻击——"刘胡说。

"已来不及了，张兴世业已到达钱溪扎住营寨了！"胡灵秀说道。

"如此说来，我只得亲率各路水军前去追击！"刘胡叫道。

接着，刘胡急忙率领水军战舰，浩浩荡荡地向上游驶去。

次日清晨，刘胡亲自率领水兵、步兵二十六营来进攻张兴世，张军将士们想立即迎击敌人。

"不必出战！将士不得妄自行动，照旧营建城寨！"张兴世说，"贼兵虽然来了，但距离我军还很远，他们士气旺盛，射箭很急，箭射得急就容易把箭用完，士气旺盛也容易衰竭了，这就是从前曹刿能打败齐军的缘故啊！"

接着，当刘胡军渐渐逼近，船入江中涡流，张兴世就命令寿寂之、任农夫率领数百名勇士攻击他们，各军相继跟上，刘胡部队战败而逃，有数百人被斩首，投水而死的很多，刘胡只好收军，向下游撤退。

　　同时，在浓湖，建安王刘休仁担心叛贼集合兵力再次攻打钱溪，打算分散敌军的力量，他命令沈攸之、吴喜、佼长生、刘灵遗等人用二十条蒙上皮革的战船，在浓湖进攻贼军，苦战了整整一天，斩杀俘获贼兵上千人。

　　"刘大将军，浓湖危急，袁岂将军请大将军立即回救——"刘胡战舰刚上去不远，突然，袁岂的使者乘快艨跑来舟中，向刘胡禀报道。

　　"浓湖何以突然吃紧？"刘胡又惊问道。

　　"就在大将军来此地时，刘休仁为了策应张兴世，特令沈攸之、吴喜率战舰进击浓湖了！"使者哭泣道，"如今浓湖的袁岂大将军危在旦夕，生死不明！"

　　"唉，那么，我只好放弃上游，任凭张兴世胡作非为了！"刘胡无可奈何地摇摇头，接着下令，"回军浓湖！"

　　说罢，刘胡率军转回浓湖。然而，当他引领大军来到浓湖后，却又得知沈攸之、吴喜早已率军退走了。

　　"哎呀，刘休仁太狡猾了！"袁岂叹息道，"他竟三番两次地神出鬼没，劳我军师！"

　　"刘休仁狡猾并不可怕，可怕的是你袁岂大人自己消极怠工！"刘胡暴跳如雷，接口向袁岂骂道，"你不顾大局！此地本来军情紧急，求你来救。然而，你袁岂来后不战，贻误战机，为我们带来了如此多的麻烦。实在可恨——"

　　"将军何必发怒？胜败乃是兵家常事……"袁岂轻松地说。

　　"我们暂不必谈此！"刘胡说，接着他回头又对胡灵秀说，"不知庞孟虬他们如何了？"

　　"禀报大将军，我方才得知：庞孟虬到弋阳被吕安国打败，又回到义阳。而王玄谟的儿子王善又占据了义阳，追击庞孟虬，庞孟虬在逃亡中已经被山贼杀害！"胡灵秀说。

　　"唉，我浔阳皇帝的大军危险了！"刘胡叹道，接着他又问，"其他将士如何？"

　　"殷琰的得力部将皇甫道烈等人也已经相继向刘勔投降了！"袁岂说，"刘勔已命令段佛荣回守浓湖。"

　　刘胡听罢，又怒又怕，于是，他不想再听袁岂噜苏，遂策马而去，并在马上和部将们商议军情。

　　"我军少粮，派往南陵征粮的人怎么样了？"刘胡问胡灵秀。

　　"……征粮部队已被官军杀退，我军毫无所获！"胡灵秀轻声地回答。

　　"哦，军情已经坏到如此地步？我们都将性命难保！"刘胡大惊道，接着，他轻声地对胡灵秀说，"你且派人通知袁岂，说我们将继续攻打钱溪和大雷。"

　　"我们真的还要再打下去？倘若如此，则我们兄弟们的性命都将不保呀！"胡灵秀惊问。

　　"还打什么？那只是骗骗袁岂这小子的，让他坐等灭亡吧！"刘胡愤怒地说，"你且让薛常宝将船只备好，我们将径往海根，毁去大雷营垒，逃往浔阳城去！"

　　于是，刘胡等人清晨就逃向浔阳去了，但是袁岂却直到晚上才得知道。袁岂看看自己将孤军独守在此，又怕又恨，惶恐不安起来。

"我真后悔呀，这次被刘胡这个蠢才给捉弄了！"得知刘胡已去，袁岂百般无奈，遂在帐中顿足大跳起来。

"袁岂将军，我们将怎么办呢？"鹊尾守将薛伯珍问道。

"……好吧，你们在此静候，我要率兵将刘胡他们追回——"袁岂又沉思了一会，向部众们说道。

袁岂说完，率了千名兵士，追赶刘胡去了！

而在此时，浓湖、鹊尾共有叛军近十万，却顿时没了主帅，群龙无首，遂全部向宋军投降了。于是，刘休仁全盘占据了浓湖和鹊尾。

此后，刘休仁派沈攸之追击袁岂。袁岂与鹊尾守将薛伯珍只好逃往浔阳，此时，他们已经到了山穷水尽的地步。

"我们已经到了绝境，将军将如何处之，还要再逃跑保命吗？"薛伯珍惊慌地问袁岂。

"我不是怕死，我只是想去浔阳向晋安王请罪之后再行自尽啊！"袁岂哭泣道。

"哦……"薛伯珍听罢，无言以对。

"将军以为如何，你还有脱身之计否？"袁岂又问。

"……末将尚有机密妙计，请……将军让左右暂且离去，我将独自向你细说！"此时，薛伯珍思索了一会后，轻声地对袁岂说。

"哦——"袁岂听后，立即命令部众退去，之后，他又回头对薛说，"将军请说出你的妙计！"

"末将之计就是……欲借将军的头颅一用，以保我全家性命！"薛伯珍说道。

薛伯珍说罢，突然抽出长剑向袁岂大叫起来，并一剑刺向袁岂。袁岂躲避不及，头颅即被薛伯珍砍下。

薛伯珍提着袁岂的头颅，觉得自己已有向朝廷将功赎罪的见面礼了，遂得意扬扬地率领着部众向宋军大营走去。可是，当薛伯珍提着袁岂的首级到达钱溪时，途中却遇到了其同伙——将军俞湛之。

"薛将军将欲何往？"俞湛之勒住马头，向薛伯珍问道。

"在下将持袁岂的首级，向刘休仁将军投降去呢！"薛伯珍兴奋地笑着说，并拿出血淋淋的人头说，"哈，这是末将投降的见面礼，袁岂将军的头颅一颗！"

"哦，祝贺你呀！薛将军有此厚礼，一定可以邀得大功，请得重赏！"俞湛之立即羡慕地大声向薛伯珍祝贺道。

"噢，也许——"薛伯珍得意扬扬、笑逐颜开地说道。

然而，就在二人笑谈之时，俞湛之却趁薛伯珍不备，抽出长剑，一剑削下了薛伯珍的脑袋。

不一会，俞湛之用手抓起袁岂和薛伯珍这两个人的人头，跑到刘休仁大营邀功请赏去了。

西江烟波浩渺，匡庐天低云暗：

在浔阳皇帝大殿中，浔阳皇帝刘子勋连得兵败的噩耗，皇帝、邓琬和众臣正在惶惶不安，突然见到刘胡狼狈不堪地跑了进来。

"哦，刘老将军来了，前方战事如何？"邓琬立即上前问刘胡。

"袁岂业已叛变，军队溃散，现在只有末将全军而回了！"刘胡说道，并且大骂了袁岂一通。

"唉……袁岂已死，我们不必再说他了！"邓琬颓然地倒在榻上说，接着坐起身来向刘胡道，"老将军威风凛凛，如今我浔阳皇帝就指望将军你能够一展雄风，为国建功立业了！"

"请速发粮草，末将将全力以赴，为浔阳皇帝出力——"刘胡信誓旦旦地说道，"……也许，这是我浔阳最后的一战了！"

"粮饷我已为将军备好，请速率人马前往溢城御敌——"邓琬说道。

"末将得令——"刘胡应声说道。

刘胡说罢，率军拉着粮草而去，但是，他并未去溢城，却在出了浔阳城楼之后就转身向沔口逃走了。看罢刘胡远去的背影，邓琬扼腕长叹，更加惶恐，并且立即召集众人商议应急对策。

"如今国家已到生死存亡之秋，谁人尚有高见？"邓琬向大家问道。

"实无高见……"众人摇了摇头，齐声地对邓琬说道。

邓琬愁眉苦脸，绕殿一周，看见竟然没有一个人能说出计策来，心中十分痛苦。

"……大人，听说尚书张悦大人已有一计，不过，他现在生病在府中，大人何不登门与张大人相商？"堂下一人走上来说道。

"哦，在下立马前往张府！"邓琬听罢说道，并转身飞奔来到张悦府中。

"啊，张大人身有小恙，在下特来看望。另外，眼下军情紧急，还请阁下为国家想点对策！"刚一进府，邓琬就迫不及待地对张悦说，过了一会又说，"……阁下所生何病？"

"唉，在下之病都是被国事累出来的呀！"张悦叹道，"而今国家危亡就在眼前，既然邓大人当初能想出谋略起兵，如今……必然有战胜敌人的计策，是吧？"

"这……"邓琬犹豫了半天，最后才嗫嚅答道，"看来现在……只有斩杀晋安王以向宋主谢罪了？如此这般，也许还可以保得我们身家性命……"

"嘿嘿，邓大人，你不觉得此计太残忍了吗？此计未必能保得了你的命。"张悦冷笑道，"在下倒是另有一计——"

"阁下有何妙计，请从速说来？"邓琬立即睁大双眼问。

"啊，何计？"张悦反问，并回头向帐后大叫道，"请拿酒来——"

随着张悦一声叫喊，帐后一声响应，突然跳出一群手持刀械的死士，向堂前杀奔而来。邓琬惊慌失措，见情形不好，正要逃跑，却被一群刀斧手当场斩杀。

接下来，张悦派人杀光了邓琬的儿子们，带着他们的头颅，乘着夜色单舟来到刘休仁的军前，献上邓琬全族的首级，认罪乞降。

接着，张悦领着刘休仁大军进了刘子勋的首都浔阳，并杀尽了浔阳小朝廷的文武百官。可怜十一岁的刘子勋只做了半年的浔阳皇帝，也被立即斩首在浔阳江上。

刘胡逃到石城后，被竟陵丞陈怀直设计诛杀。郢州行事张沈、荆州行事孔道存也相继毙命。徐州刺史薛安都、冀州刺史崔道固、益州刺史萧惠开、梁州刺史柳元怙见大势已去，遂先后向朝廷乞降。湘州刺史何慧文自杀身亡。临海王刘子顼、安陆王刘子绥、邵陵王刘子元都先后被赐死。

此时，南方所有归附刘子勋的人马几乎全部被斩草除根了。

接下来，宋主刘彧听从刘休仁的意见，斩杀了刘子勋全部堂弟堂兄、堂姐堂妹。至此，宋孝武帝刘骏的二十八个儿子全部死亡了。

辅国将军刘勔围攻殷琰所据的寿阳城，经年未能攻克，宋主很是急躁。

尚书蔡兴宗又向宋主谏道："天下既定，殷琰已经知罪惧怕，陛下赐给他诏书，他就会投降，何必一定要攻打呢？"

"好，就依蔡卿所言，下诏招抚殷琰！"宋主刘彧对众臣说道。

众人称善。随即，帝诏送达寿阳。驻兵在寿阳的殷琰阅罢诏书，心中仍有疑虑。

"虽然……皇帝愿意恕我之罪，然而，城外刘勔兵士如狼似虎，倘若让他们入城，寿阳城内的兵民岂不大受祸殃？"殷琰犹豫道，接着，他对身边的部属道，"张参将，你不如出城前往刘勔处打听一番！"

张参将应命出城，进了刘勔营中。

"启禀辅国将军，寿阳殷琰将军因怕官兵入城屠戮百姓，所以不敢开门出降。将军可否对城内兵民有所许诺？"张参将对刘勔说。

"我奉旨来此，现已得皇帝招抚寿阳之诏，岂能违旨行凶？况且，城内本也是我大宋的兵民，我岂忍屠杀？"刘勔慨然说道，"请将军转告城内，我刘勔入城，决不屠戮一人！"

"如此，我寿阳的兵民幸甚！"张参将说着，转身回城去了。

后来，殷琰得到刘勔不戮一人的许诺，又听说浔阳已经败没，遂率全军向宋主刘彧投降，宋主封他为镇南咨议参军，留军听用。

于是，浔阳之叛结束了。然而，刘彧政权虽然领土、人口都不到刘子勋政权的十分之一，但是以伐乱为名，凭借量少质精的中央军，采取三种积

建康淮清桥

极手段：一、采用才干名士蔡兴宗的意见；二、重用吴喜、沈攸之、张永、刘勔、萧道成等武将；三、放权给诸弟刘休仁等人积极平乱。于是上下一心、兵强将勇，因此消灭刘子勋政权，并平定了江南、淮南各地，最后诛杀了孝武帝所有子孙。

接着，宋主又召集众臣在金殿计议。

"如今浔阳之叛乱业已全部剿灭，所以我朝当向淮北发兵，以示朝廷威仪！"宋主刘彧又突发奇想，向群臣说道，"今特封张永为镇军将军、沈攸之为中领军，令你俩统率十五万大军前去迎接徐州刺史薛安都，以示我朝大军的雄威！"

"陛下，不可！薛安都本来已经归顺了我朝，陛下只需要一纸诏书即可召他进京，何必要动用大军？这会引起他疑忌产生事端的！"此时，蔡兴宗又出班奏道。

"有何不可？这些叛国之徒，为非作歹，朕莫非就如此轻率地宽恕他们？"刘彧激动地说，"当初，朕所以对他们加以宽恕，只是因为贼势太大，朝廷无暇此顾啊！如今大局已定，朕何必还要如此小心谨慎？"

"哦，原来如此！"蔡兴宗愕然地说道，"然而……倘若陛下以为叛臣罪重不可恕，也可当机立断而杀之。陛下切不能在赦免了他们之后，又用大军逼迫他们再叛。这是不妥的！这样难免使得北魏有了可乘之机，从中坐收渔利啊，到那时，我国家恐怕又将遭到兵祸！"

"蔡卿之言，有耸人听闻之嫌。朕不能准奏！"宋主刘彧摇头说道，接着问萧道成，"萧卿你以为如何？"

"微臣以为尚书蔡大人所言有理！"萧道成回答道。

"即使叛党余孽和北魏乘机齐来，又能如何？我朝军威甚猛，战无不胜，他们又奈我何？众卿不必忧虑，大军立即出发——"宋主刘彧力排众议，当即下令再次出兵。

薛安都驻兵在徐州，听说朝廷大军将到，果然十分惊惧，他要派人与汝南太守常珍奇商议应对之策，却见常珍奇已经到来，于是二人急忙商谈起来。

"宋主本已接纳了我们的降表，如今却又出尔反尔，带兵前来剿我！"薛安都愤慨地说道，"这能算是做皇帝的行径？"

"君无戏言，这宋主刘彧绝不是个守信开明之主，我们只有求北魏帮忙，别无出路了！"常珍奇咬牙切齿地叫起来。

"将军所言极是！"薛安都无可奈何地说，"我只有以儿子为人质，以徐州为礼物，向魏主拓跋弘求援了。"

"只能如此！唉，我也只能以悬瓠向北魏乞降了，否则，恐怕官军就要进攻！"汝南太守常珍奇也痛心地说，"只是……不知北魏的现状如何……"

"魏主拓跋焘故后，由拓跋浚嗣位，拓跋浚在位十四年死去后由拓跋弘嗣位。拓跋弘是拓跋浚的长子，浚亡故后，拓跋弘与宋主刘彧同年即位。因为拓跋弘年幼，所以当年由丞相王忆浑掌政，后来王忆浑企图谋篡，被冯太后诛杀，魏朝遂由冯太后摄政。"薛安都慢慢地说道，"冯太后倒是个智略超人、识才用人之人，但是，她也颇有心计，诡秘多变，我们还得时刻小心才是！"

"宋廷官军压境，我们别无选择，我当从速投魏去呀——"常珍奇急切地说。

薛安都无可奈何，沉重地点点头。

得知薛安都、常珍奇乞援，冯太后忙与中书令高允商议后，决定接纳薛、常的降书，并出兵相救。

于是，北魏镇南大将军尉元、镇东将军孔伯恭率一万骑兵东救彭城，西河公拓跋石与张穷奇率一万步兵西救悬瓠。同时任命薛安都为镇南将军、兼徐州刺史、河东公，常珍奇为平南将军、兼豫州刺史、河内公。

兖州刺史毕众敬本想投宋，并向建康奏请率兵讨伐薛安都，但奏章将发出时，就听到其子已在建康被宋主杀害的消息。于是，毕众敬大怒大悲起来。

"刘彧小子，我已是知天命的老者了，此生只有这一子，你却不让我儿为我养老送终！我与你不共戴天——"毕众敬哭叫道。

言毕，魏军已到，毕众敬遂向魏军投降了。但是，魏将尉元派部将占据了兖州，并夺去了毕众敬的军权，毕又后悔莫及，郁郁而去。

接下来，拓跋石也使用了尉元的方法，在上蔡夺取了常珍奇的大权。常珍奇想再行反叛魏廷也迟了。此时薛安都还不知毕、常的结局，却只在一心盼望魏国救兵到来呢！

"眼看张永、沈攸之的大军就要到达下磕，你赶紧催魏军快来救我们吧！"薛安都向部将令道。

"末将这就前往尉元营中催促——"那部将说罢去了。

可是，当北魏大将尉元长驱直入，到达彭城时，薛安都开门迎谒，尉元便派部将李璨陪薛安都入城，收检仓库锁钥，又令孔伯恭率两千精兵守卫城池内外。

"尉将军如此安排，是将末将放在何等地位？"薛安都见此，忙入营向尉元问道。

"薛安都当懂礼节，请下阶参见后再开始说话！"尉元高高地坐在堂上向薛安都怒吼道。

"你我同为将军，为何要我参拜阁下？"薛安都也怒吼道。

"降将岂能与我同位？薛安都暂时不要守城了，让李璨代行守城之职！"尉元又说道。

薛安都气愤已极，于是，他开始暗中策划，想谋叛北魏，再归刘宋。不料，薛安都的行径走漏了消息，受到尉元的威胁，安都只好息兵求和，因而又遭尉元的嘲笑。薛安都百无办法，只好以重金贿赂尉元，并把过错都推到女婿裴祖隆的身上，杀了女婿，讨好尉元。尉元这才令李璨守城，让薛安都做了李璨的助手。然后，尉元决定亲率大军偷袭张永粮道。

"张永派王穆之领五千兵马守护辎重，我将率大军前去偷袭！"魏将尉元得意地说道，"我可趁宋兵措手不及，取得宋军辎重！"

"尉将军此计很好，然而，末将是否也要前往配合，出力帮忙？"薛安都问。

"嗯！如今天寒地冻，宋军少了粮草辎重，必定要南退，我夺得粮草辎重后，就要绕到敌后，堵住张永南退之路。薛将军那时便可率兵随后策应！"尉元笑道。

于是，薛安都等人只得依计而行。随即，尉元如愿以偿，顺利夺得王穆之的粮草辎重。

失了辎重的王穆之急忙奔到张永营中。张永刚进彭城，突然看到王穆之逃来，而且说辎重被夺，不觉大惊，自知此处不能久住，他决定索性弃营南回。又逢泗水结冰不能过船，他只得弃舟渡冰，因此士卒们多半被冻死在冰上。

张永率兵到了南岸以后，又正遇到魏将尉元袭击，兵马死伤无数。张永只好拼命厮杀，且战且退，正在困乏之际，后方却又闻得鼓角声起，原来薛安都也领兵追到，两边夹击，宋军死伤过万，横尸六十里，辎重悉被魏军夺走。张永、沈攸之浑身泥血，只身逃脱。

消息传到京都，宋主又惊又悔，忙召群臣在太极殿上计议。

"朕悔当初没有听从诸位的建议！如今徐、兖两州俱失……"宋主刘彧懊恼地叹道。

"目下已无暇顾及徐、兖了！"蔡兴宗道，"徐、兖二州已失，青、冀二州也一定难保，请陛下立即派人去抚慰青、冀二州将士！否则他们又会步徐、兖将士们的后尘，投降于北魏！"

"蔡尚书所言极是！"宋主刘彧立刻说道，并大声说，"此令：沈文炳前去抚慰令兄沈文秀，为防不测，再令辅国将军刘怀珍率兵同行！"

沈文炳、刘怀珍奉旨出发，在途中竟得知青、冀已经反叛的消息，军情十分紧急。刘怀珍只好挥军砍杀，沿途平定了一些城池。但是，此时北魏得陇望蜀，得到徐、兖二州后，遂又进攻青、冀。后来，青州刺史沈文秀、冀州刺史崔道固率军抵御魏兵，归顺了宋朝。

魏主令平东将军长孙陵赶赴青州，征南将军慕容白曜为后应，一路上，据无盐、破肥城、夺糜沟、陷升城，大军势如破竹。宋军的守将或死或降，兵败如山倒。

沈攸之、萧道成的援军也无济于事，他们都被打得人仰马翻，只好退守淮阴。下邳、宿豫、淮阳各地的宋军守将也纷纷弃城逃走。崔道固孤守历城一年，最后力竭投降；沈义秀困守东阳三年，最后也城破被擒。

魏兵将沈文秀押到慕容白曜面前，慕容要他下跪，沈厉声叫道："你是北魏臣子，我是南宋的臣子，我们均是为人之臣，为何我却要向你下拜？"

"哦……看来你还很有正气，也就免礼了吧！"慕容起身，一面拉着沈文秀的手，一面笑容可掬地说道。

最后，沈文秀投降了慕容，魏主命沈文秀为中都下大夫。于是，青、冀二州也归属了北魏。

　　豫州刺史刘勔刚上任，就闻北魏司马赵怀仁进犯武津，遂派龙骧将军申元德出兵阻击。魏兵受挫，只好移师犯义阳，又被参军孙台灌驱走。于是豫州暂时平安无事，刘勔遂召集众将计议长久之策。

　　"目前魏兵虽去，然而，我军尚不可松懈。如果要使豫州得到长治久安，那么尚需从长计议！"刘勔向众将说。

　　"大人以为现在要做什么？我们谨听吩咐！"申元德说。

　　"我知道，常珍奇将军投魏乃是迫不得已，孙台灌将军与常珍奇有旧交，何不趁机前去说服常珍奇重投宋军？"刘勔对孙台灌说。

　　"末将遵命——"孙台灌应声去了魏营。

　　过了不久，孙台灌兴奋地进帐报告："常将军也有悔意，现在已经率军投往寿阳宋营。如今豫州魏军兵力不足，暂不能南侵了。"

　　"这很好！"刘勔笑道。

　　于是，魏、宋此时已呈势均力敌之态，两国暂时和平。

三十三、杀诸王，宋主疯残暴

即位之初，宋主刘彧册立了王氏为皇后。王氏是仆射王景文（原名王彧）之妹，为人贤惠，与宋主也很相爱。后来，宋主刘彧有了大量的嫔妃，所以对皇后疏远了，但是，王皇后倒也还能随遇而安，对此也并不太计较。

宋主刘彧经此次北伐之败，不仅没有励精图治，反而更加沉沦淫暴了。他见王皇后只育有二女，其他嫔妃也没生下一个男孩，这实令他不快。这事本来还可以让他将来的嫔妃们来解决，无奈，刘彧因好色过度，渐渐失去了生育能力，百无良策，所以宋主只得想到"借种生子"的办法。

宋主刘彧与宠臣李道儿闲谈。

"唉……"宋主闷闷不乐地叹息。

"陛下为何苦闷？"李道儿问宋主。

"朕……至今尚无龙子，这……能不忧愁吗？"宋主刘彧反问道，"朕已得知，卿有十多个公子，个个都是身材不凡啊！"

"哈哈，陛下宫中佳丽成群，何愁将来没有龙子成群？"李道儿接着笑说。

"唉，朕不能知矣——"宋主仍旧叹息道，过了一会，宋主又笑向李道儿说，"朕今将宫女陈妙登赏赐给你如何？不过……只赐给你几个月。"

宋主说罢，又起身在李道儿的耳边嘀咕了半天。

"微臣感激陛下厚恩——"李道儿一听，心花怒放，忙磕头不迭。

接着，宋主令李道儿携陈妙登而去。两个月后，宋主刘彧探知陈妙登已经怀孕，又立即将她召回。十个月后，陈妙登产下一名男婴，宋主硬说是自己的儿子，遂为他取名刘慧震，并视若己出。

宋主因此十分兴奋，但转念一想："既然如此容易得到儿子，朕何不再多得几个？"

于是，宋主将李道儿再次找来。

"李爱卿上次得到过陈妙登，感受如何？"宋主笑问李道儿。

"哈，微臣诚感陛下隆恩！"李道儿感激涕零地跪道。

"……那么，爱卿有何妙法，能让朕得到更多的龙子？"宋主又问。

"陛下倘若需要得到更多的龙子也并不难！"李道儿说，"只要派人密查各府王公的姬妾，遇有孕妇，悉数将她们捉拿到宫中，哪位孕妇产下男孩，陛下就杀掉他的母亲，留下男孩，然后让宫中宠姬代养……"李道儿欣喜地献计道。

"哎呀，李爱卿之计果然是好计，请吩咐下去，就照此办理——"宋主兴奋地大叫道，"当然，刘慧震是朕的皇长子，朕将对他特别优待！"

"谢主隆恩！"李道儿又一次跪谢道，"微臣这就下去办理'密查各王公姬妾'之事，保证陛下龙子成群。"

说罢，李道儿谢恩去了。但是，李道儿也没有为非作歹多久。在他为宋主办完此事之后，宋主怕事情暴露，不久也借故将他杀掉了。

刘慧震三岁时，惹人喜爱，宋主遂册立他为太子，改名刘昱，且大摆宴席庆贺。

当晚，宋主刘彧又召集后宫皇后、嫔妃、公主、命妇欢宴。饮至半酣，宋主却下令所有的女人都裸体入席，随意戏谑。唯有王皇后用扇子遮脸，默然无语。

"你为何不乐？"宋主刘彧一见，怒然问道，"好容易今日有个快活的游戏，你却以扇隐面，你是何居心？"

"取乐的方式很多，难道说一定要让姑嫂姐妹齐集一堂，以裸身取乐吗？恕妾不能从命——"王皇后杏眼圆睁地抗拒道。

"不识抬举的贱人，你给朕滚出去——"宋主刘彧顿时大发雷霆道。

王皇后听罢，立即起身，掩面还宫。众人看了，个个惊叹，都为王皇后冒犯了皇帝而捏了一把冷汗。当时，宋主刘彧也觉得十分扫兴，遂命众人拆席散去。

自古昏淫的君主，都是既好色，又信谗的。宋主刘彧在荒淫的同时，也重用了不少的奸猾佞臣。其中最突出的有：游击将军阮佃夫、中书舍人王道隆、散骑侍郎杨运长三人。此三人狼狈为奸，在朝作威作福，安插死党，铲除异己。他们甚至计划除掉皇亲国戚，永窃大权。在此三人的作用下，谗言遂不断地流入宋主耳中。于是，国中的王公勋臣一个个地都遭到了杀身之祸。

"陛下，外藩多有传言，说庐江王有图谋不轨之嫌！"一天，王道隆从殿外回来，急急忙忙地对宋主说。

"哦，庐江王……皇兄刘伟他也会反叛……"宋主惊问道。

"是的，他们看到陛下龙体欠安，都在私下里动手招兵买马，欲图后事！"王道隆接着轻声地说。

"刘伟是朕的八皇兄，岂能……"宋主仍旧疑惑地说。

"废帝刘子业不也是被族人建安王所杀的吗？"阮佃夫也走上来帮腔。

"哦，看来……皇家兄弟也不可靠！"宋主警惕地自言自语道。

"这是自然！陛下最应当防备的人，就是宗室子弟啊，因为只有他们才有取代君王的资格啊！"阮佃夫附和道。

"吩咐下去，朕……决定伺机除掉八皇兄庐江王刘伟！"宋主本来就好猜忌，经阮佃夫等人煽风点火，更觉亲朋都不可靠，遂向群小们下旨道。

"臣等遵旨——"游击将军阮佃夫、中书舍人王道隆、散骑侍郎杨运长等人答应后，欣喜地持旨执行去了。

杨运长手持帝诏，有意路过扬州刺史刘休仁的建安王府。

"散骑将军有何贵干？"建安王刘休仁见杨运长风风火火地走来，立刻上前问道。

"末将将去传旨，赐死庐江王刘伟——"杨运长得意地说着，并举起手中的圣旨给刘休仁察看。

宋主刘彧决意谋害勋臣

"啊，竟有此事，庐江王何罪之有？"刘休仁惊慌地问。

"陛下欲加之罪，何患无辞？"杨运长居心叵测地说，"譬如，殿下你身居要职，权重压主，前途也必然不妙啊！"

扬州刺史建安王刘休仁听了，不禁毛骨悚然。

"散骑侍郎大人的意思，我也……"刘休仁不安地问，"那么，我将如何处之？"

"殿下唯有尽早去职，才能避免祸殃！"杨运长说。

"哦，多谢大人指点！"刘休仁轻声地向杨运长谢了一声。

随即，刘休仁入宫急忙请辞了扬州刺史之职以避祸殃。

于是，宋主调桂阳王刘休范任扬州刺史，并改封山阳王刘休佑为晋平王，令他回京述职。他再调巴陵王刘休若为荆州刺史。因为刘休佑刚愎自用，屡次抗旨不遵，所以宋主将他召回后不久，也就借口将刘休佑除掉了。

接着，朝中的皇亲国戚和重臣们都相继被杀。杨运长与阮佃夫等佞臣们兴奋设宴，在宴会上，他们觥筹交错，弹冠相庆。尤其说到刘休仁辞职之事，他们更是得意非常。

"好！终于……又一个皇族的人离去了，我们的力量渐增！"王道隆说。

"唉，至今还有一些皇亲国戚安然无恙，我们岂能掉以轻心？我们要加紧向宋主进言，以削弱皇室力量！"阮佃夫叹息道，"我们这就要去宫中行事！"

阮佃夫说罢，随即带着杨运长等人进了台城太极殿。

"启奏陛下，庙前观中有人流传说：巴陵王龙行虎步，面呈大富大贵之相，恐怕日后威名不小，陛下宜从速处之！"阮佃夫上前向宋主奏道，"陛下当防止……"

"哦，卿等有何良策？"宋主惊慌地问。

"速调巴陵王刘休若为南徐州刺史，让他进京述职！"杨运长神秘地说，"等他来建康后，便可伺机除了他！"

"此计很好，请陛下速决！"阮佃夫奏道。

"……好吧，请拟旨，下诏！"宋主答应。

于是，京使持诏飞奔到了巴陵王府。刘休若得知调任的消息，随即整理行装，就将动身前往京都述职。

"殿下，外面风声甚紧，我们以为或者其中有诈，王爷不可亲往京城！"一群部将跪地向刘休若说道。

"无论是福是祸，我都不能躲过。不听君言，即是抗旨不遵，这乃是死罪！我是明知山有虎，也要偏向虎山行呀！你们怎能让我陷于不忠之地？"巴陵王刘休若无奈地说。

"荆州地大物博，而且大王麾下尚有十多万将士雄兵，愿意为殿下效命。殿下进可匡扶天子，为国除奸，退可以保有此地，保全自身！"中兵参军王敬先跪地苦劝道，"殿下为何一定要自投罗网、自寻死路？"

"你们不必多言，我意已决，我决不负皇上！"刘休若不耐烦地叫道。

"末将死也不让殿下自进火炕！"王敬先手抓着刘休若的衣裳不放，苦口婆心地劝说。

"……好吧，诸位且先回营，此事容我从长计议！"见部众不允，刘休若遂缓和说道。

巴陵王说罢，王敬先等人这才陆续地走出府门。但是，当王敬先刚一迈出大门时，刘休若就令人将他抓了起来，准备将他带去建康，面君受罚。

"请务必将王敬先这个反贼捆好，我将立即动身带他东下，回京请旨将他处斩！"刘休若厉声说道。

说罢，刘休若起身带着随从们回京城建康去了。

此夜，宋主刘彧已经重病在床，他唯恐自己在世的时日不多，忙召集杨运长等人商议后事。宫中阮佃夫、王道隆、杨运长等三佞应诏来到大殿前院，就开始互相争论不休。

"看来，刘休若不久将死，我们又少了一个劲敌，但是，还有个建安王更是了得！"杨运长对阮、王二人说，"建安王刘休仁虽然被削去了扬州刺史之职，但其仍然横行霸道，从来不把我们看在眼中，今日我们一定要将他也置于死地，否则，我们将来岂有活路？"

"是的，趁刘休仁今晚在尚书省值夜之机，我们应当说服皇上，赐他一死！"阮佃夫斩钉截铁地说。

"皇上将不久于人世，一旦皇上驾崩，我们失去了庇护，我们就要死无葬身之地了！"王道隆也激动地说道，"那刘休仁早已恨得我们咬牙切齿了！"

三佞一边说着，一边进入大殿，来到皇帝卧榻前面。

"哦，三位来了，朕躬身体多有不适，特召卿等谈论后事！"见三佞到来，宋主刘彧靠在榻边说道，"……近日宫内宫外有何异相？"

"启奏陛下，今晚我们得到确实的消息：建安王已现反迹，陛下宜早除此人！"杨运长急切地跪地奏道，"如今陛下龙体欠安，最大危险莫过于日后建安王造反！"

"这……"宋主刘彧还在犹豫。

"如今他劣迹业已昭然若揭，陛下还有何可疑惑的？"阮佃夫催促道，"请陛下从速降旨，令建安王自裁，否则就来不及了！"

"虽然，建安王刘休仁他有罪……然而……他不仅屡次救了朕的性命，而且帮朕平定了天下！"宋主不安地说。

"陛下，人君当以社稷为重，不能因亲情而忘社稷，切不可再谈论他从前的功劳了，宫廷内外现在有多少人正在等着陛下咽气，以便他们推举建安王为主呢！"阮佃夫又催促道。

"太子年幼，将来岂能是他们的对手？"杨运长加紧地说，"陛下应该当机立断！"

"唉，刘休仁善于心计，有智慧，经常用笑话调侃阿谀取悦刘子业，因此才保护了朕躬免遭迫害！刘休仁还为社稷立下了惊世功勋……"宋主刘彧慢慢说道，接着向内官令道，"好吧，宣诏刘休仁来尚书省办公——"

"陛下切不可因刘休仁过去的一点功劳而心生犹豫啊！"杨运长急切地说，"陛下召刘休仁进宫办事，俟刘休仁应诏进宫后，一定要将他留在宫中！"

宋主刘彧无言，接着向众人摆了摆手。于是众人陆续退出去了。

过了一会，刘休仁怡然进来。

"奏报陛下，微臣公务所剩不多了，陛下还有何吩咐，微臣可否回府？"刘休仁说道。

"哦，今晚你就住在尚书堂吧，明晨你还有事，免得耽搁时间！"宋主刘彧赶紧说道，"你就接着办公去吧！"

此时，刘休仁仍旧丝毫不觉异状，所以就又回尚书省去了。接着，杨运长等三佞又急急地进来。

"陛下决定了？"杨运长伏地问宋主。

"陛下应当先发制人——"王道隆也叫道，"今晚恰逢建安王在尚书省值夜，陛下不如立即下诏给他赐死——"

"哦，这……"宋主刘彧躺在榻上，惊恐地瞪眼支吾着，接下来咬牙切齿说道，"也罢，拟旨，赐刘休仁毒酒！"

于是，当夜，刘休仁在尚书省刚刚和衣睡觉，就闻有人持宋主的诏书到来。

"建安王听旨：皇上赐你毒酒一杯，请你自尽——"王道隆笑逐颜开地怀揣诏书，手提酒壶，走到尚书省，向刘休仁说道。

"陛下要本王自尽？"刘休仁怒喝道，"陛下这江山是谁打出来的？目前国家刚刚安定，他就要我死！我死后，看他这忘恩负义之人还能活几天！"

"君要臣死，臣不能不死。王爷乃是忠义之士，岂能怕死？"王道隆仍旧激将地笑道。

"本王并非怕死，只是，我还要看这大宋天下仍能支撑多久！"刘休仁愤然而起说道。

接着，刘休仁将毒酒抓了过来，一饮而尽，随即毒发身亡了。

三佞见刘休仁完全咽气之后，才返身回宫。他们来到端门时，恰逢宋主刘彧艰难地支撑着病体，乘车也来到端门。

"事情如何了？"宋主刘彧惊慌地问阮佃夫、王道隆、杨运长。

"啊啊啊，恭喜皇上，建安王业已归西了！"三佞笑嘻嘻地齐声答道。

"哦，唉！"宋主刘彧惊慌失措地叹道，接着又对王道隆说，"爱卿速拟诏书，说刘休仁谋反，畏罪自尽了！"

"皇上英明——"三佞齐声说道，并给皇帝拟旨，以便次日早朝颁发。

王道隆等人持诏去了。宋主刘彧颓然地躺在车中，仰望着大殿上檐的天窗，悲从中来，他不禁惨然痛哭。阮佃夫看着如此景象，慌乱得不知所措。

"哎呀……"宋主哭泣道，"朕与休仁年龄相近，性情相投，是从小到大的最亲的亲友。朕能有今日，多亏有他的相助呀！今日朕不得已而出此下策，也都是为了后世着想呀！"

"陛下何必泪水潸潸？皇帝是为了大宋的后世，也算是情法两全了，尚有何遗憾的？"阮佃夫慨然向宋主刘彧劝道。

"启奏陛下，吏部尚书褚渊求见！"此时侍卫进来报告。

"哦，叫他进来！"宋主说。

不一会，褚渊惶恐地走了进来。

"陛下召臣，有何吩咐？"褚渊跪地问道。

"朕将不久于人世，但太子年幼，将来还望爱卿尽心辅佐！"宋主刘彧说。

"陛下年方三旬，正值壮健年华。今有小恙，不日即可康复，切勿多虑！"褚渊轻声地说道。

"朕命在天，然而对大宋江山社稷尚需人为……"宋主断断续续地说，"建安王功高压主，朝廷理应设法除掉他？"

"陛下，此事不可！建安王有大功于社稷国家，岂能除掉他？"褚渊听罢大惊，并极力劝阻道，"建安王他乃是国之栋梁，国家有赖于建安王扶持，陛下不可如此！"

"唉，爱卿你太迂腐了，你不能与朕谋划大事啊！你知否？建安王刘休仁他……他已经死了！"宋主刘彧突然叹了口气说道。

"哎呀，真有此事？"褚渊听罢惊叫起来。

"褚卿为人虽诚，然而城府不深，处世尚需历练。朕暂封你为尚书左仆射，你和右仆射袁粲一同参与政事！"宋主刘彧懒懒地对褚渊说，"卿……就此告退吧！"

褚渊惊慌失措地走出大殿，迎面遇到了巴陵王刘休若及其部将王敬先。

"宫中有何大事，褚大人何故如此神色慌张？"刘休若见了褚渊，急切地问道。

"建安王他……已被处死！"褚渊沉痛地对刘休若说，"殿下知道否？"

"哦，果有此事，这令人不解。皇上竟然如此……"刘休若惊慌地说道，"我到京口时方才知晓此事。"

"殿下将去何处？"褚渊问，接着犹豫地说，"只是……目前朝廷……"

"唉，谢谢大人的提醒，我已有所预感。"刘休若诚惶诚恐地说，"然而，我既然已到京都，也只能硬着头皮去面圣听诏了！"

"立刻进宫？"褚问。

"正是！"刘休若说，"皇上任我为江州刺史，诏书令我进宫参加七夕群宴！"

"哦！竟然如此……"褚渊又惊叫了一声，随即痛苦地向刘休若一揖而别。

次日清晨，褚渊还在睡梦中就被侍者吵醒了。

"启禀老爷，昨夜，巴陵王刘休若也已经被皇上赐死了！"侍者向褚渊报告。

"啊，此事果然出现了？"褚问。

"是的，昨晚在七夕宴席上，巴陵王刘休若向皇上告发了自己的心腹王敬先，宋主当即斩杀了王敬先。听说，皇上当时对巴陵王还是十分热情的，可是，当席终人散、巴陵王回府时，却得到杨运长等三佞为他送去的一道诏书和一壶毒酒……说皇帝令他自尽。"侍者继续说，"巴陵王只得接过毒酒一饮而尽，随即中毒身亡了！"

"唉，陛下真要将亲王们斩尽杀绝啊！"褚渊悲叹地摇头说道，"啊，大宋危险了……"

"唉，如今，在皇上的十九个兄弟中，只剩下刘休范了，据说他已被命为江州刺史。"此时，褚渊的夫人也上来插嘴说道。

"刘休范为人最为朴实憨厚，其实也是个庸碌呆蠢之辈，而正因为如此，宋主才给他留下了一条活路。"褚渊泣道。

"听王皇后之兄王景文大人说，陛下曾亲口说要给刘休范以荣华富贵呢！"褚渊夫人继续说，"实际上，除了皇族，朝中的其他功勋大臣也所剩无几了，只有一个萧道成倒还没有被皇上斩杀！"

"是的，萧道成已被封为散骑常侍、兼太子左卫率，皇上让他从淮阴回到京城来了。"褚渊轻声说道，"此人……或许还能有一番作为！"

就在刘宋皇亲大臣陆续遭杀、朝廷震荡的同时，北魏也经历了一番动荡。魏主拓跋弘已专事佛教，将皇位禅让给了五岁的太子拓跋宏。此时，宋魏开始互访，南北暂时和好。

这年十月，南国冷风穿袖，建康的红叶飘落，四处萧瑟，仿佛已临隆冬。

宋主刘彧虽然仍旧在位，但是多病之躯已骨瘦如柴。他不仅不能理朝，而且变本加厉地猜忌皇族及重臣，终日惶惶，时时不安。这天，尚书左仆射褚渊应召进入宫中。

"启奏万岁，微臣奉旨进宫，陛下有何吩咐……"褚渊跪在地上问道。

"哦，爱卿平身……唉……"宋主躺在榻上，欠身看了一眼褚渊后，随即抓过头去，疲惫地一声叹息。

"陛下何故不乐？"褚渊接着问道。

"朕躬病体日沉，将来一旦离去，太子年幼，这宋室江山终将落到他人之手……"宋主再叹道。

"如今边关和靖，国内叛情俱灭，陛下还有何不放心的？"褚渊听罢不觉心中一怵，泛起一阵寒意，立刻惊道，"莫非陛下还要……"

"唉……虽然如今，国中诸王和重臣业被杀尽，然而，皇亲国戚尚在……"宋主刘彧轻声地说道，"国舅王皇后之兄王景文他……也非善良之辈……"

"王景文为人忠厚，沉着处事，乃是国中不可多得之才！陛下也……"褚渊道。

"褚渊你能保他将来不会窃取大权？"宋主反问，接下来叹道，"唉，想起当年……在华林园嬉玩时，王皇后对朕傲慢不尊的往事，朕……更加对王景文生恨！朕将给他一封诏书，赐之自尽！爱卿让人持诏去他府吧！"

"哦……微臣领旨……"于是，褚渊无奈，遂将圣旨递出。

宋主的诏书到达王府之时，王景文正在与客人下棋。景文接过诏书展开看了一会后，若无其事，遂慢慢地将诏书搁在一边，继续下棋，一直到棋局告终、棋子收入匣内之后，他才又将诏书拿了出来观看。

"诏书之意？"客人问。

"哦，皇上令我自裁！"王景文看着诏书，神色自若地向客人说。

"啊，竟有此事？"客人闻罢大惊道。

"是的，我应当写好向皇上的致谢奏章，然后与诸位话别——"王景文轻松地说道，"……之后，我再慢慢上路……"

王景文说罢，从容不迫地在案上摆好纸笔，为宋主写好奏章，与众告别，随即服毒自杀了。使者将王景文的死讯带到宫中之后，宋主刘彧这才放下心来，安然入睡。

次日，杨运长又来到宋主面前。

"杨爱卿今日又有何事？"宋主刘彧问杨运长。

"……外面人们都在说，大都督萧道成多有不臣之心……"杨运长又吞吞吐吐地说道。

"啊，竟有此事？"宋主惊问。

"是的，萧道成在淮阴宾客很多，有人说他有天子相！"杨运长又说。

"哦……那么就也将他赐死？"宋主刘彧随即问道，接下着又犹豫起来，"只不过……"

接下来，宋主刘彧写好了诏书，令侍卫取来一壶御酒，正要递交给杨运长，却见将军吴喜急急忙忙地进来，于是随即，宋主又改将诏书和御酒递给了吴喜。

"吴爱卿……且将此书……和一壶无毒的御酒送给萧道成将军，以……试探其是否心中有鬼……"宋主刘彧断断续续地对吴喜说，"萧将军乃是国之能将，朕……不能乱杀。朕得先试探他一下……若他果有反意，那么他心中有鬼，他是决不敢喝此酒的！"

"微臣遵旨……"吴喜胆战心惊地答道。

于是，吴喜拿着酒，来到萧道成的领军府中。道成见了惊慌失措，不敢接壶。吴喜原是萧道成的亲信，见道成犹豫不决，遂上前笑容可掬地向道成吐露了皇上的真实意图。因此萧道成立即取过酒壶一饮而尽。

吴喜将此情回报给了宋主，宋主顿时就放下心来，安然入睡。然而，过了不久，宋主刘彧刚刚入睡，又被噩梦惊醒，随即他又呼叫来人。此时杨运长走了进来。

"陛下有何吩咐？"杨运长走到榻前问皇上。

"朕……朕忽得一个噩梦，很是可怕！"宋主刘彧说道，"莫非外面又有异动？有反贼的消息吗？"

"陛下莫非听到豫章的消息？有人说……"杨运长假装欲言又止。

"正是！豫章太守刘愔要谋反，爱卿派人速去杀了刘愔！"宋主刘彧急忙叫道。

于是，杨运长应声去了。随即，消息又从豫章传来，说刘愔又无故地死于非命。

接着，佞臣阮佃夫又急风暴雨式地进宫来。

"陛下知否？吴喜有欺君之罪！"阮佃夫向宋主说，"上次他奉旨去萧道成府中送酒时，他是首先告诉萧道成酒中无毒，之后，萧道成才敢喝下了。吴喜与萧狼狈为奸，大有欺君之罪啊！"

"哦，竟有此事……"宋主怀疑起来。于是，三日后，宋主在内殿宴请吴喜，饮宴尽欢。然而，当夜，回家后的吴喜就被毒酒赐死，时年四十五岁。吴喜死后，皇帝为了安抚还活着的大臣们，只得把吴喜的罪状公布出来，说吴喜过于能干、过于自作聪明了。他智数绝伦，不易驾驭；吴喜又喜欢收纳亡命之徒，以至军中只知有吴喜不知有皇帝；在他东征前，曾向皇帝保证，把会稽的浔阳王刘子房就地处决，而他后来居然把刘子房又送进京，让皇帝为难。

此后，宋主刘彧更加心力交瘁，精神恍惚，当夜深人静之际，他总是见到无数冤魂恶鬼围在榻前，向他索命。

次日，宋主只得早起，号召朝廷，改泰始八年为泰豫元年，以便举国安详。

接下来，宋主刘彧又令人在湘宫寺中日夜忏悔、祈祷。然而，神佛不灵，鬼魂催逼日紧，连刘休仁、刘休佑也陆续前来索命，于是宋主刘彧呓语不绝。

知道自己将不久于人世，宋主遂任命桂阳王刘休范为司空，褚渊为护军将军，刘勔为仆射，嘱托他们与尚书令袁粲、镇东将军蔡兴宗、郢州刺史沈攸之一起，尽心辅佐太子。接着，萧道成也被保举为右卫将军，和各大臣共掌朝政。

当夜，宋主刘彧驾崩，享年三十四岁。十岁的太子刘昱即位，大赦天下，尊刘彧为明皇帝，庙号太宗，嫡母王氏为皇太后，生母陈妙登为皇太妃，江氏为皇后。此时，宋主刘昱年幼无知，看来，宋廷就要大乱了。

三十四、刘彧死，桂阳王谋反

宋主刘彧死后，虽有尚书令袁粲、护军将军褚渊等人辅政，但阮佃夫、王道隆等人仍旧专权，而且气焰更加嚣张。镇东将军蔡兴宗为人正直，深得阮佃夫等人忌恨。蔡兴宗曾出镇会稽，所以未能赶上与故主刘彧见面，这次回京后，只好听从阮佃夫等人的差遣，让他出京督管荆、襄八州军事，而不能参与朝政。

接下来，阮佃夫等人又怕蔡兴宗控制上游，尾大不掉，便又令他回京任中书监光禄大夫，令沈攸之代其旧职。蔡兴宗回京后，终日惶惶，即拜辞官职，病故府中。

蔡兴宗死后，朝中又少了一位重臣，朝政更加混乱，权臣佞官更为骄横。

"现在蔡公业已过世，朝中权佞之徒更加横行霸道，我们不搬出宗室权臣，则不能遏制这些佞臣！"袁粲对褚渊说道。

"我们只好搬出宗室权臣帮忙？"褚渊说道，"然而……如今皇族几乎已被滥杀殆尽，只剩下了一个无用的侍中刘秉，还有一个就是桂阳王刘休范之子——安成王刘准了，然而，刘准他还只是一个五岁的幼童……"

"唉，将刘秉荐为尚书左仆射，将刘准也荐为重臣，以勉强维持局面吧！"袁粲叹了口气，慢慢地说道。

"刘宋今年已改元元徽，局势还得由你、我勉强维持呀！"褚渊说道。

"正是！"袁粲无奈地答道。

次年冬天，冰封九州，浔阳江畔，万木枯黄。刘宋南国风雨飘摇，国事日非。

在江州刺史桂阳王王府内，桂阳王刘休范正与部属紧急商议大事。

"我是堂堂皇族宗亲，却无权辅佐幼帝，真是岂有此理！"刘休范愤怒地叫道。

"朝廷小人当道，王爷身为皇族重臣，却未能辅佐幼帝，实在可恨！"典签许公与向刘休范说，"王爷岂能就此罢休？"

"如今，除了殿下之外，朝中真正的宗亲很少，让殿下执掌大权，辅佐幼帝，这是理所应当之事，否则，我们不如反了——"刘休范的部属杜黑骡、丁文豪也齐声吼叫起来。

"是的，本王对此十分忌恨，并决意反叛朝廷——"刘休范暴跳如雷地叫道，

"望诸位为我出力，大家共谋富贵——"

"朝中佞臣都说我刘休范正是因为无能，才没有被先皇刘彧杀害，所以，至今仍……蓄意不让我参与政事！"刘休范说，"我当起兵伐罪，进攻建康，做件大事来让他们看看！"

"我们愿与殿下共取富贵——"众人齐声答道。

"许先生，前次请你招兵买马的事办得如何了？"过了一会，刘休范转头问许公与。

"臣……上年曾对殿下说及：倘若欲做大事，当立即礼贤下士，招兵买马，伺机发难！"许公与答道，"承蒙殿下有心，如今已过半载，我们已是兵精粮足，算是万事俱备了！"

"嗬，有劳许公了，请先生还要多做准备！"刘休范欣然说道，接着又问，"今日正是本王就将用兵之际，许公知夏口的军情如何？"

"我今日已派人打听得知：朝廷将派晋熙王刘燮去镇守夏口，以阻浔阳上游！"许公与对刘休范答道。

"刘燮乃四岁幼儿，他有何能？"刘休范笑道。

"殿下不可如此大意！刘燮虽幼，然而，其身边有长史王奂辅佐，并且他们已经绕道赴任。"许公与说，接着沉思道，"况且，如今朝廷对殿下已经有所防范，我们应当尽快举兵！"

"先生之意？"刘休范问。

"殿下应立即率军直取建康！"许说，"以往上游的叛军之所以未能成功，都是因为他们的行动太过迟缓啊！殿下，此次我们应当以迅雷不及掩耳之势，率引全部军力，直赴建康，方可一鼓作气，取得成功！"

"先生之言极是！兵贵神速嘛！我当立即发兵！"刘休范激动地说道，"望各位将军齐心协力——"

"我们愿意随殿下建功立业，舍生忘死——"众将齐声回答。

随即，刘休范亲率两万水军、五百精骑从浔阳出发，日夜兼程，直攻大雷。

大雷守将杜道欣闻警，立即向朝廷告急。

朝廷惊慌，护军将军褚渊、征北将军张永、领军将军刘勔以及刘秉、萧道成、阮佃夫等人一同集聚在中书省议事。

"不必惊慌，上游叛军谋反，从来就没有成功之先例。"刘秉、阮佃夫齐声说道。

"敌军离建康尚远，不必性急，只需派出大将远屏梁山各地即可！"张永、刘勔说道。

朝臣们七嘴八舌地叫喊着，但众说纷纭，未能达成决议。

"从前，上游逆贼之所以不能成功，多因其出兵迟缓而失去了战机，这次刘休范轻兵疾下，就是想杀我们一个措手不及。所以，我军不宜远出，只需屯驻新亭、白下，以防卫宫城、东府、石头城，静待贼军即可！"右卫将军萧道成奋然出班大声地说道。

"贼军如何能破？谁人可敌叛军？"王道隆插言问道。

"贼军千里而来，孤军深入，一旦遭挫，自然瓦解！"萧道成又道，"末将愿率军驻守新亭，挡住贼军前锋，征北将军可驻白下，领军将军屯兵宣阳门，调度各军！"

"那么，其他文武……"护军将军褚渊问萧道成。

"大人们只需安坐在殿中，等候佳音！"萧道成又说，"末将以为，不出十天，朝廷一定能够破贼！诸位意下如何？"

"就依萧将军之言！"刘勔以及众人随即说道。

"不可！末将以为，为保京都万无一失，还是要迅速派兵据守梁山，以便远屏京都！"孙千龄想维护刘休范，因此反对萧道成的凶残的意见。

"贼军业已杀了过来，我们那有多余的军力去据守梁山？新亭正是贼锋必取的要塞，我当誓死报国，奋勇坚守，决不负圣恩！"萧道成又大叫道，说罢，走到刘勔跟前说，"既然领军将军已经同意此议，那么，事不宜迟，末将这就去新亭拒敌——"

"右卫将军之言有理！萧道成将军之计大妙——"正在此时，身着为母守孝白色孝服的袁粲跑进宫来称赞道。

"哦，袁公也极力赞成我萧道成的意见！"萧道成听后大喜。

于是，大家一致决定：萧道成率军驻守新亭，征北将军张永兵驻白下，南兖州刺史沈怀明守石头城，领军将军刘勔屯兵宣阳门，袁粲、褚渊率兵护卫台城大内。

萧道成赶到新亭，刚刚将城池巩固一番，刘休范的前军就已经到达距新亭不过数里的新林了。萧道成镇定军心，执旗登城，令宁朔将军高道庆、林监陈显达、员外郎王敬则等人带领水军截击刘休范。双方激战半日，各有胜负。

次日，刘休范舍舟登岸，亲率大军进攻新亭，又派丁文豪攻打台城。萧道成麾兵奋战，从早上一直杀到中午，杀得天昏地暗。

见刘休范兵士没有后退，却是鼓声更响，城中将士不禁面露惧色。

"我军不必惧怕！敌军气势虽盛，然而，阵营不整，他们就将败退！"萧道成上城楼观察了一会，赶紧向将士们鼓气，并说，"要相信：不久我军就能大破贼军——"

此时，萧道成再次挥军奋战，前方大战正急，忽见一卒从城外飞奔而来，并且兴冲冲地提着一颗敌兵的首级，嘴里叫着："启禀大将军，麾下首先斩得刘休范一名士兵。前来报功请赏——"

"嗬，勇士尊姓大名？"萧道成见了大喜并问道，且说，"本将军一定要为你请功！"

"小的名叫虎头！我的大名叫曹虎——"那士兵兴致勃勃地说。

"哦，本将军提拔你为防殿队主，直西斋卫！"道成兴奋地说道。

话音未落，忽见城外的刘休范向城内射入一封檄文，萧道成快速看完后，就立即将它撕毁，扔在地上。

"他们是否要招降将军？"此时，屯骑校尉黄回和越骑校尉张敬儿，从旁边闪了出来问萧道成，接着说，"倘若真是如此，将军就可以将计就计，除掉逆贼首领！"

"你们是说要用诈降之计？"萧道成问。

"正是！"二人点头答道。

"倘若你们二人真的能够办妥此事，我将重赏你们！"萧道成说。

黄回和张敬儿两人大喜，并立即领命出城。很快地他们来到城南临沧，见刘休范正乘轿走过来。

"我们请降——"一见此情，黄回和张敬儿立即冲到刘休范的轿前大声呼叫。

这时，刘休范身穿白袍，正在十多个护卫的簇拥下，坐在轿中伸头察看地形，见黄回和张敬儿前来投降，很是高兴。

"你们是从城中来的？"刘休范笑逐颜开地问黄回和张敬儿。

"末将奉萧将军之密令，前来请降。新亭守军诚心诚意，欲前来归降王爷，萧将军愿拥立王爷为主，只请王爷回信定约！"黄回、张敬儿跪拜在地上，向刘休范说道，"王爷倘若能够允许，当给予保证？"

"这是很简单的事！我可以派德宣、德嗣二位王子去萧道成营中做人质，这样，萧将军总能放心了吧？"刘休范立即释然答应。

于是，刘休范将二子派往萧营，并将黄回、张敬儿留在身边。

"王爷对此必须三思，我们对黄回、张敬儿的底细尚且不知，恐怕有诈！"许公与见此，十分疑惑，遂轻声地提醒刘休范。

"先生不必过虑，我们本是希望萧将军投降的，今日，他既然派人前来接洽，你们反而又疑惑不定，如此下去，能成何大事？"刘休范摆了摆头，固执地向许公与说，"如今朝政日非，助顺讨逆，已是常事。先生尽管放心，不必多疑！"

"……末将总觉得其中有蹊跷……"许公与还是不放心，"尽管如此，然而，今日正值非常时期，王爷也不能全力陪同这两个人喝酒！王爷应当再接再厉，马不停蹄，亲督大军继续作战！"

"所有军事，本王已经委托给了前锋将领杜黑骡处理！先生不必操心！"刘休范又若无其事、扬扬自得地说着。

说罢，刘休范踉踉跄跄地回到船中，仍旧置酒与黄回、张敬儿畅饮，乐以忘忧。

接着，刘休范在黄回、张敬儿的劝诱下，终日昏昏然，游弋在江滨，吃喝玩乐。殊不知他的两个做人质的儿子，早已在萧道成的营中身首异地了。

一天晚上，刘休范在船舱中，已经醉醺醺的了，但是，他还在要酒要菜。身边的侍卫们在忙忙碌碌，取酒、取菜，东奔西跑，一时间，他们几乎都走光了。此时，黄回看到机会来了，忙向张敬儿递了个眼色。于是，张敬儿轻轻地走到刘休范背后，"嚓"地一下，抽出刘休范的佩刀。刘休范似乎有所觉察，正要回头，不意刀锋却已经刺进了他的后脖。他惨叫一声，身首两地了。左右见此，大惊失色，慌忙四散逃走。黄回、张敬儿连忙取下了刘休范的头颅，上岸赶回建康的新亭报功去了。

萧道成见了黄回、张敬儿拿来血淋淋的刘休范头颅，大喜过望。

"成功了？"萧道成问。

"嘀，顺利、成功！"黄回、张敬儿大声答道。

"请陈灵宝拿着刘休范的首级，火速入京报捷！"萧道成令道。

于是，陈灵宝拿着刘休范的首级转身就走。但是，陈灵宝刚刚出城，迎面就碰到了刘休范叛军的头目杜黑骡麾兵进攻。城外兵荒马乱，情急之下，陈灵宝慌忙将刘休范的首级丢进青溪河中，以躲过叛军的搜查，自己遂独身扮成乡民，走着山路绕回到台城报捷。

进城后，陈灵宝急忙入宫见驾。

"启奏陛下，并禀报各位老大人，萧将军已派黄回、张敬儿二人用诈降之计，前往叛军营中，并且斩杀了刘休范父子三人——"陈灵宝急切地向朝中众人报告道。

"啊，好呀！真是如此？"袁粲听后高兴了一会，又有些怀疑地问。

"千真万确，萧道成将军以计斩杀了刘休范父子——"陈灵宝无可奈何地再三辩解道。

"哦，既然如此，那么刘休范的人头何在？"袁粲又问。

"……至于人头，是我来时为了躲过杜黑骡的搜查，所以……将它扔入河中了……"陈灵宝犹豫了一会后说道，"唉，这都怪我办事不慎……"

"哦，恭喜我军大胜……只是我们尚未见到确凿的证据……"褚渊也轻声地问，接着他又说，"虽然，刘休范是否已死，尚不得而知，但是，萧将军抵御叛军的功劳已经十分卓著了。当加封萧道成为平南将军！"

"萧将军功劳卓著，应当加封——"满朝文武齐声叫道。

于是，宋主及褚渊等众臣都点头同意。

在建康新亭前，人喊马叫，大战还在激烈的进行中。杜黑骡还不知刘休范已被斩首，所以，他仍然信心百倍地与萧道成的部队奋战。

"启禀将军，丁文豪将军已经大破了台城，正向朱雀桁进发，很快就能攻入皇宫了！"突然一个部将跑来向杜黑骡报告。

"哦，既然如此，我军也要赶去朱雀桁，否则就拿不到头功了！"杜黑骡听罢，赶紧向正在战斗的将士们喊道，"舍了新亭，转头向皇宫进发！"

右军将军王道隆正率领羽林军驻扎在朱雀桁门内，突闻叛军杀来，他急忙召刘勔助守。

"从速撤掉城外的浮桥，以阻拦叛军的进攻——"刘勔匆忙赶到朱雀门，急忙下令道。

"不可！"王道隆怒向刘勔吼道，"贼军来了，我们应当奋勇出击，你怎能自断浮桥，向贼军示弱呢？"

"就……照王大人的意见办吧。我将再次出战——"刘勔无奈地说道。

说罢，刘勔率兵出城迎敌。然而，他刚过吊起来的浮桥，还没来得及摆开阵仗，就见杜黑骡已麾军逼近，于是，杜黑骡与丁文豪左右夹击，刘勔顾此失彼，竟然战死在桥上。

王道隆听说刘勔业已阵亡，慌忙舍下了部队独自逃命，结果却被杜黑骡追赶上来，一刀砍成两截。

于是，皇城内外，一片混乱。

张永、沈怀明得知兵败，急忙弃阵逃回宫中，紧闭城门。

抚军长史褚澄大开左城门向叛军投降。

中书舍人孙千龄打开承明门向叛军投降。

朝中的文武大臣纷纷写出名帖投向城外，声称愿意效忠叛王刘休范。

叛军劫持了安成王刘准，并假传刘休范命令，说安成王原是他自己的儿子，让安成王入居东府。

叛军入城，宫廷大震。皇太后王氏、皇太妃陈妙登急忙搜集宫中的金银财宝，将它们充作军赏，散给将佐，以便激励将士，抵御叛军。

在宫城外，萧道成心急如火，他急忙登上北城头，俯瞰城下。他见城下人声鼎沸，身影忙碌，穿来跑去。于是，他急忙振臂呼喊起来。

"末将正是萧道成，我要向你们通报——"萧道成向城下大叫道，"贼首刘休范父子已经死亡，他们业已被我军斩杀！"

"将军所言属实否？"城下有人向上问道。

"现在……他们正暴尸在南冈之下！你们不信，可以自己去看！"萧道成叫道，并手指前方，不断挥舞。

"啊啊……"城下一片嘈杂，人们将信将疑。

萧道成赶紧将朝廷官吏们投出的名帖全部收集在一起，并放火焚烧起来。

"……给叛军写了效忠名帖的大臣们，你们也不要担心，我现在将你们的名帖都全部烧掉了，请你们不要害怕叛军，及时归顺朝廷——"萧道成接着又向城中大喊，"你们千万不要有顾虑啊！"

然而，众臣们还是一哄而散，各奔前途，京城更加混乱不堪。

在慌乱中，萧道成派陈幂达、张敬儿率兵入宫，借以护卫宫禁。

萧道成的叫声，也传到城桥边的叛军中，叛军将士听到刘休范的死讯，不禁军心紊乱，斗志开始懈怠。许公与、丁文豪等人见兵心动荡，非常着急。

"将士们，桂阳王还在新亭歇息，他安然无恙，你们千万不要听信萧道成的鬼话！"许公与立即向叛军们大叫，"萧道成蛊惑人心，将士们切不可上当——"

"我们要求去新亭面见桂阳王！"一些叛军将士对许公与说。

"正当协力战斗之际，你们何必自毁斗志？"丁文豪此时也跳出来叫道，"如今我大军业已攻进了宫城，大功将成，即使没有桂阳王，我们也能成就大事，你们怎么能够半途而废？"

　　台城宫内，呼天叫地，民来兵往，在一片混乱之中。袁粲挥着长袖，在宫中左冲右突，护着幼主。

　　"如今贼寇逼到眼前，你们神情沮丧、军心离散，这怎能保住国家？"袁粲从宫墙中跳出，浑身血汗，向正在奔跑的百官们叫道，"我虽为文官，也愿与武将们一同奋勇杀敌，战死沙场，共报国恩——"

　　说着，袁粲翻身上马，提着长枪，一马当先，向敌人冲去。

　　"我们愿听袁大人将令，敢于前赴后继——"一群大臣说罢，也跟了上来。

　　这时恰逢陈显达率兵赶到，人们合兵进击叛军杜黑骡，杜黑骡渐渐不支，遂且战且退，转到宣阳门外，与丁文豪会合。接着，张敬儿也率兵杀到宣阳门，督兵猛剿了杜黑骡，杜黑骡向后倒退，被逼困倒在女墙旁边。此时，张敬儿走马冲了上来，挥刀砍下了杜黑骡的头颅。见张敬儿阵斩了杜黑骡，官军勇气突增，遂一拥而起，击退了丁文豪。于是，东府收复，叛党开始外逃，叛乱渐平。

　　接着，萧道成率军回城，百姓见了，夹道欢呼。

　　"保卫国家，全赖我萧大将军——"人们长时间高呼着。

　　入朝后，萧道成、袁粲、褚渊、刘秉同时引咎辞职，宋主未能答应，并加封萧道成为中领军、兼南兖州刺史，令他留京，与袁粲、褚渊、刘秉三相共掌朝政。于是，他们四人，成为当时京中的"四贵"。

　　接下来，浔阳也被荆州刺史沈攸之、南徐州刺史建平王刘景素、湘州刺史王僧虔、雍州刺史张兴世联合攻克。叛者桂阳王刘休范留守在浔阳的两个儿子也全部被杀死。

　　于是，讨伐叛乱者桂阳王刘休范的战争结束，全国战乱告停，国中又是一番升平景象。

三十五、幼主暴，萧氏斩宋皇

两年后，荆襄都督沈攸之的威望越加高涨。为防他叛变，萧道成特令亲将张敬儿为雍州刺史、镇守襄阳，以便遏止沈军。同时，道成又命令他的长子萧赜出驻郢州，以防沈攸之图谋不轨。

话说刘宋国中，刘休范的反叛被平息后，幼主刘昱以为其国基坚固，遂更为残暴失德。京口南徐州刺史建平王刘景素礼贤下士，深受众臣的爱戴和好评，于是，朝臣们都希望拥立刘景素为新帝，以便改变朝中的气象。但是，朝中的佞臣杨运长、阮佃夫等人为了自身的利益，仍旧执意要辅佐幼主以便自己继续依势专权。

一天，杨运长等人又在朝中尚书省计议。

"建平王刘景素年轻有为，很能笼络人心，朝臣们多有拥戴他的意愿，而倘若我们失去了幼主刘昱支撑，就将在国中没了立足之地，这如何是好？"杨运长对阮佃夫等人说。

"我们应当先下手为强！"阮佃夫说，"我们何不再次派人四处散布建平王谋反的信息，只要除掉了刘景素，幼主的地位自然稳固，我们也就可以高枕无忧了！"

"唉，此计我们不是业已施行过了，竟然被萧道成、袁粲识破了！"杨运长叹道。

"然而，刘景素虽然靠萧、袁而洗脱了一点罪名，并派其世子刘延龄来京辩解，但是，终究其征北将军的头衔还是被我们给削去了呀！如此一来，他必然生恨！"阮佃夫说，"他迟早将与朝廷为敌！"

"此言有理，我们应当时刻窥探刘景素的行径！"杨运长说，"据说……刘景素对我们怀恨颇深，他在京口，竟暗中多次与羽林监垣祗祖等人通信联系，相约谋变。"

"哦，果有此事？他们策划几时了？"阮佃夫问。

"约三个月有余！"杨运长说，"据我安插在京口的耳目报告说，黄回曾经去京口多次！我已有意打草惊蛇，以便引蛇出洞，所以派人在垣祗祖府前侦探，也许垣祗祖他们会忍不住、就要起事造反了！"

正在此时，直阁将军朱幼随着一名侍卫轻轻地走了进来。

"京口来人说，驻守台城的垣祗祖，今晨已经突然率数百人马逃到京口去了，他们并且谎称京城大乱，台城军士溃散，请刘景素立即发兵！"朱幼诡秘地说。

"哦呀，如此说来，我们现在就可以对刘景素动手了！"杨运长兴奋地说，接着他向侍卫们说，"刘景素如此仓促起事，其必然要失败。请你们立刻命令将军黄回率军前去讨伐刘景素——"

"正是，权且命令黄回从速率兵进攻京口，同时还应该报告领军将军萧道成大人，以便他能派兵协助。"阮佃夫道。

杨运长等人分头行动去了。萧道成得到此消息后，并得知黄回可能会图谋不轨，因此他统领台城大军出城，又屯兵玄武湖窥测军情，而且派遣将军李安民做先锋。

李安民率军夜袭了京口，并且一举击垮了叛军，杀了刘景素。

平了刘景素之后，天下太平。宋主刘昱更加恣意妄为，每天出宫玩乐。遇到百姓的牲畜，也要令人用长矛戳死，并以此为乐。民间大恐，所以一听刘昱出宫，商贩都会惶然收摊，关门闭户，以至京城十里街道，常常空无一人。

有时，刘昱在宫中无聊，就会随意地拿针刺戳宫人，稍不如意，就要杀人。他只要有一日不杀人，就会感到浑身难受，因此，朝内朝外，人人自危。

幼主刘昱的行径业已闹得举国同愤，朝内外的反情渐渐显现。这使得本想依赖幼主刘昱势力为非作歹的阮佃夫、杨运长等人也深感不安，于是，他们也相继前往宫中向幼主刘昱进言，并为之出谋划策。

阮佃夫、杨运长等人的办法主要有"镇压反叛"和"劝主收敛"这两个。

为了稳定局势，阮佃夫等人主动地为幼主刘昱搜集反对势力的材料，以便逐一削平他们，因此，幼主刘昱在这方面，尚能与阮佃夫等朝中佞臣群小们和平共处，甚至群小们成了刘昱时刻形影不离的伙伴。但是，在阻止刘昱过分妄为的问题上，刘昱和佞臣们还是矛盾重重的，因为幼主刘昱过分的狂妄行径已经遭到了天怒人怨，受到各方面的反对，群小们对此也忧心忡忡。

在削平了刘休范、刘景素之后，群小们已经感到萧道成等大臣们情绪激动，于是，阮佃夫亲自潜入领军府去探察萧道成的动向。

一天夜深人静，阮佃夫又鬼鬼祟祟地回到宫中。

"领军府中昨夜灯火辉煌，萧道成大有谋反的动作！"阮佃夫等人向宋主刘昱密奏道，"我们能否直接派出刺客去杀了萧道成？"

"这萧道成当然要杀，然而……刺杀领军的事还是交由别人去办吧？卿等都是朝中重臣，不必事事亲自动手……"刘昱漫不经心地说。

刘昱说罢，遂朝着当时在场的侍卫长王天恩挤了一下眼睛。

"哦……"杨运长见刘昱并没有像以前那样干脆迅速地杀人，立刻有些慌张，忙说道，"萧道成是要尽快除掉的！陛下以为这事应当要谁去办呢？"

"卿等何必多问！"刘昱不耐烦地叫起来。

"启奏陛下，如今之势，天下不稳，办事岂能犹豫不决？"阮佃夫也叫起来，"除非陛下改弦易辙，真的勤于国事，否则大权就要旁落，陛下岂能掉以轻心？"

"朕就要去乐游苑饮酒，无暇顾此！"刘昱说罢，起身带着卫队长王天恩等人匆匆出宫去了。

"陛下倘若办事畏缩不前，即会遭到大祸！"杨运长向刘昱的背后大叫了一声。

"放肆！"刘昱怒道，接着放松了口气说，"好吧！朕来日再与你们理论！"

刘昱说罢，登车北去了。

经过此事，再加上残暴的幼主刘昱平时对宫中的佞臣也常会横加指责，因此，他渐渐地也触怒了阮佃夫、杨运长等人，于是，阮佃夫、申伯宗、朱幼等人也开始密谋废黜刘昱，拥立安成王刘准为帝。

这一天，侍卫长王天恩的部卒刺探到了阮佃夫们密谋废黜刘昱的消息，赶忙与王天恩一同上奏皇上。幼主刘昱得知这个消息之后，立即大怒，遂率领卫士去捉拿阮佃夫、朱幼，并将他们勒死，对申伯宗也施以重刑。

"陛下如果有能耐，就应当再除掉散骑常侍杜幼文、司徒左长史沈勃、游击将军孙超之等人，也将他们一同处死，因为他们也曾与我们共同策划废黜你呀！"阮佃夫在临死时还狂叫了一阵，"另外，萧道成也有不轨行为……"

"哼，既然如此，朕当然也要对他们下手！"刘昱听了，立即说道。

于是，刘昱又立即带人去抓捕杜幼文、孙超之二人，并且亲自动手，一片一片地割下了他们身上的肉，边骂边笑。

将此二人折磨死了之后，刘昱又带人赶到沈勃家。身穿白色孝衣的沈勃正在家中守孝，他突然看见皇上持刀闯入，立刻大怒，并忍不住冲了上去，揪住刘昱的耳朵。

"禽兽不如的昏君，你又要无故地来杀我吗？我看你的死期到了——"沈勃怒气冲天，向刘昱大叫。

然而，还没等沈勃骂完，皇帝侍卫们一哄而上，立即将他剁成肉酱。刘昱又亲自抓吃着他的肉，最后命令侍卫屠杀沈、杜、孙三家的全部老幼。

杜幼文的长兄长水校尉杜叔文也被抓去，被裸身捆绑在玄武湖北岸的大柳树下。十四岁的宋主刘昱跨马执槊，纵马奔驰而去，用槊刺入杜叔文的胸腔，钩出他的内脏，并且狂笑不止，卫士们也在一旁嬉笑着齐称万岁。

刘昱尽兴回宫后，却听到生母陈太妃宣诏，他只好勉强进去，结果，他挨了太妃的几句责骂。

"皇帝杀了几个臣子有何大惊小怪，朕还要杀了领军萧道成呢！"宋主刘昱向生母陈太妃怒吼道。

"你……你好大的胆子？你竟想屠杀削平了刘休范、刘景素反贼，救了我大宋江山的顾命勋臣萧道成！没有萧道成，你还有这宋室江山吗？"陈太妃听了大怒，"唉，看来你这皇帝算是当到头了！你必须改过自新——"

宋主刘昱扫兴地回到宫中，立即派侍者张五儿召来太医商议严惩太妃之事。

"朕今日出去走了一遭，竟受到太妃这老妇人的怒骂和唠叨。朕今命你设法毒死陈妙登这个老妇人！"刘昱对太医说。

"啊——"太医一听大惊，不敢回话。

"太医莫非要抗旨？"站在一旁的张五儿叫道。

"陛下……此话不妥，倘若陛下真的杀了太妃，陛下就要为她在宫中守孝，以后就不能出宫为太妃寻药，因此，陛下出宫就没有现在这样方便了！"王天恩不失时机地劝说道。

"嗯，此话也有理。那么……就不杀吧！太医你先退出！"刘昱见劝，遂改变了主意，让太医走了。

此时，恰逢领军萧道成前来向宋主请示军务。萧道成听到他们的对话后，立刻大声地呵斥了张五儿，并将王天恩大大地褒奖了一番。张五儿因此对萧道成十分忌恨起来。

接着，在盛夏的一天上午，刘昱突然溜进了领军府。此时，领军将军萧道成正躺在帐中呼呼睡觉。刘昱不让侍者通报，自己却悄悄地来到帐前，揭开帘帐审视，发现萧道成露出很大的肚脐。

"啊，好大的箭靶子呀！"看后，刘昱不禁大叫起来。

刘昱的叫声将萧道成惊醒，萧道成睁眼一看，发现是当今的小皇帝来了，赶忙起身整衣下拜。

"皇上驾到，微臣不知，有失体统，望陛下见恕！"萧道成跪地说道。

"不必再拜！"小皇帝刘昱笑着摇手道，"不过，你的小腹不错，可以给朕做靶子，让朕试试箭法。"

刘昱本来对萧道成已经十分忌恨，只是一时找不到杀他的借口，自忖这正是机会来了！因此，刘昱说罢，就令身后的护卫拉起萧道成，让萧站起来，并且露出小腹，然后他在腹上画出靶心。接着，刘昱在前面举起长弓，就准备向萧道成腹中放箭。

"老臣无罪，陛下为何要射死老臣？"萧道成一面用掌掩着腹部，一面无奈地叫道。

"陛下容奏——"此时，侍卫长王天恩也惊慌地跪道，"陛下现在不能放箭！"

"为何？"刘昱停止放箭，回头问王天恩。

"领军的肚脐大，的确是个很好的箭靶，但是，陛下今日只要放一箭，他就死了，陛下以后想再玩就没有了，多可惜呀！"王天恩说道，"陛下不如用骨头做的鹊箭射击，那样他不会受伤，陛下便可以随时找他来玩射击了。"

"嗯，此言也有理！"刘昱听后笑道，"朕今日就听你的！"

随即，刘昱让左右取来鹊箭，他搭弓射箭，轻喝一声，正中靶心。

"哈哈，朕的箭法如何？"刘昱当即扔弓，开怀大笑道。

"真是神箭！陛下只用一箭，就能射中靶心。好箭法，好箭法——"王天恩赶紧凑上来大声称赞。

刘昱喜上眉梢，遂带着侍从，得意忘形地转身出了领军府。在场的张五儿见宋主没能射死萧道成，甚是懊恼。

萧道成被惊得一身冷汗，将御驾送走后，他心中还是久久不能平静。

"好险呀，真是伴君如伴虎！这次是用鹊箭射击，才保住了一条老命，但是，以后总不能都会如此侥幸呀！"萧道成惊魂未定地自言自语道，"我必须赶紧想办法，才能保全自己!"

于是,萧道成密访袁粲、褚渊二人,加紧商议废立国君大事。

"二位大人以为如何,此等暴君,国中不可长留啊!"萧道成急切地对二人说。

"这……"褚渊听了,惊慌地默然语结。

"皇上还是个孩子呀,就算有错,但也是能改过的。"袁粲说,"况且,领军废立之计,也非万全之策!"

萧道成见二人都犹豫不决,遂向二人点了点头,愤然离去。

"陛下知否,萧道成自恃功高,处处挟制陛下,本当早死,为何今日陛下没有用利箭射死他呢?该死的王天恩还要用什么鹊箭射他,他这分明是欺君啊!"回宫后,张五儿立即向宋主刘昱撺掇道。

"唉,要杀萧道成,这也不难,我现在将铁箭磨好,下次就一箭射死他!"刘昱听罢,不以为然地笑道。

宋主刘昱说罢,竟然亲自动手磨起箭头来。而恰在此时,陈太妃又带着侍女们走了进来,一听刘昱和张五儿等人的谈话,她吃了一惊,十分气愤,于是她骂了刘昱一顿。接着,陈太妃又暗中派人向领军萧道成府上报信去了。

这天,萧道成正在领军府议事,突然陈太妃的内侍偷偷地走了进来。

"启禀领军大人,宫中有人说,皇上在磨刀霍霍,说是要磨好铁箭头,下次杀死您领军大人呢。这事,幸亏被陈太妃呵斥,他才勉强住了手!"内侍紧张地报告道,"这如何是好?领军大人务必要小心提防!"

"啊,事情业已到了这一步了!"萧道成听后又惊又恨,连忙说,"多谢太妃了,太妃此恩,微臣将没齿不忘!"

内侍说罢走了,领军府中的人们便开始对此事,纷纷议论起来。

"事情已经十分危急,我应当先发制人,不能再等待了!"萧道成惊惧地说,"不过……我们将用何计为妙?"

"广陵乃是个物丰兵强之州,领军大人能否先出驻广陵,调兵起事?"校尉王敬则进言道。

"请世子萧赜率郢州之兵,东下京口以充外援,大人必然会一举成功!"一个部将也上来出主意。

"我不如首先挑衅北魏,等北魏入侵,再率兵伺机除掉暴君!"萧道成说,接着想了一会又觉不妥,并说,"不不不,以上这三种方法,似乎都不能万无一失!"

"末将以为还是在京内伺机发难,较为稳妥!"领军功曹纪僧真轻声地说。

"都别再犹豫不决了!"萧道成的二子骠骑从事中郎将萧嶷、堂弟镇军长史萧顺之齐声说道,"刘昱喜欢微服出行,我们只需要联合几个人,就可下手,何必还要这么麻烦,费时费力,自讨苦吃呢?"

"此计很好!"王敬则一听,立即说道,"末将可以利用职务之便,监视皇上的行踪,随时向领军大人报告!"

"诸位之言有理，我们决定在京中起事，一举杀了幼主刘昱这个暴君！"萧道成下定决心道，"王敬则将军，请你先以财宝贿赂幼主身边的卫士杨玉夫、杨万年、陈奉伯等人，请他们伺机行事。"

"末将遵命，一定成功！"王敬则满怀信心地答道。

当夜，萧道成住在领军府中，其子萧嶷住在青溪的宅院里。夜里竟然见到宋主刘昱微服，带着一批打手偷偷地到来，企图偷袭宅院，萧嶷急忙命令部属们在院中舞动刀枪。刘昱从墙缝中窥见此番情景，知道宅内的人们已经有了准备，所以他只好悻悻地带着侍卫们离去了。

在七月七日的晚上，京中落叶飘荡，业已秋凉。

宋主刘昱乘着露车来到台冈，与侍卫比赛跳高。过了一阵后，刘昱接着又率众在新安寺里偷了一只狗，并在昙度道人的道观中杀狗喝酒，直到酩酊大醉，方才回到仁寿殿就寝。

"今晚织女应当渡河，你必须给朕盯着，见到织女，你就要马上向朕奏报。倘若朕今夜错过了相会织女的机会，那么明天朕就一定要取你的头颅，剖你的肝胆！"临睡时，刘昱恶狠狠地对他身后的卫士杨玉夫说道。

"微臣遵旨——"听了刘昱的醉话，杨玉夫又恨又笑又十分惧怕，他只得跪在地上，唯唯诺诺地答应道。

自从刘昱即位后，因为小皇帝出入宫殿毫无定时，所以，殿省的大门只得彻夜常开。因为守夜的将士们都害怕在路上遇到了刘昱的车辇会遭到横祸，所以也都躲在室内，不敢轻易出巡。因此，杨玉夫、杨万年二人当夜得以在半夜中轻而易举地一同潜入殿内。

当夜，二人轻手轻脚地走到御榻左侧，侧耳细听，只听到帐内呼呼的鼾声。于是，二人再前行几步，杨玉夫突然掀起帘帐，见刘昱仍在熟睡，枕边放着一把防身的尖刀。杨万年立即将刀抽出，举手向刘昱的喉管砍去，立刻血喷帐帘，刘昱未能吭叫一声，只是手脚一撑，就一命呜呼了。接下来，杨玉夫割下了刘昱的首级。

刘昱死时只有十五岁，在位五年，人称南朝刘宋的刘子业为前废帝，刘昱为后废帝。

杨玉夫提着刘昱的头颅，用袍衣布将它包好，刚刚迈步走出宫门，迎面就碰到一个人冲了进来。杨玉夫见了大惊，但仔细一看，来人原来却是他的同党陈奉伯，所以，他这才放心地走了上来。

"哎呀呀，我当是谁呢，却原来是陈大人你呀！"杨玉夫魂不守舍地向陈奉伯说，同时将刘昱的首级转交给了陈奉伯，并催促道，"请快速出宫，将此首级递给王敬则将军，王将军要立即将刘昱的首级送给萧公呢！"

"哦，我这就出宫，到承明门外去找王将军！"陈奉伯接过那头包，慌忙答应，并转身就走。

来到殿前，宫殿侍卫见了他，急忙挡住他的去路。

"大人寅夜为何出宫？"宫殿侍卫问陈奉伯，"我们奉命，此时不能开门放人呀。"

"宫中现在有了急事，我要奉旨出宫办事！"陈奉伯忙向宫殿侍卫谎称道。

"哦，既然如此，那么就请陈大人自便——"侍卫道。

于是，陈奉伯快步地走了出来，将刘昱的首级交给了一直等在承明门外的王敬则。

"哦，事情已经办成了！"王敬则一见裹头的包袱，又惊又喜，赶紧问了一声，并取出那头颅。

"是的！请将军立即去吧，领军大人正在焦急地等候啊！"陈奉伯慌乱地说了一声，转身回宫去了。

王敬则欣喜地提着刘昱的首级，立即赶到领军府，狂喜地叩门大叫。然而，门内的萧道成等人听到门外叩门声急，不知门外事情怎么样，反而死活也不敢开门，他们害怕事情已经失败，而这是刘昱等人设的骗局，诓他们出门呢。

玄武湖——萧道成当年的屯兵处

"领军大人切莫怀疑，刘昱真的已经被杀——"王敬则在院外转了几圈后，实在无法，只好向院内大叫起来。

"何以见得？"院内有人问道。

"不信大人请自己看吧！"王敬则大声叫了一声，百般无奈，只好将刘昱的首级包裹从院墙头上摔了进去。

院内的萧道成等人见墙外摔进了一物，立刻冲了上去，抓起布包，并且急切地撕开，突然，他们真的看到其中一颗血肉模糊的人头滚下。萧道成不敢相信这真的就是刘昱的首级，于是，迫不及待地抓起来，就用清水清洗了几遍。最后一看，这的确是刘昱的头颅。这时，众人才开怀大笑，如释重负，并且开门将门外的王敬则迎入府中，狂欢起来。

于是，萧道成立刻身着戎装，翻身上马，与王敬则等人一起驰入台城宫殿。殿中的萧道成的同党们正在十分的惊恐等待中，突然从萧道成的口中得知刘昱已死，他们这才齐声欢呼起来。渐渐地，宫内宫外都知道已经发生了变乱，有人开始欢笑，也有人开始焦虑不安起来。

"启禀大将军，有名军官正率众出城走到东华门，现被我抓来，等待发落！"此时，突然一名部将带着一群人拥来说道。

萧道成闻言，立刻上前观看。

"哦，原来是虎头！"道成见来人是曹虎，遂惊异地问他，"曹虎，你想何往？"

"外面兵荒马乱……"曹虎见问，一时张口结舌，想了一会便撒谎说："我这正是要去谒见大将军您呢！"

"哦，既然如此，你也一起去东府吧！不要忧虑，你仍旧做你的直西斋卫吧！"道成沉思了一会后说道。

夜色深沉，在太极殿前的一棵大槐树下，群情振奋。萧道成正在以王太后的名义召来袁粲、褚渊、刘秉等人议事。

"诸位已知宫中的变故，不过，这是帝王家的私事，外人不敢擅自决断！"萧道成对刘秉说，"你是刘氏子孙，可以发表意见！"

在这惊心动魄之际，虽然萧道成的言辞仍是十分谦和，但是，刘秉却已经仿佛看见他的胡须直竖，目光如炬，令人发怵，他吓得不敢说话。

"将军可以将尚书省的事交给我们办理，至于军旅之事，还是由将军自己做主！"刘秉抖呵呵地说，"上次平荡桂阳王之乱，将军本是国家的元勋了！"

"……刘秉大人如此谦让，那么……就请袁粲大人主持？"萧道成又转过头来向袁粲说道。

"在……在下何德何能，岂能……担此重任？"袁粲也不敢接受。

"你们还在唠叨什么？天下之事，本来都有赖萧公。萧公应当马上即位，谁人不许，就先问问我的大刀——"王敬则见此，立刻拔出长刀，跳上阶台大声叫喊起来。

随即，王敬则将白纱帽扣在萧道成的头上，劝他即位。

"不不，还是让诸位……"萧道成说道。

"今日还有谁敢多嘴？"王敬则又叫道，"打铁须趁热，将军不要再迟疑了！"

"你……你这是胡闹——"萧道成摘下纱帽，大声怒骂道。

袁粲想趁机发话，又被王敬则的怒目制止，不敢张口。

"……眼下，只有萧公才能稳定大局，不如……"褚渊接口说。

"哦，既然你们都这么说，为了国家大局，我也不好再推辞了。我决定今日就去迎立安成王为主！"萧道成缓缓地回答。

"一切当听萧公的安排……"刘秉、袁粲等人也只好含糊地答应。

王敬则仍旧要拥立萧道成，萧道成看了他一下，示意他安静，他也就止住了口。

"请刘秉、袁粲、褚渊三相在东府等候，我这就去迎接安成王刘准即位——"最后，萧道成向众人说道。

刘秉应命急急忙忙地向东府跑去，迎面碰到了他的表弟刘韫。

"今日的事变是兄长你主张的吗？"刘韫问刘秉。

"不是，此事乃是萧领军主张的，我们已经推举萧公主持大计了！"刘秉回答。

"哎呀，不好了！"刘韫惊叹道，"你们为何这样无知无能呀？这样一来，我们刘家就将遭遇诛灭之灾了！"

"果真会这样？"刘秉还是不太相信事情会如此严重，便自问了一句。

"唉，自然一定会如此啊！"刘韫叹息道。

"哦……"刘秉惊慌地叫了一声，随即与刘韫告别，跌跌撞撞地向东府跑去。

此时，安成王刘准已被接入东府，萧道成代太后宣旨，追废帝刘昱为苍梧王，奉安成王刘准即位。于是，十一岁的刘准被迎入朝堂，登基接受百官朝拜。

即位后，新主刘准颁诏，大赦天下，改永徽五年为升明元年，尊生母陈氏为皇太妃。任命萧道成为司空、录尚书事兼骠骑大将军、南徐州刺史，留镇东府；刘秉为尚书令、中军将军；袁粲为中书监、荆州刺史镇守石头城；褚渊为卫将军；沈攸之为车骑大将军兼尚书左仆射；王僧虔为尚书右仆射；刘韫为中领军、兼紫金光禄大夫；王琨为右光禄大夫；晋熙王刘燮为抚军将军、扬州刺史；武陵王刘赞为郢州刺史；邵陵王刘友为江州刺史；南阳王刘翙为湘州刺史；杨玉夫、王敬则等人也都各有赏赐，文武官员各升两级。

退朝时，刘秉与刘韫并肩谈论。

"兄长为何只要做尚书令，而把军权全部交给了萧道成？"刘韫问刘秉。

"……为兄本以为尚书部关系国之根本，只要我主持了尚书部，国家就不会生乱了！"刘秉说。

"唉，兄长差矣！你交出了兵权，现在让萧道成军政大权集于一身了，他就会在朝内外安插心腹，笼络褚渊。兄长呀，我们就会被孤立了！"刘韫感叹道，"兄长竟然忘了前朝的事？"

"嗯，现在想来，为兄我也有些后悔……"刘秉痛苦地沉思道。

此时袁粲也走了上来。

"中书监大人，你先前不愿接受任命，今日倒是能乐意接受朝令，准备欣然前往石头城镇守，这是何故？"刘秉随即问袁粲。

"萧公既然急于笼权，我们岂能过于谦让？"袁粲说道，"我们倘若再行谦让，恐怕会死无葬身之地了！"

"此话有理！"刘秉、刘韫同时点头说道。

三十六、萧专权，沈袁将作乱

　　再说西江，混乱的朝中局势，勾起了荆襄都督沈攸之的野心，此时，沈攸之也准备为大位而奋起一搏了。直阁将军高道夫从西江告假回京，路过江陵，沈攸之兴味盎然，立即召引高道夫过府饮酒叙谈。

　　"阁下觉得朝中萧公如何？"酒至半酣，沈攸之醉然，笑着问高道夫。

　　"沈公本是萧公的好友，你们又是儿女亲家，今日何故此问？"高道夫说。

　　然而，此时，直阁将军高道夫对沈攸之是存有敌意的：因为沈攸之初到荆州时，高道夫曾给沈攸之写信，请他安排高道夫的亲戚到荆州做官。但高道夫介绍的十余人，沈攸之却只安排了三人。高道夫闻罢大怒，亲自骑马到州里撕毁他的任用文告，扬长而去。接着，两人赴宴偶然遇到一起，便争吵起来。直至上马交战，高道夫一槊刺中沈攸之的马鞍，沈攸之大怒，夺其槊反刺高道夫，高道夫拍马逃走了。后来在部属们的劝说下，沈攸之也为了笼络高道夫，而且高道夫声称要与沈攸之重归往日的友情，所以双方才握手言和了。不过，这时高道夫对沈攸之的每句话依旧非常警觉。

　　"在下只是想问：据直阁将军在朝中的所见所闻，是否觉得萧公已有不臣之心？"沈攸之再问道。

　　"在下却未曾听得此言，将军如何要这样说？"高道夫听了大惊道。

　　"哈哈，阁下何必大惊小怪？如今朝政纷乱，谁人不想趁机大显身手，以图大业？"沈攸之醉意朦胧，哈哈大笑道，"不过，就我所知，如其让萧公主持朝政，还不如让我来做更为合适！"

　　"将军与萧公两家相亲，莫非二位曾经相谋，谈及谋取朝政之事？"高道夫更为吃惊地问。

　　"这倒没有！不过，如今之事，朝野有目共睹，江山即将易主，宋主只不过是萧氏手中的一个傀儡而已！"沈攸之得意忘形、变本加厉地笑道，"凭本督江陵之力，起兵入京，窃取大位，本来也是易如反掌的事。我儿文和虽然娶了萧女为妻，然而，这也不算是什么，倘若萧公要为江山大计与我相争，本督也仍然能对他进行大义灭亲的！"

　　"大都督已醉，在下告辞了！"高道夫听罢，不寒而栗，遂立即起身告退，乘船回建康去了。

"微臣此次回家，路经江陵，惊闻荆襄都督沈攸之已有不臣之心，请陛下立即兴兵讨伐江陵！"一到建康，高道夫就立即上奏朝廷。

"沈公竟敢有此居心？这不可信！"刘秉怀疑道，"陛下岂能闻风就是雨，发兵西去呢？"

"这些都是微臣耳闻目睹的事实，详情微臣都已仔细地记在奏章之中了，请陛下明察！"高道夫说，"他在酒席宴上曾经大谈军政大事！"

"这也许是沈公醉酒之言，绝不可信……"萧道成也上来说道，"沈公乃是忠心耿耿之人，我敢保他不会有造反之举！"

"沈攸之的话已经大逆不道。他甚至还要对萧公'大义灭亲'呢！"高道夫急辩道。

"防人之心不可无！"杨运长听罢跳出来叫道，"江陵外藩屡次出现兵变，陛下对此决不能掉以轻心！臣奏请朝廷立即发兵进剿江陵沈攸之——"

"沈攸之心怀叵测！明帝死后，沈攸之虽调驻荆州，却仍将郢州的精良的士马、器仗随身带去荆州。到荆州后，他以讨伐蛮夷为名，大力招聚才勇，养马两千余匹，治战舰近千艘，使仓廪府库莫不充积。其富贵程度，不亚于王公，夜晚，其府中灯火通明，通宵不灭。其后房绝色美女和妓妾多达数百人。更有甚者，士子、商旅过荆州者，多为其所羁留；他还收容四方亡命之徒。其野心勃勃，朝廷对他岂能不疑惮？如今，沈攸之常常抗旨不遵，其不臣之心更是明显。"高道夫又说道。

"当初，沈攸之召才纳士时，听说随郡的双泰真很有才干，但召他不肯来。后来沈攸之得知双泰真因事要路过江陵，于是，沈攸之赶紧把他留下，让他补任队副，给他优厚的待遇。但双泰真仍不肯留下，过了不几天便逃走了，沈攸之派二十人追讨，双泰真杀了好几个追兵，余人都不敢近前。双泰真打算回家带上母亲逃走，但由于事情紧急，便一人逃到蛮地。追捕他的人抓不到他，只好将其母带走。双泰真得此消息，却立即回来自首，沈攸之不但没有问罪，反而对部属们说他是孝子，并赐给他一万钱，转补队主。唉，沈攸之矫情收买人心的行为显而易见！"刘秉叹道。

"容朝廷再三计议！"萧道成含糊地说道，接着问袁粲道，"袁大人以为？"

"我与萧公道不同不能相谋！"袁粲不客气地拒绝道。

听了袁粲的话，萧道成十分气恼，随即轻声地问褚渊："那么褚公意下如何？"

"……西江沈攸之的事，倒没有什么可以忧虑的，领军大人要重视的倒是石头城啊！"褚渊偷偷地用手指了一下在场的袁粲，暗向萧道成耳语道，"他已经决心镇守石头城了，其居心叵测，萧公应当思之！"

"我已知袁粲一定会与我对抗，所以已经派出王敬则等人前去应对，决定对付石头城的那两个人了！而且，也早就安排了雍州刺史张敬儿偷袭江陵！"萧道成会心地点了点头，接着向褚渊耳语道，"我决心对沈攸之先礼后兵，还派出沈攸之的长子元琰带着刘昱的遗物去江陵了，并且又派钦差给沈攸之送去了封号！"

"哦，领军大人果有先见之明，考虑周全啊！"褚渊轻声地笑道。

见萧道成不肯出兵讨伐沈攸之，杨运长十分恼怒。

"看来，萧道成念及和沈家的亲情，是不会发兵讨贼了，我们只有亲自动手了，我决定先派出刺客，前往江陵杀了沈攸之这个贼首！"退朝后，杨运长与自己的亲信们议论道，"立即派出刺客前往江陵，行刺沈攸之！"

次夜，江陵沈攸之在府中抓住并斩杀了建康派来的刺客。对此，沈攸之十分恼怒，他随即召集众将商讨对策。

"如今朝中竟有人派来了行刺本督的刺客，而朝廷分明是在萧道成一手掌握之中，这说明萧道成已想去掉本督了！本督决不能妥协！"沈攸之勃然大怒道。

"看来形势已经很严峻，沈公不如立即举兵起事，以免夜长梦多，受制于人，本身有所不测！"主簿宗俨之、功曹臧寅齐声劝告沈攸之道。

"唉，我本应当急速起兵，奈何我的长子元琰如今仍在京中，投鼠忌器呀，我应当设法召他西归江陵！"沈攸之沉思了一会后，说道。

"启禀大都督，长公子他回江陵来了！"突然，一位部将进来报告。

"啊，元琰他果真回来了？"沈攸之听罢兴奋地问道。

"正是！"臧寅走上来说，"刘昱既死，朝政大变，萧道成任命杨运长为宣城太守，让他出了京城。今日他让长公子带着刘昱遗物来到江陵，既是想讨好您，也是想以此显示自己的本领——"

"萧道成只不过是因为有了机遇，才杀了刘昱，这有什么值得炫耀的？"宗俨之也上来不平地说道。

"嗯，他萧道成的那点能耐何足挂齿？他却能独揽朝权，还要排除异己！"沈攸之愤愤地说，接着，沈攸之笑道，"既然今日我儿元琰已回江陵，此乃是上天保佑本督啊。这样，一旦起事，本督也就没有后顾之忧了！"

"我江陵现在将如何计划？"主簿宗俨之问。

"将元琰留在江陵，并写表上奏朝廷，庆贺新皇登基，接下来就商议起兵的计划！"沈攸之说道。

"启禀大都督，朝廷又派钦差，送来给大都督的封号。太后还送来十支蜡烛，以示恩宠！"突然一名卫士进来报道。

"哦——"沈攸之接过蜡烛，思索一会，忙向宗俨之会心地一笑，将他拉到屏风后。

"主簿请看：这蜡烛中有何深藏物件？"在屏后，沈攸之诡秘地问宗俨之。

宗俨之接过蜡烛看了半天也没看出什么。

"这其中不是藏有太后命令本督'清除君侧、总理朝政'的密诏吗？"沈攸之见宗俨之不解，忙提醒道。

"哦哦，是是是，是有密诏！"宗俨之恍然大悟道，"太后密诏，欲将社稷大事委托给沈大都督！我江陵可以公然招兵买马，准备起事了？"

"哈哈，正是！"沈攸之听后，笑容满面地点点头。

听说沈攸之就要起事，他的崔、许二妾慌忙前来劝阻。

"大老爷年事已高，却仍要冒险发兵举事，大人可要为儿孙家人着想呀！"崔、许上前跪劝沈攸之道。

"女流之辈能知道什么？请看，新帝刘准已与我密誓，我要一心为国家社稷呀！"沈攸之说，接着，他拿出一纸道，"请诸位细看吧，这是我当时与宋主刘准所写的密誓，太后刚刚还派人送来密诏，藏于蜡烛之中，她将大事托付于我呢！"

"哦……"见了此纸，二妾遂无言而退。

接下来，沈攸之召集宗俨之、臧寅商议秘密举兵之事。

"请你们从速派人去约请雍州刺史张敬儿、豫州刺史刘怀珍、梁州刺史范伯年、司州刺史姚道和、湘州行事庾佩玉、巴陵内史王文和等人一同举兵！"沈攸之急急忙忙地向众位下令道。

众人纷纷应命行事去了。

"启禀大将军，湘州刺史王蕴因老母去世，辞官回京，现在已经路过我地巴陵，是否要招纳王蕴与我们一同起事？"宗俨之突然上来轻声地对沈攸之说。

"这样很好，请快速迎接王蕴入伙——"沈攸之兴奋地说，"倘若王蕴近日能够在京中，伺机杀害萧道成，那么我们的大事就会大功告成了！"

沈攸之说罢，遂派宗俨之前往巴陵，并与王蕴密商了多次。

接着，张敬儿等人陆续收到沈攸之要他联合起兵的密信。然而，张敬儿原本是奉萧道成之令，来监视沈攸之的，听说沈将造反，于是，他立即杀了来使，将消息快速报告给了在朝廷主事的萧公。这时，刘怀珍、王文和也将消息报告了朝廷。范伯年、姚道和、庾佩玉三人对沈攸之的邀请置之不理，他们的方针是坐山观虎斗。而王文和则表现得更为慌乱，他一听沈攸之即将起兵，就立马弃城逃避到夏口，以免遭到战祸。

湘州刺史王蕴因老母去世，辞官回京，这天恰巧路经沈攸之的府第，于是他欣然与沈攸之商谈起来。

"末将就将去京，沈公有事，可坦然吩咐，我当为我们共同的大事，竭诚努力！"王蕴对沈攸之说。

"萧道成权倾朝野，乃是国家的祸首，刺史大人入京后，可设法除掉萧道成！"沈攸之向王蕴说道，"倘若刺史杀萧之计未成，则可以前往石头城与袁粲、刘秉商议另作谋略，并拉拢将吏黄回、任侯伯、孙玙、王宜兴、卜伯兴等人也共谋反叛！他们都是我的同谋人。"

"末将谨遵沈公之命——"王蕴说罢，起身东回去了。

接着，沈攸之又致信给萧道成，责备他结党营私、杀害幼主、包藏祸心、图谋大位的行径，并且表示他沈攸之一定要为国除逆。

萧道成闻罢大怒，于是，立即入宫守卫朝堂。首先命令其子侍中萧嶷守卫东府、其子抚军行参军事萧映镇守京口。他令其长子萧赜为长史，辅佐晋熙王刘燮镇守郢州。接着，他让刘燮调任扬州，萧赜升任左卫将军，也随刘燮东行到扬州，以防上游沈攸之的叛情。

命令发出后，刘怀珍派人送信给萧道成说："夏口乃是军事重地，不可没有能人镇守！"

"迅速函告萧赜，让他挑选能人镇守夏口！"萧道成看罢刘怀珍的来信后，立即说道。

萧赜收到父亲的信后，决定亲自镇守夏口，他推荐郢州司马柳世隆为郢州长史，奉命辅佐武陵王刘赞镇守郢州。临行前，萧赜与柳世隆商议再三。

"我走后，沈攸之必然要来作乱，倘若他烧毁夏口舰队，顺流东下，那么你我都难以抵挡了；然而，倘若你能够留守在郢城牵制沈攸之的兵力，我再率军作外援，那么沈贼便不足为虑了！"萧赜对柳世隆说道。

"末将明白了！"柳世隆点头答应道，"请左卫将军放心，末将谨遵军令！"

于是，萧赜率军东下。但是，军达浔阳时，萧赜就已经得到沈攸之大军正式作乱的消息，而且此时，朝廷对此尚无得力的防御之策。

"既然此地孤悬，朝廷又危在旦夕，我军不如东下建康，以便自保，而且还能增加京城的军力。"部将们纷纷向萧赜建议。

"不可！"萧赜说道，"浔阳地处中流，倘若我屯兵溢口，则近可以顾夏口，镇控西南，远可以护朝廷，稳定大局。"

"正是！"左中郎将周山图接口说道，"如此极佳的地势和时机，卫将军岂能放弃呢?"

"现在奉请晋熙王刘燮镇守溢口，军事由周山图全权掌握！"萧赜大声令道。

周山图应命而出，并快速筹办好了防御事宜，派人报告给了萧道成。

"哈哈，赜儿果然不愧为我萧家的子孙，如此用兵如神！"萧道成听罢周山图的报告后大喜，并下令，"命萧赜为西讨都督，周山图为副都督，让他们共同镇定西江！"

"启禀司空大人，西讨都督萧赜书信已到。他担心浔阳孤危，函请朝廷加兵与刘燮共镇溢口！"王敬则上前报告。

"哦，速调邵陵王刘友前往溢口，与刘燮一同镇守溢口！"萧道成令道，"再命令别驾胡谐之留守浔阳城，以便抗拒西江！"

西江边城

"这样很好！"人们齐声称善。

再说，湘州刺史王蕴回京发丧，因为东下前，他曾与沈攸之密商了谋国之计，所以，当他入居东府之后，就着手行刺萧道成的计划。

"今日我们为母举丧，应当在大堂两侧埋藏伏兵，等到萧道成前来吊孝时，我们就以伏兵捕杀萧道成！"王蕴对部属们说道。

部属们得令，遂在两厢埋伏，但是等了半晌，竟没见萧道成的踪影。

"萧道成并非寻常之人，他为了安全，也许不会来此。"部众们说。

"难道说他不会前来……"王蕴自言自语，"莫非他就不顾起码的礼节了？"

正说着，人们忽见萧道成派来代替他吊唁的队伍来了。王蕴这才感到萧道成并非常人。

王蕴见刺萧的计划落空，便立即前往石头城与袁粲、刘秉商议另做打算，并且拉拢将吏黄回、任侯伯、孙琎、王宜兴、卜伯兴等人也共同策划下一步行刺萧道成事宜。此时，通直郎袁达走了进来。

"启禀大人，萧司空亲来石头城，要与您议事！"袁达进来向袁粲报告。

"啊，如今朝事变化莫测，司空亲来，这是何意？这凶多吉少，我……绝不能与他相见！"袁粲听后大惊，欲惶然藏躲，不敢与萧道成相见。

"萧公亲来，大人竟敢拒绝相见，倘若惹恼了萧公，将如何是好？"袁达不安地说，"况且萧公本来已经当心大人叛变，如此一来，大人你怕是欲盖弥彰……"

"如今是非常时期，顾不了这些了！"袁粲说道，"倘若萧道成借口时局艰险，逼我回京辅佐幼主，我能拒绝吗？而一旦我落入他的圈套，我就出不了法网了；那就……只有死路一条了！"

"哦……"袁达默默无语地退下。

萧道成没能邀请到袁粲，已知对方有所觉察，遂更加小心地另召褚渊入宫议事，而且他待褚渊格外友善，对他尽力拉拢。

"褚公乃是国之重臣，时至今日国家危难，上江沈攸之又已起兵造反，我们国之重臣，又岂能袖手旁观？"萧道成激动地说，"适逢这国家多事之秋，萧某夙夜忧叹，想必褚公也是心焦如焚！"

"萧公之言有理！国家兴亡，匹夫有责。何况我们这些国之重臣呢？"褚渊激动地说。

"为了社稷，我曾亲往袁粲处，向他咨询大计，然而袁粲竟敢不顾大局，对我避而不见。真是岂有此理！"萧道成愤怒地说道。

"袁粲如此行为，的确过分！"褚渊说道，"哦，在下本以为萧公的奋斗，不过只是贪图一己之利而已。然而……今日看来，却原来，萧公对国家乃是一片忠心啊！我褚渊绝不负萧公所望！"

"朝廷内外都知道褚公乃是顾及大局的功臣。记得当年，袁粲劝公守孝时兼职，公能欣然从命；而后来等到你劝他时，他却充耳不闻。"萧道成说。

"唉，确有此事！"褚渊叹息道，"袁粲的气量太小，很难与之同朝共事啊！"

"……依褚公看来，目前朝中之事该如何处理为好？"过了一会，萧道成又问褚渊。

"唉……如今看来，上游沈攸之作乱，他必然会以失败告终，这并不可怕！可怕的是……京城内乱啊！"褚渊忧虑地说。

"要防建康有变？"萧道成问，"譬如这石头城的袁粲……"

"正是！"褚渊轻声地说道，"'攘外必先安内'呀。将军还是要先防内变，斩草除根，以免腹背受敌！"

"好的，褚公之意在下明白了！"萧点头说道。

得知萧、褚有了此次聚议，所以，刘秉等人对褚渊产生了很大的怀疑。

袁粲、刘秉、刘韫等人谋杀萧道成的计划，本来要向褚渊通报，但是，得知褚渊已与萧道成聚议之后，刘秉、刘韫、卜伯兴等人都不愿告知褚渊，因为他们害怕褚渊心意有变，会泄露机密。

"看来褚渊已被萧氏所迷，难为我用了！"刘秉对袁粲说，"倘若你将密谋告诉了他，说不定他就要向萧道成告密呢！"

"虽然，褚渊与萧氏相好，但事关社稷，褚渊还不至于告密吧？而倘若我们不向褚渊说出此计，那么势必会引起褚渊的愤怒，也许我们会因此在朝中又多了一个敌手！我当与之联系！"袁粲坚持道。

"唉，既然如此，我们也只有听天由命了！但愿褚渊仍然一如既往！"刘秉、刘韫等人无可奈何地说道。

于是，袁粲还是将刺萧的计划告诉了褚渊。但是，褚渊已与萧公有约，所以，他立即将此消息向萧道成透露。接着，萧道成就快速地派出苏烈、薛渊、王天生去石头城监视袁粲，并派王敬则率军前去牵制参与密谋的刘韫、卜伯兴二人的部众。

再说刘秉，因为胆怯，所以等到他与袁粲决定举事之后，当晚，刘秉就左思右想，疑神疑鬼，禁不住心惊肉跳起来。于是，他彻夜难眠，忙在府中趁夜徘徊。

"老爷为何焦虑不安？"夫人走上来轻声地问道。

"啊，我总觉得我们谋反的事情已经败露，举族就要遭到灭顶之灾啊！"刘秉轻声叹息。

"恐怕未必……"夫人说，"老爷还是放心歇息去吧！"

"但是，我总是越想越怕，看来……还是尽早投奔石头城，以求袁粲兵马的庇护为好！"刘秉最后说道。

于是，刘秉不到深更半夜，就突然带着家属从京城逃出来，并且直接奔往石头城向袁粲求救。刘秉的随从人员见此，也都神色慌乱地狼狈地逃了出来。

袁粲在石头城上，一见刘秉他们仓皇跑来，立刻大惊失色起来。

"我们的计划不是约定今晚半夜动手吗？你们为何现在就提早来了？台城有新情况了？"袁粲惊问刘秉。

"并……无新的情况，只是……"刘秉惶惶不安地嗫嚅道。

"既然无事，你们又何必如此？"袁粲无奈地摇摇头说，"我们原计划假传太后之令，让刘韫与卜伯兴率宫中的侍卫突然袭击萧道成，并以黄回作为外应呀！可是，现在他们都还未动手，你们却提前来了。行动提前暴露，这将如何是好？"

"唉，我也不知道！没到晚上，我就情不自禁地害怕起来，所以就连忙向这边奔来了！刘韫、卜伯兴他们还不知晓呢！"刘秉哭丧着脸说，"我也顾不了这一切，只想早些来此，求得袁公兵马的庇护！"

"哎呀呀！你们突然到来，这就注定我们的计划就要失败了！"袁粲失声痛哭道。

"能见上将军一面，我死而无憾——"刘秉又哭泣道。

正说着，却见孙琨也自台城奔来了。袁粲见了，更加着急，但又别无办法，只好顿足长叹："完了，完了，一切都完了——"

此时，萧道成正在殿内观察内变，突然，见丹阳丞王逊慌忙跑了进来。

"刘秉已经率领全家出京！"王逊向萧道成报道。

"好，我们立即派帐内的将军戴僧静领兵两千随薛道深等人一起去石头城，烧毁城门！昨天，王蕴曾主动让自己的部下六十人帮助进行城防，实际上王蕴本有二心，他是想让他们做内应。我没给他们武器，以便事后再去收拾他们！"萧嶷赶忙说道，接下来，他问萧道成，"他们业已动手了，父亲大人将如何处置他们？"

"哦，他们动手了？"道成听罢说道，"命令王敬则也立即动手！"

于是，部将应命而去。王敬则得令后，趁夜提着大刀赶到中书省。刘韫正在列烛警戒，端坐在室内，突然看见王敬则提刀进来，大吃一惊。

"你为何三更半夜擅自闯入中书省？"刘韫见了王敬则，他惊恐无比，急忙跳起来向王敬则叫道。

"而你为何竟敢谋逆？"王敬则也瞪眼反问道。

说罢，王敬则举起大刀，一下就杀死了刘韫。接着，王敬则又赶到卜伯兴的房内，也将卜伯兴一刀杀死。

这时，在石头城上，苏烈、王天生已占据了仓城，正在与袁粲对战。萧道成又派戴僧静前去助阵。袁粲派孙琨出城迎战，与苏烈对峙了一夜。黎明时分，戴僧静攻毁了石头城西门，刘秉在城东见西城起火，竟吓得跑下石垒，慌忙携子出城逃命去了。

袁粲料知石头城不保，忙下城对其子袁最说："我早知独木难支，但至少我已为国尽忠了，死无遗憾！"

袁粲的话音未落，戴僧静却已攻到城内。袁最奋不顾身，挥着长枪保护父亲，不幸被戴僧静砍伤。

"啊，儿呀！为父我不失为忠臣，你不失为孝子！人生在世，有此结果，已无遗憾了！"袁粲抱着伤痕遍身的儿子，哭着对儿子说道。

说罢，父子相拥，跳下石头城楼，双双坠崖身亡了。

接着，刘秉父子、王蕴等人也相继被击毙，孙琨逃走了。

黄回由新亭率兵进攻萧军，但到石头城时，他得知其同党全部战败，于是，黄回灵机一动，反过来，声称自己是来帮助萧道成的。萧道成明知其假，但也不想过多地诛杀，更没有戳穿其伪装。为了策略，萧道成竟假装不知，并且抚慰了黄回一番，仍旧令他驻守新亭。此外，袁粲的其他一些同党也悉被萧道成赦免。

南朝开国皇帝之二——齐高帝萧道成

第三编
萧齐代宋刘家灭

六旬故国转头空，萧齐代宋泪声同。
可怜齐室命更短，一曲歌罢月正中！

三十七、刘宋尽，道成建齐国

经过事变之后，萧道成任尚书右仆射王僧虔为左仆射，新徐中书令王延之为右仆射，度支尚书张岱为吏部尚书，原吏部尚书王焕为丹阳尹。

这样一来，此时满朝皆为萧道成的心腹。朝内安定，萧道成这时才向宋主刘准肯请率兵讨伐沈攸之。宋主当即命令萧道成统率全军，屯驻新亭。沈攸之派中军参军孙同等人率兵五万为先锋，司马刘攘等人率两万兵马做后应，又派中兵参军王灵秀等四将分进夏口，占据鲁山。于是，沈兵千军万马，遮天盖日，喊叫着，杀奔建康而来。

沈攸之主力大军以排山倒海之势，抵达郢州，骄横地向驻守在郢城的柳世隆耀武扬威。

"我军奉太后之命，回京讨逆，倘若你有忠心，就应当随我东下！"沈攸之向郢城内的守将柳世隆说道。

"承蒙雄师问候，无奈郢城镇小，我只能自守，恕不能相随！"柳世隆回答道。

沈攸之见柳世隆不为所动，不禁大怒，遂准备兵打郢城。

"郢城地势险要，易守难攻，进攻郢城耗费时日，对我军不利！"功曹臧寅向沈攸之劝道，"我军不如长驱直下，首先拿下建康！"

"如此说来，我只有令你以小部队攻打郢城，我亲率大军东下？"沈攸之问道。

"末将得令——"功曹臧寅答道。

说罢，沈攸之亲率大队连营百里，人喊马叫，掉头向东。柳世隆在城头上见了大惊，因为他本是奉萧赜之命来牵制沈军的，他怎能轻易地让沈军大部东下、压制京都去呢？于是，柳世隆见此，只得急忙引军下城出战，并以语言刺激沈攸之。

"叛党沈贼，你连小小的郢城都未能拿下，又怎能挥军建康，莫不是要向虎口送食？"柳世隆率军冲到沈攸之阵前大叫，"小心我断了你们的退路——"

沈攸之被柳世隆这样一激，又立即转头向上，回头来进攻郢城。

"山城鼠辈，我本打算回头再来收拾你，不料你竟敢'在太岁头上动土'，我不如顺手牵羊，先灭了你们，再麾军东下！"沈攸之气得暴跳如雷。

"沈攸之，你叔沈庆之何在？你这卖叔求荣的奸佞小人，休得狂妄，你奈我何？"柳世隆又叫道。

"柳世隆小儿狂妄!"沈攸之发疯地叫道,"臧将军,我要全力攻击郢城,让柳世隆死无葬身之地。不拿下此城,决不罢休!"

随着沈攸之的叫喊,沈军全部人马随即就地扎营,准备与郢州作持久大战。然而,柳世隆占据了有利的地势,进退自如,每次对阵总有所获。但沈军虽然人多势众,却总不能取胜。

经过数月奋战,好不容易,眼看沈军就要冲上悬崖,进入郢城了,沈攸之却突然惊见兵马狂退下来。

"何故退军?"沈攸之厉声向部下喝问。

"萧赜又派桓敬率援军来了,我军难以抗拒——"沈攸之的败兵告诉沈攸之,并再次滚下山城来。

沈攸之狼狈不堪,瞪眼望着这纷纷如蚁的兵将流泪。

桓敬屯军西塞,援助柳世隆,加上柳世隆率军奋战,所以两军相持一年下来,郢城毫发无损,但沈军却劳师经年,伤亡过半了。

同时,张敬儿闻得沈攸之大军在攻打郢城,料知江陵空虚,于是他便率军偷袭了江陵沈攸之的老窝。城内沈攸之的儿子沈元琰、长史江义、别驾傅宣等人听到敌兵杀来,风声鹤唳,以为官军主力杀到,慌忙夺门而逃,吏民们也相继逃散。张敬儿在沙桥迎面碰上了沈元琰,遂一刀斩他于马下。接着,张敬儿率兵进了江陵城。

江陵的叛乱兵吏早已逃走。张敬儿入城,首先碰到司马边荣。见他仍旧泰然自若,高坐在大衙中办公,张敬儿感到十分吃惊。

"江陵已陷,边公乃一员文官,为何还不逃走,你在这里能够战胜我们吗?"张敬儿惊奇地问边荣。

"我身受沈公厚恩,受命为沈公留守,岂能逃去?"边荣答道,"边某只求一死,何必多问?"

"哈哈,死有何难,我立即让你去死!"张敬儿说着。

接着,他命人斩杀边荣,但是边荣昂首挺胸,毫不畏缩。而就在此时,边荣身边的朋友程邕却也走了上来。

"我是边公的朋友,前来边公府上做客,今日不忍眼看着边公赴难,所以请求先死,以了心愿!"程邕向张敬儿说道。

"求死容易!左右,首先斩杀程邕,再杀边荣——"张敬儿大叫道。

于是,张敬儿杀了程邕、边荣及主簿宗俨之、参军孙同等人。接下来,张敬儿抄斩了沈攸之的全部亲族。

再说,攻击郢城的沈军,本是被迫作乱,现在虽然还不知江陵的败绩,然而,见了郢城情形,分崩离析,也自然悲伤,于是,又不断出现了大批叛逃现象。沈攸之不懂得收买人心,只知道一味地狂躁谩骂,并且召集部将们进行强烈施压,因而使得部众们心寒人散。

"我奉太后之命兴师动众,事成之后大家共享富贵,而失败了,朝廷只会杀我全家，与你们无关。你们何乐而不为？"沈攸之怒气冲天地向部将们说，"近日兵士叛逃，都是因你们为将者管教不严所致，今后若有再逃，我将拿你们是问！"

"萧道成派黄回等人逆流而上，已经袭击了荆州，我军将士惊骇，已有叛逃之意，大将军应当以好言抚之！"臧寅见此，忙轻声地告诉沈攸之。

"何人再敢叛我而去？"沈攸之恼羞成怒，疯狂地大叫道，"我必杀他全家——"

"刘攘派人向郢城内射入乞降之书，并且已经得到了柳世隆的应允。刘攘他……已经自毁营寨，投敌去了！"臧寅说，"而且，我军部众见其营中火起，十分慌乱，顿时骇散，将帅们努力喝止不住，人心散了！"

"刘攘竟然也要叛我而去？可恨可恨！立即搜捕军中刘攘的侄儿和女婿，立即将他们拉到阵地上处死——"沈攸之听罢大怒，咬牙切齿地叫道。

处死了刘攘的所有亲属后，沈攸之率领着残部缓缓回返。但是，当沈军痛苦地走到鲁山的时候，众人遂纷纷溃散，将军们也各自开溜了。

冒着凄风惨雨，将军臧寅引军走到鲁河桥头之上，看着这诗情画意的山形水胜，他心中却涌现出了无限惆怅。

"唉，得势即从，失势即散。如今我沈公之军溃散，竟是如此令人心寒！"臧寅忧伤地叹息道。

周围兵士愕然，臧寅说罢，遂跳入桥下水中自尽了。余众看着此番惨景，各自伤痛了一阵，随即纷纷散去。

"啊，荆州城中还有无数钱财，我们可以一同取拿回来，以作军资：你们何必出逃？"沈攸之见状，心中又急又痛，于是他慌忙向众人大叫道，"我们取了钱财，还可以重新干一番事业！"

听了沈攸之的话，人们又开始汇聚，慢慢地随沈攸之西去。

"沈攸之的叛军将士们，我是张敬儿，江陵已被我官军占领，你们再无退路了，请尽快向朝廷投降吧——"残军行至江陵前岗，人们忽然听到从城内传来了官军张敬儿的声音。

"啊，江陵已经被张敬儿拿下了，我军已无退路！"沈攸之见了大叫了一声，接着大声令道，"军士们，兄弟们，我们齐心协力，兵进华容——"

此时，兵将都已完全失去了信心，剩余的人马也开始溃散。到了栎林，沈攸之回头看看身边，只剩下其子沈文和一人了。于是，沈攸之下马伫立，长叹数声之后，随即解带悬林，自缢而亡了。

沈文和也跟随着父亲自缢而死。村民们斩下二人的首级，献入江陵。张敬儿接受了村民献上的沈攸之父子的首级，送往建康报功去了。

平定了沈攸之，萧道成兴高采烈，还镇东府，召集众臣议事。自封为太尉，督管南、徐十六州军事。

接着，萧道成大封功臣：任命长子萧赜为江州刺史，二子萧嶷为中领军兼尚书左仆射，王僧虔为尚书令，柳世隆为右仆射，卫将军褚渊为中书监司空。

"启禀太尉，我黄某在讨伐沈攸之的大战中，也略有微功，不知将有何封赏……"

平西将军黄回见自己没被加封，遂出班向萧道成询问道。

"嗬，黄将军功劳不小哇！"萧道成听了，忙向黄回冷笑道，"当初你与袁粲等人密谋反叛之事，莫非你忘了不成？你能忘了，我可未能忘记啊！"

"当……当初……"黄回一听，惊得一身冷汗，支吾着无话可说。

"左右，现在是斩杀叛臣黄回的时候了，将他推出去斩了——"萧道成大叫道。

随即，黄回在东府殿前，被立即斩杀。

朝内既定，萧道成便开始考虑他自己的宏伟大业了。骠骑长史谢出素有青名，道成想将他引为心腹，借以参谋大事，为其张罗筹措。但是无奈，萧道成虽然多次召引，谢出都没有应召。太尉右长史王俭深知萧道成之意，于是，他主动上前打探，以便投其所好。

"自古以来，少有公平，功高而未能得赏者很多。当然，萧公功劳盖世，威望震天，在封赏上，皇帝也无以复加了啊！"王俭走到萧道成身边，轻声地对他说道，"然而，萧公难道就甘愿一直北面称臣受赏、受封吗？"

"你休得胡言！"道成听了，大吃一惊，生怕此话被人听见，遂赶忙喝止道。

但是，同时，萧道成的脸上却露出了会心的微笑。

"承蒙将军青睐，因此，我愿意说出别人不敢说的话……请将军让我说完要说的话！"王俭接着固执地说道，"刘氏失德，倘若没有大将军您的支撑，则其大宋江山早就化为乌有了！因此，目前，将军应当义不容辞，挑起主宰国家的重担，倘若将军一再谦让，只怕会令众人失望，即使有一天您觉悟了，但机会却一去不复返了。到了那时候，将军不但大业无望，甚至……连身家性命也很难保全！"

"你……言之有理！然而，我今将如何进行？"见周围的人渐散，萧道成这才心悦诚服地说道，"也许还得慢慢谋划？"

"以公之名望，不能只做一朝的宰相，您应当首先请皇上对您格外加礼！"王俭接着谋划道，"如今朝中再无阻力了，只有褚公还可以与我们议事，在下愿意先与他商谈。"

"哦，不必！还是我本人先与他接触吧！"萧道成阻止道。

于是，萧道成亲自拜访褚渊，寒暄后就切入正题。

"昨夜，我梦见自己得了帝位。"道成试探地说道。

"现在，国内刚刚安定，在短期内将军的大事恐难办好，况且……吉梦也不能立刻应验，请将军慎重行事！"褚渊支吾道。

回来后，萧道成将褚渊的话转告给了王俭。

"褚渊尚未认清局势，请将军放心，在下一定为您设法取得褚渊的支持。"王俭斩钉截铁地安慰道，"首先，在下要立即联络朝臣向皇上倡议，加封萧公您为太傅，令中书舍人起草诏书。"

"如此大事，还是应当先与褚公通气！"道成的亲信任假插嘴说。

"倘若褚公不愿，如何是好？"萧道成问。

"褚渊贪生怕死，又无多大的才能，大将军何必怕他？我这就去劝他，我相信，他不会不依的!"任假笑道。

任假转身去了褚渊府第,经过晓以利害的劝说,褚渊只得勉强同意了。

于是,诏书下来,萧道成被加封为太傅,奉命督管国内外各军事。并且,萧道成还兼任扬州牧,可佩剑上殿,入朝免参拜,等等。道成又假意地推辞了一番,才勉强接受了一两条。随后,宋主又封萧赜为领军将军,调任萧嶷为江州刺史,三子萧映为南兖州刺史,四子萧晃为豫州刺史。

真是"一人得道,鸡犬升天",此时,萧家上下掌握了国中主要的军政大权。

后来,宋主刘准册立原光禄大夫谢庄孙女——骠骑长史谢出的侄女为皇后,接着,又重提加封萧道成,道成仍未接受。次年,宋主令江州刺史萧嶷督管荆、湘等八州军事,兼荆州刺史,调王延之为江州刺史。道成想将谢出纳为心腹,遂推举他为左长史,然而谢出仍旧推辞了。萧道成对此很是郁闷,他只好改让王俭为长史,谢出为侍中。接着,宋主发出话来,准备赐给萧道成以九锡殊礼。

"萧公当不必推辞殊礼——"王俭受宠若惊,并向道成劝道。

"然而,'三却三让',乃是古之常礼,作为国家的主宰,我也不能忘了此礼啊!"道成对王俭说。

"此言有理,但是,那也只不过是虚晃一枪而已!"王俭说,"倘若您再行推辞,岂不延缓了时日?"

萧道成听罢,默默地点了点头。

于是,接下来,王俭等人强迫宋主加封萧道成为齐公,晋升为相国,令他统领百官,辅助处理国事,赐九锡殊礼。萧道成只略谦让了一下就一概接受了。

这样,萧道成有了自己的小朝廷,遂封王俭为齐尚书右仆射,兼领吏部。

接着,宣州太守杨运长离职回京,萧道成派人趁机将他勒死,同时斩杀了临川王刘绰、武陵王刘赞,召回雍州刺史张敬儿,并封他为护军将军,任命他自己的孙儿萧长懋为黄门侍郎兼雍州刺史,长子萧赜为南豫州刺史兼副相国。

随后,王俭等人逼迫宋主刘准晋封萧道成为齐王,并加封给他十郡,加各种殊礼。接着,齐世子萧赜被改称为太子。

过了不久,在王俭等一群狐朋狗友的帮助下,刘宋的权臣萧道成决定逼迫宋主刘准禅位。此时,阴险狠毒的萧道成开始准备立即登基。

在禅让典礼上,宋主刘准畏首畏尾,躲躲闪闪,不敢露头,吓得躲藏在宫中。

"就要开始受禅大礼,宋主应当早来等候新主!"王俭向场中看了一眼喊道。

"末将且去恭请宋主!"王敬则听罢,说道。

于是,王敬则只好率兵入宫寻找,但是,他找了半天也未能找着。

"莫非刘准已经死了?"王敬则此时暴跳如雷,开始在宫中大声咆哮。

王太后等人惊慌无比,只好带着宫女帮助寻觅,结果,她们从床底下拉出了幼主刘准,并将他交给了王敬则。可怜的幼主刘准满面涕泪,哭着不敢入轿。于是,王敬则将他强行塞进轿中,抬出宫门。

"你们今日就要杀朕吗?"刘准止住泪,伸头向王敬则问道。

"不会杀的，只是让你移宫别处——"王敬则不耐烦地答道。

"呜呜……但愿朕下辈子再也不要生在帝王之家……"幼主刘准将信将疑，还在嘟囔。接着，他忽然伸手拍着轿外王敬则的肩膀对王敬则说，"倘若朕能保住性命，朕一定要重重地赏你！"

"哼！"王敬则默默无语，只是冷笑了一声。

此时，太后以及所有宫妃、宫监在殿前跪成一片，啼哭着，送走了幼主刘准。

王敬则等人来到朝堂，百官已在那儿等候，只有侍中谢朏未能从直阁出来。诏使奉命宣召谢朏，但他却拒不接旨。

"侍中，你有为齐王解下宋主御玺之责，岂能不去？"诏使向谢朏叫道。

"齐王自有侍中，何必用我？"谢朏说罢，倒头便睡了下来。

"侍中是否病了，我要立即通报？"诏使急了，转口问道。

"我本无病，也无须你去通报！"谢朏又道。

诏使无法，只好走了。接着，谢朏径直出了东直门，登车回家去了。

仆射王俭从宋主那儿取下了御玺，将宋主遣出朝堂，送至东邸，等候新皇的命令。司空褚渊、尚书令王僧虔立即捧着御玺，率着百官赶到齐宫，请萧道成即位。

"我恐不能……"道成又谦虚了一下后，说道。

"'六'乃是富贵吉祥之数：后汉光武帝到献帝经历了一百九十六年，禅让给了魏；魏经四十六年禅让给了晋；晋经一百五十六年禅让给了宋。如今宋朝已经六十年，正好可以禅让给萧公了！"史官陈文建出班，数着手指，引经据典，向萧道成劝进道。

"哦，莫非这乃是天意？"萧道成听后，故作惊讶地问众臣。

"是呀，上天早有安排！"王俭立即上前说道，"望我主萧公从天顺民，早登大位——"

于是，萧道成遂决定在南郊筑坛祭天，即皇帝位，改国号为齐，改元建元，登坛受褚渊、王僧虔、王俭等百官朝贺。

这时，萧道成登坛坐定后，百官山呼万岁，大拜新皇。

礼毕，齐主回宫，大赦天下，将宋主刘准贬为汝阴王，其他后妃等也一律贬下，迁往丹阳，并派兵士监管。宋廷其他的王公都下贬一级或彻底废黜。

接着，齐主萧道成晋封褚渊为司徒，柳世隆为南豫州刺史，陈显达为中护军，王敬则为南兖州刺史，李安民为中领军，王俭、张敬儿等人也都各有封赏。

闲居在家的安成太守褚炤，听说其兄褚渊又捧着御玺去劝进齐王即位时，忙走到褚渊府中问话。

"司空今日去何处了？"褚炤问褚渊的儿子褚贲。

"父亲捧着御玺去齐王府了！"褚贲答。

"唉，司空将御玺送去有何益处！"褚炤叹息，并问道。

"父亲已经被加封了，我家已有贺客盈门了！"褚贲又说。

"哎呀，家门不幸！倘若褚渊做中书郎的时候就已经身亡，那么，我家倒会因此出了一位名士，可是如今……"褚召痛哭道。

褚贲听罢愕然。褚渊回府后，儿子将叔父之言转告给了父亲，褚渊听罢，惭愧不已，随即上奏辞官。萧道成准奏。同时，齐主也贬了谢出的官职，并让他告老还乡去了。

废主刘准徙居丹阳，在途中被卫士杀死，卫士上奏齐廷说刘准是病死的，齐主萧道成也并未能追究，而且将这些卫士嘉奖了一番。接下来，齐主还命人将阴安侯刘燮等人也都全部杀害，只将刘遵考之子刘澄之留下，因为刘澄之与褚渊有一定的交情。

齐主萧道成是汉萧何的第二十四世孙，其父萧承之是宋朝的右军将军，战功卓越。承之病故时，道成年方十八，却长得一表人才。人们传说：在萧道成出世时，有神仙赐粥之事。于是，看相人对他的母亲陈氏说，道成乃是大贵之人，今后必成大器。

萧道成受禅后，追尊父亲萧承之为宣皇帝，母亲陈氏为孝皇后；并追封了故兄、故妻；还将长子萧赜立为皇储，封皇长孙萧长懋为南郡王，二子萧嶷为豫章王，三子萧映为临川王，四子萧晃为长沙王，五子萧晔为武陵王，直到第十一子等等都给了封爵。另外，齐主萧道成还特别宣布，永远优待前朝的太妃陈妙登，借以报答她昔时救护之恩。

于是，萧道成安国定邦，南朝又是一番景象。

三十八、齐祖崩，萧赜继大统

一天，齐主萧道成正在皇宫太极殿上与群臣议事，突然，北方军报传来。

"北魏梁郡王拓跋嘉拥戴前宋的丹阳王刘昶，并与刘昶一同南侵我萧齐的寿阳——"王俭急急忙忙地跑进来报道，"刘昶在出发前，曾经声泪俱下，向四方将士各拜一遍，哭求为他报仇雪恨，夺回宋国。魏军气势震撼寿阳，看来此次他们是要势在必得了！"

"爱卿勿急！"齐主萧道成泰然地说道，"朕早知刘昶将要引魏军南侵，所以朕已派垣崇祖出镇豫州，以垣崇祖的智慧和勇气，他是一定能制服胡虏的！"

"如今不需再调兵马前往？"朝臣们问齐主。

"正是！朕只需拨运粮草以助垣卿即可——"齐主笑道。

再说，齐国豫州刺史垣崇祖闻得魏军到来，众将慌乱，但他却并不慌忙，反而利用敌人轻敌的心态设了一计，将魏国梁郡王打得落花流水，使之退出豫州。

"目下，敌众我寡。不过，当年此处的淝水大战，却是人少的晋军用了奇计战胜了人多的符坚啊！我们何不整修外城堰堤，加强防务，也来一个淝水奇迹？"垣崇祖慢慢地向部属说道。

"将军须知，如今拓跋宏可不是当年的符坚啊！前次，兵多于我们十倍的刘铄，尚且还要退到内城防守，何况我们呢？这里的地形不利修堰，我们岂能在淝水上面修筑堰堤，战胜魏军？"众将异口同声地叫道。

"我们不是刘铄，岂能放弃外城？倘若放弃，魏军就会在那里修建楼台，围我内城，那样一来，我们无异于坐以待毙！请诸位奋发图强，赶修堰堤，截住淝水，四周深挖沟壑，布置疑兵——"垣崇祖下令道。

于是，众兵将士听罢，齐心上阵，加紧修筑工事。

接着，魏兵汹涌而来，见寿阳城小，遂不假思索地挥动大军直入城下。顿时，魏军千军万马涌塞在城关。垣崇祖看得真切，待黄昏时分，魏兵休息吃饭时，垣崇祖立即命令一支敢死队冲向上游，决开堰堤。随即，上游大水突然轰隆隆，奔腾而下，霎时，魏营顿成汪洋泽国，兵将死伤无数。垣崇祖又趁势发兵追击，使余者大败，仓皇而逃了。

捷报传到京都建康，齐主萧道成听了大喜。

"哈哈，朕早知垣崇祖能够制敌，他是朕的韩信啊！"齐主大笑道，"起草诏书，召他进宫领赏。朕封垣崇祖为平西将军。"

"垣崇祖还奏请将下蔡城池，迁移至淮东，以防魏军入侵淮北！"张敬儿出班奏道。

"既然对国家安全有利，朕当然准奏！"齐主大声道。

魏军闻得下蔡城迁，扬言要踏平下蔡旧城，部下们都怕胡虏要在下蔡城屯驻，遂向垣崇祖进言，建议分兵设防。

"据说魏军已到下蔡旧城，我们是否要发兵出击？"部属们问垣崇祖。

"下蔡离此地很近，胡虏岂敢前来，他们只不过是派少量兵马扬言示威而已！"垣崇祖说，"他们既然有来者，我们不免前去给他们一个下马威！"

随即，垣崇祖率兵渡过淮河，见少量魏兵正在毁掘城址，随即，垣崇祖麾军冲杀了过去，吓得魏军赶紧丢盔弃甲，慌忙逃走。垣崇祖趁机追杀数十里，斩获数百人，致使魏兵闻风丧胆。自此垣崇祖名震远近，让魏军望而生畏。

次年，魏兵在入侵淮阳时，又吃了一个大败战。从此，魏军莫敢南顾，刘昶也失去了光复故国的念头，垂头丧气地回到了魏都平城。

后来，齐主派参军车僧朗去北魏通好。于是，车僧朗风尘仆仆地来到平城并得到魏主拓跋宏的热情招待。

"齐主原是辅助刘宋的，怎么突然登上了大位？"在魏廷，魏主拓跋宏突然问车僧朗。

"这只不过是因时制宜而已！"车僧朗答道，"类似的事，在陛下的北国也并无少见！"

魏主听罢，没再说话，只是在饮宴时，将刘宋留在魏国的旧使安排在车僧朗上首就座。

车僧朗见此，勃然大怒，并拂袖而去，在客馆待命。刘昶趁机派人暗杀了车僧朗，魏主得知后大发雷霆，遂以隆重的礼仪，将车僧朗的灵柩送回萧齐，并将刘宋的旧使驱逐出境。

齐主萧道成得知使臣车僧朗在魏遇害，十分恼怒，本打算兴兵伐魏报仇，奈何他自己年近花甲，疾病缠身，体力不支，他又见魏主也有了悔意，因此才勉强地以和作罢。

四年后，褚渊又晋升为司徒，豫章王萧嶷升为司空兼扬州刺史、并为骠骑大将军，临川王萧映为前将军、荆州刺史，长沙王萧晃为护军将军，南郡王萧长懋为南徐州刺史，安成王萧高为江州刺史。原江州刺史王延之被召回朝廷，任右光禄大夫。

数日后，齐主萧道成的病情更加严重，他自知将死，遂召太子萧赜到榻前说话。

"……父皇还有何嘱托，皇儿一定遵命！"萧赜痛哭许久后，再问齐主。

"……话已经多说了，然而……最为重要的只有一句话，皇儿必须牢记！"齐主萧道成在弥留之际，慢慢地说道，"宋氏若非骨肉相残，谁人都没有可乘之机！儿即位之后，要切记这个血的教训啊！"

"儿臣谨记父皇的教诲，我一定会善对宗亲……"太子萧赜哽咽道。

接着，齐主将司徒褚渊、左仆射王俭召到临光殿，嘱咐其尽心辅佐新帝。最后，齐主萧道成在临光殿逝世，享年五十六岁，太子萧赜嗣位，追尊父亲为高皇帝，庙号太祖，葬泰安陵。

齐主萧道成博涉经史，喜怒不形于色。他目睹刘宋奢靡腐败的全过程，胆战心惊，所以，他更加注意勤俭，即位后穿着简朴，并将铜器都换成铁器。齐主病故后，嗣主萧赜深受其父的教诲，继承遗风，发扬光大，颇具韬略，屡立战功，因而得继大统。于是，此后南齐国中出现了一段时期的"永明之治"。

萧赜即位后，任司徒褚渊为录尚书事，尚书左仆射王俭为尚书令，车骑将军张敬儿为开府仪同三司，司空豫章王萧嶷为太尉。

萧赜又册立长子萧长懋为太子，太孙萧昭业为南郡王，二皇子萧子良为竟陵王，三皇子萧子卿为庐陵王等等，共十一子都给予封王。

有一日，齐主萧赜在东宫宴请群臣。席间右卫率沈文季与褚渊发生了口角，二人越谈越不投机，褚渊凭着老资格，不肯相让，竟惹恼了沈文季。

"你自以为是忠臣，只是不知你死后，将如何面见宋明帝！"沈文季向褚渊愤怒地叫道。

"岂有此理，老夫不能与你为伍！"褚渊听罢向沈文季大怒道，并起身要走。

"褚爱卿不必动怒，权且等席罢之后再走——"齐主萧赜见状，忙起身拉他坐下，褚渊这才忍到席终方去。

次日，入朝时天气已很热，所以褚渊以扇遮面，而此时，功曹刘祥从旁边走了上来。

"做了难堪之事啊，怪不得要用扇子遮脸，然而用扇遮脸有何作用？"刘祥向褚渊讽刺地说道。

"唉，恐老夫不能为人了！"褚渊听了他们的话，更为气恼。

褚渊失德，所以在朝臣们的讥讽下，他日益惭愧，不久，竟然愤懑谢世，享年四十八岁。他死后，长子褚贲辞官守孝，终身不仕，其父南康公的爵位，也推给了弟弟褚蓁。

次年，齐主改元永明，任命豫章王萧嶷为太子太傅，长沙王萧晃为南徐州刺史，竟陵王萧子良为南兖州刺史。

"朕向来看重诸位爱卿，因此委以重任，希望诸位都为朝廷尽力！"齐主萧赜对萧嶷、王敬则、孙景育说道，"然而……垣崇祖、荀伯玉等人却总是倚老卖老，蔑视皇威，甚是可憎！众卿应当为朕设法抑制他们！"

"哦，外藩既有不法行为，就当首先召回，再酌情处理！"王敬则接口说道。

"嗯，朕已经召回豫州刺史垣崇祖，任命他为五兵尚书；改任司空咨议荀伯玉为散骑常侍。"齐主说，"他们都要来京，爱卿们已知他们有何不法，请立即奏来！"

"启奏陛下，微臣已经查知，垣崇祖和荀伯玉皆有煽动北魏、图谋不轨之嫌！"

宁朔将军孙景育听了，立马上前奏道。

"好，请爱卿尽早收集他们的罪证，将他们收系狱中，择日问斩——"齐主令道。

宁朔将军孙景育得令，转身出宫，王敬则也随着出来。

"荀伯玉、垣崇祖于国有功，深得先帝的宠信，宁朔将军何故要诬陷垣、荀二位将军？"王敬则轻声地问孙景育，"我们情同手足，望阁下告诉我们一下，莫非陛下要有何动作？"

"陛下怀恨垣崇祖和荀伯玉已非一日了，他们迟早将死，老将军岂能救得了他们？"孙景育说，"王公你还记得吧？今上为太子时，因为他为人稳重、老练，所以先帝常让他处理朝政。张景真依靠太子的势力，骄奢蛮横，恣意妄为，朝中无人敢管，而只有司空咨议荀伯玉暗中向先帝禀报了实情。先帝当即校检东宫，收杀了张景真，并派人质问太子萧赜，太子对此十分惧怕，那时他的储位几乎不保！幸有太傅萧嶷和大人你们的说合，才让他得以躲过了这场风波。因此，先帝越是宠信荀伯玉，太子就越是憎恨荀伯玉啊！"

"唉，原来如此……"王敬则叹息道，接着又问，"那么，垣崇祖为人耿直，拒敌在外藩，从未参与皇家之事，却为何也……"

"正因为垣崇祖耿直，所以他很少附和太子萧赜，尤其是在大破北魏回朝时，垣崇祖却与先帝彻夜长谈，从不把太子放在眼里，大有在太子背后诽谤太子之嫌，太子怀疑他对自己的储君地位有所不利，因此也早就对他怀恨在心。"

"哦，竟然还有此事。"王敬则惊慌起来。

于是，就在二人对话后不久，垣、荀二人遂双双都被斩杀。

王敬则沉痛地回到府中，夫人迎了出来。

"老爷精神欠佳，有何烦恼之事？"夫人问。

"朝中失去了荀伯玉、垣崇祖两位忠臣大将！"王敬则回答道。

"为何？"夫人惊问。

"唉，高帝少年得子，有了今上，齐朝建国时，今上年已四十。今上以为自己曾与父亲同创大业，所以高帝在位时，他就遇事专断，常违制行事。荀伯玉就把他的作为告诉了高帝。高帝知道后大为震怒，并且斩杀了今上的亲信张景真，当时，今上也险些被废。因此今上记恨前事而要斩杀荀伯玉！"王敬则说，"垣崇祖曾屡破魏兵，他的死是因为他素与荀伯玉相厚。所以今上担心他会发动政变，就硬说他要作乱而也把他杀了！"

车骑将军张敬儿本因为佐命有功，所以很得齐主萧赜的宠信，然而，只因他贪图富贵，骄奢淫逸，家有妻妾成群，所以，他也惹恼了齐主。

一日，张敬儿与继室尚氏同寝时，无限恩爱。一番如胶似漆之后，二人言语缠绵。

"啊，只因我万般地爱你，所以才无端地休妻！"张敬儿忘情地对尚氏说。

"妾也是！"尚氏娇柔地说，"此外，妾还有一技，能梦知将军的未来。"

"哦，如何说来？"张敬儿兴奋地问，"真的灵验？"

"是的！当初，妾梦见你有一只手发热时，你得任南阳太守；再梦你头发热时，你任雍州刺史；后来，梦见你半身发热时，你得任开府仪同三司；现在……妾已梦到你全身俱热了，这想必……你就将贵至极点了！"

台城西望

张敬儿听罢大喜，并且得意忘形地和众人谈论此事。

"将军的爱妻真有此奇能?"孙景育听了后，急忙询问张敬儿。

"当然！"张敬儿得意地回答，"莫非末将果真就要发迹?"

"……啊，也许……"孙景育不安地答道。

接着，孙景育立刻前往深宫，去向齐主报告。听到此话，齐主萧赜当然会以为张敬儿对皇位也有非分之念了。加上又有人密告张敬儿私通外邦，所以，这很令齐主疑忌。

"张敬儿这还了得?"齐主大怒不止，接着与孙景育密谋，"明日朕就将在华林园设宴，并召张敬儿前来，爱卿可以事先拟好张敬儿的罪行，当场宣读，将他拿下问斩——"

孙景育得旨去了。于是，次日，在齐主华林园宴席上，张敬儿应邀刚刚入席，就见孙景育持诏宣读，历数了张敬儿里通北魏和骄奢淫逸等的罪行。接着，齐主萧赜令卫士将张敬儿拿下，就地问斩了。

"我为国拒敌，何罪之有?"张敬儿当场自扔官帽，并且大叫道，"都是当官惹的祸啊，我来生绝不当官了！"

接下来，齐主斩杀了张敬儿的全家。张敬儿在襄阳任员外郎的弟弟张恭儿一得到这个消息，随即弃官，遁入山中，因此他才得以终了一生。

侍中王僧虔是宋太保王弘之侄，当时与萧道成关系较好，二人有文辞之交，因此，齐开国时王僧虔很受重用。一次，二人在殿上写文章，双方写完后，道成递给王僧虔看。

"请看，我们谁是第一?"齐主萧道成笑着问王僧虔。

"臣是第一，陛下也是第一！"王僧虔也笑道。

"爱卿果真是能言善辩啊！"齐主又大笑道。

建元三年，王僧虔出任湘州刺史，督管湘州诸军事。永明改元，齐主萧赜将他召回京都，任命他为侍中光禄大夫、开府仪同三司。王僧虔多次推辞。

"阿叔为何如此多次推辞？"其侄——尚书令王俭不解地问。

"唉，你现在已经是朝中的高官了，我如果再接受此命令，那么，我家一门不就有了两名台司的高官了，难道说这不危险吗？"王僧虔叹息道。

"王大人虚怀若谷，屡拒殊荣，令人不解！"宁朔将军孙景育也问王僧虔。

"君子只怕被人骂，不怕没人推崇啊。下臣现在已经丰衣足食，只惭愧无能报国，岂敢再受高爵？"王僧虔慢慢地说道，"奢华不可恋！诸位难道不知张敬儿的惨案？他全家几乎全被诛杀殆尽了，连门第清明的谢灵运之孙谢超宗也因此受到了连累，岂不悲惨？"

"谢超宗之事，谁人不知？他才气过人，原是宋朝新安王刘子鸾的常侍，后来成为参军。齐祖做领军时对他很是器重，并荐为长史，他在本朝任黄门郎，只是因为失仪而丢了官，因此快快不快！"王俭说道。

"后来他与张敬儿家联姻，张敬儿被杀时，谢超宗竟对丹阳尹李安民说：'先前杀韩信，现在又杀彭越，你也要多加小心了'，后来被李安民告发，皇上这才令他自尽。"孙景育慢慢说道，"像谢超宗这样胆大妄为之人，岂能不遭祸殃？王公岂能与他相提并论？"

王僧虔闻罢未语，仍旧不图高官，并在永明三年寿终正寝。这时，齐主却追封他为司空。王俭之父王僧绰遇害后，王俭改由王僧虔抚养，所以王俭要辞官为王僧虔守孝。齐主因爱而未允，只是让王俭改任太子少傅。

在此时期，国中仍具魏晋研学之风，官宦士子人人多愿附庸风雅。

太子萧长懋聪明好学，每与王俭谈论经义时总能深究其理，而王俭也总能耐心讲解。

竟陵王萧子良、临川王萧子映也曾在太子身边伴读，数人互相引证，天演讲学，望重一时。萧子良还特好宾客，招揽文士，颇有当年信陵孟尝之遗风。

永明五年，齐主晋封萧子良为司徒，萧子良移居京北鸡笼山，在西邸召集名流，联为文字之交。当时的范云、萧琛、任昉、王融、萧衍、谢朓、沈约、陆垂"八友"都与萧子良相交很深，他们彼此切磋唱和不绝。这八人后来被人称"竟陵八友"。

只是萧子良和太子都是深信佛教的。因此，东宫曾经专有楼观塔宇，萧子良也在西邸修有经室，招揽名僧诵经。范云的族弟范缜不信佛教，因此常常与萧子良进行学术辩论。

"世上并无佛祖和因果！"范缜屡次劝他说，"殿下何必太赤诚！"

"没有因果，那么，人为何生来就有富贵贫贱之分？"萧子良问。

"人生如花蕊，随风飘浮，有的落在茵度上，有的被吹到篱墙外，落入粪坑边。殿下是落在茵度上的花，在下就是落在粪坑边的花，虽然贵贱悬殊，但并无因果的不同。"范缜回答，"在下所著的《神灭论》就是说'形神相依'道理的。"

"先生的辩才卓越啊！既然先生有此才智，何不改弦更张？"萧子良和王融都对范缜说，"倘若你能紧跟时代，至少可以做上中书郎啊，你何必要矫情立异，主张无神论，而终生不仕，徒费了自己的才华呢？"

"倘若在下改变信念去谋求官位，即使做不了尚书令，也许能做个仆射！"范缜笑道，"只是在下不愿为此改变信念啊！"

众人闻罢大笑。

萧子良得知了范云、范缜的才智，随即来到金殿向父皇上本，要为范云请官。

"儿臣恳请父皇晋升范云为郡守！"萧子良对齐主说。

"闻得范云喜欢卖弄小聪明，朕正打算惩罚他呢，你还要为他请官！至少，朕要将他调离京城！"齐主萧赜说。

"范云大才！儿臣一有过失，他就能及时地规谏儿臣，儿臣因此获益匪浅！"萧子良为范云辩护道，"倘若陛下不信，儿臣可将他的奏章拿来给陛下阅览！"

于是，萧子良将范云的劝谏奏章呈上，齐主萧赜见奏章竟有一百多张，多为言辞恳切、直言不忌之言。齐主萧赜看罢大喜，十分感动。

"哈哈，范云竟能有如此直言的奏章，朕当令他好好辅助你，怎能将他调走呢？"齐主大笑道。

太子萧长懋在东田看百姓收割水稻。

"收割的场面真壮观！"太子对身边的人说。

众人无语，只有范云走了上来。

"农务关系国计民生，臣只愿殿下知道百姓辛苦，庄稼来之不易，因此不能贪图安逸！"范云深入地说道，"殿下切不可只看到收割的场面壮观啊！"

"哦……先生之言有道理，我诚感先生的教诲！"太子听罢，立即严肃地向范云致谢。

此时，因为国家安定，齐主有志教育，所以，齐主特令王俭任国子监祭酒，招士讲学，前代四部书籍都入馆中。王俭熟悉礼学、朝仪、国典，并且，他对晋、宋旧事历史，也都十分熟悉，因此，他办事判决如流，下笔有神，深得朝内外的赏识。永明八年王俭病逝，年仅三十八岁，被追谥文宪，追封为太尉。

三十九、杀子响，齐主意茫茫

　　齐永明八年，从上江传来了齐主萧赜的四子巴东王萧子响谋反的消息。

　　萧子响本是给萧嶷作继子的，后来因为萧嶷有了儿子，所以齐主就将萧子响接回到自己的身边，并封为巴东王。永明七年，齐主调萧子响任荆州刺史，督管荆、襄、雍、梁、宁、南、北秦七州军事。

　　"启奏陛下，巴东王萧子响从幼爱好挥枪弄棒，如今力大无比，能拉开四斛重弓。他已训练出了六十名死士，个个皆亡命之徒。在荆州莅任一年，萧子响在内斋杀牛置酒，犒飨壮士，并令夫人为他缝制锦袍，向蛮人购买兵器，大有不轨之念！"长史刘寅秘密地致书，向齐主奏报道，"藩王如此，恐非国家之福啊！"

　　"啊，子响竟有如此不法行径，现令卫尉胡谐之前往查实！"齐主说道。

　　胡谐之奉旨前往江陵，不久就急急忙忙地赶回京城，向齐主奏报。

　　"启奏陛下，巴东王萧子响果有不轨之心，其居心叵测，刘寅所言不差！"胡谐之向齐主萧赜奏道，"他不仅未能恭敬地接待朝使，甚至还将刘寅等向陛下告密之人全部杀死了。"

　　"啊，子响擅杀大臣，这还了得！现在立即派将军戴僧静率军征讨萧子响——"齐主听罢大怒，遂向戴僧静令道。

　　"陛下差遣，微臣理当立即成行，不过，巴东王年龄尚幼，为人处世不慎也是有的，但是，长史断言其属谋反，也太过于武断，以致酿成了这样的局面，出现了他对圣旨不遵和滥杀无辜的情形。"戴僧静向齐主跪道，"然而，作为天子之子，因一时失误而错杀了大臣，这也并非犯了谋逆大罪。倘若陛下要兴兵征讨，那么势必反而扩大了事态，引起朝野人心惶惶。陛下对此，务必要三思而后行啊！"

　　"……戴爱卿所言有理！既然如此，那么就请卫尉胡谐之、游击将军尹略、中书舍人茹法亮先带数百人前去江陵，捕查萧子响身边的那些煽风点火之徒吧！"齐主萧赜接着改口，缓和地说道。

　　"微臣遵旨！"胡、尹、茹三人应声答道。

　　"请务必向子响说明：倘若他愿意回京述罪，朕一定保其不死！否则……"胡谐之等人正欲走出，齐主又郑重地嘱道。

胡谐之等人听罢应诺，并起身西去了。

胡谐之等人来江陵后，为防不测，就立即在燕尾洲筑建城池，以作屏障。等到一切准备就绪后，胡谐之才派石伯儿去江陵城抚慰萧子响，并与之交涉。

"殿下听着，皇上并没有说你谋反。末将此次前来，只是想招殿下回京向陛下述职，向皇帝说个明白——"石伯儿向城上叫道。

"是啊，天下……哪有儿子背叛父皇的事？长史他是为了邀功请赏，才挑拨离间，捏造谣言。他欺人太甚，所以我派人杀了他。"萧子响闭门谢客，一身白袍登城对石伯儿说道。

"殿下何日才能回京面见圣上？"石伯儿问。

"我自知有罪，也将回京请罪。然而，既然事情可以和解，那么你们又为何要在此筑城练兵，企图以武力相逼于我呢？"萧子响继续问道，"你们不顾我皇家父子之情，蓄意搬弄是非，这无非也和长史刘寅一样，是想借此邀功请赏啊？"

石伯儿听罢，忧郁无言，遂回返到燕尾洲，向胡谐之等人转告了萧子响的言语。

"哎呀，萧子响他已经怀恨我们了，竟污蔑我们是想借此邀功请赏！看来……此人不死，我们将来终究会招来杀身之祸。"卫尉胡谐之听了石伯儿的话后，十分忧愁地说。

"为防不测，我们不如趁早设法杀了此人！"中书舍人茹法亮也接口说道。

"岂有此理！他擅杀长史，罪本不小，如今又拒绝诏使，岂能不算谋反？"尹略听罢也大怒道，"我将随即整军备战，马上攻城——"

萧子响得知官兵真的要动武，非常害怕，立即杀牛备酒，派使者送到燕尾洲来犒劳朝廷兵士。然而，尹略却将来使囚禁起来，将酒肉都倒弃于江中，全然不顾萧子响的感受。

消息传入江陵城中，萧子响惊慌失措，忙派使者来找茹法亮。

"禀报将军，有巴东王使者到，他提出要见一下诏书！"部将向茹法亮说。

"什么使者？统统给我绑起来——"茹法亮听罢，也叫起来。

萧子响得知后，勃然大怒，他被逼无奈，只得洒泪誓师，决心与胡、尹、茹三将对抗。

"我本不想与皇帝对抗，无奈奸臣欺人太甚，我忍无可忍了！众位乃是我的部属，今日万不得已，你们只好为我出阵——"萧子响激昂地向王冲天等部属们说道，"我们两千兵马，以那六十名死士为先锋，直逼燕尾洲，一定要一举获胜——"

接着江陵的大军出发，直冲燕尾洲大营。尹略手足无措，赶紧冲出，结果却被江陵叛军头目王冲天一刀砍成两段。王冲天持刀逼到城垒前，茹法亮也十分害怕，慌忙开城出逃，胡谐之也弃垒而退。

于是，燕尾洲随即完全落入萧子响将士的手中，而且王冲天毁灭燕尾洲官兵的所有营垒。

齐主萧赜得到这个消息，怒发冲冠，遂派丹阳尹萧顺之率军前来讨伐逆子。

萧顺之是齐祖萧道成的族弟，曾参与斩杀刘昱的工作，因此他也是开国功臣、威震全国。当年，他曾拜望太子萧赜，萧赜指着他对萧嶷说："倘若没有这个叔父，我家就没有今日的大业！"即位后，萧赜与之彼此忌惮，因此封他为临乡侯、领军将军、丹阳尹，并将他调离京师。

这一次，太子萧长懋得知萧顺之将奉命西征讨伐萧子响，立即令人送信到领军府。萧顺之拆信观之，只见信中说道："萧子响大逆不道，请叔父要尽早送萧子响上西天！"

"请转告太子殿下，老臣决不负他的期望！"萧顺之得意地对传信人说道。

接着，萧顺之率领大军西上，人马未到，声势先达，叛军听了，望风披靡，纷纷散去。

得知此事，萧子响料知大事不好，急忙乘舟赶往建康，以便当面向齐主奏明心迹。但是，因为萧顺之欲治萧子响于死地而后快，所以萧顺之赶忙率人在中途截住了萧子响。

"既然皇上有旨令我死去，所以我要面见圣旨！"萧子响说。

"罪臣不能见旨！"萧顺之说道。

"或者……请叔祖父大将军代我向齐主说情！"萧子响又请求道。

"这绝不能！"萧顺之斩钉截铁地、无情地回答。

"如若不然，我请大将军带我赴京，面见圣上，以便皇儿向圣上当面请罪！"此时，萧子响只好跪地请求。

"圣上和太子都要殿下先死，恕本将军不能从命！"萧顺之仍旧拒绝。

"……唉，既然如此，我只有写下遗书，求大将军代为转达给陛下了！"萧子响绝望地说道。

萧子响百般无奈，只好写出遗书交给了萧顺之，最后挥刀自尽，年方二十三岁。

到了京城建康，萧顺之将萧子响的遗书篡改了几句，然后呈给了齐主萧赜。在一部分朝臣的奏请下，齐主除去萧子响王爵，让他改姓蛸。接着，萧子响的余党也被陆续处斩。

萧子响死后，齐主萧赜在宫中深感悲哀，接着，皇孙萧昭业等人进来问安。

"皇祖莫非还在为萧子响的事而忧伤？"萧昭业问，"他死得好啊，因为，倘若他一日不死，我大齐的西江就会一日不安宁啊！"

"唉，子响虽然有罪，那也不至于是死罪，况且，他也是朕的血脉……"齐主萧赜惨然叹道，"老皇叔呀老皇叔，你太性急了，你为何不让子响入京面见朕呢？"

"哦，陛下是说萧顺之吧？萧顺之这个老家伙，他巴不得我皇家父子相残呢！"萧昭业火上浇油地说。

"嗯，萧顺之……别有用心……"齐主狠狠地说着，并渐渐地将子响的死移恨到老叔萧顺之的身上了。

"请陛下颁旨，免除萧顺之以及他儿子们的官职！"萧昭业赶紧奏道。

"萧顺之的儿子，尤其是那个萧衍，他可是个兴风作浪之徒啊。为防不测，皇祖应当下旨杀之！"

"萧顺之父子居心叵测，朕的确要抑制他们的权势，看来……对萧顺之父子，朕再不能重用了，但……也不可操之过急！"齐主萧赜向众说道。

于是，众人渐渐离去。

怀着沉闷、忧伤的心情，齐主萧赜转身带着侍从游幸华林园。在园中，齐主见一只猴子跳上跳下，悲啼不止，很是心惊。

"这猴子为何悲鸣？"齐主见了，惊诧地问左右。

"前天，这只猿猴的孩子落在悬崖上摔死了，所以它母亲一直悲啼！"一位侍从答道。

"唉，天下生灵情感至深……"齐主听罢叹道。

随即齐主伤感不止，竟然悲从中来。突然，他想起了齐祖在弥留之际对他的嘱咐，让他兄弟子孙和睦，齐主萧赜不禁泪流满面，遂生恻隐之心。

又一次，长沙王萧晃卸职回京时，随身带了数百名兵士，因为当时齐主已经明令王公大臣禁养士卒在身边，也就是说，萧晃已是冒犯了禁令，但是齐主在惩治萧晃时，却有了犹豫不决之态。

"萧晃竟然明知故犯，应当给予治罪！"齐主萧赜对尚书省官员说道。

"萧晃只是一时大意，忘了禁令，望陛下想一想先帝，看在手足情分上，饶了他这一回吧！"豫章王萧嶷听了，赶紧跑到宫中，跪向齐主求情道，并且磕头不止，满脸血泪。

"啊，既然如此，请豫章王起来，朕不追究他就是了！"齐主说罢，泪如泉涌。

有一次，武陵王萧晔入宫赴宴，酒醉之后，趴在桌子上面，将帽冠毛插进菜盘骨肉中。

"唉，好端端的冠毛被骨肉给弄脏了，真是可惜！"齐主萧赜看见之后，微笑地叹息道。

"陛下只知爱惜皮毛，而不知爱惜骨肉，岂不本末倒置了？"萧晔在醉意中，忘乎所以地对齐主说着。

齐主一听，感到他话中有话，随即面露怒容。于是，下次宴席，齐主唯独不召萧晔前来。

"风景这边独好，只可惜还少了一个武陵王！"在宴席上，豫章王萧嶷轻声地对齐主说，"陛下可否让武陵王萧晔也来吃点酒菜？"

"唉……就依你，将他也召来吧！"齐主这时才答应让萧晔也前来入席。

酒后，各王比赛射箭。萧晔百发百中，众人齐声喝彩。

"我的箭法不错吧？"萧晔兴奋地笑问众王。

"果然了得！"众人夸奖道。

然而，齐主因为心有成见，所以，对此，其脸上始终未能露出笑容。

"哦，萧晔平时箭法不行，今日有陛下在场，所以他才表现得如此出色！"萧嶷见齐主不乐，急忙对齐主解释道，"萧晔应当立即谢恩！"

　　萧晔听了，赶紧上来向皇帝致谢。于是，齐主这才面露笑容，畅饮而归。

　　后来，萧晔出任江州刺史，齐主因萧晔要出京任职，计划将萧晔的住宅拨给其他皇子。于是萧晔说："先帝赐臣这座宅子，使臣有高歌悲哭之处。陛下想以州换宅，臣请求用宅换州。"因此齐主打消了这个念头。到任百余日，典签官赵渥之上奏萧晔的过失，于是萧晔被调回任左民尚书。不久萧晔调任前将军、太常卿。他深感不得志，在冬节问候时，诸王都下朝了，萧晔却独自晚来了。齐主回到偏殿后，听说萧晔到了，叫他进来并问他迟到的原因。萧晔声称牛老弱，不能赶路。于是，皇上命车府给他御牛一头，并对侍官说："自今往后，凡诸王不按时来的，都不得再放他进来。"

　　豫章王萧嶷身长八尺，谦虚谨慎，仁义待人，深得百官敬重。出入殿省，人人仰慕，他却恭敬敛抑。他对齐主更是审慎有礼，每当见父老兄弟们发怒，他总能婉言劝解。父亲萧道成对他也十分钟爱，因此，他与兄弟们之间的友爱也不断加深，内外大臣们对他无不敬服。

　　平定沈攸之后，武帝从浔阳回来。萧嶷出京担任都督、江州刺史。因制定策略有功，而改封为永安县公，调任镇西将军、都督、荆州刺史。当时高帝担任辅佐大臣，萧嶷力求节俭，停止府州的迎接仪式。到了荆州后，他祖开胸怀采纳善言，独坐思考政事。

　　那时，王俭曾给萧嶷写信说："古楚一片萧条，多灾多难，政治荒乱，人心分散，实在需要认真治理啊。你一到职便开始整顿，英风壮美，使江汉获得了重生，八方仰慕大义，自从庾亮以来，荆州没再有过这样的政治。人说道'一月见效'，而您十天便见成效了！"

　　起初，沈攸之在荆州，想聚集众人，启发人们互相告发，因此，士子和平民被判服劳役的特多。萧嶷到任后，一个月就放了三千多人，凡现刑的囚犯刑期五年以下和台阁没有联系的，统统宽大释放。因为市场收税太重，所以他实行了很多放宽和替代政策，百姓们欢呼雀跃。建元元年高帝即位，大赦的诏令还没有到达，萧嶷就提前下令免除辖区以内升明二年以前的拖欠赋税。

　　永明五年后的一天，齐主萧赜与豫章王萧嶷在宫中谈话。

　　"御弟你已被封为大司马，如今你奏请回府，朕应当令你的儿子萧子廉代镇东府。以便一有国事，朕即可与大司马商讨！"齐主萧赜对萧嶷说。

　　"诚感陛下信任！"大司马萧嶷感动地说。

　　于是，此后有事，齐主或是去萧嶷府中求教，或是令他进宫商议。齐主出游，常令他相随，萧嶷妃子庾氏有病，齐主竟屡次携带妃嫔前往探视。

　　有一次，齐主到萧嶷府中宴饮，二人欢笑不绝。

　　"人们在祝酒时常说'寿比南山'，或'皇帝万岁'，这其实都是虚言！臣下只祝陛下长命百岁就心满意足了！"萧嶷真诚地、笑容可掬地说道。

　　"百岁？百岁其实已到！"齐主突然笑道。

　　"陛下之意……"萧嶷不解地问。

　　"嗬，你我年岁相加，不是已经百年了？"齐主仍旧随意地笑道。

"啊，陛下五旬有余，臣也将到五旬，难道说不能再越一个百年？"萧嶷听后，惊慌地补充说道，"皇弟原是说陛下一人百岁啊……"

"哦，朕……所言有失！当然，你我当然可以再过百年！"齐主赶紧补充说道。

当夜，齐主一直喝到月上三竿，才率妃嫔回宫。

可叹那夜，齐主竟然一语成谶，真的使萧嶷在四十九岁时就突然病倒了。齐主屡次去探望，荐医送药，可是，萧嶷的身体仍旧每况愈下。眼看大限将至，萧嶷遂将其子萧子廉召到榻前。

"人生本无常，我已年近半百，死无遗憾，但愿你们兄弟能永远团结互助，和睦共处，我死也足矣！"萧嶷惨然地对其儿子们说道，"财富和功名乃是人们的身外之物，不可强求！你们将来不必图谋富贵，只要能够自我保护，自己能维持生计就可以了。我死后，丧事一切从俭，我望你们依礼而行！"

儿子们垂泪听教。齐主探望时，二人泪眼婆娑相对。最后，萧嶷一喘而终，气绝而亡。

齐主悲痛万分，掩面回宫，并追赐萧嶷谥号为"文献"。

"因为豫章王萧嶷清廉，所以，他逝世后，一切丧葬费用都由宫中开支，国库还要向其子孙发放数百万供养之资！"回宫后，齐主悲切地向大内总管太监令道。

"微臣听旨！只是宫廷中也无额外之资……"大太监轻声地向皇上说道。

"为了此项耗费，宫中可以半年不办一次宴席！"齐主说。

总管太监领旨去了，此时王俭悄然走上来。

"启奏陛下，西昌侯和竟陵王的任命圣旨将下？"王俭问道。

"西昌侯萧鸾本是父皇的养子，朕欲任命他为尚书左仆射；任命司徒竟陵王萧子良为尚书令、扬州刺史！"齐主萧赜说道，接着又问，"北魏冯太后逝世，派去吊唁的散骑常侍裴昭明、侍郎谢竣如何了？"

"裴昭明、谢竣已经到达平城，魏主拓跋宏也派散骑常侍李彪回访我齐国来了！"王俭奏道，"李彪先生已在宫外候旨！"

"哦，宣李彪进来！"齐主叫道。

于是李彪应声而入，并向齐主问候。

"为了两国睦邻友好，朕将专门在华林园为李彪设宴！"齐主笑容可掬地对李彪说道。

"诚感上皇的美意！然而，因为我国太后方才驾崩，举国守孝，外臣我不能独立欢饮！"李彪闻后虔诚地向齐主说道。

"啊，李先生尽职尽礼，实令钦佩！"齐主萧赜见了很是感动，并道，"命人前往华林园撤去宴席吧！"

在此期间，由于萧赜和拓跋宏两位皇帝推崇，所以南齐和北魏都是尊孔重礼之风大行于国。

齐主萧赜永明十一年，太子萧长懋突然患病去世，享年三十六岁。

太子常在宫中参政议事，齐主赞赏，今日突然故去，令人悲伤，齐主更是悲痛欲绝。于是齐主立皇长孙萧昭业为皇太孙，并将东宫旧吏都拨给了太孙。

此时，外面又传来北魏趁机入侵的消息，齐主正想调兵遣将，抵御魏军，不料自己也身体得病，寒热交加，他只好决定迁居到延昌殿去静养。然而，轿子刚登殿阶，就突闻殿内阵阵阴风呼叫之声发出，齐主不由得毛骨悚然，暗自惊心，最后只得勉强进入。

"启奏陛下，边境紧急！"竟陵王萧子良进殿奏道。

"哦，速调江州刺史陈显达为雍州刺史，令徐阳士兵扼守边疆要塞！"齐主令道。

"臣恐兵力尚不足，臣将命令王融为宁朔将军，负责在东府招兵。陛下龙体欠安，微臣尚须入宫伴驾！"竟陵王萧子良说道。

"难得竟陵王有此孝心，不过卿还是多多操心边关的战事去吧，朕躬体质并无大碍！"齐主慢慢说道，"况且皇太孙萧昭业也常来榻前问候呢！"

"臣下遵旨！"竟陵王萧子良轻声地答道。

竟陵王萧子良心神不宁地回到府中，中书郎王融慌忙地随后进来。

"陛下龙体如何了？他对嗣主的人选有何说法？"王融急切地问萧子良。

"看来……陛下将不久于人世了！他也许要让皇孙萧昭业即位！"萧子良轻声地说道。

"皇孙萧昭业是何许人也，其劣迹昭然，朝野共知，陛下怎能让他继位？"中书郎王融听罢大怒道，接着急切地说，"国赖长君，竟陵王你德能俱佳，太子过世后，这大宝之位本应是王爷你的呀！"

"虽然萧昭业无德无能，但是，他能在皇帝面前伪装，总算骗过了皇上，因此皇上才勉强地有了传位给他的想法，只是尚未决定而已！"萧子良道。

"殿下你德才兼备，深得众臣敬仰，自从太子过世之后，众臣都以为储君之位非你莫属。陛下也曾多次向臣下说明了此意。莫非如今，你真的又要将皇位拱手让给萧昭业了？"王融再次问萧子良。

"唉，其实……我的心意本也不在皇位上啊！"萧子良叹息道，"我只希望能够像昔时我和你们竟陵八友在西邸时的那样，能够终日沉溺于诗词文章之中，互相唱和，彼此谈论经史……"

"竟陵王，你错了！"王融又急切地说，"倘若你没了皇位，没了权力，而是让萧昭业那卑劣之流掌握了国家权柄，我们就一切都不能办了。萧昭业他虽然无德无能，但他还是懂得，你是他皇位最大的威胁者，他岂能轻易放过你？只怕到那时，你的性命都不能保，反会祸及我们竟陵八友，你又岂能再有清谈学问的世外桃源？"

"哦……你的话倒是也有道理，然而，如今我们将怎么办呢？"萧子良接着问，"你们昔日的竟陵八友能有重定乾坤之力吗？"

"他们没有！"王融直截了当地断言道，接着，他又信心百倍地说，"但是，没有他们，就凭你我的力量，也一定能够取得胜利的！"

"你们范云、萧琛、任昉、王融、萧衍、谢朓、沈约、陆垂这竟陵八友中，除了你王融，其他人都只能纸上谈兵吧？"萧子良问。

"唉，'百无一用是书生'，我们八友中的大多数人，除了萧衍和我，都是只能擅长谈天说地的书生，少有治国平天下的英雄气概！但是萧衍他……"中书郎王融说到这里，突然又停了下来。

"哦，萧衍如何？"萧子良又问。

"嗯，萧衍虽然是个文武双全的英雄，但是，他城府极深，恐怕不能为我们所用！"王融说，"或许……将来他自己能执掌天下……然而今日，凭你我自身的力量，也是一定能够稳操胜券的！"

"王先生将如何操办此事？"萧子良问。

"我们现在就做好准备，等到今上驾崩后，我就立即率二百名竟陵王府的侍卫冲进台城，分别把守皇宫各门，阻止萧昭业等一切妄图窃取皇位的人进入，接着，你就向众臣宣读皇上的遗诏，宣誓即位。到那时，又有谁人能够阻挠？只要竟陵王你当机立断，这大功就能告成了！"

"哦，然而……天有不测风云！我怕会有意想不到的黑马飞出，让我们措手不及啊！"萧子良还在犹豫不决。

"作为殿下你的亲信，作为竟陵八友中的佼佼者，我自感有德有能，为殿下出力，我意已决！"王融慷慨激昂地说，"时间紧急，我希望殿下勿再犹豫！我王融愿意为殿下赴汤蹈火，在所不辞！望殿下切勿误我——"

中书郎王融说罢，向萧子良一揖，飞奔出去了。

四十、萧赜去，劣孙命不保

当夜，齐主害怕人心浮动，特意召来乐坊在宫中演唱，以示从容。无奈，其病情渐重，齐主有一时竟突然晕厥过去，惊得宫廷内外急忙为之更换丧衣。

此时，中书郎王融竟然私自率引二百多名侍卫进入禁宫，让他们把守皇城各门。中书郎王融企图迎立萧子良为帝，并秘密写好了伪诏，打算趁机颁发，帮助萧子良篡得大位。

皇太孙萧昭业闻听皇帝病危，也急来探望。王融见皇太孙萧昭业也来了，十分紧张，于是他竟胆大包天，将萧昭业挡在门外。

"陛下病在危险之中，殿下不可惊扰！"王融大声说道。

"皇上已经苏醒，要见皇太孙！"正在此时，内监忽然跑出来向太孙叫道。

王融见状无奈，只好放萧昭业进去。此时竟陵王萧子良也已匆匆到场。

在宫外的萧衍见了这种情形，深感不安。他急忙对范云说："宫中要出大事了！"

"啊，既然如此，我们将如何处之？"范云惊慌地问老友萧衍。

"我们可静待其变！"萧衍说。

"中书郎王融是忧国忧民之士，怎会有变？"范云不解地问，"莫非……他想做周公、召公？"

"哼，我看他是想做竖刁呢！"萧衍冷笑道。

"啊……"范云又惊慌地叫了一声。

随即，竟陵王萧子良来到齐主榻旁。皇太孙萧昭业哭拜于榻前，声泪俱下，感人肺腑。齐主悲切地拉着萧昭业的手，泣不成声。

"竟陵王……对大业有何想法？是否……也欲继承皇位？"齐主艰难地喘气问萧子良。

"儿臣只希望与西昌侯萧鸾分掌国政，无意大位！"萧子良惊慌地真诚地说道。

"既然如此，朕就将皇太孙萧昭业托付给你和萧鸾二人，希望你们能够尽力辅佐！"齐主萧赜说罢，溘然长逝，享年五十四岁。

王融此时还在派出萧子良的兵士守卫各个宫门，以图一变。当萧鸾带人想进入云龙门时，王融竟然也想阻止他们，这不禁使萧鸾顿时怒发冲冠地叫起来。

"有圣旨宣我入宫，你们竟敢阻止？"萧鸾厉声喝道。

于是，王融的兵士们吓得纷纷退缩，萧鸾随即冲进延昌殿。此时，萧鸾见皇太孙萧昭业尚未嗣位，各位大臣还在交头接耳，没有主张。萧鸾就大踏步地走到王公贵胄中辈分最高的武陵王萧晔面前。

"嗣君现在何处？"萧鸾问萧晔。

"倘若要立辈分最高的，当然就是我；倘若要依据立储次序，那就是皇太孙！"萧晔朗声答道。

"哦，如果要立皇太孙，就应当让他马上登殿——"萧鸾大叫道，"时间紧急，你们还要在等什么？"

于是，萧晔便将萧鸾拉到御寝前，请出守在齐主身边的皇太孙萧昭业，并且让他坐上御座。然后，二人指挥王公大臣，部署仪卫，率领众官匍匐在地，顶礼膜拜，山呼万岁。

接着，嗣主追尊先帝萧赜谥号武帝，庙号世祖；萧长懋为文帝；册立抚军将军何戢之女为皇后。

武帝对于他的后事，要求一切从简，他特意下诏说："我亡后，身着夏衣，画天衣，诸器都不得用宝物及织成，唯装复夹衣各一通。常所服身刀长短二口铁环者，随我入梓宫。祭敬之典，本在因心，东邻杀牛，不如西家榆祭。我灵上慎勿以牲为祭，唯设饼、茶饮、干饭、酒脯而已。今后天下所有人，不论贵贱，咸同此制。未山陵前，朔望设菜食。丧礼省约，不须烦民。"

"唉，可恼呀，你误了我的前途！"王融见了此情，知道拥立萧子良为主的事情无望了，痛恨自己的计谋失算，于是走到萧子良身边轻声叹息道。

王融说罢，遂郁闷而出。

本来嗣主萧昭业曾得到萧子良夫妇的养育，对他们素有畏惧之感，无奈王融欲立萧子良的事，嗣主有所耳闻，因此，当萧子良住在中书省时，嗣主立即派虎贲中郎将潘敞率禁军屯居太极殿西阶，以防萧子良图谋不轨。萧子良请求自己暂时留居殿省，等安葬好了先帝后方回，嗣主也仍不放心，执意不肯。

次日，宫中传出先帝遗诏，授武陵王萧晔为卫将军，西昌侯萧鸾为尚书令，太子詹事沈文季为护军，竟陵王萧子良为太傅。

萧昭业在任南郡王时，他与萧子良同居西州。太子令萧子良监视萧昭业的起居，严禁他奢侈浪费。萧昭业表面谦恭，暗中却轻浮放荡，常偷偷地出去召妓饮酒，只是被萧子良控制着，难以过分妄为。因此，嗣主萧昭业对萧子良早有了怨恨。

当时，萧昭业身边的老师史仁祖、侍书胡天翼二人奉太子之命教导皇长孙，曾经多次相劝，但仍然无果，对此，他们深感忧虑。

"唉，倘若我们将皇长孙的劣迹上报给皇帝和太子，只怕会触怒皇长孙，也会惹恼皇帝和太子。但是，倘若不管，我们又对不起皇帝和太子，将来一旦出事，我们恐怕全家性命都不保啊！"仁祖对天翼说，"这将如何是好？"

"唉……唉，别无他法啊！我们左右为难，不如早日自尽，以免将来连累全家！"

胡天翼说，"你我都是年过七十的人了，再不必贪恋余生了！"

"胡公之言有理！"仁祖同意道。

于是，二人一同服毒自尽于任上。

得到老师们的死讯，萧昭业不但不悔过，反而兴奋异常，因为他知道这样一来，自己更能自由放荡了。

萧昭业甚至私请女巫杨氏诅咒其祖父和父亲，让他们早死，以便他本人能够早得大位，可以随意妄为。

太子患病时，将他召回。萧昭业见面时表现出无限悲哀的样子，但是，一转身回府后，他就立刻喜出望外，纵情玩乐。太子逝时，萧昭业哭得撕心裂肺，回府后却更加纵酒欢饮，并且给女巫杨氏和何妃都送出了带有特大"喜"字的贺礼。

世祖萧赜打算立储，特召萧昭业前来问话，说到太子时，昭业呜咽痛哭，萧赜以为他是个孝子，遂决定立他为储君。可是，当世祖病情加剧时，萧昭业内心喜不自禁，但脸上却一直带着忧愁的样子，而且面带眼泪，婆婆不干。世祖对此，很是感动。

"你是朕皇家的孝子贤孙，将来必成大器。希望你牢记朕的话：五年内，一切事情，都需谦逊地听从宰相的建议，五年后亲政，也要谦虚谨慎。朕相信你一定会有出息的！"世祖萧赜临终嘱咐道。到弥留之际，他还握着萧昭业的手，久久不放。

萧昭业尽力装出哭泣并听从圣命的模样。

"你……你心中只要有父亲和祖父，你……就会做好一切的！"萧赜还在嘱咐萧昭业。

说罢，气逆痰中，翻眼而逝。

见皇祖驾崩，萧昭业一反常态，立即欢天喜地，登殿受贺。回宫后，他将丧事丢到脑后，立刻召来歌伎，饮酒作乐，彻夜寻欢，乐声一直传到宫外。

得知了王融在立嗣上的行径后，嗣主萧昭业立即密令禁军收捕了王融。

"我犯何罪，陛下要杀我？"被带到萧昭业面前时，王融理直气壮地问嗣主。

"你诽谤朝廷，岂能无罪？"嗣主萧昭业怒道，"朕即将斩杀你——"

王融无奈，见萧子良从后面经过，遂转身请求他为自己说情。

"竟陵王救我，请求陛下不要杀我啊！"王融慌忙向竟陵王萧子良请求道。

"此事……已由陛下做主，臣下不能为你说情了！"竟陵王萧子良无奈地说。

"萧子良，你再三误我，我只有受死而已！"王融见没了生的希望，遂大声哭叫道，"臣死何惜，只是为了不连累百岁老母，所以我不能揭穿嗣主的劣迹而已！我很是遗憾——"

随即，嗣主萧昭业下令将王融斩杀。萧昭业泄了私恨后，晋封弟弟萧昭文为新安王，萧昭秀为临海王，萧昭粲为永嘉王。并将女巫杨氏尊为杨婆。安葬祖父时，萧昭业尚未走出端门就借口身体不适，跑到后宫与众妃及时行乐去了。

萧昭业成为齐主后，改元隆昌。手握大权后，萧昭业自然更加能够为非作歹了。

于是，他整日在后宫厮混，对后宫妃嫔，不论尊卑长幼，他都要恣意奸谑。

见世祖的妃嫔年华渐逝，萧昭业就看上了父亲的宠妃，其中有一个霍妃，年龄最小，体态风骚，柔情善媚，更成了萧昭业格外怜爱的新宠。寡居寂寞的霍氏也正好求之不得，因此，萧昭业也就与她眉来眼去，勾搭成奸。宦官徐龙驹又从中怂恿，密为安排。于是，他们云房月窟，暗里绸缪。后来，萧昭业居然与之结为伉俪，与之鸾颠凤倒，蝶浪蜂狂。

"唉，爱卿有何办法，能让朕与霍卿终日厮混呢？"一天，萧昭业感到与霍氏偷偷摸摸很不方便，遂请徐龙驹设法。

"这有何难？待奴才前往王太后处，假借让霍氏出家为尼，然后将她带至西宫，陛下就可任意与之欢情了！"徐龙驹得意地笑道。

"哦，倘若能够如此，朕可要大大地赏你呀！"齐主萧昭业也笑道。

"那时陛下还应当说霍氏是奴才之妹，将霍氏改为徐姓，以便掩人耳目，杜绝宫廷内外的私议。"徐龙驹又补充道。

"很好！但爱卿务必要妥善办理！"萧昭业令道，"这切勿让太后知晓！"

"就照此办理，陛下不要担心王太后知悉！奴才一定能做得滴水不漏的！"徐龙驹笑逐颜开道。

于是，就这样，在徐龙驹的操作下，西宫里又凭空出现了这个徐妃来。

萧昭业不仅好色，而且好游。他常带着亲信侍从微服出宫，嬉戏赌博，一掷千金，而且毫不吝啬，大加赏赐那些整天和他在一起的朝中佞宦群小。

"哎呀，从前朕想多用你一枚都不行，如今……朕终于能够挥金如土了！"一次，萧昭业指着钱币，得意忘形地叫道，"还是当上皇帝好啊！"

萧赜生平节俭，因此库存尚多，然而经过萧昭业的挥霍之后，财货日渐减少。他甚至带嫔妃取出宫中的珍宝，互相投掷取乐。不久，府库掏空了，宠臣富了，宫廷乱了！

当朝宰相萧鸾起初对此十分恼怒，遂与众臣议论。

"嗣主竟然如此妄为，这将如何是好？"萧鸾忧虑地对征南咨议萧坦之、卫尉萧谌说道，"二公本是嗣主的近臣，理当多予劝谏啊！"

"这还需要相王您出力呀！"萧坦之笑道。

"不过，倘若嗣主长此下去，也许将来……对相王您也不是坏事呀！"卫尉萧谌诡秘地说道。

"卫尉，你的意思是……"萧鸾不解地问，接着他又立刻恍然大悟，心中一阵窃喜，但是，他转而再想了一会，又自言自语道，"尽管如此，我也不能有失君臣之礼，我仍应一如既往地劝谏皇帝，使之改邪归正！"

于是，萧鸾屡次上奏劝谏，但萧昭业终是充耳不闻，并且因为周奉叔的挡驾，萧鸾甚至有时还难以与齐主见面。在忧心如焚之后，萧鸾遂决心废黜萧昭业的帝位。

武陵王萧晔因为资历较浅而退居萧鸾之后，竟陵王萧子良因为避嫌而遇事总要缄口不言，于是，现在只有萧鸾因为拥立萧昭业有功而得到重用，并能权倾朝野，势压群臣，因此，废黜萧昭业的大任也就自然地落在了萧鸾的肩上。

　　然而，虽然萧鸾已经权倾朝野，但是，废黜萧昭业的帝位之事非同小可，所以，萧鸾还需要寻找更多更有力的同盟军。

　　身为竟陵八友之一的前镇西咨议参军萧衍文武双全，声名卓著，有勇有谋，为了废黜萧昭业，萧鸾当然觉得还要找萧衍帮忙。而此时，萧衍正丁忧在家乡，为父守灵。因为萧衍之父萧顺之，当年因逼杀了萧子响，遭到了先帝萧赜的忌惮，并被罢免了官职。随即，萧顺之郁郁寡欢，忧虑而死了，因此，萧衍与齐廷业已结下了仇怨。

　　得知萧衍情况后，萧鸾赶到萧顺之的陵园中来找萧衍。入园后，萧鸾见萧衍正在陵前为父祭扫，家童陈庆之正陪伴在他的身边。于是，萧鸾急切地上前，与之商议国中废立大事。

　　"如今……先帝已经驾崩，众所周知，嗣主萧昭业顽劣无能，参军大人有何妙计以挽救国家于危难之中？"萧鸾单刀直入地问萧衍。

　　"哦，嗣主不俏，这不正是尚书令大人你的机会来了吗？"萧衍半开玩笑地说。

　　"事关重大，参军大人不可以乱开玩笑啊！"萧鸾紧张地走上来向萧衍说道，"我深知参军大人乃是国中的大才，是当今的诸葛亮啊，所以，如今国家有难，我才赶来求取大人你的帮助，以便报效国家！请参军大人不吝赐教！"

　　"哈哈，我家主公如今守陵在茅屋之中，倘若尚书令您真以为他是当今的诸葛亮，那么，您就应当三顾此间的茅庐，才能有所领教呢！"此时，站在一旁的陈庆之忽然笑起来插嘴道。

　　"嗯，我与相王大人谈话，你岂能插嘴？陈庆之，你真不懂规矩！"萧衍听罢，立即向陈庆之喝道。

　　"哈哈，参军大人不必动怒，我看陈庆之所言一点不差啊！"萧鸾听了，立即笑迎上来拉着萧衍的手，说道，"只要能够得到参军大人你的帮助，我来此地四次又何妨？"

　　"尚书令，你身为摄政的相王，能如此不耻下顾，来此与我共商国是，这真是令我惶恐。你太客气了！在下何德何能，敢与先贤诸葛亮相比？不过，只要今后尚书令有用得着我萧衍的地方，我自当为尚书令大人竭诚尽力！"萧衍真诚地说，"况且……我也希望大齐江山能有明主啊！"

　　"参军大人父子为大齐立下了赫赫功劳，却功高赏薄，你们未能得到应有的奖赏，先帝却让令尊背下了杀灭萧子响的黑锅。我对此也是愤愤不平啊！"萧鸾接着说道。

　　"唉，此事不必再提了！人死不能复生，还是请尚书令谈谈你的正事吧！"萧衍轻声地说道。

　　"嗯，我曾思索：当年……你们竟陵八友虽然文章盖世，然而，却少有济世之能。而只有参军大人你拥有经天纬地之才！关于这一点，就连竟陵王萧子良本人也相形见绌啊！"萧鸾慢慢地说道。

　　"我们竟陵八友本来就不是一个政治军事社团，而只是一个做学问的团体啊，大家本来就无意于权利和地位！"萧衍说，"至于我本人，则更是终日游戏于经诗佛典之中，超脱于功名利禄之外。我既无雄才大略，更没有经天纬地之才！"

"先生你太谦逊了！你不仅胸怀大略，而且虚怀若谷，不求功名，这正是国中的大贤！"萧鸾说，"我今日正是因此才来求教于先生的！"

"哦，既然如此，就请相王直言吧！"萧衍坦诚地笑道，接着他又正色地告诉萧鸾，"不过……尚书令啊，相王你知道吗？方才我说'嗣主不俏，正是尚书令大人你的机会来了'这句话，也并非玩笑之言啊！"

"唉，这我也知道，而且……前次……卫尉萧谌也曾向我说过类似的话。我也感到：废昏立明本是我的天职，然而，如今皇室中少有贤能，我又能将谁立为明君呢？"萧鸾忧虑地说，"国将不国，我只有当仁不让，取而代之了，只是……不知参军大人能否真能成为我的诸葛亮，为我出力？"

"我萧衍虽然没有诸葛孔明之能，然而却有他辅佐刘备之德啊！你所计划的这件事很好，而且也一定能够成功！但是，相王你还需要伺机而动，切不可鲁莽行事！"萧衍听了萧鸾的话后，当即肯定地说道，"相王你还要尽量将宗亲皇室的人都拉拢过来！"

"唉，世祖儿子甚多，只是多半庸碌，唯独荆州刺史随王萧子隆似乎还是个人才，我不免先将他召回京都，只怕他不来啊！"萧鸾怅然地说道。

"随王徒有虚名，他也只是个庸碌之才，否则，他身边就应当有几个智能之士。而其实，他现在身边的司马垣历生、太守卞白龙只是两个唯利是图的爪牙，相王你只要给他们一点职位，他们就会招之即来的！"萧衍信心十足地说，"至于随王，大人你也只要给他一函，他也一定会应邀入京的！"

"既然如此，我就首先保荐垣历生为太子左卫率，卞白龙为游击将军。并函告保荐萧子隆为抚军将军？"萧鸾高兴地说。

"哈哈，如此一来，他们都将会欣然来京了！"萧衍也大笑起来，"你废立成功之后，上江便会太平无事了！"

结果，在得到萧鸾的邀请后，萧子隆、垣历生、卞白龙三人果真都欣然来到京城，真诚地为萧鸾驱使。萧鸾、萧衍见了都非常高兴。

解决了上江萧子隆、垣历尘、卞白龙三人的问题后，萧鸾又想到了豫州刺史崔慧景。因为崔慧景现在正拥有五万大军，在北方与北魏交战，他也是个实力派人物，不可小觑。于是，萧鸾赶忙来到萧衍府中商谈。

"上江的事差不多都已经办好了，但是，寿阳的崔慧景如何解决呢？"萧鸾急切地问萧衍。

"哦，崔慧景拥兵数万，而且也是个野心勃勃、很有主见的人，相王的确不能小看了他啊！"萧衍说罢，又问道，"尚书令，你的意思是……"

"豫州刺史崔慧景会不会反对我们废立呢？他拥兵在外，又是三朝元老啊！"萧鸾又担心地问，接着说，"我先令将军你为宁朔将军，率军前往寿阳驻守，以镇其心如何？"

"哦，让我去收拾崔慧景？"萧衍听后问道，"那么，你让我带领多少兵马前去呢？"

"凭大将军你的本领，给你五千兵马足矣！"萧鸾狡猾地笑道。

对此，萧鸾和萧衍各怀心思。萧鸾是个极具心计的人，他虽然一方面，想请萧衍帮他平定寿阳崔慧景，但是，另一方面，他又不想让萧衍拥有太多的兵马，以免他翻江倒海，节外生枝！

萧衍听说让自己带兵，很是高兴，因为自己近来只是个文职，手无一卒，不便施展他的军事才能和实现他的远大的抱负。但是，萧衍听说萧鸾只给他五千兵马，要自己五千兵马对崔慧景的五万兵马时，又感到心中不快。

"这无疑是以卵击石啊！万一崔慧景这个老奸巨猾的家伙翻了脸，那么我不是'偷鸡不着反而蚀了一把米'吗？这很危险啊！"萧衍心中暗暗说道。

所以，对此，萧衍的确心存疑虑。然而，萧衍毕竟是位非常之人，他不仅精通军事，还很有心理上的计谋：因为他深知崔慧景是个有名的孝子，所以，他决定劝说一直留居在京城的崔慧景之母，让她一同前往寿阳与儿子团聚。萧衍相信：以崔母做人质，崔慧景是不会轻易与他反目成仇的。于是，萧衍当场答应了萧鸾的要求。

"这样很好！这样一来，崔慧景就感到有了一定的压力，他就只能极力为我们出力了！"萧衍向萧鸾点头说道，并答应立即应命率兵前往寿阳。

"崔慧景也是个不宜降服的人啊，倘若他不能为我们所用，将军你也可以当机立断，立刻设法除掉他！"临行前，萧鸾斩钉截铁地对萧衍说。

"嗯，不过……崔慧景也是国中不可多得的战将，寿阳又是我边防的重镇，为了边关的安全，若非万不得已，我们也不应行此下策！"萧衍说，"请相王放心，我萧衍会努力说服崔慧景，让他为相王尽力的！"

"好吧，我相信将军你是有此能力的！"萧鸾说道。

于是，萧衍率军去了。

听说萧鸾就要派萧衍发兵来寿阳，崔慧景十分惊慌，他急忙与部属们商议应对之策。

"萧鸾就要派萧衍率军前来，我们将如何是好？"崔慧景向众人说道，"萧鸾为人居心叵测，其来者不善啊！"

"不过，末将听说萧衍只不过带来五千弱兵，他又能有何作为？"帐下一位部将说道。

"将军不可轻敌！萧衍非等闲之辈，况且……听说他还让我的老母一同前来了呢！他手中可是有我慈爱的母亲呀！"崔慧景立刻叫起来，并向那位部将摆了摆手，说道，"我们决不能抗拒萧衍！"

"大将军言之有理！"司马崔恭祖分析了形势后说道，"况且，如今朝中萧鸾势大，我寿阳绝不是他的对手，我们只有以屈求伸，暂时忍耐，以求来日方长！"

"恭祖之言正合我意，我们只能学习尺蠖，以屈求伸！"崔慧景点头同意道。

于是，萧衍率兵来到寿阳，却远远地看见崔慧景穿着一身白袍，跪伏在城外，躬身迎接。萧衍见了十分诧异，并且，立即派人用一顶轿子，将崔慧景的七十岁的老母送到崔慧景的大营前。

"我深感大将军守疆劳苦功高，特请伯母前来，让你们母子团聚！"萧衍笑向崔慧景道。

崔慧景激动地迎接了老母，并且热泪盈眶地向萧衍拜谢。

"大将军能有如此大义，我崔慧景没齿难忘啊！罪将崔某恭迎宁朔将军——"崔慧景跪了下来，向萧衍说道。

"豫州刺史老大人为何如此？"萧衍惊问道。

"老朽以为自己得罪了朝廷，所以萧鸾相爷才派大将军前来兴师问罪！"崔慧景吓得浑身发抖，慢慢说道。

"老将军误解了！"萧衍欣然下马，上前扶起崔慧景，并朗声说道，"老将军一身白袍，出城迎接萧衍，实令萧衍诚惶诚恐。老将军驻军在外，劳苦功高，萧鸾将军只是让我前来慰问老将军！今后朝内外大事还赖老将军操心，希望大人多自保重，相爷岂有他意？"

"诚感朝内诸位提携，崔慧景没齿难忘！"崔慧景感激涕零地说道。

"老将军乃是三朝元老，朝中大事还需要老将军支持！"萧衍又说，"譬如……如有废立之事……"

"来日萧公若有差遣，崔某虽赴汤蹈火，也在所不辞！"崔慧景大声地说道，接着，他声泪俱下，"……对一切废立之事，崔某也决无异议！"

"老将军能够以社稷为重，顾全大局，实在令人钦佩啊！"萧衍拉着崔慧景的手，激动地说。

崔慧景见萧衍以好言抚慰，如释重负，遂放下心来。于是，他与萧衍欣然握手言欢，一同入城，共赴宴席，共商军事。

四十一、谋皇位，萧鸾清君则

少了后顾之忧，接着，萧鸾与同党萧谌密谋，决定开始对宫廷下手。

首先，萧鸾准备除掉宋主萧昭业及何皇后的亲信杨珉。征南咨议萧坦之、卫尉萧谌二人本是萧昭业的心腹，后来，见萧昭业实在怙恶不悛，怕自己会受到连累，所以他们决定远离齐主萧昭业。萧鸾趁机也将他们二人拉拢了过来，并令萧坦之向萧昭业奏请诛杀杨珉。

于是，萧坦之立即上奏，向萧昭业陈数了杨珉在朝中的多项罪行。齐主将此讯转告给何皇后，何后听了大惊失色。

"杨郎年少无罪，为何要杀他？"何皇后听后大哭。

"他们已说了杨珉诸多不法行为……待朕再前去问个明白！"齐主说着，并走到萧坦之的跟前问，"你们为何要杀杨珉？"

"杨珉与何皇后有奸情，众所周知，此人岂能不杀？"萧坦之轻声地对萧昭业说。

"哦，竟有此事……那么，你们就尽快动手吧！"齐主听罢，惊愕地说道。

于是，不等何皇后前来求情，杨珉的人头早已落地了。

接下来，萧鸾准备除掉萧昭业的宠监徐龙驹。首先，萧坦之奉萧鸾之命来到内监小毛子的住处，给他送上财礼二十金。

"将军何故以厚礼相赠？"内监小毛子受宠若惊地问萧坦之。

"奉尚书令之命，请公公向何皇后告密：一、杨珉之事是由徐龙驹告发的；二、徐龙驹曾将霍氏带到西宫让陛下长期淫乱。"萧坦之轻声地对小毛子说。

"哦，这个恶棍竟有这些劣迹，他应当被千刀万剐——"小毛子本来就忌恨徐龙驹，一听此言，更加怒火中烧，"我一定要去告密，以便除了这个恶霸！"

说罢，小毛子立即前往何皇后处禀报。何氏一听，更是怒发冲冠，遂向齐主萧昭业哭求斩杀徐龙驹。正好此时，萧鸾也在朝中弹劾徐龙驹。于是，内外夹击，萧昭业只得让他的宠监徐龙驹死于非命了。

再接下来，萧鸾要杀的人是萧昭业的宠臣、直阁将军周奉叔。周恃勇挟势，随意侮辱朝中王公大臣，他甚至连萧鸾也不放在眼里，因此民愤极大，萧鸾决定立即将他给除了。

于是，萧鸾与萧谌假造诏书，将周奉叔召到尚书省。等周奉叔一进门，萧鸾就让两旁埋伏的壮士冲出，将周奉叔当场乱刀砍死。事后，萧鸾上书历数了周奉叔之罪。萧昭业本是个无能昏庸之主，知道周奉叔既然已死，他也就只好默认，不再追究了。

朝中连连出事，使溧阳令杜文谦已经感到朝中发生了重大的变故，他随即与萧昭业的另一位宠臣、中书舍人綦母珍商议对策。

"灰尽粉灭！眼见得齐主的近臣一个个地被杀，看来，齐主本人也将危在旦夕了。朝中之变，就在早晚，你我都要尽早为自己打算了！"杜文谦语重心长地对綦母珍说。

"大人认为，我将如何是好？"綦向杜惊问道。

"为今之计，我们只有先下手为强了！你负责杀萧谌，我负责杀萧鸾。"杜文谦斩钉截铁地说，"我们即使失败，也能留下威名。倘若我们再犹豫不决，等到伪诏下来，我们不仅自身不保，就连全家的性命也必然难保！"

"这……我们能否成功？"綦仍旧在犹豫。

果然，不出十天，杜、綦尚未及动手，萧鸾就将綦母珍抓捕，以谋反罪论处，将他斩首。不久，杜文谦也死于非命了。

接着，武陵王萧晔突然病故，享年只有二十八岁。竟陵王萧子良本已忧郁成疾，一场吊丧下来，更使他的病情加重了，于是不久，他也因病而亡，享年只有三十五岁。萧子良是位贤能的王公，他广交名士，文才会集。他的死，让士子们悲伤之极，却使一向戒备他的萧昭业很是欣慰。

然而，齐廷连丧两位重臣，王公大臣们无限悲戚，权臣凋谢，因而军政重权更是集于萧鸾一身了。萧鸾权势既大，其废立的心情自然就越发迫切了。

于是不久，废黜之事已经渐渐地传到了萧昭业的耳中，齐主萧昭业十分不安，遂与亲信、鄱阳王萧锵商议对策。

"爱卿以为萧鸾会谋反吗？"萧昭业问萧锵道。

"萧鸾现在是宗族中威望最高的人，深受先帝嘱托，应当不反！"萧锵颇为谨慎、慢慢地说道，"眼下满朝文武，只有他能主持大局，还请陛下不要怀疑他为好！"

萧昭业听后默默无语，他深深地感到和萧锵这个老糊涂蛋也商谈不了大事，于是，他忙召皇后的表叔中书令何胤进宫商议。

"爱卿乃是至高的皇亲，如今萧鸾反叛面相已现，卿应当设法帮助朕躬除掉萧鸾啊！"萧昭业对何胤说。

"……这……满朝尽为萧鸾耳目，恐难以办到了！陛下还是暂且忍耐，以后等待时机为好……"何胤说道。

"朕先将萧鸾调到西州，以免他在京中生事。"齐主轻声地说。

"哦……就按陛下之意去办吧！"何胤慢慢说道。

萧鸾得到外调的消息，知道萧昭业已对他产生了猜忌，于是，他急忙找左仆射王晏和丹阳尹徐孝嗣计议废立之事。不料，他们的谈话却被一个老尼窃听到了，此尼得知了消息后，就立即将这个消息带到宫中。齐主闻罢大惊，他立即找来萧坦之商议，处理此事。

"如今人们都传说萧鸾、萧谌、王晏等人密谋废朕。爱卿知道否？"齐主问萧坦之，"有老尼亲耳听得这个消息！"

"啊，这不可能！"萧坦之一听大惊道，"好端端的一个天子，谁愿意废他？微臣从来并没有听到这个消息，这一定是朝中的谣言，一定是那老尼搬弄是非，混淆视听。陛下切不可相信。陛下非但不能信她，而且还要下令严惩那个搬弄是非的老尼呢！"

"如此说来……没有此事？"萧昭业似信非信地说，接着转头又问他的亲信——直阁将军曹道刚，"那么……曹爱卿你意下如何？"

"微臣以为……管他是否谋反呢！"曹道刚听了，遂轻轻地走到萧昭业身边，低声耳语道，"微臣将立即与朱隆之等人密谋，除掉萧鸾。"

"快刀斩乱麻，妙！妙！"萧昭业听了，笑逐颜开地点头说道。

"管他是否谋反？快刀斩乱麻……"萧坦之模糊地听到曹道刚的这前半句和萧昭业的后半句话，十分吃惊地自言自语，"他们要快刀斩乱麻了！"

萧坦之想到这里，赶紧跑到东府，找萧鸾商量去了。

萧鸾听到曹道刚密谋的消息后，立即请萧坦之转告萧谌。

"大人，不好了！"萧坦之急急忙忙地跑到萧谌府中，向萧谌说，"曹道刚奉齐主之令，就要对我们下手了！"

"我正在等始兴内史萧季敬、南阳太守萧颖基呢，等他们一来，我们就立即行动！"萧谌对萧坦之说，"不必慌乱！"

"不必慌乱？曹道刚、朱隆之等人已经密谋，就要行动了，倘若我们不能赶在他们的前面除掉他们，他们就会反过来，杀害我们。大人倘若明天还不行动，就来不及了！"萧坦之疾风暴雨式地向萧谌叫道，"我上有百岁老母，不能坐等杀身之祸。你这样慢条斯理，看来我得另想办法去了！"

"哦，那么，你将有何办法？"萧谌一听，惊慌失措起来道，"请火速告诉我！"

于是，萧坦之在他耳边说了一阵，萧谌听罢，连连点头。于是，二人约定明晨发难，当晚就开始紧急部署。

次日黎明，早餐后，萧谌和将士们匆匆入宫，迎面遇到了曹道刚。

"你们为何前来？"曹道刚问了萧谌一句。

萧谌并未答话，只是快速地将他的刀刃刺进了曹的胸膛。

除掉了曹道刚之后，萧谌继续前进，一阵乱刀，又将前来的询问的朱隆之砍成几段。

直后将军徐僧亮见萧谌竟然如此放肆地杀人，不禁大怒。

"将士们，乱党竟如此胡作非为，现在是我们报效君王的时候了！"徐僧亮狂叫着，并且拔刀冲了上来。但是，终因寡不敌众，也被萧谌杀死了。

此时，萧鸾内穿铁甲、外套袍服，也跟跟跄跄地跑来。抬脚跑进云龙门时，萧鸾急得脚上的鞋子都连掉了三次。王晏、徐孝嗣、萧坦之、陈显达、王广之、沈文季等人也随之率众跑来。此时，宫中一片混乱。

台城寿昌殿

"陛下，外面已有乱党进宫杀人来了——"宫卫闻知宫门外大乱，遂大叫着向宫内退缩。

"啊，快快，急令内监关闭殿门，以便防阻——"萧昭业在寿昌殿中闻知有变，急令侍从关门。

然而，门刚关上，外面却早已喊声大震。接着，萧谌率领数百兵士闯入，萧昭业惊骇至极，忙奔入徐妃房间，要与她诀别。徐妃也吓成一团，涕流满面。二人正如热锅上的蚂蚁，惶惶不可终日。此时，

喊声又起，萧昭业听了，立刻发疯似的甩动着脑袋，站了起来。

"他……他们不就是要朕的命吗？给他好了！"萧昭业拔出长剑，饮恨叫道，并举剑在脖上，欲行自尽。

"陛下，使不得，使不得呀——"徐妃见此，急忙抢上来，将萧昭业抱住哭叫。

见徐妃凄惨欲绝，萧昭业心软手颤，随即让剑落于地上。但是，此时，萧谌已经杀了进来，将萧昭业逼出殿庭。萧昭业将丝帛缠在脖上，被萧谌押着走出延德殿，旁边的宫卫们都立在一边观望，无人上前阻止。萧昭业默然走到西斋，立即就被萧谌勒死了。萧昭业享年二十一岁。接着，改姓埋名为徐妃的霍氏也被萧鸾了结了她的残生。

"萧昭业等人已去，目下当由谁来继承大统？"萧谌环顾众臣后问道。

"新安王萧昭文现年十五岁，是文惠太子的二皇子，曾任中军将军、扬州刺史。"徐孝嗣应声说道，"现在只好拥立新安王了？"

"我的意见也是如此！诸位请起草太后的诏书，以便诏示众臣，稳定社稷！"萧鸾起身说道。

"诏书早已备好！"徐孝嗣说，并从袖中取出一纸，呈给萧鸾。

"好吧，就如此办理！"萧鸾大略看了一下后，说道，"请颁发诏书，奉新安王萧昭文即位。"

于是，萧昭文即皇帝位，大赦天下，改隆昌元年为延兴元年，追封萧昭业为郁林王。晋封萧鸾为骠骑大将军、录尚书事、扬州刺史。

接下来，新主大封功臣：封鄱阳王萧锵为司徒，随王萧子隆为中军大将军，卫尉萧谌为中领军，司空王敬则为太尉，车骑大将军陈显达为司空，尚书左仆射王晏为尚书令，西安将军王玄为中护军，等等。

此外，萧鸾为了篡位之需，决定扩充亲属势力，因此他也对无功的三个侄儿大加封赏：萧遥光被封为兖州刺史，萧遥欣被封为南郡太守、留京参谋，萧遥欣之弟萧遥

昌被封为郢州刺史。

萧锵、萧子隆虽然年轻，但名望颇高，所以萧鸾掌权后，对他们仍很忌惮，但是在表面上，萧鸾还是装得和他们十分友好，每次，他与萧锵谈及国事，都能声泪俱下，萧锵竟被其行为感动不已。然而，朝廷内外，大多数人都已看透了萧鸾阴险狡诈的用心。于是，制局监谢粲发现了萧鸾的居心，十分不满，遂同马队长刘巨一起来找萧锵、萧子隆商议。

"王爷知道萧鸾乃是两面三刀之徒吗？他迟早就要危害殿下，也要危害大齐的江山社稷！"谢粲对萧锵、萧子隆说。

"唉，萧鸾劣迹尚不甚明显，况且他手握大权，也不是容易对付的人！"萧锵和萧子隆轻声对谢粲说。

"萧鸾跋扈，并大有不臣之心，人所共知，此时不杀，更待何时？"谢粲又说，"二位殿下的声名远播，倘若能打着辅佐陛下的旗帜讨伐萧鸾，群臣一定会争相效命，因此，如此看来，除去大害，易如反掌，二位何乐而不为？"

"谢大人所言有理，我决定听从！"萧子隆听后点点头说道，接着，他回头问萧锵，"鄱阳王，你意下如何？"

"萧鸾大权在握，统帅京都全军，兔子急了也会咬人，更何况……他是猛虎呢！"萧锵犹豫地说道，"我们岂能轻举妄动？"

"萧鸾权倾朝野，欺君压臣，已是人天共愤，殿下岂能忘记社稷和自己的身家性命？"马队长刘巨也跪地哭劝道。

"如此说来，我将入宫……"许久后，萧锵也开始动摇，接下来又道，"不过……这乃是一件天大之事，我还应当回府向母亲大人禀报！"

于是，萧锵转身回到府中，向老母呈报准备兴兵讨伐萧鸾的事。

"萧鸾乃是苍龙呀！他手握重兵，呼风唤雨，你们岂是他的对手？我儿切勿妄动，以免惨遭血光之灾——"萧锵的老母听后大惊，慌忙阻止。

"唉，如此看来，我还不能行动……"在母子讨论之后，萧锵更加犹豫不决，在家中徘徊了许久，仍旧没有主意。

"'血光之灾'，这是何意？"典签听了，急切地问萧锵，"殿下为何如此惶然？"

"嗯嗯，不关你的事，请勿多嘴多舌！"萧锵不耐烦地叫道。

"哼哼，小人不说！"典签支吾道，接着愤愤地自言自语，"不过，你的事'若要人不知，除非己莫为'……我得去东府向萧鸾相爷禀报！"

这事被典签得知后，典签急忙跑到东府去告了密。很快地，消息传到东府的萧鸾耳中。同时，萧锵的密探也得知萧鸾就要对萧锵采取行动，于是他立马赶到萧锵府中报告。

"启禀王爷，萧鸾已经得知您将谋反，他就要派两千兵马来围攻我鄱阳王府——"密探急忙向萧锵报告道。

"啊，事情来得这样快！"萧锵听了大惊，并说，"既然如此，我得立刻赶往东府，向相王萧鸾说明！"

于是，萧锵驱车赶到萧鸾的东府。见萧锵来了，萧鸾竟是格外热情，并将萧锵奉若上宾，向他拜见。

"相王太客气了，怎么竟如此客气地对待老朽我了？我承受不起啊！"萧锵受宠若惊地叫喊着，并慌忙地扶起了萧鸾。

"鄱阳王突然造访，请多加训示！国中近来乱事丛生，这都是我这个摄政大臣的过错啊！"萧鸾两眼含泪地向萧锵说道，"鄱阳王是来责怪为臣的吧？"

"啊，尚书令，相王大人，你支撑着我朝大厦，劳苦功高，我们哪能责怪您呢？"萧锵惶然说道，"我今日是前来向尚书令大人你请罪的啊！方才……我听说，有人向您告发，说我有对您不尊的行动，这是没有的事啊，敬请相王明鉴，您千万不要怪罪我等！"

"哎呀，竟有此事？请王爷宽心，我萧鸾岂能怪罪王爷你们呢？"萧鸾故作惊讶地说，"鄱阳王，您尽管放心回府，绝无此事！"

"哦，既然如此，我就不打搅相王大人了！"萧锵听后，如释重负，遂向萧鸾鞠躬一揖，驱车回府去了。

然而，萧锵回府后，刚刚入睡，就见家丁们大叫大嚷起来。

"王爷王爷，不好了！东府的萧遥光已经率兵杀奔而来了！"家丁们叫道。

"啊，何故？"萧锵从梦中惊慌地跳起来，问道。

"他们说王爷与萧子隆共同谋反，说是要抄斩王爷全家——"家丁们说。

此时，萧遥光已经率众冲了进来。

"萧遥光，你要怎么样？方才相王爷萧鸾还没敢拿我怎么样，你你……"萧锵怒发冲冠地叫道。

"哈哈，我们正是受尚书令——相王爷之命前来捉拿你们这些叛党的！"萧遥光向萧锵冷笑道，"哼，你还以为相王真的对你会客气吗？"

"哼，无耻之徒，你要怎么样？"萧锵举起两手，向萧遥光骂道。

"将他的双手剁去——"萧遥光怒向左右下令。于是萧锵被斩去了双手。

"没有手，我还能够用脚踢打你们这些乱臣贼子！"萧锵接着叫道。

"好，再剁去他的双脚——"萧遥光又命令道。

"我还要用双眼看你们这些人的下场！"萧锵又叫。

"再挖去他的双眼珠——"萧遥光又令道。

于是，萧锵被折腾得奄奄一息之后，才被萧遥光亲手砍下了脑袋。

就这样，萧锵因为毫无防备，所以只得束手待毙了。接着，谢粲、刘巨也同时死于非命。

四十二、广结党，权臣得江山

再说，萧子隆还在宫中等待萧锵前来议事，直到深夜仍不见萧锵的人影，遂回到王府，准备脱衣就寝，但是此时，他却听到东府大军包围王府的消息。于是，他自知无法自保，所以只好举手投降，静静地让东府将士冲进来，将他乱刀砍死。接着萧子隆、萧锵两家眷属也都全部被杀。

萧子隆的七哥、江州刺史晋安王萧子懋听到二王罹难的消息，又惊又恨，于是，决定起兵复仇。为此，他首先派部将张兴秘密地将身在建康的老母阮氏接来浔阳。

然而，在月夜下，就在张兴将阮氏接到石头城船坞上、正准备上船时，阮氏突然叫来侍女萍儿。

"我们就要西去，谁知何时才能东归。请你速将此函送到我的侄儿——于瑶之的手中，以便让他作好应急准备！"阮氏急切地轻声地嘱咐萍儿。

萍儿应命，趁黑急急忙忙地进了于府，并将阮氏的书信当面交给了于瑶之。

于瑶之慌忙打开书信观看，只见信中写道：

"……瑶之，萧鸾骄横无礼，害我宗亲，子懋就要起兵反叛萧鸾，你务必在京早作打算，赶紧准备。"

于瑶之看罢此信后大惊失色，浑身发抖，毫无办法。想了会后，他只好决定立即向萧鸾告密，以免招来杀身之祸。于是，于瑶之星夜赶到东府。

"启禀相爷，江州刺史晋安王萧子懋就要起兵谋反——"于瑶之踉跄进入府中，急忙向萧鸾报告。

萧鸾听罢吃了一惊，随即向齐主奏报萧子懋也将谋反，并擅自命令中护军王玄率兵讨伐萧子懋，同时令军将裴叔业与于瑶之共同率兵，前去袭击浔阳。

再说在江州晋安王府中，萧子懋与防阁将军陆超之、董僧慧正在紧张地商议起兵大事。

"溢口系浔阳要隘，为防京都大军逆流来袭击我溢口，我已令参军乐贲率三百精兵前去驻守！"萧子懋说。

"启禀殿下，大事不好！朝廷已经派出军将裴叔业和于瑶之前来袭击我浔阳，参军乐贲由于轻敌，所以已经丢失了溢口——"突然，浔阳参军于琳之进来向萧子懋报道。

"啊,朝廷大兵来得何其迅速?他们现在何处?"萧子懋听罢大惊,遂又问道。

"裴叔业现在已经引军占领了湓口,派我弟于瑶之率军到浔阳来了,他们说要替朝廷招抚我们江州兵马!"于琳之对萧子懋说。

石头城古船坞

接着,萧子懋出城,回头忽然看到于瑶之已经率军来到城下喊叫着。

"哦,于瑶之将军,你们已经来到城门口!"萧子懋见了,只好急忙上前叫道。

"是的,末将来也,请速开门——"于瑶之喊道。

"啊,且打开了城门,接纳于将军——"萧子懋见失了湓口,正在召集将吏们登城抵御,忽听表兄来到,一时不知所措,遂急忙令人打开城门。

"王爷近来安好,愚兄这里有礼了!"于瑶之进了城,迎面向萧子懋行礼,并且亲切地说道。

"啊,表兄远道来此,请速去厅内待茶!"萧子懋也谦恭地说道,并将于瑶之迎进府中。

"唉,王爷孤军奋战朝廷大军,你怎能守得住这一孤城?"于瑶之尚未坐定,就迫不及待地向萧子懋说,"殿下不如放下兵器,入京请罪,我也可以从中力保王爷你的富贵,为兄相信陛下也一定不会怪罪王爷的!"

"阿弟所言极是!我们本是王爷的至亲,当然会为王爷努力向陛下说合的!"于瑶之的长兄、浔阳参军于琳之也不失时机地劝告萧子懋投降。

"……既然如此,我也就只好听从长兄之言!"萧子懋无奈,遂慢慢地说道。

"请王爷多拿出一些钱财,托为兄前往裴叔业处贿赂,以便求得裴将军的同情,使他能和我一起为殿下去向陛下说情!"于瑶之说。

"这样很好!"萧子懋点点头说,并且向府吏令道,"且从库中拿出黄金珠宝,交与于将军回去打点!"

随即,萧子懋从侍卫手中接过黄金百两和一盒珠宝,亲手交给了于瑶之,托他转交给裴叔业,并说:"万万请求裴将军代我向朝廷申诉啊!"

于瑶之欣然答应着,带着财宝转身兴高采烈地出城去了。

于瑶之带着黄金珠宝，离开了浔阳回到溢口营中，自己私藏好了财宝，随即只身进了裴叔业帐内向裴献计。

"于将军，此处情况很好？"见于瑶之笑逐颜开地回来，裴忙问道。

"是的，不过……"于瑶之兴奋地说，"对于萧子懋，将军不必操心，末将自有办法智取浔阳，末将已经胸有成竹！"

"哦？将军打算如何对待萧子懋。"裴叔业问。

"哈，我们可以偷袭浔阳！"于瑶之得意地笑道。

"请详细地说来！"裴叔业追问。

"末将可以在前面引路，将军再派兵马紧跟，偷袭浔阳——"于瑶之说，"将军要下狠心，立刻斩杀萧子懋！"

"那么，我派徐玄庆率四百人随你前往，去赚取浔阳城！"裴叔业说。

于瑶之点了点头。于是，一个罪恶的计划便开始实施了。

再说在江州浔阳，送走了于瑶之以后，萧子懋一直在晋安王府中静候于瑶之的佳音，并派出官吏等在城门前，大开城门，在恭候于瑶之的到来。然而，过了很长时间，萧子懋却等来了万没想到的结果：他竟突然听到门外响起了杂乱的脚步声，只见于瑶之率着官兵，个个手持大刀冲杀进来了。萧子懋见了，措手不及，不禁大吃一惊。

"兄长将要做什么？"萧子懋大惊问道，"你为何突然变脸？"

"哈，对不起！我奉朝廷之命，特来取你的首级！"于瑶之瞪眼向萧子懋大叫道。

"刁诈的小人，出尔反尔，卖主求荣，你良心何在？"萧子懋见了，立即向他大声怒吼道。

"外面我官军业已占领了要塞，你的狗命就将休矣，还要逞能乱叫什么？"于瑶之说罢，跳了过来一刀，随即砍下了萧子懋的脑袋。

府中上下见发生了这样的变故，人人惊慌失措，深知大势已去，只好纷纷散去。

接着，于瑶之率人提着血淋淋的长刀，冲进王府内室，迎面碰上他的姑母阮氏。

"瑶儿何故如此慌忙？"见了于瑶之，阮氏慌张地问道。

"侄儿是奉陛下之命，前来搜捕逆党的！"于瑶之得意地说。

"朝廷兵马为何能来得如此之速？"阮氏又问。

"你说朝廷兵马为何能够来得如此之速？这要问你呀！"于瑶之反问其姑母，"不是你派人通知我的吗？"

"……哦，原来这一切都是你作的怪？"阮氏恍然大悟，立即大声哭喊起来，"瑶儿，你的良心被狗吃了？你原是我娘家的亲人，所以我一直为你一家人操心。没有晋安王，你们兄弟能有今日的荣华富贵吗？你今日却……恩将仇报！"

"妇孺之心不足论，恕侄儿无礼了——"于瑶之瞪着眼，对阮氏叫了一声，遂举刀狠狠地向正在哭哭啼啼的阮氏砍了过去，阮氏立即倒地身亡。

接着，董僧慧、陆超之二人也陆续地慷慨赴难。于瑶之、徐玄庆随即占领了浔阳城，并派人搜捕晋安王萧子懋的余党，最后将他们全部斩杀。

萧鸾知道一切进展顺利，觉得应当一不做，二不休。于是，他命令平西将军王广之杀掉南兖州刺史安陆王萧子敬。接着，萧鸾又令徐玄庆前去斩杀了荆州刺史临海王萧昭秀。

徐玄庆率领轻骑到达江陵城下，觉得入城困难，遂决定以计取之。

"陛下有旨，召临海王萧昭秀随本将军一同回京述事——"徐玄庆仰面向城上假传圣旨道。

萧昭秀见召，不知所措，遂与长史何昌寓商议。

"徐玄庆叫喊如此之急，我不免要亲往他的营中相谈？"萧昭秀说。

"京城有变，又没有见到诏书，殿下岂能亲往徐营！王爷先不要前去，还是先由我去会会他吧！"长史何昌寓说。

"也好，但是，何公也要小心行事啊！"萧昭秀同意道。

于是，何昌寓出城见到徐玄庆。

"敢问将军，既然要召临海王回京，那圣旨何在？"何昌寓向徐玄庆施礼后问道。

"……这圣旨即刻便到，暂时末将只带来陛下的口谕……"徐玄庆见问，慌乱地答道。

"临海王爷受朝廷之命镇守此地，并无过错，朝廷为何要突然召他回京？"何昌寓向徐玄庆躬身地问道，接着，他更加理直气壮地说，"而且只凭将军你的一面之词，便要王爷随你回京，这……未免过于轻率！倘若朝廷一定要王爷回朝，也应由王爷亲自上奏陛下，获准后方可成行呀！"

"……这也有理……"徐玄庆见问，哑口无言，只好喃喃地说道，"……待末将回去再作请示！"

徐玄庆告辞而去。不久，圣旨真的来到荆州，正式宣召并任命萧昭秀为车骑将军，另由其弟萧昭粲继任荆州刺史，何昌寓这才同意让临海王萧昭秀赴京。然而，临海王入京后不久，在后来萧鸾病危时，也被萧遥光遵照萧鸾之旨谋害了。

接下来，萧鸾又找到吴兴太守孔秀之。

"萧球驻防郢州，于我不利，现在我令你前往郢州除掉他！"萧鸾对孔秀之说。

"……晋熙王萧球……他毫无过错，我岂能杀他？"孔秀之为难地说。

"这是陛下的意旨，你岂敢违抗？"萧鸾厉声地叫道。

"……相爷威压全朝，小吏我官卑职低，岂敢违抗，只是我近日体力不支，难以从命……"孔秀之推辞道。

"无能之辈，你不如回家静养，何必还赖在太守这个位置上？"萧鸾骂道，"你滚回去吧！"

于是，孔秀之惶惶地走了。

"启禀相爷，孔秀之已经在家绝食而亡了！"不久，裴叔业向萧鸾报告。

"哦，孔秀之胆敢违令，自取灭亡！"萧鸾听罢遂怒声吼道，接着对裴叔业说，"这郢州的萧锐、萧球等人都是逆党，扫除上游这些逆党的事情，还得由你去完成啊！"

"末将愿为相爷效鞍马之劳！"裴叔业说道。

"你此番西去，先杀掉湘州刺史南平王萧锐；再赶到郢州除掉萧球；还要到豫州，杀掉刺史宜都王萧铿。你要将镇守各地的王爷一个一个地除掉。这样，我们才能安然无忧！"萧鸾向裴叔业命令道。

"末将听令！"裴叔业昂然答道，随即率军西去了。

不久，上游各王悉被消灭，于是裴叔业欣然回朝报捷。萧鸾听了大喜，随即自封为太傅、领扬州牧，晋爵宣城王。接下来，萧鸾召集名士，加速商议篡位大计。

谢出见萧鸾的行径太露，希望离京，只好请求出任吴兴太守，不愿在朝依附萧鸾。萧鸾恩准，于是，谢出就要起程离京。出发前，谢出让人给他的弟弟、吏部尚书谢渝送去一壶美酒，并且附信言道："弟弟喝了此酒之后，应永远记住，不再干预别人之事！"

谢渝见了，已明其意，深感心灰意冷，遂决定脱离官场。

随着萧鸾的权势日隆，篡夺之言越多，朝廷内外，议论四起。萧鸾担心群臣不服，只得加紧与亲信们谋划。

"大人本是真龙天子，还怕什么？"骠骑咨议参军江祏安慰萧鸾道，"大人两个肩上的红色胎记，就有'肩擎日月'之意！"

"也是……"萧鸾听后，洋洋得意地点头笑道。

随后，寿阳太守王洪范入都拜见萧鸾时，萧鸾却故意地让他看到了自己的肩记。

"人人都说这是日月本相，你可不能向外泄露呀！"萧鸾随即故作神秘地说。

"啊，这是好事呀！大人何必向外人隐瞒？我一定要为相爷宣城王您极力宣扬，以便大人不久就能继承大统！"王洪范兴奋地说道。

听了王洪范的话，萧鸾表面上装得惊慌失措，其实，心中却是喜出望外。

桂阳王萧铄与鄱阳王萧锵擅长名理，文章齐名，时人称他们为鄱桂。鄱阳王遇害后，萧铄升任中军将军、开府仪同三司，然而，他已知世风日下，所以不愿参政，只是流连诗酒，这一次，他也是迫于无奈、虚与周旋，才接受了萧鸾的此项任命。

此后的一天，萧铄去东府见萧鸾，回来后闷闷不乐。

"王爷为何不乐？"侍读山宗问萧铄。

"唉，如今宣城王萧鸾当道，他只要向我啼哭，就会杀人。我前几天去见宣城王时，他对我呜咽不止，当天鄱阳、随郡二王就被杀了；而我今日见宣城王时，他对我更是痛哭流涕，十分惭愧，这样一来……恐怕我也要遇害了！"萧铄叹息道。

"这也未必会……"侍读山宗轻声地安慰道，接着又叹息道，"不过，在下确实听人说过，宣城王有一个奇怪的习惯：他常与萧遥光等人通宵达旦，密谋杀人。商议决定后，他就让人取来香火焚烧，面对神像，虔诚祈祷，泣泪纵横……结果，次日就会有重要的人物被他杀害……然而，这一次不会也是如此吧？"

"唉，但愿不会……然而……世事难料……"萧铄惨然叹息道。

当夜，萧铄在府中心惊肉跳，坐立不安。果然，半夜时，一群东府的中兵闯了进来，公然杀死了萧铄，不久其弟始兴王萧鉴、建安王萧子真也相继遇害了。

巴陵王萧子伦虽然只有十六岁，但是，他任兰陵太守，镇守琅琊，英名在外，得到朝内很多大臣的敬仰。这种情况更是令萧鸾不安，于是，萧鸾焦急地召来中书舍人茹法亮商量。

"萧子伦少年气傲，目无朝臣，茹大人以为应当如何处之？"萧鸾俨然地问茹法亮。

"少年气盛，相爷可以给予教导？"茹说。

"不！巴陵王的气盛，业已危及江山社稷，岂可救药？"萧鸾厉声地说，"国内叛王，屡见不鲜。我欲派你持旨，前去杀了他！"

"啊，这……竟至如此？相爷要在下何时起程？"茹法亮吃了一惊，随即痛心地问萧鸾，"这就要立即执行？"

"圣旨已下，大人即刻前往！"萧鸾令道。

于是，茹法亮无奈，只好依令前去，来到巴陵王府。

听说茹法亮到来，萧子伦从容不迫，整衣接旨。

"王爷知道微臣的来意否？"茹法亮见了，心生痛意，遂问萧子伦。

"岂能不知！"萧答，"无非是要我自杀而已！"

"啊，殿下心中有委屈，要叹上天不公吧？"茹又问道。

"啊，上天有眼，岂能说上天不公？从前……我大齐建国时，几乎杀尽了刘宋全族人丁，如今萧齐的子孙一个个遭难，乃是天理循环，上天报应啊。这有何可怨恨的？"萧子伦激动地说道，"唉……叹只叹我生在皇家！"

"哦……那么，请王爷听我宣诏！"茹法亮轻声无奈地说道，并结结巴巴地勉强读罢了伪诏，并递给萧子伦一杯毒酒，哭泣道，"王爷，请您莫怪微臣不恭……"

"唉，人之将死，其言也善。你是我萧齐的旧臣，此次奉命而来，应是万不得已吧？你不用劝酒，我一定不会让你为难的！"萧子伦怅然哭道。

萧子伦说罢，遂举起酒壶，仰头一口喝下毒酒，片刻归天了。茹法亮含泪为巴陵王收尸，泣不成声。茹法亮回京交差，萧鸾听说萧子伦也已死去，遂再派人杀死了衡阳王萧钧。

到现在为止，齐祖萧道成的子孙已是基本杀戮殆尽了。

萧鸾权倾朝野，不可一世。面对着萧鸾的一意孤行，朝中没一人敢于阻止。但是，为了万无一失，萧鸾还要作最后一试之后，才敢于决定对齐主取而代之。于是，他又召来大将军萧衍前来商议。

"……将军以为我的威望如何？如今朝中还有多少敢于逆我之徒？"萧鸾得意地笑问萧衍。

"如今朝内朝外重臣勋将一个个地消失，相爷权倾朝野，已能呼风唤雨，朝中岂能还有胆敢叛逆相王的人呢？"萧衍也笑着回答。

"将军还知道秦朝'指鹿为马'的故事吗？如今本王能否在朝中再试这一故事？"

萧鸾仍旧笑问萧衍。

萧衍向萧鸾默默地点点头。于是，在次日早朝时，萧鸾真的在朝堂上上演了一场精彩的丑剧：正当君臣齐集大殿时，萧鸾竟然令人向太极殿上放出一只野兔。当时众臣正在议论国中军情，忽然看到一只兔子从大殿上跑过，并且一直向御座上的齐主萧昭文腿上窜去，惊得萧昭文大叫，满堂也立刻为之大哗起来。

"兔子！兔子！"人们见了，纷纷乱喊乱叫起来。

"什么兔子？明明是只大鹏鸟嘛！"萧鸾出班迎上去厉声向众人喝道，并且手指那兔子，走到一位太监身边问，"内官看清了，那是什么？"

"是……兔子……"那太监惊慌失措地回答。

"哦，是兔子？"萧鸾又厉声地问了一声，并且威严地向那太监逼上一步。

"是……是……"那太监一时张口结舌，不知所措。

"你说是兔子，不是大鹏？"这时，萧鸾吼叫起来。

随即，萧鸾举起大刀，一下将那太监劈成两段。接着，他又气势汹汹地在大殿上绕行一周，并且边走边问："谁说不是大鹏是兔子？啊！"

结果全朝鸦雀无声，没有一人敢喘气。这时，萧鸾才趾高气扬地笑着回到班队中。

"将军以为如何？"散朝时，萧鸾得意地走到萧衍身旁问道。

"嗯，相王威慑全朝，可以筹划自己的大事了！"萧衍无可奈何地对他说了一句。

于是，延兴元年末，齐廷传出一道所谓王太后的诏书，令宣城王萧鸾即皇帝位，将齐主萧昭文废为海陵王。从此，萧昭文及太后、皇后等人只好全都移居到宫外。萧鸾假意地经过再三谦让后，才登上皇位，并改元建武，大赦天下。

然后，萧鸾加封太尉王敬则为大司马，司徒陈显达为太尉，尚书令王晏为骠骑大将军，左仆射徐孝嗣为中军大将军。中领军萧谌为领军将军、兼南徐州刺史，中护军王玄为南兖州刺史，平北将军王广之为江州刺史，寿阳太守王洪范为青、冀二州刺史，长子萧宝义为扬州刺史，因萧宝义残疾，所以由萧遥光代任。又令萧遥欣镇守荆州，萧遥昌镇守豫州。萧鸾的其他弟侄也都被封王爵。

接下来，萧鸾追尊生父始安王萧道生为景皇帝，册立已故王妃刘氏为皇后。因为虽然萧宝义最年长，但因其为姬妾所生，而且身有残疾，所以他未能被立为储君。刘皇后留有四子：太子萧宝卷、江夏王萧宝玄、建安王萧宝夤、随郡王萧宝融。齐主萧鸾的姬妾的生子有：晋安王萧宝义、庐陵王萧宝源、南平王萧宝攸、晋熙王萧宝嵩、桂阳王萧宝贞。

不久，海陵王萧昭文也被莫名其妙地除掉了，齐主萧鸾如愿以偿，稳坐龙椅，更加兴高采烈。

四十三、杀功臣，萧家再相残

萧谌是萧鸾篡位过程中的第一大功臣，萧鸾曾经许诺事成后让他担任扬州刺史，然而萧鸾却自食其言，因为他深知扬州地位的重要，所以，萧鸾将扬州刺史给了自己的长子萧宝义。这让萧谌快快失望和愤慨，渐渐生出反叛的情绪。

有一天，萧谌与朋友们聚会谈论。

"唉，我将自己做好的饭菜，轻易地给了别人，多么可惜啊！"萧谌感慨地对朋友们说道，"诸位有何高见，可以让我挽回这一损失？"

"嘿，你想怎么样？"尚书令王晏听罢暗笑道，"如今大位已定，难道说还有人愿意冒险配合你，起来为你舍身发难？唉，我们都只能得过且过而已！"

"唉，我萧谌也算是个皇室宗亲，此番立下了如此功勋，却未得厚赏，莫非我就这样罢休了不成？"萧谌愤恨地问。

众人听了，默然无语，但是此话不久就被齐主萧鸾听到了。因为齐主萧鸾本来就喜欢猜忌，即位后，他更是疑神疑鬼，见朝中反叛的暗流涌动，他终日惶恐，所以，齐主在朝廷内外布置亲信耳目，四处监视众臣的言行——这或许就是中国最早的特务组织吧！有了这样的组织，萧谌的此类反对萧鸾的言行自然会不断地传到萧鸾的耳中，从而引起了齐主对萧谌更大的疑忌。

接着，萧鸾立即将王晏召到宫中问话。

"爱卿你与萧谌相交其密，应当知道萧谌近来的行为如何？"齐主萧鸾问王晏。

"没有什么大事，萧谌对朝廷仍旧忠心耿耿，只是他有时会发点牢骚而已！"尚书王晏轻声地说。

"萧谌自恃拥戴朕躬有功，怨恨功高赏薄，时常露出不满的情绪。朕岂能饶恕他？"萧鸾又说，"其实……若论功勋，王爱卿你远大于萧谌，他萧谌为何竟敢如此不知满足，不可一世？"

"莫非……陛下……还要对萧谌动手？"王晏惊恐地问，"况且目下，萧谌兄弟们正在与北魏作战啊，陛下岂能动他……"

"当然，现今正遇北魏南侵，萧谌的兄弟萧诞、萧诔战胜了魏军，立下了大功，朕只得暂时隐忍不发……"齐主萧鸾咬牙切齿地说，"倘若萧谌还是不知天高地厚，干涉朝政，那就不要怪朕心狠手辣、翻脸不认人了！"

"萧谌虽然有不是之处，然而，陛下看在他往日的情分上，还是应当对他网开一面。况且……如今外敌还在虎视我国，倘若我国内有变，只怕北魏会趁机而入！"王晏忧郁地说。

"爱卿所言有理，但是，身有肿疖，朕迟早总要将它割除的！"齐主说道，并且两眼露出了忌恨的凶光。

不久，魏兵北退，齐主萧鸾召集萧谌等群臣在华林园欢宴，商讨南郊祭天大事。宴会充满了欢乐气氛，众人畅饮，日暮方归。萧鸾还不顾至尊的身份，亲送萧谌走出了华林阁，并且与之一揖相别。然而，萧鸾一转身回阁之后，就立即令人取来毒酒交给了御前亲吏莫智明，让他前去赐死萧谌。于是，当萧谌回到尚书省时，就见御前亲吏莫智明突然持御酒来到。

"天色已晚，亲吏为何来此？"见莫智明来到，萧谌惊问道。

"奉陛下之命前来宣谕！"莫智明答道。

"何谕？"萧谌更加惊慌失措地问道。

"万岁说：'虽说没有你萧谌，朕也许得不到大位，然而，你们兄弟三人今日已经得到厚报，可是你们却仍不能心满意足。你们还要说，将自己做好的饭菜送给了别人。你们居心叵测，朕今日只有赐你自己了断了！'"莫智明慢慢地对萧谌宣谕道。

听罢圣谕所言，萧谌大惊，他没想到自己当初紧随萧鸾，会有今日这般结果。但是，事已至此，他也不必沉默了，于是，便大步地走到莫智明面前。

"莫大人明鉴：我为陛下杀高帝、武帝儿子时，都是由你们从中传递消息的，我对陛下的忠心赤胆，你们了如指掌。今日我们又刚刚为大齐战胜了魏国，胜利归来，陛下就要让我去死。对陛下的这种无理的行径，你们为何不出言相救？"萧谌愤恨地向莫智明叫道。

"君命难违，大将军不必怪我！"莫智明无奈地辩解道。

"你们如此无情，我死后成鬼，也不能放过你们——"萧谌又厉声叫道。

萧谌说罢，无奈地服毒自尽了。

萧鸾得到萧谌已死的消息后，立即任命萧衍为司州别驾，让他引五千兵马，前往司州去控制萧诞。

萧衍深知，自己这次前往司州与几年前去寿阳控制崔慧景不同，这次齐主萧鸾是一定要自己设法杀死萧诞的。而且萧衍还知道，这次对他自己来说，也是一个机会，因为一旦他萧衍此次成功，他将来就有希望得到雍州刺史的官职，因此他将来的发展就有了基地！

"萧诞对魏作战不利，已经有投敌的举动，爱卿可以设法抓住他投敌的把柄，将他斩杀！"临行时，萧鸾向萧衍说道。

"臣明白！我可迫使他就范北投，并设下陷阱而后捕之！"萧衍满怀信心地说。

萧鸾默默地点点头。结果，萧衍设计斩杀了萧诞。萧鸾得知后，又派人杀了萧诔，并将西阳王萧子明、南海王萧子罕也一起杀死。

王晏两次参与废帝，他的表弟御史中丞王思远对此十分反感，忙来到王晏府第，找到王晏，此时王晏正在喝粥吃饭，王思远立即向他劝告。

"世祖有恩于你，你却叛德助逆，将来你还有何脸面活在世上？你不如现在就自尽，也许……这样还能保住全门的名声，否则将来可能会遭不测！"王思远向表兄王晏说道。

"我正要喝粥，没工夫想这些事。"王晏不以为然地吟吟笑道。

"像你这样向东家摇尾，向西家乞求，不顾廉耻，卖身求荣，迟早会引来灭族之祸。你不如尽早自杀！"王思远又说。

王晏充耳不闻。接着，王晏被晋封为骠骑将军，御赐金榜被敲锣打鼓地送达府第，王晏高兴异常。

"啊，想不到我家竟有今日的风光！当年，思远还劝我自尽呢，我幸亏没有听从思远你的话啊，否则……"王晏激动地对王思远以及儿子、弟弟们说道。

"……为弟今日仍要说当初那样的话：兄长，倘若你现在自尽，则为时还不太晚！"王思远赶紧打断了王晏得意扬扬的话，厉声说道，"难道说，你至今还不知道皇上的险恶和朝中的变故？"

"够了，够了，贤弟何必还要危言耸听？"王晏不耐烦地说。

"局势越来越紧迫。唉，真是旁观者清，当局者迷啊！我还是请你早作了断吧——"王思远说，"你的功劳比萧谌如何？萧谌还是宗亲呢，如今他不是也被赐死了？"

"你……你……你快点走吧！"王晏默然语哽，并气愤地静等王思远离去。

"也好……我暂时离去，不过，我希望长兄能够思考一下，尽早自尽啊！"王思远临走时，还说了一句。

说罢，王思远走出了府门。

"哈哈，莫名其妙，天下竟有这种人，专劝别人自尽！"王思远去后，王晏指着他的背影，笑嘻嘻地向厅内的家人们说着，并且面露得意忘形之色。

"啊，天下竟有死到临头还不知晓的人！"王思远突然返回来向王晏叫了一声，才又回头气愤地走了。

然而，萧谌等人既死，致使尚书令王晏手中的权力日重，因此，他又引起了齐主萧鸾的忌惮，萧鸾遂与侄儿萧遥光等人商议处理王晏的对策。

"王晏依仗着自己两次变国之功，如今权倾朝野，已对陛下构成了威胁，陛下不如早日除了他！"萧遥光对萧鸾说。

"王晏对朕有功，而且毫无过错，岂能轻言杀他？"萧鸾犹豫不决地说，"你要找出杀他的理由来！"

"王晏也曾受到过武帝的宠爱，但他还是背叛了武帝，陛下能保证他一直能为陛下尽忠吗？"萧遥光又进言道。

"哦，如此说来……"萧鸾听罢，立刻脸变色，慌忙问道，"如此说来，朕真的也要提防王晏了？"

"此外，王晏还利用尚书令的职权，送故迎新，安插私党，收取钱财！"萧遥光叫着，接下来又迫不及待地拿出一份齐武帝时的折子，向萧鸾喊道，"陛下，请看！这是王晏当年向萧赜奏请，阻止陛下你入居尚书省的折子。"

"嗯，王晏早就如此，的确可恨！"萧鸾听了，想起当年的旧账，遂骂道，"王晏这个混蛋，他的确当死！"

"据臣所知，王晏曾经与亲将商议秘事，他很是可疑！听说，王晏将在陛下南郊祭天时，埋伏重兵，刺杀陛下！"此时，亲吏陈世范也帮腔说道，"微臣以为他已在图谋不轨了！"

"爱卿言之有理，陈爱卿对王晏要多加防范，注意观其动向！"萧鸾惊恐地命令道。

"这个自然，为陛下效力，微臣万死不辞！"陈世范拍胸发誓道。

陈世范说罢退出，不久就神秘地向齐主报告："王晏已与其同党及亲信定下毒计，决定将在陛下南郊游猎之际，纠集世祖的宗亲旧臣，向陛下发难！"

"哦，王晏如此嚣张！"齐主萧鸾听罢惊恐不已，遂大叫起来，接着，他对陈世范说，"现在令爱卿在殿内屏后埋藏壮士，朕立即宣召王晏入宫，等到他入殿时，你们立即率伏兵起而杀之——"

陈世范等人依计而行。很快地，王晏奉旨进宫，但是，当他的前脚方才迈进门槛时，就被两边的伏兵冲上捕获，并剁成肉泥了。接着，他的弟弟和儿子们也一并被杀死。

这时候，北魏拓跋氏已经改姓为元氏。魏主元宏见南齐国内残杀不断，以为有了可乘之机，随即发兵二十万南侵萧齐。齐主任命萧坦之为领军将军，徐孝嗣为尚书令，宣抚中外，以定人心。魏主出发前令吏部尚书任城王元澄留守洛阳，令中尉李虎、仆射李冲二人辅政；命彭城王元勰为中军将军，负责行军事宜。

"陛下不宜全用皇室中人，陛下应当亲疏并用。臣是皇亲，不应常受重赏，也不应屡派重用！"元勰劝魏主元宏道。

"爱卿不必过谦，朕将率军向南阳进发，请调军随朕而来！"魏主元宏说，"前次，朕未能听从镇南将军薛曾度先取樊城的劝谏，结果被南阳齐太守房伯玉打败。这一次，朕要引军前去，严惩这个房伯玉，希望诸位努力——"

魏军到达南阳城下，一鼓作气，拿下了外廓，房伯玉只好退守内城，誓死抵抗。魏主派中书舍人孙延景出阵喊话。

"房伯玉听着：朕今引军前来，不像上次那样冬来春去，这次是要荡平六合，如不胜利，就不北还！南阳首当其冲，朕不能不取。你是愿意投降封侯，还是愿意顽抗求死，在这几日之内，就要抉择！"孙延景向城上传达魏主的喊话，"况且……"

"况且什么？"房伯玉向城下问道。

"况且，你有三罪：一、你先事武帝，不能效忠，反而助逆；二、你伤朕偏师，杀戮朕的薛真度将士；三、今朕御驾亲临，你尚未前来请降。你有此三罪，若再怙恶不悛，恐怕死就在眼前了。朕虽有好生之德，也决不能轻恕！"魏主元宏亲自答道。

"我知道，你大驾南侵，誓在必克。然而，外臣我虽然职位卑微，但也要抵抗你这横蛮的君威，我誓与城池共存亡，死而无憾！"齐太守房伯玉向魏主说道，"从前，我承蒙武帝见爱，理当尽忠，无奈嗣主失德，国将不国，蒙今上扶救社稷，武帝也因此欣慰。如今我自当竭力尽节，对今上不敢怀有二心。前次，你们北师深入，寇扰我的边民，我奋勇抗击，正是尽忠，难道北朝反而以为我这是反叛？"

魏主听了，哑口无言，不禁大怒，遂扬鞭率军冲向吊桥，不料，桥下突然杀出一批壮士，头戴虎帽，身着斑衣，夹击魏主，魏主人马皆惊，几乎摔死，幸有魏将原灵度赶来，拈弓搭箭，连毙南阳壮士数人，方才救出魏主。

"我军又在南阳失利，不如转头趋向新野，压向南齐！"元勰说道。

"……也罢，令咸阳王元禧继续攻打南阳，朕率大军围攻新野！"魏主说道。

接着，魏军兵临新野城下，齐国新野太守刘思忌凭城抵御，魏主屡攻不克，遂予四周围困。

"南阳房伯玉已经投降，你还在坚守何用？"魏主令人向城上的刘思忌喊道，"你要自取灭亡吗？"

"城中兵饷尚多，未暇听你们北虏的命令！"刘思忌向城下叫道，"有本事你们就努力攻城吧，废话少说！"

魏主无法，只好停止喊叫，继续围攻。

齐主萧鸾闻知魏兵压境，急忙命令直阁将军胡松协助北襄城太守成公期驻守赭阳，义阳太守黄瑶起防守舞阴。

"雍州地位重要，命令豫州刺史裴叔业率兵支援雍州！"齐主说道。

"北虏惯于抢夺，陛下不如让臣率军深入魏境，攻打魏国的虹城，迫使魏主回头自顾，这样一来，我司、雍二州都可确保无误了！"裴叔业向齐主奏道。

"此计非常妙，请爱卿依计而行！"齐主萧鸾高兴地对裴叔业说，"你攻虹城，朕随即就要派部将鲁康祚、赵公政率一万人马去攻打太仓口。"

裴叔业遵旨去了。魏豫州刺史王肃闻得太仓兵危，慌忙令长史傅永率三千勇士堵塞太仓，与齐军夹淮水列阵。

"南齐将士喜欢劫营，今晚正是下弦月，夜色苍茫，他们可能会越淮前来，我们不如将计就计，四面埋伏，以便到时对他们来一个突然袭击？"傅永对部将们说。

"悉听将令！"部将们齐声答道。

"后营兵分两路，埋藏在营外！"傅永令道，"前锋派出百人，立即去南岸水深处遍地置火，待夜间敌人到来，就悉数燃着火炬，以疑敌兵！"

于是，日暮时分，魏军在营中虚设灯火，全部撤离，只留下一座空营。

一切布置停当后，傅永厉兵以待。结果，到了更深夜半，鲁康祚、赵公政真的率引齐兵偷偷摸来劫营。然而，当他们刚刚并马入营时，却扑了一座空寨，他们料知中计，急忙下令退兵。可是，此时两边北魏的伏兵突然拥出，夹击齐军，使齐军阵脚大乱。鲁康祚、赵公政拼命冲突，人马已经七零八落。

　　赵公政心慌意乱，策马奔出，迎面却遇到了傅永，他措手不及，竟被傅永伸手活捉。鲁康祚见公政被擒，慌忙脱去了盔甲，从斜路逃到水滨，跃马急渡，偏偏见对岸火起数处，不知深浅，只得乱步飞奔而去，落入水中溺死了。此时齐军阵势崩溃，兵士半为魏兵所杀，半为溺水之鬼，只有少数人马逃走，惶惶向裴叔业报信去了。而裴叔业此时已经得悉北魏楚王元戍力弱，为了报仇，遂决定开始转攻楚王。

　　傅永凯旋，向王肃报告，王肃闻罢大喜，并派人向魏主为傅永请功。然而，就在此时，王肃突见小校急匆匆地跑到马前。

　　"启禀大帅，齐将裴叔业现在兵攻楚王，楚王危急，请求王大帅火速派遣人马，前去支援楚王——"正在此时，小校跑来传令。

　　"哦，傅将军请你率前部三千人马去增援楚王元戍——"王肃听罢后，忙向傅永令道。

　　"末将听令——"傅永答道，并且率领人马前往，而当人马将要出发时，傅永又转身对一名心腹部将道，"你且倍道驰骋，赶到楚王营中，告诉楚王，叫他立即填塞外堑，在城外埋藏一千人马，等齐军一来，就以鸣炮为号，从两边夹击齐军！"

　　那部将听罢飞报楚王大营，楚王元戍立即依计而行。于是，裴叔业率军赶来后，就下令攻击魏军，不料此时，号炮一声巨响，前面北魏伏兵从两边杀出，后面傅永的追兵又来，齐军见了立刻大乱，遂丢盔弃甲，慌忙夺路而逃。傅永初获胜利，随即鸣金收兵。

　　"将军何不再三追去，以获大胜？"部将们问傅永。

　　"我不过三千弱军，齐人有铁骑近万，他并不是不能战胜我，乃是因为坠入了我的计策中，所以闻风丧胆，仓皇跑去。如今我们已经取得胜利，何必再追？"傅永笑道，"倘若我们一意追去，让敌人得知我军的虚实，再卷土重来，我军又岂能胜他？"

　　部属们听后折服，傅永随即回军向王肃报捷去了。

　　王肃再次为傅永向魏主请功。魏主封傅永为安远将军、汝南太守、贝邱男爵。于是，傅永能文能武的名声传出，更加得到北魏朝内外的赞扬。

　　"上马击寇贼，下马做文章，只有你傅永一人啊！然而，能英勇善战者，我北朝不少！"魏主元宏拍着傅永的肩膀大笑道，随即魏主又问，"统军李佐是否已经攻取新野？"

　　"启奏我主，李佐已经拿下了新野，并捕获了齐太守刘思忌。现在刘思忌已被押在阶下！"一将上来向魏主报道。

　　"哈哈，将他押来！"魏主下令道。

　　随即，刘思忌被推到魏主面前，在魏廷众臣的呵斥下，刘思忌仍然立而不跪。

　　"朕数次劝你投降，你都不愿，今日就缚，愿降了？"魏主问刘思忌。

　　"我宁做南朝的鬼，也不做胡虏的臣！"刘思忌斩钉截铁地叫道。

　　"……哦，既然如此，朕当成全于你。"魏主收起笑容，厉声说道。

　　随即，魏主令人斩杀了刘思忌。

然而，正当魏军得意之时，裴叔业探知魏军楚王元戉兵弱，遂决定卷土重去，反攻楚王，并用"围魏救赵"之计，大胜了北魏的楚王元戉的兵马。

魏主闻罢大怒，遂亲率大军，南征沔水，致使沔北大震。赭阳守将成公期、舞阴守将黄瑶起相继南退。黄瑶起曾害死了王肃之父王奂，魏主想为王肃报仇，于是派人捕获了黄瑶起，并将他押送到王肃大营。

见到杀父的仇敌黄瑶起，王肃格外眼红，遂摆出香案，挖出黄瑶起的心脏祭奠了亡父在天之灵，然后进军南阳，逼得孤立无援的房伯玉只得出城投降。

听闻新野、南阳相继陷落，襄阳吃紧，齐主萧鸾慌忙令太子中庶子萧衍、度支尚书崔慧景率引五千兵马援助襄阳。

刚到彭城，就迎面遇到了北魏数万大军来袭，齐军招架不住，立即退回，魏军转攻樊城，守将是雍州刺史曹虎，他将樊城的守御工事建筑得十分严密牢固，魏主知道不易攻克，便又转头下令进攻悬瓠，让王肃去攻义阳。

"启禀大将军，魏将王肃已领大军攻我义阳！"在齐营中，一名部将入帐，向豫州刺史裴叔业报道。

"我方才采用了'围魏救赵'之计，大胜了北魏的楚王元戉，现在魏军围攻义阳，我不免再故技重演，不救义阳而直攻涡阳，必可以此牵制魏军！"齐豫州刺史裴叔业说道。

众将点头称善，于是立即行动，裴叔业率兵达到涡阳。

魏南兖州刺史孟表因涡阳缺乏粮草，急忙向魏主求援。魏主令王肃调度安远将军傅永、征虏将军刘藻、辅国将军高聪等人分别率军，合力援救涡阳，但不料齐军来势凶猛，魏军前锋高聪和中锋刘藻见了慌忙逃窜，傅永一支孤军也只好随后狼狈退走。

魏主得知战败，心中大怒，遂将刘、高发配到平州，将傅永撤职查办，将王肃贬为平南将军。

"此次战败都是臣下之罪，如今微臣恳清增兵去救涡阳！"王肃哭泣道。

"你还是亲自去救吧！"魏主不悦地说道，"你只知道向朕要兵，朕给你少了，你不够用；给你多了，朕这里又困难！义阳能否拿下，朕暂且不管，然而，倘若涡阳失守，朕必定拿你是问！"

王肃听罢，无可奈何，只得撤走了义阳之兵，前去援救涡阳。身在涡阳的齐将裴叔业，听说十万魏军将到，急忙连夜撤退，但还是被赶上来的魏军砍杀了一阵。于是齐、魏双方只好都疲劳收兵。

四十四、萧鸾危，帝侄施阴谋

回军入殿后，齐主萧鸾的亲臣们见齐主神情颓然，愁闷嗟叹，忙纷纷上告。

"陛下龙体需要静养，请勿过多操劳！"大臣们劝告齐主萧鸾，"不要仍为军务操心！"

"唉，朕所虑的并不是军事啊！你们看呀：高帝、武帝的子孙们日渐长大，而朕的子孙尚小！"萧鸾叹息道，"如此下去，对朕的子孙非常不利，朕岂能不操心？"

"哦，对他们此等小王，陛下根本无须将他们放在眼中，怕他们做什么？"太尉陈显达劝慰道，"陛下以为如何？"

萧鸾闭目未答，此时，萧遥光却欣喜地走了进来，听了齐主的几句话后，立刻兴奋地上来要向齐主说话。见萧鸾向他点头示意，萧遥光遂迈步走上来。

"陛下如果有心，何不先下手为强，立即杀尽高帝、武帝的子孙？"萧遥光凶狠地向萧鸾建议道。

"哦，既然如此，那么……就请爱卿操办！"萧鸾睁开眼，慢慢地说道，"不过，你们也一定要小心行事！"

"儿臣遵旨！"萧遥光本来早有此意，今日得到萧鸾的允许，自然喜出望外，遂高兴地答道。

萧遥光兴奋地走出太极殿，迎面遇到了他的弟弟萧遥欣。

"听说长兄要为陛下杀尽高帝、武帝的子孙？"萧遥欣凑上去，轻声地问萧遥光。

"也许……"萧遥光笑而未答。

"兄要替别人做此大事，恐……"萧遥欣瞪眼说道。

"专替他人做嫁衣裳？愚兄还不致如此愚蠢吧！"萧遥光笑容满面，得意地轻声对萧遥欣说，"为兄是想今日借陛下之力灭了高帝、武帝子孙，等到今上逝去，我们兄弟只需再扫去萧鸾他的子孙，而后这江山社稷不就是我们的了？"

"哦，兄长高见！"萧遥欣竖起大拇指，笑向其兄说道，"既然如此，那么就请兄长尽快遵旨行事去吧！"

说罢，萧遥光出宫，立即派遣爪牙，四处搜捕王公子弟，随即高、武子孙中有爵者全部遇害。首先，被杀的有十王：即河东王铉、临贺王子岳、西阳王子文、衡阳王子峻、南康王子琳、永阳王子珉、湘东王子建、南郡王子夏、巴陵王昭秀、桂阳王昭粲。

此时，齐廷已是阴云密布，凄风惨淡，到处一片阴霾。

据说当年，齐世祖武帝曾经梦见一只金翅大鸟冲进了金殿，并且叼食了无数小龙，然后飞上天空。次晨，武帝召集子孙来到大殿议论他的梦境。

"陛下以为此梦应在何人的身上？"众皇子们问世祖。

"金翅鸟者大鹏也，鹏者鸾也！朕的子孙以后应当将这件事铭记在心啊！"齐世祖忧愁地对皇子们说。

"鸾者何人？哦，莫非是他？"太子萧长懋惊恐地问道。

世祖皇帝听后，当时并没有回答。

"难怪呀，我每次见到萧鸾，都觉得恶心，看来，这……若非他福德太薄，就是他将来必然对我子孙不利呀。"接着，太子萧长懋对竟陵王萧子良说道。

可叹，这些话，在后来都得到了——应验了。

杀了众王之后，齐主萧鸾封萧遥光为大将军，改建武五年为永泰元年。

接下来，齐主萧鸾又与众子侄在太极殿中聚集商议。

"……那么，下面又该杀谁呢？"萧鸾问。

"我看萧坦之、徐孝嗣、沈文季虽然都该杀，但是王敬则更是该杀！"九皇子萧宝攸、八皇子萧宝融、十一皇子萧宝贞齐声说道。

"为什么王敬则也要杀呢？他可是三朝元老的大将军啊！"萧鸾笑问。

"……他有一次酒醉后曾说，他自己是异人异相，说他出生时头有双角，乃是真龙投胎！"萧宝寅说，"他自称龙种，就是要当皇帝啊！"

"是的，他曾说自己在一次打兔子时，浑身爬满了蚂蚁，犹如龙甲一般。他就是想称帝啊！"萧宝攸接着说。

"嗯，不过王敬则是个大草包，他能做什么大事呢？"萧宝贞问。

"哼，萧衍曾经说过：'一个大草包能当上大司马，这足可证明他并非常人！'"萧遥光恶狠狠地说，"对此等危险人物只有尽早杀之！"

"好好好！就依你们所说！"萧鸾点头冷笑道，"现在可让王敬则之子——王仲雄来演奏焦尾琴了！"

于是，王仲雄应召抱琴进来，开始弹琴。

"你的曲子为何如此沉闷？你的姓名是？"齐主萧鸾听后问。

"微臣叫王仲雄，这把琴还是当年陛下您赐给微臣的呢，莫非陛下您忘记微臣了？"王仲雄说。

"哦，你是王敬则的大公子！请问令尊现在好吗？"萧鸾问。

"承蒙陛下惦记，只是家父已经年老力衰了，不能行动了！"王仲雄说，"他唯一知道的只是感激陛下对他的恩宠，别的事都记不得了！"

"嗯，果真是如此？"萧鸾惊问道，并且面露疑惑之色，接着吩咐道，"哦，你弹琴吧!"

于是，王仲雄继续弹琴，竟然唱道：

> 常叹负情侬，郎今果行许……
> 君行不净心，哪得恶人题!

"好了，好了!"萧鸾听了一会，突然愁容脸面，甩手让王仲雄退了出去。

满堂静寂下来。

"遥光，你赶紧起草一份诏书，任命光禄大夫张瓌为平东将军、吴郡太守，前往会稽——"过了一会后，齐主又向萧遥光命令道。

再说大司马王敬则，时任会稽太守，闻知萧谌、王晏都陆续被害，感到十分惊慌，因为他深有兔死狐悲之感。后来，王敬则又听说高、武子孙也全被杀戮了，于是他更加惶恐不安，因为他自知他也是高、武的旧将，终将被诛。而其实，齐主也的确对王敬则产生过疑忌，只是看到他已年过七十，而且驻防在外地，所以未能即时将他诛杀而已。

一天，王敬则正在会稽府中忧心如焚地困坐，突然看到其侄王公林进来了。

"叔叔，请问仲雄大哥有何特长?"王公林问王敬则。

"我留在殿廷任职的长子王仲雄，只擅长弹琴，别无其他技术!"王敬则说，"难道这也会触犯皇上的忌讳?"

"噢，外面传说，近日，陛下让王仲雄弹奏焦尾琴。可是，他竟然弹唱道'常叹负情侬，郎今果行许'。并接下来又唱，'君行不净心，哪得恶人题!'"

"啊，如此说来，我儿子王仲雄，他已遭到陛下的疑忌了?"王敬则惊问。

"是的，皇上听罢惊惧，并对我们的猜忌更加重了!"王公林紧张地回答。

"齐主对我们有何行动了?"王敬则问。

"正是有了!"王公林说，"近日，萧鸾病情加重后，特命张瓌为平东将军、吴郡太守，以防我会稽之不测!"

"哎呀，目下我齐国东疆并无胡虏入侵，哪用得着什么'平东将军'？这不明明就是用来对付我会稽的吗?"王敬则听后大惊失色地叫道，"我决不甘心束手待毙!我们要立即起事反叛——"

于是，王敬则加紧聚集兵力，准备反叛，并派第五子王幼隆与女婿徐州行事谢朓联系外藩起兵事宜。

但是，谢朓虽然也是竟陵八友之一，其文才出众，名声卓著，而且，他常被其文化水平低下的岳父——大司马王敬则奉若上宾、关怀备至，但是，谢朓为人的品德却十分令人所不齿的。

在王敬则与谢朓串联时，谢朓虽然只是个徐州行事，然而，实际上他却是个掌握徐州的实权人物。当时的徐州刺史是萧宝义，而萧宝义原是萧鸾的残疾长子，萧宝义一无所能，因此大权全由谢朓所掌握。本来，谢朓是有力量和王敬则一起，共同起兵反叛萧鸾，以求一逞的，但是，因为他为人势利，他此时畏于萧鸾的权势，只好卖亲求荣，凶狠地杀了小舅子王幼隆和岳父王敬则派来的使者。接着，谢朓走入深宫向萧鸾告密去了。

齐主萧鸾病卧在榻上，听到王敬则的反情，决定征讨王敬则，消息很快传到了会稽。

"朝廷大军来得如此之速，叔叔只有去京都请罪，并交出我弟王幼隆以为人质了！"王公林着急地说。

"为今之计，只有前进，岂能后退？后退就是死路一条！"王敬则大叫道。

随即，王敬则大举义旗，挥军西来，并扬言要拥立南康侯萧子恪为君主，他要入都废黜萧鸾。

国中战情骤起，风云汹涌，京都闻变，人心慌乱。于是，齐主之侄——萧遥光趁机入宫向萧鸾进言。

"啊，如今王敬则又抬出了萧子恪，爵位不显的萧子恪竟然也对我们产生了威胁。看来，陛下必须立即将高祖的子孙全部斩草除根啊，杀尽高、武所有的子孙！无论其有无爵位，也无论其年龄长幼，应当一律斩杀，方可无患！"萧遥光凶狠地奏道。

此时，萧鸾已经病得神情恍惚，听萧遥光喊叫，遂含糊地答应了萧遥光的要求。

萧遥光得旨后，兴高采烈，他立即派人将高、武的所有的孙子都擒拿到西省，甚至连襁褓中的婴儿和乳母也一同召来，然后，他令太医备好毒药，打算在三更时分，将他们全部用药毒死，斩尽杀绝，不留一人。

再说，这时正卸职在京的萧子恪，他本与王敬则无关，听说王敬则要拥立他自己为帝，也十分惊骇，于是，他慌忙逃躲到郊外。

"王爷赶快回城，萧遥光在今晚三更，就要斩杀高、武全部子孙了！"侍从到郊外找到了萧子恪，连忙说道，"宫内人心大乱，都说只有殿下才能镇住全局，挽救萧氏后代的性命！"

"啊，如此惨案将要发生！为此，我也顾不了自己的性命了。我一定要拼死进宫面奏皇上——"萧子恪听罢大叫道。

接着，萧子恪奋不顾身地率人奔向皇宫正福殿。当萧子恪来到重阳门时，已是二更半时分。这时，他侧耳听得门内中书舍人沈徽孚正在与直阁将军单景俊谈论萧遥光残忍的情节。

"萧遥光这次的行为，就要使京城的皇族子孙血流成河啊！"沈徽孚哭道。

"唉，可叹京都又要有更大的惨案即将发生了，奈何我们官小爵低，眼看无力救助……"单景俊也哀叹道，"倘若有一位王爷能够出面向陛下奏报，也许还能挽救灾难于万一！"

萧子恪听后，立即重叩宫门，递入奏本。单景俊见了大喜，遂转身急忙向齐主萧鸾榻前走去。

"外面何人喧哗？"萧鸾在榻上挣扎着问道。

"是萧子恪有要事求见——"单景俊奏道，并递上萧子恪的奏章。

此时萧鸾已经清醒，慢慢看完了萧子恪的奏章后，泪流满面。

"哎呀，遥光他差点要让朕成了千古罪人啊！"萧鸾长叹道，随即向单景俊下旨，"不准萧遥光再妄杀一人，还要厚赐高、武子孙，派人送他们回到原府。"

圣旨传出，被囚的高、武子孙等人这才被放回家。接着，齐主又对沈徽孚说："萧子恪此次救人有功，当加封他为太子中庶子。"

萧子恪含泪谢恩去了。

不久，王敬则率领十万叛军抵达武进陵口，齐主令前军司马左兴盛、后军将军崔恭祖、辅国将军刘山阳、龙骧将军胡松四人共赴曲阿，屯兵长冈；又令右仆射沈文季驻军湖头，都督各军，抗击王敬则。

王敬则趋军直进，猛扑兴盛、山阳二垒，兴盛、山阳竭力抵御不住，想弃垒退师，胡松引军前来救援二垒，从敬则后方杀人。王敬则兵马虽多，但不过都是乌合之众，一经冲击，顿时溃散。王敬则竟在混乱中，被崔恭祖一枪挑去了老命。余众见此，遂或死或逃，顿时一走而光。于是叛军就此扫平。

这时，齐主萧鸾已经奄奄一息。太子萧宝卷得知大战已起，吓得浑身发抖，准备仓皇逃命，于是京城大乱。然后得知前方大捷、王敬则已经被杀后，萧鸾深感最后的一颗钉子已被拔去了，终于安下心来，城内又渐渐稳定了下来。

接下来，王敬则的子孙全部被杀，家产抄没。左兴盛、崔恭祖、刘山阳、胡松四人被齐主封为男爵。

于是，萧鸾改元永泰，以期国中从此永远安泰，然而不幸，事与愿违，齐主却从此倒在榻上，一病不起了。此时，离萧鸾篡位刚刚五年。

七月炎天，赤地千里，建康火炉旺盛。齐主萧鸾危病在正福殿，弥留之际，他召唤太子萧宝卷来到榻前。

"父皇不可弃儿而去——"萧宝卷哭道。

"皇儿岂能痴情！朕虽贵为人皇，但仍是死有定数，上天终将令朕前去，岂能护儿一生？"齐主轻声道。

"请陛下嘱咐、赐教！"太子又说。

"嗯，朕将去了，目下朝中人心浮动。皇儿切记：以后处理事情，必须从速进行，切不可落在人后，落后了就会被别人算计，你就会身家性命不保！"齐主说罢，溘然长逝，享年四十七岁。

遗诏任命徐孝嗣为尚书令，沈文季、江祏为仆射，江祀为侍中，刘暄为卫尉；军务由太尉陈显达处理，内务由徐孝嗣、萧遥光、萧坦之、江祏辅佐幼主处置。于是，萧宝卷即位后，追尊父亲萧鸾为明皇帝，庙号为高宗。

为了遵循萧鸾遗嘱，防人算计，太子萧宝卷即位后，委任茹法珍、徐业标等朝中群小为重臣，对这些佞臣们言听计从，他们可以快速地任意杀戮朝中功臣和国中大将。

萧宝卷向来好逸恶劳，不喜欢读书，齐主萧鸾也从不责备他，说只要他遵守家礼就行了。萧宝卷有时晚上通宵以捕鼠为乐，继位后，萧宝卷不问国事，终日与宦官、宫妃嬉戏，彻夜不停。

先帝灵柩在太极殿只奉安了几天，萧宝卷就想草草地出殡了事，经过徐孝嗣入宫力争，才勉强延长了一个月。临出丧时，萧宝卷毫无悲痛之情，他不愿哭泣。大中大夫羊阐入朝哭灵，悲痛欲绝，不小心掉了冠帽，露出了光头脑袋，萧宝卷见了，竟然开心地大叫起来。

"秃鹰哭灵了——"萧宝卷见了羊阐的光头，疯狂地大笑道。

"啊哈哈……"身边的人听后，也忍不住都大笑起来，于是满庭哗然。

帝灵安葬后，萧宝卷更是百无禁忌，从此欢欣鼓舞，纵情狂乐。

始安王萧遥光、尚书令徐孝嗣、右将军萧坦之、侍中江祏、卫尉刘暄等人天天进宫劝谏，也毫无效果。于是，齐廷朝纲渐渐乱了。所幸的是，此时北方魏主因有三个困难的隐情，只好发出了一道"不伐邻丧"的谕旨，并且北魏国内也乱事丛生，无力南侵，因此，虽然萧宝卷极端无能，但此时边关却还能太平无事。

当时，北魏朝中主要出现了以下三事：一是洛阳朝内所留的三大能臣已死了两人；二是高车国士兵作乱搅动了魏境；三是宫内冯昭仪奸情败露急需查审。后来，这些事尚未解决，魏主元宏竟又病逝于洛阳深宫，因此北魏这时已经无暇南顾了。

四十五、勋臣灭，嗣主迎危急

再说，京城钟山寺院中有位闻名遐迩的高僧叫慧超。他能知前后百年的大事。一日，萧衍特地慕名来访慧超。见萧衍来访，慧超遂出门相迎，并将自己的法座让给了萧衍。

"我曾经知道，僧人从不向俗人让座的，师父你为何如此多礼？"萧衍问。

"虽然如此，然而老衲也不能失了君臣之礼呀！"慧超惊慌地说。

"你我同僚，何来君臣之分？"萧衍听后奇怪地问道。

"将军龙行虎步，乃是帝王之相！"慧超道。

"啊，师父之言，石破天惊，你能详细说来吗？"萧衍惊后问道。

"天机不可泄露，英雄将起于雍州！"慧超含糊地说了一句后就住口了。

果然，不久，萧鸾因萧衍杀萧诞有功而被破格提升他为司州刺史，军威直达雍州。

在萧鸾逝世前，萧衍常与年龄相近的堂舅——参军张弘策纵论天下大事。他们一致认为萧鸾已经身患绝症，不久将亡。王敬则就将起兵谋变，无论其成败，都会进一步削弱齐廷的力量，加上北魏元宏就将入侵南齐。那时，萧鸾就会派他萧衍率军抵御北魏，他将手握重兵，从而有了将来发展的资本。

接着，萧鸾又对萧衍说道："雍州乃是国之重地，如今却被曹虎占据，令人不安呀！"

"哦，曹虎也要除掉？"萧衍疑惑地问。

"嗯，曹虎虽不能除掉，但也要将他另作安排，再不能让他在雍州为非作歹了！"萧鸾若有所思地说，"众所周知，曹虎何许人也？他出身士卒，本是个愚蠢贪婪的人，只因在讨伐桂阳王刘休范起兵叛乱时，随高帝在新亭对战，首先斩杀了一名叛军，才使高帝认识了他，并将他提成防殿队主，仅凭侥幸战功而一举成名。之后，他屡次邀功请赏，现在已据要位，却仍不知足，又反复无常，多有投魏之嫌。将军你当率兵前去，取而代之！曹虎既贪又怯，将军你一定会马到成功的！"

"末将遵命！"萧衍听罢，喜不自禁地答道。接着他应命而去。

可见，此时，萧鸾已经将高、武二帝的旧将曹虎列入清除的名单中，而曹虎此时正镇守在雍州，那么这次，萧衍正可以向萧鸾获得尚方宝剑，像上次清除萧诞一样清除曹虎，以期获取雍州刺史的职位。得到雍州之地，这正应验了慧超大师"英雄起于雍州"的预言了。下面，他们就要按部就班，照此稳步推进，实现自己的计划了。

结果，真是一切与萧衍、张弘策分析的一样。原雍州刺史曹虎战败投降，被另委他职，萧衍拿下了雍州。萧衍成了此战的最大的受益者，官至二品。

在萧鸾逝业前，任命了萧懿为益州刺史，其弟萧衍为雍州刺史。

此时，王敬则起兵失败后，谢朓深感忧伤。竟陵八友中的沈约也和谢朓一样，生来悲天悯人，多愁善感。这时沈约在东阳做太守，他修建了一座玄畅楼。该楼坐北朝南，面临鹜江，高耸于台基之上，登楼远眺，可见碧空万里，南山连屏。因此，沈约对此很是振奋，并写了一篇《登玄畅楼》。此诗一改沈约往日的怨郁之情，反而透出了一股清新之气。

而沈约的竟陵八友中的另一人——萧衍，此时他也在著作他的《江南弄》《西州曲》《采莲》等爱情诗歌，看了沈约的《登玄畅楼》后，萧衍也十分赞赏。

"我今一改往日的哀怨之曲，没想到，读了萧衍的《江南弄》等诗歌后，我觉得萧衍他竟然也一改昔日铁血将军之气，而成了柔肠百转的多情男儿了！"沈约向张弘策说，"莫非萧将军真的已经坠入爱河了？"

"正是！萧衍本来就既是铁血将军，又是多情多义的男儿啊！"张弘策慢慢说道，"自从昔时萧衍爱恋的少女谢采莲病逝后，他伤心欲绝。如今，他又遇到了樊城十四岁的少女丁令光，因为此人酷似谢采莲，所以萧衍再一次为女人神魂颠倒，坠入情网了。而且丁氏楚楚动人，也有极高的棋艺，在萧衍的家童陈庆之的帮助下，她能与萧衍经常下棋。于是，他们你来我往，也就渐达佳境了。"

"哦，原来如此！那么，萧公他就不怕他的后院起火？"沈约听后笑问道。

"啊，这是不会的了！"张弘策也笑道，"其妻郗氏在第三胎未能给萧衍生得一位男孩后，也就默认了萧衍娶妾生子了。因为近来建康局势混乱，所以萧衍已将京中的郗氏接到雍州来了，这丁令光聪明伶俐，为人忠厚，深得郗氏的欢心！"

"如此太好了！哈哈……"二人说罢大笑，他们对此也感到十分欢乐。

在雍州，萧衍闻得萧宝卷即位后，朝中由萧遥光等六人辅政，感到十分惊讶，遂召集亲将们商议国事。

"一国三公，尚且能够乱国，如今六贵同朝，他们势必会互相倾轧，况且……这嗣主又是个劣迹昭彰之徒呢。看来，国乱就在眼前了！"萧衍对张弘策说，"明帝临逝时，曾让嗣主'残杀时，应当不落在人后'。如此看来，这朝中的六贵和其他的功臣都将性命不保啊！避乱图福的佳地莫过于我雍州！"

"刺史应当兴兵伐罪？"张弘策问。

"不，目前尚不能起兵！"萧衍道，"如今，我许多弟弟都仍旧在京都，我怕他们受到牵连，所以只得与益州萧懿兄长共图良策！舅父以为如何？"

"你的话非常有理！"张弘策点头说道，"你当尽快秘密招兵买马，制造兵器以备将来所用！"

"正是!"萧衍说,"中兵参军吕僧珍也在暗图不轨,他已经私造战舰数千艘了。"

"不过,听说令兄萧懿现在已经被调到郢州,我们应当派员与他秘密商议!"张弘策说。

"就请舅父去与萧懿商议去吧,劝其早做准备!"萧衍对张弘策说。

再说,张弘策来到郢州,他急切地向萧懿诉说了京城之事。

"如今朝中六贵辅政,人人都要为自己谋划,争权夺利,必致相残。嗣主手中并无实权,但他也不会只是看着各王争夺,而自己空坐虚位吧?"张弘策对萧懿说道。

"舅父以为嗣主将会如何?"萧懿沉默了一会后,问道。

"嗣主必然会有一番大的动作,以便血洗各王,斩杀各大权贵!"张弘策说,停了一会又说,"不过……幸好你们兄弟二人驻守在外藩,这还能够为自己免祸。因此,你们要趁朝中那些权贵尚未开始猜嫌之前,就赶紧将各位弟弟从京城调出来,将他们召来聚义,一旦错过时机,弟弟们就会无路可走了!"

"我们能有多大的力量,可以阻止朝中的事发?"萧懿又问。

"你们郢、雍二州兵强马壮,天下安定时,可以竭力效命本朝;天下大乱时,又以匡可扶社稷,因地制宜,方可保万全。你们应当早日为此考虑,否则,悔之晚矣!"张弘策继续说道。

"这、这……唉……"萧懿听后默默无语,只是摇头叹息。

"你们兄弟英勇盖世,如今又占据了郢、雍二州这有利的地势,这正好能为百姓请命。你们废昏立明,易如反掌,请你不要再为昏庸的嗣主卖命了,以免贻笑后世!"张弘策接着更明确地劝告萧懿,"现在,雍州萧衍已经做好了准备,所以,我特来向你说明,希望你尽快行动!"

"舅父说话也太离谱了!"萧懿听说要废昏立明,立刻大怒道,"我只知道忠于君主,其他不知!"

"识时务者为俊杰,国事已经至此,将军为何还执迷不悟,不为自己和家人的身家性命考虑?"张弘策急问道。

"我意已决,请舅舅别再多言,以免招来杀身之祸!"萧懿摇了摇头,固执地说。

于是,张弘策无奈,只好回雍州将郢州情况报告给了萧衍。萧衍叹息了一会后,急忙派人去京城,将兄弟骠骑外兵参军萧伟、西中郎外兵萧詹调到襄阳,静待朝中变故。

数月后的一天,萧衍、张弘策等人正在府中议事,突然小校进来报告。

"京中传来消息,说江祏、江祀二兄弟被杀——"小校惊慌地报道。

"唉,事情终于出现了!"萧衍听罢叹息道,"此乃是意料之中的事啊,不必大惊小怪!"

"然而,二江是景皇后之侄,齐主萧鸾的表亲。他们为萧鸾称帝立下了汗马功劳,因此得到萧鸾的重用,并且参与了辅政。现在……他们竟也落到如此下场!"张弘策叹道。

"当萧宝卷恣意妄为时,徐孝嗣不敢谏阻,萧坦之也犹豫不管,唯独这个江祏却要力谏到底，因此惹得萧宝卷憎恨。"萧衍分析道。

"而且……江祏还常怒骂萧宝卷的二小宠臣茹法珍和梅虫儿，这自然又引起了这二位小人的憎恨，二小不能直接反击，只好在萧宝卷面前中伤江祏。这也是江氏必然灭亡的原因之一啊！"长史王茂轻声地说道。

"徐孝嗣曾经多次警告江祏，叫他不要阻止嗣主行径，无奈江祏过分担心国事而强忍不住，总要常常在皇帝面前唠叨，以至如此！"张弘策说着，过了一会又道，"然而，江氏之死也还有其处事不慎的原因！"

萧衍听了点了点头道："嗯，这……我也已经知道！"

原来卫尉刘暄是景皇后之弟，与二江同佐嗣君。嗣主萧宝卷恣意妄为引起朝臣不安，于是江祏、江祀和刘暄、萧遥光等皇亲重臣们百无他法，只好暗中商议废立之事。

"今上已经令人失望，我想因势利导，废黜萧宝卷，改立江夏王萧宝玄。诸位意下如何？"江祏问道。

"江夏王不宜被立！"刘暄阻止说，"当年我在郢州辅佐他时，就已经发觉他并没有君主的气度和能力。"

"哦，你还是因为江夏王萧宝玄当年狂妄地占有了你的小妾何杏之事而怨恨他吧？那时，因为萧宝玄他人小不懂事啊！"江祏惊奇地问，"倘若不立萧宝玄，那又能立谁呢？"

"我看……还是立建安王萧宝夤为好！"刘暄回答。

"既然刘大人有异议，那么就请问萧大人的意思如何？"江祏遂转头问萧遥光。

"这……正逢国家危难，为社稷着想，立主就当立年长的人才好呢！"此时，萧遥光别有用心地说。

"看来，如今是不能拥立少主了，那么……干脆就立萧大人您，如何？"

江祀听罢，想起了萧遥光曾多次向他暗示要称帝的意思，于是他不失时机，立即对萧遥光说，"我希望您能够担起这江山社稷的重担！"

"这……将如何是好？"听了各式各样的意见后，江祏公然在萧遥光的面前，万分犹豫起来，似乎对萧遥光也不放心，这自然引起了萧遥光的不满。

为此，江祏又找到萧坦之，并急切地和他商议废立之事。

"廷中有人提议立萧遥光为齐主，大将军以为如何？"江祏问萧坦之。

"明帝夺位，到今日还没有让天下人臣服，倘若我们再上演一出同样的闹剧，那么恐怕天下就会瓦解了，我实在不敢参与其中！"萧坦之惶然地说道，"况且……我即将离京去为母亲奔丧，恕不奉陪了！"

萧坦之见问，慌忙退缩，推卸责任。江祏见此，只好扫兴地退出。接着，江祏、江祀召来吏部侍郎谢朓，来江府商议。因为他们觉得，谢朓是一个大学问家，把他拉进来是大有好处的。

"嗣主已经大失人心，我本欲改立江夏王萧宝玄，但因他年幼，难担重任。而始安王萧遥光年长资深，倘若立他……您看众望如何？"江祏认真地对谢朓说。

"哦……哦……"谢朓听后大惊，他现在还在因为前次王敬则谋变的事而胆战心惊呢！王家数口惨遭杀害，那血淋淋的教训至今令他心有余悸，他又怎敢再次参与这种要命的谋变呢？所以，他只得装作不以为然的样子，含含糊糊地，只是长长地打着哈哈，不置可否。

"岂有此理！我兄弟如此操心，这都是为了国家，并无私心啊！"江祐又说，"侍郎为何如此推托？"

"嗯……嗯……，不过，我得回府，此事容我们以后再作商量吧！"谢朓又含糊地说道。

说罢，谢朓抬脚走出江府，江祐只好将谢朓怀疑萧遥光的情况向萧遥光本人汇报。

"胆大妄为的谢朓，他不想替我帮忙啊！"萧遥光听了江祐的话后，不悦地说，"我方才已经派刘枫再去谢朓府中洽谈，不知现在如何了……"

而恰巧此时，刘枫奉萧遥光之命来谢府拉拢谢朓，谢朓又含糊其辞。刘枫回来后又将此情报告给了萧遥光，这更加让萧遥光恼怒起来。

"殿下，依我看来，谢朓实在不愿帮忙呀！"刘枫向萧遥光汇报后，又评判道。

"……请你对谢朓说，倘若我让他兼任卫尉如何？"萧遥光再次对刘枫说，"另外，请你速去通知刘暄，叫他时刻留心谢朓的动向！"

"末将听命——"刘枫答道，并应萧遥光之命行事。

于是，谢朓因萧遥光之荐而兼任了知卫尉事。但是，谢朓天生胆怯，突然身居要职后，心中更加惶恐。于是，他干脆立即将江氏兄弟的密谋废立之事告诉给了太子左卫率左兴盛。左兴盛不敢多言。谢朓又立马将此消息转告给了刘暄。

"始安王萧遥光一旦入承大统，恐怕刘枫等人就将身居要职，而刘暄大人您就没有立足之地了！"谢朓对刘暄挑拨道。

"啊，此事竟是如此严重？"刘暄听后，装出一副惊慌失措的样子，说道。

因为，其实刘暄也是萧遥光的同党，所以，刘暄得知谢朓的用意后，立即将谢朓的话报告给了萧遥光和江祐。

"……既然谢朓始终不愿依附于我们，那么，我就只有将他调离京都了！"萧遥光听后，思索了一会后，说道。

"然而……谢朓知道的事太多了，决不能让他带着这么多的机密离京！"江祐对萧遥光说。

"……我决定与徐孝嗣和你们联名上奏朝廷，诬告谢朓，请齐主对他治罪，令他自尽就是了。"萧遥光信心十足地说着。

于是，众人听后点头，遂陆续地去了。

结果，在萧遥光的安排下，齐主萧宝卷的圣旨自然就下来了，当即赐谢朓自尽。

"我本一心一意地为大人您着想，也是为了国家，然而，却没有料到，你……竟然出卖了我！"谢朓在自杀前，满面泪水地对刘暄说，"刘公如此一心一意地与始安王一起谋害于我，然而，公却忘记了，一旦始安王登上了皇位，您国舅的地位何在？"

"休得胡言！"刘暄听罢大怒道，然而，他转而一想，遂自言自语，"不过……谢朓之言一点不差呀，我何必一定要如此鞍前马后，为萧遥光效力呢？"

于是，刘暄回府再思索了一阵后，立即来到江府。

"我……我暂时不准备参与起事了！"刘暄对二江说。

"哦，这是为什么？"江祏、江祀惊问，"既然如此，我们也不能独自兴兵！不过，我们得将这一变化告知始安王萧遥光，以免他到时候措手不及！"

于是，二江将刘暄变卦的意图转告给了萧遥光。萧遥光听罢大怒，他恨得咬牙切齿，并决定派家将黄庆前去刺杀刘暄。

黄庆出府时，见刘暄正在通过青溪桥，护卫太多，黄庆不敢行刺，只好躲在桥下。不料，黄庆的行踪惊动了刘暄的坐骑，刘暄的马受惊后，开始蹦蹄，焦躁不安。

"我的坐骑今日何故如此焦躁？莫非……"此时，刘暄立刻下马说，接着他向护兵令道，"你们且搜查桥下，看那儿到底有何异相！"

护卫们开始搜索周围，并且当场抓捕到了黄庆。通过审讯得知，是始安王萧遥光派他暗杀刘暄的。刘暄得知后又惊又怕，并且仇恨无比。

"萧遥光乃是蛇蝎之徒！大人如此努力地为萧遥光出力，萧遥光他竟要暗杀大人，实在可恨！"刘府长史立刻不平地怒骂道，"大人不如釜底抽薪……"

"你是让我将萧遥光等人的阴谋立即向嗣主密报？"刘暄反问，接着又说，"哦，我已突然明白，决心报此暗杀之仇！"

于是，刘暄立即进宫，向嗣主密奏了二江同萧遥光叛逆的罪状。萧宝卷听了，马上召见江祏，并搜捕江祀。当时江祀正在内殿，听到风声，立即来到江祏府中，向江祏报告。

"刘暄告密了，这……我们将如何是好？"江祀惊慌失措地问。

"不必大惊小怪，镇静……"江祏说。

而正当此时，嗣主搜捕二江的人马已经冲进府内，随即二江被捕，并一同被斩于市曹。

除掉了江祏、江祀之后，嗣主萧宝卷更加逍遥自乐，每天五更睡觉，日落起床，与身边佞臣嬉戏玩乐。案上的奏章堆积如山，他也不想处理，有的被宦官拿来当作包裹鱼肉的废纸，带回家中。

一天，建康风和日丽。萧宝卷带着侍从兴味盎然，骑马在南郊游乐。

"从前，江祏常常禁止朕躬骑马出游，倘若他今日还在，朕今日岂能如此快活！"嗣主得意地笑道。

"陛下英明，江祏当死，陛下还要杀了他们的全家才是！"群小齐声笑道。

"好，就依卿等之意，立即令人前去抄斩江氏全家！"萧宝卷说道。

于是，江祏的全家立刻被斩被抄。

萧遥光本是位出色的野心家，自从先帝驾崩，诏他辅政之始，他就暗与江祏兄弟密谋自立。并且要利用其弟萧遥欣远在荆楚、兵居上流的条件镇定外番，而遥光身据东府号令全局。并且他此前已经派人令遥欣火速急下，开始叛乱，只是遥欣突然病死，他们未及行动。加上江祏被诛，所以萧遥光顿感惊惧。因此，当嗣主萧宝卷召萧遥光入殿，向他宣告江祏之罪时，遥光惶恐不安，已感大祸临头了。

萧遥光虽然躲过了此劫，但心中不安。他兄弟三人，小弟萧遥昌已经死在任上，二弟萧遥欣本是共同起事的将领，不幸又已中途病亡。他孤立无援，见萧宝卷也在暗中窥视自己，所以他只好放弃了大计，告病回家，不理朝政了。

接着，萧遥欣的灵柩到京，送葬的荆州士卒云集在东府。

"荆州兵马云集东府，人多势众，陛下要防备萧遥光趁机起事啊！"刘暄急切地向萧宝卷奏道。

"朕先免除萧遥光扬州刺史之职，只让他做司徒，以防他有异心！"萧宝卷说道，并向茹法珍令道，"宣萧遥光入宫觐见！"

于是，圣旨传到始安王的东府。

"王爷不能进宫，以防遭到不测！"骁骑将军垣历生劝萧遥光道。

"你言之有理，我不会入宫，我决不做第二个江祏！"萧遥光说，接着，他向垣历生下令，"萧坦之、沈文季是萧宝卷的护卫，将军请以声讨刘暄为由，立即统兵劫杀萧坦之、沈文季二人。"

"末将得令——"垣历生听罢答道。

接着，垣历生率领兵士与萧坦之、沈文季的兵马大战。然而，不一会，垣历生又转身回来。

"启禀王爷，在我军的追杀下，萧坦之、沈文季二人业已逃进台城了，我们是否要立即攻打台城？"垣历生问。

"攻打台城这……就是造反。这……容我思之！"萧遥光听了，立刻再三思索起来，他仍不敢下令攻打台城。

黎明，萧遥光一身盔甲，站到台城之上。

"王爷，请速下令攻城！"垣历生上前请求道，"倘若错过了时机，则悔之晚矣！"

"不不不，城内不久将乱，我们不如静等，不要动兵，以免招来麻烦！"萧遥光犹豫一会后又说道。

"唉，先声才能够夺人啊！王爷如此迟疑，怎能成就大事！"垣历生摇头叹息道。

萧坦之、沈文季二人跑进台城后，来到嗣主面前。

"陛下，京城萧遥光已经率兵叛乱！"萧坦之说道。

"哦，果有此事？"萧宝卷惊慌地问道。

听了二人的话，殿内外一片慌乱。

"微臣立即守护宫殿，请左将军沈约去西掖门抵御叛军。"徐孝嗣向嗣主建议，"将曹虎从桃叶渡调到宫城来。"

"朕准旨——"萧宝卷说。

此时见各军出发，宫内才渐渐地安定下来。

"可令萧坦之率兵去讨伐萧遥光，屯兵湘宫寺，左卫率左兴盛屯兵东篱门，镇军司马曹虎屯兵青溪桥，三路兵马共同围攻萧遥光的东府！"徐孝嗣等人又向萧宝卷建议道。

嗣主一概准奏，随即人马出动，城内人喊马叫，杀声震荡天地。

萧遥光急命垣历生出战，历生屡败朝廷大军，并且阵斩了军将桑天受，萧坦之见了未免心慌，遂率军节节败退。

"启禀大将军，东府萧遥光的参军萧畅、长史沈昭略突然出府归降朝廷来了！"正在这时，忽然，在两军征战的阵前，部将前来向萧坦之报道。

萧坦之抬头看时，只见豫州刺史萧衍之弟——萧畅和仆射沈文季的继子——沈昭略欣然率军前来。

"哦，恭喜二位将军弃暗投明，二位都是名门之后，叛军失去了二位将军，就会马上土崩瓦解——"萧坦之见后大喜，遂兴高采烈地上前说道。

"萧大将军，现在东府兵力空虚，将军力攻必克！"这时，萧畅和沈昭略齐声地向萧坦之报告说。

"哦，全军猛攻东府——"萧坦之立即举刀大声命令道，"杀尽叛军——"

随着一阵叫喊，萧遥光的东府军将们人心浮动，立刻溃败。

为了阻挠朝廷大军，萧遥光让垣历生出击攻杀曹虎，但是，垣历生见大势已去，因此心怀二志，他不仅不战，反而弃甲前去投奔了曹虎。曹虎不接受垣历生投降，并喝令将他处斩了。

萧遥光听得垣历生投降，暴跳如雷，他从床上跳起来，令人斩杀了历生仍在东府的两个儿子。

于是，围攻东府之战，从早到晚，在东府门前，双方战斗相持了一整天。最后，朝廷的三军在东府叛将的协助下，攻入了东府，萧遥光等乱党全部被擒被杀，叛情遂告消灭。

徐孝嗣、萧坦之等人回朝求封。齐主晋封徐孝嗣为司空，沈文季为镇南将军，萧坦之为尚书右仆射，刘暄为领军将军，曹虎为散骑常侍右卫将军。

四十六、宫廷乱，群小更凶残

不久，萧坦之依仗功高而骄恣，对朝中群小也毫不客气。于是茹法珍等人趁机诬陷他，并请萧宝卷派出卫帅黄文济，率兵围攻了萧坦之的府第，结果逼他自尽。

"请卫帅容禀：我死不足惜，只是尚有一言相告！"萧坦之在临死前向黄文济道。

"你有什么话？请说吧！"黄文济问坦之。

"坦之堂兄萧翼宗刚刚被授为海陵太守，尚未赴任。他向来廉洁，家境清贫，望大人代我奏请陛下，免他一死！"萧坦之说。

黄文济回宫将此话奏报给了萧宝卷，嗣主命人查抄萧翼宗的住处，果然其家一贫如洗。于是，齐主杀了萧坦之全家，却赦免了萧翼宗。

接下来，茹法珍、徐世标等群小继续开会商议，诬陷功臣，说他们反叛。

下面被诬陷的第一个就是刘暄。对此，萧宝卷也有些惊疑。

"刘暄是朕的舅舅，他也会有异心？"齐主说。

"明帝是武帝的侄儿，他也差点把武帝的子孙灭光了，更何况是舅舅！"直阁徐世标说。

"这……"萧宝卷还有点犹豫。

"'遇事一定要走在别人的前面！先下手为强，后下手遭殃'啊。莫非陛下忘了先帝临终时的遗言了？"茹法珍赶紧进言道。

"哦，先帝确有此言！那么，你们就将刘暄也拿下来，杀了吧！"萧宝卷听后说道。

"还有，曹虎家产过多，也应给予处置！"茹法珍又说。

"好吧，就依你们的意见，朕下一道密旨，将曹虎也一并处死，家产抄没，收归国库！"接着，齐主萧宝卷又随意说道。

于是，刘暄、曹虎也都相继死于非命了。

徐孝嗣是个文人，素来虚怀若谷，与世无争，所以齐主一直未能对他下手。

"相爷大人，虽然……至今您安然无恙，然而，危险迟早终会到来。我们劝大人不如同我们一起，伺机废黜嗣主！"中郎将许准、沈昭略再三劝告徐孝嗣。

"以乱治乱，并非上策。在万不得已时，我们也只能是等嗣主出城游玩，再与群臣商议，我们现在不宜轻举妄动啊！"徐孝嗣仍旧不动声色地说道，"前朝轻兴废立之事时的血案，历历在目，我们应当十分慎重！"

"唉，然而……萧遥光东府之乱刚刚平息，而甚至刚刚为平叛立下了汗马功劳的尚书右仆射萧坦之、国舅领军将军刘暄、散骑常侍右卫将军曹虎等人，都在朝中群小的挑拨下，一个个地死于非命了，难道说您将来还能幸免于难？"仆射沈文季也叹息道。

"……人各有志，望诸位勿再多言！"徐孝嗣固执地说，"人生百年，总有一死，死即死也，我何必躲避……"

见徐丞相如此软弱，众人只好摇头作罢。后来，沈昭略等人还曾经多次前来，向徐孝嗣劝告，但是，徐孝嗣仍旧固执己见，不愿参与废黜的事情。

沈文季年届六旬，见朝政日下，忙与他的侄儿沈昭略再次商议自己的退路问题。

"为叔将以年老为由，不干预朝政，辞官归退！"沈文季对其侄沈昭略说，"为叔业已功高压主，倘若不能尽早归隐，恐不能善终啊！"

"叔父所言有理，不过，您虽然已老，但官居仆射，陛下是不会轻易放你走的！"其侄沈昭略忧虑地说，"伴君如伴虎，叔父应当设出非常之计，方可脱离皇家，否则将不能离朝！"

"……也未必吧？"沈文季惊慌地问道，"莫非我只有听天由命了……"

于是，二沈不安地又度过了一个春季。接着，齐主萧宝卷忽然下诏，召请沈文季叔侄二人去华林园议事和赴宴。

"陛下好久未能宴请老臣，我这次去了，恐怕凶多吉少，不能再活着回家了！"出门登年时，沈文季看了看自家高耸的门楼，略有预感地回头对家人说道。

"老爷请勿说这些不吉利的话啊，但愿上苍保佑。"老夫人满含热泪地安慰道。

"愿上苍保佑……"沈文季也老泪纵横。

接下来，二沈来到宫城。进了华林园后，二沈看到徐孝嗣也被召来了，于是，三个人更觉得事情不妙，更加不安和惊慌起来。果然，不一会儿，茹法珍拿着毒酒笑逐颜开地走了进来。

"哈，各位有幸，嗣主要赐你们御酒了！"茹法珍狡诈地向大家笑道。

"哦，皇帝要赐我们自尽？"沈文季悚然仰头，轻声地问茹法珍。

"是的，莫非诸位，你们还要推辞？"茹法珍厉声地反问道。

"……徐孝嗣呀，徐孝嗣！废昏立明，自古同理，你为何却迟迟不办？拜了你这个无能的宰相，我们才有了今日的不幸啊！"沈昭略一见毒酒，顿时怒发冲冠地向徐孝嗣叫起来。

"这……事已至此……沈长史何必急躁……"徐孝嗣木然地瞪着双眼，结结巴巴地对沈昭略说道。

"我不急躁？我不急躁！我让你做个无脸的鬼魂——"沈昭略瞪眼向徐孝嗣叫道。

说毕，他从茹法珍手中抓过酒来，一饮而尽，并且将酒壶砸向徐孝嗣的脸上，使徐孝嗣的老脸，顿时血流如注。

说罢，沈昭略气绝身亡了。

接着，沈文季也饮酒身亡，倒在榻上。

徐孝嗣喜欢喝酒，他喝了数杯之后才慢慢地死去。

后来，徐孝嗣的两个儿子，虽然贵为驸马，也都全被杀死。

沈昭略的弟弟沈昭光本想逃走，但因为不忍丢下母亲，只好回府，最后也被捕杀。

沈昭光的侄子沈亮本已逃走，但是，得到沈昭光的死讯后，他不忍离去，遂自尽于叔父沈昭光的尸体前。

此时，同朝的六贵只剩下太尉陈显达一人了，他是高、武时期的旧将。陈显达本是想虚怀若谷，做个谨小慎微的人。明帝萧鸾在位时，他生怕得罪皇上，常常自贬，出门乘破车，少带侍从。

一次，明帝赐宴，陈显达已有醉意。

"老臣如今老了，不能为国效力了，陛下给臣所赐，臣深感知足。"陈显达向萧鸾说，"只是臣还缺少一个枕头，请陛下赐给微臣，以便臣能够安枕而死啊！"

"爱卿喝醉了？怎能说出这样的话呢？"明帝正色道。

"臣想告老还乡，还请陛下恩准啊！"陈显达又说。

"爱卿是朝中重臣，朕正希望爱卿为朕分忧，爱卿岂能离朕而去呢？"萧鸾和颜悦色地对陈显达说道。

于是，陈显达只得继续任职。后来，他奉萧鸾遗命伐魏，结果失败，于是，遭到御史中丞范岫的弹劾，范岫请嗣主萧宝卷将他罢免，陈显达也自请降罪，但是，萧宝卷还是安慰他，不肯罢免他，并任他为江州刺史、督管江州军事。

陈显达得到这份诏书后，十分欣慰，因为，他能够离京出任为江州刺史、督管江州军事，这如同跳出了是非的火坑，所以陈显达心中长长地出了一口气。然而，不久，朝中就开始诛杀权贵，并传言萧宝卷就要派兵来袭击他们的江州。

陈显达听罢十分惊慌，急忙与长史庾弘远、司马徐虎龙商议起事。

"诸位已知，局势危险了！朝廷诛杀权贵，萧宝卷就要派兵袭击江州。"陈显达惊慌说，"我们不如立即起事，废了萧宝卷，迎立建安王萧宝夤为帝？"

"末将听命——"众人答道。

"不过，我们还需要先礼后兵，首先派你们给齐主送去檄文，列数其罪，然后发兵！"陈显达激动地叫道。

庾弘远和徐虎龙都一致同意。

萧宝卷见到陈显达的檄文后十分恼怒。他立即调兵遣将，令护军将军崔慧景、后军将军胡松、左卫率左兴盛等沙场老将全力以赴，征讨陈显达。

陈显达已经七十高龄，精力不济，虽然在采石战场上大破了胡松，但是，最后在进攻建康时，恰逢天寒地冻，士兵冻死了很多，所以，在京都守军和左兴盛二军前后夹击下，陈显达还是全军覆没，彻底失败了。他和儿子以及全体将士全都被诛杀，最后，齐主将陈显达干枯的头颅，高挂在城楼大墙之上，供人赏玩。

豫州刺史裴叔业见朝廷屡杀功臣，也很惶恐，遂赶紧躲藏在府中。见裴叔业神态有异，萧宝卷很是怀疑，因此，为防裴叔业谋变，萧宝卷的朝廷决定调任裴叔业为南兖州刺史。收到诏书后，裴叔业更加不安。

"朝廷近来情形更加险恶，又要调我去南兖州，我为免遭不测，不想起程。诸位以为如何？"裴叔业向部众们问道。

"目下，京城形势紧张，人人自危，叔叔也应当早日为自己打算！"裴叔业的在京任殿中直阁的侄儿裴植，偷偷地跑回寿阳，对裴叔业说，"老叔呀，你不要存在任何侥幸的心理了，朝廷下一个要杀的人就是你了！叔叔要立即行动起来，奋勇一击！"

"我将秘密派遣马文范去襄阳与萧衍联系！"裴叔业告诉部将们说。

"萧衍乃是英雄大才，倘若叔父能够与他相互提携，也是幸事啊，但愿叔父尽快行动！"裴植急切地说。

于是，马文范日夜兼程，来到襄阳，要求立刻面见萧衍。而此时，萧衍正在堂中与爱妾丁令光下棋。二人对弈正欢，萧衍见裴使马文范匆匆来到，遂示意让他在旁边坐下歇息。

"如今京城发生的事情，大人想必已经清楚，陛下随时都会对我们下手——"马文范急切地向萧衍说，"萧大将军您好有兴致，还在下棋！"

"啊，裴公之意如何？"萧衍慢慢扭过头来问马文范。

"我主裴公希望和萧大将军您一起发兵，打到建康去！"马文范大声地说道。

萧衍听了大吃一惊，赶紧放下手中的棋子，回过头来看着马文范。此时，萧衍正欲发言，但见张弘策走进来向丁令光摇了一下头。

"现在正是非常之际，心怀大志的人更要沉得住气，切不可锋芒毕露！"丁氏和萧衍对视了一眼，轻声嘀咕了一句。

"哦……"萧衍低下头来，叫了一声。

"萧大将军之意？"马文范又问道。

"唉，国家多难，我也不想逆水行舟。我只有在此静观其变而已！"萧衍忧郁地说，接着又问，"你家裴叔业还有什么想法？"

"裴公说，倘若萧公您不愿联合发兵，他只好投奔北魏去了，以便能够得封河南公之类的官职，保得余生。"马文范对萧衍说，"大将军以为如何？"

"……此未必……"萧衍听罢犹豫道。

"大人以为？"马文范又说，"不过，我们以为，即使不得封赏也比坐以待毙为好！"

"我以为这不是上策！"萧衍说道，并与马文范详尽地分析情况，马听后十分信服。

"大人所言有理，烦请大人以书函告诉裴公！"马文范请求道。

"好的，我即刻写信告诉裴叔业将军！"萧衍说，并立即写信：

> 裴公亲启……陛下身边的人都无非是酒囊饭袋，他们有何远见卓识？倘若他们对你有所怀疑，你就将家人送往京都做人质，让他们相信你确无异心！
> ……倘若他们一再相逼，你可以立即率兵直出横江，切断其后路，天下之事便可一举而定！但是，倘若你投靠北魏，北魏他们就会另择其他将领来取代你，而将你放在河北他处安置。历史上的故事都是如此。若果如此，裴公岂不得不偿失？

裴叔业看了萧衍的信后，犹豫不决，于是，他立即将儿子裴芬之送往建康做人质。但是，儿子去了建康后，裴叔业仍旧不放心，他仍然打算投靠北魏，并且特意多次写信，与北魏豫州刺史薛真度联系。

薛真度劝告裴叔业早日投降，裴又多疑不决，但与北魏的书信来往却仍旧不绝。于是，京都的朝臣们对此，渐渐有所耳闻，认为裴叔业投降了北魏。裴芬之怕受到牵连，急忙溜回寿阳。见儿子已回，裴叔业遂立即率兵向北魏投降去了。

魏主元宏令彭城王元勰镇守寿阳，封裴叔业为兰陵郡公、豫州刺史。

齐主萧宝卷闻知裴叔业投奔北魏，十分恼怒，遂令平西将军崔慧景率水军讨伐裴叔业，又令萧懿为豫州刺史，与崔共讨寿阳。

崔慧景早有篡位的图谋，出征前，密令儿子直阁将军崔觉赶紧出京，来军中听用。次日，崔觉单骑来到广陵，与父亲会合。于是，崔慧景的大军慢慢前行，离开广陵十余里后，崔慧景突然命令队伍停步，并召集亲将部属们商议起兵反叛朝廷之事。

"我深受三代皇帝的恩遇，无以为报，如今幼主昏昧，朝廷浊乱，报恩就在今日！"崔慧景突然向众将说道，"我愿与诸位共立大功，匡扶社稷。诸位以为如何？"

"我们愿随大将军建立大业——"众将齐声答道。

于是，崔慧景率军重返广陵，司马崔恭祖立即开门迎接崔慧景大军。

两日后，崔慧景决定率军过江，先派使者过去，面见江夏王萧宝玄。

崔使来到京口，向江夏王萧宝玄递上崔慧景的密信。

"启禀殿下，崔将军愿意拥立殿下为帝，借道前来反攻建康！"崔使向萧宝玄道。

此时，现场人员繁杂，一向亲近朝廷的司马孔今和典签吕承绪等人也都在场，萧宝玄不知所措，遂走入屏后，与长史沈佚之等人商议应对之策。

"现今崔慧景的使者已到，约我起事，诸位以为我们应当怎样给他们回话？"萧宝玄急切地问部属。

"昏君无道，萧宝卷他竟因徐孝嗣而逼迫殿下与徐妃分离，实在令人愤恨，殿下正好趁机起兵取而代之！"长史沈佚之向萧宝玄说道。

"那么，我就答应和崔慧景一同发兵？"萧宝玄高兴地说。

"不然！这里离京城太近，朝廷的耳目众多。王爷不如一面借机杀了崔使以向朝廷示忠，以便得到朝廷信任，趁机收回台城的将士，增加兵力；另一面再私下派人与崔慧景接触，约定起事，共破台城。"沈佚之进言道。

萧宝玄听罢点头称妙，于是率众转身走出内厅。

"胆大的崔使，你竟敢约我反叛！"突然，萧宝玄走出内厅后，就向崔使大怒，"本王乃是皇帝的至亲，岂能对陛下不忠？"

"这……"崔使闻罢大吃一惊，不知所措。

"来人呀，且将崔使立即斩首——"萧宝玄叫着，并且令人斩杀了崔使。

司马孔今和典签吕承绪等人见了，目瞪口呆，他们因此深知萧宝玄对朝廷的忠诚，忙将这里的信息密报给了京都。接着，萧宝玄一边加紧守城，一边假意向京都报信。

四十七、激众怒，崔氏终谋变

齐主萧宝卷听说崔慧景起兵，大惊失色，但是，他在收到孔今和吕承绪的信后，又心中大喜！

"嗨，萧宝玄果然仍是朕可靠的知己！有萧宝玄辅助，朕无大忧了，崔慧景必败——"齐主萧宝卷得意地叫道，"请马军将领戚平、外监黄林夫，立即率兵前去协助萧宝玄镇守京口——"

然而其实，萧宝玄表面上拒绝崔慧景，暗中却正与崔勾结。戚平、黄林夫到京口以后，萧宝玄即与他们密商，试图说降他们，与之共谋京城。后来，萧宝玄发现戚、黄二人不肯合作，遂下令斩杀了他们，并将他们的部属全部收降归了自己，于是，其军威为之大振。

司马孔今和典签吕承绪见萧宝玄变了脸，大吃一惊，他们急忙大呼："我们上当了，原来五爷造反了——"

"孔今、吕承绪，你们乱叫什么？"咨议柳澄听了，急忙向孔、吕喝道。

而孔、吕正欲上前辩解时，不料，柳澄冲了上来，向左右各砍一刀，杀死了司马孔今和典签吕承绪。此时，萧宝玄已经收编好了台城部众，人多势众，都聚集在京口。于是，萧宝玄拥有十多万兵马，其人喊马嘶，正整军待发。

"沈佚之、柳澄各领本部人马等待崔慧景的人马到来，共同攻打京城——"萧宝玄大声令道。

众将齐声听令。接着，崔慧景率军从广陵而来，萧宝玄立即开门迎接。

"殿下容禀！"崔慧景向萧宝玄说道，"末将愿引本部人马做先锋，进攻京城，殿下率大军随后！"

"好，就依将军之言，请将军率军直逼建康，我随后即来——"萧宝玄点点头同意道。

于是，前锋数万大军向建康杀奔而来，京城闻了，一片恐慌。

得知崔慧景大军势如破竹，直抵京都，萧宝卷急忙发兵堵拦叛军，并立即加授左兴盛为右卫将军，领兵讨伐崔慧景。

"启奏陛下，崔慧景在广陵停留两天后，率军渡江南下。江夏王萧宝玄响应崔慧

340

景，合二镇兵力相助，崔慧景已奉萧宝玄为主。"中领军王莹奏道。

"马军的主将戚平、皇宫外监黄林夫从速前往京口协防，以阻止崔慧景进攻建康——"齐主萧宝卷叫道，"中领军王莹率领各军于湖头构筑城堡，连同钟山西麓的驻军共数万人抵御崔慧景。"

接着，崔慧景军抵达查浦。

"现在平坦大路皆被台城军兵挖断，不能通过。只有从钟山龙尾出其不意而冲上去！"塘人万副儿向崔慧景献计说。

崔慧景纳其言，遂派千余士卒沿蒋山小径而上，从西麓乘夜进攻。齐主朝廷军兵惊恐，四散逃遁。齐帝又遣左兴盛率三万人拒崔慧景于北篱门，左兴盛却望风而逃。

齐军终不能拒敌，崔军随即攻破了建康的外城，左卫率左兴盛战死。于是，台城宫中大乱，幸有卫尉萧畅力守南掖门，并分兵驻守其他各城门，才暂保平安，人心稍定。

"左兴盛真的死了？"萧宝卷悲观失望地问。

"是的！不久，崔慧景就进入乐游苑，包围宫城，石头城、白下、新亭等地的朝廷兵将，都望风溃逃。左兴盛撤退时，未能入宫，遂逃到淮渚获舫中，被崔慧景乱军擒斩了！"侍从向帝奏道。

"目前京城人心惶惧。崔慧景又称宣奉德太后之令，还废陛下为吴王呢？"又一些侍从们抖动着嘴巴，惊慌说道。

双方相持了几个时辰。见皇城久攻不下，先锋崔恭祖走来向崔慧景献计。

"军情紧急，我军应当立即以火攻击北掖门——"崔恭祖说。

"不可！眼看大局已定，我们何必毁灭那些建筑呢？将来重修，要花多少金钱啊！"崔慧景决然反对道，"我们的大事就将成功，岂能乱毁财物——"

崔恭祖听罢，只得怏怏而退。而在此时，崔慧景竟然以为胜利在望，万事大吉，他甚至干脆停止了指挥，只身进到法轮寺佛堂中，去诵经参禅去了。

"现在军情仍然万分紧急，大将军岂能休闲坐禅？"崔恭祖禁不住叹息道，"如此下去，前途堪忧！"

"将军何必操心，我们大功就将告成，你何必还要忧愁满怀？"崔慧景回头对恭祖笑道，说罢，竟然丢下军队，进了法轮寺。

"你知道吗？豫州刺史萧懿应皇帝之召，已经从采石渡江来救京都了！"崔恭祖急切地进到法轮寺，向寺内的崔慧景大声叫道，"大将军，你不能在此参禅了！萧懿的大军就要到来——"

"嘿，萧懿，如今大局已定，萧懿他有什么办法能够拒我？"崔慧景仍旧不以为然地笑道，"哈，我就要成功了！我昨晚曾得一个吉祥之梦，梦见一条白龙进入我的怀中。这不是说明我就要做真龙天子了吗？"

"嗯，'龙入衣怀中'，此乃是'袭'字啊！到底是谁袭击谁？大将军倘若不肯继续努力奋斗，恐怕不是我们袭击朝廷，反会是朝廷萧宝卷要袭击我们了！今日朝廷的死忠之臣萧懿不是来了吗？"崔恭祖大声地向崔慧景叫道。

"萧懿他有何能力阻我的大军?"崔慧景反问。

"唉,萧懿岂是个好对付的人?"崔恭祖急切地叫道,"如若不然,你可令我们率军迎击萧懿,否则晚了!"

"要你去干什么?你不必去了,叫我儿崔觉去迎战吧!"崔慧景怪声怪气地说道,"萧懿并不是什么劲敌!"

"战事方才兴起,建康的人马汹汹,你就如此轻敌了,将军我倒要看看你们父子能干成什么大事来!我看你们已无成功的希望了!"崔恭祖无奈,忙退出庙宇,回头看着山门,他郁闷地自言自语道。

说罢,崔恭祖情绪不宁地扔下兵众,自己带着骁将刘灵运一同进了东府,打算趁机掳掠一些财宝,再引兵另投他处了。

萧懿本来是驻守在小岘的,他得知裴叔业已经投奔北魏后,正打算乘虚攻击,不意京都急召他回援建康。于是,他只好立即召集各军随江东下。

萧懿率领胡松、李居士等人渡江,一边东行,一边举火示意。

"勤王大军来了,京城得救了——"当台城的官军看到萧懿率领的救兵前来时,立刻欢欣鼓舞。

萧懿大军抵达南岸很久后,崔觉才引叛军从东面前来抵抗,并且刚一开战,就被萧懿打得落花流水。崔觉只得领着残兵败将退往城内。

"前方崔恭祖在做什么?"路过越城时,崔觉见崔恭祖、刘灵运的军队正在东府门前乱哄哄地跑进跑出,随即问部下道。

"他们在抄掠东府,并且得到了几名美女和几箱珍宝!"部众们对崔觉说。

"嗬,崔恭祖胆大妄为——"崔觉见了,十分眼红,竟然大叫着,将崔恭祖拦住,并且从崔恭祖手中夺回了美女,将她们据为己有。

崔恭祖本来就已对崔慧景父子有怨恨,现在又被崔觉这么一激,因此,他怒火中烧,随即愤然带着骁将刘灵运一起向台城官军投降去了。

崔慧景的部将们见崔觉战败,而且崔恭祖又率引亲兵离开了本部人马,料知大事不妙,随即纷纷逃散。

崔慧景见全军崩溃,不禁大惊,也只得带着心腹,准备渡江北逃,但是他却又被萧畅引军大杀了一阵。接下来,萧懿大队人马又向崔慧景的军队追砍过来。在万军丛中,崔慧景被萧懿的长枪挑下马来。

"叛将崔慧景,你还不举手投降,更待何时?如再迟疑,我就一枪刺进你的胸膛!"萧懿举枪向崔慧景叫道,"你这个乱臣贼子!"

"你想怎么样?你以为你是个好汉?哈哈,想不到真正的好汉萧衍,反倒有了你这个愚蠢的哥哥!"崔慧景痛心疾首地说道。

"为人臣子,就应当忠心耿耿对待君王!"萧懿叫道,"我不是好汉,难道说你反而是个好汉?"

"哈哈!齐国就要灭亡了!"崔慧景大笑道。

"狂徒岂能说我大齐将亡?"萧懿怒发冲冠地向崔慧景问道。

"啊，国中正是有了你这样的愚蠢的忠臣，才有了萧宝卷那样荒淫的昏君！而有了你们这些愚臣和昏君，难道说这萧齐的天下还不会灭亡吗？"

崔慧景说罢，翻滚跃起，迎向萧懿的长枪矛头，自杀身亡了。萧懿双眼圆睁，愣愣地看着眼前这血淋淋的一幕。

接着，萧懿在道观中捕杀了崔觉。崔恭祖虽然已经投顺，但因他曾是崔慧景的帮凶，所以也被萧宝卷下令杀死。萧宝玄在京城里躲藏了数日，因搜查甚紧，只好出来自首。齐主萧宝卷将萧宝玄放在帐中，让兵士从四周向他射击，搞得半死后，才赐他毒酒，叫他自尽了。

"启奏陛下，在搜捕逆党中，发现了一个花名纸册，其中记录着许多叛变者的姓名！请陛下过目！"萧懿向齐主萧宝卷奏道。

"哦，册子有何用处？将它烧毁吧！"齐主萧宝卷懒洋洋地说道，"朕还要出游，哪有工夫管什么花名册！"

"可颁诏大赦，令余孽悔过自新？"萧懿说，接着又问，"还要清查余孽？"

萧宝卷随即点点头。此时茹法珍、梅虫儿等人也走上前来。

"茹、梅二卿，下面清查余逆之事就由你们操办吧！"接着，齐主萧宝卷回头向茹法珍等人说道。

"臣等遵旨——"茹法珍、梅虫儿等奸诈小人欣然地齐声答道，随即，奉旨行事去了。

于是，茹法珍、梅虫儿等人趁机以"清查贼党"为名，借以自己大发横财。碰到家道殷实的人家，他们便诬陷他们是贼党，将他们满门抄斩，将他们的家产全部没收充入私囊。而皇帝萧宝卷却整天只知嬉玩，无心过问群小们的这些行动，他只是任其为所欲为，害得京都人心惶惶。

这就是说，萧宝卷这个唯一可以褒奖的"烧毁名册"的善举，最终仍旧沦为一桩恶政。

由于权臣俱灭，所以萧宝卷更能恣意妄为了，他经常出宫游戏，见路边居民来不及让道者，他就要格杀勿论。因此，京城附近，从万春门到郊外，方圆数百里，都是空家尽室，一片萧条。

一天，萧宝卷去沈公城游玩，见一产妇临盆，一时无法离开，他便令人将她剖腹，以便鉴别其婴儿是男是女。

又一天，萧宝卷去定林寺游玩，一老僧因无法行动，只好躲在草垛中。萧宝卷见了，就令侍卫们拉弓射箭。萧宝卷自己首先射击，顿时将那僧人的身体射成刺猬，使之凄惨而死。萧宝卷见此，却哈哈大笑，自夸绝技。

萧宝卷玩完了射人游戏之后，又率众走到太极后殿，命令群小和宫人作比赛顶幢技艺，结果，一位中官拿着高幢肩扛过头顶，但一位老者，因体力不济，未能扛起，遂被齐主萧宝卷当场杀死。

接着，萧宝卷带领茹法珍等群小走进后宫，并且大声喧哗起来。

"茹爱卿此番功劳不小，你为朕选来的十名美女的确不错，尤其是余、吴二嫔，其床上的功夫极佳，最是令朕宠爱！"齐主萧宝卷欣喜地叫道。

"多谢陛下夸奖——"茹法珍听罢，合不拢嘴，十分得意地笑道。

"陛下……"梅虫儿见茹法珍得宠，齐主当面夸奖茹法珍，心怀醋意，很不是滋味，遂忙上来向皇上支吾道。

"哦，梅爱卿，你为朕选来的潘氏，更是娇艳绝伦，体态风流。朕已将她封为贵妃，为其父建造了府宅，供给她奇珍异宝了。"萧宝卷立即转头向梅虫儿夸奖道，"朕即刻就要重赏二卿啊！"

"哦，微臣谢主隆恩——"梅虫儿听罢，遂笑逐颜开，跪地说道，"为陛下办事，臣理当尽力！"

"哈，今日潘贵妃就要宴请众位，卿等且前往赴宴去吧！"萧宝卷大声地说着。

接着，萧宝卷率众来到潘府，潘氏之父潘宝庆出门迎接。

"啊，阿丈出迎，朕不敢当啊！今夜阿丈就与朕同榻而眠吧！"萧宝卷笑着向潘父还礼，接着回头向茹法珍、梅虫儿等群小们说，"阿兄们，潘妃今日亲自下厨，我们都将一醉方休——"

宴席开始了，众人嘻嘻哈哈入堂就席，皇帝、贵妃、茹法珍、梅虫儿等群小们，不分男女尊卑，同案用餐，恣意欢谑。

"嗬，我的可爱儿王宝孙怎么还不来呢？"宴席间，潘妃突然向齐主问道，"倘若他不来，本妃就不许诸位用餐了！请陛下下令，让大臣们去请王宝孙前来入席！"

"爱卿好生厉害，爱卿一定要大臣去恭请王宝孙？"齐主怔了一下，随即笑问道。

"当然！"潘妃矫揉造作地说，"今后出游，本妃还一定要陛下你亲自服侍呢！"

"哦，好好好！你们听旨，宣宦官王宝孙入席——"萧宝卷立刻向左右叫道。

于是，侍卫们请来宦官王宝孙到了现场，萧宝卷和潘妃立刻起身，抢着将他拥入怀中，一同饮酒。

王宝孙生得可爱，酷似女子，萧宝卷对他更是特别宠信，潘贵妃也常将他搂在怀中亲吻。夜深人静时，萧宝卷和潘贵妃还要王宝孙在御榻旁边陪寝呢。渐渐地，王宝孙恃宠生骄，渐渐干预起朝政来了，他甚至可以改动诏书，控制大臣，骑马上朝了。对此，甚至连梅虫儿等人也要对他望而生畏。

萧懿因平叛有功，遂被萧宝卷封为尚书令，留京辅政。他的弟弟萧畅也被封为卫尉，职掌器乐。见此，他们的二弟——雍州刺史萧衍立即秘密派来亲吏虞安福入都劝告萧懿。

"末将受雍州刺史萧衍大人嘱托，要向大人进言：大人您虽然一举平贼有功，但也因功高而引起了齐主的疑忌。政治清明时，功高压主，尚且难以自保，更何况如今正值乱世呢！"虞安福向萧懿说道，"大人切勿掉以轻心！"

"此话未必！"萧懿摇头说道，"我忠心耿耿地为了皇上和朝廷，陛下岂能负我？我今日一切尚好，又何必……"

"如今功臣渐去，莫非您还不能有所觉悟？众勋陨落，莫非唯您能够独存？"虞安福再三向萧懿劝告。

"……莫非你以为现在我还有什么更佳的出路吗？"萧懿慢慢地问道。

"您弟——雍州刺史萧衍大人说过：您要么立即趁机攻入皇宫，逼嗣主退位；要么托词抵抗胡虏，仍旧去镇守豫州。大人您千万不能留恋京城，放弃了兵权！你一旦失权，高官厚禄都是不会长久的，甚至连您的身家性命也难保全。那时您将悔之晚矣！"虞安福语重心长地说道。

"阿弟危言耸听，皆是无理之言！我仍旧如此一意孤行，难道说将来真有什么恶果？"萧懿仍然不听。

"虞大人所言有理，萧公切不要充耳不闻！"长史徐曜甫也从旁苦劝道，"我朝既往的事实，多少勋臣的头颅落地，如今想起来仍觉惊心，莫非萧公业已忘却？"

"我身为尚书令，岂能明哲保身？况且，目前并没有什么风吹草动，你们又为何劝我徒生是非、自寻烦恼呢？"萧懿仍旧不听。

"良药苦口，只怕大难来时，尚书令悔之晚了！"虞安福无奈地摇了摇头，说罢，起身走了。

果然，几天后茹法珍等人因为忌惮萧懿威权，于是偷偷地入宫进言。

"据外间报告：萧懿就要造反，臣担心陛下危在旦夕！"茹法珍、梅虫儿等人神秘地向齐主萧宝卷说，"陛下以为当如何处理他？"

"啊，既有此事，你们就应当立即除掉萧懿！"萧宝卷说。

"遵旨——"梅虫儿兴奋地答应道，随即持旨走了。

于是，群小们立刻闻风而动，前来尚书府抓捕萧懿。徐曜甫得知，慌忙备船在石头城江边，劝萧懿赶紧乘船去襄阳萧衍的府第中去避祸。

"人生自古谁无死。你见过叛逃的尚书令吗？"萧懿激昂地说道，"我就是不愿逃亡啊！"

徐曜甫无法劝得萧懿，遂与萧懿的其他几个弟弟出城逃生去了。

当夜，茹法珍害怕萧懿出逃，赶紧趁他在尚书省时，就令人给他送去毒酒。萧懿毫不畏惧地接过毒酒，一口喝下。

"唉，我死不足惧！我只是害怕我弟弟在雍州起事，对朝廷不利呀！"萧懿喝下酒后，还忧心如焚地对使者叹息道。

接下来，萧懿毒发身亡了。茹法珍、梅虫儿等人又奏请齐主萧宝卷捕获并杀死了其弟萧融。

"萧懿在京的亲属虽然已灭，然而，萧懿的其他弟弟均已逃往襄阳去了，投奔萧衍去了。除恶务尽，陛下应当设法杀死萧衍及其所有余党！"此时，梅虫儿又向齐主奏道。

"萧衍驻军在襄阳，朕如何灭他？"齐主萧宝卷问。

"陛下应当立即派直后将军郑植去刺杀萧衍！"茹法珍等人赶忙进来帮腔。

"朕准奏——"齐主萧宝卷答应道。

于是郑植收拾行装，准备动身西上。

"郑大人你的弟弟郑绍叔是萧衍的宁蛮长史,为了行刺成功,你要利用这个关系,先与郑绍叔联系,再去行刺萧衍!"茹法珍向郑植吩咐道。

"谨听大人吩咐!"郑植答应道。

但是郑植虽然口头上答应了茹法珍,而在实际上他却将这个消息提前告诉了萧衍。

于是,当郑植来到雍州郑绍叔府中后,萧衍就特意主动带酒来到郑府为郑植接风。

"朝廷特意派你来杀我,所以,我今日也特意地带着人头来见你,然而,你为何还不要我这颗人头呢?"酒至半酣,萧衍笑着对郑植说道。

"明天再说吧,我们今日要喝酒,所以无暇顾及!"郑植也大笑道。

等到席散,萧衍又请郑植检阅城隍府库、器械、舟舰等各式各样的军械。

"哎呀,雍州实力果然不小,看来朝廷是不易攻克雍州的!"参观了雍州军械后,郑植回来认真地告诉其弟郑绍叔道。

"大哥回京,不妨如实向陛下奏告。倘若萧宝卷他要攻打雍州,你弟弟我愿率众全力奋战,一决胜负——"郑绍叔回答道。

"此事非同小可,为兄不会轻举妄动!"郑植惊叹道。

之后,在雍州住了两日,郑植也就匆匆东下回京去了。

四十八、齐厦倾，萧衍起义兵

接着，萧衍与张弘策等人再次分析形势。他们认为，通过王敬则、陈显达、崔慧景三次叛乱，南齐的国力业已衰败殆尽，雍州起兵反叛的时机已经到来。再加上在郑植东去后不久，萧懿、萧融的死讯就传到雍州，这更激起了萧衍对齐廷的仇恨。萧衍听到噩耗后，向东痛哭，于是决定正式起兵。

"南齐天下气数已尽，可惜大哥手握重兵，离京咫尺，而没有奋起一击，取得成功，其死忠的结果，却是得到身败名裂的下场。这何其惨痛？"萧衍大哭道。

于是，深夜，萧衍急忙召集参军张弘策、吕僧珍、长史王茂、别驾刘庆远、功曹吉士瞻等人密商大计。次日，萧衍召集全体部属聚议。

"眼下天子昏庸残暴，其罪远胜于桀王、纣王。朝中小人当道，我准备与诸位一同起兵，废昏立明，共扶社稷！你们意下如何？"萧衍慷慨激昂地向众人说道。

"我们一切听从大人的安排，接受大人的调遣！"众人齐声答道。

"既然众志成城，我雍州就即刻发兵，望诸位与我一道，不辞艰难险阻，奋勇向前拼搏——"萧衍又道，接着一声令下，全体整装待发——

"禀报大将军，朝廷已派出辅国将军刘山阳，会合荆州刺史萧颖胄，企图共袭我襄阳——"此时，前方探马正向萧衍报道。

"朝廷进军竟然如此神速！不过，辅国将军刘山阳乃是惯匪，他岂能与我作战？"萧衍听罢说道，"刘山阳，统领三千人马，偷偷地奔赴江陵来了，他们要约会南康王行事萧颖胄，起荆州之兵，共袭襄阳！"

"既然刘山阳欲与荆州共袭我襄阳，我等不如立即起兵半路截击之！"众将听了，群情激奋叫道。

"诸位不必如此大惊小怪，此不

雍州夫人城

足虑，我可用计破之！"萧衍不慌不忙地笑道。

"大将军有何妙计？"众人问。

"我将派参军王天虎前往江陵，让他到处散发公告文书，声称'朝廷派惯匪刘山阳西上，要袭击我们荆、雍二州！'荆州萧颖胄等人看到公告文书，必然会大惊大恐。"萧衍说。

"这样一来，荆州萧颖胄等人就一定会与我雍州襄阳合作？"众将问。

"荆州本来害怕我襄阳兵马，加上我荆、雍二州唇齿相依，当然他会与我互助的。我们会合荆、雍之兵，鼓行而东，到那时即使韩、白复生，也保不了建康了，何况昏庸无能的萧宝卷呢？"萧衍告诉诸将，"接下来，为了将萧颖胄逼上绝路，我乘刘山阳将到，再令王天虎赍书给萧颖胄，此次只给萧颖胄，不给其他人书信。而且书中只有一些无关紧要的问候，不涉及实际内容，只说具体内容由天虎口述。"

"将军为何如此？"张宏策问萧衍。

"用兵之道，攻心为上。我前次派天虎往荆州，给每人都送了书信，这次我只给萧颖胄送了一封空函，而且说具体事由王天虎口述。颖胄问天虎，天虎说不出什么。于是，众人就会问颖胄，颖胄自然也说不出什么来。这样一来，大家必然会说颖胄与天虎共同隐瞒了什么。于是人人生疑，众说纷纭，刘山阳在江面上闻之，必然会怀疑颖胄与我有密谋，而不敢到荆州与颖胄共商军事，因此，这时萧颖胄就会进退维谷，他只好连夜找他的参军席阐文、从事柳忱计议，最后必然会落入我的圈套，决定与我共反朝廷了。这就是'一封空函定一州'之计啊！"

众人听了，齐声称妙。于是，萧衍按计行事，派王天虎去了荆州。王天虎去了，由于雍州、荆州势力威武，所以刘山阳只得拥着大军，在巴陵滞留了十多天，仍旧畏畏缩缩、徘徊不进。

接着，萧衍派别驾刘庆远赶往江陵，首先向江陵全城各界大加宣传。

"朝廷竟与匪类串通一气，派西江惯匪刘山阳回到江陵来了，他要血洗雍、荆二州！"刘庆远来后就向民众们大肆散布这个消息。

刘山阳率军到来，引起江陵民众人心惶惶。接着刘庆远将萧衍的书信递给了荆州刺史萧颖胄、长史萧颖达兄弟。

"如今朝中群小当道，主上昏庸，勋臣蒙难。因此，萧衍大人令我前来送信，相约与二位大人一同起义，杀人建康！"来到荆州江陵后，刘庆远立即向萧颖胄、萧颖达兄弟递上书信，并大声向他们劝道。

"哦，此事我们当谨慎考虑！"萧颖胄是南康王萧宝融的部属，得信后他犹豫不决地对刘庆远说。

"朝廷已经派出刘山阳攻袭荆州、雍州，大人岂能犹豫不决？"刘庆远又急切地叫道，"大人应该当机立断，立即响应雍州，二州只有齐心协力，方才可以保证无事！"

此时，王天虎又奉萧衍之命给萧颖胄送来了用兵之计。萧颖胄忙召集参军席阐文、咨议柳忱密商对策。

"如今军情紧急，我们不可再三犹豫。一方面雍州催逼很紧，另一方面朝廷刘山阳兵舰泊在江上，我荆州将何去何从？"萧颖胄紧张地向众人说道，"我荆州能够战雍州吗？"

"莫非大人要替朝廷率军讨伐雍州萧衍？"柳忱惊讶地问道。

"不能啊！如今雍州襄阳的萧衍乃是国中的一员枭雄，我们岂是他的对手？不如，我们还是暗投萧衍，共取建康吧？"萧颖胄说。

"萧衍雍州蓄养士马，已非一日。我江陵向来畏惧襄阳之强悍，众寡不敌，即使攻取了他们，也不能控制他们。况且，我们即使胜了雍州，最终也必不为朝廷所容！今若杀了刘山阳与雍州举事，另立天子，以令诸侯，则霸业成矣。"其弟萧颖达说。

"是的，眼下雍州实力雄厚，京城混乱不堪，我们不是雍州的对手。"参军席阐文大声说道，"况且，朝廷一向好杀功臣，即使我们战胜了雍州，将来也只会引起朝廷疑忌，朝廷终究不会容纳我们，我们不如诱杀刘山阳，与雍州一同起事，共图大业！"

"此话有理！"柳忱接着说道，"如今朝廷狂悖，京师权贵人人恐慌、惶惶不可终日，幸好我们镇守京外，尚可自保。现在朝廷派刘山阳前来，无非是想借我们的力量谋取雍州，这乃是'卞庄刺虎'之计啊，我们岂能上他们的当呢？"

"朝廷果真是如此？"萧颖胄又问道。

"难道大人还没有听到萧懿的事吗？萧懿率军大破了造反的崔氏，保住了皇帝，也保全了京师，不料，朝廷却过河拆桥，竟然诛杀了萧懿！由此看来，我们将来即使战胜了萧衍，也是死路一条啊！况且，雍州刺史萧衍雄才盖世，刘山阳并不能战胜萧衍，倘若我们和刘山阳一起进攻雍州，结果刘山阳战败，朝廷还会归罪于我们，说我们没有尽力。我们不如听从席阐文大人之计，与萧衍共图大业！"柳忱接着说道。

"诸位所言有理，兄长一定要听从啊！"萧颖达听了二人的话以后，也立即表示赞同道。

"然而，席参军，你劝我透杀刘山阳，这如何能够办到？"萧颖胄问，"诸位有何妙计？"

"现在，刘山阳驻军江上，迟疑不进，这分明是怀疑我们，我们只好斩下王天虎的首级来换取刘山阳的信任。等刘山阳欣然前来时，我们即可趁机下手，杀了刘山阳，就会大获全胜！"席阐文赶忙又献计道。

"啊，杀了王天虎！那么，萧衍能不能因此怪罪我们？"萧颖胄又惊问道。

"这有何难？"席阐文又上来说道，"我们可以先通知萧衍，说是形势所迫，不得不为。萧衍乃是通情达理、通识大体的英雄，他自然会体谅我们，不会计较我们杀了王天虎的！"

于是，萧颖胄一面派人通报萧衍，说要杀王天虎以获取刘山阳的信任，一面将王天虎召入内室。

"我们将设计捕杀刘山阳，王参军你有何妙计，能够骗得刘山阳的信任，以便趁机杀之？"萧颖胄忧郁地向刚进门的王天虎问道。

"哦，末将能有何计策？还请大人说说！"王天虎谦虚地说。

"王参军与辅国将军刘山阳相识，非常抱歉，今日，我们只有借你的脑袋一用了!"萧颖胄十分伤感地对王天虎说道。

天虎听了大惊,刚要开口说话,就见萧颖达已经从背后向王天虎摔出一刀,立即将王天虎砍死了。

很快地,王天虎的首级就被送到城外,到达刘山阳的手中。刘山阳得到王天虎的首级,又听说荆州就将起兵讨伐雍州萧衍,立即高兴地带着十几名随从去江陵与萧颖胄会面。而在此时,萧颖胄早已布置好了埋伏,见刘山阳刚刚入城,城内就发出一声号令,伏兵齐出,立刻斩杀了刘山阳。山阳的副将李元履听说主将被杀,急忙率众投降了。

朝廷之军随即告平,萧颖胄如释重负。接下来,萧颖胄与柳忱等人开始讨论司马夏侯详的问题。

"如今,我们的大事已经有了眉目,不过,倘若司马夏侯详不肯一同起事,我们应如何对待他呢?"萧颖胄问柳忱。

"前几天,夏侯详之子曾经向大人您的女儿求婚,为大局着想,我劝大人就权且答应了他!"柳忱对萧颖胄说。

"这个……我可以照你的意思去办!"萧颖胄随即答应。

果然,不久司马夏侯详也同意起事,同时,萧颖胄等人准备将十三岁的南康王萧宝融迎立为皇帝,并由萧颖胄准备其即位事宜。

于是,萧颖胄令萧衍督管前锋各军事,自己督管后卫各军事,加封夏侯详为征房将军,并派宁朔将军王法度出驻巴陵。接着,萧颖胄派人将刘山阳的首级送往雍州,约定次年二月军进建康。

这时,形势有了很大的变化。萧衍当初派王天虎送信时,曾经与张弘策精心研究,经过周密思考。

"兵法常说以攻心为上。因此,王天虎去荆州送信,是给每人一封的,我们唯独要给南康王部下送两封,而且这两信是专送给萧颖胄兄弟的,萧颖胄兄弟两人的信中都只是写作'具体情况,请听王天虎当面说出'一句话,但是因王天虎事前并未得到我们的指示,所以天虎对他们也不能说出什么内容,萧颖胄兄弟各自将信收起,似有不被对方所知的秘密,并且互相猜疑。同时,外人却都以为萧颖胄兄弟与雍州另有特别的交易,认为萧颖胄兄弟已与我们雍州达成了共识,于是,他们对萧颖胄兄弟都有了一定的疑义。而萧颖胄兄弟们对此,也不便为自己多作辩解。这样一来,萧颖胄兄弟得到了包括城外刘山阳在内的所有荆州人的猜忌,因此,萧颖胄兄弟最终别无出路,只有依附我们,同意与我们起来反叛了!"萧衍与张弘策商议道。

"这就是说,我们两封空函平定了一州。"张弘策笑道,"大将军之计高明啊!"

这是萧衍高明的一计。

接下来,萧颖胄想用王天虎首级换取刘山阳的首级,并且派人来征求萧衍的意见,萧衍并未能明白地答应,而只是默许。

这是萧衍高明的又一计。

　　有了这两步后，萧颖胄业已斩杀了刘山阳，迈出了反叛的第一步，"开弓没有回头箭"，现在萧颖胄已经无法回头，也只好听从萧衍驱使了。萧衍这时就可以理直气壮地指使萧颖胄行事了。于是，听说萧颖胄的使者到来后，萧衍立即命令使者进来谈话。

　　"这就是刘山阳的首级，请刺史大人过目！萧颖胄大人已经决定随大人您起兵反叛——"萧颖胄的使者说道，并向萧衍呈上刘山阳的首级。

　　"哦，萧颖胄大人决定起兵，那么他决定何时起兵？"萧衍急切地问。

　　"萧颖胄大人决定来年发兵！"使者答道。

　　"来年？"萧衍随即向萧颖胄的使者大发雷霆道，"如今事迫眉睫，岂能等到来年？萧颖胄必须立即发兵——"

　　"哦，待我去回禀萧颖胄大人！"使者不安地说。

　　"行军打仗，全靠一股锐气，现在已是箭在弦上，岂能延期？"萧衍向萧颖胄催促道。

　　于是，接到萧衍的建议，萧颖胄只得请南康王萧宝融发出檄文，攻打建康。当宁朔将军王法度逗留不进时，萧宝融只好立即将他罢职，改派冠军将军杨公则进军巴陵，直逼湘州，又令辅国将军邓元起出兵夏口。

　　此时，正巧夏侯详之子骁骑将军夏侯亶，从建康逃到江陵，萧颖胄让他声称奉了宣德太后之命，来迎南康王即位，于是，萧宝融将太后的假诏传遍四方，并且四面八方的群雄纷纷起兵响应。

　　萧衍一切部署完毕，准备起程，率兵东下。

　　"我劝大人必须首先将萧宝融迎到襄阳，让他在此即位，之后才能出兵！"竟陵太守曹景宗对萧衍说，"我们必须让嗣主在我们的掌控之中！"

　　"这，你们不必操心！"萧衍笑道。

　　"现在萧宝融还在别人手中，倘若他们挟天子令诸侯，我们就会受制于人！"张弘策也不安地向萧衍劝告。

　　"这不是问题！倘若战败，大家同归于尽；倘若成功，我军威慑四方，那时他们胆敢不听我们的话吗？"萧衍仍旧笑道，"我非庸碌之辈，岂能受制于人？"

　　萧衍说罢，立即起兵。接下来，上庸太守韦睿、华山太守康绚、南秦二州刺史柳琰也相继起兵响应。萧衍在沔南设立新野郡，安置刚刚归附的兵民，令他们静候调遣。

　　听到萧衍大军势如破竹，京都惶恐。萧宝卷急忙调兵遣将，下诏征讨荆、雍。不料，荆、雍的冠军将军杨公则进逼湘州，行事张宝积出城迎降。杨公则进入长沙，张榜安民，湘州遂为萧衍的叛军所平定。

　　次年，南康王萧宝融自称相国，任命萧颖胄为左长史、镇军将军，萧衍为征东将军，杨公则为湘州刺史。萧衍又令长史王茂、太守曹景宗为先锋，继续进军，令参军张法安留守竟陵。

　　"启禀大将军，郢城挡道，如今是否要用大部队围攻郢城，用小股部队袭击西阳和武昌。"太守曹景宗、中兵参军张法安等人问萧衍。

这时，萧衍的家童陈庆之正眨着眼睛看着在场的诸位将领。

"庆之，我今日也请你谈点看法，你往日与我棋下得不错，不知你实战的能耐如何啊！"萧衍见众将议论纷纷，遂缓和了一下气氛，向陈庆之笑道。

"方才二位的计策恐有不妥！"陈庆之红了一阵脸，遂轻声说道，"汉水宽不过一里，若我军行船到中流，敌军夹岸射箭，我军可能面临险境。况且，郢城是兵家必争之地，敌军强劲，南齐非万不得已也是不会放弃的！"

"妙呀！"曹景宗闻过则喜，忙叫道，"庆之所言有理，我们的方案的确不妥！"

接着，众将都对陈庆之齐声叫绝。最后，萧衍慢慢站起来向众人点头称赞。

"正是！前竟陵太守房僧寄正在固守鲁山，他与郢城互为犄角，倘若我大军攻郢，房僧寄必然断我后路。因此，我想让王、曹先率军渡江与荆州兵马会合，之后，再一同进逼郢城。"萧衍大声说道，"我亲率兵马攻鲁山，打通沔汉，让郢城、竟陵提供粮饷，江陵、湘中提供士兵。那时，兵多粮足，二城就不在话下了。二城既破，我们就胜券在握了！"

"大将军所言极是，我们即刻率军渡江！"长史王茂等人应声说道，说罢，挥军而去。

王茂、曹景宗进驻石桥浦，郢州刺史张冲闭城自守。荆州将领邓元起、王世兴、田安之率数千人马会合王、曹。湘州刺史杨公则也率部队来到夏口。萧颖胄让荆州诸军受杨公则节制，另外任命参军刘坦为长沙太守。

刘坦本是湘官，深得民心，这次回长沙，更加得到荆、雍百姓响应，于是人心都纷纷投向萧衍大军。

郢州被孤立数月，城内缺粮少药，人心惶惶。郢州刺史张冲内外安抚，已觉身心疲惫。

"我军疲矣！外围悉被叛军所控制，萧衍屯兵汉口，阻止鲁山军，并令水军将领张惠绍游弋江中，切断了我郢、鲁二城的联系。这如何是好……"张冲痛苦地对骁骑将军薛元嗣说道。

"城中有我们后辈竭力坚守，朝廷大军也一定能来破敌。望刺史大人勿忧，保重身体要紧！"薛元嗣上前劝告道。

"唉，叛军已经逼得我张冲愤恨成疾，我岂能安心？"张冲泪流满面道。

随即张冲病逝。临终时，张冲将郢城托付给他的儿子张孜、骁骑将军薛元嗣、征房长史程茂坚守。

此时，萧宝融在萧颖胄等人的撮合下，已在江陵即位，改元中兴。

萧宝融随即册立后妃，授萧颖胄为尚书令，萧衍为左仆射，夏侯详为中领军；封晋安王萧宝义为司空，萧宝源为车骑将军，建安王萧宝夤为徐州刺史，等等。并下诏废黜萧宝卷，将他贬为涪陵王。然后，大赦天下，只是明确表明不宽恕梅虫儿、茹法珍等卑鄙小人。

萧宝融还派御史中丞宗决到夏口慰劳萧衍。得知西江又出现了一个朝廷，王茂心中不解，遂走进中军帐来。

"我等追随萧衍将军，就是要推翻萧宝卷朝廷，而如今，一个朝廷还没有推翻，却又来了个西江朝廷，萧宝融可是萧宝卷的亲弟弟呀。萧颖胄推出萧宝融，乃是要'挟天子以令诸侯'啊！这对我们有何好处？"王茂问张弘策。

"南康王萧宝融只是个讨伐萧宝卷的道具，不足为虑！对此，萧衍大将军自有对策，请王将军不必操心！"张弘策笑道，"难道说，王将军还不知萧衍大将军的计策？"

王茂等人听罢，都点头称是。

接着，萧衍令王茂、萧颖达等人进逼郢城，薛元嗣不敢迎战，只得闭门严守，并派人去建康求援。萧宝卷已令豫州刺史陈伯之移镇江州，进攻荆、雍，得知郢城危急，又派军将吴子阳、陈虎牙去援助郢州，屯兵巴口。

正当此时，西江朝廷又以慰军之名派人向萧衍转达意见。

"我们屯军长江两岸，郢、鲁二城久攻不下，萧宝卷又派援军前来，可能于我不利，将军不如求救于北魏，以为权宜之计！"萧颖胄等人在口信中对萧衍说道。

"如今郢、鲁二城兵草将尽，就将败北。以我正义之师诛杀昏君佞臣，不日就要成功，何必要求外邦支援？求救北魏反会为国人所不齿，况且北魏也不是可信之邦。我军现在兵精粮足，不日就将拿下郢、鲁二城！"萧衍明确地说道。

于是，西江朝廷使者听罢回禀萧颖胄等人去了。

吴子阳率军到达加湖，离郢城只有三十里。但见那雍、荆兵马遍地，旌旗掩天。吴子阳不敢上去迎战，只是倚山筑寨同守。

然而，此时春水暴涨，加湖泛滥。王茂奉萧衍之命率众夜袭加湖，杀得吴子阳措手不及，慌忙应战，随即战死。副将陈虎牙逃窜到其父——陈伯之刺史的浔阳城中。郢、鲁二地的守兵得知吴子阳惨遭失败，加上鲁山守将房僧寄病死，立即人心惶恐。萧衍趁机劝降。于是郢、鲁多人归附，军心大散。

接着，萧衍派遣小股部队出击，一举就将鲁山拿下，郢城守将薛元嗣见大势已去，只好开门出城投降。

加湖大捷，萧衍十分高兴。而恰在此时，张弘策从雍州赶来，向萧衍报告：其夫人丁令光已于半月前产下了一名男儿。萧衍闻罢大喜，并为儿子取名为"统"字，以示早日拿下江州，直取建康，从而一统天下。

"祝贺大将军，就要一统江南了！"张弘策见了大笑道，"萧衍大将军，你下面就要考虑如何治理这个战乱多难的江南天下了！"

"现在说这个，还未免太早。"萧衍也笑道，"你难道忘了？当年陈显达、崔慧景也都曾经兵临台城的城下了，最后并未能功成名遂啊！"

"草莽英雄陈显达、崔慧景之流怎能和你相比？你有三支大军，不日就将入居台城了！"张弘策说道。

"不过……我有哪三支大军？"萧衍兴奋地问。

"其一是范云、沈约及我等谋士群体；其二是王茂、邓元起、曹景宗、韦睿等将帅集团；其三是萧伟、萧儋等家族力量。有此三军，大将军你的江南天下，指日可得了！"

"啊，很好！"萧衍大笑道，"不过，眼下就有一个难关——江州，我们能否拿下它呢？"

"江州刺史陈伯之首鼠两端，我们仍旧可用当年对付荆州萧颖胄的办法，以计来对付他们。"张弘策说。

"好！我军加湖大振，陈伯之的儿子陈虎牙已经闻风丧胆，逃到了浔阳，现在我军威慑四方，我们的确可以'不战而降人之兵'了！"萧衍同意道。

"我在俘虏营中结识了一个棋友叫苏隆之，他对我家主公——你萧衍大将军佩服得五体投地。此人有勇有谋，堪为又一个'王天虎'！"此时，萧衍的棋童陈庆之上前说道。

"好好！就让此人再充当一次江州的王天虎，去密谋江州！"萧衍兴奋地说。

说罢，萧衍立即派苏隆之前往江州。结果，苏隆之在江州与心有余悸的陈虎牙一起，说服了其父——江州刺史陈伯之，再加上萧衍大军的威逼，终于陈伯之被萧衍降服了。于是，萧衍拿下了江州，为进军建康扫平了道路。

接下来，萧衍再次召集众将商议军事。

"启禀大将军，我军节节胜利，现在是否能在夏口休整几日，再麾军东下？"王茂等将领问萧衍。

"今日不趁胜直捣建康，还要等待到何时？从前江陵叛军常败，都是因为军进迟缓啊！"萧衍大叫道，"我们切不可贻误战机，当快速进军——"

"大将军之言有理，我们要立即整军进发！"张弘策等人齐声应道。

南朝开国皇帝之三——梁武帝萧衍

第四编

梁王变国更徘徊

萧齐将亡梁风紧，梅开二度又黄昏。
梁王怡然驾鹤去，是处落红也凄零。

四十九、梁军兴，齐主仍昏浊

此时，萧齐的前方军情紧急，但是后方京都台城中的齐主萧宝卷却仍旧在恣意奢淫中。

芳乐宫竣工后，园中陈设奢华。齐主令人在园中设店置铺，让宦官、宫妾们扮演成小贩，让潘妃管理市场。倘若发生了斗争，就由潘妃处理，该罚该打，全由潘妃决定。潘妃的父亲潘宝庆与朝中的奸臣一起，趁机在市场中随意谋害富家，夺取他们的钱财。

"嘻嘻，启禀市场总管大人，张公公大人对我买卖不公平……"一位宫女嘻嘻哈哈地走上巴台，向那位正在嬉笑怒骂的潘妃告状道。

"哦，他在哪里？"潘妃听后问道。

"是他！"那宫女指着刚走上来的那位兴味盎然的太监，向潘妃说。

"好，将他责打四十大板！罚款一百！"潘妃凤眼圆睁地下令道。

"我是西宫总管，娘娘岂能打我！"那大太监挣扎着说道。

"不能打？"潘妃听后大怒，"不能打，那就杀吧！侍卫立即杀了他，将他家产抄没充公——"

于是，宫卫应命走上前去，举刀一下砍去，只见那太监血溅宫门。

"……你看我做什么，不服本宫审判？"此时，潘妃又向远处一位正在呆呆地看着她发愣的人叫道，接着她转头向侍卫令道，"将他拉过来——"

此时，那人走了上来。潘妃一见，原来他不是别人，正是当今皇帝萧宝卷。

"请市场总管大人宽恕……"皇帝萧宝卷来后，也惶然地向潘妃跪道。

"禀报娘娘，他是皇帝，岂能跪……"萧宝卷的另一位宠妃在旁边看了，赶紧提醒道。

"哦，皇上？本宫对皇上也不能宽容！"潘妃仍旧怒道，"况且……皇上他昨晚还曾与你偷欢，因此……我要亲自用藤条抽打他——"

潘妃说罢，立刻拿起一把藤条，开始向萧宝卷身上猛烈地抽打起来。

结果，齐主被打得浑身血肿。事后，齐主追查出了向潘妃进献此藤条的太监，并且立即将他处死了。

萧宝卷还十分迷信，他将蒋侯神迎入宫中，尊为灵帝，昼夜祈祷。宠臣朱光尚自称可以和鬼神通话，因此萧宝卷深信不疑，并将他奉若上宾。

竟陵王萧子良之子萧昭胄曾被封为巴陵王。永泰元年，明帝萧鸾残害高帝、武帝子孙，萧昭胄、萧昭颖逃到江西做了道士，在崔慧景率兵入京时，这两个兄弟投奔了崔慧景，崔慧景战败后，萧昭胄二兄弟只好躲藏在王府中。

前任竟陵王萧子良的防阁将军桑偃，入宫后，成了梅虫儿的副将，他想报答萧子良，便想拥立萧昭胄为帝。萧昭胄随即劝说巴西太守萧寅、新亭戌将胡松谋害萧宝卷。二人均已同意，不料走漏了风声，于是，萧昭胄兄弟及桑偃均被杀害。

胡松惶然逃脱，走入他在新亭的府宅中。

"老爷为何如此慌张？"夫人惊慌地问胡松。

"我们企图拥立巴陵王萧昭胄为帝的消息外泄了，萧昭胄兄弟及桑偃均已被害！"胡松见叛事败露，十分害怕地说，"只有我逃了出来！"

"哦，事情危急……"夫人惊慌地说，接着她告诉胡松，"朝廷新任的雍州刺史张欣泰等人派来的使者已到我府中，现在就在侧室等候你，他也有事要与你相商。"

"哦，快快有请——"胡松闻罢，高兴地说道。

于是，该萧齐的雍州使者出来与胡松相见。

"如今朝纲倾乱，四方豪杰并起，建安王聪明贤达，堪为人君！"使者道，"因此，新任雍州刺史张欣泰及张欣时派我送来密函，奉劝胡松将军与前南谯太守王灵秀、直阁将军鸿选等人迎立建安王萧宝寅为帝！"

"巴陵王已经驾崩，建安王可为齐主！末将愿意效劳！"胡松当即同意。

"萧宝卷已派中书舍人冯元嗣前去援救郢州。茹法珍、梅虫儿、太子右卫率李居士、制局监杨明泰等人就要前往新亭为冯元嗣饯行，胡将军可趁机斩杀这些奸佞，为国立功！"

"末将愿意为国出力！"胡松斩钉截铁地说道，"时势巨变，为将者一腔热血，应当为国家抛洒——"

说罢，张欣泰的使者去了。接下来，在新亭园中，朝廷为冯元嗣饯行的宴席即将开始。

当时，张欣泰、王灵秀安排了几名死士带着匕首，跟在冯元嗣身后，进入园林宴席大厅。在茹法珍等人刚刚入座时，死士们便跳起来一刀挥去，冯元嗣的脑袋就突然掉在盘中。杨明泰起来救护，也被刺倒，剖腹流肠。梅虫儿被剁落三指，忍痛逃出。李居士、茹法珍二人抢先慌忙向台城跑去。

见形势紧急，王灵秀赶忙跑到石头城，将建安王萧宝寅迎到台城皇宫，自己又急忙出城召集兵将去了。

"事态紧急！张大人，请你也尽快赶往皇宫，准备安排新皇登基的大事！"接着，王灵秀又回头急忙向张欣泰说道。

张欣泰听罢，点头同意，并且转身向台城奔去。

然而，茹法珍见事情有变，遂抢先直入台城的禁宫，紧闭了城门，切断了人们进出之路。张欣泰在门外等了很久也不能入城，直阁将军鸿选也在门外苦苦等待，不敢发作。

而事先被安置在大内的萧宝夤此时十分着急，他与侍从们在杜姥宅中一直静等到晚上，也不见喜讯传来，反而看见自己身边的侍卫、随从们渐渐散去。

"见此情形，莫非宫廷政变又已失败了？"萧宝夤自言自语道。

萧宝夤自忖大事不妙，遂翻身躲藏起来。

不久，外厢鸡鸣犬吠起来，城中开始了大搜捕。

"叛贼张欣泰、胡松等人已经陆续被捕杀了——"突然宫外喊声大作。

萧宝夤见大势已去，只好战战兢兢地出来投降。萧宝卷立即将他召入宫中审查。

"你想怎么样？"萧宝卷问萧宝夤。

"……臣莫名其妙地被人逼上车，从石头城被带到台城禁宫中，然后，被人监视起来！"萧宝夤满面泪水，哭泣道，"今日他们又突然离去，臣这才得以出来向陛下请罪！"

"啊，竟有此事？"萧宝卷冷笑道，"看在你苦苦哀求的分上，朕对你暂不追究！"

"感谢我主隆恩！"萧宝夤哭丧着脸跪谢道。

"启奏陛下，雍、荆叛军已经东下，逼近建康——"这时，众臣齐声向萧宝卷哭叫道。

"哦，命萧宝夤为荆州刺史，冠军将军王珍国为雍州刺史，辅国将军申胄为郢州刺史，骁骑将军徐元称为徐州刺史，又令太子右卫率李居士负责讨伐叛党事宜，兵屯新亭，调度各军——"这时，齐主萧宝卷向众口令道。

"谢主隆恩——"众将答道。

"启奏我主，江州刺史陈伯之已经向萧衍投降了！"接着，王珍国出班奏道。

"哦，那么……就让李居士兼任江州刺史吧！"萧宝卷说道。

再说，拿下浔阳后，萧衍立即命令骁骑将军郑绍叔留守浔阳，自己和陈伯之一起率兵东下。

"你在浔阳要为我军准备粮草！"出发前，萧衍对郑绍叔说，"你真是我的萧何、寇恂啊！此次出兵倘若不利，那就是我的失误；然而，倘若粮草不济，可就是你的过错啊！希望你能尽力——"

"大将军且宽心东去，末将决不误事！"郑绍叔流泪受命道。

于是，萧衍没有了后顾之忧，一心向东，进军建康。然而，正在行军中，忽然又听探马引萧颖胄的使者来报。

石头城西坡

"巴西太守鲁休烈、巴东太守萧惠之子出兵峡口，东击江陵，将军刘孝庆败逃，任漾之战死，我江陵危急，欲请杨公则挥军西往援救！"探马说道。

萧衍听了上江的军情，心中又惊又喜：惊的是江陵敌情让人担心，喜的是也许他自己的对手萧颖胄可能要先他而死，这就为他将来的大事扫清道路了。于是，他想了一会后，向来使发话了。

"杨公则已经东下，即使兼程疾进，也来不及回援了。"萧衍对来使说，"鲁休烈之流乃是乌合之众，他们不能久战，只要萧颖胄能够稍稍镇静，随机应变，便可退敌。"

"我就如此转告？"使者问。

"是的！"萧衍说，"……必要时，你们还可请我的两位坐镇在雍州的弟弟调兵支援。请镇军大人慎重行事！"

使者应声去了，到江陵后，他将萧衍的话转告给了萧颖胄。颖胄只得让军将蔡道恭屯兵上明，誓死抵抗，稳定上江局势。

听说竟陵八友的老友萧衍率军长驱直入江宁，当时文豪——沈约从他的隐居地桐柏山前来投奔萧衍。萧衍高兴地将他留下，命他为骠骑司马，让他草拟讨伐齐主萧宝卷的檄文，向全国申明其率兵伐罪，拥戴和帝，匡扶大义之心意。看看萧衍就要称帝，沈约欣然接受了萧衍的任命，以期来日他也能成为开国功臣。

萧衍军达江宁，此时萧宝卷还不知惊慌，只备了一百多天的粮草，作为迎敌之用。

"朕要去游玩，你们不必过早地吵扰朕躬，等叛众来到白门后，朕再与之决一死战！"萧宝卷坦然地对茹法珍说。

"微臣遵旨——"茹法珍无可奈何地答应。

因此，在起初的战斗中，茹法珍等人一直不向萧宝卷奏报战争进展，结果，等到萧衍大军已临建康城郊时，萧宝卷这时候才得到消息，并且慌忙筹措守备事宜。

"报……陛下，萧衍令曹景宗率来的叛军已到白门……"征虏将军王珍国慌忙奏道。

"快快，快速发兵拒敌！"齐主萧宝卷叫道。

"总督军李居士已经带兵前往新亭迎战，如今这里已经没有兵马可用了！"茹法珍愁眉苦脸地说。

"将监狱中的囚犯都放出来充军——"萧宝卷突然想起了一个绝妙的方法。

于是，齐廷这批由囚犯组成的援军出发了。

"总督军李居士在新亭的战况如何？"过了一会，萧宝卷又紧张地问道。

"总督军刚从新亭回来，因为他在抵达江宁时就被萧衍逼回来了。萧衍乘胜继续进军。很快地，其大将曹景宗就占据了皂荚桥，王茂占据了越城，邓元起占据了道士墩，陈伯之占据丁东篱门。"茹法珍哭泣道，"如今敌军已经兵临宫前，我们再无退路了！"

"无路可退，难道说萧衍他真的就是无懈可击了？"萧宝卷又问。

"李居士探知萧衍的部将吕僧珍兵力较弱，便率一万精兵偷袭吕僧珍，以企突破叛军的缺口，不料，他反而被吕僧珍杀得胆战心惊，丢盔弃甲，掉头回窜，还给萧衍大军留下了无数战械。"茹法珍说道。

萧宝卷听罢，此时已经十分惊慌了，他急忙派征虏将军王珍国、军将胡虎牙率领城外十万精兵在朱雀桁南侧列阵，令宦官王宝孙拿着白虎幡督战，结果仍然全军覆灭，王宝孙扔掉白幡，狼狈地逃命去了。

萧衍率军追到宣阳门，宁朔将军徐元瑜率领东府军将投降，都中人人惊惧。

青、冀二州刺史奉命入京支援，看到萧衍大军声势，也就全部投降了。光禄大夫丢下石头城跑回宫中。李居士孤守新亭，也表示愿意向萧衍乞降。

于是，萧衍占领了石头城，令各军围攻六扇宫门。萧宝卷的人马全部被赶入宫城之内，闭门自守。这时，萧衍的一些避难躲藏在各处的弟弟，也趁机出来投军效命。萧衍令他们招降附近的守兵。因此，京口屯将左僧庆、广陵屯将常僧景、瓜步屯将李叔献、破墩屯将申胄都相继投降了萧衍。

但是，就在京城形势一片大好之际，萧衍忽然得到中领军夏侯详派人送来的密信。

"……萧颖胄业已病故，因为担心巴东、巴西两军趁机进逼，所以我们暂未发表！"夏侯详在信中说道。

"请转告中领军夏侯详，立即在雍州征兵备战！"萧衍看罢来信，对来使说道，接着萧衍又嘱咐左右道，"萧颖胄之死，暂时保密，不准向外泄露！"

众人听了，点头称是。

夏侯详接到萧衍的信后，立即在雍州招兵买马，充实军力，增援江陵。巴东、巴西两军听说敌方援军要来，而且建康又已经形势危急，当下就惊骇四散了。萧惠之及鲁休烈等人见走投无路，只好向萧宝融投降。这时，江陵形势好转，江陵这时才开始为萧颖胄发表，并追封他为丞相，巴东公。

萧颖胄一死，萧衍在军中就已经是独占鳌头、大权在握了。所以在此时，萧衍才真正可以为所欲为、称霸天下了。

萧宝卷被萧衍逼困之后，将城中军事全部托付给了王珍国，而且任命入京护卫的兖州刺史张稷为副将，让他们率领宫中的七万兵士全力抵抗萧衍。

台城外战鼓声震荡天地，城内的萧宝卷却还在玩弄着"假死游戏"。他在与卫侍和宫女们打斗，然后假装被打败，倒地装死，被人用木板抬出。他有时还披着大红袍，坐在景楼上听着城外鼓噪之声，几次流箭险些射入他的脚趾，他也不在意，只是令朱光尚向蒋侯神祈祷，以祈求平安。

茹法珍出战，一再败退，于是，他奏请萧宝卷赏赐兵士，以激励斗志。

"兵临宫前，我军畏缩，请陛下发放府库银钱，以振奋军心，激励兵士的斗志！"茹法珍建议道。

"胡说！"萧宝卷生气地说，"难道说贼兵攻入台城后，只要朕一个人的性命吗？为何要朕一人发银子？"萧宝卷向茹法珍怒吼道。

"……那么，就将后堂的大木头移到宫前做城防？"茹法珍又说。

"这也不行！这些木头要留着给朕将来修大殿用，不准你们乱拿乱动！"萧宝卷又叫道。

茹法珍现在也已经垂头丧气、别无他法了。他与梅虫儿商量了一阵后，打算向齐主献出一条毒计。于是，梅虫儿欣然走了上来。

"启奏陛下，大臣们到现在还没有击退萧衍大军，一定是他们不忠心啊！陛下不如杀一儆百，先宰杀他们几个，余者才会忠心耿耿、为陛下效命了！"梅虫儿进言道。

"这……能行吗？"萧宝卷犹豫了一会说，"待朕再思考一下，以后执行吧！"

这一恶毒的计划虽然尚未执行，但是，其意思已经立刻传到大臣们的耳中。忧惧万分的王珍国、张稷等人听到以后，立即大怒起来。

"我们舍生忘死，为昏君萧宝卷卖命，萧宝卷却随时要夺取我们的性命，岂有此理！"王珍国立刻向张稷说道。

"既然性命难保，我们不如立即密派亲吏出城向萧衍投降。"张稷说。

王珍国点了点头，于是，王珍国、张稷等人立即派人向萧衍送去了明镜一只，以示心迹，并答应在内宫刺杀昏君萧宝卷。

"启禀大将军，倘若王珍国、张稷等人真能在台城杀了萧宝卷，那么，这对我们义军而言，也的确是件好事啊！请大将军接纳他们投降！"张弘策向萧衍说。

"嗯，好吧！"萧衍听罢点头说，"二人同心，力能折金。请代我回赠王珍国等人一截断金，以表我的心意！"

于是，王珍国、张稷的使者携金去了。

五十、前朝去，萧衍建南梁

接着，在台城内，朝臣们又加紧密谋刺杀昏皇萧宝卷。

当夜，萧宝卷在含德殿中与潘妃夜欢，仍旧是笙管齐奏，歌声达旦。

黎明时，后阁舍人钱强偷偷地打开云龙门，放入张齐、冯翌，然后带着他们直入含德殿。当时宴席已散，潘妃回宫，萧宝卷带着醉意正躺在榻上歇息。

突然见到士兵闯入，萧宝卷立马起身，转身往后宫跑去。不料，宫门已关，他不能跑出，于是宦官黄泰平赶来，一刀刺进了他的膝盖，萧宝卷痛极倒地。张齐领着士兵也一拥而上，将躺在地上哀叫的萧宝卷砍成两段。

至此，年仅十九岁的萧宝卷在位三年，也就死于非命了。

这时，王珍国和张稷也率兵进了大殿，砍下了萧宝卷的首级。

"请博士范云将萧宝卷的首级送到石头城，交给萧衍大将军，以求萧衍大将军宽恕我们——"王珍国和张稷齐声向范云令道。

"末将领命！"范云答道，遂应声去了。

范云赶到石头城，立即将齐主的头颅呈给了萧衍。

"启禀大将军，台城皇宫内已经告平，齐主萧宝卷被杀后，王珍国和张稷将军命我将故主萧宝卷的首级呈献给大将军——"范云向萧衍呈上萧宝卷的头颅后，随即向萧衍报告了台城内的军情。

"哦，范先生驾到，而且送来了故主萧宝卷的首级。可喜可贺！"萧衍见了范云，不禁大喜道，"如今我们竟陵八友已别经年，想当初，我们欢聚在西邸，犹如就在昨日……先生近日可好！"

"托大将军的洪福，范云一切尚好，大将军也好啊！"范云见问，兴奋地跪地答道，"我们真的欣喜重逢了，范云在此有礼！"

"先生不必大礼！"萧衍笑容可掬，并且一边躬身扶起范云，一边笑逐颜开地说，"哦，你们业已扫清了禁宫？禁宫的昏王和逆贼悉已被灭？"

"是的！朝内文武都在迎候大将军——"范云欣然答道。

"好好好，先生本是国中大才，就请先生暂在我身边听用，为我出谋划策吧。我要派张弘策等人先行入宫，查封府库及图籍。"萧衍兴奋异常地向范云笑道。

　　张弘策领命去了，他入宫后严厉申诫，致使军队入城后，秋毫无犯。这时，杨公则也率兵进入了东掖门，护送公卿民众，陆续出城回家。茹法珍、梅虫儿、王宝孙、王垣之等四十一人及妖艳淫靡的潘妃都被捕入狱，等待大将军萧衍来日发落。

　　日落江天，台城依旧风和日丽，鞭炮声声。在宣阳门城楼上挂起了萧宝卷血淋淋的头颅。

　　萧衍率兵进入台城后，思绪万千，各路文武大臣，都在他面前跪伏听令。然而萧衍并不急于表态，思索许久后，他迈步进了阅武堂，并且宣读了宣德太后的懿诏。萧衍借着宣德太后的旗号，追封废帝萧宝卷为东昏侯，将萧宝卷的皇后、太子都贬为庶民，并自封为大司马、录尚书事兼骠骑大将军、扬州刺史、建安郡公。其实，这时宣德太后早已离开了皇宫。

　　"旧臣王亮谒见大司马！"此时，原尚书右仆射王亮入宫向萧衍说道，"恭贺大司马！末将愿为大司马所用——"

　　"哦，王大人！"萧衍问王亮，"萧宝卷昏庸无道，你也没有好好地辅佐他，现在我能用你吗？"

　　"倘若萧宝卷是个可造之才，大将军你就没有今日了，大将军岂能怪我们辅佐之臣？"王亮朗声答道。

　　"哈哈，你说得有理！"萧衍不禁大笑道，"我愿让你做长史！"

　　王亮遂拜谢而下。

　　接着，萧衍又封晋安王萧宝义为太尉，改封建安王萧宝夤为鄱阳王，萧衍堂弟萧宏为中护军。萧衍杀了茹法珍、梅虫儿等四十位人犯，却独留下潘妃未杀。领军王茂是萧衍行军打战的助手，功劳显赫，因此，萧衍特与领军王茂商议对潘妃处理的办法。

　　"其他案犯我都已经杀了，唯独潘妃，其貌俊俏，我实在不忍杀戮，这如何是好？"萧衍对王茂说。

　　"使萧齐灭亡的人就是她啊，倘若大司马要将潘妃留在宫中，那么就一定会招来非议！"王茂断然地向萧衍说道。

　　"如此说来，我只有令她自缢！"萧衍无可奈何地说。

　　"当然——"王茂斩钉截铁地说。

　　见没有挽回的余地，萧衍只得狠了狠心，下令潘妃转嫁，后因潘妃不从而自尽了。随即，萧衍颁发诏书，革除旧政，将两千多名宫女分赏给了有功的将士，自己却将余妃、吴妃、始安王萧遥光的阮妃留在宫中享用。

　　接着，萧衍在宫中聚众商议军事，见李元履进宫禀报。

　　"启禀大司马，如今国中外藩，都已经望风归顺，唯有豫州刺史马仙琕、吴兴太守袁昂不肯受命。这……如何是好？"李元履向萧衍请示道。

　　"哦，可派马仙琕之友姚仲宾前去招降马仙琕！令驾部郎江革致信袁昂，劝其投降！"萧衍命令道。

　　于是，姚仲宾、江革去了。

"启禀大将军，马仙琕软硬不吃，姚仲宾多次出战不利，已经被马仙琕斩首于马下！"不久，李元履又进宫向萧衍报道，"驾部郎江革致信袁昂，劝其投降，也遭婉拒！"

"马仙琕、袁昂皆英勇不屈志士啊！我现在只有任命你为豫州刺史，请你招抚东土州郡！"萧衍对李元履说道。

李元履应命去了。然而，李元履到了吴兴，袁昂仍旧不降，只是打开城门，让李元履将自己押走。

李元履又去招抚马仙琕，马仙琕的将士们见李到来，都惊慌失措，纷纷请马仙琕发话。

"我深受国恩，宁死也不能投降！然而，你们都是有父母妻儿的人，不能连累家人，你们都去投降吧！"马仙琕向将士们哭泣道，"这样一来，我是忠臣，你们都是孝子，我们忠孝两全，就别无遗憾了！"

不久，部属们纷纷出城投降，马仙琕只留下十几人守城。最后城破，李元履入城，马仙琕只好丢下武器，束手就缚。

"要杀要剐，全由你们，但是我决不投降！"马仙琕向李元履说道。

这样，李元履才捕获了马、袁二人，将他们押送到建康。萧衍见到二人，立即上来，亲自为他们松绑。

"这才是忠诚的义士啊！"萧衍向众人称赞马、袁二人。

袁、马见萧衍如此多情，才最后归附了萧衍，并且成为萧衍的得力战将。

从前，在竟陵王萧子良的西邸，萧衍曾经结识了范云、沈约、任昉等人，彼此谈得很是投机，今日重逢，境况迥异，不禁感怀万千。随即，萧衍引荐范云为咨议，沈约为司马，任昉为记室。同时，征召前吴兴太守谢出、国子监祭酒何胤出来做官，但是，谢出和何胤这二个人都未能应召前来，萧衍只得暂时作罢。

接着，众官齐集大殿，萧衍又将宣德太后王氏迎入皇宫，请她临朝。

"大司马意将如何？"范云疑惑地问萧衍，"大事将成，莫非你真的还要去归隐？"

"我拥军伐罪，如今萧宝卷已经死了，我大功告成，应当急流勇退，归隐山里！"萧衍吞吞吐吐地说，"这台城非我理想之地啊！"

"大将军，你是想起了当年齐武帝父子在此让您父亲大人蒙冤而死之事？或是你想起了你三位兄弟在此被萧宝卷所杀之事？"沈约走上前轻声说道，"然而……往事如烟，大司马大将军，你切不可再思索这些事了，今日当为臣民着想，考虑国家大计！"

此时，百官也纷纷进来，齐齐地跪地请求，希望萧衍入居东宫，从此担负起国家重任。

"啊，众人对我的盛情难却，你们是要把我放在火上炙烤啊！"萧衍看着地上一片黑压压的人群，言不由衷地叹息道。

"地藏菩萨曾说，'我不入地狱谁入地狱'？如今国运多舛，需要大司马救国难于水火。一切乃是天意，这个火坑也只有大司马去跳了。"范云走上来说。

于是，萧衍踌躇满志，欣然向众人摆了摆手。众人遂放心地渐渐散去。沈约却始终未去。

"自从永明之后，萧齐的福运已过，大司马大将军，你岂止可以做储君，甚至应当趁机登上大位！"沈约劝告萧衍说，"倘若大司马瞻前顾后，再度谦让，等到和帝来京，只怕将来你悔之晚了！"

"如此妥当吗？"萧衍沉思了一会反问沈约道。

"前次，你家乡已有飞龙腾空，建康又见梁字大旗招展，上天业已预告。况且，那些跟随大司马你一起浴血奋战的将士们也都想攀龙附凤，封妻荫子呀。你怎能冷落众臣之心呢？"沈约又说道，"如今，天时、地利、人和，大将军你三利俱备，有何不妥？"

"这……得让我再思索一番……"萧衍有些胆怯地嗫嚅道。

"大将军好生糊涂也！"沈约立即跳起来，激动地叫道，"现在不是犹豫的时候，今帝位唾手可得，大司马您还要思索什么？倘若不早点登位，一旦萧宝融入京，公卿在位，君臣分定，您就没有机会了！倘若那时君主贤明，臣子忠诚，哪还有谁人再愿为大将军您效命呢？"

"此言有理！"萧衍这时才向沈约点头，表示同意。

沈约走后，萧衍又召范云商议。范云的意见也与沈约一样。

"好了！"萧衍欣然地说道，"你们智士所见略同啊！你明晨与沈约一起到皇宫里来，我有事要与你们再作商量。"

范云出门见到了沈约，并且随即通知沈约，让他明天也去同萧衍商议大事。

"哦，那么你明天一定要等我，与我一起去见大司马啊！"沈约认真地对范云说。

"你何必多心，我明天当然会等你，与你同时会见大司马呀！"范云不解地说，然后，二人拱手相别。

次日，范云来到宫殿前，等了好久不见沈约前来，便向殿中卫士打听，才知沈约已经先进去了。范云对此惊讶万分，本想闯进去和沈约再理论一番，但他又觉得不妥，所以他只好在寿光殿前徘徊。过了一会，才见沈约出来了。

"沈大人，原来你早就进去了！你可知道大司马安排我做什么？"范云问沈约。

梁武帝尚书右仆射沈约小像

"是这样……"沈约举手向左，神秘地说道。

"哦，这还好，还不至于让我失望啊。"范云见了沈约的手势，长长地松了一口气，高兴地说道："我们事先不是已经约好：向左，乃是'左仆射之意'嘛。大司马命我为左仆射，我已心满意足了！"

沈约笑着点点头。于是，接着，萧衍派内侍出来召范云进殿。进殿后，萧衍递给他几页纸片。

"啊，这竟……是内禅诏书！"范云一见大惊道，"好锋利的笔墨呀！原来，沈约他早已拟定好了此诏！我范云迟了一步，失敬失敬了！"

"沈约的才智，当今无人可比！"萧衍感叹道，"我兴兵至今，已历三年，各将同心辅助，各有功劳，但是，造就我帝业的还是只有你和沈约二人啊！"

"啊，大司马过誉了！"范云称谢而出。

接下来，宫中传出诏书：晋封大司马萧衍为相国、领扬州牧、赐十郡、封为梁公。不久萧衍又被改封为梁王，梁国所有要职，全仿齐廷。

于是，萧衍立即任命沈约为吏部尚书、兼右仆射，范云为侍中、兼左仆射。

阅武堂原是齐后主萧宝卷的寝室，其奢侈淫秽无比，当萧衍初入其间时，宫中留下的前齐嫔妃余、吴等姬赶紧起迎新主。萧衍顿时感到神魂颠倒，并觉得有一股浓浓的胭脂气味扑面而来。

萧衍征战经年，少有女子陪伴，而那些嫔妃也是多年未遇帝王的宠幸了，因此，此时此景，他们都如干柴烈火，这已使多情多义的中年将军萧衍神魂颠倒，再也不能自已了。

萧衍与余、吴等姬几度云雨后，意犹未尽，遂令嫔妃们起而歌舞。于是，余、吴二妃轮流操琴歌舞，接下来就是吟诗作画，以致通宵达旦。

就这样，光阴蹉跎，萧衍只恨夜短日长，每日里总是在阅武堂中度过，早将自己受禅的大事忘在脑后了。

范云因为上次被沈约抢了头功，心中很是不服，所以这次格外小心，他恨不得使出浑身解数，立即将梁王抬成梁帝，以便自己也做个开国元勋，封妻荫子。因此，范云此后一直在寻机向萧衍进言。

然而，萧衍自从当上梁王后，一个多月了，受禅的事情没有进展，所以范云心中焦急，他要找萧衍进言和提醒。但是萧衍深居简出，谢绝求见，范云经多方打听后才知道，原来萧衍是被女色所迷惑了。萧衍忘记了受禅的大事，这不禁使范云震惊。

萧衍的妻子郗氏是已故太子舍人郗晔之女，她自幼聪慧，琴棋书画，无所不通。宋废帝本想收纳郗氏为皇后，安陆王萧缅也想娶之为妃，但是，都被她拒绝了。后来，她竟嫁给了萧衍，而且伉俪和谐，不幸的是，她在襄阳英年早逝了。

郗氏为人很能妒忌，所以，萧衍一直只能有一个小妾丁令光。这丁氏是个棋艺高超的村妇，生性懦弱，因此与郗氏还能和平共处。郗氏只有三个女儿，但是，丁氏却产下了一子，取名萧统，后来被封为昭明太子。萧衍围攻郢城后，郗氏已逝，此时只有丁氏母子留居雍城，相依为命。

萧衍攻入建康后，又得到了余、吴两位美姬，并且立即被其美色所征服，不能自拔。所以，萧衍终日沉溺于酒色，反倒忘掉了自己将要受禅的大事。范云洞悉此情后，屡次求见，一次终于见到了萧衍，范云只好直言奉劝萧衍戒色。但是，萧衍当面同意，过后却又不能悔改，这实令范云忧虑。

如何才能让萧衍断然改变目前的这种状态呢？于是，范云想起了领军王茂。因为，萧衍起兵反齐时，常用王茂做雍州兵马前锋，王茂平定加湖，斩首万级。萧衍进攻建康城，王茂仍做前锋。其军队进攻秣陵，齐东昏侯萧宝卷派王国珍领军进攻，被王茂率军打得大败，接下来，南齐遂灭。王茂因灭齐有功被封为护军、领军将军，在萧梁政权中，王茂战功赫赫，萧衍对王茂的话也十分看重。

这次，范云只好找到领军王茂，与他一同进谏。范云带着王茂急匆匆地不等通报，就直接冲进萧衍内宫。

"你们如此急切而来，有何要事？"萧衍仰头惊问范、王。

"梁王近日都在忙些什么啊？"范云直截了当地问萧衍。

"啊啊，我常与她们在一起……"萧衍惶然地手指妃嫔向范、王支吾道，接着他又笑道，"你们莫以为她们只是齐宫的旧妃，她们可是琴棋书画无所不通的才人呢！我令她们为你们演奏一曲？"

萧衍说罢，立即命余氏歌舞，再令吴氏书画。范云看了，的确深为她们的才艺折服，但是，他回头看了身边的王茂一眼后转而一想，又立刻醒悟过来。

"梁王您错了！当年汉成帝的赵飞燕的确也是个美女，可是她让汉家亡国了。梁王绝不能做汉成帝啊！昔时，汉高祖在山东贪财好色，然而入关后，他财帛无所取，妇女无所幸，这连范增也对他十分敬畏，说他具有远大的志向，于是，后来他果真成了千古一帝！"范云朗声地说道，"如今梁王您刚刚平定了建康，海内正要望风归附，您却被情色所迷，梁王您真忍心让众人失望吗？"

"这……这……"萧衍听罢，半晌说不出话来。

"……范先生所言极是，请梁王为江山社稷着想，再不要留下这两个亡国之妇了！"王茂也立即跪下劝告道。

"那么……我只好让此二女……她们出去？"萧衍无奈，见范、王二人所言有理，只好答应道。

"梁王，你曾经把两千多名宫女赏给了将士，只有王领军还没有得到一个，王领军为您出生入死，立下了汗马功劳，梁王你就忍心让他形单影只吗？"范云趁机向萧衍进言道，"请梁王就在余、吴二妃中挑选一个赐给王领军吧！"

"这……吴妃她已经怀孕了！"萧衍慌乱地说。

"那么，就将余妃赐给他吧？"范云立即向萧衍建议道。

说罢，萧衍开始犹豫不决。范云赶紧用眼神向王茂示意了一下，王茂会意，随即叩首拜谢。

萧衍内心虽然不愿，但转念一想，他的大功就将告成，决不能为了一个女子违忤了功臣，让他心生怨恨。于是，他决定因势利导，所以同意了二人的说法。

"那么……我就将余妃赐给你吧!"过了一会，萧衍慢慢地对王茂说。

说罢，萧衍令侍卫请出余氏，让王茂将她带走。余妃感到事出突然，急得额眉紧蹙，珠泪欲滴，并且当即拜倒在萧衍面前哭泣。

"去吧，不必多言!"萧衍不等余妃说话，便拂袖起座说道，接着又回头对王茂说，"你可要善待她啊。"

"感激梁王的隆恩，末将听令!"王茂答道。

萧衍说罢，走进内室。余氏百无办法，只得止住眼泪，一步三回头地起身随王茂出门上车，向王茂府宅去了。

此后，萧衍终于从温柔之乡惊醒了过来，他开始全力筹划着自己的谋国大事。于是，萧衍重赏了范云，借以奖励范云为他直面劝告的功绩;同时，萧衍还重奖了王茂，赏赐给他百万钱财，希望王茂安置好府宅，能够善待可怜可爱的余妃。并且希望范云和王茂进一步为他尽忠尽力，共同谋划其篡位事宜。萧衍决心准备择日受禅。

湘东王萧宝蛭是萧宝卷的堂兄弟，因他喜欢文辞，所以深得萧衍忌惮，同时，一天夜里，侍卫们又在大司马府中活捉了一名奸细，经审得知他是萧宝蛭派来刺杀萧衍的刺客，因此，这更使萧衍对萧宝蛭加深了猜忌。于是，萧衍令人诬陷他谋反，杀了萧宝蛭，并处决了他所有的弟弟们。

接下来，一群幼稚的王爷萧宝攸、萧宝嵩、萧宝贞等人也都被牵连至死。陵王萧宝玄忧虑而死。鄱阳王萧宝夤半夜越墙逃到寿阳，投降了北魏。此时，明帝萧鸾之子大多已死，只有残废人萧宝义和江陵嗣主萧宝融二人还暂时活在人间。

后来，萧宝义因残而得以寿终正寝，宣德太后因庸碌无为而得以颐养天年。

接着，萧衍假意奉请萧宝融入都称帝，宝融当即率百官前往建康，并令萧詹为荆州刺史，留守江陵。

然而，此时，萧衍的威名业已登峰造极，在建康朝中朝外，也尽是攀龙附凤之人，于是文武百官纷纷劝请萧衍即位。

"梁王将荣登大宝，那么这样一来，又如何处置萧宝融呢?"沈约见此，忙问范云。

"应当立即致信夏侯详，叫他强迫嗣主禅位!"范云说。

于是，夏侯详接信后，见风使舵，立即按照范云和沈约的意思去做，逼使萧宝融答应入宫签署了禅位诏书。所以，刚到姑孰的时候，夏侯详就派人入都与范云、沈约商议受禅仪式。受禅诏书已由沈约写好，由萧宝融签署，梁王颁发出来。接着，宣德太后王氏搬出皇宫，另居他宅。

中兴二年四月，京都艳阳高照。

在朝臣们的威胁下，宣德太后只得派尚书王亮、王珍国等一百八十位大臣，捧着御玺去梁王宫，奉请萧衍即位。于是，梁王萧衍不免谦恭推辞了几次，在百官再三恳请后，择日在南郊即了皇帝位。

新皇祭告天地，登坛接受百官朝贺，改中兴二年为梁天监元年，颁诏大赦天下。梁主萧衍将齐主萧宝融废为巴陵王，令他暂居姑孰。萧衍追尊父亲萧顺之为文皇帝，庙号为太祖；追封故兄萧懿为长沙王，弟萧融为桂阳王，并大封其他文武功臣。

不久，回宫后，萧衍将沈约、范云等人招来密商。

"诸位都是朕的老友，所以朕要告诉你们一件事！"梁主萧衍沉痛地说。

"何事？"沈约、范云等人问。

"废主和帝在禅位时曾给朕写了一封言辞恳切的书信，希望朕能够让他在姑孰颐养天年！"梁主萧衍向范、沈说道，"你们以为如何？"

"陛下意下如何呢？"范云问。

"朕以为故主委实可怜，所以打算将南海郡改为巴陵国，让萧宝融迁往那儿去居住。"梁主说。

"陛下不能为了虚名而埋下祸根。"范云未及答话，沈约就抢先说道，"对于萧宝融还要多费周折有何用，不如……"

"不如干脆除之，免生灾祸！"范云接口答道。

"此言甚是明确！"梁主萧衍点头说道，"爱卿一语中的，朕十分钦佩，就按卿意办理！"

于是，梁主派亲信郑伯禽去湖孰给巴陵王萧宝融送去毒酒，次日，梁主就在大殿上宣布：巴陵王萧宝融已经暴病身亡了。至此，萧齐灭亡，共经二十三年。

五十一、齐孽恨，梁魏大开战

梁主萧衍即位后，大封勋戚。封弟萧宏为临川王兼扬州刺史、萧秀为安成王兼南徐州刺史、萧伟为建安王兼雍州刺史、萧恢为鄱阳王兼左卫将军、萧詹为始兴王兼荆州刺史，加封领军中军王茂为镇军将军、中书监王亮为尚书令、左长史王莹为中书监、吏部尚书沈约为尚书右仆射、侍中范云为尚书左仆射，册立皇子萧统为皇太子。

梁主萧衍即位之初，就封赏了诸多王侯和军将，连迟迟未能归附的马仙琕、袁昂和旧臣王亮都被任命在重要的位置上，而当时配合萧衍大军入城、并且斩杀了齐主萧宝卷的王国珍、张稷却未被重用，反而被派到遥远的边城去了，这使张稷十分不满。因此，张稷上任之后，牢骚满腹，懈怠政务，而且常常流露出对梁主的怨恨之情。于是，梁主召张稷问话。

"如今天下初定，张爱卿近来都在忙碌些什么？"梁主问张稷。

"陛下想知道？微臣如今只有啼哭啊！"张稷借着酒兴说道。

"你为谁而哭？为萧宝卷哭，但是他已死了！为朕而哭，但是朕仍然还活着，有何可哭的？"梁主问。

"唉，微臣无非是一条无名之狗而已！陛下，微臣功高赏薄，早知今日，何必当初……"张稷狂妄地叹道，"马仙琕都得到了厚赏，微臣至今却还没有名分啊！"

"卖主求荣者又何谈名分？"梁主听了勃然大怒，"朝廷中多一些马仙琕、袁昂的气节，少一些你张稷的投机钻营风气，也许更加平安！"

说罢，梁主拍案而起，怒气冲冲地转入了后宫。

萧衍在即位之初，还设置了谤木、肺石两个铁匣子，谤木匣子接受平民们陈请的状纸，肺石匣子接受中官们陈诉的状纸，并以此来了解官情民意。后来事实说明，梁主这一做法，深得官民的拥戴。

在生活上，萧衍衣食住行一切从简。在吏制上，萧衍也选贤任能，知人善任，因此当时人心归向，政吏清明。所以，在当时东昏余孽作乱时，竟然能够轻而易举地被梁廷平定了。

南北朝时期全图（三）

在北方，强大的北魏王朝分裂成东西魏；在南方南梁取代了南齐，版图面积和南齐相比略有收缩但变化不大。

柔然依然是北方草原的主人。在西南，吐谷浑建立了自己的政权。而在西域丝路上高昌王国开始兴起。在东北依然没有出现强大的政权。

梁朝疆域地图

接着，齐朝的江州刺史陈伯之因为已经随梁主入京，所以梁主恢复了他江州刺史的官职，然而因为陈伯之目不识丁，所以他将州事全部交由部属们处理，于是其部属别驾邓缮、参军褚胃、朱龙符等人便趁机徇私舞弊。

梁主得知后，立即派人前去整顿。这使陈伯之对梁主产生了憎恨，并与部属们商议反叛梁廷。

"我本是齐朝的战将，前次梁军进攻江州时，不得已而屈服了梁军，至今梁主仍旧对我怀恨，并派我来此，他是想架空我啊！"陈伯之气愤地叫道。

"朝廷派来文武二将来整顿我们，其实就是要占领我江州的要害部门，我们决不能束手就缚！"别驾邓缮、参军褚胃齐声说道。

"我乃是堂堂的一员刺史，梁主竟然派人来查办我，我岂能甘心受此侮辱？"陈伯之愤然地对部属们说。

"大人不如趁机造反，或可取而代之！"邓缮说。

"我本来深受齐主国恩，欲誓死相报，恢复故国！"陈伯之哭泣道，"请诸位随我起事——"

"我们决心和大人生死与共，同叛梁廷——"众部属们叫道。

于是，陈伯之整军出击豫章，豫章太守郑伯伦急向梁廷告急，说江州刺史陈伯之造反，入侵豫章。梁主萧衍得知反情，随即命镇军将军王茂为江州刺史，率兵讨伐陈伯之。伯之正在与郑伯伦交战，不料王茂汹涌杀来，陈伯之内外交困，无路可走，只好带着陈虎牙、陈龙牙夺路而逃，投奔北魏去了。

北魏任城王元澄刚任镇南大将军，对先前投奔而来的齐建安王萧宝夤很是器重，今又来了陈伯之，他们都请求北魏帮助他们为故国复仇，于是，元澄将二人送到魏都洛阳，并以好言相慰藉。

早先，齐和帝萧宝融在江陵即位时，魏镇南将军元英、车骑大将军源怀曾经向魏主请命，要趁机攻齐，魏主元恪任命任城王元澄为镇南大将军、兼扬州刺史，让他率兵出征。后来，魏主元恪得悉梁主建国，形势发生了变化，所以魏主元恪又叫任城王元澄暂时不要轻进。但是，这次，萧宝夤、陈伯之二人天天长跪在殿前，请求魏主元恪帮助他们复国，事情尤其急迫，魏主只得重新考虑南征大计了。

"万请陛下，请陛下伸出援助之手为我们报仇复国！我们愿在军前效命——"萧宝夤、陈伯之二人在魏殿上大哭，"倘若国仇得报，我们皆永世不忘陛下之恩！"

"打仗之事，非寻常小事，朕应当要从长计议，先周密准备，因为一旦发兵，就必须全胜！"魏主元恪向二人劝说道。

"任城王的大军已经箭在弦上，请陛下开恩，令其出发！我们可做先锋，在军前效力！"陈伯之再三哭道，"我们国破家亡，报仇心切，陛下何不因势利导，趁机一举踏平南国？"

"如此说来，朕应当立刻调兵遣将，今秋发兵！"魏主元恪答应道。

"感谢陛下大恩——"萧、陈二人大悦谢道。

魏主元恪很是感动，随即决定允许发兵。魏主任命萧宝夤为镇东将军兼齐王，督管东阳等三州军事，并让他率一万兵马驻东城。又封陈伯之为平南将军兼江州刺史，督管淮南诸军事，率其旧部驻阳石。魏主决定让他们秋季伐梁。

萧宝夤得知消息后，感激得彻夜痛哭，次日，他在马前叩首，向魏主辞行，并在沿途招募了数千兵士，请元澄代他向魏主恳请提早出师。魏主随即调拨了冀、定、瀛、相、并、济六州两万兵马及寿阳的三万屯兵给元澄，让元澄与元英、萧、陈诸将一起举兵南侵。

魏军人多势众，萧、陈同仇敌忾，冲向南梁同州，同州刺史初战就失去了贤首山。接着，元澄令统军党法宗、傅竖眼、王神念率兵分别攻打东关、大岘、淮陵、九山，并且命令高祖珍率三千骑兵为援军。

于是，魏军连拔关要、颍川、大岘三城，锐不可当！白塔、牵城、清溪各城守军都望风披靡。魏将党法宗等人长驱直入，势如破竹，很快就占据了焦城、九山、淮陵，军抵阜陵城下。

阜陵由萧梁太守冯道根驻守，他得知魏军将要到来，事先就做好了准备，摆出如临大敌的架势。

"魏兵未必能够南下，太守何必如此大兴土木，修筑工事？"部属们向冯道根笑道。

"君不知'怯防勇战'之理？一旦敌军逼到城下，我们就再也没有部署防备的工夫了!"冯道根严肃地向众人说。

结果,果真如其所说,冯道根壁垒刚刚竣工,党法宗的两万魏军就已经兵临城下了。城中的兵民见此,顿时大惊失色。冯道根却镇定自若。

"请卫士大开城门!今日虽然我兵力不足,但也可以演一场'空城之计'。"此时太守冯道根一身便装,从容地登上城楼,向部属们笑道,"另外,我们还要派出百名精骑出城冲击敌阵,让他们速战速回——"

"麾下遵命——"部众们答道,并且立即行动起来。

魏兵见城上高坐的冯道根,笑容可掬,面无惧色,而且还看到城中的军阵齐整,都以为城中必有埋伏,因此不敢进城,只得慢慢后退。冯道根随即又派出百名骑兵偷袭高祖珍,结果也得胜而归。党法宗听说梁军还要劫掠魏军的粮草,因此十分慌乱,只得撤军北去。于是,阜陵解严,冯道根遂被梁廷封为豫州刺史。

次年春,任城王元澄举兵进攻钟离,其后方寿阳空虚,于是,梁将军姜庆真乘虚去偷袭寿阳。任城王太妃孟氏登城督战,抚慰新旧将士,严明赏罚,使得人人都能奋勇争先,竭力抵抗。接着萧宝夤又率兵增援魏军,夹击梁军,所以姜庆真只得败逃。

于是,孟太妃立即派使者向元澄送去捷报。

"启禀任城王爷,寿阳已经大捷,太妃请您不必挂记后方!"孟太妃的使者向元澄报告。

"哦,既然如此,我元澄没了后顾之忧,即可将钟离团团围困,一意攻战!"魏任城王元澄高兴地叫道。

于是,任城王元澄加紧攻击钟离,擒获了钟离守将张惠绍。后来,因为阴雨连绵,淮水暴涨,军心不稳,所以元澄才决定北归寿阳。梁军趁机追杀数里,俘斩魏军四千。结果,元澄败北,受到魏主诘责,并被连降三级。最后,两军交换了俘虏,两国才暂时得到了和平。

北魏镇南将军元英听说任城王损兵折将,十分愤慨,遂督兵进攻义阳。义阳城中的司州刺史蔡道恭率着四百名士兵竭力抵御,并且重创了魏军,使之溃逃。但是此时,蔡道恭不幸在军中病故,义阳只好由骁骑将军蔡灵恩代为守城。城中缺粮少兵,形势开始艰难起来。

梁主萧衍听得消息,忙派平西将军曹景宗、后卫将军王僧炳分率三万大军来救义阳。王僧炳率军在黄岘被魏冠军将军元逞杀败,后面的曹景宗见了,十分惊怕,遂停滞不前。

梁主得知后,急忙派宁朔将军马仙琕出兵,马军中分精锐,一连数胜。但是后来,马仙琕恃胜生骄,冒险直入魏营,结果中了埋伏,被北魏老将傅永杀败,其子甚至被魏兵杀死。随后,马仙琕愤然再战,但却三战三败,于是只得退回。

义阳城中的蔡灵恩贪生怕死,见不能取胜,遂慌忙向魏投降,于是梁国的平靖、武阳、黄岘三关随即失守。魏主元恪因此战胜利,所以特封元英为中山王,傅永等人也得到嘉奖。

梁廷得到败讯,很是惊慌。梁主萧衍忙与众臣商量。

"曹景宗拥兵不救，应当得到重罚！"御史中丞任昉、郑绍叔激愤地向梁主奏道。

"曹将军……他拥戴有功，朕可让他将功赎罪……"梁主说道，"今朕在南义阳设立司州，就让曹景宗移镇关南，令郑绍叔为南义阳刺史，重整义州！"

"微臣得令，臣一定要将南义阳建成一个重镇，抵御魏军！"郑绍叔慷慨地说道。

义阳渐渐安靖。然而，接下来又出现了梁汉中太守夏侯道叛梁投降魏国的事。魏主命令邢峦为镇西将军，让他西击梁州，结果邢峦所向无敌，使梁朝白马守将尹天宝战死，景寿太守王景胤败逃，益州邓元起观望不前，巴西太守庞景民被斩。于是，魏军占据了巴西全境。

得知再次失败，梁主急召众巨商议。

"今蜀地军情紧急，如之奈何？"梁主向众臣问道，"朕已急派将军孔陵率军支援，恐怕也一时尚难制敌！"

"如今只有招诱仇池杨氏的兵马，令他们叛魏联梁，与梁军合击魏军，方可一举击溃魏军！"御史中丞任昉向梁主又建议道，"据微臣探知：仇池杨氏这时因为主人杨绍先年幼，所以事务暂由杨集起、杨集义这二位叔父管理。迫于压力，他们几代都只得臣服于北魏，但是现在，听说汉中已经成北魏的属地，杨氏担心仇池沦陷，此时也正想起兵反魏呢！"

"爱卿能有几分胜算？"梁主慢慢地问任昉。

"如今臣已有十足的把握！杨氏早有叛魏之心，今日加上我大梁的招诱，他们岂能不反？"任昉接着向梁主奏道，"我们可以鼓动氐人拥戴杨绍先为帝，出兵截击魏军粮道！"

梁主听罢点点头，遂按计而动。

然而，北魏镇西将军邢峦文武兼备，用兵有方，竟然率兵杀退了氐人，又派出统军王足带一万骑兵迎击孔陵，他还是连战连捷，将孔陵逼回梓潼，并趁机攻入剑阁，占据了梁州十四郡，使得梁朝益州大震。

"如今梁州危急，再令邓元起督管大军，征讨北魏，援救梁州！让西昌侯萧渊藻代任益州刺史！"梁主萧衍此时又一次大张旗鼓地调兵。

萧渊藻到镇，见粮械均被邓元起带走了，不禁愤恨。他随即跑到邓元起军营中去索要。

"启禀邓将军，你带走了益州的全部粮械，那么，我们将如何坚守益州？"萧渊藻愤然说道，"请速归还！"

"朝廷的军需，岂能给你，刺史还是另想办法吧！"邓元起拒绝道，"况且我还要去征讨北魏，岂能缺少粮械？"

见邓元起不愿发还，萧渊藻更加气愤地离开了。次日，萧渊藻借口为邓元起饯行，竟趁机将邓灌醉，并且伺机杀了邓元起，随即征服了他的部众。

其实，邓元起与萧渊藻之案并非始于今日，二人本来都是地方上的贪赃枉法之徒，互相勾结，也互相攻击。

杀邓的事情发生后，御史中丞任昉奉诏经过调查得知，邓元起、萧渊藻二人之间的矛盾由来已久。邓元起是大梁的开国元勋，而萧渊藻又是御兄萧懿之子。他们虽然都有功劳，但贪赃枉法的行径也都令人发指。

两任益州刺史邓元起在蜀房产已达千间，财宝堆积如山，其家有"内藏"和"外府"两库，分储金玉和绸缎上万件。而身为益州郡守的萧渊藻同样也是"崇于聚敛，财货山积"之辈。

在短短的几年中，他们二人卖官鬻爵的行径尽人皆知。二人相互勾结，也相互争夺，因此产生了邓元起之死的大案。此事引起了一些人的不满，也有人向梁主为邓元起申冤，然而，虽然御史中丞任防已将案情呈报到梁主的榻上，但是，无奈梁主博爱，又因为萧渊藻是自己兄长之子，所以他不忍加罪于亲侄，只好饶恕萧渊藻。

萧渊藻虽然年轻，但是胆识过人。当时，益州乱民焦僧护纠众作乱，百官都无法平息，萧渊藻乘轿巡视，见乱党箭如飞蝗，身边侍卫赶忙举盾遮掩，他却喝令撤去盾牌。

"乡民们，我知道你们其实都是良民，为何甘心为贼，当然是都有难言之隐啊！"萧渊藻温和地对乱民们说，"待查清事实后，朝廷一定会为你们申冤的！"

接着，还有人继续放箭。

"我不会责怪你们的。现在，我只是要告诉你们：倘若你们真能射杀我，那么就放箭吧！倘若杀不死我，那么你们就应当投降，我也会对你们既往不咎的！"

众贼一听都不知所措，人人双手发抖，射出去的箭无一能射中萧渊藻。大家都深深感到惊奇。

"莫非将军他真的有神人相助？"众贼惊问。

萧渊藻见问，笑而未答，众贼见了，随即回头，纷纷逃走，也有的投降了梁军。于是，萧渊藻进军平息了乱党，并被梁主萧衍封为信威将军。

魏邢峦的部将王足围攻南梁时，邢峦曾再三恳请魏主同意他大举入蜀，但魏主元恪不准，并任王足为益州刺史。后来，魏主又令梁州军司羊祉接替王足，王足因此快快不乐，认为魏主已经开始疑忌自己，他担心自己将会被诬陷受死，于是随即叛魏投梁了。

邢峦失去了一员骁将，叹息不止，而此时巴西又要人镇守，因为自己要镇守梁州，所以，他只好命令李仲迁前去镇守巴西。

"李仲迁乃是酒色之徒，不干正事。邢将军岂能让他镇守巴西？"李仲迁前去不久，魏建武将军傅竖眼着急地向邢峦进言。

"既然如此，我就将他撤职。"邢峦惊慌地说。

"启禀大将军，巴西已经发生了反魏的叛乱，李仲迁被杀，首级被献给了萧梁。巴西已被南梁占有了！"此时，突然一名小校疾速前来报道。

"啊，竟然如此！"邢峦听了，又恨又悔。

"据说，仇池杨氏杨集义在攻击阳平关！"傅竖眼又向邢峦报道。

"请建武将军你领兵前去抗击——"邢峦立即向傅竖眼令道。

于是，傅竖眼率兵拼命杀向仇池，在关下大破氐众，并北入仇池。于是，梁天监五年，仇池沦陷，成了魏国的东益州。

梁主萧衍因失去了司梁，无从愤恨，深感忧郁。直到后来王足投奔来梁时，他才知道，北魏已是外戚、宠臣专权之期，并知勋旧咸阳王元禧、北海王元详等人均已被杀。梁王得知后大喜，即令扬州刺史临川王萧宏督管北讨军事，尚书右仆射柳琰为副将，出兵洛口，趁机北伐魏国。

魏主元恪即位后，又改元景明，朝政由皇叔元勰辅佐。魏主封元勰为司徒、录尚书事。但元勰不久归隐了山林，于是，太尉咸阳王元禧被晋升为司空，北海王元详被晋升为大将军。此外，参政的还有高太后、国舅高肇、于烈、于劲，再加上一些佞臣茹皓、王仲兴、赵修、赵邕、寇猛之流，因此，现在的北魏朝廷已经杂乱不堪。

接着，元禧因为不满分权而想废黜新帝，随后因事情败露而被斩。北海王因揭发元禧有功，而被封为太傅兼司徒。高招官居尚书令，茹皓为冠军将军。

茹皓妻是高肇的堂妹，妻姐是安定王元燮之妃。元燮是元详之叔，元详出入叔父家，见叔叔的妃子容貌妖艳，很是垂涎。元燮的妃子也对元详有意，于是，两人眉来眼去，随即勾搭成奸。茹皓虽然知道此事，但是为了依附于元详，所以秘而不言，依旧与之狼狈为奸。

高肇是高丽人，被元详、茹皓所轻视，但魏主却尊高肇为舅父，因此高肇便想借魏主之力来与元详、茹皓争权。一天，高肇招来中尉崔亮商议对策。

"如今元详叔嫂通奸，茹皓明知不管，他二人横行霸道，扰乱朝纲，我们不得不管！"高肇怒道。

"对此……我们不如也用'美人之计'？"中尉崔亮轻声笑道。

"你是要让我的侄女从中出力？"高肇问道。

中尉崔亮随即点头笑起来。

原来，高肇有一个侄女美貌娇艳，已被选为贵妃，十分得宠，高肇便嘱托她去向魏主进言，说元详、茹皓存有异心。魏主听了，信以为真，随即指使中尉崔亮弹劾元详、茹皓等人。之后，茹皓被斩首，元详被贬为庶民而且遭到囚禁，接着他也暴毙于郊野。

这时，高肇掌握了大权，遂劝魏主派卫队看守各位王爷，于是，宗室完全失权，魏国朝政处在更加混乱之中。

魏主听说梁军入侵到了洛口，特任命中山王元英为镇南将军，督管扬州、徐州诸军事，率十万大军抵御梁军；他又令镇西将军邢峦督管东路各军，并调定、冀、瀛、相、并等州兵马十多万，前去接济元英。

然而，这一次梁军首先出击，连下了魏国三州城：一、江州刺史王茂侵入北魏荆州，诱降边民，设立宛州，并派宛州刺史袭击了河南。二、太子右卫率张惠绍入侵北魏徐州，攻宿豫，擒得守将马成龙。三、北徐州刺史昌义之也拔下北魏的梁城。

梁豫州刺史韦睿派长史王超攻小岘，未能见到回音，于是，韦睿亲去巡视。到了小岘后，韦睿见城内魏军胆大妄为，竟敢派出数百兵士在门外列阵，当下就想攻击。

"大人，不可！"部属们说，"我们是跟随大人来巡视的，没有战斗的准备，应当回去备好战械，再来打战！"

"我估计，此城中只有两三千兵马，他们竟敢无故出城列阵，是自恃骁勇，倘若我现在就挫败了他们的嚣张气焰，让他们心生畏惧，则此城即可被攻破！"韦睿大声地说道。

"这……"众人面面相觑，各有难色。

"朝廷给我们手中的节杖，不是摆设，你们随我多年，莫非不知我的兵法？"此时，韦睿举起节杖向众人怒吼道。

"大人不必动怒，我们愿意随大人冲锋——"众人齐声说道。

随即，韦睿率着众人，大叫着猛冲魏军，拼命相搏，以一当十，击退了魏兵，并趁机攻占了城池。接下来，合肥城也随手被梁军拿下。

韦睿体弱多病，不能骑马，却经常乘车亲临沙场督战，与士兵同甘共苦，因此深得兵士敬畏，只要是他的命令，总是人人争光，因此韦睿常能战无不胜。

此时，前去援救合肥的魏将是杨灵胤，他听说韦睿来了，十分恐惧，遂率五万大军撤退。韦睿率领将士一直将败兵赶到东陵，才回到合肥歇马，并将豫州官府迁入合肥。

江庐太守裴邃也连拔北魏的霍邱等城，乘胜前来会师。

梁廷屡得捷报，举国相庆。不料，北魏平南将军杨大眼素称老虎，王茂在河南被杨大眼杀败，他只得弃甲而逃。张惠绍从宿豫出发攻击彭城，也被魏人杀败。魏中山王元英、将军邢峦继续进军，连胜梁军。梁军节节败退，南归建康来了。

五十二、宏帅馁，梁人空悲切

梁主萧衍之弟——临川王萧宏无勇无谋，胆小如鼠，在洛口拥兵不进。他得知魏军进逼梁城，急召部属商议。

"魏军此来势如破竹，我军不如班师回朝？"萧宏胆战心惊地对众人说道。

"是呀，知难而退，也许是行军打仗的要诀！"军师吕僧珍附和着说道。

"本王也是如此认为的，诸位的意见如何？"萧宏问大家，"我们还是撤军吧！"

"我们出兵以来，连克数城，并未遭遇败仗，这岂是'难'？"柳琰首先挺身而出，立即大声叫道，"末将以为当务之急，是要知难而进，决不能后退——"

"正是，我军节节胜利，何必撤退？"裴邃也大声说道，"此次出师，我们本是为杀敌而来的，何必畏难先退？"

"王爷何必要灭自己的威风，甘做败将呢？陛下将大量兵马都交给了王爷你呀，陛下对王爷寄予厚望！"马仙琕也激昂地叫道，"我们只能为效死而前进一尺，绝不能因偷生而后退一寸！"

"诸位……还是知难而退……"吕僧珍又想说服众将。

"吕僧珍住口！你这个无脸之人！"昌义之怒发冲冠地向吕僧珍吐了一口唾沫道，"拥有百万大军，未能见到敌人的影子，你就要望风披靡！你这种庸奴的军师，将来还有何脸面回京面见陛下？"

"要撤退的站出来，下官将多有得罪了——"朱僧勇、胡辛生也立即拔剑挺身而出，向众大声叫道。

随即，众将纷纷怒发冲冠，大有压倒萧宏之势。吕僧珍急忙出来调和。

"王爷他并非畏惧敌军，只是他昨晚偶受风寒，害怕自己的病让众人担心，以致军心颓靡，因而才想到撤军。"吕僧珍上前向众人解释道。

"这……"裴邃仍旧有怀疑，正要说话，见吕僧珍以目示意，他只好低下头来，默不作声。

随即，众将陆续地退出，萧宏也进入内帐去了，裴邃慢慢地走近吕僧珍身边。

"大人您是梁国的开国元勋，今日为何如此懦弱，方才你为何向我以目示意？"裴邃问吕僧珍，"莫非大人你也有何难言之隐？"

"不是我懦弱，而是王爷不但没有谋略，而且十分胆怯。我每与他商议军事，他都毫无主见，如此下去，我军的确无法取胜，反而要损兵折将。"吕僧珍在裴邃耳边轻声地说道，"有了如此的主将，当然不如班师，这或许还可以保全众人的性命呢！"

"唉，竟然如此，可叹皇上的一片痴心，竟委任了这种主将……"裴邃叹息而出，"然而，不过……萧宏本是个人人皆知的无能之辈，这次让他挂帅北伐，本来失败就是早已注定了的呀！"

"我本来是想阻止陛下任命萧宏的，无奈陛下说，这是萧宏自己请缨的，他因亲情不好推辞，只好同意了。并且，皇上还要将我命为萧宏的军师，我也是没有办法啊！"吕僧珍无可奈何地说。

众将听罢，无不摇头。

此时，萧宏见众将沮丧，不愿意撤兵，他也不敢出战，只得在此苟延残喘，唯唯诺诺，以自保性命。

"禀报王爷，魏营派人送来一条女人的巾帼！"突然一名小校向萧宏呈上魏军送来的礼物，并且说道，"魏人再三嘱咐：此条巾帼是专门赠给临川王爷的！"

"啊，岂有此理！"萧宏一见巾帼，立刻大怒道，"岂非讽刺本王怯战，如同妇孺一般胆小如鼠？唉……本王也管不了许多了，我就是不出城迎战，看他怎奈我何？"

正在此时，帐外远处忽然响起了童谣：

> 不畏萧娘与吕姥，
> 只畏合肥有韦虎……

"连魏人也已经知道，萧王爷只是无力的女人，吕僧珍只不过是无用的老妇人，而只有韦睿将军才是他们所害怕的猛虎啊！"众人听罢，都在窃窃私语，嗟嗟叹息。

此时，吕僧珍听了此谣，也感到万分羞愧，遂请萧宏准许裴邃分兵出击，无奈萧宏就是犹豫不决，不肯同意出征。

魏军得知此情，遂召集将士商议进军事宜。

"既然梁军主将如此怯战，末将建议立即派杨大眼去攻打梁军！"奚康生向元英请命道，"倘若今日我军不战，那么将来还有何机会？"

"不可！"元英说道，"梁军萧宏虽然无能，但是，他麾下的战将个个身手不凡，韦睿、裴邃皆为良将，你们切不可轻视。你们只能静观其变，等到天寒地冻，再作打算，只是……目前还不能与之交锋！"

不久，已是深秋，洛口降温，风雨大作，洛水将冻。见魏军蠢蠢欲动，梁军惊慌失措。临川王萧宏更加害怕大战，于是，自己竟然丢下部属兵卒于不顾，带着几名亲信半夜三更溜走了。顿时，梁军见大帅已逃，三军无主，人心惶惶，军队溃散，弃甲抛戈，一刹时军械就填满水陆。

萧宏乘着小船渡江逃到白石垒，天还没有发亮，他就紧急地叫门请求进城。

"何人叫喊求进？"垒城守将衡阳王萧懿之子临汝侯萧渊猷登城，向城下问道。

"我是临川王萧宏，因为兵败需要进城避祸！"萧宏急切地向城上回答道。

"不行！"萧渊猷大声地向他说道，"百万雄师，一朝鸟散，国家前途危急！倘若有奸人趁机谋变，我难以支撑。此城乃是战略要地，不便夜晚开门，请你们等到天亮之后再说吧！"

"……唉，不能进城，就请你赐我食物吧！"萧宏流着泪水，又乞求道。

"也罢，请用篮子将食物吊下城去，供他们食用！"萧渊猷听罢，令部属们用绳筐，从城楼上为萧宏放下酒食碗杯。

好不容易挨到天亮后，萧宏才灰溜溜地进得城来，他满面愁容，连连嗟叹其兵败的情形。

萧宏在洛口兵败白石垒，使梁城震动。梁城的守将昌义之急与众将商议。

"听说洛口梁军败走，我梁城也将不保，诸位意欲暂时南撤否？"昌义之问。

"我军自然要南撤，再屏北魏！"将军张惠绍点头说。

于是，昌义之与张惠绍一起率兵南撤到钟离。

魏主元恪令各军趁胜荡平萧梁。中山王元英攻陷了马头城，夺走了城中所有粮草。

梁主得知萧宏兵败，急忙函告昌义之在钟离设防，以堵魏兵。

接着，梁主召集众将急商军情。

"魏兵既然已经将粮草带回北方，也许他们不会再南下了！"右卫将军曹景宗说。

"这是胡虏的障眼法，朕岂能不防？"梁主萧衍大声说道，"昌义之与张惠绍必须在钟离严防，不可怠慢——"

众人听了，都点头称是。果然，很快，魏军前队又扑到钟离城下，幸亏昌义之事先有备，所以才能临危不惧，两军能够相持多日。魏中山王元英与平东将军杨大眼的十万大军围攻钟离几个月，始终未能动摇钟离城池，反而使自己伤亡惨重，弄得他们心灰意冷，垂头丧气。

钟离守将昌义之怕北魏增兵，遂向梁廷求救，梁主急召众臣商议。

"昌义之钟离求援，朕令曹景宗为统帅，督率二十万大军前去援助钟离！"梁主说道，"曹卿此去，可暂驻道入洲，不如等待韦睿等各路兵马齐集之后，才一起进击魏军——"

"微臣遵旨！"曹景宗出班答道。

"曹爱卿，这里边朕还给你一封书函，望卿到时拆而视之。切勿有误！"梁主又道。

于是，曹景宗接过御书，向梁主告辞，转身率军去了。

梁国统帅曹景宗已率大军起程，豫州刺史韦睿也受命前去会师。韦睿从合肥出发，率军急忙赶到钟离。

"魏军气焰太盛，我军不宜孤军速进！"韦睿部属冯道根向韦睿劝道。

"钟离的兵民困窘许久，我恨不得插翅飞去援救他们，怎能缓行？"韦睿惊讶地问道，接着他安慰道，"你们不必担心，其实这次，魏军已是我囊中之物了！"

于是，韦睿星夜兼程，很快地，他们来到钟离城北邵阳洲。此时，曹景宗也刚刚赶到，撤阅御书后，才知梁主要他与韦睿精诚团结，于是两下相见，双方遂立即欢洽，准备进军。

再说，魏主因出师太久，遂令元英班师，元英不肯，魏主又派步兵校尉范绍去视察军情，范绍也劝元英回朝，元英仍旧不依。

这时，京城的梁主萧衍正在与众臣计议军事。

"曹景宗、韦睿皆为虎将，二人本性刚毅，争强好胜，今陛下让他二人共事，万一他二人发生冲突，于军不利，陛下将如何处之？"有朝臣向梁主进言道。

"朕已给曹景宗密信，请他尊重韦睿，让二人同心协力处军！并说韦睿老成持重，国家的希望都寄予他二人身上，望他能够善待韦睿！"梁主萧衍笑向众位说道，"朕估计他们不会互相争斗的。为此，朕已派人前去打听了！"

"启奏陛下，前方报道：曹、韦二位将军精诚团结，相处融洽，已经开始修堡筑垒，积极备战了！"此时，一内侍进殿向萧衍奏报。

"哈哈！"梁主萧衍听罢大笑道，"此二将和睦共处，梁国抗魏的胜利就在眼前了！"

当下，韦睿率兵夜击魏营，在邵阳洲开辟沟壑，修筑堡垒，天亮时即成。次日，元英早起，突然发现在自己的营寨前，一座座梁营突然出现，他感到十分吃惊。

"何人竟能如此神速？"元英没有料到韦睿能如此神通广大，所以未加防备，得知了此情后，他不禁惊叹起来，"如今河水泛滥，水高达城墙头上，倘若他们将水引到护城河中，战船进来，我城池就危险了！"

"听说南梁虎将韦睿业已到来！"魏部将向元英报道。

"啊，南梁竟有此等将领，我魏军胜利无望了！"又一批魏军将士见此，惊慌失措，纷纷惊叫起来。

"我从寿阳而来的援兵将到！"一魏将向元英报道。

"好！我军紧闭城门，拒敌于城外——"元英见了慌忙据城自保。

"好好，本来是一场胜战，现在却变成了两场胜战了！"韦睿在指挥车上大笑道，"哈，哈！北魏胡虏又从寿阳送来大餐了！"

"大将军的意思是……"部将们不解地问。

"城内的元英已缩手缩脚，躲入城中去了，我们来各个击破，首先齐心协力，来迎击其城外的援军，待吃了城外援军后，我们再回头攻城，关门打狗，消灭其城内之兵！"

说话时，敌人的外援人马已到，于是，韦睿指挥士兵们集聚一起，奋勇争先，英勇杀敌，很快地，城外魏国的援军一批批地倒下，他们或死或伤，纷纷落在护城河中被淹死了，而城内的敌军，却在眼睁睁地看着城外的援军孤军奋战，不能施救。于是不久，消灭了城外敌军后，韦睿又掉转枪口，指挥部众开始攻城，集中力量向元英奋击。

杨大眼是仇池小国先主杨难当之孙，他素以勇猛虎将而著称。他见此梁营越战越勇，遂率一万骑兵直接杀入，不料，反被韦睿的车阵杀败。此后，元英亲率大军督战，仍旧未胜。双方相持年余，暮春到来，钟离与邵阳洲之间的淮水暴涨，韦睿趁机派先锋冯道根与庐江太守裴邃、秦郡太守李文钊率兵奋击邵阳洲上的魏兵。结果，魏兵前锋大败。

随后，韦睿又用小船载运枯草膏油，纵火焚营，风烈火炽，梁军倾巢而出，战鼓震荡天地，直杀得魏军哭天嚎地，狼狈逃窜，沿途跳入淮水者无数，遍地都是尸山血海。接着，曹景宗所率的大军也涌现出来，直入魏中山王元英的主营。

魏中山王元英此时再也不想再抵御了，只得率着残兵败将，慌忙北逃。韦睿一面引军追击魏兵，一面派人向同守在钟离城中的昌义之飞奔报捷。

"启禀将军，城外魏军已经被我援兵杀得大败，正在夺路而逃了——"小校引着韦睿派来的使者，激动地向守将昌义之报道。

"啊——"正站在城头上，浑身血污、面容憔悴的昌义之闻罢，立即精神振奋，并激动地大哭起来，"啊，得救了，我们得救了！我们全体出动，配合援军——"

说罢，昌义之令城内兵将，随曹景宗、韦睿一同向魏军追去。梁军大队人马数十万，遮天盖地，一直追到岁水畔，斩杀魏兵无数，俘获魏军将士、马匹上万，器械成堆。

曹景宗等人凯旋归京，梁主萧衍在华光殿上，宴请群臣。

此时，左仆射范云已经病逝，梁主另任徐勉为尚书左丞，周舍为右卫军，让他二人同参国政。沈约的才华虽被梁主看重，但他"过分的聪明才智"也让梁主反感，因此沈约终未得到梁主重用，所以，沈约在此宴席上总是郁郁寡欢。

"沈卿在想什么，今日梁军大胜归来，爱卿何不赋诗一首，以赞梁军的功绩？"席间，梁主见沈约默默无语，遂突然令沈约赋诗。

"啊……"沈约忽然醒悟，忙回头答道，"容微臣细思……"

此时坐在邻桌的曹景宗素来擅长诗赋，听了梁主话后，他也站了出来，走向梁主。

"请陛下降旨，也让微臣赋诗赞颂战绩！"曹景宗在梁主面前大声地说道。

"啊，爱卿你都已经在战场上干出业绩来了，何必还要吟诗表现？"梁主萧衍见了，忙笑对曹景宗说。

"微臣虽是一介武夫，然而，有时也能吟诵几句，请陛下开恩允准！"曹景宗再求道。

"微臣诗已写就，请陛下御览、斧正！"此时，沈约将已经写好的诗稿呈上，请梁主指正。

梁主没有立刻回答曹景宗的话，却急忙接过沈诗，看了一遍。

"……好吧，在沈约的诗文中，尚有'竞病'二字未能赋韵，曹爱卿愿用此二字赋诗一首否？"梁主回头，笑对曹景宗说道。

"微臣遵命！"曹景宗说罢，遂拿起笔纸，一挥而就，并将它呈给梁主。梁主取而视之，只见纸上面写道：

> 去时儿女悲，归来笳鼓竞。
> 借问路旁人，何如霍去病！

"哎呀，曹卿真是文武双全啊，你可与陈思王曹植媲美了！"梁主看完，拍手赞叹道。

曹景宗听罢，叩首道谢，走出华光殿。

宴毕，梁主回宫，立即颁诏，晋升曹景宗为领军将军、竟陵公；韦睿为右卫将军、永昌侯；昌义之为征虏将军，移督青、冀二州军事兼刺史。次年曹景宗出任江州刺史，病逝在途中，梁主追封他为征北将军。

此后，北魏内乱不止。梁天监七年，北魏郢州司马彭珍叛魏投梁，并带领梁军偷袭义阳。魏国平靖、武阳、武胜的守将侯登也向梁投降。马仙琕随即上奏梁廷。

"启奏陛下，北魏悬瓠军将白早生杀死了豫州刺史司马悦，自称平北将军，向我梁司州乞求援助！"刺史马仙琕向梁主奏道。

"请爱卿派兵前去支援，命白早生为司州刺史！"梁主令道。

于是，马仙琕兵屯楚王城，派副将齐苟儿率两千兵马去救悬瓠。

"齐将军，魏悬瓠军将白早生杀死了豫州刺史司马悦，现已投梁求援，现令你出兵援救！"马仙琕向副将齐苟儿令道。

"哦……末将遵命！"齐苟儿略带犹豫地答道。

"现在北魏又起用了老将元英，令他率兵救郢州；又命邢峦为豫州刺史，令他率兵讨伐白早生。"马仙琕接着说道，"元英是魏国重臣，邢峦是智勇能将，对此，齐将军千万要谨慎啊！"

齐苟儿应命去了。此时，探马又急匆匆地进来。

"邢峦到悬瓠后，并没有立即发兵讨白，反而派中书舍人董绍前去，以好言招降白早生，却不料，白早生又将董绍押送到建康去了。邢峦得知后勃然大怒，遂率领大军围攻悬瓠城！"探马进来向马仙琕报道。

"哦，如此看来，我军胜利在望了！"马仙琕兴奋地说道，"不过……北魏宿豫守将严仲贤向来好战，今日见邻近交战，他可能也想参与此战，我们不可不防，切不可松懈斗志！"

"将军不必多虑，严仲贤已经被他的参军成景隽杀死了！"此时，一位部将上前高兴地向马仙琕报道，"而成景隽已向我大梁投降了！"

"哦，如此看来，北魏郢、豫一带将尽归我大梁所有了！"马仙琕高兴地说。

全场听罢，一片欢欣鼓舞。

五十三、勋将凋，沈约悲辞世

北魏的军情紧急，中山王元英急向魏廷求援。魏主令安东将军杨椿率四万大军攻宿豫，令元英协助邢峦打悬瓠。悬瓠魏强梁弱，两军血战惨烈，看看魏军重力压来，不可一世。白早生倒还想死守，但是梁将齐苟儿却突然开门投降去了。

于是，魏兵趁机一拥而入，擒斩了白早生等人。悬瓠城遂又归北魏所有。

接下来，元英又率兵去救义阳。到了义阳后，他才知道梁军已去。于是元英兵分三路，进军平靖、武阳、武胜三关。

见魏兵冲来，梁将李元履、马仙琕相继逃走。于是，梁主急派骁将韦睿去支援马仙琕。韦睿到安陆时，听说三关已失，只好入城备战。

"我们此时不去攻关，却回城备战，将军是否也有畏惧强敌之意，不肯出战了?"韦睿的部属们忙问韦睿。

"为将者谁无胆怯之时? 行军打仗不能只是恃勇前行啊。"韦睿随意地笑道。

此时，马仙琕的兵马渐渐退来，元英想乘胜追击，后来，听说韦睿驻守安陆，他只得回头率兵退走了。南梁边关的军警，遂暂告平息。

梁主因连年用兵，国库亏空，希望暂时安民息兵，于是，特放北魏的中书舍人董绍回魏，以便向魏示好。

中书舍人董绍是位忠孝之士。当初，梁主萧衍得知白早生将董绍押送到了建康，就立即派人向董绍说明："忠臣孝子，是难得的人才呀。朕一定会让你自由回国的。"

"下臣老母在洛，实令挂怀，陛下能允我归国，对我有再造之恩啊!"董绍回答道。

接着，梁主又派主书霍灵超前来告诉董绍："今放卿还国，是想令卿通两国之好，彼此息民，岂不是一件好事?"

董绍答道："通好息民，乃两国之事，既蒙命及，我一定会奏报魏廷的。"

于是，梁主萧衍面见了董绍，并赐给董绍衣物，令其舍人周舍去慰劳董绍。

"战争多年，民物涂炭，是以不耻先言，与魏朝通好。比亦有书，都无报旨。卿应当向魏主申明此意，因此，朕还要派周灵秀送卿回国!"梁主说道。

"啊，诚感陛下有此宽广之心!"董流泪答道。

"你知道你为何能大难不死吗?"过了一会，梁主又感慨地问道，"朕今日能得到你，这也是天意啊，上天希望你能为两国和平共处出力！千人之聚，不散则乱，所以要立君以治天下，不以天下养一人！"

"下臣谨记圣教！"董绍哭道，"只是下臣尚不明陛下这次放我北归，还有何具体要求？望陛下明示，下臣一定会转告魏廷！"

"两国交战，连年不息，生灵涂炭，民怨沸腾。今日朕放你回去，是想与魏和好，请你转告魏主，倘若愿意罢兵息民，朕可将宿豫还给魏国，但是，魏国也必须将汉中还给南朝。"梁主情意切切地向董绍说道。

"诚感陛下不杀之恩，我愿奉劝魏主与南梁修好！"董绍感激地答道。

"……倘若能够如此，两国幸甚至，两国兵民幸甚！"梁主说道。

于是，董绍回到魏国说出梁主之意，然而，魏主却犹豫不决，未能同意，因此两国只得仍旧相互提防，时常争斗。

两年后，梁魏两国的兵战仍旧不断，梁国北方的局势动荡不稳。于是，梁国青、冀二州刺史张稷和将军马仙琕在营中商议。

"禀刺史大人，琅琊土豪王万寿纠众杀官作乱，占据了朐山，密召魏兵共谋。魏徐州刺史卢昶已派部将傅文骥前往琅琊，参加密谋反叛！"马仙琕向张稷告道。

"我们应当不失时机，合兵大破卢昶之军！"张稷听罢，立即说道。

于是，梁国青、冀二州刺史张稷和将军马仙琕合兵一处，进了丛林密集的朐山，设下埋伏，冲击了王万寿的乱军，接着再分兵进击琅琊，结果大败了傅文骥的魏军。

随即张稷、马仙琕分别得胜回营。但是，正当马仙琕入营，刚刚在马扎上落座之际，忽见一位部将匆匆进帐，慌忙报告。

"将军何事惊慌？"马仙琕惊问那进来的部将。

"将军，不好了！因张稷不得人心，引起部下与魏人合谋反叛，所以他刚回营，就被叛党杀死了——"那部将报告道，"现在张营一片混乱！"

"竟有此事？"马仙琕大惊道，"我应当立即请求北兖州刺史康绚，率兵赶来，帮助平定乱党！"

紧接着，马仙琕派员赶往兖州求援，康绚得知后，率军与马仙琕共同进击，平定了张营乱党。此时，魏将卢昶见梁军再也无懈可击，才率兵怏怏而回。

"唉，张稷竟遭此劫难！"赶走了魏兵后，马仙琕回营，忧伤地叹息，接着问康绚道，"想必刺史大人，你知道其中的详情？"

"哦，在下也只知其一二啊！"康绚慢慢地说道，"在齐宫陷落时，张稷也曾经参与谋杀齐主萧宝卷的事件，他也算是梁朝的开国功臣了，皇上曾封他为左卫将军。但是，他却以为功高赏薄，心生不悦，每次辞谢宫宴。陛下又封他为安并将军，兼青、冀二州刺史，张稷仍不满意，因此，他上任后懒于治理州政，守备松懈，渐失民心，所以惹出民怨……"

"唉……看来，张大人……他也是咎由自取啊！"马仙琕又叹道。

此后的一天，梁主与沈约在殿内谈话。

"陛下已知张稷之死？"沈约问梁主。

"朕已听到……"梁主本来就对张稷的印象不佳，所以对他之死不以为意。

"陛下痛失爱将，为何却无动于衷？"沈约见了梁主的神态，急忙惊问道。

"张稷其人，他死有余辜，其贪得无厌，懈怠政务，失了民心，这怎能保证百姓不对他怀恨？"梁主仍有怨言地对沈约说，"他一直怀恨在心，以为他是大梁的功臣，功高赏薄！"

"然而，一个前朝的尚书仆射被外派到边境做刺史，难道说，陛下的这种做法还是合适的吗？"沈约愤愤地说，"况且……他还有献城之功呢！"

"卖主求荣，能算什么功劳？况且朕让他任青、冀二州刺史，让他权重一方，他却懈怠政务，冷了军民之心，这自然会激起兵变啊！"梁主又快快地说。

"事情已过，张公已死，陛下何必还要深究其过！"沈约慢慢地说道。

"唉，张稷虽有大才，只是他贪心不足！"梁主叹道，"此种行为，虽死也不得见谅！"

"想当初，齐主失德，陛下的义师围困台城已久，城内思亡而莫有先发之人。正是有了北徐州刺史王珍国与张稷的计谋，才使东昏侯萧宝卷死于含德殿下。也正是张稷召尚书右仆射王亮等人列坐在殿前西钟下，派国子博士范云、舍人裴长穆等人前去石头城拜见陛下，才有了今日梁国的兴旺发达景象！"沈约接着说道，"莫非陛下忘了张稷当年？"

"倘若朕不记张稷当年的功劳，又怎能以张稷为侍中左卫将军？"梁主又说，"中丞陆杲曾经指责领军张稷'门无忠贞，官必险达，杀君害主，业以为常'。朕将其奏折留中不问。这不能不说朕对张稷有情有意呀！"

"这……微臣也略有所闻……"沈约嗫嚅道，"前次，陛下在乐寿殿内设宴，张稷醉后言语多怨，辞形于色。幸得陛下宽宥！"

"唉，朕曾敬重张稷性情明烈，素有清贫之名，因而亲往其府，劝他能为朝廷尽心尽力，谁料他竟然如此不明事理，贻误军政国事！"梁主又道。

"陛下还要对张公非议？"沈约又问。

"沈爱卿，你是否因为张稷是你的亲家，才说此话？你不以国事为重，这能算是忠臣吗？"梁主立刻气愤地质问沈约道。

"陛下缘何竟迁怒于微臣……"沈约见问，忙惊慌地反问。

"事本如此，这让朕如何解释？"梁主说，说毕，他立即起身愤然走入内殿。

沈约突然遭主诘责，十分惶恐，呆坐在一旁，竟不知梁主已走。直到内监令他退去时，才如梦方醒，迷惘地回到自家的府第，立即晕倒在床上，大病缠身，胡话连篇。

"哎呀呀，不好了，我的舌头被割了！"沈约在昏迷中大叫道。

家人将他唤醒，他仍然觉得舌头疼痛。

"老爷有何大事，怎么如此惊慌？"家人将他叫醒后，问道。

"啊，我梦中见到齐和帝萧宝融持剑切去了我的舌头！"沈约不安地说道，"看来，你们还得请巫师前来为我捉鬼啊！我要去定林寺焚香忏悔……"

于是，家人一边请巫师驱鬼，一边安排沈约去寺院，焚香忏悔。

梁主得知沈约有病，遂向宫中人询问。

"哦，据说沈约……他已经病危，他将去定林寺焚香。"梁主向众人问道，并且随即命令御医徐壮，"徐爱卿，请你替朕前去看望他吧，顺便为他看看病！"

"微臣领旨——"徐壮答着，转身去了。

御医徐壮刚来到定林寺，就见沈府家人都挤在大雄宝殿中。

"唉，齐主啊……你要明白：内禅之事乃是梁主一人所为，与臣无关！"沈约正在焚香忏悔道。

然而，恰巧此时，梁主派来为沈约治病的御医进来。御医听到了沈约刚才所说的这些话，回宫时，他只得如实奏报给了梁主。梁主听了以后大怒，并当即将沈约召来。

"禅位诏书明明是你起草的，你却为何全部推到朕的头上了？"梁主大声地怒问沈约，"况且……要杀死和帝的主意也是你出的……"

"陛下……息怒，微臣只是……"沈约惊慌失措地支吾道。

梁主愤然离去。经此之后，沈约更加惶恐不安。

"哎呀呀，我命休也！"沈约在病榻上哭喊道。

"老爷为何如此惊慌？"家人闻之，赶紧问道。

"……我在阳间……怕梁主萧衍降罪；在……在阴间……又怕齐主萧宝融前来算账……"沈约惶惶然地叫道，"我如今死活都难安宁了。"

"唉，这……将如何是好？"沈夫人无可奈何地叹息道。

于是，沈约在府中，终日惶惶，不久就去世了。梁主有情，仍赐他厚葬。

沈约一生著作颇丰，有《晋书》一百一十卷，《宋书》一百卷等等。

此时，在当年的竟陵八友中，值得谈一下的就是任昉。任昉为人勤俭正直，忠贞不贰。当年在宜兴太守任上，他两袖清风，在沈约的推荐下，被萧衍召到京城做御史中丞，而当他从秦淮河上淮清桥的时候，衣衫褴褛，竟被人当作乞丐而拘留收容了。沈约为了迎接这位老友，还特地为老友买了一件华服，否则，他衣衫褴褛，是不能在大街上行走的。

御史中丞，这本来就是弹劾贪官污吏的差事，所以，任昉上任后忠实地履行自己的职责，对贪官污吏们的所作所为恨之入骨，并且常向梁主汇报。

梁主萧衍是出了名的勤俭简朴的帝王，但是他又是个博爱多情的人，尤其是遇到其亲友贪污受贿，作奸犯科，萧衍更是不忍下手严惩，这使得任昉的工作十分为难了。

任昉上任不久，就将梁主的六弟——临川王萧宏利用职权、大肆受贿、贪赃枉法，在建康拥有房产千间、京外田园千顷、妻妾数百的罪状写出，并且呈奏给了梁主，无奈梁主因兄弟情深而难以向萧宏开刀。

据说，梁主六弟萧宏是陈氏所生，自幼带有智疾，陈氏临死时曾经流泪将萧宏托付给了梁主萧衍，希望梁主能长期照顾他这个残疾弟弟。而梁主自己的母亲早逝，他也是陈氏所代为养育的，梁主自然对陈氏感情至深，对她言听计从。

接下来，任昉还有弹劾萧颖达、曹景宗、吕僧珍、萧伟、萧昌等人的折子。对此，梁主都忧心如焚，神情疲惫，他不忍惩罚这些亲属和功臣啊。

五十四、帝博爱，女弟乱家邦

后来，北魏内乱加剧，无暇南侵。魏主害怕南梁会趁机攻魏，遂命中书舍人董绍前往萧梁求和，因为董绍与萧梁略有交情。梁主萧衍就立即答应两国息兵，并且下令，依礼宴请魏使董绍。

十月江南，钟山红枫如染。

董绍完成了使命后，随着侍卫出台城宫殿，将去华林园，赶赴梁主的国宴。但是，当董绍抬腿刚刚出宫时，迎面就被一人撞了个满怀。董绍吃了一惊，忙举头看时，却见一位风华正茂的少女，正气势汹汹地挥刀走了上来，她身后还跟着一匹高头白马。

"永兴，你又要到哪里去？怎么如此毫无教养，竟敢持刀闯到这里来了？"梁主见了那女子，勃然大怒地向她喝问。

"我是公主，皇宫是本公主的家，我为何不能走动？"永兴公主仰头大声反问梁主。

"她……她方才是从何处而来的？"梁主一愣，忙回头向身边的一名侍卫问道。

"启奏陛下，永兴公主她……她是从太极殿前而来的，侍卫们阻挡不住，她擅自骑马闯入，方才还在宫前撞倒了一位士卒，踩伤了两个宫女呢！"那侍卫不安地跪地向梁主奏道。

"畜生竟敢如此胆大妄为！你们立即将她送到后宫囚禁七天——"梁主怒发冲冠，遂回头向身后的太监们令道。

"可恨老头，竟如此束缚于我——"永兴公主向梁主狠狠地骂了一句，怏怏而去。

永兴公主随即被太监们押送着转身走了。然而，此时，北魏的中书舍人董绍却仍然吃惊地呆立在宫殿门前，他惶然观看了这触目惊心的一幕。

"贵使何故仍站立在此，往华林园赴宴去吧！"这时，将军陈庆之从宫中出来，向董绍说道。

"哦！"董绍此时如梦方醒，忙移了一下脚步，问陈庆之，"将军知道，方才那位公主……"

"哦，你说的是永兴公主？唉，让贵使见笑了！我梁主生有多位子女，他们都是知书识礼之辈，只是这位永兴公主……的确有些放肆了。唉，皇上也对她无可奈何、忧心如焚呢！"陈庆之不安地笑答道。

兵事稍停，梁主决定在寿阳专心修筑堰塘。因为梁主认为寿阳低洼，只要在淮河下游筑一道堤坝，就能提升水位，让水倒灌入寿阳城中，迫使魏人北去。

竟陵太守康绚也是大梁的一位开国功臣。梁主起兵时，康绚举郡响应梁主，身率敢勇三千人，私马二百五十匹跟从梁主，后为南康王中兵参军。梁师方围张冲于郢城，旷日持久，齐将吴子阳在加湖，军锋其盛，康绚随王茂奋勇进攻，大败齐军。此后，他常领游兵，有急应赴，斩获居多。天监元年，康绚得封南安县男，辅国将军。魏军围攻梁州时，刺史王珍国求救，康绚率军赴救，又败魏军。康绚乃是文武全才，因此，这次修堰，梁主首先就想到要用康绚。

首先，他派康绚督修淮堰，并让徐州刺史张豹子协助。天监十五年，康绚督建的淮堰业已修成。这堰长九里，宽百丈，塘边种植杞柳，每隔几丈，就置一营垒，设计很是周全。

接着，有部将向康绚献计道："淮水是四大河流之一，水量其大，若能在堰东凿开一条水渠，将一部分水引出，以减轻堰塘的压力，堰塘就会旱涝永固了。"

"此话有理！"康绚听后说道，接着笑起来，"哈，不过，此事劳心劳累，投降了北魏的萧宝夤如今正好在淮北，我不如设法让他来为我做这件事呢！"

"将军之意？"那部将不解地问。

"我可派人向萧宝夤献计说：'萧梁的百姓有了此堰塘，使上游之水不能流下，他们旱季有水灌溉，就可高枕无忧了，而你们下游却少了雨水！你不如在其东面开凿一条水渠，将它的水引走'。"康绚轻声说道，"萧宝夤本来就担心下游水少多旱，当然会前去开凿东渠的！"

部属们听后，纷纷点头，忙照计行事，结果萧宝夤果然上当，他急忙令人开挖东渠去了。这样，康绚未费吹灰之力，就保住了该堰塘的稳固。然而，在此期间，康绚与叛王萧宝夤的来往，不免也给人留下了诬陷中伤他的话柄。

梁徐州刺史张豹子原来以为修堰重任会派给他自己的，结果却被康绚得到，并且自己还要由康绚调配，因此，非常恼怒，并想报复康绚。于是张豹子进宫来见梁主。

"启奏我主，康绚大有私通魏将萧宝夤之嫌！"张豹子进宫后，立即向梁主诬陷康绚。

"此言不确！"梁主道，"况且……康绚他还在管理堰塘……此事，爱卿能办？"

"倘若陛下允许，微臣自愿替皇上效劳——"张豹子随即说道。

"嗯，好吧……朕现在命令……你去接管堰塘！"梁主随即说道。

梁主虽然不信康绚有反意，但堰塘业已修好，于是他也不想深究，现在，既然张豹子要管理堰塘，梁主自然也愿顺水推舟，给他一个人情：遂将康绚调回，另委他职，就让张豹子接管堰塘去了。

不料，张豹子不擅长水利，康绚一走，堰塘荒废，水患就一触即发了。

当时，魏廷摄政者是胡太后，因为寿阳曾被淹过一次，她深知水患危害，特派任城王元澄为上将军，让他督管南讨军事，趁水灾未到，先伐梁军。大军正要东下徐州，攻打淮堰，突然仆射李平上来阻止。

"大将军不必立即出兵，因为近期大雨，不久淮堰就要崩塌！"仆射李平向胡太后劝谏道，"因为梁将张豹子从不管堤坝，那里的堰塘已经松动，梁人就要遭难了。"

"哦，既然如此，元澄可暂时屯兵，静待秋汛，以便我们趁'水'打劫萧梁！"胡太后说道。

果真，秋雨一到，淮水暴涨，淮堰突然崩溃，声如雷吼，震荡三百里。淮堰四周的梁军营垒、村庄及十多万百姓、兵士都落入洪水之中，连绵百里，浩如烟海。

胡太后闻罢大喜，遂重赏了李平。

"淮堰崩溃，灾害千里！陛下当严惩张豹子——"突然，一将急切地进宫向梁主奏报。

"啊，张豹子竟是如此无能！"梁主萧衍听后起初一怔，见自己耗费了大量钱财的工程，竟然毁于一旦，前功尽弃，十分恼怒，"当拿张豹子是问！"

然而，接下来，他又垂头丧气，万分惆怅，自怨自艾起来。

"唉，凡事皆有天定，这莫非正是上天使然？"梁主无限悲叹，自言自语道，"朕要一心向佛，具有大佛胸怀啊！何必在红尘挣扎？"

随即，梁主开始迷信于佛教，产生了悲天悯人之情。

"陛下要如何向佛？"众臣问。

"传旨出去，今后凡百官祭祀，只能以菜果代替牲畜，或将面粉做成牲畜来代替肉食，以免杀生，以便节俭——"梁主向众说道。

梁主从此宽容一切。临川王萧宏自洛口败逃回来后，梁主不但未能给予惩罚，反而加封他为司徒、扬州刺史。

天监十七年，大理寺得到了一份萧宏就要谋害皇上的情报，并向梁主萧衍呈奏了，梁主虽然不想对此多加评说，但其心中难免也有一些疑惑。

于是，当天清晨大雾漫天，萧衍轻车简从，准备去同夏里故居改建家庙。当梁主御辇上了秦淮河淮清桥时，不远处萧宏的临川王府，却已赫然在目了。此时，萧衍突然心中一惊，随即改乘了另一辆小车，绕道而行，而让原来的御辇仍旧向前走去。恰在此时，御辇刚到桥墩，竟突然发现桥体下陷，将御辇掀翻在河边，同时从桥墩下突然冲出几十名刺客，他们个个手持利刃，向那御辇蜂拥而去，与皇家侍卫们开展了一场血淋淋的拼搏。而最后，当刺客们发现皇帝并不在该御辇之内时，才纷纷慌忙地逃走了，只有几人被捕，并送到梁主面前。

梁主通过对这些刺客的审讯后，才得知他们竟然真是受萧宏主使的。因为得知其弟临川王萧宏企图杀主篡位，所以，梁主只得当即将萧宏召进宫中询问。

"唉，你为何要派人刺杀朕躬？"梁主悲惨地问萧宏。

"巫师说，除掉陛下，我就可以登上皇位！"萧宏也哭道，"我上巫婆的当了！"

"正是朕略有才干，才侥幸坐上皇位，即使坐上，朕也还要提心吊胆，以防不测。你的才能不及朕的一半，却也妄想觊觎皇位？"梁主萧衍哭着对萧宏说。

"嗯……"萧宏也哭起来。

"况且……朕乃是你的兄长，有大恩于你，你应知朕对你的大恩啊！你不懂感激，却要恩将仇报，对朕下手，你良心何在？"梁主接着说道。

"我知错了，我已经知错了……"萧宏磕头如鸡啄米，一直哭泣着。

"唉，你身犯谋逆大罪，朕只得罢了你的官。你回府闭门思过去吧！"梁主说道。

于是，萧宏谢恩，凄惨地出了宫门。

然而，不久，又有人告密，说萧宏私藏铠仗，包藏祸心。梁主立即给萧宏赐赠美食，并亲往他府中饮宴。君臣喝到半酣，梁主突然径入萧宏的后堂，见三十多所房中装的都是金银财宝，并无兵器，于是，他竟然高兴起来，连忙出来继续喝酒。

"阿六，你真是富可敌国啊！"梁主笑逐颜开地说道，"前次御史中丞任防说你财富如山，朕还不相信呢！哈哈哈……"

"啊啊，诚感陛下不责怪我贪得无厌！"萧宏见梁主没有责怪他，如释重负地谢道。

"阿六心思只在财富上，不在皇位上。既然如此，朕就放心了！"梁主继续笑道，"好，朕让你官复原职吧——"

对此，梁主第二子豫章王萧综模仿晋王萧褒《钱神论》，戏作了一本《钱愚论》，对萧宏大加讽刺。梁主曾下令销毁此书，但是，因为此书已经流传在京中，所以未能追回。萧宏看了此书，羞愧难言，才稍有收敛，但是，后来萧宏仍旧故态萌发，以致做出逆伦之事。这正是梁主为私忘公、姑息养奸所造成的。

一天，萧宏经过后宫御园，迎面碰到了梁主萧衍的永兴公主。只见永兴公主兴味盎然地来到他的身边。

"皇叔今日从何而来，为何竟是如此愁眉不展？"永兴公主大声地笑问萧宏，并且上来用手拉着萧宏，"叔叔且去我们后宫游戏，如何？"

"唉，不不不！"萧宏慌乱地说着，永兴公主虽然美貌如仙，他对公主也早有爱慕之情，但是，他们毕竟是叔侄之辈，有时他也还要顾及脸面，于是在大庭广众之下，他仍然说道，"陛下方才正在责备为叔我呢，我要回家闭门思过才是！"

"阿叔有何过可思？皇帝已经是老糊涂了！"永兴公主仍旧抓住萧宏不放，"男子汉大丈夫，何必如此扭扭捏捏？你们在战场上的雄气何在？"

"我哪有什么雄气，我是战场上的败将啊，诚感陛下没有怪罪……"萧宏推辞道。

但是，谈笑间，萧宏已被永兴公主拉拉扯扯，带到了后宫，进了公主的寝室。

"阿叔英气盖世，本公主对你早有爱慕之心！"进门后，永兴突然用手抱住了萧宏的脖子，撒娇起来，"我今晚就是不让你走了！"

"啊，哈……哈……"萧宏犹豫了一会，随即将方才的烦恼忘记得干干净净，本性促使他立刻迎上侄女的调情的嘴巴，尽情欢娱起来。

"公主要知道，我们下次切莫如此！倘若这事让陛下得知，我们的日子都不好过啊！"一场乱伦的云雨之后，萧宏翻身起床，不安地对公主说道。

"阿叔不必忧虑，一切自有本公主负责！"永兴倔犟地说。

"你有何能，能负此责？"萧宏微笑道。

"别看我永兴公主平时嘻嘻哈哈，其实我早已得知你想篡夺我父皇之位了！"永兴轻松地说，"今日事发，我父皇正是为此而责怪你的吧？"

"啊，你也知晓了这事？果然什么事都逃脱不了公主的敏锐眼睛！"萧宏一听大惊，便说，"你不忌恨叔叔有此篡位举动？"

"人各有私心，阿叔此举，也不为怪事，我可以理解！"永兴轻描淡写地答道，"只不过阿叔要那些人行刺我父皇，未免是太愚蠢了！"

"公主的意思……"萧宏又惊讶地问，"你认为……"

"只要你能一辈子对我真心，这事我可以帮忙！"永兴严肃地说。

"你愿意刺杀父亲，替我谋取皇位？"萧宏吃惊地问道，"他……可是你的父皇啊！"

"只要你真心，我自然乐得为你出力！事成之后，我们可以做永久的夫妻，你登上了皇帝宝座，我可以当上皇后。"永兴接着说，"皇后可比我现在这个小公主气派得多了！"

"既然如此，就请公主尽早行事，以便你我早日团聚，早得荣华富贵！"萧宏急迫地说。

"一言为定！"永兴笑道，与萧宏依依惜别。

接下来，永兴公主竟然真的充当了谋杀其父的刺客。

一天晚上，年过古稀的梁主萧衍在接待了最后一批朝臣后，遂与几个子女谈论家事。他一心向佛，悲天悯人，深感国事纷乱，家事繁杂。

梁主乐呵呵地将一包典籍送给永兴公主等女儿们，并嘱咐她们要和睦相处，以便他自己能够安心地颐养天年。接着，梁主回身取出经书分送给大家。最后，子女们陆续地向梁主告辞了。

然而，就在梁主送走了客人转身之际，梁主身边突然杀进了一个头戴面罩的刺客，那人将一把雪亮的短刀刺向梁主的背心。梁主大吃一惊，赶忙回缩，使刺客扑了一空，才逃过了一劫。

此时那刺客飞奔出殿，隐入夜色之中了，卫士们随即冲向殿外。但是，借着昏暗的月光，梁主似乎感到那刺客身姿十分熟悉。不久，卫士们陆续地回来，梁主忙问究竟，只见有个内监走上来，向梁主萧衍耳语了几句。于是，萧衍顿时瘫坐在座榻上，无言地泪流涟涟。

"……将她带上来——"过了一会，梁主才果断地向左右令道。

卫士们将刺客带到梁主的面前。梁主一把撕下她的面罩，大家都大吃一惊：原来这位刺客不是别人，他就是永兴公主！梁主萧衍看着面前的女儿，老泪纵横，久久无言。

"唉，你……你竟要刺杀父皇，你的良心何在？"许久之后，梁主才问了这么一句。

"女儿……已经知错……"永兴公主嗫嚅道。

"你……你去吧，永远离开京都——"梁主伤心欲绝地向她命令道。

永兴公主听罢，转身出了宫殿，接着乘车向西，本想投奔雍州襄阳故地。然而，当车临长干桥秦淮河边时，她又令人停下了车辇，自己慢慢地从车上走下来，随即纵身跳入长干桥下，在水中自尽了。

临川王萧宏也因此忧惧成疾而亡。然而，对于这种弟弟，梁主却还能在他重病期间，一连探望了他七次，并且在他死后还追封他为侍中、大将军、扬州牧。

五十五、西风残，萧综投北魏

后来，北魏朝政仍旧十分纷乱，国内盗贼四起。梁主萧衍想趁机伐魏，以便一统中原，只是此时，萧梁的良将原来只剩下韦睿、裴邃两位了，并且近日韦睿又突然逝世，唯有裴邃尚在。于是，梁主只好命裴邃为信武将军、豫州刺史，令他挂帅出兵北伐。

寒风凄紧，落叶飘零，寿阳山路崎岖。

裴邃率着轻骑，杀入寿阳外城，魏扬州刺史长孙稚努力抵御，一日九战，两军相持不下。后来，因兵衰将疲，后无援军，裴邃也只得撤兵南归。

接下来，裴邃等人再次出兵，奋勇北上，终于拿下了北魏的建陵、曲木、狄城、甓城、司吾。南梁徐州刺史成景攻克睢陵，将军彭宝孙攻克琅琊，曹世宗攻克曲阳、秦墟，李国兴连克三关。

北魏徐州刺史元法僧派他的儿子元景仲向梁军投降。梁主随即任命原魏黄门侍郎元略为大都督，让他与将军陈庆之率兵接应元景仲。然而，陈庆之却被魏安乐王元鉴率军打败。

但是，后来，元法僧却趁元鉴得了胜仗而懈怠之机，出其不意杀了过去，竟然又反败为胜了。于是，梁主任命元法僧为司空、始安郡公，又令西昌侯萧渊藻、豫章王萧综继续进军，援助裴邃。

裴邃攻克新蔡郡，又逼近郑城、汝颖，北魏河间王元琛和寿阳守将长孙稚率五万兵马前来截击，但还是陷入了裴邃暗设的埋伏。梁军一声呼哨，伏兵四起，魏军遂成网中之鱼，纷纷被杀害。长孙稚拼命杀出重围，夺路逃走，又遇到元琛的援助，这才平安地回到寿阳，但是，此时其兵马已经损失过半了。

从此以后，裴邃威名大振，魏人听了也闻风丧胆。裴邃正欲挥军乘胜荡平淮甸、进军河洛时，然而，偏偏上天不佑，裴邃此时竟突然一病不起，随后病逝在军中了。

"我军虽胜，然而竟然失去了主将，魏军离此不远，倘若得知裴公已死，他们一定会回军反扑，我们应当小心从事啊！"西昌侯萧渊藻向豫章王萧综说道。

"此言有理，我军应当封锁裴公的死讯，打着'裴'字大旗继续追赶敌兵！"萧综点头同意道。

于是，萧渊藻、萧综率着大军飞奔淮甸，魏安乐王元鉴却率着残兵败将夜入河洛。魏军退到河洛时，萧综等人因为要急于送裴邃遗体南归，所以放慢了追击敌人的脚步。

"眼看我军就将被追杀致死，梁军却为何竟突然放缓了追击？"元鉴疑惑地问部将，"莫非他们的军中出了什么大事？"

"昨夜……我的探马曾经得悉：梁军主将裴邃已逝，不知是否属实……"魏将长孙稚驻足，向元鉴说道，"莫非真有此事？"

"长孙将军所言有理，我们不妨回军杀向淮甸，以试探其真假！"元鉴同意道。

于是，二人又引军回返淮甸。但是毕竟是败军心虚，当魏军回头看到萧梁军中"裴"字大旗仍然在迎风招展的时候，又都情不自禁地仓皇向北逃跑去了。

元鉴深知难以取胜，也只得领军退走。接着，梁军也退回寿阳，安排裴邃的丧事。

裴邃的丧事办得比韦睿更加隆重。韦睿死后追封为侍中，裴邃也被追封为侍中，二人并封侯爵。裴邃护国护城有功，出殡时淮、淝军民十里哭送灵柩，凄风苦雨，声动天地。

见梁朝屡逝大将，梁主只好决定暂停北伐。但是，此时魏国在胡太后当权下，内乱更为加剧。魏咸阳王元禧因为谋反被杀时，其子大部分投奔到梁国来了。其中，元树被梁主封为邺王。这时，元树致信给北魏的公卿，揭发了魏廷元义的罪状。胡太后因为她亲妹妹的求情，而不忍降罪于元义，只好饶恕了元义。

"唉，先前，刘腾、元义向我索要免死牌，幸亏我未能给他，想不到他们的确罪大恶极啊！"胡太后对侍臣说。

"元义之罪深重，即使有免死牌也不能宽恕，况且太后您并没有给他免死牌呀，太后却为何仍旧未能杀他？"舍人韩子熙接口问道。

"唉，莫非你们还不知道，元义的妻子就是我妹妹呀，我妹她……一直求情，我怎忍下手杀他？"胡太后怅然地说道。

接下来，竟然发生了元义与其弟共同谋反、勾引其嫂的丑事。胡太后仍旧未能降罪给他，未能对元义下手，这更是让人们难以想象了。后来，太后自己却也饱暖思淫，淫秽残暴，从而使朝政更加混乱不堪了。

再说，梁主萧衍的次子萧综的母亲吴氏，她本是齐东昏侯萧宝卷的宠妃，萧衍入京后，将她据为己有，而这时吴妃已经怀上了萧综，接着，她怀胎七个月产下萧综，因此，人们都说萧综是东昏侯之子。

吴妃年老失宠，困在梁主身边，萧综很是郁闷。恰在此时，萧综做了一个奇怪的梦，他梦见一位壮汉抚摸着他的脑袋。次日清晨，萧综将此梦告诉了母亲吴妃，吴妃听罢大哭。

"我本是齐宫的嫔妃，怀了齐人血脉。被今上所逼，只怀七个月就生下了你，他们自然不肯认你为皇子啊。然而，作为太子之弟，你还能保有富贵，这也算是万幸了。只是……此中情由，你切不可向外泄露，否则，我们将会大祸临头！"吴妃哭泣道，"你梦中所见的人，并非别人，他正是你的生父东昏侯啊……"

接着，萧综母子抱头痛哭。但是，没见实证，萧综仍然对此半信半疑。萧综从母亲吴妃宫中出来时，恰好碰到了他的亲将张云，于是他神情凝重地走到张云身边。

"方才我母子的话，想必你已经听到，你认为我母妃的话可信否？"萧综问张云。

"这……麾下不能回答！"张云支吾道，接着说，"不过，倘若殿下有疑问，我倒有一个办法可以鉴定！"

"何法可以鉴定？"萧综急切地问。

"有人曾经告诉过麾下，说滴血可以验亲！"张云说道。

张云说罢，随即详细地介绍了具体方法。于是，萧综深夜带着张云等亲信，私下挖开了东昏侯的陵墓，剖棺取骨，将自己的血滴入骨中。没想到，他的血真的能够渗入东昏侯的枯骨之中。

"哦，原来……我真是东昏侯的骨血啊？"萧综惊叹道，"然而这乃是一件大事，为了再次鉴定，我必须在我的子女身上再做试验！"

"啊，殿下想……"张云吃惊地问。

"正是，我要赶紧回府处理此事！"萧综睁大眼睛说道。

萧综说罢，立即回宫，将自己刚满一个月大的儿子掐死，令张云将他埋掉。几十天后，萧综再派张云将儿子的坟墓挖开取骨，用自己的鲜血滴入骨中，结果，果然其血又渗入其中。于是，萧综断定自己就是东昏侯之子，并且立即将齐氏祖宗的灵位，偷偷地供奉于府中密室中，朝夕焚香参拜。

"我身为齐室帝后，应当为齐报仇，母亲以为我现在应当如何行动？"萧综问吴妃。

"你不妨立即向梁主请求伐魏，以便得到兵马，我母子也可跳出宫禁牢笼！"吴妃道。

"母亲之言有理！"萧综说道，"我立即请求萧衍，让他派我出征伐魏，以便与魏人接洽，投降魏国！"

梁主萧衍本来不打算让萧综率兵攻魏，但后来因为北魏元法僧降梁，派元略、陈庆之接应不利，甚至陈庆之有了投降北魏之念，梁主这才准许萧综率兵出京，镇守彭城，并处理徐州府事，同时让元法僧来京任职。

于是，萧综率兵抵达彭城，立刻暗中筹划叛梁投魏的大事。然而，梁主萧衍接下来又得知魏主任命元域为东道行台，令他进兵彭城。梁主害怕萧综失利，因此又急令萧综回京。

萧综得知自己的身世后，对梁主更是由怨生恨。在他出任南徐州刺史时，竟下令将境内所有练树一律砍掉，只因为梁武帝的小名叫练儿。他又卧薪尝胆，经常习练武艺，命人在庭院内铺满沙砾，终日赤足在上面奔跑，以致脚下生风，日行数百里。他还招纳亡命之徒，伺机刺杀梁武帝，但始终没有下手的机会。

为了寻找起兵反梁的机会，他曾多次请求梁武帝准许他带兵守边。这次，机会终于来了。萧综得到这机会不易，哪里肯服从圣旨回南？

此时，梁豫章王萧综正遥望北魏大营，盘算着自己投魏的前景，忽然听得梁主要他返回，突然大惊失色，以为梁主知悉了他的阴谋，所以，他赶紧趁夜派出一名亲信偷偷地进了北魏大营，向魏人递上了投诚文书。

豫章王萧综是此次梁军彭城的主帅，魏人得知萧综欲谋叛梁，十分怀疑，于是，立即派出一名副将夜入梁朝的彭城探察。

"你们的主帅要和我们做一桩买卖，请立即打开城门，让我进城！"赤手空拳的魏国特使来到彭城城下叫道。

守城的梁军听后，赶紧向萧综报告。萧综立刻让人放进魏使。次日，梁兵仍旧在同一个城门前送出了魏使。

"哈哈，好雄伟的城楼啊，我今日离开，明日就要回来！"那魏使看着城门狂妄地笑道。

"你们魏人的口气也太大了！你们有多少军队，明天就能攻克我彭城？"梁兵们听了惊问道。

"嗯，十万之众吧！"魏使诡秘地笑道。

"你们岂能胜我？"梁兵问。

"我并不说虚狂的话啊，明晨就能见分晓！"魏使仍旧笑道。

果然，次日天晓，北魏军营就响起了号角，大军喊叫着，向彭城冲杀而来。

"南军兵士们，你们都投降吧，你们的主帅都已经投降了我们北魏，我们马上就要进城了——"魏兵们冲到城边大叫道。

"能有此事？这绝不可能！"城上的梁军根本不信，遂向城下大叫道。

但是，谁能知道，就在昨天夜里，萧综就已经偷偷打开彭城北门，和心腹梁话、苗文宠三骑前去投奔魏军了。

萧综等人来到魏军大帐后，萧综拜在魏军主将元延明的面前。

"我是队主，特来投奔殿下！"萧综对元延明说。

"你欲投魏？那么你的姓名？"元延明问。

"这……"萧综犹豫道，"不过……殿下军中一定有人认识我。"

元延明见说，便把萧综引至众将领面前，果然有人认出萧综来，说："这是豫章王！"于是，元延明大喜，连忙把萧综引入上座，设宴款待。

次日早晨，正在魏军大张旗鼓地进攻时，梁军将士才发觉主帅失踪了。在慌乱之时，城外的魏军纷纷高叫："你们的豫章王昨夜已经投降我军，你们还是赶快开门投降吧！"

城中梁军一听此言，顿时大乱，但是仍有人想奋起大战。

然而，正当梁军将士们就要奋勇抵抗时，却不料，此时萧综已经指挥着将士，倒戈北向了。对此，连梁军的副帅陈庆之都毫不知道，于是，梁军因此大乱，彭城很快失守。陈庆之率着残军，杀出一条血路，逃回建康去了。接着，萧综从徐州去了洛阳，投降了北魏元域。

梁主对此无可奈何。不久，狡猾的陈庆之也与萧综暗中联络，投降了北魏。

北魏胡太后得知后大喜，忙令魏主命萧综为侍中，封丹阳王。于是，萧综开始为东昏侯守孝三年，并改名为萧赞。

梁主得知萧综叛变，大为惊骇，忙接受众臣的谏议，革去了萧综的爵位，令吴妃自尽。

但是不久，魏主将梁朝叛将江革送回萧梁，也要求梁主送还元略。梁主同意了，于是元略回返魏国，之后，其父已经得到平反，他还得封侍中、东平王、尚书令。而当江革回南国后，梁主就急忙召他进宫述事。

"萧综背叛的详情如何？"梁主问江革。

"因为他是东昏侯之子，所以他现今正在洛阳为亡父守孝！"江革告诉萧衍。

"哦，他能为父尽孝也算是孝子，朕应当恢复他的爵位！"萧衍听后称赞道，"同时，对待爱卿，朕也既往不咎，人主应有宽广的胸怀……"

"陛下悲天悯人，博爱众生，令万民钦佩……"江革听罢，感激涕零。

由于梁主萧衍的博爱，所以他所有的亲人，以及萧综之母、之子都又得到追封或封赏。

然而，虽然梁主如此事佛，放松国防，但是，因为北魏此时也内乱不断，无力南顾，所以，他在位博爱数十年，其南国还仍是太平无事。直到梁朝中大通元年，梁主萧衍已经安然临位三十余年了。不过，尽管如此，梁主却仍旧梦想吞并北魏，因为他总感到北朝是蒙昧可击的，统一北魏，乃是他的天赋之责。

这年，反复无常的陈庆之又狼狈地从北魏逃奔回到了南梁。归国后，梁主仍旧命他为右卫将军。这时，梁散骑常侍朱异的经术也深得到梁主的信任，于是朱异渐渐受宠，并且他与梁主的关系也日益加深，他常常陪伴在梁主的身边。

一次，陈庆之与朱异游猎于钟山，二人窃窃交谈。

"我原以为北朝没有能人，没想到，去了洛阳之后，才知道北朝的繁荣，其地的人文风采，甚至连我们的江东都有些自叹不如啊！"陈庆之对朱异说，"可见，北魏也是不容小觑的繁华之邦啊！"

"这是你亲身经历的体验，显然是真实无疑的！"朱异附和道。

回来后，朱异将此话转告给了梁主。萧衍听了，颇有触动，因此他收敛了北伐的雄心。

这年冬天，妖贼僧强在北徐州作乱，土豪蔡伯龙纠众响应，接下来，北徐州沦陷。陈庆之当时在北兖州，就近讨贼，斩杀了僧强、蔡伯龙，收复了徐州城。这也算是陈庆之——这个梁主昔日的家僮为萧梁立下的第一个功劳！

梁主认为陈庆之的第二个功劳是：陈庆之在洛阳时，他曾致信镇守在北魏齐州的萧赞（即当时已经叛梁的梁主次子萧综），劝其返回故国。只是当时，萧赞未能与他一同回来，后因魏国出现了尔朱氏叛乱事件，齐州附归了尔朱兆，萧赞错过了南回的机会，最后死在北魏阳平。

　　此时，梁主萧衍派人偷偷地将其灵柩运回南梁，他还以真皇子之礼安葬了这位假皇子。

　　陈庆之虽然没有做出辉煌业绩，而且常有投魏的行径，但他其实还是梁朝的一员文武双全之士。他之所以没能为大梁建功立业，也有客观上的原因。他陪梁主下了二十几年棋，第一次带兵打仗已到中年了。随即，梁主萧衍任命陈庆之为宣猛将军、文德主帅领兵两千护送豫章王萧综接管徐州。北魏派两位亲王领兵二万，在陟口一带扎下营寨准备进攻，陈庆之却能逼近敌人营垒，挥师直击，以一当十，魏两万人马在一通鼓之间就被陈庆之的两千人马击溃败逃。本来此战必胜，奈何他的上司萧综此时因故叛梁，主帅临阵投敌，陈庆之才只好斩关后退。后来，陈庆之随曹仲宗伐涡阳，大战一触即发。当时手下只有两百人的陈庆之建议夜袭敌军，于是，他带领自己的部属二百人，长途奔袭四十里，一夜之内击败了北魏的先头部队。陈庆之"百翎贯寨"的战绩不亚于当年孙吴的甘宁，鉴于此，博爱的梁主始终如一，依旧对陈庆之宽大为怀。

五十六、假子逝，萧统相继亡

　　然而，没想到，博爱的梁主，假皇子刚刚过世，其真皇子萧统——这位贤明仁义的昭明太子却也接踵而亡了。仁义博爱的梁主，晚年为了哭儿子，几乎双眼失明。

　　梁主长子萧统在梁主刚即位时，就已经被册立为太子。

　　萧统自幼聪明好学，三岁学《孝经》《论语》，五岁能遍诵五经，十岁通晓经义，善评诗文。后来，他编著了《文选》。萧统才华过人，每次出宫游宴，都会赋诗作词，随口吟咏。

　　梁普通年间，由于战争爆发，京城粮价大涨。萧统就命令东宫的人员节衣缩食，每逢雨雪天寒，他就派人把省下来的衣食拿去救济难民。他在主管军服事务时，每年都要多做三千件衣服，冬天分发给贫民。

　　萧统更喜欢"引纳才学之士，赏爱无倦"。所以他身边团结了一大批有学识的知识分子，经常在一起"讨论文籍，或与学士商榷古今，继以文章著述，率以为常"。

　　萧统酷爱读书，记忆力极强；他也性爱山水，但是，他不好音乐。他曾经泛舟后湖，番禺侯轨盛请求演奏女乐。但萧统不同意，并咏诵左思的招隐诗道："何必丝与竹，山水有清音。"

　　天监十四年，太子成年后，为人谦逊，梁主令他处理朝政，他件件都能处理得当，赏罚分明，并能以宽厚之心待人，深受朝野爱戴。

　　普通七年，母亲丁贵嫔患病，太子入宫服侍，彻夜不眠，衣不解带。丁贵嫔去世时，他悲痛欲绝，虔诚地安葬了母亲。接着，他又请来高僧名道为母超度。

　　"太子殿下容禀：依贫道看来，娘娘的墓地对太子将来不利……"安葬丁氏后，这位道士向他进言。

　　"这将如何是好……"东宫上下听罢，齐声惊问。

　　"可将蜡鹅埋藏墓下，以解除邪恶！"那道士说。

　　于是，东宫侍卫立即照此办理。可是这一举动，却差一点给萧统造成了一桩冤案。

　　当时，有个宫监叫鲍邈之，本是太子的亲信，后来与太子不和，遂向梁主告密，说太子秘藏蜡鹅，让道士作法害主。梁主查得蜡鹅后，惊疑交集，想深究此事，幸而右光禄大夫徐勉劝谏，杀了道士，才算罢休。

有了这件事后，梁主对太子产生了成见，接着，梁主将其三子晋安王萧纲召回建康，封为扬州刺史，都督徐、扬二州军事，明显地梁主就要将只有太子才能得到的重地——扬州封给萧纲了。因此，朝廷内外都对此产生了疑虑。

昭明太子因此经常闷闷不乐，于是忧郁成疾，遂在中大通三年，病情加重，酿成绝症。然而，为了不使梁主操心，所以每次梁主圣旨慰问时，他都要亲笔回复。在他病情危急时，侍从想去向梁主奏报，他也不许。

"殿下病情加重，我们可否奏报陛下？"侍者们焦急地问。

"人生自有天定，不要因为我的病而让陛下操心啊！"太子在榻上无力地挥手道。

不久，太子逝业，年仅三十一岁。梁主得知后，亲临东宫哭灵，并且悲痛地赐太子谥号为昭明。

南京萧统的台想昭明馆

萧统编《文选》

昭明太子的死讯传出，满朝文武惋惜哀叹，叹声惊天动地。京师士女，奔走宫门，号哭一遍。四方百姓，无不哀叹沉痛。据说在太子奉安时，京城东边的湖上竟有万燕飞舞，燕雀也要前来为之送葬。于是，梁主感动地将此湖更名为燕雀湖。

太子生平著作有：《文集》二十卷，《正序》十卷，五言诗《英华》二十卷，编选历代诗文的总集《文选》三十卷等。

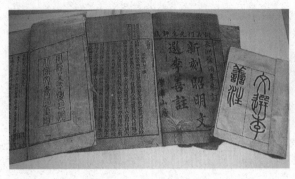

《文选》书影

镇江的选亭

太子有三个儿子，按照法统，梁主正式册立萧统的长子萧欢为皇太孙，但过了不久，在南郊祭祀时，梁主却突然宣布封萧欢为豫章王，不再让他做皇储了。这一决定引得萧欢府上一片惊慌，万分失落。

对此，正直的谏官袁昂无比愤怒，并写信给梁主，指出梁主不立嫡系之错。让梁主不快！然而此时，反应灵敏的朱异却迎合皇帝的口味，说梁主的决策是英明果断的。于是，不久梁主终于将第三子萧纲立为太子。

因为立储的次序有变，自然就让梁主的许多子孙开始感到，自己都会有了荣登大宝的机会了，所以，他们间的明争暗斗开始加剧。

首先，在萧纲继任太子之位的当夜，府中就跳进了一批蒙面刺客，后来被萧纲家埋伏的卫士们捕获了。经审查得知，刺客原来是其兄弟萧纶所主使的。于是，萧纲、萧纶二人吵闹起来。

接着，朝中重臣何智通因揭露了萧纶的恶习，萧纶被梁主惩治了一回，结果，萧纶震怒，竟派出刺客谋杀了重臣何智通。后来梁主要严惩萧纶，萧纶竟又派出刺客夜入同泰寺，向正在做佛事功课的梁主一刀刺去，幸好梁主武艺高强，伸手抓住了刀尖，鲜血淋漓，最终捕获了刺客。

萧纲、萧纶二人的这一争斗，又让湘东王萧绎自以为有了可乘之机，于是萧绎不远千里，从湖南回京，拉拢萧续，想让萧续做自己的同盟军，并答应倘若自己登基，就会让萧续做大司马。本来也是一心要当皇帝的萧续发现：原来萧绎也是他自己谋取皇位的对手！于是，萧续将萧绎私带歌女回府的事告到大理寺，使得萧绎也被梁主狠狠地责骂了一顿。事后萧绎得知，这原是萧续暗中告状的，萧续、萧绎二人也因此结下了怨仇。

梁主侄儿萧正德虽然因为投魏，被梁主责罚，并削去了爵位，而在此时，在梁主直系子孙为储君之位大打争夺战时，萧正德凭借着其父和梁主的关系，竟然误以为自己也有做储君的资格，所以他也不甘寂寞，跃跃欲试。于是，他连夜去了乌衣巷，去找当时能说会道的佞臣朱异帮忙，并给朱异送上了厚礼。结果，朱异为他从梁主那儿争回了一个临贺王的封号。

五十七、信佛道，侯景投南国

后来，北魏纷争不断，随即分成了东西二部。东魏和西魏屡有争战，无暇南侵，而且东魏与萧梁暂时修好，少有争斗。此时，虽然南朝与北方偶有战争，但总算江南安定，可以坐享太平，梁主萧衍遂将大通七年改元大同元年。

边境安宁，梁主更加倾心于佛祖，他先在京城建筑一座宏伟的同泰寺，然后去该寺出家为僧，还自号三宝奴。众臣如果要他归俗问政，则须捐赠钱款替梁主赎身还宫。

一天，南印度僧人菩提达摩在天竺国的寺中坐禅，并与众僧议论中国萧梁重佛的情形。

"……据说，萧梁皇帝十分重佛，不久前，他再次去京都同泰寺，披起袈裟，坐上法坛？"菩提达摩向众僧问道。

"是的，梁主这次再一次亲为部众讲解涅槃经，说完还要居住在同泰寺中，群臣必须再次出钱为他赎身，他才能回宫理政。"一僧告诉菩提达摩。

"哦，既然如此，我当起航，亲往萧梁，以探其究竟。"菩提达摩说道。

于是，菩提达摩得知南梁重佛后，便航海到了广州。

梁主听得高僧前来，非常高兴，遂急忙下旨。

"听说菩提达摩已到广东，爱卿请从速让地方官员护之到京！"梁主兴奋地向吏部官员们说道。

"菩提达摩……他今日已经到达建康了！"吏部侍郎奏道。

"很好，请吩咐下去，朕要立即乘车出城亲迎菩提达摩大师！"梁主兴奋地说道。

"立马在内殿召见大师菩提达摩？"众臣问。

"正是！"梁主令道，"朕要立即聆听大师的讲解！"

接下来，梁主和大臣们出宫南往，并且，很快地引菩提达摩进入太极殿。菩提达摩人殿后，立即坐禅讲经，梁主萧衍如饥似渴，坐在他身边听讲。

"……朕将多造佛寺，写经度僧，这是否能多积功德？"听了一会后，梁主轻声地问菩提达摩。

"这谈不上功德！"菩提达摩直截了当地回答说，"参禅不在于形迹寺院，不在于多造殿宇，必须由静生智，由智生明，从空寂中体会出来，方有功德可言！"

"朕在华林园中，汇集经典，让高僧前来，能否为朕指点迷津？"梁主又问。

"佛学在心不在口，一旦落在口头上就不是上乘了！"达摩笑道，"因此，明心见性，自能成佛，陛下的这些做法，均不在那小小的经论之上，这……也不能为陛下指点迷津！"

梁主两番均被驳斥，哑口无言，全场静然。见梁主不能悟出佛理真谛，达摩遂起身告退，梁主也未能挽留。于是，达摩渡江北去魏国，后来在嵩山面壁十年，成为中国禅宗第一祖师。

接着，梁主萧衍尊俗僧慧约为师，亲身受戒，并令太子、王公都拜慧约为师。一时间，南国受戒者达五万人之多。

梁主等人虽不知佛学宏旨，却仍旧坐禅讲经，于事无补，反而贻误了国家大事。此时，朝中小人开始乘机当道。加上贤相周舍、徐勉等人又相继去世，于是，国事渐乱。侍中朱异广纳贿赂，蒙混宫廷，梁主却对他言听计从。梁主只是空谈佛经，士大夫也在谈经说道，所以，武备松弛，朝乱遂起。

丹阳隐士陶弘景少年好学，有志养生。齐高祖萧道成曾征召他为侍读，他不参国事，终于归隐于京郊茅山。梁主求他出山，也被谢绝，太子萧纲在被立储之前，曾与他在后堂谈论多日，才允他离去。陶弘景八十五岁谢世时，曾说：

> 萧衍任散诞，何晏善论空，
> 岂悟昭阳殿，遂作单于宫。

可惜，梁主始终未能领悟陶弘景的这一预言。

梁武帝萧衍早年与陶弘景交往甚密。梁主率军进入建康时，陶弘景就曾派人迎接；在梁主即位之初、国号未定时，弘景引诸谶记，皆成"梁"字，上书武帝，因此他向梁主说"梁"是国运符号。于是，武帝遂立国号为梁。但是，后来武帝登基后，多次亲手写诏，想聘弘景入朝为官，并赐以鹿皮巾，屡加礼聘，弘景却始终没有应聘。梁主屡次欲诏，最后，陶弘景无奈，只好给梁主画了一幅双牛图，图上有一条牛散放在水草之间，另一头牛身着金络头，却有人执绳以杖驱赶它。

"此人无所求，欲效曳尾龟，岂有可致之理耶！"武帝见图后，会意地笑道。

于是，此后，梁武帝再也不向陶弘景提出聘官之事了。但是，凡是国家遇有大事，武帝还是要前往陶弘景处，向他咨询。武帝与弘景之间，书信不绝，所以当时的人们都将陶弘景称为"山中宰相"。

大同八年，安城郡的叛民刘敬躬妖言惑众，赶走了郡吏萧说，聚众谋反。梁主下旨，命令他的第七子——江州刺史湘东王萧绎率兵讨贼。

"唉，如今陛下年事已高，专心佛教，不幸引起天下不靖，安城反贼的党徒现在已经大增到了数万人，尤其……他那位名叫刘欣的副将，文武双全，更难对付。将军有何法来对付他们？"湘东王萧绎忧心如焚地问江州司马王僧辩。

"刘敬躬之流乃是乌合之众，殿下不必多虑。"司马王僧辩思索道，"至于刘欣……

殿下采用'利诱''离间'之计,即可破之!"

于是,萧绎按约,在安城山中设下万余伏兵,并立即派出张平、李产两名密使。

首先,张平带着浑身血污,狼狈地直入刘敬躬大营。

"求大王救命!我父原是湘东王府的小吏,却被新来的安城郡吏萧说欺压,最后竟被刺史萧绎斩杀了!"张平伏在地上向刘敬躬哭泣道,"他们……还要追杀我,如今……王府的家人业已追来了!"

"哦,萧说……他不就是萧绎的侄儿吗,他从我这里跑走,果真进了湘东王府!他还在欺诈百姓?是可忍,孰不可忍?"刘敬躬听罢大叫道。

"是的,小人要投奔大王,将永远跟随大王,以报江州刺史萧绎的杀父之仇!"张平激动地说。

"既然如此,你就做我的贴身护卫吧!"刘敬躬欣然地说,"明天……你随左将军刘欣前去湘东王府报仇!"

"……不仅如此,他们还在暗中收买了大王的左将军刘欣!"张平停了一会后,又慌忙说道,"我岂能到刘欣帐下,这不是自投罗网吗?"

"啊,竟有此事?我当立即前往左营查办!"刘敬躬暴跳如雷地叫道。

说罢,刘敬躬、张平一干人趁夜走进了左营。而在此时,萧绎的另一个密使李产,也星夜进入叛军左营,并且正在暗中给刘敬躬的副将刘欣送上财宝和书信。

"刘欣贼子,你竟敢暗中勾结官府?"刘敬躬当即发现了此情,勃然大怒,"将刘欣推出斩了——"

于是,未能等得刘欣申诉,刘敬躬就下令当场杀死了刘欣。并且,就在此时,萧绎、王僧辩的伏兵又突然袭击,千军万马冲出,拿下了安城郡。

就这样,在江州司马王僧辩的谋划下,梁主第七子江州刺史湘东王萧绎一举荡平了安城郡的叛匪。湘东王萧绎也因此声名鹊起。

接着,交州刺史武林侯萧谘因苛政暴虐也丧失了民心,逼得郡民李贲纠众造反。萧谘招架不住,也向朝廷求援。

收到萧谘的求救书后,梁主在台城太极殿中,召集众臣商议。

"安城叛匪刚灭,交州叛党又起。如今,武林侯又来书求救,众卿以为应当如何处理?"梁主问众臣。

"微臣以为,可派高州刺史孙内、新州刺史卢子雄前去营救萧谘!"众臣齐声奏道。

"众位爱卿所奏有理,现令孙、卢即日发兵前往!"梁主令道。

随即,孙、卢应命率军向交州李贲叛军杀去。然而,此处山高林密,酷热无比,不适北军行进,正当官兵长途劳累、饥病交迫之际,群峦之中又瘴气四起,于是,迎面碰上李贲叛军冲击后,官军立即溃散,大败而逃。

梁主得知败讯,立马集众商议对策。

"陛下容禀,我军此次之所以失败,都是因为孙、卢通匪的原因啊!"萧谘派员冲进大殿,张口诬陷孙、卢道。

"养兵千日，用兵一时。孙、卢通匪，应当处死！"梁主听罢大怒道。

于是，孙、卢无以辩解，遂被朝廷赐死。卢子雄的弟弟——卢子略得知此讯后，大怒不已，他为了替长兄报仇，遂起兵打败了萧谘，萧谘只好逃到广州。

接着，萧谘再次派员进京，向梁主哭诉，尽述卢家兄弟通匪的罪行。

"众卿有何高见，立破叛匪卢子略？"梁主问众臣。

"……欲破卢匪，如今只有一人可用！"此时，学士吴孜慢慢地说道。

"何人可用？请先生说明！"梁主急问。

"此人就是高要的陈霸先！"吴孜答道。

"高要的陈霸先？朕对他不甚知晓，多少官军都未能胜贼，这陈霸先，他能够……"梁主茫然不解地问道。

"这陈霸先就是高要太守啊！他乃是非常之人！"吴孜轻声说道，"陈霸先是吴兴人，字兴国，自称汉太邱长陈实的后代。他从小志大，稍微长大了一些后，就能涉猎史籍，研读兵书。他身长七尺，手臂垂下可以过膝，有帝王之相。当初，萧映任广州刺史时，就对陈霸先很是器重，并授之为中直兵参军，使他能够屡立战功。后来广州兵乱，萧映被围，陈霸先率三千精兵，一战解围，因此，他声名鹊起！"

"哦，他就是前次……朕想为他画像的那个人啊？"梁主忽然恍然大悟道，"朕曾听说过他的奇迹！"

"是的，前次陛下听说他形象奇异，还特令人为他画像呢！"吴孜接着说。

"好好，朕要不拘一格用人才！现在就以陈霸先为帅，令他率兵进剿叛臣卢子略！"梁主说道。

于是，高要太守陈霸先得令，并召集三千兵马与卢子略斗智斗勇，最后一举击毙了卢子略，因此在京城建康陈霸先也突然声名鹊起，并被梁廷封为直阁将军、属府司马。梁主还令陈霸先去讨伐李贲，陈霸先又旗开得胜，因此他的名声震撼全国。

接着，陈霸先因功被梁主晋封为西江都督，并让他兼任高要太守、都督七郡军事。

然而，此时南梁国中，皇帝信佛，太子信道。太子萧纲还曾在玄圃讲论老庄，学士吴孜等人也曾在那儿专心致志地听讲。但是后来，渐渐地，他们自己也深感这样于国家不妥，于是开始议论起来。

"从前西晋之所以丧乱，就是因为国君崇拜玄虚，如今东宫竟又要重蹈其覆辙，这恐怕要让国家遭到祸乱！"尚书令何敬容不安地对吴孜说。

"哦……此言有理，在下应当转告太子，希望他改弦易辙！"吴孜说，说罢就转身去了东宫。

"殿下如此崇道恐有不妥！"吴孜忧虑地告诉太子萧纲道。

"有何不妥，你要蛊惑人心？"太子萧纲不悦地说，"还有谁能有此高论？"

"尚书令何敬容也有此劝谏之言，殿下应当细心思之！"吴孜又说。

"其言过其实，未必有理？"太子萧纲不以为然地回答，并对何敬容渐生怨恨。

后来，何敬容的姜弟费慧明盗取官米，被禁司捕获，交给领军府惩治。何敬容致信请求领军宽恕费慧明，领军将军河东王萧誉是太子萧纲之侄，因此，他特将此事报告给了太子。太子萧纲因为对何敬容曾有恶感，于是，他让萧誉直接转报给梁主。这一下，果真使梁主听罢恼怒，遂将何敬容罢官了。

因此之后，朝中更无直谏之人，只得全由奸人当道，搅乱朝政了。

大同十二年，梁主萧衍又去同泰寺讲经设法

大同十二年三月，梁主萧衍又去同泰寺讲经，并设法会，大赦天下，改元中大同，以为天下会因此太平。然而，就在当夜同泰寺却遭遇了火灾，浮屠全被焚毁。

"……这正是佛经上所谓的魔劫呀！"梁主叹息道。

"也许是吧……"吴孜轻声地答道。

"朕当立即下旨，重修十二层浮屠！"梁主斩钉截铁地说。

"陛下英明……"吴孜无奈地附和道。

年过八旬的梁主，业已老态龙钟，更加迷恋佛教、讨厌政务了。又因为其储君未能立定长嫡，所以，这更引起众皇子们纷纷觊觎帝位，并猜忌东宫了。

梁主的子孙此时已经各怀鬼胎，但梁主自己还以为自己的皇子皇孙们都是孝子贤孙，所以，他仍旧整天念经拜佛，蹉跎岁月，而且毫无顾忌。

有一天，太子在东宫与吴孜议论。

"父皇年老侍佛，无暇操劳政务，众王多有异志，这如何是好？"太子萧纲问吴孜。

"唉……六皇子邵陵王萧纶最为浮躁、凶狠，而且好大喜功，出游仪仗威严。陛下屡次劝告无效，只好将他革职，禁锢在狱中。后来他又发誓要改过自新，陛下遂立即恢复了他的官爵，但是后来，他竟然又故技重演，为非作歹，弄得军民怨声载道。"吴孜叹道，"如此的藩王，一旦皇上仙去，殿下是难以驾驭他的！"

"萧纶凶杀成性！后来，府丞何智通据实上奏，萧纶竟派人杀何！"太子萧纲痛恨地说道，"后来父皇召回萧纶，将他贬为平民。"

"可惜……现在陛下又将他放回，萧纶又恃宠生骄，甚至声称储君未能立定长嫡，他还妄想夺取储君之位呢！"吴孜忧虑地说，"太子应当奏请陛下，将萧纶调任南徐州刺史，以免他在京中胡作非为！"

"然而，其人虽去，但是其威力仍在！"太子忧郁地说，"京中他的爪牙不少啊！"

"此外，五皇子庐陵王萧续出镇荆州，七皇子湘东王萧绎出镇江州，八皇子武陵王萧纪出镇益州，他们在京城内外都有自己的一批力量。"吴孜立即说道，"太子应当挑选精卒，将他们安插在自己的身边，以防万一。"

"唉，国中暗流涌动，父皇却未能体察到这一切，他只知抚慰昭明太子之子……"太子萧纲又怅然说道。

"而昭明太子之子、皇孙岳阳王、雍州刺史萧詧见陛下年老，朝中紊乱，他便也有了继承帝位、重整山河的雄心。"吴孜深恶痛绝地说，"他自恃出生长嫡，并想以萧梁原地襄阳为基地，招兵买马，招揽贤能，研究政事，收揽人心，因而使得他所辖之地，实力上升。倘若将来时机成熟，此人也一定会有不臣之心，危及朝廷啊！"

"不久……庐陵王萧续病故在荆州，父皇调任湘东王萧绎为荆州刺史，萧绎得到这块宝地，地盘扩大了，所以他兴奋异常！"太子说，"如今看来，其实力最强！"

"是的，湘东王也是个胸怀大志、野心勃勃的人啊！"吴孜慢慢说道，"太子要加紧筹划朝内大事啊！"

"正是！望先生不吝赐教！"太子说罢，与吴孜执手同出东宫。

中大同二年，梁主又到同泰寺做和尚，让群臣拿钱为其赎身，本以为佛光普照，降福梁朝，谁知此次佛祖未能带来福音，却让南梁大祸临头了。因为，梁国就要遭受到惊天大难——侯景变乱。

原来，东魏叛将侯景为人奸诈，反复无常，他本是北魏怀朔镇戍卒，六镇起义时，他成为镇压葛荣的急先锋，因而被升为定州刺史、大行台。他声名渐长后，投靠了高欢。接着，他任东魏吏部尚书、尚书仆射、河南大行台。东魏权臣——大丞相高欢临死时已窥透了侯景的心思，特让儿子高澄注意他的行为动向，估计侯景将来可能会窃据河南，反叛高氏。

"我的大限就要到来，我将不久于人世，我只希望你能了解我的心事！"临死时，高欢向儿子高澄嘱咐后事道，"千万不要将我们的一生心血都付之东流……"

"父亲大人现在有何记挂的？大人也以为河南是最令人不放心之地吧？"高澄问高欢。

"是的，你知道侯景生有反骨，他迟早将会叛乱。"高欢轻声说道。

"正是！"高澄点头说道，接着又问，"父亲大人对抑制侯景有何良策？"

"……我早就为你想好了，侯景在河南十四年，飞扬跋扈，只有我才能驾驭他。我死后，你们秘不发丧，可用……慕容绍宗来制服侯景。虽然，慕容绍宗当年为了维护尔朱氏的利益，曾有损于我，但是，他今日尚有可用的价值。"高欢断断续续地说，"另外，行台丞陈元康颇有韬略，我驾驭侯景的策略，他已窥知到了不少。遇到大事，你还需要多听他的劝告！"

高澄跪地静听，高欢继续叮嘱着，说罢，高欢与世长辞了。

高欢逝后，高澄遵照父亲高欢的嘱咐，秘不发丧，并伪造高欢的笔迹写信，令侯景立即回返东魏的晋阳。

侯景虽然体格不佳，被世人笑为跛子，但是，他却足智多谋，目空一切。他曾经扬言，给他十万兵马，他就会南征萧梁，并且能够马到成功。他在河南，拥兵自重，并不将高澄看在眼中，只是对高欢略有惧怕。

有一天，中原大地，凄风苦雨，举目阴沉。在河南大行台行辕中人来人往。侯景正和司马子如等人在营中议事。

"其实高氏也是个外强中干的纸老虎。虽然，高欢王爷在世时，我不敢有异心，然而，一旦他去世，我即可以为所欲为了。我决不愿在高澄麾下，让高澄这个鲜卑小儿驱使！"侯景狂妄地对司马子如说道。

"将军岂能如此说话，切莫出声！"司马子如听后大惊，并以手捂住侯景的嘴嘱咐道。

"启禀将军，高欢王爷有书信到来！"此时，小校向侯景报道，并呈上东魏晋阳大丞相高欢王爷的书信。

"哈哈……"侯景看完书信后，大笑道，"此乃是高澄小儿写来的伪书，哪里是高欢王爷的信？王爷大病在身，也许此时……王爷他早已命归西天了！"

"我看这正是王爷的笔迹，将军怎知其中有伪？"司马子如接过信看后问侯景。

"哦，当年，我曾与高欢王爷相约：我离家万里作战在外，为防有人从中要诈，以后，凡是王爷给我下书，都一定要在信中加上一个暗点，以便我能辨别真伪。因此，此后只要是王爷给我之函，封封都有暗记，而这封信上却没有。这不正说明它一定是伪书吗？"侯景狡猾地笑道，"如若不信，你可派人前往晋阳打听，说不定高欢王爷现在已经归天了！哈，王爷既死，我别无顾忌了。现在我可以拿河南作为礼物，投靠西魏去了——"

于是，侯景向西魏致辞乞求投降，西魏主元宝炬命他为太傅、兼河南大行台、上谷公。侯景随即诱杀了东魏豫州刺史高元成、襄州刺史李密、广州刺史暴显等人，并派兵偷袭兖州。

东魏特使得知侯景情况后，慌忙将消息传到晋阳。

"丞相大人，侯景狡猾，他窥知王爷已经过世，并未能应邀北来，反而趁机投靠了西魏，而且还诱杀了我东魏多名刺史！"特使向高澄报告，"现在侯景又派人去偷袭兖州——"

"哦，竟有此事！兖州如何了？"高澄大惊道。

"幸好，兖州刺史邢子才闻讯，一举擒获了所有的偷袭者，并且当即传令严防！"特使告诉道。

"现在立即传令司空韩轨督兵讨伐侯景，并斩断关、陕通路，完全断绝侯景的西窜之路——"高澄叫道，"将侯贼堵在国中，我们伺机关门打狗！"

侯景得知东魏有备，十分惊慌，忙召亲将王伟商议。

"高澄派兵堵塞了我们西去的要道，这如何是好？"侯景惊问王伟道，"先生是我的高参，当为我出谋划策！"

"这有何难，去不了西方，我们就去南方也好。更何况西魏对大行台你也十分警惕，曾以援助为名，竟派兵占据了大将军你河南的一半据地，并且还试图要求你交出兵权、入朝长安呢！"王伟轻松地笑道，"西魏本不是大行台你可去的佳地！"

"哦，先生言之有理，我们不如立即改投南梁？"侯景说道。

"哦哦，我们可以改投萧梁！"王伟说，"况且，我与梁廷朱异相熟，郎中丁和也与朱异交好，倘若大行台要派遣使者，即可派丁和先去朱异那里了解情况！"

"先生之言有理。我就派遣丁和前往？"侯景问。

王伟点了点头，于是侯景立即派遣丁和去萧梁请降。

朱异能力非凡，更善于阿谀奉承，精通溜须拍马之术，因此深得梁武帝的宠信。朱异深爱《五经》，梁武帝对《五经》也很爱好，而且相当精通。共同的兴趣爱好，更使这对君臣关系快速密切起来。不久，梁武帝任命朱异担任中书通事舍人，成为皇帝的高级秘书。以后朱异的官职虽有多次升迁，但直到死时，朱异中书通事舍人之职也从未离身。梁主对朱异的宠信，几十年丝毫不衰，到后来，甚至惟朱异之言是听，把朝政也交给他处理了。自周舍死后，朱异就代他掌管机密，梁廷军旅谋谟、藩镇改换、朝仪国典、诏诰敕书，均由朱异筹措。因此，王伟深知，只要打通了朱异这一关节，侯景投梁的大事就告成功了！

丁和手持侯景的密书来到建康梁廷，首先秘密地走到乌衣巷朱府，给朱异送上厚礼，要与朱异商量侯景来梁之事，朱异在后花园中会见了丁和。

"朱将军，你的本领不小啊！你能够很快就身居要职，但是你为什么能够这样快地就飞黄腾达了呢？"丁和问朱异。

"哈哈，我无非是喜欢奉承年老的梁主而已，没有别的秘诀！"朱异答道。

"我这次代表侯大行台面见梁主，如何才能成功呢？"丁和又问。

"梁主在正月十七日曾梦见北方十三州归降，你们的书信中就要以此为突破口！"朱异开导道，"因为皇上常以北方十三州为梦想，倘若侯景能在信中提到这十三州，那么梁主就一定会认为他的吉梦成真，就一定会立即接纳侯景啊！"

于是，丁和照此更改了一下侯景的书信，并亲手交给了梁主萧衍。

梁主萧衍展纸后，见书中言道：

"……臣侯景与高氏有隙，所以愿持河南之地归附梁国。一旦臣到梁国，那时函谷关以东，瑕邱以西，如豫、广、颖、荆、襄等十三州都将进入梁国。其他州郡也可招之即来。梁主统一天下之大业，就在此一举……"

梁主看完侯景之书，立即召集众臣商议。

"近来朕常梦得北方十三州，今日侯景果然要投南国，这是上天的旨意？"梁主兴奋地说，"莫非这是吉兆？"

"近来我朝与东魏通和，边境安宁无事，倘若我们招纳了东魏叛臣，势必会引发战乱。臣以为此举不可取！"尚书仆射谢举向梁主说。

"得侯景则塞北可清，这有利梁朝统一全国，机会难得，朕岂能如此畏首畏尾？"梁主生气地说，"朕以为，还是收纳侯景为好。收了侯景，朕大梁就会一统天下！"

"陛下，不可！侯景乃是反复无常的小人，我朝为他招来战祸，实在不值得！"众臣听罢，一齐跪求梁主拒绝侯景。

"这是上天赐给陛下的绝好机会，我们不受，乃是忤逆天意，怎能不受？"朱异突然上前鼓掌叫道，"况且不久前，陛下就已经做了一个吉祥之梦，那时微臣就已经预知陛下的辉煌前景了。今日梦境成真，陛下岂能舍之？"

"朕决定接纳侯景。"梁主兴味盎然地说。

"如今，陛下英明，四海归心！陛下还有何犹豫的？"朱异不失时机地劝告道。

听了朱舍人曲意迎合的话，梁主兴高采烈，并下令优待侯景的来使丁和，让他在客馆中待命。

得知梁主已经决定接纳侯景，平西将军周弘正立即赶来向梁主进言。

"陛下容禀！微臣年前夜观天象，就已经预感国家将有兵祸，今日朝廷接纳侯景，恐怕兵祸就要因此而起！据说，东魏高澄已经派韩轨讨伐侯景，侯景业已投靠了西魏，他为何又改投我邦？而且，西魏的人对他都曾有疑忌，陛下何必为一个侯景而不顾招来各方面的非议呢？"平西将军周弘正向梁主再三奏请道。

听了周弘正的话后，梁主又有些犹豫了，并且找朱异再次商量。

"我梁国如今固若金汤，毫无伤缺，倘若因招来侯景而造成祸乱，那将如何对付？"梁主有点担心地问朱异。

"我南梁天子圣明，南北归附，今日侯景来降，其实只是一个先导，将来我主万福在后，各地都将陆续归附大梁。陛下就将一统天下，何必犹豫再三？"朱异极力地劝告梁主收纳侯景。

"哦，朕应当广纳四海贤能！"梁主听罢，说道，"朕接纳侯景，但愿他能为大梁造福！"

"那是自然啊——"朱异笑道。

于是，梁主决定接纳侯景，并封他为大将军、河南王，令他督管黄河以南诸军事。又令丁和向侯景回报，派司州刺史羊鸦仁、兖州刺史桓和、仁州刺史湛海珍等人率三万人马赶往悬瓠，接应侯景。

梁司州刺史羊鸦仁攻入悬瓠，梁主飞诏：将悬瓠改为豫州，寿春改为南豫州，合肥改为司州，命羊鸦仁为司、豫二州刺史，命他镇守悬瓠。封西阳太守羊思达为殷州刺史，镇守项城。

"既然有了侯景之事，而且梁军又能所向无敌，朕当然要先下手，趁机讨伐东魏，并任鄱阳王萧范为元帅，择日起兵北伐？"梁主对众臣说道。

"鄱阳王英武盖贬，可镇东魏，但他凶残暴虐，不能抚慰百姓！"朱异忌惮萧范，急忙向梁主进言劝阻。

"那么，就让萧会理为帅如何？"梁主踌躇了一会说道。

"陛下真是知人善任啊！"朱异赶紧奉承道，"萧会理堪为大帅！"

"我也要上前线为国出力——"此时，贞阳侯萧渊明也上来奏请。

"好吧，就让萧渊明、萧会理同督大军北讨！"梁主下旨道。

萧渊明是梁主兄长萧懿之子、萧会理是梁主之孙，二人同是不学无能之辈，而且常会互相争吵。见萧会理就要与自己共事，萧渊明急忙致信朱异，请他奉劝梁主调走萧会理，朱异立即照办。

于是，萧渊明独率大军北去。不过，当时天热病多，军士只好沿途慢行。

五十八、高侯争，东魏战南梁

此时，东魏主元善见与大丞相高澄的矛盾已经十分突出。高澄竟派黄门侍郎崔季舒伺察深宫，监督东魏主。东魏主生气，高澄竟然闻而大怒，直入邺城，上朝责备东魏主。东魏主受到威胁，只得以好言相待，赐酒宴请高澄。高澄遂以满杯劝慰魏主。

"请陛下满饮此杯！"高澄厉声地强逼东魏主。

"朕……不胜酒力……"东魏主推辞道。

"岂有此理，臣让陛下喝酒，陛下怎能拒绝？"高澄向魏主怒道。

"自古以来没有不亡的国家。朕连饮酒都不能自己做主，哪还有求生的本领？"东魏主元善见见了，忍无可忍，也立刻大怒，并拂袖起座。

"什么朕？崔季舒，你来给他三拳，看他能怎么样——"高澄拍案喝道。

此时，崔季舒竟然真的走上前来，连打了魏主三拳。高澄这才悻然离开。

之后，东魏主回到深宫，悲从心来，遂痛吟谢灵运的诗句：

> 韩亡子房奋，秦帝鲁连耻，
> 本自江海人，忠义动君子！

侍讲荀济当即领会了魏主希望除掉高澄的心思，忙与祠部郎中元瑾等人密谋暗杀高澄。他们诈称在宫中建造土山，偷挖地道，穿过千秋门，直入高澄府所，然后派勇士从地道进入高澄的王府，以便刺杀高澄。不料此事暴露，竟然引起高澄更大的不满。于是，东魏的帝与相双方的争夺，日益激烈。高澄竟敢率兵入宫，大骂魏主。

"陛下，你派人挖地道是何意，是想造反吗？"高澄责问东魏主元善见。

"自古以来，只有臣子造反，哪有君主造反之理？"魏主也怒目相对。

"微臣两代为社稷尽心，未能辜负陛下，陛下听信了亲信和妃嫔的谗言，竟敢要这样谋害于我？"高澄又叫道。

"朕性命尚且不保，哪有工夫去听谗言？"魏主答。

"请陛下下旨斩杀叛臣荀济等人！"高澄又叫道。

结果，高澄杀掉了开挖地道的荀济等有关朝臣和他们的家属，这事才算暂时罢休。

此时，东魏彭城的军情急报纷至沓来：说梁军北侵，请东魏朝廷快发救兵。高澄遂派大都督高岳去救彭城，并以金门郡公潘乐为副将。

"陈老先生，你是先王的老将，先王临终时再三嘱咐我，要我多听你的劝告。今日，我们用兵力堵住了侯景西叛之路，想不到他又逃到南梁去了，引得萧衍老儿的兵马北来，我只好派潘乐等人前往抵御，将军意下如何？"高澄对陈元康说。

"高岳的才能不及慕容绍宗，王爷过世时也要你重用慕容绍宗，所以，末将以为，应派慕容绍宗去救。"行台丞陈元康建议道，"另外，我还以为，侯景乃是一个反复无常的叛臣，得之非福，失之非祸。只要大丞相能够运筹帷幄，策略得当，此人就不能危害东魏了！"

"你说得对，我应当随时倾听你的妙计！"高澄说道。

陈元康点头同意。于是，高澄任命慕容绍宗为东南行台，让他与潘乐一起出发。侯景在悬瓠正准备攻打谯城，听说慕容绍宗到来，顿时惊慌失措。

"是谁有此绝妙的心计，竟然派鲜卑儿慕容绍宗前来杀我？莫非高欢王爷尚未去世？因为，除了高欢王爷，再没有人了解慕容绍宗的能耐了！"侯景惊恐地向梁将说道，"请告诫南朝的萧渊明将军，千万不要轻视了慕容绍宗，他可是一名战将！如果萧将军打了胜仗，打算乘胜追击，那么他也不能追过两里！否则，他就会有危险了！"

几个月后，萧渊明才到彭城，恰巧羊侃也持诏赶到。羊侃深知：萧渊明是皇帝的亲侄，他是只懂吃喝玩乐的公子，少有打仗的本领。作为主帅，他与当年的六叔萧宏几乎一样的无能，他对这场战争更是毫无准备。这让羊侃十分着急。

"陛下让我们在水边筑堰，截流灌城，拿下彭城后再去接应侯景！"羊侃对萧渊明说。

"那么就请你监工，在距离彭城十八里的山谷处建筑堰塘！"萧渊明令道，"我军一定要在彭城寒山堰一带大败东魏兵马——"

"唉，好吧！"羊侃慢慢地答道。

于是，羊侃率领兵民大干了二十天，遂将堰塘建成，并开始截流蓄水。

"现在堰塘已经修好，趁东魏援助大军尚未到达，将军应当立即进攻彭城！"羊侃此时急切地向萧渊明进言道。

"这……是否太急，应当再观察……"萧渊明犹豫道，"从侯景的信中已经看到，魏兵声势不小，东魏慕容绍宗能力超常呀！"

正当萧渊明狐疑之际，忽然探马回来报告："东魏慕容绍宗率领十万大军，已经赶来救援彭城，现在已到橐驼岘！"

"哦，大敌已来，虽然我们出击有些迟了，但敌军远道而来，立脚未稳，我们还是可以立即出击的，以便击败疲劳之师。请元帅切勿再犹豫了！"羊侃又赶紧对萧渊明说道。

"等……明日再说……"萧渊明还在犹豫。

次日，羊侃又来奉劝萧渊明出战，萧渊明仍旧不听。羊侃无奈，知道萧渊明必然失败，只得率领本部人马屯驻堰塘上游，以求自保。

接着，慕容绍宗率众逼近，并亲率一万人攻击梁军左营。梁将潼州刺史郭凤急忙抵御，箭如雨下，郭凤一时难以招架。

而在这时，萧渊明却酒醉如泥，酣睡在帐中，听不见帐外震天的杀声。被部众努力地拉起来之后，他才勉强地发令救援郭凤。但此时敌军士气高涨，梁军各将不敢前行，只有北兖州刺史胡贵孙勇敢地出营奋勇出战，猛扑魏兵，并立斩了东魏二百多颗首级。

慕容绍宗见梁军来势十分凶猛、剽悍，当即麾众撤退。萧渊明得知胡贵孙得胜，立即上马赶赴沙场。见魏兵弃甲丢戈，望风披靡，萧渊明邀功心急，竟把侯景"不宜远追"的嘱咐忘在了脑后，遂全力追去，直达五里。

不料此时，梁军后面突然杀出一支敌军，将他的阵脚冲散，而前面的慕容绍宗此时也回头杀来，首尾夹击，梁军慌忙四处逃窜，抱头狂奔。此时，慕容绍宗的十万大军猛烈冲来，南军一夜三万兵马立即溃不成军。

萧渊明叫苦不迭，策马乱撞，被东魏人马围在核心。魏军你牵我扯，竟然将萧渊明拖下马来活捉了。其他被擒将士不可胜数。梁军损失惨重，唯独羊侃军驻堰塘之上，未失一兵一卒。

东魏慕容绍宗初次接战，就捕获了梁主的亲侄萧渊明，兴奋不已。接着，慕容绍宗率军直扑涡阳，侯景在涡阳城楼上慌忙张望，见魏军已经漫山遍野，将城池围得水泄不通。

"侯景，你还是投降吧，否则你留在邺城的母亲妻子都要死于非命了！"慕容绍宗向城内的侯景大叫。

"我决不投降！"侯景也叫道，"至于……我留在东魏的亲人，你们要如何处置，我也顾不了了。不过，你们也该记得：当年项王囚禁刘邦的老父并要烹煮其父的故事吧？项王原是要以此威胁刘邦，而刘邦并不为其所动，他只是说，'我们本是兄弟，倘若你今日煮了老父，就请分给我一碗汤喝吧。'今日你们就是将要失败的项王，我就是当年的刘邦，倘若你们要烹煮我母，我也请你们分给我一碗汤，我决不因此投降你们！"

慕容绍宗知道侯景不为所动，遂挥军冲进涡阳，斩杀了无数侯军。只此一战，侯军死伤殆尽。接着，慕容绍宗率军长驱直入，又打败了前来为侯景援送粮草的梁司州刺史羊雅仁，并截获了他所带来的五十五万担粮草。

次日，梁主萧衍正在宫中小憩，突然宦官张僧胤慌张地跑进宫来。

"启奏陛下，不好了！"宦官张僧胤大声叫道，"朱异有急事要奏！"

梁主听罢，惊慌失措地跑出内宫，迎面碰撞到朱异。

"寒山失利，萧渊明被捕！"朱异刚说出前四个字，梁主就吓得魂飞魄散，几乎摔倒在地。张僧胤急忙从旁边扶住梁主。

"啊……莫非晋朝的悲剧就要在朕的身上重演吗？"梁主萧衍惊叫了一声说道。

朱异无言地默默退出。接下来，潼州失陷，郭凤逃归……

梁主吓得魂不附体，已到风声鹤唳、草木皆兵的地步。接着，东魏檄文到达梁庭，要求梁主诛杀侯景，俯首称臣。

梁主不能接受，并且因为萧渊明被捕，反而不得不更加倚重侯景，他指望侯景能够救回萧渊明。

"东魏君主已被相国高澄幽禁，元氏子弟四处避难，多在南朝，陛下可择其中之一，立为魏主，以镇河北！"侯景送表向梁主奏道。

"今封太子舍人元贞为咸阳王，送他北去，暂称魏主。"梁主说道。

然而此时，慕容绍宗已经乘胜进攻侯景，侯景退居涡阳。慕容大军长驱直入，也抵涡阳，侯景令军士披上短甲，手持短刀，杀人慕容军阵，只准砍斩人足马脚，不准仰视。侯景这一招，竟然立刻使慕容军马慌乱一团，连慕容绍宗本人也被战马掀倒在地，他只得跳了起来，另换一匹快马逃走了。

在这一场战争中，侯景生擒了东魏显州刺史张遵业。主帅慕容绍宗、仪同三司刘丰生负伤在逃，败军奔回谯城。

"大帅军纪严明，今日竟也会兵败如此！"副将斛律光、张恃显向刚刚逃回的慕容绍宗嘲笑道。

"我作战多年，从未能遇到像侯景这种狡诈凶悍之徒。如若不信，就请你们前去试试，看你们有多大能耐！"慕容绍宗愤愤地向斛律光、张恃显说道。

于是，斛律光、张恃显立即应声率军出战，然而兵达涡水时，他们就被侯景一阵乱射乱砍，部众纷纷死于马下。结果，张恃显落马被擒，斛律光狼狈逃回。

"怎么样，你也会失败？"慕容绍宗见了，忙微笑地对斛律光说，"张恃显呢？哦，他被擒了？"

"请大帅恕罪，末将不知天高地厚，罪该万死！"斛律光惶恐地向慕容求恕。

次日，张恃显被放回来，侯景相约与慕容决战。慕容绍宗命令各军不得妄动，只是挖掘沟壑，修固壁垒，准备久战。侯景此时，求战不能，攻城不克，数月之后，弹竭粮尽，于是十分忧愁。

"慕容绍宗率五千铁骑前来攻营——"突然部将来向侯景报告。

"立即上马出战！"侯景听后大叫，随即率众出寨。

然而，当侯景走出营寨，举目前望，见敌骑踊跃，勇气百倍，不禁面露畏忌之色。他再回顾本阵时，却见人人惊惧，多有退却之态。

"可恨的高澄，他已经杀害了你们的家属，现在是你们报仇雪恨的时候了！"侯景想了一下，立刻回头向部众们鼓动起来。

侯军将士们听了此话，个个怒发冲冠，咬牙切齿，急忙猛烈地向慕容军马冲杀过去，并且大叫道："可恨的高澄，杀我全家，我与你拼了——"

"什么？"慕容绍宗在马背上正要率众前冲，突然听到侯军的叫喊，忙问部属。

"他们都说王爷高澄已经杀了他们的家属！"部属们回答慕容绍宗。

"啊，侯景这个狡猾的跛子！"慕容听后，立即下令，"停止进军！"

"侯景的部属们，你们上了侯景这个跛子的当了！你们的家属在魏国安然无恙，而且只要你们回头，本帅也一定会保证你们官复原位！"慕容绍宗止住兵马，赶紧向侯军大声喊话。

"慕容大帅之言果真是实？"这边侯军将士仍然将信将疑地问道。

"本帅可以对天发誓——"慕容听了，忙将冠帽摘了下来，并大叫道，"本帅倘若有半句谎话，身败名裂——"

"哦，果然如此，我们何必为侯景这个反复无常的跛子卖命呢？我们家人都在东魏，我们投降慕容将军去——"侯景的部将暴显听了慕容的话后，马上大叫着，率军投降慕容绍宗去了。

此时，侯景的其他军马也不战自乱。侯景见了，急招部众撤军，无奈人心已散，纷纷北去。而此时慕容绍宗又麾军杀来，侯景只好掉头南逃，渡涡水，进硖口，越淮河，昼夜兼程，仓皇而逃，只恨爹妈让他少生了两条腿。

看看慕容绍宗又要追到面前，侯景逃无可逃，竟然干脆立马站定，静等慕容。

"叛贼侯景，你已走投无路，还不下马就缚？"慕容绍宗赶上来向侯景叫道。

"哈哈！我侯景今日就将打算束手就擒，大帅何必再追？"侯景奸诈地向慕容笑道，"然而……一旦你抓获了我侯景之后，大帅你对东魏还有何用处呢？过河拆桥，这乃是高氏父子惯用的伎俩，莫非你还不知？当年你也是高氏所疑忌之人呀！请将军想一下吧！"

"这……这……"慕容一听大惊，立刻恍然大悟道，"哦……哦……"

慕容绍宗犹豫了一会，觉得侯景之言有理，自忖如果杀了侯景，高澄就会"兔死狗烹，卸磨杀驴"，自己的前途也的确不妙。于是，他放了侯景，收军回营去了。

五十九、侯景叛，萧梁遭大乱

侯景逃到寿春，上表向梁主告败，自请惩处。

其实，当时梁主已得知侯景失败，只不过不知详情而已。当时，有人说侯景已与将士们一同战死，也有人说侯景逃脱。于是梁廷上下，人人都为此忧惧，议论纷纷。

"侯景如今生死未卜，近来人们传说，似乎侯景尚未战死？"太子萧纲忧心如焚地对太子詹事何敬容说。

"哦，倘若侯景已死，这倒可能还是朝廷的幸事呢！"太子詹事何敬容慢慢地回答道。

"先生之言何意？"太子问何敬容道，"从前……我曾误解过先生，希望先生这次不计前嫌，不吝赐教！"

"这是自然……不过，我以为：侯景本是叛臣，他反复无常，如果说他仍旧活着，可能将来就要乱我南梁朝廷啊！"何敬容慢慢地说道，"还不如他已经死了更好！"

"竟然会是如此……"太子萧纲疑惑地说。

"启禀太子殿下，皇上方才收到侯景的奏章，并命他为南豫州牧，兼任原来职位。"太子侍臣进殿报道。

"啊，唉……原来他果真未死，皇上竟对他仍旧重用，国家不幸啊！"何敬容感慨地叹息道，接着问，"莫非事情已成定局？"

"光禄大夫萧介已上奏劝谏皇上，说：'侯景是个狡诈的叛臣，不能重用！'"侍臣接着说，"皇上遂将侯景的奏章暂时搁置下来了。"

"此时的战况堪忧啊！"何敬容又说，"侯景之败，已使豫州刺史羊鸦仁丢失了悬瓠，逃回义阳；殷州刺史羊思迁丢失了项城，逃回京都；我大梁黄河南岸悉为东魏所有！羊鸦仁只得屯兵淮上去了。"

在东魏晋阳相国府之中，大相国高澄正在怒气冲冲，他忙令人找行台陈元康来计议。

"有人说我已是权倾朝野、即将篡位的东魏权臣，但是，这次我竟然灭不了侯景。这如何是好?"此时,高澄正在府中,自言自语地嗟叹,"……我虽然收复了河西,而侯景未灭,我日夜不宁啊……"

"大丞相,还在为侯景之事发愁?"行台丞陈元康走进府来问高澄。

"正是!"高澄见问,忙回头对陈元康说道,"如今侯景逍遥法外,何时能灭?莫非我仍要调集大军来征剿他?"

"大丞相不必再发大军,兵战不如心战!侯景、南梁终将自相残杀!"陈元康笑道。

"先生有何妙计?"高澄立即很感兴趣地问道,"你有何办法能离间他们?"

"现在,我东魏已经战胜了萧梁,萧衍老儿正在惊慌失措之中。大丞相不如向他求和!"陈元康说。

"我已经取得了胜利,却为何还要向他求和?"高澄惊问。

"大丞相求和,乃是一箭双雕的离间之计啊!"陈元康接着说,"只要梁主答应修和,势必……就会激起侯景的愤怒,那时,侯景就要与萧梁反目成仇。这样一来,萧梁与侯景必然要互相残杀,等他们两败俱伤之后,我东魏便可坐收渔利了!既然我朝胜券在握,大丞相大将军,你又何必急于兴师动众!"

"妙,妙,此计非常妙!先生果然出言不凡,你比当年的诸葛亮还要高明多了!"高澄点头大笑道,"不过,我将以何理由与梁主谈判呢?"

"大丞相你就说'为了恢复旧好,安兵利民',特致信梁廷,希望再次通好便了。"陈元康说,"萧衍老儿已经走投无路,他佛心沉重,好和恶战。大丞相可以让已经被我所俘、现在身在晋阳的萧渊明向梁主代致书信,梁主必然会欣然同意修好的!"

"将军言之有理!"高澄点头同意道,"我坚决照先生之计行事!"

于是,高澄立刻写信,并亲往萧渊明的住处,与他谈话。

"先父高欢王爷与梁主交好了十多年,如今只因一朝失信而引致纷争,我认为这也非梁主的本意,这都是侯景煽动的结果啊!"高澄和颜悦色地对萧渊明说,"你可派人回告梁主:倘若他不忘旧情,我绝不敢违背先王高欢之意,再与梁朝为敌的!倘若他愿修好,那么,我不但会释放全体俘虏,甚至连侯景的家人也会派人送去。"

"王爷您果然胸怀宽广,我感激不尽!我会立即亲自写好奏章,差人回国报信!"萧渊明听后大喜道。

"就让夏侯僧辩持信去一趟南朝吧!"高澄笑道。

萧渊明也点头同意。

在南梁建康,梁主萧衍得到萧渊明及高澄的来信,急忙召集群臣商议对策。

"这是好事!目下我朝大动干戈,自然不如许和。"朱异抢先发言道。

"以和为上,微臣以为应当许和!"御史中丞张绾也说。

"当然,以和为上!"司农卿傅歧起来朗声说道,接着他又将语气一转说,"然而,高澄打了胜仗,他为何还要求和?这分明是他的反间之计。侯景乃是好叛之徒,高澄他想让我朝与之修和，引起侯景对我朝产生的怀疑，从而逼使侯景在我朝作乱，高澄他好从中取利啊！"

"岂有此理？"朱异起而质问。

"这乃是显而易见的道理！"傅岐答道。

"此话似乎有理，但……我朝目前已经战败，难道说……还要硬撑下去？"朱异反驳道。

"既然如此，朕决定与高澄和好，何必仍要连年用兵？"梁主犹豫了一下后说，"朕即刻下旨给萧渊明，请夏侯僧辩带去，着手与东魏修好事宜！"

夏侯僧辩手持梁主允和的诏书北上，经过寿阳时，被侯景留住。

"据说将军是去东魏为萧渊明投递诏书的，能否将书给我一阅？"侯景急切地问夏侯。

"将军乃是国中的名将，自然一阅无妨！"夏侯说着，遂将梁主给萧渊明的诏书递给了侯景。

侯景打开梁主之诏书，只见其中写道：

"……高澄大将军既然待你不薄，那就让他派人来梁国重修旧好吧……"

侯景阅罢，十分惊惧和恼怒，等夏侯僧辩一走，他慌忙上奏梁主，恳请不要被高澄的花言巧语所蒙骗，并决心以死报效萧梁，希望萧梁不要与东魏修和。同时，侯景致信朱异，并赠给朱异百两黄金，托他阻止梁主允和，要他挽回局面。谁知朱异只是收了黄金和奏章，对侯景所托之事却一概没有向梁主提及。

接下来，梁主派人去晋阳代为凭吊高澄之父高欢，并与高澄申议和约。侯景得知后，赶到京都向梁主哭奏。

"……臣与高氏矛盾已深，所以投靠陛下，希望仰仗陛下的威灵报仇雪恨。不料，陛下竟想与高氏和好。这样一来，臣将有何面目留在这里？"侯景大叫道，"希望陛下不要轻易上当，拒绝与狼共舞。只要陛下能再给臣一次机会，臣就一定会以死为陛下宣扬皇威，战胜东魏高氏！"

"……朕早就将你留下，自然不想让你走。经过上次一战，朕如今更希望罢兵息民。既然……高氏已派人求和，朕理当与之修好。你不必多心，还是安心在此居住吧！"梁主慢慢地对侯景说道。

"然而，陛下与高氏讲和，乃是逼使微臣无存身之地了呀——"侯景大哭道。

但是，无论侯景如何诉说，梁主仍旧如上所答，不予理睬。

侯景无法，后来，他假借高澄的名义，派使者给梁主发了一封试探信，信中声称要以贞阳侯萧渊明换取侯景。侯使冒充高使，到达建康，将书信交给了梁主。梁主不知真伪，当下竟然答应，并召集司农卿傅岐、领军朱异商议。

"既然我朝已收纳了侯景，就不宜丢弃他。况且，侯景百战余生，难道说他愿意束手就擒吗？"傅岐见此说道，"侯景本不是个容易掌控之人，陛下需要谨慎，以免侯景狗急跳墙，引出诸多的麻烦来！"

"侯景已是战败之将，势单力孤，难道他还能翻起大浪不成？"朱异随口向梁主说道。

"此话有理，朕以为目下还是稳住东魏重要，暂时不必过于考虑侯景！"梁主同意道。

"……贞阳侯早上来，侯景晚上就会被梁廷引渡到东魏……"梁主回信说道，并将此信让侯使带了回去。

侯景收到了梁主的这封信，看后十分惊怕，并且对梁主产生起了万分的憎恨。

"原来萧衍这个老儿的心肠竟是如此之狠毒，他竟敢要用我的性命去换他的萧渊明！"侯景捶胸顿足，向亲信们大叫起来，接着，他问行台左丞王伟，"从前劝我归附萧梁的人是你，现在你又有何计来保护我呢？"

"大将军大行台不必忧虑！既然萧梁不仁，我们自然也可无义。我们不如立即造反！与其坐以待毙，不如豁出去杀出一片天地来！"王伟立刻叫道，"我们干脆拿下南梁，以作栖身之地，再向东魏高澄复仇！"

"哦，先生高明，我决定照此而行！"侯景兴奋地叫道，"我侯景决定谋反萧梁，立即积极着手准备，招兵买马！"

"侯王爷还要将寿春居民编队成军，强令百姓将女儿嫁给将士，以振士气！"王伟接下来说，"同时，还要趁梁主尚未知晓之时，开始不停地向梁廷索要军需粮饷，以作将来我军战争之需！"

"先生高见！我还要恳请梁主从皇亲国戚的女儿中给我选一名妃嫔。"侯景又道。

结果，侯景所索要的军需粮饷，梁主大多照给了，只是对他选要嫔妃之事，梁主未能理睬。于是，侯景则更加怒火中烧。

"萧老儿好生无情，我将来一定要将他的女儿嫁给奴隶！"侯景愤恨地叫道。

接着，侯景又向梁主索要一万匹锦缎，为军人制袍，朱异却只用青布来应付了他，这如同火上浇油，使侯景更加对萧梁仇恨。听说梁廷已派谢挺和徐陵出使东魏，侯景更加加快了谋反的步伐。

投靠了南梁的咸阳王元贞得知侯景将反，遂赶紧上奏梁廷，请求允许他回返建康。

"我虽在河北失利，但江南却在我的掌握之中，你就忍耐几时吧！"侯景得到消息，竟如此恶狠狠地对元贞说道。

"启奏陛下，侯景就要起事，他说南朝竟在他的掌控之中！"十分恐惧的元贞逃回建康，亲自向梁主奏报。

"那么，你就在京担任始兴内史吧！"梁主仍旧不以为然地对元贞说，"至于侯景，且不必理会他！"

在寿阳河南王府中，侯景此时正在与部众加紧谋划。

"我们就要起事，为保更大的胜算，应当招揽更多欲反之人，诸位知道门下还有哪些人可为我所用？"侯景向部属们问道。

"在京城的左卫将军临贺王萧正德，此人是梁主萧衍的亲侄，虽然得到梁主的海深恩惠，但他仍旧日益贪暴，暗聚死士，图谋不轨，而且他曾投奔过北魏，与我交好，并与大行台也曾有一面之交。此人应当可用！"部将徐思玉对侯景说道，"不过，他在投魏期间，曾得到各方面人们的嘲笑，其对梁廷深恶痛绝！"

"哈，萧正德他的底细是什么？"侯景问。

"萧正德本是梁主萧衍的宝贝六弟萧宏的儿子，在梁主长子昭明太子尚未出生时，为了延续香火，萧宏将萧正德过继给了他的哥哥萧衍为嗣。于是，作为皇子，萧正德得到了梁主无尽的溺爱，他飞扬跋扈，无限风光。然而，不久，梁主的宠嫔丁令光为梁主生下了一个儿子——萧统，有了自己的儿子，梁主只好让萧正德又回到萧宏家中，自然此时，萧正德的一切特权也都因之而丧失了。此后的萧正德虽然还能得到梁主的关爱，但是他终究是失去了太子的殊荣，于是，萧正德不仅怀恨丁令光母子，还渐渐地对梁主也产生了无限仇恨，他誓死要篡夺梁主的天下，以图一逞！"徐思玉侃侃而谈，"况且，后来梁主的嫔妃们又陆续生了许多儿子，这更使萧正德感到自己再无出路了，于是他终日斗鸡、遛狗，无所事事！"

"哦，这很好，我们又多了一个有力的同盟军了！"侯景听罢笑道，接着又问，"那么，还有其他人吗？"

"此外，封山侯萧正表也大有反意……"徐思玉道。

"很好，我现在任你为司马，令你速去拉拢萧正德，联系萧正表！"侯景向徐思玉令道，"另外，我还要派人去与羊鸦仁将军联络谋反之事！"

于是，徐思玉星夜赶往京城，秘密与萧正德接洽。

"哈哈，天从人愿，本王昨夜惊梦，似有九五之位。看来侯王爷真是助我登上大位的贵人啊！"萧正德听了徐思玉奉承的话后，狂妄大笑道。

"临贺王本是梁廷的储君，大有帝王之相，今日果然梦想成真！"徐思玉又笑道。

"今上昏庸，本王正想谋变，苦于少有同谋，今日听到将军之言，得侯王爷的推崇，我今生足矣——"临贺王萧正德听罢大喜道，"本王决心与侯王爷一起共谋发难。还请将军速与萧正表联系，他也早有拥戴本王之意啊！"

"临贺王所言有理！"徐思玉躬身答道。

说罢，徐思玉离开了临贺王府，赶紧向封山侯府跑去，他要让萧正表及时与侯景秘密相通谋变的信息。

消息传到合肥，刺史、鄱阳王萧范立即派人潜入京都，将侯景的行为通报给了梁主。

"启奏陛下，侯景业已做好了起事的准备，不日就要发兵！"萧范的使者向梁主奏道。

"侯景果然要反了……"梁主萧衍喃喃自语。

"侯景的部众业已溃散，他无力造反！"朱异说，"请陛下不要多疑！微臣已经向寿阳派出了耳目，他即刻就来。微臣这就告退，前去找他打听侯景的消息！"

"哦，朱爱卿所言有理，侯景现在别无出路，他还要依仗我朝，所以他不会谋反，请你让萧范放心！"梁主对萧范使者说道，接着梁主又向朱异点头说，"朱爱卿，你请便吧！"

于是，朱异侧身退出了大殿。

"侯景谋反之事，已是千真万确！如不早除，将会祸国殃民。萧范刺史大人曾说，倘若朝廷不想出兵，他可以代劳，讨伐侯景！"萧范使者又急切地奏道。

"鄱阳王格外多心，难道他就不许朝廷容纳一个降臣吗？"梁主气愤地说，"他……他为何就容不了侯景？这就失去了泱泱大国的风度了！侯景本如一条落水之狗，难道说落水狗还能上岸咬人吗？"

"鄱阳王已有奏本，恳请陛下贬黜朱异，讨伐侯景！"见朱异已去后殿，萧使遂轻声地又向梁主奏道。

"请鄱阳王不必操心，朕一概不准！"梁主固执地把头一摔，斩钉截铁地说。

正在这时，内侍进殿向皇帝跪下。朱异没有找到他派出的耳目，也灰溜溜地进来。

"侯景已经派人去羊鸦仁将军处联络谋反之事，羊将军已经把侯景派去的使者押到建康来了，请陛下御审、发落！"此时，内侍向皇上奏道，并呈上奏章。

梁主接书细看，只见羊鸦仁在书中写道：

"……侯景约臣与他一同谋反，现在臣派人将其使者押送到建康，献给朝廷，请陛下立即做好应变的准备……"

"侯景手下不过数百兵丁，他能造什么反？"这时，朱异又走上来反驳道，"陛下可以放心地将侯景的使者放走——"

"朱异将军，你身为朝中大臣，怎能如此轻率地估计侯景，倘若有误，你将如应对？"此时，太子詹事何敬容忍不住，遂愤然对朱异怒道。

后来，侯景见到被京都放回来的使者，知道京城对他至今仍然毫无戒备，随即毫无忌惮，举旗公开反梁，并传檄四方，申明要肃清梁主身边像朱异之流的奸臣。

侯景首先攻打马头，并生擒了守将曹珍。警报传到京城，梁主竟然仍旧无动于衷。

"侯景能有何作为，看朕只需一份诏书就可以收复了他！"梁主竟捻须笑道。

随即，梁主命令合州刺史鄱阳王萧范为南道都督，北徐州刺史封山侯萧正表为北道都督，司州刺史柳仲礼为西道都督，散骑常侍裴之高为东道都督，侍中邵陵王萧纶为统帅，督率各军，共讨侯景。并悬赏重金，捉拿侯景。

然而，这位封山侯萧正表虽为讨侯的北道都督，但他其实早就与侯景暗中勾结，决心与侯景合谋造反了。这正是讨侯大军阵营中的一大隐患！

侯景得知梁廷已经发兵，遂与王伟商议。

"目前，梁廷各路大军都向我寿阳聚来，此时我们将如何用兵？"侯景问。

"既然梁军纷纷向这边而来，这看起来是我军的威胁，但也是我军的机会！"王伟笑道。

"请先生详尽说来！"侯景说。

"倘若我军仍然循序渐进，迟缓慢行，一旦邵陵王等各路梁军赶到，到那时，敌众我寡，我们就将受到重重的围困。这就是我军的威胁啊！"王伟说，"然而，梁兵既然多来寿阳，那么其京城必然空虚。又据说，临贺王萧正德今日已经在入京的要道采石布置好了兵马，倘若今日里，我们立即东向，直奔建康，到时候，我们可与萧正德联系，让他做内应。我们里应外合，即可一鼓而下京都，攻入台城！此乃是我军的机会呀！"

"好好好，那么，兵贵神速，我军应当立即进兵！"侯景听罢说着，随即发令，"现令王显贵留守寿阳，其他八千兵马由我亲率东下——"

于是，侯景率军迅速地攻下了谯州，接着，破历阳，过横江，入姑孰，直达慈湖。一路上，侯军势如破竹，官兵大为惊骇，纷纷望风披靡，或逃或降。由于多年未经征战，所以梁朝国防松懈，致使南梁的千里江山，竟让侯景长驱直入，毫无阻挡。

听说侯景已经渡江，建康方面才觉惊怕，梁廷立刻慌闹成一锅粥。太子萧纲一身戎装入宫，向梁主请示用兵方略。

"侯景的叛军已到湖孰，就要兵临石头城下，父皇以为将如何退敌？"太子惊慌地向梁主问道。

"如今……朕将内外军事都全部交你处理，你不必问朕！"梁主半躺在榻上，慢慢说道。

"我决定自己留居中书省，指挥军事，令皇孙扬州刺史宣城王萧大器都督城中各军事，任命尚书羊侃为副将，让羊侃直接指挥各路兵马。"太子萧纲向众人说道。

"哦，羊侃眼光高远！如今羊侃正在都官尚书任上，国家危难，正可让他为国奋勇一搏。前次出征，其表现甚好！昨日，朕曾召见他，问其讨伐侯景的计策。羊侃他立刻建议派人防守采石要地，使侯景不得渡江。再命劭陵王率军袭取寿春，以为这样一来，侯景叛军进退失据，乌合之众自然溃散。"梁主叹道，"唉，这本是一条妙计啊，若当初真的依计而行，侯景也到不了江南肆意凶毒，只是当时朝中都以为侯景不敢过江，因此，朕只是命令羊侃率领千余骑兵屯于城外，采石要地无人防守，引得侯景杀来。唉，我朝原来人才济济，名将韦睿、裴邃、夏侯兄弟、陈庆之，不一而足，如今唯有羊侃了！"

"父皇所言正是！"太子萧纲慢腾腾地说道，接着回头问身后的何敬容，"何大人以为……"

"另外，应当分派各守城将领，并收集各寺库藏金钱，将钱财集中在德阳堂内，充作军饷。"太子詹事何敬容也建议道。

"就依何先生所请！"太子说道，"国家已到危急时刻，何人愿意应征讨敌？"

"启禀太子殿下，目前愿意应征入伍者已经很少！"此时，包藏祸心的临贺王萧正德趁机向太子报告，"然而，为了江山社稷，我愿意前去镇守朱雀门！"

"……既然临贺王愿意前往御敌，那么，就只好由你辛苦一趟了！"太子同意，并向萧正德点点头。

于是，叛王萧正德轻易地掌握了进入宫城要害隘口的通道朱雀门。

接着，侯景到了板桥后，特命徐思玉入都求见梁主萧衍，借以打探虚实。

"启奏陛下，微臣是背着侯景私自出来面见皇上的，有要事奏报陛下，请让身边群臣暂退！"诡计多端的徐思玉向梁主说道。

"既然如此，就请你们暂退！"梁主惊慌失措，听了徐思玉的话后，向左右说道。

"徐思玉出自贼营，难保他不会对陛下下手，陛下怎能让他一人留在大殿呢？"舍人高善宝一听就大叫了起来。

"难道说徐思玉竟然会是刺客？"站在一边的朱异连忙讥笑地插言道。

"徐思玉，你有话不妨直说，不必顾忌！"高善宝又大叫道，并且瞪眼看着朱异说，"何必要我们退出？徐思玉来自贼营，谁人能保证徐思玉不是刺客？"

此时，徐思玉只好拿出侯景讨伐朱异等人的奏章，递给梁主，只见书中写道："……朱异等人迷惑国君，玩弄权术，臣愿意率兵入朝讨逆，肃清君侧！"

梁主萧衍看罢，随即将侯的奏章递给朱异。朱异越看越觉得惭愧万分，竟然无言以答。

"既然徐思玉能够带来侯景的奏章，那他又怎是背着侯景私自出来面见皇上的呢？徐思玉他分明是谎话连篇啊，陛下岂能相信他这种人呢？"高善宝又厉声叫道。

"唉，爱卿不必急躁，且听徐思玉还要说些什么。"梁主坦然地说道。

"看来，陛下仍应招抚侯景？"太子萧纲轻声问道。

"嗯，好吧！现在命令中书舍人贺季、主书郭宝亮两人持诏，随徐思玉去侯景营中慰抚侯景去吧！"梁主慢慢地、无可奈何地说。

六十、叛军逼，建康人惶惶

到了侯营，二人将诏书交给了侯景。

"请问行台大人，你因何要率兵入京？"贺季质问侯景。

"我无非是为皇位而来！"侯景毫不顾忌地干脆答道。

"我家主公是因为看不惯朝中朱异等小人，所以才兴师动众！"王伟见问，赶紧上前解释道，"方才侯大行台所说的话乃是戏言，二位不必认真！"

"连萧衍这种人都能当皇帝，难道说我反而不能？"侯景怒目圆睁地说道，"左右，将贺季拘禁起来，让郭宝亮一人回宫向萧衍老儿报信去！"

"哦，大行台之言有理！"王伟支吾道，后来见侯景就要起身入宫，他又跟上来轻声地说，"前日京城童谣曾经说道：'青丝白马寿阳来'，为应验此谣，望大行台能坐上青缰白马入宫……"

"哦！好，此话正合我意！"侯景笑道。随即，侯景特意挑出白马，配上青丝缰绳，率军得意扬扬地向朱雀门驰去。

此时，梁主建国已有四十七年，国泰民安，少有征战，老将渐逝，公卿士卒多年未战，少壮派大多守卫在边疆，或在邵陵王军前效力，京城宫内，唯有羊侃一人还能镇定指挥作战。

侯景率兵赶到朱雀门南，立即被萧正德迎接入内，进了朱雀门，于是，侯景轻而易举地进了京都，并且假意地朝着宫殿哭拜了几下。

惊闻侯景入都，城内官民人心惶惶，百姓扶老携幼，呼儿唤女，一片恐慌。副总指挥官羊侃带着随从，骑马来城南查访军营，他见青溪桥上已经堵塞不堪，成千上万的兵民，乱作一团，将道路挤得水泄不通。

"老丈是要出城？"羊侃下马向桥墩边的一位老者问道。

"听说侯景就要进台城，我们百姓们犹如无头的苍蝇，也不知是出城好，还是入城好，大家都在茫然乱窜啊！"那老人告诉羊侃，"朝廷空虚，据说已经无力抵御侯景了！"

"岂有此理，老丈切勿轻信谣言！"羊侃抚摸了一下老人的背，与部将对视了一下之后，赶紧说道，"邵陵王萧纶与西昌侯萧渊藻已经率领大军前来增援京都了。"

"哦，既然有援军到来，我们就权且在城内等候，因为出城也不安全啊！"那老者说道，并且起身向桥上的人们大声喊道，"这位大帅说援军就要到来，你们再不必奔波——"

于是，青溪一带沸腾的人群开始安静了下来。

"大帅，白下、石头城都已相继沦入侯景之手，皇宫台城也已危在旦夕。我们这样以谎言来安慰百姓，也是无益处的！"一位部将焦虑地对羊侃说。

"倘若不如此抚慰百姓，你又有何办法安定民心？"羊侃反问那部将。

"唉，我们已到山穷水尽的地步了！"部众们叹息道。

"也不至于此，侯景进攻台城多时，不是仍旧屡战屡败吗？"羊侃安慰大家道。

"听说侯景正在垒筑高墙，想把台城围困起来，以便长期断绝皇宫与外界的联系！"有部将说道。

"哼，他想得倒好！"羊侃说着，随即与部属们骑马冲进台城。

侯景的人马想上前阻止，并向城内射入一封书信，信上写道："请诛杀朱异！"

羊侃见了怒不可遏，遂立即也向城外侯景的军中也射出一封书信，信中提出要给刺杀侯景者以千金重赏。

双方相持了数日之后，朱异只好请命出战。

"羊侃爱卿，你意下如何？可以出战否？"梁主问羊侃。

"眼下敌强我弱，我军不能轻举妄动！"羊侃说道。

"我一定要与侯景决战，请陛下允准！"朱异又请求道。

"既然如此，那么你就率一千人出城迎战去吧！"梁主同意道。

"让我也代父亲与侯贼杀上一番！"羊侃之子羊族此时也突然跳出来叫道。

于是，朱异带着羊族等一千兵士冲出围城，与侯景大战起来。不料，双方尚未摆开阵势，朱军就被拥上来的侯军杀得一败涂地，慌忙退回台城之中。只有羊族单骑断后，横杀侯军百人。然而，不幸的是羊族最后负伤被侯军擒获了。

接着，侯景将羊族捆绑着，推到台城之下。

"羊侃，倘若你还不开城投降，我就要立即杀了你的儿子！"侯景在城下向城上的羊侃高声叫道。

"我羊侃一家人都誓死报国，决不投降！我儿羊族的生死由你掌握，请你不必再说废话，给他个痛快的吧！"羊侃慷慨地向侯景怒吼道。

侯景无法，遂将羊族押回营中，几天后，羊族又被押到城下。侯景又向城上的羊侃大叫了一阵，但羊侃依旧不为所动。

"我儿羊族，我以为你早就不在人世了，不料你竟活到今日，还没有死！让父亲给你一个痛快的吧！"羊侃见了，立刻向城下的儿子说着。

羊侃说罢，随即就要拉弓放箭，准备亲自射死儿子。侯景见了大惊，立即将羊族又带回军营。

接下来，侯景见台城久攻未下，只好迎奉萧正德在太极殿前祭祀。

此时，东宫鼓乐喧天，在侯景的导演下，萧正德踌躇满志，在仪贤堂即位，改元正平。萧正德振奋地发布诏书，声称"萧衍昏庸，沉迷佛教，民不聊生，朝中奸臣当道，太子萧纲不问政事，台城就将陷落。朕在大将军侯景的支持下，自行登位——"

接着，伪皇帝萧正德大封王侯，大赦天下。萧正德授侯景为丞相，并将女儿嫁给侯景为妻。萧正德兴高采烈。

"……侯王爷是要长久奉朕为帝的吧？"伪皇帝萧正德登上了帝位，又惊又喜，忙不安地追问侯景。

"这个自然！"侯景安慰萧正德道，"一旦破城，我就立即杀了梁主和太子，让你来做个永久的皇帝！"

"很好，侯王爷是开国元勋啊！"萧正德受宠若惊道，"侯爱卿不至于舍朕而去，这很好啊！"

"我将扎营在宫前，以便保护陛下！"侯景与王伟对视了一会后，遂诡秘地笑道。

而萧正德听后，则是无比的兴奋。

侯景驻军在东宫殿前，以便监视萧正德。此时，东宫已成叛乱贼子侯景、萧正德等人的罪窝，引得太子萧纲的愤怒。于是，萧纲派人夜入其中，纵火焚烧殿宇，但萧正德之流并未被烧死，却使东宫后殿上万册书籍被烧毁。接着，萧正德也依法炮制，导演了台城内宫的一场大火，以致台城的上林馆、太府寺等建筑，被三天三夜的大火，烧为灰烬。

三日后，侯景攻克东府，遂向城内外兵民声称梁主已死，让官民迎新帝。太子萧纲见侯景说谎，意在蒙蔽兵民，于是，他请梁主萧衍巡城，在城上与城下的人群见面。

萧衍亲自登上大司马门城楼，城下的人们看到梁主仍然健在，立刻欢呼雀跃。从此，侯景的所谓"梁主已死"的谣言也就不攻自破了。

侯景见谣言也没有成功，忙将招降台城中王侯家奴隶的书信射入城中。不久，朱异的家奴首先偷越城墙，顺着绳子溜出城来，投靠了侯景。侯景立即授之为仪同三司，让他身着锦袍，坐着良马，在城下耀武扬威地奔跑。

"朱异啊朱异，你做了数十年的官，才得到中领军职衔，而我刚向侯王爷投降，就已经是仪同三司了！"朱异的这个家奴每天都在城下穿着华服大叫道，以便蛊惑人心。

于是，城内的群奴见此，纷纷效仿，都陆续地溜出城去，向侯景投降，充当侯将。侯景竟由此又得到了一千多将士。

初入京都时，侯军纪律还较为严明，侯景不许部下扰民，但是，台城久攻不下，侯军粮饷开始缺乏之后，侯景只好纵容士兵去民间抢夺，因此弄得百姓流离失所，无衣无食，饿死沟壑。萧正德的太子喜欢冒险，竟在夜间抢夺中，也中箭身亡了。

梁荆州刺史湘东王萧绎传递梁廷檄文，邀请湘州刺史河东王萧誉、雍州刺史岳阳王萧詧、江州刺史当阳公萧大心、郢州刺史南平王萧恪四人共同发兵勤王，援救建康。萧绎亲率大军三万由江陵出发东进，邵陵王萧纶得到京都警报后，也掉头赶往建康。

萧纶的水军飞奔抵达新亭江外。

"江畔兵来将往，是何人的队伍？"邵陵王萧纶立在马上问部下。

"那是叛党侯景，他正在江边布防，借以阻止我平叛大军呢！"部众答道。

"啊，前军突然袭击——"萧纶听罢大怒，立刻下令。

见萧纶大军突然冲来，侯景仓皇应战，终于大败而退至覆舟山北。在此，侯景招集败兵，倚山列营，准备再战。

于是，萧纶进逼玄武湖，与侯景对垒相持。

深夜，侯景悄然退兵，安南侯萧骏率军猛追，却被侯景回马杀来，大败而逃至萧纶营中。赵伯超见侯景气势汹汹地杀来，其锋芒难挡，也立马逃走。各军因此惊慌万分，萧纶支撑了一阵后，也只好带着一千残众奔入天保寺。

"前锋立即放火，烧毁寺院——"侯景回马赶来叫道。

于是大火突起，萧纶被赶，只得又窜往朱方。因为，当时天寒地冻，所以，梁军多被烧冻而死。西丰公萧大春、前司马庄邱慧、军将霍俊等人未及逃避，均被活捉，辎重悉被侯景夺去。

侯景将萧大春、霍俊等人押到台城脚下，逼迫他们欺骗城中官兵。

"霍俊将军，请你向城上叫喊，说邵陵王已经战死！"侯景急切地向霍俊下令道，"倘若你们能帮我拿下台城，我决不负诸位！"

霍俊无奈，只得让侯景将自己推到城下。他默默无言，过了一会后，才满面泪水地抬头看着城上。

"城上的君臣们，邵陵王只是稍有失利，全军已退屯京口。如今勤王兵马纷至沓来。城中的将士们，只要你们再坚守几日，大批的援兵就要到了，你们就会得救——"突然，霍俊偏偏不听侯景的吩咐，反而大声地向城上的兵民们鼓动起来。

侯景的部众听罢气愤已极，连忙上来用刀背狠击霍俊的背骨。这更激起了霍俊怒吼的言辞，部众们举刀，就要刺杀霍俊。

"兄弟们请慢——"侯景见了，慌忙制止道，"我侯景敬畏忠肝义胆之人，不忍杀他，我相信他终究会为我所用的！"

于是，侯景的部众们就住了手，可是，此时，伪皇帝萧正德却狐假虎威，冲了上来，忍不住上前一刀，结果了霍俊的性命。

形势紧急，当夜鄱阳王萧范令世子萧嗣、将军裴之高、建安太守赵凤举各率兵马入都增援梁主。他们军驻蔡洲。广陵令刘询也率军进京勤王，率军来到萧正表军前。

然而，暗中投靠侯景的封山侯萧正表已经接受了伪帝的封赏，正领着一万梁军屯驻在欧阳，也声称要来援都勤王，其实，他也正在考虑实现自己的野心计划呢。

"萧梁业已败亡，刘询大人何去何从？识时务者为俊杰，你应当立即改换门庭，报效新主！本王已经得到了新皇的封赏了，倘若你也能如此，则日后封妻荫子，也不在话下！"萧正表急切地对广陵令刘询说道。

"哦，侯爷，在下官小位低，能为你们做什么呢?"刘询假装激动地问道。

"你立即烧城起事，以示对新帝的忠心——"萧正表指示道。

刘询听了，随即将此事告诉了南兖州刺史南康王萧会理，并说："叛臣萧正表想得倒好，他要我去帮助他。我们何不将计就计?"

"将军言之有理，我给你一千人马，请你出其不意，夜袭萧正表!"萧会理当即对刘询说道。

于是刘询率军奔向萧正表。萧正表本以为刘询是来为他助战的，不料，他却受到刘询的突然袭击，于是，萧正表兵败如山倒，他只好立即败走钟离。刘询收集了萧正表的粮饷器械，与萧会理会合，商讨进军。

侯景得知萧正表已经兵败，生怕四面八方的援军就要来袭击他们，所以，他索性大举进攻，并下令掘开玄武湖的大水灌入内城。于是，建康城内，顿时一片汪洋，死人无数，但是，台城却仍旧久攻未下。

可惜，正在此关键时刻，城中主帅羊侃却病逝了，人们失去了总指挥，更加惶恐不安。然而，虽然如此，城中的官兵们却仍然在坚持。材官吴景甚至造出了新的抵御战具，南梁文武，齐心协力，在奋勇抵御侯景的一次次的进攻。

六十一、困皇殿，李朗剁手去

接着，韦睿之子——衡州刺史韦粲率五千人马赴京，司州刺史柳仲礼率一万人马也赶来与韦粲会师。韦粲非常高兴，并将自己军马的粮草分给缺乏粮草的柳仲礼，而且奖赏柳军。裴之高从蔡洲渡江接应柳仲礼，起初裴之高因为自己位高职显，所以不愿推柳仲礼为帅，但经韦粲以身规劝，致使裴老将军也能以大义为重，与柳仲礼合作。于是，韦、裴共同推戴柳仲礼为十万大军的总都督，他们大张旗鼓，沿淮列栅与侯景对峙。

侯景无法，只好抓出他在东府捕获的裴之高的弟弟、儿子、侄子等人，用大刀架在他们的脖子上，并且在台前架起数口大锅，将锅中的热油烧得沸腾，借此遥遥地逼迫裴之高，企图强劝裴之高立即投降。

"裴之高，你若不肯投降，那就要看你的弟弟、儿子们下油锅了！"侯景向裴之高说。

"请弓箭手瞄向我儿射箭，让他们早日为国尽忠！"裴之高从容不迫，遂向弓弩手令道。

于是，弓弩手们只得狠下心来放箭，多人被射死，但在第二轮放箭时，侯景无法，只得慌忙将人质们撤走。

接着，柳仲礼令韦粲、刘叔胤前去扼守石头城关口，然而，韦粲等人虽然是将门之后，但却无先辈们的能耐，所以他刚到青塘，立栅未成，就遭到了侯景的突然袭击，于是，刘叔胤逃走，部将郑逸战败。因为大雾弥漫，所以韦军也立刻大乱。部属们劝韦粲避开敌人的锐锋，韦粲却站着不动，并下令要他的弟弟们奋战，但是，终因寡不敌众，结果，韦粲和弟弟、儿子们相继为国殉难。

柳仲礼刚到大桁吃饭，就听部属们惊叫而来。

"刺史韦粲大人殉国了——"部下们入门纷纷大叫。

"侯贼竟敢如此猖狂，看本将军要把他们斩尽杀绝！"听到韦粲死讯后，柳仲礼勃然大怒，他忙将筷子一摔，向部下喊道，"带马——"

于是，柳仲礼几步跨上战马，麾军冲到青塘，痛击侯军。一场血战，侯军狼狈溃退。柳仲礼还在提着长矛，奋勇追赶侯景，见侯景近在咫尺，忙向他刺去，但在此同时，一把利剑暗中刺来，将柳仲礼的左肩刺得鲜血淋漓。柳仲礼在部将们的护卫下，退回大桁。

经此一场恶战之后，双方均已胆战心惊。

邵陵王萧纶和临城公萧大连一同进驻大桁南坡。湘东王世子萧方及假节总督王僧辩也赶到台城下。众将都推举柳仲礼为讨侯总帅。

台城被围日久，衣食十分困难，与外面完全断绝了联系，连城外援军讯信也毫无知晓。台城中的军民怨恨朱异日益加深，最后，朱异终于在骂声中病逝。梁主却仍感痛惜，并追封其为尚书右仆射。

太子萧纲迁居永福省，皇城与外面联系断绝已数月，宫内的人越来越觉得疲惫不堪。深感宫城被困的艰难，所以太子正在积极向各种人征询与城外援军联络的办法。

"唉，今晨曾有人建议用纸鸢传书的方法，使得台城内外建立联系，但是不幸，最后这纸鸢也被侯军中途截获了。"太子萧纲沮丧地向梁主说。

"哦，应当命令敢死队出城联络外面的援军……"梁主说。

于是，太子又命鄱阳王世子萧嗣招募敢死人员前去与城外联络。但这仍旧收效其微。百无办法之后，太子只好又来到大殿向梁主请示。然而，此时梁主也一筹莫展。

"唉，朕不知为何竟遭今日的苦难！"梁主萧衍万分忧虑地说，"至今与外界的信息不通，城内官兵都将被困死于台城了！"

金殿上的群臣只有嗟叹，皆束手无策，鸦雀无声，空气似乎已经凝固。

此时，站在梁主后侧的侍卫李朗沉思了一会，忽然激昂地抬头走进侧室。不一会儿，只听那侧室内，传出了李朗的一声惨叫。太子闻声向侧室走去，却见李朗此时已经用纱巾将血淋淋的左手包扎好，慢慢地转身向外殿走来。

"李将军，你这是?"太子萧纲惊问李朗。

"我朝天子竟被侯贼围困在皇城，我刚才将自己的左手剁去了。今夜我就要带着这只伤残之手出城向侯贼诈降，以便与城外援军取得联系，救我大梁君臣和百姓！"

"啊，李将军赤胆忠心，竟然愿行这种苦肉之计，我朝幸甚！"太子萧纲见此大哭。

"请陛下再令人将我狠加鞭打，然后，我带着浑身的伤残出城去投奔侯景，与外军联络之后，再伺机回到台城，向陛下奏报城外的情况！"侍将李朗向梁主哭求道。

"啊，患难知朋友，国难见忠臣！朕平日里未能知晓李爱卿如此之忠心，朕之过也！"梁主萧衍见此，老泪纵横，感动地向李朗说道，"既然……李将军业已下定了决心，朕即封李朗为直阁将军，请爱卿准备好了之后，乘夜色出城，按计行事！"

"微臣遵旨！"李朗闻罢，立即答道，并起身欲走。

"传御医速来为李爱卿包扎好伤口，再走不迟！"梁主含泪看着李朗默默向外走去，心如刀绞，遂叫住了李朗，又对他说道。

"诚感万岁隆恩，只是……伤处微臣自己已经草草扎好，倘若再过于包扎精细，恐怕反会引起侯贼的怀疑！"

梁主听罢，遂默默地点了点头。

侯景困台城内景　　　　　　　　　台城外廊

李朗带着伤残，被人用绳子从城上吊下，急匆匆地跑到侯景设在太极殿前的营帐中。

"禀报侯王爷，城内空虚，末将早就想来投奔麾下，不意被梁主察觉，今日身手俱残，幸得来到王爷营中，望大将军大行台能收容末将，以便我能为大将军鞍前马后效劳——"李朗入帐后，一口气说道，说罢瘫痪在地上。

"哎呀呀，这不是李朗将军吗？啊，李将军为了我们的大事，竟丢失了一只手掌，令人感动呀！"侯景见了，立即感动地悲泣起来，"从今往后，你就在我这里吧？本王将供养你一生——"

"末将愿在麾下效力——"李朗半躺在榻上，断断续续地答道。

"啊，李将军如此伤残，是如何逃出来的？"接着，侯景义问。

"是……是我舅舅趁夜色正浓，将我偷偷地吊下城头来的，否则我就死了……"李朗义断断续续地说着。

"啊，将军受苦了！"侯景说着，忙向其左右叫道，"请东府太医给李将军用药！"

李朗在侯景营中稍微歇息医治了一天之后，随即便与各路将士出游桃叶渡、青溪河、玄武湖一带，他多次秘密地给援军传递了消息。三天后，当完全得知城外援军情况后，李朗义回到侯营。

"几天来，感谢大行台收留了末将，然而，末将城内尚有舅舅一家，现在仍不知他们的死活，心中不安，因此，末将想趁今晚月光昏暗，偷偷入城，将他们接出来，让他们也一起来侯王爷的麾下效力，希望侯王爷派人协助！"李朗忽然对侯景说。

"李将军来此不几日，怎么就要入城去？"王伟见了，马上问道。

"是的，末将此来，无非是先来为舅舅探路，我不能来后就不管舅舅一家的死活了啊！"李朗解释道。

"哦，挂记亲人……"侯景正要说话。

"且慢！"忽见王伟走上来，将侯景拉到一边，轻声说道，"李朗来去匆匆，莫非有诈？"

"……挂记亲人，乃是人之常情，更何况李将军他是个有情有义的人呢！"侯景

432

反感地瞟了王伟一眼，回头真诚地向李朗说道，"我立即令部将们配合你今夜的行动！"

于是，李朗很顺利地进了台城，他的苦肉计完全取得了成功，他让城内的官兵知道：原来城外已经聚集了四方的勤王之师，侯景业已腹背受敌。于是，城内官兵们立即激奋起来。

萧嗣、萧方征集兵士，攻击东府侯景营寨，逼得侯景连续后缩。城内已与台城外在青溪扎营的各路援军约定，准备进攻侯景的前营。高州刺史李迁士、天门太守樊文皎率五千兵士也已赶来增援。

樊文皎骁勇善战，与李迁士率兵打头阵，所向披靡。不料，在樊文皎、李迁士率军冲到菰首桥东头时，却落入了侯景部将宋子仙所设计的陷阱，于是，梁军遭到四面伏兵的围攻。樊文皎奋勇战死，李迁士只好率军败回。

经此一战后，又使梁廷的援军们胆战心惊起来，他们开始互相争吵。此时，勇敢凶猛的柳仲礼对敌军也开始畏首畏尾起来，而且，他对内廷的朝臣，却反而更加

青溪水路

傲慢起来。邵陵王萧纶每天在宫门外求见，商议进军事宜，但是，却多次被柳仲礼拒绝。因此，朝廷的军心渐散，看到柳仲礼的神态，人们更是心灰意冷了。

在太极殿前，侯景此时却更加小心谨慎，他力图取得最后的成功，于是，忙召集部属们再三商议进攻之计。

"目前攻城时日已久，日久则生懈，诸位请说，我军将如何应对？"侯景对部将们说。

"如今看来，台城是难以快速攻克的，我军粮饷又成了问题，并且城外朝廷的勤王援军又陆续围来，侯王爷不如假意向城内梁主求和，以懈怠其众臣的斗志，等到他们官兵军心涣散、援军将退之后，我军便可一举拿下皇宫！"侯景的左丞王伟又献计说道。

"此计非常妙！"侯景立刻同意，并下令道，"部将任约、于子悦速速代我前往台城脚下，跪伏求和，恳请梁主赐还原有的州镇。"

于是，任约、于子悦应命，前去面见梁主，并且代侯景向梁主求和。

"侯景竟要乞降？"梁主闻罢，犹豫不决地反问。

"城内穷困已极，陛下还是答应求和为好！"太子萧纲上前向梁主劝谏道。

"侯景逼朕太甚，和不如死！朕决然不允许——"梁主萧衍振作起精神向任约叫道。

"都城被困太久，援军怯战，至今犹豫不进，未能付出多大力气。"太子萧纲轻声地向梁主请求道，"陛下不如权且允和，待日后再作打算！"

"……既然如此,那就由你决定吧,只是切勿让后人笑朕无能啊!"梁主犹豫了多时之后,才向太子嗫嚅道。

"诚感陛下宽大,侯王爷将感激不尽!不过,还望梁廷赐还江西四个州郡!"任约见太子已经表态,随即再进一步说道。

"我还要请求宣城王萧大器出城相送,以表示双方友好之情!"于子悦也赶紧上前说道。

"自古岂有与叛贼修和的?"中领军傅岐见了,大怒道,"逆贼所以要这么做,其实只是妄想以此作为挡箭牌,借此退我援兵,懈我斗志,以便他们再伺机反扑啊!"

太极宫前

"况且,如今城外纷乱,宣城王乃是皇家子孙,国脉攸关,他怎能轻易地出城呢?"直阁将军李朗也上前说道。

"那就任命萧大器之弟石城公萧大款为侍中,派他去侯景营中为质,并诏告援军暂缓行动。"梁主无可奈何地慢慢说道。

"陛下将加封侯王爷的官爵?"任约紧迫地又问梁主。

"……朕仍封侯景为河南王,令他为大丞相、都督江西四州各军事、领豫州牧。"梁主无奈地答应。

随后,双方各派使者登坛盟誓。梁主一方情真意切,满心渴望解围;而侯景一方则是口是心非,以此行诈。

然而,盟誓之后,侯景仍旧没有拆围,众臣见侯景不守信用的行径,十分愤怒,遂请梁主下书怒斥侯景。而侯景却派来丁和向梁主申诉。

"我们既然讲和了,你们为何还不退兵?"太子萧纲质问丁和。

"虽然已和,然而,你们的援助之军并未散去,我们没有北归谯州的道路,怎能退去?"丁和说,"请你命令驻防在白下的萧会理等将的兵马快速退出京城!"

于是,萧纲命令永安侯萧会理率兵退走,接着,城外朝廷的其他援军也渐渐解散而去了。但是,此时,侯景仍旧没有履行自己的诺言,他反而趁机占领了原来梁军的驻地,将那里的粮食财物抢劫一空。

接着,台城皇宫中的囤粮告尽。

"在御厨中,陛下喜欢食用的菜果已完——"这时,御厨无奈地向梁主奏报道。

"唉,邵陵王萧纶献来的数百枚鸡蛋尚在?"梁主哀叹道。

"尚有少许……"御厨轻声地说道。

"哦,请拿来……"梁主说着,并接过盛鸡蛋的箩筐,一边凄凄惨惨地亲自查看,一边仰面不断地叹息。

六十二、城下盟，侯景破台城

京城困危，然而这时，湘东王萧绎屯驻武城，河东王萧誉屯驻青草湖，桂阳王萧造屯驻西峡口，可惜他们都在观望不进。侯景见援军已经懈怠，于是，他在把东府的粮米运送到石头城之后，便开始有意撕毁盟约，再次向台城进攻了。并且，侯景还恶狠狠地上陈了梁主的十大罪恶。

梁主萧衍得知后，恼怒万分，遂在太极殿后厅设坛告天。

"侯景贼子，背叛盟约，不可饶恕！"梁主愤怒地大骂道，"朕再次征兵，计划决战！"

"陛下，然而……如今……城中只有不过四千弱兵……"直阁将军李朗凄惨地奏道，"人们本想盼望城外的援军，然而，如今援军却因陛下与侯景讲和，而渐渐懈怠去了。现在突然得知侯景又叛，兵民又已惊惧，人心大动了……"

"唉，城外援军主帅柳仲礼在做什么，为何他至今不来救驾？"梁主悲切地问左右。

"据说，援军总督柳仲礼此时还在营中饮酒作乐呢！"有侍者上来答道，"就是他不让各将出战啊！"

"启奏陛下，待微臣前去教训柳仲礼这个不忠不孝之徒？"这时，柳仲礼之父——丞相、右卫将军柳津忍不住上前奏道。

梁主点点头，随即，柳津愤愤地去了。

"柳仲礼，你这个畜生，你统率大军，驻守京都，竟眼睁睁地看着君父坐困台城，却不来尽忠尽孝？"这时，柳津登城向柳仲礼营中大声喝叫起来。

柳津叫骂了半日，柳仲礼听了，仍旧无动于衷。邵陵王萧纶见了，也屯兵不战。

"目下台城局势堪忧，倘若我们再坐视不救，一旦陛下遭到不测，王爷还有何颜面活在世上？"安南侯萧俊劝告萧纶，"我们不如兵分三路，出其不意，一举击退侯贼！"

"你懂得什么？拥军自重者并非只有本王一人，为何要我独战顽敌？我军只能静待局势变化，以便从中取利！"萧纶轻声地说道，"不必出战！"

南康王萧会理与羊鸦仁、赵伯超等人约定晚上渡水作战，结果，过淮之后，萧会理却不见羊鸦仁的踪影，反而等来了侯景的部将宋子仙，最后萧会理遭到了宋子仙的突然袭击，兵败而归。

接着，侯景又乘机攻城，昼夜猛扑，随即在内部叛臣的导引下，侯景攻入了台城。永安侯萧确抵挡不住，只得退回内宫。

"启奏陛下，不好了！台城沦陷了！"萧确仓皇地跑进内宫，向梁主哭奏道。

"啊，唉……不必惊慌！至多无非是国破君亡吗？"梁主萧衍此时仍旧安卧未动，只是一声叹息，"……朕也曾坐拥江山数十年，死而无憾！你……且去吧……"

"……我大梁一切完了？"萧确垂头丧气地瞪眼问梁主。

"哦……"梁主艾艾地沉思了片刻，又回头面对萧确说，"你速去告诉你父邵陵王萧纶，叫他不要挂念朕和太子了。"

"啊啊……"萧确惊慌失措地叫着，遂转身走出。

"朕归天之后，你们也勿忘慰劳将士啊……"梁主又向萧确的背影嘱咐了一声。

看着这一切，此时站在梁主身后的直阁将军李朗慢慢走了上来。

"陛下！既然侯贼就将进来，微臣也只有等来生再为陛下效力了——"这时，李朗激昂地向梁主叫了一声。说罢，李朗当场碰壁而亡。

梁主挥泪，派人妥善地安葬了直阁将军李朗，接着，他背靠御座闭目歇息。

"启奏陛下，侯景的左丞王伟入宫谒见——"此时，大太监进来报道。

"哦，叫他进来——"梁主略微睁开了一只眼睛说道。

于是，王伟入宫跪地，并呈上侯景的奏章。梁主躺在榻上欠身打开奏章观看，只见上面写道："……臣侯景为了除掉奸佞，率军肃清禁宫，不意惊扰了圣驾，因此特来谢罪……"

"……侯景……现在何处？他……为何不来见朕？"梁主看罢，随意抬头，慢慢地向王伟问道。

"侯王爷现在外殿，微臣这就去传他来此？"王伟答道。

"请便……"梁主懒洋洋地说道，同时垂下了眼帘。

接着，王伟去后，侯景竟率领着五百兵士气势汹汹地进到内宫，走到梁主面前。

然而，此时，面对着镇定自若、斜卧在榻上的梁主威严从容的面容，看着梁主两侧森严的仪仗，侯景不禁又胆怯起来。于是侯景又情不自禁，急忙跪伏在丹墀之下，礼拜叩首。

"请陛下恕罪，臣乃是不得已而为之……"侯景乞求道。

"唉，起来吧，坐在一侧王公位子上去！"梁主轻声地对侯景说着，接着，他又异常严肃地问侯景，"长年征战，你不觉得劳苦？"

"啊……啊……"侯景汗流如雨，不敢仰视梁主。

"你是何处人士，为何出现在此？你的妻儿还在北方吗？"梁主缓和了一下口气后，随意地问侯景。

侯景仍旧不敢作声，这时，侯景的部将任约走上前来。

"侯王爷的妻儿被高氏屠杀，他只是孤身一人归服陛下来了！"任约代主子回答。

"唉……你既然想效忠大梁，就要约束军士，你不应骚扰梁廷和南梁的百姓啊！"

梁主叹了一口气，慢慢地说道。

"微臣遵命……"侯景木然答道。

"唉，朕今日之败，乃是天意！不过，你的名字叫侯景，将'景'字拆开来就是'百日小主'之意啊，你只有一百天为台城之主的福分啊，希望你好自为之！"梁主严厉地说。

"啊，啊……"侯景惊慌地说着。

随即，侯景摸了一把头上的大汗，逃出皇宫，又去永福省谒见太子萧纲。

见侯景率兵跑来了，太子身边的朝臣们慌忙纷纷逃走，只有庶子徐摛、通事舍人殷不害等人还守在太子身边。

"侯王爷既然来见太子，就要以礼仪跪拜东宫！"见了侯景，徐摛立即吼叫道。

"启禀殿下……"侯景闻罢，立刻拜倒在地。

"唉，起来说话吧！"太子定了一会神，此时才开始与侯景谈话。

但侯景却吓得一直结结巴巴地不能作答。接着，他急急忙忙地逃出了东宫永福省。

离开了东宫，侯景长长地松了一口气。

"我驰骋沙场多年，面对刀枪利箭，出生入死，从未畏惧过。不料，今日看到萧公却不禁胆怯到如此地步！我今后再也不想见到皇上和太子了！"在路上，侯景回头对部众们说。

"王爷之意?"部属们不解地问侯景。

"可以让你们的部属入宫将其中的侍卫、宫女们抢走。将王侯将相全都送到永福省，让王伟驻守武德殿，于子悦驻守太极殿东堂，来监视他们。"侯景严厉地命令道。

"侯王爷，以朝廷的名义对您晋封的诏书，现在已经拟定，请王爷过目！"此时，王伟走上来，向侯景呈上一纸。

"……都封了些什么?"侯景随意地问道。

"侯王爷为大都督、督管内外诸军、录尚书事……"王伟说。

"将诏书颁发出去吧！"侯景说，"不过，诏书上还要加一条，明确地命令各路勤王兵马，从速返回外地，不可在京打搅！"

"正是，王爷高明！"王伟答道。

闻得侯景矫诏退兵，邵陵王萧纶等人赶紧商议，并一致推举柳仲礼为大都督，以便号令讨伐侯景的全部大军。

"我们愿听大都督的调遣，还请大将军酌定进止！"萧纶谦恭地对柳仲礼说。

"哦，嗯……"柳仲礼漠不关心地哼哈着。

"将军拥有百万之师，岂能坐视宫阙沦没?"裴之高和王僧辩齐声地向柳仲礼大叫道，"现在只要奋力一战，就可以挽救家国于危难之中。请将军勿再犹豫不进——"

"嗯，国事纷乱，我能有何办法力挽狂澜?你们还是散了，各奔前程吧！"柳仲礼无奈地说，"国事已不堪收拾……"

于是，各军遂慢慢撤去。邵陵王萧纶逃往会稽。柳仲礼、羊鸦仁、赵伯超、王僧辩等人只得一同向侯景投降，兵民不胜悲愤，万般痛惜。

柳仲礼入城后，首先谒见侯景，然后才觐见梁主，梁主无言以对，他又前去拜见自己的父亲柳津。

"你是何人？"柳津一见柳仲礼，立即瞪起双眼问道。

"我是你的不孝之子柳仲礼！"仲礼答道。

南朝石刻栖霞山

"我没有你这个儿子，你永世也不必再见我了——"柳津大骂道。

"我乃是你……不孝之子……"柳仲礼还在支吾。

"既然知道自己不孝，又何必还要见父亲？"柳津反问道。

柳仲礼见此，只好退出，与王僧辩等人一同去侯王府，向侯景请示，恭请调遣。

侯景将二将都打发到外藩，令柳仲礼守司州，王僧辩镇竟陵。然而，柳仲礼、王僧辩后来都陆续地投入了当地的萧梁藩王——湘东王萧绎的麾下，成了湘东王萧绎的得力干将。

六十三、武帝崩，萧梁起内战

再说，台城一破，伪帝萧正德急忙率众冲进皇宫，企图立即杀了梁帝，以便自己取而代之，但是，他这时却被侯景的军队阻止了。

"这是何意……当初侯王爷已经奉朕为帝，皇宫不让皇帝入居？简直岂有此理!"萧正德开始大叫起来，"你们莫非想谋反？"

"大人不必急躁，有皇帝诏书到——"此时，突然，侯景的侍者持诏书过来向萧正德叫道。

"什么皇帝诏书，莫非朕又不是皇帝了？"萧正德惊问道。

"大人已被梁主任命为侍中大司马!"侯景的侍者大声地说道，随即向他递上诏书。

萧正德闻罢，怒火中烧。他对侯景这种出尔反尔的行径，有刻骨的仇恨! 于是，萧正德悔恨交加，只得灰心丧气地脱掉了帝服，入宫谒见梁主萧衍。

"启奏陛下，臣下不忠，望陛下开恩宽恕微臣……"萧正德茫然跪伏在地上，哭求道。

"如今……哭那些让人伤心之事，叹那些已是追悔莫及之事……尚有何益？"梁主仍然半倚在榻上，向跪伏在地上的萧正德慢慢说道。

萧正德带着满面羞愧的泪水，懊丧地离开了皇宫。

此时，侯景与王伟却在宫门左旁，遥见萧正德离了宫殿，遂互相商谈起来。

"侯王爷决定不再利用萧正德了？"王伟问。

"今后萧正德再也没有可用处了! 我们也再不要他参与政事了，而且还要防备他从中作乱、坏我们的大事!"侯景对王伟说，"你即刻派临江太守董绍先赶往南兖州，召南兖州刺史萧会理同京议事!"

"末将立即前往!"王伟听后答道。

"正是——"侯景说。

于是，董绍先来到南兖州，向萧会理宣布了侯景召见之意，其部属们人人劝他勿回京都。然而，萧会理却执意要赶到建康，接受侯景给他侍中、中书令的任命，但是，他在获取侍中职位的同时，却已经失去了兵权。萧会理本想匡复社稷，但手无权柄，百无办法，也只好静等将来的时机了。

占据了台城皇宫，侯景虽然取得了胜利，但是此时萧梁的势力还在京外，风起云涌。侯景对此，甚为疑虑，遂与王伟在宫中计议防范的对策。

"目前，我们业已占有了皇宫，然而，京外萧梁的力量还在蠢蠢欲动，四海未靖，先生有何妙计可以抑止！"侯景问王伟。

"这萧梁的外藩势力不可小觑，尤其是湘东王萧绎、河东王萧誉等人，更是人强马壮！"王伟寻思道，"不过，末将也还可以略施小计，对他们作釜底抽薪之术！"

"愿闻其详！"侯景兴奋地说。

"萧梁外藩虽然对侯王爷都十分仇视，但在他们之间，也各怀私利，他们仍在钩心斗角之中。这本是我们所以能够从中取利的大好机会啊！"王伟接着说。

"本王是否应对他们施以离间之计，以便各个击破？"侯景问。

"正是！"王伟说，"如今湘东王萧绎、河东王萧誉等人在反抗侯王爷您的同时，又正在加紧扩充自己的势力，他们意在互相残杀，以便自己将来谋取皇位！"

"先生以为，下一步我们将应当如何进行？"侯景问。

"哈哈，目前萧梁子孙正在争夺，处于你死我活的境地。"王伟笑道，"从前，我与萧绎的好友张赞、萧绎的副将朱荣都有些交情，因而，我想立即前往上游，携带黄金厚礼，秘密地与他们商谈离间萧梁诸王之事！"

"这样很好！这皇宫的财宝，尽请先生取用！"侯景一听大喜道，并起身拍着王伟的肩膀，兴奋地说，"这一次，又让将军你辛苦了！卿乃是我的诸葛孔明啊！望先生马上动身，马到成功！"

"麾下领命——"王伟答道，并立即上路。

在夜色蒙蒙中，王伟辞别了侯景，秘密地来到石头城下，乘舟溯江而上。

时过数日，王伟来到雍州，他首先秘密地会见了雍州刺史张赞，向他呈上了黄金珠宝厚礼，并且与他讨论了当前天下局势，随即拜托张赞代行离间之计。张赞立即向王伟满口答应，要在江陵湘东王萧绎面前说明厉害，恫吓萧绎，让他提防其他藩王。

接着，王伟又秘密地来到萧绎的副将朱荣的营中，与之热切攀谈，做出新的计划，并令朱荣设法让萧绎除了萧造。

"虽然，我们交好，而且……我对桂阳王萧造也恨之入骨，但是，要想让萧绎去杀死萧造……这恐不仁不义……"朱荣还在犹豫。

"如今萧梁的国运将去，侯王爷就将荣登大位，识时务者为俊杰，将军应当为自己留有后路，做开国元勋。"王伟厉声地向朱荣说道，"人到此时，还谈什么仁义？"

"……嗯！好吧，我一定会照您的吩咐去办！"考虑了一阵后，朱荣终于下定了决心。

王伟这才满意地返回建康，向侯景复命去了。

湘东王萧绎屯兵武城，一直观望不进，未能出兵攻打侯景。此时，世子萧方从京都回来，他赶紧向萧方询问京都近况。

"台城已失陷……"世子萧方颓然地说道。

"啊，台城已失陷，我们不如干脆退回江陵以求自保，图求来日发展！"萧绎道。

接着，信州刺史桂阳王萧造打算与萧绎商讨伐侯的军事，所以，他从西峡口也来到江陵。但是，萧绎的朋友雍州刺史张缵与河东王萧誉有仇隙，萧绎的副将朱荣又想铲除桂阳王萧造，再加上他们又都刚刚得到侯景的亲将王伟的厚礼，并且，他们都曾经答应了王伟，要为侯景制造萧梁的内乱，所以，他们都欣然跑到武城向萧绎告密。

"河东王萧誉想攻占江陵，岳阳王萧詧是河东王的同党，殿下一定要防备此二人的险恶用心！"张缵首先向萧绎提醒道。

"桂阳王萧造为何要来江陵？他留在江陵，无非是想与河东王、岳阳王一起，里应外合，占领我荆州江陵啊！"朱荣也上来说道。

"啊……如此看来，形势不妙，我当即速返回江陵，快刀斩乱麻！"形势险恶，萧绎听了二人的鼓动，十分害怕，遂决定立即赶回江陵。

次日，萧绎赶到江陵府门。暂住在江陵的桂阳王萧造见萧绎气势汹汹地到来，莫名其妙，遂上前迎接。

"王爷回江陵了，王爷一路安好——"桂阳王萧造笑容可掬地上来向萧绎问候。

"左右还不给我拿下——"萧造未及再次说话，就听萧绎向他大声喝叫起来。

随即，萧造立即被萧绎的侍卫拿下。

"我……我犯了何罪？湘东王竟然不由分说，就如此对我？"萧造委屈地叫道。

"你与河东王、岳阳王勾结，图谋不轨——"萧绎怒吼道，并且持刀走了上来。

"哪有此事，王爷请听弟弟解释……"萧造一听大惊，正要说话，却被萧绎上来就是一刀，砍下了他的脑袋。

"快快，请你拿去百金，速往汉口收买岳阳王萧詧的部将刘方贵，让刘方贵偷取襄阳！"萧绎此时思索了一会儿，立即向副将朱荣大叫道。

"末将遵命！"朱荣听罢答道。

朱荣领命去了汉口，并说服刘方贵接受了萧绎之令，正准备起事。

"刘将军，大事不好！岳阳王要你即速返回襄阳本部！"这时，刘方贵突闻部将跑来，向他叫道。

"啊，岳阳王他……他为何突然要我速往？莫非岳阳王萧詧他……已经知道了我与湘东王的密谋，我……我岂能听令？"刘方贵听了后，惊疑不定地说。

"嗯，看来将军只得违抗岳阳王之令，硬是在樊城驻守，不回襄阳了，否则，恐有不测！"那部将迟疑道。

岳阳王萧詧见刘方贵不听军令，只得发兵征讨，并且阵前斩了刘方贵，收复了樊城。

此时，萧绎还不知道襄阳的情况，他重赏了张缵，并让他赶赴雍州。张缵来襄阳后，方才知道刘方贵已死，于是，他只得虚以应酬，勉强就任。

再说，岳阳王萧詧本来自以为是昭明太子之子，他虽不是梁主所确定的皇储，但也是萧梁的正统，所以，他早有继位之念。如今见侯景业已入都，国家无主，他自然也不免做起皇帝梦来了。为此，他也要首先占有自己的一块基地。

于是，萧詧首先设计逼迫张赞出逃，再借口将他抓获拘禁起来。岳阳王萧詧先派偏将杜岸，令他把张赞送到城西白马寺居住，张赞深感困惑。

"目前襄阳人心惶惶，看来此地也非大人你的容身之所，你还不如出走西山，权且避祸！"杜岸神秘地对张赞说。

"正是，我见此地，处处危险，恐岳阳王萧詧是容不了我的，希望将军助我西逃！"张赞立刻紧张地求道，"倘若我能保住性命，将来一定给将军以厚报！"

"啊，大人何须客气，只要能救出大人，末将当求之不得，岂能图报？"杜岸说。

"杜将军有何妙计？"张赞问。

"为了掩人耳目，张公可以改穿妇人衣裳，乘坐女子的青布小轿出走！"杜岸进一步向张赞献计。

张赞信以为真，欣然同意，遂打扮上下，趁夜色朦胧，率着几个亲信，乘轿西去。谁知张赞行不到三里，就见岳阳王府的追兵赶到，于是他们被一网打尽。此时，张赞才知，这原是杜岸报的信，于是，他后悔不已。张赞请求脱离凡尘，削发为僧，但是，岳阳王也未能将他放出，仍将他囚入牢中，令人把守。

扫尽了萧绎在此的耳目张赞之后，雍州已是岳阳王萧詧的天下了。

随即，萧詧与萧绎内斗不止，早将侯景篡国、家仇国恨的大事丢在脑后去了。

身在建康的梁主萧衍受制于侯景，懊恼不已。在朝堂上，只有侯景独揽一切。

"就让宋子仙作司空吧！"侯景对梁主说。

"宋子仙有何能耐，他也能任司空？"梁主反对道。

"那么，就让我的部将陈庆、于子悦充任便殿主帅如何？"侯景又请求道。

"不许！"梁主又不同意。

此时，气氛紧张，侯景与梁主已欲剑拔弩张。太子萧纲慌忙进来劝告梁主。

"父皇请务必保重身体，不要太耿直，以免那侯王爷生疑！"太子哭求道。

"是何人让你来的？怕他何干？你哭有何用？倘若社稷有灵，将来朕一定会把侯景扫出禁宫的。否则，即使你朝夕哭泣，也无济于事！"梁主大声叫道。

太子惨然退出。这时，侯景的部属竟然骑马佩刀走入宫殿。

"谁让你将这群人放进来的？"梁主见后，大骂值班的守将直阁将军周石珍。

"他们是侯丞相的将士……"周石珍随即辩解道。

"什么侯丞相？叫侯景就行了！"梁主瞪眼怒吼道，"侯景的人也不能骑马入宫！"

侯景知道了梁主的行为，十分生气，于是，他想在梁主的饮食上动脑筋。

"你且到御膳房，命令御厨开始克扣梁主的饮食，禁止他们给梁主充足的茶水！"侯景轻声地对亲随陈庆说。

年老体弱的梁主没想到自己的晚年竟沦落到如此凄惨境地，不由得悲从中来，随即他恹恹成病，卧床不起。

"梁主似乎病了……"于子悦走进宫中，告诉侯景，并问，"可否让御医前来？"

"他何须御医医治？叫他早日归天罢！"侯景对于子悦说。

"哦……"众人听后，都去了。

太子萧纲经常前来探望，但是，每次都因无计可施而痛心疾首，而且太子也要被侯景监视。太子曾给湘东王萧绎发去密信，将儿子托付给他，可惜萧绎此时正忙于和两个侄子窝里斗，只得敷衍太子。

最后，梁主终于在太清三年五月初逝世，享年八十六岁，在位四十八载。

梁主既死，侯景却秘不发丧，将先帝萧衍之灵迁到昭阳殿，将太子萧纲迎入永福省，下令一切照旧。他还指定部属王伟、陈庆陪伴太子，以便监视太子的一切行动。太子敢怒而不敢言，只能整天以泪洗面，痛不欲生。

殿外的文武大臣一直还不知梁主已经过世，直到月末，侯景自知大局已定，方才向外公布梁主的死讯，将梓宫迁到太极殿，迎奉太子即位，颁诏大赦天下。诏书册立宣城王萧大器为太子；封萧大心为浔阳王，萧大款为江陵王，大临为南海王，大连为南郡王，大春为安陆王，大成为山阳王，大封为宜都王；任命南建王萧会理为司空、兼尚书令。

侯景屯兵朝堂，分兵守卫禁宫各门，并恳请新主萧纲开恩释放沦为奴隶的北方人。萧纲只得同意。于是，北方奴隶们出来后，侯景却在暗中招降纳叛，引为己用。

萧会理虽有讨贼之心，但无讨贼之力，其性格懦弱，手中无兵，无力治侯，只能在府中长吁短叹。

因被侯景出卖而恼怒的伪皇帝萧正德，曾经想请鄱阳王萧范率兵入京，除掉侯景，但是，他不慎走漏了消息，侯景得知后大怒，遂将萧正德活活地绞死了。

然而，此时京城内外虽然被侯景拿下了，但是外地反侯景之声仍旧此起彼伏，遮天盖地，不一而足。

侯景派于子悦出征吴郡，吴郡太守袁君正投降了侯景，但守将载僧遏拒不服从。侯景又派来亮攻宛陵，宣城太守杨白华诱杀了来亮。御史中丞沈浚和吴兴太守张嵊联合讨侯，只是没有太大的进展。

接着，侯景令李贤明攻打宣城，侯子鉴攻打吴郡，仪同三司宋子仙统领南路诸军，郭元建统领北路诸军，共同清扫国中反侯的势力。

永安侯萧确智勇双全，入都后得到侯景重用，其父邵陵王萧纶担心他的安危，派使者潜入京都。

"你身在深宫，与虎狼为伴，你父邵陵王怕你身遭不测，因而希望你早日回返江陵！"使者对萧确说。

"请回禀我父王，叫他不必担心我的安危！"萧确坦然地对来使道，"侯景生性轻佻，我一人就可将他拿下，因此我就想除了此贼，为国除害，只是还要等待时机。"

使者听罢遂出了京城。

有一日，侯景让萧确陪同游猎钟山，刚上山口，突然看见有一只大鸟从松树中飞出，萧确借口射鸟，拈弓搭箭，却向侯景射去，不料因为用力过猛，弓弦突然折断，那箭竟然飞落在侯景的马前。侯景见了大吃一惊，知道萧确要对自己下手，立刻大怒。

"左右，还不快速拿下萧确这个反贼？"侯景立即喝令侍卫抓住萧确，并且大叫道，"哼，你竟想杀我！"

"侯景叛贼，我今日未能杀你，你尽可以杀掉我，但是，你休想我再为你这个贼子效命了！"萧确也大怒起来。

"杀，杀死他——"侯景大怒道。

于是，左右一阵忙乱，萧确的头颅被砍了下来。

当时，还传来了南徐州刺史萧渊藻殉国的音讯。

鄱阳王萧范打算督军东下讨侯，忙在营中与众将计议。

"社稷危亡，侯贼逞凶，我想率兵东下，诸位以为何如？"萧范说。

"现在东魏大军压境，已占据我们的寿阳，倘若王爷一走，他们可能就会进军合肥。那时也许我们未能到达建康，合肥就被东魏所占领了，这就断了我军的后退之路。这将如何对付？"部众们劝告道，"大王不如等四面八方的人马齐集后，再商议兴师讨侯之事！"

"诸位的话也有道理，这……"萧范犹豫不决。

"启禀王爷，果然东魏趁机已经派西兖州刺史李伯穆率兵攻我合肥！"突然小校来报。

"东魏狂妄，他们已来信向我们索要合州！"一位部将补充说道。

"唉……为了讨侯大局，我们只能与东魏求和，忍痛割爱，将合州让给他们，再令二王子萧勤广去东魏当人质，向东魏求兵伐侯！"萧范果断地说。

众将无言，且听鄱阳王决定。于是儿子一走，萧范便迫不及待地率两万大军屯驻濡须，号召上游各军东下讨侯。可惜，此时，上游诸王竟无一支援军到来，东魏也没答应协助，在粮饷将尽的时候，萧范神形疲惫，只得带着人马逆流西去。

萧范到达枞阳时，侯景已经兵至姑孰，侯军气势汹汹，前来攻击萧范，萧军闻风丧胆，于是萧范的部将裴子悌率兵投降了侯军，萧范更加势危了。

"唉，我大梁完了，我萧范也完了！"萧范望着滚滚的长江之水，黯然神伤，又回头向部属们哭泣道。

"王爷不必忧伤！江州刺史浔阳王萧大心已经来信，邀请殿下西往！"这时，一位部将突然向萧范递上一信。

"哦，浔阳王萧大心邀我暂去江州，寓居溢城，以便再次写信与各方人马相约，匡复萧梁！"萧范接信看罢说道，"啊，天无绝人之路，我们挥军西上江州，以待来日吧！"

六十四、梁衰落，萧绎图誉詧

这时候，湘东王萧绎声称梁主任命他为大都督，总督全军，并召集湘州兵士，同时派出使者去督促湘州刺史河东王萧誉输送军需。然而，萧誉早就对萧绎不满，当然不听他的调遣。于是，萧绎立即令其子萧方矩前去接替萧誉之职，并令世子萧方率兵护送。但是，这一群人刚到麻溪，就被萧誉袭击。结果，萧方战死，萧方矩落荒而逃。

萧绎得知二子失败的消息，十分恼怒，随即召集部众商议惩办萧誉之事。

"萧誉狂妄至极，现在我要派出竟陵太守王僧辩前去攻打萧誉，立即出发——"萧绎向王僧辩说道。

"我军正在整治，粮草未济，请王爷让末将再过几日发兵！"王僧辩不情愿地对萧绎说。

"兵贵神速，岂有此理，莫非你还要贻误军机？"萧绎听罢大怒，并挥拳向王僧辩的手臂砸去，且叫道，"你如不想打仗，还要这臂膀何用？"

"这、这……"王僧辩正要辩解。

"去去，将他打入牢中！"萧绎暴跳如雷，"现在，我改派信州刺史鲍泉出兵攻打萧誉！让鲍泉带重兵前往！"

于是，鲍泉率大军赶赴湘州，并一举击败了萧誉。萧誉退保长沙，向雍州岳阳王萧詧乞援。

岳阳王萧詧得知求援后，立即命令参军蔡大宝留守襄阳，自己带着俘虏张赞，并亲率两万大军，伙同杜则兄弟等人一起，麾军直逼江陵，采用围魏救赵之计，遥救湘州。

得知岳阳王萧詧引兵来攻击江陵，萧绎惊慌万分，急忙召集部众商议。

"今……今岳阳王萧詧亲率大军前来，本王如何是好？"萧绎急切地问众将。

"萧詧此来，必有大战，这……"大家都一筹莫展。

"莫非我们就只能束手待毙？"萧绎向大家叫道。

"……狱中王僧辩会有办法！"一名部将慢慢地向萧绎提醒道。

"哦，既然如此，就命王僧辩为城中都督，率兵征讨萧詧？"萧绎对众将说道。

众人齐声称善，于是萧绎赶忙去狱中接回王僧辩，并且以好言相劝。

"我生性急躁，请将军不记我的鲁莽。今日大敌当前，还请将军提出妙计，救我江陵！"萧绎向王僧辩请求道。

"江陵今日之事，末将已经胸有成竹了！"王僧辩向萧绎客套了一阵后说，"王爷此战，可走三步！"

"请将军细讲！"萧绎急忙问计，"我将如何行动？"

"如今大雨连绵，彼军长途劳累，锐气已消，萧詧军中的新兴太守杜则兄弟本有异心，俘虏张赞更是其中的异己，王爷可派人秘密与之接洽，令他们投降，以做内应！"王僧辩说，"此为其一！"

"那么，其二？"萧绎又问。

"其二是：萧詧本是救萧誉的，但他却用了'围魏救赵'之计，率兵来围我江陵。我们自然也可以采用此计！"王僧辩又说，"萧詧此来，其后方襄阳空虚，因为其襄阳守将蔡大宝本是无用之徒。王爷可秘令杜则兄弟打头阵，前去攻打襄阳，这样一来，江陵之围便可解除了！"

"啊，将军高见！那么，第三步呢？"萧绎说。

"最后，第三步，江陵的围军败退时，王爷应当亲率大军，阻其归路！如此一来，萧詧必然全军崩溃——"王僧辩再说。

"将军之计很好！"萧绎惊叹道，"将军不愧是文武全才呀！"

于是，萧绎听后忙照计行事，一面调动兵马，一面派人秘密进入萧詧军中与杜氏串联。

话说，萧詧此来江陵本欲环攻江陵城池，却因大雨不停，兵将疲劳，锐气尽丧。随来的新兴太守杜则见势头不对，带着兄弟和侄儿投降了江陵，而且他的兄长——杜岸还把萧詧拨给他的五百兵士也带走了。接着，他们遵照萧绎的密令，又直取襄阳去了。驻守襄阳的蔡大宝，得知消息，忙携母登城防守，同时派人向萧詧告急。

杜氏的举动，气得萧詧怒发冲冠。萧詧得知此信后，立即杀了随军的包袱——张赞，并且赶紧撤军回救襄阳，沿途抛弃了无数粮械金帛。

杜岸得到萧詧杀气腾腾回来的消息，自知抵挡不住，慌忙又回奔到广平，投靠兄长南阳太守杜献去了。

萧詧部将薛晖追到广平城下，乘势围攻，杜献弃城而逃，杜岸被捕，被送到襄阳。

萧詧见到叛将杜岸，暴跳如雷，恨之入骨，随即将杜岸打得体无完肤，接着拔去了他的舌头，肢解了他的躯体，并将他放进锅中烹煮，以此解恨。最后，萧詧还毁灭了杜氏祖坟，并焚骨扬灰。

解除了江陵之围后，萧绎没有罢休，他要同时除掉萧誉和萧詧。于是，他令王僧辩专攻萧誉，令司州刺史柳仲礼攻打萧詧。

萧詧得知柳仲礼杀来，只得向西魏求救，许以归附西魏，并将王妃、世子做人质。西魏丞相宇文泰乐意应允，并令开府仪同三司杨忠督率三荆十五州诸兵马，镇守穰城，以窥柳仲礼的军情。

此时，柳仲礼正率军赶往襄阳，杨忠随即与行台仆射长孙俭一同攻击柳仲礼，并分兵攻克了义阳、随郡，围攻安陵。

"全军就此备战！"杨忠向众将令道，"深挖陷阱，多设伏兵——"

"得令——"部将们纷纷应命而去。

夜深风紧，荆州一遍昏暗。

柳仲礼得知安陵被围，急忙引军回救，杨忠却绕到柳军的前面，诱敌深入。柳仲礼毫无防备，遂落入埋伏之中。先是魏兵四起，刀剑飞舞，接着跌蹋声、铁索声大作，全军立即大乱。不久，柳仲礼等数将被捕，其兵将大部分被斩杀。

听说柳仲礼被擒，安陆守将马岫、竟陵守将王叔孙急忙相继开城投降。于是，汉东全部落入西魏手中。

"柳仲礼业已就擒，马岫、王叔孙均已投降，西魏大将杨忠已经乘胜杀到石城，进逼江陵了——"舍人王孝祀惊慌失措，冲进萧绎的王府大叫道。

"哦，魏兵杀来，我江陵无将可以抵御，只好请降。"萧绎听罢急问左右，"魏人他们要我如何？"

"他们要王爷以王子为质，方可许和！"王孝祀哭道。

"哦，既然如此，你且护送萧方略去魏营做人质，卑辞求和！"湘东王萧绎无奈地说道。

于是，舍人王孝祀奉命去了。

梁元帝萧绎

后梁宣帝萧詧

杨忠接受了萧绎的降表，随即率军退去，于是，江陵解围。

萧绎得到了喘息的机会，随即调兵，专攻萧誉。萧誉十分惊怕，彻夜难眠，精神恍惚，感到自己形容枯槁，忙拿起镜子看时，仿佛自己已经没有了脑袋。

深夜，萧誉神情颓丧，茫然疲劳地睡去。

"哎呀，不好——"萧誉忽在梦中大叫。

"王爷何事惊慌？"侍者惊问。

"方才……我梦见一个两手垂地的高人，站在我的榻前，大叫了一声，抓去了我的头颅！"醒来后，萧誉胆战心惊地说道。

"梦境不可畏，王爷还是安心休息吧！"侍者道。

见此时，城外夜黑风高，凄风苦雨，呜咽之声不止。

"哦，外面夜深月沉，呼呼风紧？"萧誉又问。

"不，外面……萧绎正在攻打我长沙城池，军情渐紧……"一位部将进来说道。

"哦，向邵陵王萧纶求援的情况如何了？"萧誉惊慌失措地叫道。

"邵陵王他……因粮草不足而犹豫，未能答应支援！"那部将说，"邵陵王只是写来一信，让我们给萧绎送去……"

"将信拿来给我看！"萧誉茫然说道。

侍者递上萧纶给萧绎的书信。

"哦，邵陵王只是致信萧绎，劝其退兵，叫萧绎不要再同室操戈，以免侯景继续作恶！"萧誉看罢说道，"快快将此信送给萧绎——"

于是，邵陵王的书信送达萧绎手中，无奈萧绎此时一心复仇，并未听从，他回信给萧纶，执意声称一定要追究萧誉之罪。

"哎呀，我萧梁注定将亡！倘若湘州再沦陷，我也将死无葬身之地了！"萧纶将萧绎的回信扔在地上，痛心疾首地哭道。

看看长沙不能再守，河东王萧誉正准备弃城而逃，但是，此时他的部将慕容华，却已将萧绎的大将王僧辩放进城来，萧誉来不及逃跑，就被王僧辩捕获了。

"啊，王将军请暂勿杀我，我要面见你的主人萧绎，以便让我弄清，当初到底是谁在我的背后诬陷了我，以致引起萧绎对我如此刻骨憎恨！"萧誉急忙向王僧辩请求。

"行军打仗，何必如此啰唆？"王僧辩不听，并立即取下了萧誉的首级，送往江陵。

湘东王萧绎命人安葬了萧誉，晋升王僧辩为左卫将军兼侍中镇西长史。

梁主萧衍被葬在修陵已经两年，新主萧纲改元大宝，但萧绎仍称太清四年。接下来，萧绎号召王公大臣合力讨伐侯景，伐侯的大战进一步展开了。

侯景的部将宋子仙攻克钱塘，渡浙江，占会稽。此时，吴郡、吴兴、会稽尽归侯景所有。侯景又与部将侯子鉴水陆夹击，攻克广陵，杀掉了太守祖皓，活埋了全城男女，并让侯子鉴镇守广陵。

侯景凯旋归京，胁迫梁主萧纲在华林园赐宴。

"启奏陛下，我侯某现如今已是功成名就，别无他图了。我只求陛下恩准，将爱女——溧阳公主赏给微臣为妻！"酒至半酣，侯景突然离座跪拜于地，求娶梁主萧纲的爱女。

"啊，爱卿竟然如此……"梁主萧纲听后大惊，转而又慢慢说道，"……十四岁的溧阳，娇柔可爱，岂能……"

此时，直阁将军周石珍走上前来，躬身向梁主萧纲耳语道："侯王爷垂涎溧阳公主已久，今日……他当面跪求，其意就是要逼使陛下不得不答应啊。侯王爷势大，陛下岂能违抗他？"

"哦……"梁主听罢，泪流满面，无可奈何地说，"那么……朕……准侯爱卿所奏……"

于是，散席后，侯景强行带走了溧阳公主，梁主萧纲只得暗自哽咽，痛恨不绝。

大宝二年，大地苍茫，饿殍遍野，白骨成堆，江南大灾不断，百姓流离失所，纷纷以草根为食。

侯景请梁主萧纲巡幸西州。在行宫中，他们尽情吃喝玩乐，歌舞不绝，但是，梁主听到乐曲后，反而伤感落泪。为了掩过侯景的耳目，梁主遂令侯景随曲起舞。侯景舞了一会之后，硬要梁主萧纲也一同对舞，梁主只得应允。于是君臣二人，各怀心意，相对而舞。

"陛下心意如何？"侯景笑问。

"唉，朕衷心感激丞相！"舞罢，梁主倒在榻上，颓伤地向侯景叹道。

"倘若不是陛下哀怜老臣，老臣岂能还有今日？"侯景哂然地说道，说罢起身回府去了。

六十五、梁内讧，霸先战侯景

　　侯景在最后的叛战中对战事忧心忡忡，他已焦头烂额，急如热锅上的蚂蚁。

　　"我侯景从最下层拼搏出来，已经是不易的了，然而……如今看起来，国内故梁势力虽然渐渐被我平息，我似乎大功将要告成。但是，如今，却又从南方杀出了个陈霸先、从西方杀来了个王僧辩。我的命运前景到底会怎么样呢？"侯景一边思索着，一边走到台城内宫中，与他的宠臣王伟进行热烈地交谈。

　　"将军以为如今国中太平吗？"侯景问王伟。

　　"回禀王爷，如今梁主萧纲受制于您，朝廷一切都由侯王爷您做主，梁主也不能与藩镇诸王联络，他对您毫无办法，只有天天哭泣，听天由命了。"王伟欣然向侯景笑道，"哈，侯王爷你已经能够'挟天子令诸侯'了，还有何值得忧虑的？"

　　"唉，然而，国中民不聊生，反叛之浪此起彼伏，也的确让人心惊肉跳……"侯景忧虑地叹道，"上年，我在石头城上设立了大碓，随意捣杀反我的官民，然而，这不但未能阻止天下的反情，反而使得大江南北反叛的波澜汹涌而来！"

　　"如今，萧梁各地的藩王都在渐渐凋残，天下就将归向侯王爷，侯王爷还有何可害怕的？"王伟问道。

　　"将军，如今萧范已死，你以为如今萧梁各王的势力如何？"侯景问。

　　"鄱阳王萧范寓居湓城，他虽有匡复社稷之心，奈何他暂住江州，难有进取，只得栖生于江州刺史浔阳王萧大心的篱下，但这样一来，他就与萧大心产生了嫌隙，他心胸不快，已经郁闷而死。同时，他的世子萧嗣又在晋州被我部将任约所杀。"王伟分析道，"接着，任约率兵进逼江州，萧大心出城迎战，最后也战败投降了。如今，萧梁的反叛已经面临土崩瓦解……"

　　"诚然，萧梁子弟波浪起伏的反叛之战，已成强弩之末，然而，死灰尚会复燃，况且……邵陵王萧纶从鄱阳逃到郢州，萧大心的部将徐嗣徽已投奔了江陵的湘东王萧绎。"侯景忧虑地叹道，"唉，如今郢州的反情不断，江陵萧绎反我的势力更旺！萧绎他麾下还个王僧辩，那更是一位不可一世的骁将啊！对此，我们岂能高枕无忧？"

　　"嗯，王僧辩这位后起之秀实在可恶！"王伟也有同感。

　　"除了王僧辩……南方还有个西江督护陈霸先呢，据说他也是个反我侯王爷的恶魔啊！"侯景忧伤地补充道。

"不过，我认为萧梁的社稷已被侯王爷你弄得支离破碎，它就将覆灭了，陈霸先也只不过是拥兵一隅的毛贼，王爷也不必忧虑！"王伟道。

"果然萧梁将亡？"侯景兴奋地问。

"是的，现在他们萧家同室相残不已，王爷你倒是可以考虑自己称帝登基的大事了！"王伟肯定地说，"如今的萧梁，已经日暮途穷了！"

"哈哈，如今萧梁已经日暮途穷，他们无力来与我抗衡？"侯景一听称帝，立刻浑身来劲，赶忙笑问，"本王可以称帝……"

"是的，侯王爷洪福齐天，大业将成！然而……"说到此，王伟又突然话锋一转，停了下来。

"然而……什么？请详尽说来！"侯景说道。

"哈，末将以为……萧梁诸王之所以能够凋谢，都是因为当初有了湘东王萧绎、河东王萧誉、岳阳王萧詧等三王的矛盾和相残啊！"王伟接着笑道。

"哦，正是！倘若本王能够登上大位，我决不会忘记先生您当初的离间妙计！"侯景也大笑道，"本王决不会忘记先生的开国功劳！"

"哈，微臣岂敢居功自傲！"王伟赶紧谦虚地说道。

此时，在萧梁的国中，上自君主，下到王公，都被侯景弄得垂头丧气，如落花流水。而且在萧梁的宗室内部，由于长期争战无有胜利的结果，所以讨侯的士气也慢慢懈怠下来。同时，在梁武帝众多的子孙中，大多数人都各怀鬼胎，各自都有一个小算盘，他们大多数人都唯恐自己在讨伐侯景的过程中过分地消耗了自身的力量，以致在将来争夺皇位的争战中失去了主动权。所以此时，在诸王中渐渐地已经无人再敢正式起兵反抗侯景了。然而，正如侯景所担心的那样：此时在南方却崛起了一位真正的枭雄，拥军北伐，独自率军讨侯。他就是始兴人——西江督护陈霸先。

陈霸先何许人也？他的确是位具有帝王雄才大略的混世魔王。梁武帝之侄萧映早在任广州刺史时，他对陈霸先就已经很器重，并授他为中直兵参军。陈霸先当年曾经平定了广州兵乱，救了萧映。后来，经人推荐，梁主萧衍还派人为他画像。接着陈霸先还为梁主平息了卢氏之叛，从而在南国一鸣惊人。

当年，在侯景叛乱之初，陈霸先得知广州刺史元景仲有投靠侯景的迹象。因为，陈霸先经过仔细深入的了解，得知元景仲已经收到了侯景的秘密来书，将要与高州刺史兰裕商议，决定响应侯景，企图拥兵自重，以南方州郡为筹码，向侯景索要封赏。于是，陈霸先当机立断，立即在南方召集兵士密谋，共同杀死了元景仲，并且另外迎立了梁武帝之侄——定州刺史萧勃来镇守广州。

萧勃来后，高州刺史兰裕煽动始兴等十郡共打衡州，以威胁广州。陈霸先奉萧勃之命，援助衡州，并且擒斩了兰裕，最后自己也升任为始兴太守。

有了扩展势力的机会，于是，陈霸先广交豪杰，结识侯安都、张思等有志之士，以为他将来争夺天下所用。他还命令统将杜僧明、胡颖等人屯兵岭上，准备起兵，大张旗鼓地讨伐侯景。

"如今国事多变，萧梁的子孙各王大多害怕在讨侯中出力太大而过多地消耗了自身的力量，而大将军你为何却想轻易地出人头地，不怕我军身遭不测?"杜僧明忧郁地问霸先。

"哈哈，将军不必忧虑!"陈霸先向杜僧明笑道，"武帝各位子孙已经功成名就，他们怕在战争中会损失了自己既得的利益，我等初出茅庐，无名无利，没有什么牵挂，你又怕失去什么呢?反之，倘若我们能够在讨侯的斗争中有所建树，那么，还怕天下人不对我们刮目相看吗?"

"哦，陈大将军高瞻远瞩，所言极是!我们决心和您同甘共苦、同心协力，争取在讨侯之战中建功立业——"杜僧明、胡颖听罢，连连点头。

"侯景乃是世上的恶霸，其势力不可低估，上江多少英雄都畏惧于他，希望太守暂勿蛮动，以防遭受不测!"这时，萧勃也害怕地上来劝说陈霸先。

"侯景乃是当今的一贼，他虽然气焰高涨，但我必须灭之。不除侯景，我梁朝将永无宁日，末将决意要为国平乱!"陈霸先斩钉截铁地对萧勃说，"刺史大人，您本为皇室贵胄，又岂能畏惧逆贼，而不思自强呢?"

见陈霸先如此桀骜不驯，气势逼人，萧勃无言以对，遂愤然而退，并且深感不安，所以他暗下决心，要设法抑制陈霸先。

"大人想征讨侯景，就应当广招天下兵马，还需要团结各方讨侯的力量!"侯安都向陈霸先进言道。

"侯将军此话有理!"陈霸先说，"上江湘东王萧绎是个反侯的大人物，我今日就要请你去江陵，向湘东王萧绎说明:为了国家，我愿接受他的节制和调度。"

"在下愿意前往江陵，为大将军接洽——"侯安都立刻答应。

随即，侯安都来到江陵，并与萧绎联系，向他说明厉害。萧绎听罢大喜，遂将陈霸先纳入自己的麾下，且任命陈霸先为交州刺史、南野县伯。

接着，忽听南康土豪蔡路养在交州南康作乱，于是，萧勃趁机命令谭世远为曲江令，让他与蔡路养一起遏制陈霸先。

于是，谭世远与蔡路养的联军，风驰电掣，向南康杀奔而来。陈霸先得知后，立即调兵遣将，准备迎击叛军。

"大军出发，首先讨伐土豪蔡路养!"陈霸先听说敌兵已到，随即发令，并向一位部将下令道，"请你速往大庾岭杜僧明营中，约请杜僧明与我们在大庾岭会合，共击叛军!"

那部将去了。不久，在大庾岭上，双方掀起了一场恶战，只杀得飞沙走石，天昏地暗。结果，陈霸先大破了蔡军，并且生擒了蔡路养的妻侄萧摩诃。

萧摩诃是位少年悍将，但在陈霸先的恩威并举下，竟然感激涕零，真诚地投降了陈霸先，成为陈霸先麾下的一员干将。陈霸先收复了南康，修整崎头古城，以兵据守，军威立刻大振。

"打铁须趁热，我军今日就要从南康出发，进逼江州，以讨侯贼——"接着，陈霸先又向部属们下令道。

"此路艰险，我军要路闯赣石旧，冲破万分凶恶的二十四险滩，我军势必要遭受不测！"一部将立即担心地对陈霸先说道。

"艰险有什么可怕的？为了自身的磨砺，我军正要迎险而上！"陈霸先厉声说道。

"不过，此处一向是舟人惧怕之地，其山高水曲，长瀑生烟，行舟的人们对此都谈虎色变。陈将军也的确要重视它啊！"一位老年部将说。

"我军初战江南，必须英勇前进！况且，对此，我们还可以因势利导，见机而上，怕什么艰难？"陈霸先鼓舞道，"我深信诸位既能胜顽敌，又能破天险！"

说罢，陈霸先的大军斩钉截铁，向江州出发了。然而，时有凑巧，当陈霸先军队到达二十四险滩时，恰逢河水大涨数丈，滩中巨石都没入水底，任舰队飞航过去。而当船队抵达对岸之后，天上竟然彩龙斑斓，呈现出辉煌的奇兆，十分壮观。人们见了，莫不称奇，大家都认为陈霸先大将军有神人相助。

当初，陈霸先被萧绎授为明威将军、交州刺史后，陈霸先与侯景的高州刺史李迁仕在南康一带展开了拉锯战，终于擒斩李迁仕，于是，他发兵南康，沿赣江北下，路闯赣石旧，冲破万分凶恶的二十四险滩。

八月，陈霸先准备与萧绎部下都督王僧辩会师。由于陈霸先名声在王僧辩之上，所以王僧辩心存畏忌。但是，当时王僧辩等西路各军正好缺粮，情势不妙，而陈霸先已贮有军粮五十万石，陈霸先以大局为重，迅速馈送三十万石给西军，这就打消了王僧辩的顾忌，陈霸先自己也在西路各军中赢得了威信。

接着，陈霸先南路征讨大军从豫章出发，这时已有甲士三万人，强弩五千张，舟舰二千艘，水陆俱下，另有前军五千由骁将杜僧明统领，已抵达溢口。同时，王僧辩等西路大军又从浔阳起行，在白茅湾与陈霸先会师。王僧辩与陈霸先登坛设誓，缔结了盟约。此时，梁国战局发生了转变，萧绎部下大将王僧辩、胡僧佑、陆法和、徐文盛等人，在巴陵、郢州一带击败侯景主力。灭侯之战成功在望，于是，陈霸先兴致勃勃地来到湘东王府商议军事。

在湘东王府中，湘东王萧绎、陈霸先等人正在议事。

"陈霸先将军，你兵贵神速，功劳非常，我今任你为江州刺史，驻守浔阳！"萧绎令道，"你要关注国内某些不安分的王爷！"

"多谢湘东王栽培！"陈霸先说道，"然而，霸先率兵前来，就是希望与王爷一起，共同讨伐侯景的！因此，末将恳请湘东王立即发兵，配合霸先进军建康的侯贼！"

"侯景乱我大梁，我们当然应该全力破之。然而，如今邵陵王萧纶等人仍在对皇位虎视眈眈。"湘东王萧绎起而反对道，"从大局看来，攘外必须首先安内，我们应当首先攻打萧纶的郢州。这……方为上策。请霸先勿再多言！"

"原来，邵陵王萧纶到郢州后，刺史南平王萧恪就推戴他为大都督，请他挂帅讨侯。于是，萧纶大修兵甲，储粮备战，想为萧梁与侯贼大战一番。这是众望所归的，殿下却为何反而要讨伐邵陵王？"王僧辩也起而叫道。

"什么众望所归？萧纶的行径，其实是篡位之举！外患是肌肤之痛，内患才是骨髓之疾。本王决意先灭萧纶，再战侯景！众位不必再说！"萧绎听罢，更加忌妒，遂大声叫道，"今令王僧辩、鲍泉率水兵三万，进袭郢州——"

于是，王僧辩、鲍泉大军出发。萧纶得知后，无限烦恼，毫无办法，遂致函王僧辩道："……前年，将军为了湘东王杀了我侄，今年又为湘东王攻击我兄，将军以此求荣，莫非不怕将来会被天下人所鄙视吗？请将军三思！"

"请王爷过目，王爷你与邵陵王本是同宗，况且邵陵王又将去讨伐侯景，救我萧梁，我军是否还要进攻萧纶的郢州？"王僧辩看过萧纶的信后，犹豫不决，遂将信呈给萧绎，并且认真地说道，"麾下以为：我梁军还是团结一致，齐心协力先对外讨伐侯景为好！"

"如今本王大位在即，本王应当为社稷考虑，顾不了同宗之谊了！"萧绎朗声说道，"请将军义无反顾，进攻郢州！"

于是，王僧辩只好仍然挥军攻打郢州。萧纶听说王僧辩仍然前来攻打，遂召集部众计议。

"王僧辩仍然要挥军攻打郢州，这明明是大梁的叛徒行径，我们将如何应对？"见此情景，萧纶的部属们叫喊起来。

"唉，我一心灭侯，无有他意！"萧纶痛心疾首地哭道，"奈何湘东王萧绎怕我将来与他争夺帝位，反而要一意攻打我地郢州，欲置我于死地而后快！我虽想死守，但城中粮草不足；而倘若我与之奋战，自相残杀，又怕侯贼从中渔利，嬉笑得意，从而引起后世笑我。看来，我只有暂时逃往下游躲避去了！"

"王爷不必如此，我郢州城坚池深，更有众志成城，与萧绎相搏，一定会取得胜利。殿下何必弃城北去？"部属们群情激昂，人人欲战。

"诸位不必再劝，我意已决。我就要带世子萧瓒登舟北去了！"萧纶固执地向众人说道。

随即，萧纶凄惨地带着家人和少量兵马匆匆下船，准备北逃。部众们含泪送到江边。

"王爷主持正义，又非力量不足，今日却要为了大局而牺牲自己，我辈不忍与王爷你离散啊！"众将哭道。

"天下无不散的筵席。我们今世相聚一场，诸位如今还是各自散了吧！"萧纶凄凉地向众告别。

于是，萧纶军散，王僧辩随即挥军占领了郢州，郢州一遍鬼泣神号之声。

王僧辩入郢后，查收了府库，安置好城中的兵民后，立即向萧绎报捷，于是萧绎渐渐地统一了西江。

接着，萧绎任王子萧方诸为郢州刺史。

萧方诸是宠妃王氏之子，年方十五岁。早先，为了控遏长江下游，萧绎是让鲍泉辅佐萧方诸镇守江夏的。

此时，东魏已被高氏的北齐所代替。

邵陵王萧纶来到武昌，已经走投无路，所以只好向北齐乞降，齐主高洋封他为梁王。萧纶屯兵马栅，虽然自己已经困难重重，但他还在静候北齐军到来，以便再决定，攻打侯景的南阳。

侯景部将任约由江州西上，进逼西阳、武昌。他知道萧纶在马栅，就派兵夜袭，萧纶猝不及防，加上兵少将寡，所以被侯贼打得落花流水，最后，他只得率着残部逃往汝南。因为汝南当时是西魏的属地，城主李素是萧纶的老部下。

"我从萧梁败退到北齐，今又被侯景贼子赶到西魏，沦落在此，岂不悲惨！"萧纶入城后，向城主李素哭道。

"麾下乃是大人的部卒，我劝大人不必忧愁，权在此地歇马吧！"李素安慰萧纶。

"寄人篱下，终非长久之计，我们应当立即准备攻打西魏的安陆，以便拿下安陆暂作栖身之地！"萧纶向部下们说道。

众人应诺，遂聚集兵马攻打安陆。

西魏大丞相宇文泰得知安陆遭到汝南兵马的袭击，急忙派杨忠攻汝南，双方激战近月，最后李素中箭身亡，汝南沦陷，萧纶战死。此时已为西魏臣子、被晋封为梁王的萧詧得知后，泣不成声，含泪前来为萧纶收尸并将其安葬。

此时，侯景已经在建康自封为汉王、相国、宇宙大将军，都督全国诸军。

侯景还任命王克为太师，宋子仙为太保，元罗为太傅，郭元建为太尉，张化仁为司徒，任约为司空，王伟为尚书左仆射，索超世为尚书右仆射。

梁朝军国大权都在侯景手中。梁宁州刺史徐文盛奉湘东王萧绎之命，率数万兵马东下讨伐侯贼，在贝矶大破了侯景的部将任约，任约只好退逃到西阳。

经此一战，侯景的力量开始衰败，兵士们开始惧怕西方的兵马，因此，侯景恼羞成怒，想一举解除西方这个心头之患，遂亲率大军从建康出发，西去救援任约，并屯驻晋熙。

六十六、侯景败，趁危立汉朝

侯景西去之后，建康空虚，于是，在京的南康王萧会理趁机走出府第，他来到武林侯萧谘营中，召集部属们密谋反叛侯景。

"侯景此次出京，远在上江打仗，京城内部侯贼的乱党力量薄弱，我们应趁机起来，一举杀光侯景留在京城中的贼党以成大事！"萧会理向部众们说道。

"这、这……能有多大的胜算，侯王爷的力量强大无比，分布在各个角落，万一他们齐集建康，可不得了呀！"禀性文弱的武林侯萧谘不安地说，"如此冒险之事，我不敢参与！"

"武林侯萧谘，你世沐朝廷的恩惠，竟不思报答我大梁社稷，胆小如鼠。你不觉得害羞吗？"萧会理听罢，大怒起来。

"连武帝皇上都不能扼制侯贼，我们岂有能力杀敌？我不能徒然给家人带来祸殃！"武林侯萧谘接着说道。

"既然如此，你就走吧！"萧会理对局促不安的萧谘说。

"啊啊，诸位，我告辞了。祝愿诸位马到成功。"萧谘说。

萧谘颤抖地说完话，就退出了大厅。同时，萧会理又见一个黑影鬼鬼祟祟地跑出，随即溜向侯景爪牙——王伟的尚书府。

"哦，诸位，刚才有一人溜进了王伟的府第，我估计那就是侯景布置在城中的耳目，看来……我们的大事不妙，请立即快速行动！"萧会理向门外观察了一会后，急切地回头向众人命令道，"我们要立刻率军包围侯府！"

人们听了萧会理的话后，火速行动起来。然而，未能等到众人引军进入侯景王府，就见王伟尚书府前人声吵闹起来。

"哦，叛贼王伟果然行动迅速，他带人捷足先登，要来追捕我们了！"萧会理见了，遂惊慌地叫了起来。

果然，萧会理等人就见王伟连夜率众气势汹汹地赶来，捕杀了萧会理等叛乱侯景的人。萧会理等人措手不及，遂被擒杀。甚至连已经逃出去的萧谘也被王伟斩杀了。

王伟当机立断，以迅雷不及掩耳之势，平息了京城的内叛，并且立即在府中聚众商议。

"侯王爷在上江作战，军心不稳，现在京都发生叛乱，且已被我们平息了。这件事应快速地函告领兵在外的侯王爷，以便他能放心地在外抗敌！"王伟向众人说道。

"王大人有勇有谋，你说得对！"部众们齐声附和。

于是，使臣带着京城中的好消息，乘船连夜飞奔上江侯景的大营。

侯景接到京城王伟派人送来的捷报，听说京都的内变已经平息，更加知道王伟的能力了，所以他对京城的安危十分放心，当即命令兵进宣城。宣城守将杨白华对强大的侯景攻势无法招架，只得出城投降。

杨白华投降，侯景喜出望外，连忙率军走进宣城。但是，侯景刚刚来到宣城门口，就见一马飞奔朝他而来。

"报……报告王爷，不好了！京都传来消息：三吴反叛的贼兵又兴起了——"此时，那报子跑到侯景面前，滚鞍下马说道。

"怎么？我这里还未能平息，下江又有了反我侯景的贼兵了？"侯景听罢大惊失色地问，"都有哪些贼子敢于逆我侯王爷？"

"有……有……新吴有余孝顷扯旗起兵，会稽有张彪兴师动众……"报子说道。

"啊，三吴离京咫尺，此贼要危害我京都，我不能不迅速率兵平息！"侯景叫道。

于是侯景立即率军东下，只得赶回建康，调兵抵御义军。无奈，侯景顾此失彼，疲于奔命，又气又恼。

接下来，任约屯兵西阳，与武昌的梁军战斗，也屡次失利。几经搏斗，武昌遂被徐义盛夺去，告急文书飞来建康。侯景只得又亲自出马，兼程疾进，赶到西阳，与徐文盛夹江相对，准备大加拼杀。

徐文盛军驻江边营中，得知侯景亲自率兵杀来，与部将张汤商议退兵之策。

"将军想以什么策略战胜侯景？"张汤问徐文盛，"我军是否要趁他立足未稳而聚众歼击他？"

"侯景乃是非常之人，其气势汹汹而来，一鼓作气，正要攻破我营，我军不可此时与之相斗，不如据垒坚守。让他经过'一鼓作气，再而衰，三而竭'之后，他必然会渡江前来拼杀，以图速胜，到那时我军方可痛击之，其阵必破！"徐文盛笑道。

"徐公之言有理！"张汤点头说道。

于是，徐文盛在隐秘处埋藏好了数百小舟之后，一直按兵不动，以逸待劳。

过了不久，侯军果真急匆匆地扑向江左。徐文盛见此，忙令张汤举旗一挥，芦苇中徐阵的数百舸艇如蝗飞奔而出，将侯景的大船层层围住。侯景跳在大船的甲板上，左右奔突，慌忙应战。但在战情激烈之时，徐文盛又向这边张弓一箭，直接穿入侯景立身之处。看看就要正中侯景的胸膛，不料此时，侯景的部将狄式和却赶到了侯景的面前，挡住了侯景。

于是，狄式和当场中箭坠江而亡。侯景惊出一身冷汗，急忙下令撤军回营。

"侯王爷为何不愿再次进攻？"此时，宋子仙问侯景。

"徐文盛其人，我早已听说他的厉害，然而，没想到他果真了得。看来，徐文盛上次阵杀我将、大破任约的劲旅，这些都绝非偶然。我军不能与他硬拼，应当另辟蹊径！"侯景对宋子仙说道，"我想暂时退守营中，以避其锋芒。你与任约可以率兵先去偷袭郢州！等到郢州一破，我军就可以越过徐文盛而兵进江夏了。"

"啊，郢州不堪一击，我们定会尽快拿下的！"宋子仙笑道。

"是的，郢州刺史萧方诸只不过是个只会嬉玩的幼童，其辅佐者鲍泉也是个酒囊饭袋，他们自然不是将军你们的对手，但是，行军作战仍然要顾及不测的事件，将军尚需小心谨慎。"侯景说道，"我要你万无一失，马到成功！"

"末将决不会让王爷失望！"宋子仙说着。

说罢，宋子仙与任约一起挥军直扑郢州。不久，宋子仙便拿下了郢州，并将萧方诸、鲍泉捆送到侯景军营前邀功请赏。侯景杀了鲍泉，囚了萧方诸。接着，侯景麾军直入江夏，徐文盛闻讯大惊，立即逃回江陵以求自保去了。

湘东王萧绎的大都督王僧辩率军前往巴陵，路上得知郢州失守，到达巴陵扎营后，他急忙派使者报告萧绎。萧绎立即回信说：

"侯贼一定会乘胜西去，你只要守住巴陵，以逸待劳即可。你一定会取胜！"

部属们都非常不安，纷纷猜测侯景的动向。萧绎忙与众人分析形势。

"倘若侯景率水陆两军直指江陵，那是用了上策；倘若他占据夏首，囤积兵粮，那是用了中策；倘若他全力攻打巴陵，那就是用了下策了！"萧绎对诸将说。

"此话怎讲？"有人问道。

"因为巴陵虽小，然而地势险要，易守难攻。有了王僧辩在，他侯景更是一筹莫展。时间一长，侯军既饿又疲，而且到了夏天，疾病盛行，他们岂能得到巴陵城池？"萧绎继续说道，"如此一来，侯景劳民伤财，最后必败无疑——"

众人听后心悦诚服。同时，为保万无一失，萧绎又令罗州刺史徐嗣徽、武州刺史杜则等人率兵援助王僧辩。

侯景令丁和率兵攻夏首，任约去江陵，然后，自己亲率大军与宋子仙一起攻打巴陵。侯景的千军万马来到巴陵城下，却见此处偃旗息鼓，一片寂静。侯景忙与几个亲随骑马来到城边打听。

"请问此城的守将是谁？此处就要大战，然而，你们怎么竟能如此安静？"侯景仰头问城上的守卒。

"守将是王僧辩领军，还有刺史王琳！我们似乎都未曾感到兵祸将来！"守卒答道，并且接着问，"莫非你们还能拿下我们的城池？"

"我们侯王爷大军已到，你们小小的巴陵孤城还能顽抗到几时？你们为何还不早来投降？"城下的骑兵向城楼上叫喊道。

"你们还是放心地直奔荆州吧，我们这座小城不会阻挡你们的！"王僧辩令人回话道。

侯景听了此话，觉得可疑，忙与众将商议。

"倘若巴陵据城自保，我当然可以直攻江陵，大功即可告成！然而，倘若此话有诈，一旦我军进入荆州，他们却在这边堵塞了我军的后路，我军粮草都会因此而产生困难。我军如何决策？"侯景问众将。

"刚才投降来的江夏刺史王旬本是此城守将王琳之兄，王爷何不让他前来逼迫其弟投降？"有部将建议道。

于是，侯景将王旬捆着拖到城下，令他向城上的王琳叫降。

"阿弟王琳，我是兄长——"王旬在城下被迫向上叫喊。

"兄长奉命讨贼，却未能为国殉难，还敢来哄我投降。你脸面何在？"城上的王琳大声地向城下骂道。

说罢，王琳遂令人向城下射击。王旬红着脸赶紧退下，侯景立即调来上万兵士，他亲自督兵攻城。不料此时，城上突然矢石如雨，侯景兵士伤亡无数，侯景只得暂时退兵，驻守在城下。

次日，侯景很不甘心，又身披甲胄，雄赳赳地率兵前来攻城。他仰头向城头望去，却见那天上白云深处，守城主帅王僧辩一身宽袍大袖，悠闲自得，在乘车巡城。尤其是，侯景还看到，王僧辩见他侯景到来，一点也不慌乱，而且突然让城中鼓乐喧天起来。

"城上为何喧哗？"侯景惊问左右。

"是王僧辩命人鼓吹奏乐！"部将们答道。

"唉，王僧辩呀王僧辩，你竟如此不把我侯王爷放在眼里！"侯景见了感叹道。

然而，想到自己数十日来，仍旧屡战屡败，人困马乏，侯景也束手无策。加上离京数十日，谁知建康的情况如何？这一切已使侯军上下身心受到重创。

而恰逢此时，援助王僧辩的罗州刺史徐嗣徽、武州刺史杜则等人的大军未到，于是，萧绎又派武猛将军胡僧祐前来救援王僧辩。这更使侯军人心惶惶。

山水清清，云遮雾罩。胡僧祐引军在湘浦水边泥路上奔驰，将到大山峰岭崎岖的山峦时，只见前方浓云密布，他忙令小校前去探听消息。

"禀将军，前方已经遇到侯将任约的军队！"小校前来报告，"其锋芒毕露，来势汹汹！"

"啊，任约可是侯景麾下的悍将呀，与任约大军相遇，我们可要认真对待！"胡僧祐听后，忙对部属们说，"不过，既然任约来势汹汹，其情必骄，然而骄兵必败，我胡僧祐也不免要因势利导，就假装畏敌退逃吧！"

"前来接应我军的信州刺史陆法和将军，就在左侧不远的林中，我们何不与他合作，设计除掉任约？"一小校赶紧说道。

"不错，前方不远就到羊口，那里山高林密，东侧深渊泽畔，有地势险要的乌龙潭，我们正可请陆法和引军从小道赶到那里去设下埋伏，我们一举吃掉任约的全军！我令你速去转告陆将军——"胡僧祐听罢，立即向那小校下令。

那小校应声去了，这里胡僧祐继续率兵前行，绕过一片芦苇水泽后，迎面就遇到了任约的大部军队。胡僧祐连忙下令，让兵马丢盔弃甲，乱阵而向羊口逃奔。

任约不知是计，见胡军突然逃避，连忙急起直追。胡僧祐引得任约率军紧紧赶到羊口，再与前来的陆法和的伏兵一起，突然袭击任约。顿时，双方激战，斗得天昏地暗，尸横遍野，血流成河，任军大量伤亡，渐渐支撑不住。

战斗进行了一个时辰后，任约的兵马几乎遭到全歼，任约在逃避中误陷深潭被捕。

侯景屯兵巴陵城下，因为部众多病，粮草告急，正欲退军，却又听到任约被活捉的消息，顿时惊慌失措。

"现在立即焚营撤退！"侯景向部众们大叫道，接着说道，"然而，郢州乃是要冲之地，还得令人把守。现在任命丁和为郢州刺史，令宋子仙驻守郢城，支化仁扼守鲁山。"

乌龙潭大捷后，陆法和亲自将捆绑成囚的任约送到江陵，安顿好了部众之后，向萧绎道别。

"末将就要赶回信州，现在把侯景的部将任约交给王爷。侯贼不日将灭，只是蜀贼又要率兵到来，犯我大梁，请王爷要有所防备！"陆法和临走时向萧绎说道。

"既然如此，将军还是暂时驻兵峡口，以防不测！"萧绎对陆法和说道，"现在任约也已经希望投降，我已允其留在军中听用。另外，王僧辩、胡僧祐已经率兵东下讨侯去了！"

"哦，这样很好！"陆法和高兴地说。

"启禀王爷，前方捷报：王僧辩将军业已拿下了鲁山，擒获了侯将支化仁，正在进军郢州。侯将宋子仙只好退到金城，王将军现在正在四面筑垒，围攻金城。"突然，一部将前来向萧绎报告，"王僧辩大将军还说，'不日就能捕获宋子仙'，想求王爷事先函示，将来要如何处置侯党宋子仙！"

"哈哈……很好！很好！看来侯景不久就将被我所灭了！"萧绎笑道，接着又说，"王僧辩他能文能武，还要我出什么主意？告诉他，一切由他自己做主！"

于是，王僧辩进一步加紧攻城，宋子仙渐渐招架不住，遂派人请降，并且亲自带着丁和一同来向王僧辩乞求。

"末将上有老母，下有妻子。我愿意献出郢城请降，只求大将军给我一条生路！"宋子仙进来跪向王僧辩请求道。

"哦，宋子仙你认输了？"王僧辩冷笑着与部属们点了一下头，接着说，"既然你愿投降，我也有好生之德，那么……你就带着船只回去招集部属们来投降吧！"

于是，宋子仙走了。然而宋子仙刚走，王僧辩就立马叫来部将杜龛。

"宋子仙这个侯贼死党，口是心非，他回去后是绝不会召集部属前来投降的！他是想以屈求伸，来日逞能，我绝不能上他的当，一定要置其于死地！请你速去率一千精兵抄小路拦住宋子仙！"王僧辩对杜龛说道，"将他们全部拿下严惩！"

再说，宋子仙一行坐上小船，便与丁和飞桨逃奔。但是，宋子仙逃到白杨浦时，天色将黑，于是，他们打算拢船靠岸歇息。不料，芦苇丛中突然飞奔出一支水军，为首的一员大将威风凛凛，站在船头上大叫。此人就是周铁虎，他本是萧誉的部将，萧誉死后便投归在王僧辩麾下了。

"逆贼哪里走？我周铁虎在此等候多时了！"那大将双目圆睁地向宋子仙大吼。

"我们已经向王僧辩将军投降，你为何还要前来阻挡我们的归途？"宋子仙也向他大声叫道。

"休得多言，请立即受死——"周铁虎又叫道。

随即，周铁虎拿起大刀就要向宋头砍去，宋子仙也立刻迎战，但因身心疲惫，所以，宋子仙很快就被周铁虎拿下了。丁和本是无能之辈，自然也立刻被捕获。于是此处乱成一团，宋兵余众或死或降，全部被歼。接下来，周铁虎将这群人押送，交给了王僧辩，王僧辩当即将丁、宋二名俘虏押到江陵，交由湘东王萧绎亲自审讯。

"上次，你们将我子萧方诸和我将鲍泉带往何处去了？"萧绎怒问宋子仙、丁和。

"鲍泉已经被杀，萧方诸已被侯王爷带走……"丁和轻声地说道。

"哦，你们现在要投降了？当初你们何等威风！侯景派你——宋子仙从吴郡攻我钱塘，让戴僧逖投降。侯景得知我江夏空虚，派你和任约率精骑四百偷袭我江夏，你们好大胆子！你们俘获了我儿——郢州刺史萧方诸，丁和你还捶死了我的大将鲍泉。侯景入据江夏，你宋子仙又率军一万人，直攻巴陵，侯景随后亦赶往巴陵，当时你们以为'缘江戍逻，望风请服'，非常得意！"萧绎继续大叫，"现在你们不行了？"

"如何处理这些侯贼？"过了一会儿，部将们上来问萧绎。

"气煞我也——"萧绎听罢大怒道，"立即将丁、宋斩首！命令王僧辩率军进逼江州，与陈霸先会师，决心直捣建康，杀尽侯贼——"

秋风萧瑟，万木枯黄。侯景返回建康，路过建康城西南的瓦棺阁、凤凰台一带时，心事重重。眼见得自己的部将们纷纷凋落，侯景自感末路已近，愁思无限。

"唉，人生苦短，莫非我一生奋斗就没有个好的结局？"望着渺茫的大江，侯景不禁悲叹起来。

"侯王爷虽受挫折，但终将荣登大宝！"一位亲将叫道，"王爷不如立即赶回京都，杀死梁主，自立为帝！"

"嗯，这……正合我意！不过……"侯景回头看着在一旁发愣的王伟说道。

"萧纲无能，侯王爷应立即准备禅位诏书，逼梁主萧纲用玺！"王伟向侯景怂恿道。

建康凤凰台

梁简文帝萧纲

"唉,本王也已知道,时日不多了,我当立即登上皇位!"侯景慢慢地说,"不过,你将对梁主萧氏的诸位王爷如何安置呢?"

"按禅位常礼,为了掩人耳目,王爷第一步,可先行废立,将萧纲废除,另立新帝,将萧纲迁至永福省,派兵看守,待来日除了旧帝!接下来,第二步,王爷可再逼新帝禅位!"王伟马上严肃地说,"其他人……如太子萧大器、浔阳王萧大心、西阳王萧大钧以及其他宗室王侯数十人都可立即斩杀!"

"哦,先生请吩咐侍卫,立即照此执行!"侯景点头同意道。

几天后,侯景颁布谕旨,废了萧纲,将他封为晋安王,随后派员迎立昭明太子之孙豫章王萧栋。

这天,萧栋与王妃正在园中种菜,忽然看见门外来了一支仪仗队,他见后立刻惊慌失措。接着,仪仗队硬是逼迫萧栋跟着他们入宫。

但是,人们一到宫墙前,却见一阵狂风乍起,将华盖吹出端门。因此,人们已觉不祥,无不为之惊骇。

萧栋入宫后,侯景就派人给萧栋换上帝袍,拥到武德殿,让他即位接受朝拜,并改大宝二年为天正元年。

侯景的亲将太尉郭元建闻知侯景废立梁帝,十分惊慌,遂从秦郡赶到建康,急切地说有要事与侯景王爷商议。

"王爷为何要废黜先主萧纲?这是何人的主意?"郭元建问侯景。

"……是王伟的主意!"侯景慢慢地说道,"然而……为了断绝百姓的希望,让人都听本王的话,我只能如此。我……我废萧纲,立萧栋,以后再……"

"王爷挟天子令诸侯,还怕别人不听话?如今,侯王爷你无端废立,则反会更加失去人心!如此一来,我们的大祸恐怕真的就要临头了——"郭元建忧虑地叫道。

"如此说来……这不妥?这……如何是好?"侯景听罢也犹豫起来。

"郭太尉所言有理,希望王爷从速请回先帝……"萧纲之女溧阳公主趁机也向丈夫侯景进言,"王爷不如将萧栋册封为皇太孙,仍让妾的父皇莅位!"

"王爷不可!"王伟听后,立刻上前反对,"诏书已经发出,王爷,您以为废立的大事也能随意改变的吗?"

"你以为……"侯景又犹豫起来问王伟。

"……王爷,请您入内殿,我有要事相告!"王伟考虑了一会,随即将侯景拉入后室,轻声地说道,"如今箭在弦上,不得不发。我认为不如快刀斩乱麻,干脆将故主萧纲及其子嗣全部杀掉,以防后患!"

"也罢,就照你说的去办吧!"侯景下定了决心,忙向王伟下令道。

于是,朝廷内外又掀起了一场血腥杀戮的风暴,萧纲及其宗族上百人丁,全被诛杀。

六十七、南方平，江陵成梁都

新主萧栋即位后，尊先祖昭明太子为昭明皇帝，先父豫章王萧欢为安皇帝，晋升东道行台刘神茂为司空，其他人等官职未变。

刘神茂得知侯景的兵马渐败，思忖侯贼将灭。于是，他便计划密谋反正，因此，刘神茂得到司空职衔后，他便招集兵马，誓师讨侯。接着，刘神茂率军东下，而且占据了东阳，策应江陵，并遥指建康，引得举国反侯风潮再次兴起。

江陵萧绎的大将王僧辩又率大军从郢州东下，直达湓城，与陈霸先会师于屯邱，再拔晋熙，下浔阳，所向无敌，沿途侯景贼众望风披靡。

侯景心惊胆战，于是在太极殿中召集众臣商议。

"此次叛乱大起，其始作俑者就是刘神茂，刘神茂乃是掀起此番骚动的罪魁祸首。我发誓剿杀刘神茂——"侯景气急败坏地叫道，"我们要全力以赴，先行杀刘——"

于是，侯景拿出全力奔赴上江，发兵出击刘神茂，最后刘神茂未能顶住侯景的主力大军，兵败被擒，并被押到京都建康。侯景见了刘神茂，恨得咬牙切齿，他特地令人制成一张大锯，将刘神茂从头到脚，寸寸锉碎，使刘神茂撕心裂肺地号哭不止。最后，侯景才将他砍头游街示众。

时近隆冬，京都霜降。侯景精疲力竭，自觉来日无多，急欲称帝，以便了却平生夙愿。所以，几天后侯景就逼萧栋禅位，自己号称汉帝，升坛受贺。就在侯景升坛时，坛前却忽然跃出一只兔子，一闪即逝。随即，远处突然冬雷轰响，近处天空中出现了白虹穿日的奇观，顿时天昏地暗，不禁令人胆寒心怕。

侯景不顾一切，慌忙登上太极前殿，宣布即位，改元太始，封萧栋为淮阴王，并将萧栋一干人囚禁于密室。

然而，此时虽然刘神茂已经兵败就戮，但是，王僧辩、陈霸先这两支讨侯的主力大军奉湘东王萧绎之令，却于次年初联合出发，而且军威大振，侯军见了纷纷溃逃，反侯大军很快取得了空前的胜利。

不久，王僧辩的部将侯真攻克了南陵、鹊头，大军顺流而下，直指建康。侯景派侯子鉴率水军屯驻洃水，郭元建率陆军赶往小岘。侯子鉴攻到合肥外城，闻得王僧辩、陈霸先就要杀来，连忙退保姑孰。侯景又派宋长贵等人援助侯子鉴，并亲自来巡视阵前的垒栅。

"敌军擅长水战，你切勿在水上与他们较量，你只要能够固守陆地营寨即可！"侯景告诉侯子鉴。

"微臣遵旨——"侯子鉴答道。

侯景遂即返回皇都。侯子鉴舍舟登陆扎寨，闭营不出。王僧辩见此，也小心谨慎，四处窥察，并派战舰护送老弱西去。于是，侯子鉴派探马将王僧辩的行踪报告给了侯景。

"嘀，敌人似乎要逃走，侯子鉴将军请陛下赶紧下旨追杀，以获全胜！"探马向侯景说。

"既然如此……侯子鉴即可出营水战！"侯景转告侯子鉴。

于是，侯子鉴登舟迎敌。王僧辩得知侯子鉴想从水路杀来，其陆寨变动，立即趁敌军布阵未稳之际，立即率兵杀到姑孰。结果，大破了侯子鉴大军，侯军几乎全部被歼，残兵败将惶然逃到城中。

"侯子鉴将军登船作战，竟被王僧辩杀败——"侍卫将败讯奏报给了侯景。

侯景得知败讯后，惊恐非常，遂瘫痪在榻上，痛心疾首，蜷卧许久。

"是朕害了子鉴，害了汉室——"侯景在榻上痛哭流涕道。

接着，王僧辩督军乘胜杀入淮水，而后与陈霸先大军分头作战。陈霸先军屯石头城西的落星山，王僧辩则进兵招提寺北。侯景七拼八凑，亲率一万大军在西州西沿列阵迎战。陈霸先随即率众察看阵式，准备大决战。

"原来侯景的兵力业已少到如此地步！我们应当设法分散其兵力，轮流与之激战，使他们昼夜不能休息！"陈霸先察看后，高兴地对部属们说道。

"我们轮番分道呐喊，虚张声势，以惊扰侯军，让他们日夜不宁，然后再击败疲劳之敌？"部属听后问道。

陈霸先点头称是。于是，陈军在京城门口展开了催命战，几天几夜，终日搅得侯军不得安宁。

侯景无奈，急切地希望速战速决，所以，他纵兵杀入陈军先锋王僧辩的阵中，王僧辩稍作后撤。将军徐度奉陈霸先之命率三千名弓箭手却绕到侯景背后，轮番射击。侯景军阵的后部，伤亡惨重，只得退缩。接着，陈霸先与王琳等人率铁骑突然袭击，杀入侯景阵中。王僧辩也不甘落后，忙引军反扑，仿佛泰山压顶似的倾倒过来，于是，侯景只得仓皇退入台城栅内躲避。

台城守将卢晖看到侯景败归，料知侯景就将灭亡，遂急忙打开城门向王僧辩请降。

于是，王僧辩率军进入台城，陈霸先在城外与侯景残军相持，侯军几次反扑未成，部众随即四面溃散。侯景知道大势已去，慌忙仓皇狼狈地转入皇宫，逃至阙下。

当侯景进到内宫时，却迎面碰到了他的高参——仓皇失措的王伟。他见王伟和侯子鉴两人此时正在宫内乔装打扮，忙乱不已。

"你……你们要做什么？"侯景见了王伟，遂愤怒地向他叫道。

"微……微臣将出城招兵买马，抵御叛军……"王伟撒谎说道。

"我和王大人欲……欲出城逃命!"侯子鉴对侯景说道,同时他回头向王伟说道,"事到如今,王大人何必还要欺瞒大汉皇帝!"

"你要逃走?从前都是你要我称帝的,现在大祸临头了,你却要舍我而独自逃亡?"侯景愤怒地走向王伟,向他大叫起来。

"这、这……谁能预料……"王伟无言以对。

"我还想杀奔出城,以免困在宫中呢!"侯景说道。

"从古到今,哪有叛变的天子?现在宫中尚有卫士,陛下足可再拼搏一番!"王伟劝侯景,"再说……陛下出去,又能上哪儿呢?别无出路啊……"

"是呀,天要亡朕了,朕能何往?"侯景立刻失声痛哭。

接下来,侯景进入后宫,杀尽了妃嫔,最后用两个皮囊装好两个幼子,挂在马后,与羊昆等一百多个亲随骑兵向东冲出。侯子鉴、王伟等人则急忙逃往朱方去了。

王僧辩的兵士进入台城后,烧杀抢掠,无恶不作,王僧辩却未能禁止。

当夜,宫中大火熊熊,太极殿和东西堂所有的宝器都被抢夺或付之一炬。

王僧辩派侯真率五千精兵追击侯景,自己却率军进了紫禁城。

王克、元罗等台城旧臣见王僧辩气势汹汹而来,都恭迎在内宫道旁。

"恭迎大将军!"王克向王僧辩说道。

"嘿,你们侍奉胡虏皇帝,想必很辛苦啊!"王僧辩讥讽地问道。

"这、这……"王克、元罗都羞愧难当,说不出话来。

"那么,皇帝玉玺今何在?"王僧辩又问。

"都……都已被劫持而去……"元罗嗫嚅道。

"唉,我王氏百世的恩宠就此坠地无遗了!"王僧辩叹息道。

此时,朝中群臣和王僧辩麾下纷纷向王僧辩跑来。

"故主的梓宫将如何奉安?"部属们问王僧辩。

"立即将它迎入大殿,祭奠——"王僧辩说。

于是,群臣一起将故主萧纲的梓宫搬到后殿大祭,王僧辩率百官痛哭一番。祭罢,王僧辩吩咐将梓宫安葬在庄陵,追尊为简文皇帝,庙号太宗。

接着,王僧辩派人向江陵报捷,并派朝中大员起程奉迎湘东王萧绎来建康即位。萧绎假意推辞,声称自己不想称帝,但是,他暗中却派刺客杀掉了萧栋、萧桥两个兄弟,以防他们将来抢夺自己的皇位。

此时,陈霸先也率众进了禁宫。于是,王僧辩与陈霸先共商后事。

"我们下面之事将如何处理?"陈霸先问王僧辩。

"陈将军可暂时回镇广陵,这里的后事由我亲自料理。"王僧辩对陈霸先说,"在贼廷旧将中,尚有可用之人。我已经派人去招降侯子鉴、郭元建等人去了。"

"禀报大将军,侯景的大将郭元建、侯子鉴均已逃往北齐,我们只抓来了王伟一人,现在殿外候审!"此时,一员部将进殿向王僧辩报告。

"哦,将王伟带进来——"王僧辩听罢令道。

于是,侯臣王伟被押了进来,跪地求饶。

"你身为宠臣，为何不为主子殉节，却在此摇尾乞命？"王僧辩愤愤地问王伟。

"兴废皆是天命，倘若汉帝侯景早日听取我的意见，他也不会有今日之败！"王伟坦然地说道，"为人臣子，我王伟没有遗憾，也不必殉节！"

"事到如今，你还有何求？"王僧辩问王伟。

"我昨日行了八十里，今日希望借一头毛驴为我代步！"王伟说。

"你的头颅将要行走一万里，直达江陵，岂止这短短的八十里？"王僧辩说。

"我今要走的，是我的心啊！"王伟也笑着说。

"呵呵……"王僧辩冷笑了数声后，向左右下令，"将叛党王伟押送江陵，交由湘东王处置！"

部众们应声而去。

再说，侯景带着两个幼子，与羊昆等亲随们日夜不息，仓皇逃命，赶到钱塘时，看天色已晚，遂抬头向城上守将赵伯超叫喊，请求入城。

"赵将军，请速开城门，让朕进来——"侯景在城下叫喊。

"哦，原来是大汉皇帝啊！侯景，你这个反复无常的胡虏，恕末将不能容纳你进城！"赵伯超在城上向他摇晃了一下脑袋，说道，"你还是另投别处吧！"

"唉，我们只有投奔松江了！"侯景见了，慌忙对部下羊昆说了一声，并立即带头又向北奔去。

"陛下容禀，后面侯真带来的追兵已到！"一个亲兵惊慌失措地向侯景叫起来。

"啊，拼命厮杀，给朕断后——"侯景见了立刻向羊昆命令道。

"侯真果真厉害？"羊昆问侯景。

"啊，侯真这个反复无常的小人！"侯景听罢大叫，"当初，他被我的部将于庆逼得走投无路，才来投我，我因其姓侯，才让他委身为宗族，待他优厚，谁知他竟趁我巴陵战败，反戈一击，做了萧绎的南兖州刺史。如今他又充当前锋，跟随王僧辩一同伐我，其气势不小，每战皆胜。幸亏我当初防了他一手，将他的妻儿弟弟也留作人质，最后杀了他们——"

于是，侯景和羊昆一起，赶紧率众转头与侯真拼命，结果，侯景又被侯真打得落花流水。侯景随即杀开一条血路，逃了出来。路经东海时，他觉得身负过重，就一狠心，将身上那装有两个幼子的皮囊扔进海涛之中。

此时，侯景却见羊昆等部属们在交头接耳，私下议论。

接着，侯景和羊昆慌乱地上了一只小船，企图带着十几名心腹东航入海逃命。

"侯王爷，我们今日已经山穷水尽，横竖是死路一条了。然而，我们尚有父母妻儿，不能与你同亡！对不起了，我们欲借王爷的头，换取日后的平安——"不料，侯景刚刚上船，就听亲信羊昆手举大刀走了上来，向他大叫起来。

侯景吃了一惊，悚然回头，但是还未及答话，就被羊昆手起刀落，砍翻在船板上。随即，羊昆等侯景的众位心腹，取下了侯景的首级，乘船奔往南徐州，将侯头献给刺史徐嗣徽，以换取自己的富贵。

徐嗣徽收下了侯景的首级，并令人运来侯景的躯干，随即将侯景的首级和躯干都送至建康。

王僧辩收到侯尸后，将侯景的首级再转送往江陵，而将侯景的躯干陈列于建康市曹，供人观看。百姓们见了侯尸，人人争抢割食他的肌肉，连侯景的娇妾——文弱娇艳的溧阳公主，也因对侯景深恶痛绝而烹食了侯景的一块肉体。

湘东王萧绎得到侯景的首级后，先将它挂在城门楼上展示了三天，然后涂上油漆放在武库中。同时，萧绎任命南平王萧恪为扬州刺史；晋升王僧辩为司徒、镇卫将军、长宁公；晋升陈霸先为征虏将军、长城县侯。

不久，王伟和季略、周石珍等侯景部将们一起被押解到江陵见萧绎。此时，王伟仍然幻想着能够获得宽恕，于是在狱中写诗赠送给萧绎手下的达官贵人，诗的内容是："赵壹能为赋，邹阳解献书，何惜西江水，不救辙中鱼？"

意思是自己有文才，希望能为萧绎效力。之后，他又写了一首五百字的长诗送给萧绎，萧绎欣赏他的才华，想要赦免他，但是，朝廷中的官员多数痛恨王伟，便对萧绎说："以前王伟为侯景所作的檄文中，有冒犯您的词句。"萧绎找到那篇檄文，见内容是："项羽重瞳，尚有乌江之败；湘东一目，宁为四海所归？"

意思是项羽有两个瞳孔，所以会在乌江自刎；湘东王萧绎瞎了一只眼，怎么能做四海的君主呢？这正说到了萧绎的痛处，所以萧绎非常恼怒，下令把王伟的舌头钉在柱子上，并把他的肠子从肚子里挖出来，以这样的酷刑来处死他。

接着，南平王萧恪、司徒王僧辩等人再次上奏，劝萧绎继位，萧绎一面仍然假意推辞，但另一面却又派人去寻找玉玺，以备自己即位之用。萧绎审讯了俘虏，杀了王伟，赦免了任约、谢答仁。

在审讯中，侯景的侍中兼平原太守赵思贤供称："……侯景逃跑时，曾将玉玺交给我，并说，倘若他死了，就让我将玉玺丢入江里，千万不要让外人得到。不幸，我在逃亡中，在京口渡江时遭遇到了一群盗贼，情急中我将玉玺扔到路边草丛中。逃到广陵后，我将情况如实地告诉了郭元建，于是，郭元建派人在那草丛中果真找到了玉玺。郭元建在投靠北齐的过程中，将玉玺献给了北齐行台辛术，辛术又将玉玺献给了北齐朝廷。"

从此，南朝的传国玉玺遂为北齐高氏所占有，萧绎只好放弃了寻找。

南朝兵戈暂息，北齐主高洋派散骑常侍曹文皎南下示好，南朝湘东王萧绎也派散骑常侍柳晖北去回访求和。

"萧梁的那些人不是守信之人，他们目前内斗并未能平息。我劝陛下不如趁此机会，出兵攻打萧梁的秦郡，一定会一举而下！"南朝叛将郭元建大声地向齐主说道，"陛下切不可答应柳晖的和谈条件啊！"

"攻打秦郡，郭爱卿有多大的胜算？"齐主高洋问郭元建。

"请陛下降旨，命令司空潘乐率军与臣一起围攻秦郡，萧梁的秦郡指日可下！"郭元建说。

"眼下两边信使往来，边境安宁，我劝陛下不要无端起兵！"行台辛术起身阻止道。

"辛爱卿连年用兵辛苦，暂可歇息。这事还是由潘乐和郭元建去办，行台不必劝阻！"齐主向行台辛术说。说罢，齐主立即令潘乐和郭元建出兵攻打南朝。

镇守在京口的陈霸先听说北齐大军南侵，遂派徐度、杜真前往抵御，随即又自率大军直赴秦郡，并且一举击败了齐军。

接下来，王僧辩又一次联合百官，奉请萧绎即位。萧绎这时才在江陵欣然登基，即皇帝位。于是，新皇颁布诏书，册立皇子萧方矩为太子；封萧方智为晋安王，萧方略为始安王。

此时，江陵峡口之东，以长江为界，江北属于北齐；西蜀被益州刺史武陵王萧记占有；岭南由萧勃占据；而萧绎的梁国其实只不过江南千里而已。

话说江陵名将、宣州刺史王琳，因其姐妹都已入宫成为萧绎的嫔妃，所以很受萧绎宠信。王琳受宠后，囿于义气，遂放纵他的那群江淮盗贼出身的部将，听任他们胡作非为。王僧辩压制不住他们，只得秘密地向梁主萧绎上奏。

"启奏陛下，我梁朝初定，百废待兴，然而，王琳却令其部属恣意妄为。千里之堤，将溃于蚁穴。陛下不能不防！所以，微臣恳请诛杀王琳，以便抑制王琳部下的那群盗寇！"王僧辩激愤地向萧绎奏道。

"王琳部属胡作非为，朕也有所耳闻。朕暂且将王琳外调为湘州刺史，以便抑制他部众们的气焰！"萧绎慢慢地对王僧辩说，"唉，王琳也算是个皇亲国戚，朕不忍立即诛杀他，暂且宽恕吧！"

"哦，那么只有暂且如此……"王僧辩忧虑地说道，随即快快而出。

见王僧辩不悦，梁主萧绎心生畏惧，遂下阶出宫向王僧辩追去。

"王爱卿不必忧伤，朕将依照爱卿的意见去办！"王僧辩刚要出殿，忽然又被萧绎叫住。

"皇帝圣明——"王僧辩转忧为喜，随即回殿跪伏在地上，大声谢道。

六十八、蜀起兵，王琳遭贬赦

再说，王琳被调出京，他也已经得知王僧辩与皇帝之间的议论，因此，他很是不安，生怕自己会遭到不测。于是，王琳急忙召集部属们商议对策。

"王僧辩对我们江淮将士，颇有微词，今日陛下已对我起了疑心，倘若我有不测，你们将怎么办呢？"王琳在出发前，向部属们问道。

"大将军在去江陵之前，可以让我们率众先去湘州，以便我们占据湘州，作为基地，保存实力。"王琳的长史陆纳献计道，"大将军此次去江陵向陛下谢恩时，要十分谨慎，以观动向！"

"倘若我一去不返，你们又将如何处理？"王琳又问部属。

"我们乃是大将军你的生死兄弟，当以死来报答大将军——"陆纳等人听罢，齐声大哭道。

于是，王琳与部众们洒泪作别。

到了江陵，王琳刚入大殿，就被卫士们拿下，并打入狱中问罪。梁主萧绎改命始安王萧方略为湘州刺史，廷尉黄罗汉为长史，让他们与大舟卿张载一同去巴陵安抚王琳部众。

进城后，萧方略、黄罗汉等人忙召集王琳部众训话。

"王琳因罪目前正在江陵待审，今日新刺史始安王到来，希望众位全心听命！"黄罗汉首先向众人说道。

"王琳大将军无罪，何故受冤？我们不服——"见新刺史来接管湘州，陆纳等人都大哭着以死抗拒。

"朝廷圣旨，你们竟敢违抗！"张载见了大怒，当即呵斥诸众。

"你是何人，敢在此逞凶？"陆纳听到张载的吼声，突然暴跳如雷，"兵士们，还不将此人捆绑起来？"

于是，士兵们一拥而上，当场将张载捆了起来。并将黄罗汉也抓起来，只让王琳的外甥萧方略回去报告消息。

萧绎得报后，只好另派宦官陈旻前去招抚。陈旻等人刚到城门口，就见陆纳已将张载拖了出来，剖腹抽肠，并将肠子系在马脚上，再策马飞奔。待张载咽气后，他们又对张载进行挖心焚骨，围在四周跳舞，大声喊叫。

接着，陆纳率众占据了湘州，誓与萧绎的朝廷对抗。

陈旻等人见了，魂飞魄散，随即逃回江陵去报信。梁主萧绎又令宜丰侯萧循为湘州刺史，并令王僧辩率大军征讨陆纳。

萧循来到巴陵，立营扎寨，整军待战。

"启禀刺史大人，陆纳送来降表——"小校进帐，向萧循送上陆纳的请降书。

"哈哈，陆纳这分明是诈降，他今晚必来偷袭我军的营垒啊！"萧循接过信看罢，冷笑道，"我军各将必须做好准备，分头埋伏，以便今夜迎战！我当独坐胡床，大开营门等候陆军到来！"

萧循的部属们依令而行。

时至半夜，陆纳果然率轻舟水兵飞奔而来，来到垒前，陆纳探头向主帐中张望了一下，远远地看见营门洞开，里面却端坐着一个人，一动不动，陆纳不禁惊诧。

"萧循营中为何如此寂静？前军立即鼓噪冲进！"陆纳轻声地向兵士令道。

于是，兵士们蹑手蹑脚地走过来，突然呼叫着，冲入大营。而当他们即将逼到垒门时，营内的那个人却仍旧端坐如故。

"启禀将军，里面的人依然静坐在堂！"部众们惊叫着，"这是何缘故？"

"哦，莫非是草人一个，立即进帐刺杀——"陆纳惊叹道。

陆纳说着，随即举起长枪正想刺入试探，不料两旁突然跃出无数伏兵，喊叫着，大刀阔斧，奋勇杀来。

"我们中计了，赶快撤退——"陆纳大惊，立即叫道。

于是，陆纳的人马仓皇逃窜，下船南奔，直到长沙，方才驻足下来。

王僧辩此时也赶来与萧循会师，共击陆军，围攻长沙。然而一月有余，王僧辩仍旧未能拿下长沙城池。

消息传到江陵，梁主萧绎无法，遂释放了王琳，让他回去劝降。王琳到达长沙城下，陆纳和全体部众全部跪拜在城头上。

"倘若朝廷肯赦免大人之罪，让大人回来，我们愿意立即开门投降，听凭梁主处置！"王琳的部属们齐声在城上大声哭泣道。

"王琳罪不可恕，你们只有投降这一条路——"王僧辩厉声地向陆纳等人叫喊道。

接着，王僧辩将王琳重新押送到江陵。

"必须严惩王琳，其部众也罪不容恕！"王僧辩向萧绎说道。

"……武陵王萧纪从西蜀发兵前来犯我江陵，信州刺史陆法和屯兵在峡口，与之对峙，并派人来此求援，朕是想调回你们长沙的兵马前去救援峡口啊，因此，朕只好暂且赦免王琳之罪，仍旧任命王琳为湘州刺史。"梁主萧绎轻声对王僧辩道。

王僧辩听罢，无言以对，只好暂且息怒。于是，王琳被恕，再次回到长沙，陆纳等人立即投降，湘州之乱遂被招抚平息，梁主萧绎随即调王琳率众抗击蜀军。

萧纪是梁武帝的第八子，从小受宠，因为益州乃是唯一可以避祸的地方，所以，在大同三年，梁武帝就命他出任益州刺史，萧纪本不想远去，但是武帝再三向他说明男子汉要自立谋生的道理，无奈，他只得与父皇洒泪相别。

侯景入都，萧纪怀念故国，日夜眼望南方痛哭。突然他见父皇从京都给他发来的密诏。

"启禀王爷，现有皇上给殿下你的密诏一封！"钦差走上大殿，向萧纪递上诏书。

"哦，感谢钦差大人冒着千辛万苦，为我送来诏书，皇上有难，不知要令我何为？"萧纪见了诏书，一把抢过，抱怀痛哭。

"陛下已晋封殿下为侍中，皇帝目前正在侯贼的欺蹂之中，度日如年！圣旨让殿下立即进京救驾——"钦差热泪盈眶地说。

"遵旨！我将立即行动，率兵南下勤王，不杀侯贼，决不生还！"萧纪慷慨激昂地叫道。

"然而，殿下还要注意到蜀地的安危，留军保卫蜀地！殿下最好还是派人南下勤王，自己镇守西川！"此时，部将刘孝胜出来劝告道，"否则，一旦我蜀地有失，殿下就没有立足之地了！"

"刘将军所言有理，我将照办！"萧纪说。

于是，萧纪让世子萧园照率军三万接受湘东王萧绎的调度，东下讨伐侯景。不料萧绎出于私心，却硬要萧园照屯兵白帝城，不准他东下救皇祖。直到梁武帝饿死在台城，萧纪再次执意率兵伐侯，却仍然被萧绎劝阻，并且萧绎还囚禁了萧纪的次子西阳太守萧园正。

这样一来，益、荆二州的萧纪与萧绎便结下了深仇大恨。

这天，萧纪正与部属们在成都府中议事，忽见一将进来。

"启禀刺史大人，江陵的萧绎，他……他竟敢称帝了！"那将进来报道。

"萧绎胆大妄为，对大梁毫无忠心，置父皇和太子受困台城于不顾，他现在却竟敢私自称帝？"萧纪听了大怒。

"……唉，建康先帝已去，既然如此，王爷在此大骂萧绎也无益，不如，因势利导，殿下您自己也在此称帝！"长史刘孝胜出班说道。

"……嗯，如此妥否？"萧纪犹豫不决。

"王爷文韬武略盖世，驻守蜀地十七年来，南开宁州、越嶲，西通资陵、吐谷浑，对内劝农桑，对外通商贾，财用丰饶，器甲殷积。这哪一点不胜过萧绎百倍？萧绎他是何等人物，竟然私自称帝，王爷又有何不可？"刘孝胜又激昂地说道。

萧纪听了，遂笑着点点头。

"殿下不可！"此时，突然司马王僧略、参军徐怦出班大叫，"虽然如今天下大乱，但是君臣之序也不可废！岂能人人都可当皇帝？"

"王僧略、徐怦住口！你们心怀异志，应被处死——"王、徐二人的话刚一出口，堂下众将立即大叫起来。

"萧绎乃是不忠不孝之徒。天无二日，王爷不仅要立刻称帝，而且还要立即发兵讨伐伪帝萧绎——"刘孝胜又起而叫道。

此时，萧纪神采奕奕，向众摆手，激动地走下台阶。

"本王诚感诸位忠心，决定接受诸位的拥戴，立刻即皇帝位！并决心发兵攻打江陵！"萧纪说道，并且接着厉声地说道，"立即将心怀异志的王僧略、徐怦斩首，以他们的血祭我讨逆的大旗——"

"臣下听旨——"台下众人齐声答道。

于是，萧纪即位受贺，众臣立即向萧纪山呼万岁。

"今令益州刺史萧伪留守成都，朕亲率大军五万，东下讨伐萧绎——"接下来，萧纪大声向众令道。

于是，萧纪斩杀了王僧略、徐怦，亲率三军东去。其军势如破竹，直达西陵。然而，蜀军却在此被陆法和修建的七胜城隘阻挡在峡口，难以东下。

梁主萧绎得知陆法和西陵吃紧，十分忧惧，忙向西魏求援。西魏大丞相宇文泰当即召集群臣计议。

"这乃是天赐的良机，我军可趁机占领蜀地！"宇文泰的外甥——大将军尉迟迥欣然叫道，"蜀地与中原隔绝百年，他们自恃天险遥远，不惮外敌，倘若我们以铁骑，日夜兼程进击，径取成都，蜀地便可一举而得了！"

"不可，蜀地物产丰富，兵多将广，再加上萧纪英勇，路途遥远，我军切不可轻往！"众将齐声反对道。

"攻打蜀地，制伏萧梁，在此一举，诸位为何心存畏缩？"宇文泰力排众议，当即决定，"尉迟迥可以借口援助萧梁，出关潜入蜀地，径奔成都——"

尉迟迥得令率兵南下，军达蜀中，引起成都兵民恐慌。守将急忙派人向率军在西陵的萧纪求援。萧纪一心东进，却突然接到成都的急报，赶忙命令梁州刺史谯淹回去救援，自己仍旧引军东向。但是，军进峡口山侧，突见探马前来。

"启禀陛下，谯淹在蜀中被西魏大将尉迟迥杀败，成都危在旦夕！"探马报告。

"啊，竟是如此！"萧纪闻罢大惊，遂回顾众将说道，"西川乃是我的立足基业，失去了成都，我们退路艰险，我军只好就此返回成都？"

"不可，我军跨越千山万水来到峡口，就要东向报仇，岂能中途无功而返？"世子萧园照反对道。

"今已到西陵，江陵近在咫尺，倘若长途回返，或许救不了西川，又会失去了东进的机会，让我军顾此失彼，东西尽失，如何是好？"益州长史刘孝胜也极力谏阻道，"如今我军不如舍西图东！"

"诸位所言有理！"萧纪斩钉截铁地说，"现在命令将军侯睿率七千士兵遍筑营垒，大张旗鼓，与陆法和对峙，并加紧出击！"

萧梁军马在萧纪蜀军的强攻之下，节节败退。于是，萧绎任命任约为晋安王司马，让他率兵援助陆法和；又命谢答仁为步兵校尉，出兵西陵。

"我军遭蜀兵扰乱，难以招架，这于国家不利。你到达西陵时，可对萧纪先礼后兵，首先劝导萧纪退军！如若不行，你就与陆法和等人一起灭了蜀军！"正当谢答仁引兵将走的时候，萧绎慌乱地向他说道。

于是，谢答仁应声率兵来到西陵，与萧纪两阵相对。

江陵遗存（一）　　　　　　　　江陵遗存（二）

"殿下还是以和为上吧，倘若萧氏一直相残下去，恐非国家之福，你还是率兵回蜀吧！"谢答仁在阵前向萧纪喊道。

"我率兵而来，只是向萧绎问清一些事情，也并非对他兴师问罪！"萧纪委婉地拒绝道。

萧纪本想一鼓作气，兵达江陵，然而事不如愿，蜀军久战，渐成颓势，兵士伤残太重，粮草不济，加上西魏入侵，西蜀败讯又屡次传到军中，蜀军思乡心切，渐有退意。

于是，萧纪只得派度支尚书乐奉业去江陵向萧绎求和。

见乐奉业前来求和，梁主萧绎感到惊讶，遂召集众臣们商议。

"乐尚书是来代萧纪求和的？"萧绎问道，"前几天，萧纪他不是还强硬得很，不愿与朕相和吗？今日怎么又派你来求和了？"

"是的，我是代萧纪前来乞和的，所以今日萧纪欲和，乃是西川形势危急，这边萧纪的兵士又伤亡太重，粮草缺乏，倘若再打，不日就会败在陛下您的手下了！"乐奉业听了，不仅不为萧纪的利益而抗争，反而向梁主吐露了萧纪困难的真实境况。

"哦，朕本打算准许和解呢，却原来蜀军已经疲惫！"萧绎听后兴奋地说道，"既然如此，朕决意与萧纪再战，不允许和——"

乐奉业回告萧纪，说萧绎拒绝求和。于是，萧纪只好率着疲劳之师勉强再战。随着战争的艰险，萧纪对部众的苛刻，部下思归之心更切，军心涣散。接着，兵士或降或死，营垒一个个地被萧绎军士夺去。

结果，萧纪及几个儿子西归的后路又已经被切断，最后都死于江陵敌手。

此战之后，萧绎取得了西陵之地，而广大的西蜀则全被西魏趁机占有了。

西魏主任命尉迟迥为益州刺史，尉迟迥在川，仍然维持原来的贸易和生产的政策，并且将奴仆和钱财赏赐给将士。他恩威并施，招抚异族，于是蜀中华夷归服。

梁主萧绎杀了萧纪，打算迁都建康，但是，宗懔、黄罗汉等百官阻止，遂决定仍旧定都江陵。接着，梁主令王僧辩镇守建康，陈霸先镇守京口，以便稳定下江的各个州郡的局势。

接下来，西魏宇文泰毒死了故帝，改立新主，大有篡夺西魏帝位之心，西魏朝廷风云突变。为了自己的大事能够顺利进行，宇文泰派侍中宇文仁恕以使者的身份，去南梁窥探虚实。宇文仁恕到江陵时，恰巧北齐的使者也到了，于是，梁主萧绎对宁文仁恕格外礼貌，却轻视北齐的使臣。

"我此次去江陵，感到萧绎对我的确十分恭敬，他对我的态度远远好于对北齐人的态度啊。其中一定有原因！"宁文仁恕回西魏后，急忙告诉宇文泰。

"哦，他们自然有求于我西魏呀，所以才会如此对你礼遇！"宇文泰听罢笑道，"看来，我们的外部敌情也不足惧啊！"

"正是！"宇文仁恕听了点头道，"南梁不足惧！"

果然，不久梁主就派使者前来西魏，商讨国家版图之事。

"我主希望能按原来的版图重定疆界！"梁使对宇文泰说。

"你家的主人竟然还想开疆拓土？他能保住江陵就应当心满意足了！"宇文泰若无其事地对梁使笑道，"他有何能耐再扩疆土？"

"我大梁乃是南国正统，人杰地灵，粮丰兵足，已历经了百年。你们西域胡人岂能与我国相比？"梁使听罢，愤然叫道，"大好山河，本应统归南国，你怎能如此问话？"

"大胆狂徒，无礼之极，且将他赶了出去——"宇文泰听罢大怒，遂向左右喝道。

梁使仓皇南回，从此，宇文泰决意进兵江陵，谋取萧梁，并立即找来已经归降西魏的梁王萧詧，还召荆州刺史长孙俭商议讨伐萧梁之事。

"梁朝一日不灭，大魏将一日不宁。萧绎乃是野心勃勃之徒，目下，他东边不稳，我们正可起兵灭梁。倘若等到他们平定了南方，那时，他们就会一意谋取西魏了！"萧詧极力主张尽快进军江陵。

"梁王萧詧之言有理！如今伐梁，具有天时、地利、人和三方面的条件，大丞相岂能坐失良机？"长孙俭立即上前说道，并且，他接着详尽地对此作了叙述。

"哈哈，长孙将军之意与我不谋而合！"宇文泰听了大喜，随即笑道，"请你立刻回返荆州筹备粮草，以作出师之用。"

站在一旁的西魏将军马伯符，本是萧梁的故臣，他常怀念故国，加上他又素来忌恨宇文泰篡魏之举，因此，听了此议之后，十分震惊，遂立即回府召来侍从商议，并密派使者飞报江陵。接着，马伯符的使者快马加鞭，来到江陵梁廷。

"请……请陛下火速准备，西魏宇文泰已经决定伐梁，大军就要南下！"马使急忙向梁主萧绎报道。

"哦，宇文泰他要侵犯我梁国土地，他有何能？"萧绎不以为然地慢慢说道，"这消息……你家马伯符将军是如何得知的？"

"他是当场亲耳听到的，千真万确！"马使急切地辩解道。

"他亲耳所听？大惊小怪，朕才不能'见风就是雨'呢！你回去告诉你家的马伯符吧，朕对他的建议，将置之不理，因为，他本是我大梁的叛将，朕还要怀疑他派你来是否另有企图呢！"

马使听罢，目瞪口呆，遂满腹委屈地走了。

南朝开国皇帝之四——陈武帝陈霸先

第五编
陈庭歌舞没蒿莱

南国将尽出陈梢，后主歌残恨未消。
也旁山阴看积雪，飞杨随风葬陈朝。

六十九、江陵破，萧詧建后梁

话说梁主萧绎刚即位不久，广州刺史萧勃就前来江陵入朝，梁主调他任晋州刺史，另外还调重臣王琳代任广州刺史，让王远驻京外。王琳得令后，心生忧虑，于是他在赴任前找到江陵主书李膺谈心。

"唉，我王琳何德何能，承蒙陛下宠爱，才有了今日的荣耀，我岂能不知感恩，反有异心呢？"王琳喟然叹道，"难道说，我王琳会有图谋？"

"大将军的为人，我早就知道，将军今日何出此言？"李膺问。

"如今，天下未能太平，陛下却要我去驻守岭南，倘若江陵有何不测，我远在南隅，又怎么来得及赶回来救援呢？"王琳泪流满面地说道，"陛下让我远处，其实是怕我叛变啊！我岂能有与陛下争夺帝位的奢求？因此，为了陛下和社稷，我认为不如调我任雍州刺史，让我镇守武宁。这样，我便能够放走部属们归乡屯田，为国御侮，君臣同心同德，内外无忧，这样岂不更好？"

"将军，你这乃是肺腑之言，利国利民，令人感动！只是，陛下现在心中不快……眼前，我还不能将你的此情上达圣听，因为陛下暂时心有疑虑，还不能听我细谈。待来日我一定要奏报皇上！"李膺诚恳地说道。

次日，王琳不得不向梁主告辞，离京远去。

散骑郎庾季才善观天象，见江陵重臣大将纷纷被外派守藩，也很是忧虑，遂进殿向梁主进言。

"微臣略懂天象，不久江陵恐有兵祸，陛下理当留下若干重臣能将，驻守京都江陵，以防不测！"散骑郎庾季才向梁主萧绎奏道。

"唉，爱卿所言有理，朕也略通此道……"梁主萧绎无奈地叹息道，"然而，祸福在天，朕恐不能逃避，这只有听天由命吧！况且……多留大将在京，人多事众，也并不是福……"

"虽然，人算不如天算，但是，陛下倘若能事先防患于未然，或可避开祸殃！"庾季才再次进言。

"爱卿不必多虑，还是听天由命吧！"梁主坦然地说道，并且固执地摇了摇头。

到了深秋，西魏果然派出常山公于谨、中山公宇文护、大将军杨忠等人率五万余众攻打萧梁。出发前，长孙俭将他们迎入荆州大营商议。

"大军就要前往江陵，于公以为萧绎将有何对策抗拒我军？"长孙俭问于谨。

"他倘若从汉沔席卷渡江，直据丹阳，实为上策；他倘若把百姓都转移到内城，退保子城，静待援军，也算中策；他倘若不先转移百姓，只是坚守外城，那就是下策了！"于谨笑着向长孙俭说道。

"以公之见，萧绎将会如何用兵？"长孙俭继续问道，"他会行何策？"

"萧绎……他会行下策！"于谨立即答道。

"为何？"长孙俭又问。

"哈，萧绎他有何作为？据本帅愚见，因为萧绎庸懦无谋，多疑少断，况且……其麾下也没有几个有识之士，又都眷恋故土，上下贪安，所以，我料定萧绎会行下策，并且即将彻底失败！"于谨讥笑地说。

众人听罢，纷纷点头称是。

于是，西魏大军随即南下，兵锋直指武宁。梁国的武宁太守宗均闻讯，慌忙向梁廷报警。消息传到江陵，梁主萧绎忙召群臣商议对策。

"两国刚刚通好，怎会就无故发兵？"领军胡僧佑怀疑地问。

"正是！"太府卿黄罗汉也反问道，"两国修好，并未曾发生矛盾，西魏他们怎么就会入侵我梁国？"

"不久前，臣奉命出使西魏，宇文泰还是温颜相待微臣的，他们怎会立马就变脸伐我梁国呢？"侍中王琛也插嘴反问道。

"唉，这军情实令朕躬疑惑，王琛爱卿，你且再往西魏走一遭吧！"梁主萧绎沉思良久之后，遂向王琛令道，"爱卿到彼，且仔细察言观色……爱卿这一去，朕就放心了！"

王琛领命去了。因为萧绎迷信道教，所以自从王琛走后，他再也不将军情放在心中了，他又去龙光殿召集群臣，讲演老子的《道德经》去了。

然而，树欲静而风不止。正当萧绎在津津有味地讲说《道德经》时，忽然，从北方终于又传来警报。

"启奏陛下，前方战报说西魏大军已经到了襄邓，叛王萧詧也已率军与西魏会合，大军即将杀到江陵。军情似火，陛下不得不防！"突然，部将向梁主递上急报，并大声地说道。

"果真有此事？王琛的消息来了没有？"梁主停止了讲经，忙接过函件瞪眼惊问，接着下令，"全城警戒，谨防江陵为之震动！"

"陛下，王琛的书信已到！"侍卫又递上前方刚送来的王琛的书信。

梁主接过，看了一下，随即放下心来。

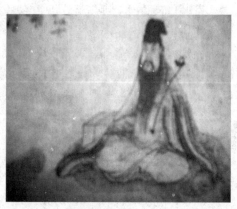

萧绎听"老子"

"哦，也许这仍旧是一场虚惊！在信中，王琛说他已到石梵，边境安定，没有兵祸。他认为警报都是戏言！"萧绎回头向众臣说，"大家还是去龙光殿去听《老子》吧！"

于是，文武百官又都身着盔甲，端坐听讲。然而，萧绎讲解了不久，又见接二连三地从前方送来军情警报，他还是不十分相信，仍旧在低头讲经说法。

"怎么……总有那么多的警讯？不会是真有其事吧？"过了一会，梁主萧绎又停下讲经，并烦躁不安地向左右问道。

"陛下，西魏大军真的来了，敌兵已经入境，越过西陵了——"突然，领军胡僧佑急急忙忙地从外殿跟跄而入，慌忙报道。

接着，警讯阵阵从前方传来，萧绎这才慌忙走下神坛，紧张地调兵遣将。梁廷百官齐集大殿，商讨军情大计。

"现令主书李膺赶赴建康，任命王僧辩为大都督、兼任荆州刺史，令陈霸先镇守扬州，准备迎敌！"梁主萧绎聚众在大殿上，向众下令。

李膺持旨去了，而当李膺来到建康时，王僧辩、陈霸先正与北齐冀州刺史段韶在边境上交战，刚刚失利还师，并在殿中紧急地商议军事。听说江陵又已军情危急，王僧辩不能分身，只好连忙派豫州刺史侯瑱、兖州刺史杜僧明率兵赴援。

侯、杜陆续赶到江陵，接着，郢州刺史陆法和也从汉口抵达江陵，风尘仆仆地前来向梁主报到。梁主看着这黑压压一批军队聚在一起，又发起愁来，因为，梁主萧绎喜欢清静，本不想江陵人马太多，害怕人多生变，引起内讧。

"……陆法和你还是回你的郢州去吧，此地兵马足以御敌了！"梁主萧绎看了一下各路援军，随即皱着眉头，对陆法和说道。

陆法和听了，十分不快，只得怏怏而退。但是此时，西魏大军已经渡过汉水，宇文护、杨忠两将奉于谨之命率精骑占据了江津，堵塞住了从东方前来援救江陵的建康大军。接下来，宇文护又攻克了武宁，活擒了太守宗均。

梁主萧绎得到这一个突发性的消息后，才大惊失色！他终于感到了事态严重，于是在金殿上失声痛哭起来，希望众臣拿出救国之计。

深夜，月黑风高，寒风阵阵。梁主萧绎悲怆了一天之后，万般筹措，仍是百无良策，遂垂头丧气，带着嫔妃，走出禁宫，登上凤凰阁，希望趁着夜色，仰观星象，以向上苍求助。

"唉，常言道：月晕而风，础润而雨。如今……东南云浮，天际昏暗，客星入翼轸，恐怕此番真的要亡国了！"萧绎抬头看了一下苍穹，又俯首叹息道，并且皱眉不展，"唉，想不到我大梁建国不久，就遭到亡国之痛！"

"亡国？啊，陛下，这将如何是好？"嫔妃们听了萧绎的话后，齐声向梁主惊慌地哀叫起来，惶惶不可终日。

萧绎无言以对，一筹莫展，只是哭泣不止。

接着，梁元帝萧绎迈向亭栏，扶栏长叹，随即抬头低吟古诗《临高台》道：

> 高台半行云，望望高不极。
> 草树无参差，山河同一色。
> 仿佛洛阳道，道远难别识。
> 玉阶故情人，情来共相忆。

时至深更半夜，梁主萧绎方才慢慢地拖着疲惫之躯，回宫就寝。

次日，梁主萧绎乘车出津阳门阅兵，见北风凄号，冷风刺骨，帅旗垂落。萧绎已经万念俱灰，抵挡不住严寒，只得回身下坛而去。

"陛下，大敌当前，微臣力图出战——"此时，左仆射王褒激动地奏道。

"唉，好吧，爱卿去城外看看……"梁主叹息道。

接着，梁主萧绎无奈，惮然骑马出城，督军筑栅六十里，命令领军将军胡僧佑都督城东诸军事，尚书右仆射张缵为副；命左仆射王褒都督城西诸军事，领直元景亮为副。再命其他王公以下，都各尽其职。

"启奏陛下，西魏大军遮天盖地，业已兵临江陵城下——"

"唉，风声鹤唳，草木皆兵……"梁主叹息道，遂大声令道，"武昌太守朱买臣、衡阳太守谢答仁、王褒、胡僧佑，现令你们相继出城迎敌——"

"微臣遵旨——"众将答道，随即陆续引兵出城。

梁主萧绎乘车来到枇杷门外，亲自督战。但是，终因寡不敌众，萧梁兵士未能战胜西魏大军，只好又退入城中。西魏大帅于谨命令部属们纵火焚烧萧梁的栅垒，弄得烈焰漫天，栅内数千民居和二十五座城楼俱成灰烬。

西魏军统帅于谨令兵士四筑围堤，断绝了江陵的出路。萧绎屡次巡城，只是看着敌军盛况而四顾悲啼，别无他法。有时，萧绎甚至采用掩耳盗铃的方法，他静心地吟诗诵词，并让朝臣们对答唱和，用这种方法，聊以自慰，延缓时日。

"唉，朕已派人给王僧辩送信去了，并且对他说：'外敌的刀剑已经架在朕的脖子上了'，他……怎么现在还没来？想必，僧辩……他就会率兵前来救驾吧？"梁主疑惑地问左右。

"唉，启奏陛下，微臣刚刚得悉，那信已被于谨截获了，并未能够送到王僧辩的手中！"朱买臣向萧绎报道。

"哦，竟是如此？天绝朕躬矣——"萧绎听罢又叹息道，"那么，就令王琳为湘州刺史，让他立即率军回救江陵！"

圣旨送达湘州，王琳接旨后，急忙督军北上。他先让长史裴政抄小路前来江陵报信，然而不幸的是，裴政刚到百里州就被萧詧和西魏的军士拿获了。

"裴长史能向我投降否？"萧詧将裴政捆来，审问道。

"末将不敢……"裴政欲言又止。

"我本是武皇帝之孙，梁帝嫡脉，莫非我还做不了你的主人？"萧詧向裴政怒问道，"倘若你能投降于我，按照我意行事，我保你子孙享受荣华富贵，否则我就叫你们死无葬身之地！"

"嗯……"裴政听后，忙含糊地点了点头。

于是，萧詧将裴政绑赴到城下，要他向城上高声喊叫，说王僧辩已经称帝，王琳力孤，也不能救驾了！裴政一面点头同意，一面被推到江陵城下。

"援助都城的大军就要到来，请你们再坚守一阵，就要胜利！我奉命前来通报，不幸被敌人擒获，我愿以身报国——"裴政此时看了身边怒气不止的萧詧后，突然抬头向城上大叫起来。

"岂有此理，你竟敢如此违抗我意！"萧詧听到后，立即大怒，"赶紧将裴政带到阵前斩首——"

"不可！"西中郎参军蔡大业上前向萧詧阻止说，"此人杀不得，杀了他，百姓就会对我们更加失望，那么江陵就更难以攻克了！"

"嗬，我萧詧暂且让你多活几日！"听了蔡大业的话后，萧詧放了裴政，并且狠狠地吼道，"待拿下江陵后，我要将你们一同绞杀！"

此时，江陵城下，西魏和萧詧的大军遮天盖地，江陵城上，风悲雨惨。城内守将胡僧佑又出城大战，萧詧忙令弓箭手放箭，于是，胡僧佑中箭身亡，城内兵民大惊。

"江陵危险了，看来江陵不宜为都……"朱买臣手按长剑，向梁主萧绎奏道，"如今只有杀宗懔、黄罗汉等不忠之臣，才能谢告天下了！"

"唉，上次迁都之事也不怪宗、黄二人，那都是朕躬之意啊，他们无罪！"梁主萧绎摇头叹息阻止道，"朕也要保护宗懔、黄罗汉啊！"

梁主维护奸佞宗懔、黄罗汉等人的话一经传出，军心立刻大乱，竟有人打开城门迎敌去了。接着，梁主萧绎带着太子萧元良、王褒、朱买臣等人退守子城。于是，萧梁众将奋战了一天，终于溃败。

接下来，萧绎无奈地进入东阁殿，站到舍人高善宝的面前。

"朕命休矣，斯文图书不可留给外邦。阁竹殿内藏有图书十四万卷，卿……权且将阁竹殿内所藏的图书全部焚毁吧！"萧绎有气无力地对高善宝说。

"微臣遵旨——"舍人高善宝答道。

接着，高善宝开始焚书，火花四溅。梁主萧绎泪眼相对，痛哭不止。

"唉，大势将去，朕将随这大火去也！"萧绎看着这熊熊大火，叹息着，并想跳火自焚。

"陛下不可——"群臣见了，赶忙上前，哭泣着阻挡住了萧绎。

"国家已到危亡之际，微臣请求陛下允许我收拾残兵，继续坚守——"谢答仁激奋地奏道。

"唉，爱卿乃是忠义之士，朕准奏！"梁主萧绎欣然同意道，"为勉励爱卿尽忠，朕特授任爱卿为城内大都督，将御用的鼓号赠予爱卿使用，并招卿为驸马！"

于是，谢答仁应命去了。然而，谢答仁刚走，黄罗汉又上来说话。

"启奏陛下，如今敌我力量悬殊，倘若再与魏人奋战，无异于以卵击石，恐怕江陵就将玉石俱焚——"黄罗汉上前哭奏道，"臣以死劝谏陛下，切勿再言抵抗了！"

"哦，朕也知大势去也！治理国家的文武之道，今晚也俱焚了——"萧绎痛哭着，并以剑击柱叫着。接着，萧绎命令道，"黄罗汉，你且前往魏营代朕求和去吧！"

黄罗汉去后不久，又垂头丧气地从魏营回到子城。

"西魏大帅于谨要求，请陛下让太子去做谈判人质！"黄罗汉向梁主说道。

"哦，那么……你就让王褒将太子送往魏营吧！"梁主无奈地说。

于是，黄罗汉立即前去通知王褒，王褒奉梁主之命，将太子送到西魏军营。王褒来到魏营后，遂被于谨接入帐中。

"王先生，听说你的书法不错，请你给本帅书写上一纸如何？"于谨向王褒递上一纸，并且笑逐颜开地说道。

"唉……末将遵命——"王褒叹了一口气，接下来大笔一挥，写下几个大字——柱国常山公家奴王褒。

王褒写罢痛哭，遂遵于谨之令，前去请求萧绎出城投降。

天低云暗，落叶满地，江陵黄花一遍。

萧绎得令后，一身素装，骑着白马率众慢慢地驰出江陵东门，向魏营而去。

"启奏陛下，阵前的谢答仁得知陛下出降，悲恨交加，现在已经吐血身亡了！"突然，王褒从萧绎的身后跑上来，跪在梁主面前哭道。

"啊……就让他去吧，朕与爱卿……来世再做君臣……"萧绎惨然说道。

"陛下，出了东门，魏营在望了！"王褒又跑上来告诉梁主。

"是啊，呵呵呵……萧绎啊，萧世诚啊，你也有今日，今日落到这样地步！"到了东门口，萧绎疯狂地抽剑拍击门扉，高声大叫大唱起来。

长孙俭见萧绎出城，急忙令人上前，拉住了他的坐骑，把他带到军营。

入魏营后，于谨、长孙俭和萧詧等人高坐在上，魏营侍卫竟要萧绎下跪求降。萧詧也在一旁大骂不止。萧绎挣扎了一会后，只得忍气吞声，任凭摆布，缓缓地跪地哭泣。

"你既已投魏，就请立即下旨，令你的部将王僧辩等人也前来投降！"于谨向萧绎喝道。

"此旨……朕不能下！"萧绎拒绝道。

"你今在此，写与不写都由不得你了！"萧詧也在一旁大叫道。

"既然由不得朕，那么王僧辩也不用听朕的吩咐了！"萧绎怒然反驳道。

"当初，你们退守子城时，为何要焚烧书籍？"过了一会，于谨问萧绎。

"唉……书有何用？正是读书万卷，朕才有今日的不幸，因此朕要用一把火，将它们烧得干干净净，岂非痛快！"萧绎泪眼婆娑，凄惨地答道。

"哦，原来如此……"于谨莫名其妙地说道，接着他回头对长孙俭说，"唉，让萧绎出去，暂由你看管！"

于是，长孙俭带着梁主萧绎出营去了。

"长孙俭将军，你是监管朕躬的魏官，朕对你实说了吧，朕在城中埋藏有千金，只要你带朕进城，朕就能指给你看，挖出来就算你的。将军愿意进城去吗？"接着，萧绎偷偷地对西魏仆射长孙俭说。

　　长孙俭很高兴，忙押着萧绎进子城去挖金子。慢慢地，他们来到子城，萧绎颓然坐到地上，回眸长孙俭。

　　"哎呀，我对你说的是谎话啊！将军试想：哪有天子自己动手埋藏金银珍宝的事呢？朕不过是想借机离开萧詧远些，免得他常常来凌辱朕躬罢了！"此时，萧绎又改口说道。

　　"无耻——"长孙俭听罢大怒，"立即将萧绎带到大营，将他关进主衣库！"

　　入监后，萧绎也不多说话，只是向魏兵讨酒畅饮，讨纸写诗。他一边饮酒，一边吟诗，以诗词诉说着一生的哀怨。

　　"梁王，将如何处理萧绎……"于谨见了，犹豫不决地问萧詧。

　　"应当立即将他斩首，以绝后患！"萧詧怒道，"请尚书傅准监刑！将他和萧元良、萧方略、萧大成都用沙袋压身，杀死后草草埋在津阳门外即可！"

　　于谨听后点头同意。于是，尚书傅准等人一哄而起，将萧绎等人拉出行刑去了。

　　"唉，萧绎就这样去了，他虽不是个好皇帝，但他可是位文学才子啊！"萧詧、傅准等人带着萧绎走了，看着他们的背影，于谨感叹地说道。

　　"但是，他更是葬送我大梁的大罪人！因为他猜忌并企图消灭岳阳王萧詧，岳阳王只得招引你们西魏前来帮忙，梁国因此就失掉了襄阳。襄阳既失，江陵岂能不灭？而当其弟武陵王萧纪在成都称帝时，萧绎又请求你们西魏宇文泰袭击萧纪，于是成都又被西魏完全吞并。这样一来，江陵的灭亡自然就在眼前了。我大梁屡屡损失疆土，这并不是因为你们西魏和宇文氏有能耐，而是萧绎自取灭亡！"这时，萧詧的部将尹德毅激动地接口道。

　　"莫非将军你不怨我西魏？"于谨问尹德毅。

　　"生死本在人心和天意，我辈岂能怨天尤人？四川丢失，江陵陷落，襄阳又被西魏吞并，江南本当即灭，只是当时高氏齐国尚在，西魏关中不稳，所以江南才能幸免于难。"尹德毅答道，"可惜岳阳王本是忠孝之士，也沦落到今日地步！"

　　"是呀！大梁内部不和导致溃败，这并不是武陵王和岳阳王的罪过。梁元帝萧绎在发兵讨伐朝廷叛贼侯景时，因为猜忌，先后杀掉了弟弟桂阳王萧慥、侄子萧誉，并袭击兄长萧纶，杀害孙子辈的萧栋；武陵王萧纪派儿子萧圆照援助萧绎，而萧绎反而将其阻挡在白帝城；另一个侄子萧圆正率领部下接受他的部署，他却将其囚禁在岳阳。萧绎舍弃最大的敌人侯景，却残害自己的兄弟骨肉。"于谨又感叹道，"萧绎之死，其死有余辜！"

　　行刑前，萧绎将自己在监禁中所写的诗词，拿出来给傅准观看。傅准一边读诗，一边泪流满面。然而，无奈主命难违，傅准最后只得命令士兵们取来土囊，将萧绎活活压死了。然后，傅准用布匹缠裹着萧绎的尸体，外卷蒲席，用白茅扎紧，运到津阳门外挖坑掩埋了。

　　梁主萧绎在位三年即逝，享年四十七岁。萧绎生平好学能文，著作颇丰，只是秉性残忍，其杀兄诛弟是为常事，因此最后也弄得众叛亲离，葬尸荒野。

　　萧绎既死，萧詧的部属们就开始了新的图谋。

"魏虏贪婪残暴，任意杀掠，还诬陷王爷，南国的人们都传说，是殿下您主使了这场杀戮！"萧詧部将尹德毅劝萧詧说，"眼下，江东人民都视殿下为仇敌，将来还有谁能为殿下效命呢？"

"将军想要怎么样？"萧詧问道。

"……于谨孤军在外，魏人难以顾及，请王爷立即诛杀于谨等人，然后招抚江陵百姓，招降王僧辩、陈霸先等战将。这样，不出月余，梁朝全境必定臣服于王爷你了，西魏也必然会畏惧王爷。"尹德毅激昂地说道，"敬请王爷果断行事——"

"你的话……虽然有理，然而，西魏待我不薄，我岂能恩将仇报？"萧詧沉默了一会后说，"况且，突然谋变，我也担心失去人心啊！"

尹德毅再三劝告萧詧无果，只得长叹而出。

此后，西魏拥立萧詧为梁主，但是却让他只在荆州周边三百里地之内立国，甚至连雍州都被西魏占为己有了。并且，宇文泰还设兵驻防在西城，令前仪同三司王悦镇守江陵，借口协助萧詧，实际上是对他进行控制。

同时，于谨还将府库的珍宝及浑天仪、铜晷表等南朝遗物，全部掠走；将王公大臣以下的小官卒吏及数万老百姓都编成奴婢，带回长安；还将老弱病残的兵民全部杀死，仅留下三百户人家在荆州居住。

送走了魏军后，萧詧回城四顾，见这里，已是寂寞荒凉一片，惨不忍睹了。

"唉，恨我当初未能听从尹德毅之言……"萧詧悔然叹息道。

说罢，萧詧不禁泪如雨下。

"殿下还是招兵买马，聚集人才，重整大梁吧！"此时，蔡大宝、王操等人上前说道。

萧詧点点头。次年，萧詧称帝，改元大定。但是，萧詧只是西魏的一个儿皇帝，他仍然要向西魏称臣。当时，萧詧追尊昭明太子为昭明皇帝。萧詧任参军蔡大宝为侍中，王操为五兵尚书。蔡大宝足智多谋，通晓政事，萧詧视他为自己的诸葛亮，对他委以重任。王操也是个文武双全的人才。二人竭诚辅政，他们君臣同心，于是，荆州小国，始见春色，暂时成为一个繁华的小朝廷。在历史上，它被称为后梁。

七十、梁朝尽，王陈起相争

再说，北齐主高洋闻得西魏攻击江陵，曾派清河王元岳攻打西魏的安陆，以便遥救萧梁。然而，元岳刚刚率兵到义阳，就已得知江陵已经失陷，随即，他只得进军临江。梁郢州刺史陆法和向北齐投降，北齐遂拥立贞阳侯萧渊明为梁主，令上党王高涣率兵护送萧渊明回建康就职。

然而在此时，建康梁廷的君臣名分已经确定。因为王僧辩、陈霸先已经共同拥立了萧绎的第九子、十三岁的晋安王萧方智为梁主，并且已经让他即皇帝位。王僧辩被封为太尉、录尚书事兼骠骑大将军、都督内外军事；陈霸先被封为司空、加封镇西大将军。

事情刚刚确定，北齐尚书邢子才来到，突然给王僧辩送来齐主文书，书中明说，齐主已经拥立了贞阳侯萧渊明为梁主，希望梁廷群体文武百官们接纳萧渊明，改立萧渊明为帝。王僧辩见了，深感不安。

"我国朝中已立新主，这将如何是好？"王僧辩十分为难地向邢子才说道。

"大将军勿疑，这里有新主萧渊明的亲笔文书，他对大将军十分器重，希望大将军出城迎接他前来入主！"接下来，邢子才又从怀中取出萧渊明的亲笔信，交给了王僧辩。

"这……新主方立，岂能又更新主？"王僧辩仍然踌躇良久后说道。

"大将军迎立了萧渊明，也就成了开国功勋，请你不要迟疑！"邢子才又劝告道，"况且，梁国新主萧渊明，还有齐国的力量作后盾呢，大将军何乐而不为？"

"谢谢齐主的好意！但是皇帝废立并非小事，我不能出尔反尔。望阁下代我说服齐主！"王僧辩再三拒绝道，"请尚书北归，恕我不能再迎新的梁主了！"

"大将军倘若仍旧固执己见，则可能对你自己不利！"邢子才对王僧辩忿忿地说，说罢北去。

结果，邢子才回返齐国禀报。

"启奏陛下，王僧辩等人始终不愿接纳我主推荐的萧渊明，这如何是好？"邢子才向齐主高洋奏道。

"……倘若不行，我们就只好以武力相逼了！"高洋声嘶力竭地说。

于是，齐主高洋仍旧令高涣和萧渊明前来建康。当他们到达建康东关时，又派人给王僧辩送来一书，准备以武力强令王僧辩接受萧渊明。

"王大将军，倘若你拥立了萧渊明，你就是开国元勋。这对大将军你有百利而无一害，大将军何乐而不为？请大将军考虑，在强大的齐国面前，大将军你能有何策？"齐使威胁王僧辩道。

"我可与齐国决一死战！"王僧辩愤愤地回答。

"既然如此，那就请便！"齐使瞪眼对王僧辩说道。

接下来，王僧辩走到陈霸先营中，来与陈霸先商议。

"齐人百般施压，我们将如何处之？"王僧辩问陈霸先。

"王将军准备屈服于齐人？"陈霸先反问。

"我想兵来将挡，水来土掩。如何？"王僧辩说。

"如今齐人大军已临建康！"陈霸先又说。

"好吧，我王僧辩百般无奈，只得率兵抵御齐军了！"王僧辩对陈霸先说，"齐人已经兵临城下，请陈将军从速率兵阻挡齐兵前锋，守护北门！我率大军进抵新亭配合？"

王僧辩说完，立刻麾军出城。但是，他在与齐军几番大战后，结果却遭到兵败，惨痛而回。同时，陈霸先也带着残兵败将，狼狈地从城外回来。

"我们如何是好？"王僧辩凄惨地问陈霸先。

"一切由你做主……"陈霸先懒洋洋地说。说罢，离开了大殿，率兵回京口去了。

接着，齐国大军压来，于是，王僧辩无可奈何，只好不顾陈霸先的反对，答应了齐主，废了晋安王萧方智，改立萧渊明为梁帝，并且恳请萧渊明册立晋安王为太子，萧渊明随即应准。

次日，萧渊明即位，改元天成，封晋安王萧方智为皇太子，任命王僧辩为大司马，陈霸先为侍中。齐军见萧渊明即位后，当即北归。萧渊明立即上奏齐主高洋，赐还郢州。齐主认为萧梁既然已经称臣，便令驻守郢州的齐军回国，并放回原来的梁军俘虏。

萧渊明上奏拜谢了齐主。事态似乎一切平和，然而，又有谁知道，此时，驻守在京口的陈霸先忽然决定，要趁机以此为借口，率兵发难，于是，侥幸窃位的萧渊明未能坐稳凤阁鸾台，皇位却要再次被十三岁的萧方智夺走了。

王僧辩与陈霸先当初联合军队灭掉了侯景，二人患难与共，感情很好。

王僧辩遂提出，要为次子王危聘娶陈霸先之女，而且，得到陈霸先的允许。消息传到京城王僧辩府中，王府举家欢庆，府中上下，张灯结彩，热闹非常。王僧辩进府后，看到他的老母亲对此尤其高兴，他也很觉欣慰。

"母亲大人能够十分欣喜？"王僧辩走到老太太面前笑容可掬地问。

"啊，我孙儿得取佳媳，而且，这是朝中两家元勋联姻，两家富贵久远，更让我家荣耀。此乃是光宗耀祖的好事，怎不让人兴奋？"王家老太太大声笑道。

"启禀父亲大人，方才，有部将向我报告，陈霸先在京口已有异动！"此时，突然，王僧辩的长子王岂上来，拉了一下王僧辩的衣襟，神秘地说道。

"哦，他有何动向？"王僧辩听后吃惊地问道，并且立即和儿子们一起走进侧室商议。

"陈霸先的借口是，说父亲大人私自改立了皇帝，其实，他本来就是另有图谋的！"王岂急切地说。

"他有何图谋，莫非他也想……"王僧辩自言自语，接着又摇了一下头说，"后辈不可乱加猜测，霸先他是你们的长辈呀！"

"他想自己称帝即位啊！"王岂又接着说。

"竟有此事？"王僧辩瞪眼问道。

"当然有啊！"王岂认真地说，"父亲大人知道吗？远看，秦末各路诸侯灭亡后，剩下了楚汉二强，二强相争的局势何其惨烈？近看，晋末的刘裕和宋末的萧道成不都是心狠手辣，消灭了众勋之后，才登上大位的吗！况且……陈霸先其人本是凶狠狡诈、野心勃勃之徒呢？"

"他陈霸先能有此心？"王僧辩心存疑虑地问。

"人心难测啊！目前，国中各路将帅都已凋落，实际皇位是空置着的，父亲与陈霸先已成国中两根擎天大柱了。然而，天无二日，他陈霸先蠢蠢欲动，欲成大事，也是必然的。但是，一旦他们动手，我们将来就必然遭殃，父亲大人不可不防啊！"王岂再三劝告道。

"我们会有不测？"王僧辩又问。

"当年萧纶军被击溃不久，侯景带军沿江西而上，攻取了江州、郢州，准备西上进攻梁元帝萧绎。当时，侯景的水军二十万，联旗千里，江左以来，水军尤盛。父亲大人您在与侯景交战中，指挥自如，让天下敬畏。您首先带军屯居巴陵城与侯景军对峙，以静制动。侯景不断派军轮番攻城，都被大人指挥大军采用火阵、围长栅列舸舰等办法击退，当时侯将任约也被擒。侯景见巴陵城久攻不下，大将又被擒，只得烧营夜逃。大人您在取得巴陵城守卫战胜利后，带军乘胜沿江东下进攻侯景，很快收复江州和郢州，并直指建康，在建康城外，是您与陈霸先合军战胜侯景的。后来您兵分两路，派强弩两千进攻石头城西，很快攻陷石头城，并入居台城。致使侯景战败东奔。"王岂再三说道，"父亲大人战功赫赫，威风凛凛，心怀叵测的陈霸先岂能不怕？陈霸先为了篡位，必然会消灭我们，所以我们必须先发制人！"

"我看陈霸先其人狡猾，父亲切勿轻信此人！"次子王危也在一旁提醒王僧辩。

"在讨伐侯景的大战中，我们肝胆相照，从不相疑！"王僧辩说。

"对父亲您擅自改立梁主之事，陈霸先很是不满，他总有一天会以此为借口，进行报复的，父亲大人切勿大意！"王岂又说。

"嗬，二老爷和姑爷连夜从吴地赶来了，他们说有要事相商——"此时，侍从突然进来，向王僧辩报告。

同时，王僧辩见客人们已经走进门来了。

"哦，你们怎么突然来此？"王僧辩听罢起身，忙向大步走进来的女婿——吴兴太守杜龛和二弟——吴郡太守王僧智问道。

"近日，我们听吴地传言，据说陈霸先在那里招兵买马，就将起事，因此特来禀报！"王僧智和杜龛双双神色慌张地说道。

"啊……果有此事，我们父子也正在讨论此事呢！"王危起身说道，"多谢二叔和姐夫关心！"

"都是一家人，不必客气。我们此行，就是要岳父大人早做准备的！"杜龛说。

"……那么，依你们看来，我父子将如之奈何？"王僧辩不放心地问。

"我们应当效仿当年'鸿门宴'之故事，以王危的婚事为借口，将陈霸先诱来我府，然后杀之！"王僧智斩钉截铁地对王僧辩说，"兄长可以立即差人前往京口，让陈霸先来京商量危儿的婚期！"

"也好，快刀斩乱麻，免得将来我王僧辩受辱于人！"王僧辩也下定了决心，"明天我立刻派人前往京口陈府，再下聘礼。"

然而，正在此时，外厅突然响起了一片哭声。接着，一位侍从慌慌张张地跑进侧室，向王僧辩等人报告。

"太……太夫人突然过世了——"侍从进来大叫道。

"啊，她方才还是兴高采烈的，为什么会突然归天了？"王僧辩大惊失色地问。

"乐极生悲，太夫人是因为二公子的婚礼高兴过度而去的！"那侍从说。

"啊，按例，因有母丧，危儿的婚礼必须延期呀。"王僧辩突然惊叫起来，"我们方才之计，就要落空了？"

"立即封锁消息，切勿将老祖母过世的消息传出去，不要让陈家人知道！"王岂立即惊慌地喊道。

"方……方才……陈侍中府上曾经来人送来婚庆礼品，他们恰巧得知了太夫人过世之事！"那侍从不安地告诉大家，"他们还说，就要派人前来帮忙治丧……"

"唉，我们的'鸿门宴'不能设了，此乃是上天的安排！我们本是异姓兄弟，上天不允我们兄弟相残。我们还是一切听天由命吧——"王僧辩听罢，叹了一口气，遂倒在榻上，接着，他起身向大家慢慢说，"我们还是赶紧安排老太太的后事去吧……"

王僧辩未能图谋陈霸先，然而陈霸先却在私下里积极谋划叛乱、谋取皇位，同时也是想一心谋害他的竞争对手王僧辩了。

为此，陈霸先则秘密制造了数千长袍，贮藏了大量的锦缎金银，以作部众们的赏赐之物。

这一天，陈霸先召集了徐度、侯安都、周文育等人，正在京口府中紧急商议起兵大事。

"……在梁武帝众多的子孙中，唯有元帝萧绎最能够复仇雪耻，其子萧方智何罪，却要遭到废黜。我与王僧辩一同为元帝萧绎效命，讨伐侯景，王僧辩却因为胡虏齐人的威胁，废黜了萧方智，而改立了萧渊明为帝。为了申明大义，我应当不顾与王僧辩的私情而起兵谋袭建康！"陈霸先向部属们激昂地说道。

"齐人的行为实在可恨，他竟要我朝改立君主！"部将们也气愤地说，"我们不如就以此为借口，反了朝廷，以便大将军您登上大位！"

"齐军还即将入侵我国领地呢！"记室江旰也向陈霸先报道，"请诸位做好准备！"

"不错，我们不如先下手为强，趁机发兵攻打建康，灭了萧渊明！"陈霸先立即说道。

"此外，大将军应当知道：如今大将军与王僧辩成了国中两柱石，楚汉不两立呀！"部将徐度激动地说道，"今日大将军与王僧辩只能是你死我活！"

"我们要杀掉王僧辩？"侯安都问，接着说，"据说，王僧辩虽然拥兵数万，但他的兵马大多都在京外，他身边少有兵力，我们正可趁机下手，杀掉王僧辩啊！"

"正是！如今天下也只剩下我和王僧辩两人了，我决不做当年的楚霸王，我要做大汉高祖——"陈霸先大叫道，"斩草除根，杀掉王僧辩，建康就是我们的了！"

"大将军高见！不过，何人据守此地？"徐度等部属们急问陈霸先，"大将军此次行动，动则必须胜利！"

"请著作郎陈昙据守京口，徐度、侯安都率水军赶往石头城。"陈霸先俨然下令道，"我本人将亲率大军直赴建康台城，袭击王僧辩。"

"得令——"众将应声而去了。

当初，王僧辩得知北齐兵已抵寿春，将要向南进犯，即遣人告诉陈霸先准备防御，陈霸先却就势趁机举兵进袭王僧辩。接着，陈霸先命侯安都和徐度率领水军从京口直逼石头城，亲率骑、步兵自江乘罗落桥与二人会合。此时，知道此事的也只有侯安都、周文育、徐度和杜棱，外人皆以为是去抵御北齐兵。

侯安都率军至石头城北，弃舟登岸，将趋石头，此时陈霸先却犹豫未进，侯安都见了大惊失色，忙追上陈霸先。

"今日做贼，事势已成，生死须决，大将军为何反而临危犹豫不决？"侯安都大叫道。

"我当立即进军，侯将军不必见疑！"陈霸先说着，遂麾军而上。

此时，王僧辩仍没有察觉。

于是，陈霸先率兵突然杀奔到台城前阶，派勇士从城北越入，又转身从内杀出。见陈霸先前锋突然袭击而来，台城外面的守将措手不及，纷纷逃散了。

石头城北接冈阜，不是很高，侯安都便披挂甲带长刀，让手下将其捧起，投到女垣内，军士相继而入，直逼王僧辩卧室。陈霸先也率步骑从南门入城。

王僧辩虽然经过前次众人的提醒，对陈霸先已有所警惕，但是他万没有料到，陈霸先竟然来得如此之速。因此，见陈霸先杀来，他大惊失色，只好上前勉强迎战，慌忙率众抵挡苦战。然而，王僧辩虽然英勇，但是因事出突然，准备不及，无奈身边又只有数十名侍卫，不是陈霸先的对手，所以，战不到几个回合，王僧辩就慌忙退缩。最后，王僧辩只好带着其子王危躲避到南门城楼上去了。

陈霸先见此，遂麾众围攻，急得王僧辩仓皇失措，没想到陈霸先竟真的对自己下手了，并立即要与他决战，于是，他只好婉转地向陈霸先求情。

"陈大将军，莫非你真的忘了我们昔时的手足之情？"王僧辩向城楼下大喊。

"王大将军倘若能记得我们情意，你又为何屈服于胡虏，改立梁君？"陈霸先借口，向城楼上大声斥责道。

"你我莫非……"王僧辩再叫。

"我们如今唯有国仇，没有私情！请你立即投降，否则，我就要放火烧毁此楼了！"陈霸先怒吼道。

说罢，陈霸先遂令人搬集薪柴，准备放火。王僧辩在万般无奈之下，只得率子走下城楼。

"将军为何如此无情？"王僧辩垂头丧气地问陈霸先，"你竟然要灭我？"

"那么，我犯何罪，你……竟敢借齐兵伐我？齐兵既来，你却为何不加防备？"陈霸先又找出借口，怒然责问王僧辩，"像你这种无义之徒，人人得而诛之！"

"我委托你看顾北门，你却自毁营垒，逃避齐军，你怎能反说我没有防备，是你玩忽职守啊！"王僧辩朗声说道。

陈霸先听后，无言以对，但是，兵枪相对，火气正浓。王僧辩父子在强力之下，毫无办法，只好悻悻下城投降了。

"王僧辩老奸巨猾，威压全朝，应当立即除之！"陈霸先沉默了一会后，随即向徐度令道，"你们干净利索，要尽快斩杀王僧辩一家，切不可姑息养奸——"

于是，徐度等部属们遵照陈霸先的将令，带着王僧辩父子去了。接着，陈霸先迅速地派人将王僧辩父子府第全部包围，以便就地将他们处死。

得知建康陈霸先兵变，萧渊明派青州刺史程灵洗率部赶来援助王僧辩，结果，他也是大败而退。见程灵洗到来，陈霸先立即对他软硬兼施。首先，陈霸先用大军弹压，接着，陈霸先允诺给程灵洗做兰陵太守。于是，程灵洗也就只好投降了陈霸先。陈霸先随即传檄内外，细数王僧辩之罪，杀尽了王氏家族。同时被斩草除根的王家兵将约八百人。

萧渊明得知王僧辩已死，也就只好甘愿退位自保，举手投降了。

战胜了王僧辩后，陈霸先立即迎奉晋安王萧方智复位，并颁诏大赦，改元绍泰，各官受赏。同时，萧渊明被任命为司徒、建安郡公；陈霸先为尚书令、都督内外军事兼任扬、徐二州刺史。

吴兴太守杜龛听说岳父王僧辩遇害，当即据城拒御陈霸先，王僧辩之弟吴郡太守王僧智也响应杜龛，王僧辩的心腹——义兴太守韦载也开始起兵反抗陈霸先。陈霸先当即派其侄儿陈蒨回长城故里，筹备军事，以防御杜龛等人的袭击。

杜龛命令部将杜泰率军五千偷袭陈蒨，并给陈蒨杀了个措手不及。不料，一个月后，陈蒨却又反以偷袭之计，大败了杜泰。于是，杜泰受挫退却。

接着，陈霸先令周文育攻打义兴，义兴太守韦载顽强抵御，周文育势难支撑。于是，陈霸先令高州刺史侯安都、石州刺史杜凌留守京都，自己亲率大军前来接应周文育。

　　谯、秦二州刺史徐嗣徽的堂弟徐嗣先是王僧辩之甥，僧辩被杀后，徐嗣先怂恿徐嗣徽投靠北齐，以便合兵反抗陈霸先。听得陈霸先攻打义兴，徐嗣徽便秘密联络南豫州刺史任约，乘虚袭击建康，潜入石头城。

　　陈霸先到了义兴，督兵猛扑，韦载抵挡不住，只好投降。陈霸先以好言相劝，并将韦载收归旗下，命令韦载的族人韦岁为义兴太守。接着，陈霸先自回建康。

　　"现在义兴已下，此命令周文育援助长城，以图大胜！"陈霸先令道。

　　周文育应声去了。这时宁远将军裴忌走来说："吴郡地势险要，那王僧智将如何处理？"

　　"哦，吴郡可用智取！"陈霸先说，过了一会又说，"宁远将军裴忌听令：我令你趁今晚夜黑，率轻骑夜袭吴郡，杀败王僧智！"

　　"末将听令！"于是，裴忌答应，且率军南去。

　　接着，裴忌率军急进，半夜抵达吴郡城下，鼓噪登城。守将王僧智从梦中惊醒，以为大军杀入城中，遂惊慌失措地从后门逃走，轻舟飞奔吴兴。接着，裴忌进了吴郡城，陈霸先令他为吴郡太守。

七十一、僧辩灭，霸先建南陈

陈霸先到达建康后，准备立即攻打石头城，但又忽听部将来报，说北方的军情紧急。

"齐军带着大批粮草、牲畜前来援救徐嗣徽，并且已经到达湖墅！"北疆部将向陈霸先报道，"希望大将军分兵抵御齐军！"

"这……如何是好，徐嗣徽乃是一员智勇能将，如今又有了齐人的援助，我们切不可漠然视之！看来……我暂时还无力进攻石头城。"陈霸先向韦载问计，"韦将军以为我军应当如何进行？"

"无论徐嗣徽如何，我们都要从长计议，'兵马未动，粮草先行'！"韦载胸有成竹地对陈霸先说，"目前，徐嗣徽有了大批的给养，我军也应赶紧在淮南筑城，以保我东路的粮道，再分兵切断敌人的粮道。同时，令侯安都将军夜袭徐嗣徽的老巢秦郡，这样，不出十日，北齐将领的首级就会献给大将军麾下了！"

"此计很好！"陈霸先说道，"我们将依计而行，派兵夜袭江北齐军，火烧北齐粮船，围困石头城，切断城内水源——"

结果，此计实施后，形势果然大变。齐军因此不能再进，只得在仓门水南设立两道木栅，与陈霸先对抗。然而，齐军虽然拼命攻击，但却毫无进展。而此时，侯安都却已经偷袭了秦郡，俘获了数百敌兵，并将徐嗣徽的府宅洗劫一空。

接着，陈霸先若无其事地令侯安都出阵与徐嗣徽对战。

"昨日，我去了老弟家中一趟，得到了这些东西，这东西对打仗是没用的，所以我又奉还给阁下来了！"在阵前，侯安都派人将徐嗣徽家中的琵琶交给徐嗣徽，并附信说道。

"哎呀，陈霸先的兵马已经进入了秦郡，并且洗劫了我府！"徐嗣徽看罢大惊道。

随即，徐嗣徽派人向北齐兵营求援。

北齐淮州刺史柳达摩立刻越过秦淮河列阵，但却被陈霸先猛烈进攻、纵火焚烧木栅所打败，齐兵损失惨重。徐嗣徽与任约率领齐兵北攻浦口，又被侯安都杀败。见不断遭受挫折，徐嗣徽与任约慌忙撤退，投靠并进入了北齐的石头城大营，据垒抵御。

陈霸先见此，赶紧率众奋战，但是经久未下。

"徐嗣徽和齐人柳达摩等人仍旧坚守在石头城上，恐一时难下——"侯安都忧虑地对陈霸先说，"此时我建康城中粮草不多，倘若这样继续下去，将大事不妙！"

"你且带人切断石头城的水源，其营中无水，必然败退！"陈霸先令道。

于是，陈霸先的兵士立即爬上红土山，切断石头城四周的河流。石头城内水断，三日后，柳达摩不得不向陈霸先提出议和，并要求陈霸先以世子陈昌朗做人质。

陈霸先明知齐人反复无常，但是，因为此时，建康城外诸军未能被完全平定，建康城中的粮草又十分不济，所以他才也勉强地点头同意了柳达摩和解的意见。

接着，齐人撤离了石头城，陈霸先的力量基本占据了上风。

后来，柳达摩率兵归国，齐主高洋得知柳达摩私自许和，又损兵折将，遂大责柳达摩，并将他处死，另派仪同三司萧轨调军南下，企图再次大战。

在杜泰的帮助下，陈蒨与周文育率引着梁军，进入了吴兴城，并将烂醉如泥的杜龛一刀杀死。于是，吴兴陷落，杜龛之妻王氏入庵为尼；王僧智及其弟弟王僧暗从后门逃走，投奔北齐去了。

接着，陈蒨与周文育率梁军赶到会稽，除掉了王僧辩的另一个死党东扬州刺史张彪。得到吴兴和会稽的捷报之后，陈霸先如释重担，欣然回朝。

"啊，我讨伐王僧辩的战争，终于胜利在望了！"陈霸先高兴地说。

"启禀大将军，徐嗣徽和任约在齐大都督萧轨的援助下，联军十万，趋近梁山，再次袭击了采石，并活捉了明州刺史张怀钧——"此时探马又忽然向陈霸先报告。

"哦，贼军马不停蹄！"陈霸先闻知大惊，急忙下令，"请帐内荡主黄丛火速率兵堵截徐嗣徽与任约——"

"黄丛迎头痛击齐兵，已获初胜，杀死齐兵数百，齐兵受惊，开始向芜湖退却！"侯安都前来向陈霸先报道，"然而……北面的敌兵还在纷至沓来……"

"唉，齐人为何如此一意孤行？"陈霸先叹道，"莫非齐人是我陈霸先前世的宿怨？"

"先前齐人曾经致书，要求召回建安公萧渊明，无奈萧渊明因病而死在途中。齐人未见到萧渊明，心生疑虑，以为是我军在作怪，遂入丹阳，至秣陵，似乎仍要与我军抗争下去！"侯安都说，"目前，我京郊不稳。"

"急令周文育出屯方山，徐度出屯马牧，杜棱出屯大桁，抵御齐军——"陈霸先大叫。

于是，在周文育率军阻击下，齐人改道南奔：他们跨淮筑桥，立栅渡水，自方山直进倪塘，游骑竟然抵达京都，京城建康为之大震，军情危急。

见此，陈霸先立即召回周文育等人，亲督大军驻屯白城。周文育赶来，与齐兵对战，两下交锋，大风骤起，扑入梁营。陈霸先立即鸣锣，要求收兵。

"大将军何故鸣金收兵？"周文育惊问陈霸先。

"用兵最忌逆风，应当收兵！"陈霸先答道。

"大将军此话不妥！如今军情紧急，用兵岂能仍用通常的兵法？"周文育急忙叫道，"此时如果不杀退敌人，敌人就会进驻建康，我军就会一败涂地了——"

"哦，既然如此，就请将军仍然率军出阵厮杀！"陈霸先对周文育说道。

于是，周文育抽出槊枪，再次上马，率领众军向前一场拼搏，搅得地覆天翻，并且擒斩了齐军无数。

"徐嗣徽又引领齐军侵扰耕坛，待末将前往杀敌？"侯安都又向陈霸先请战。

陈霸先点点头。于是侯安都的十二名骑兵驰入敌阵，左右冲杀，弄得敌人兵溃阵乱，纷纷倒退。齐将乞伏无劳见了，十分恼怒，遂单枪匹马迎战侯安都，然而，不过三个回合，就被侯安都活捉过来。徐嗣徽见齐将被捉，慌忙率兵退回。

接着，齐军潜入幕府山，数十船粮草由山后运来，而陈霸先事先得知，命令严防。

"钱明，请你立即带领水师，绕到齐军身后的燕子矶，截击齐兵粮草！"陈霸先密令别将钱明道。

"末将得令——"钱明应声率兵而去。

很快地，钱明率军一阵冲杀，结果，劫获了十余船粮草，回到幕府山南。于是，经过多日征战，齐军粮乏，以至到了宰杀驴马充饥的程度。齐人无法，只得率军南来，潜入钟山的密林深处。

"如今齐军已经饥困，溜入钟山，势成流寇。"陈霸先说着，接着下令，"现令吴明彻、沈泰等将分屯乐游苑、覆舟山，以便切断敌人的退路！"

众将应命前去，沈泰趋军由钟山南下。此时，齐兵再趋玄武湖，占据北郊坛，梁廷台城殿宇已可隔湖在望了。梁军惊慌，急忙从覆舟山移师坛北，阻抗齐军。

此时，突然天降暴雨，连日不停，鸡鸣埭下，平地涨水数尺，于是齐营陷入了水中，兵马少粮缺草，人心惶惶。齐人泡在泥淖中，脚趾腐烂，只好悬锅作炊，情形万分艰难。

但在此时，梁军营垒高居山南，粮食又由陈蒨从城内不断地运来，情况大有好转。

"启禀大将军，末将已从城中运来大米三千斛、肥鸭数千只，以为我军所用！"此时，陈蒨押送车队到来，并向陈霸先报道。

"哦，很好！立刻命人炊米煮鸭，用荷叶裹饭夹上鸭肉，让将士们饱餐之后，次日麾众直出幕府山中，与饥疲的齐军大战——"陈霸先听后立即兴奋地下令道。

因为，此时双方境况大变：一边齐军在洪水中饥困难忍，一边梁军在高原上饭鸭饱餐，所以，力量悬殊，齐军渐渐难以支持，只得慢慢地又冲破梁军的阻挡，向幕府山后退去。

陈霸先率大军再次将齐军向北压去。侯安都带着部将萧摩诃为先锋，首先登上了幕府山山顶。到了山顶后，侯安都与部将萧摩诃兴味盎然地对起话来。

"卿骁勇有名，然而，百闻不如一见！"侯安都对萧摩诃说。

"嘿，末将今日就要让公亲自见上一见了——"萧摩诃朗声大笑道。

"哈，我愿意领教！"侯安都也笑道。

随即，萧摩诃与侯安都一起杀入敌阵。齐兵见他们来势凶狠，急忙下令射击。但侯安都毫不退缩，冒险向前，身受数箭也毫无惧色，不幸马眼中了一箭，马将侯安都跃落在地。于是，齐兵将士一哄而起，赶紧前来捉拿侯安都。

然而，正当在此危急之际，突然，侯安都只听得头顶上爆发出了一声大吼，随即，一位少年将军从天而降，同时用槊四拨，将齐人挑得东倒西歪，并趁机救起了侯安都。

原来他就是萧摩诃！于是侯安都换马再战，齐军纷纷披靡。

接着，陈霸先令部将吴明彻、沈泰等人首尾夹击，纵兵砍杀，于是齐人乱了阵脚，大溃北逃。梁军随即追赶而去。

经过数次征战，最后，齐兵全军覆没。陈霸先活捉了齐大都督萧轨和徐嗣徽、徐嗣宗兄弟。任约、王僧暗拼命奔走，才勉强逃脱。

齐主高洋得知齐军在南梁惨败后，立刻斩杀了陈霸先留在齐国做人质的世子陈昙朗。

遭此大败，北齐主高洋大怒，本打算再发大军伐梁报仇，无奈国内杂事又起，加上他又一心想着荒淫残暴的生活，所以他也就暗暗地收起了往昔的雄心壮志，无心南下了。

陈霸先得胜后，率领梁军凯旋还都，杀尽了齐军所有的俘虏，内外解严。于是，梁主萧方智晋升陈霸先为司徒、长城公，并对其部属大加赏赐。陈霸先还将他的徐州刺史之职让给了侯安都。不久，陈霸先又被加封为丞相、录尚书事兼镇卫大将军、扬州牧、义兴公。

此时，陈霸先以为自己的大事已经"万事俱备，只欠东风"了。于是，踌躇满志的陈霸先便开始了他自己称帝的具体筹划。

但是，此时驻守在始兴的晋州刺史萧勃晋升为太尉后，仍旧对朝廷中的陈霸先阳奉阴违，在国家多难、陈霸先无暇南顾的时候，萧勃随即抓紧时间招兵买马，与各路叛将联络，以图一逞。

当初，王琳回去支援江陵，晋州刺史萧勃遂迁居东衡州治所始兴城，守将欧阳危被调任郢州刺史，经萧勃的拉拢，欧阳危也同意与萧勃一起发兵讨伐陈霸先。

终于，在太平二年，陈霸先野心渐渐显露，于是，萧勃指责陈霸先不忠，并开始借口讨伐陈霸先，在广州发难。他先派欧阳危做先锋，侄儿萧孜的部将傅泰为副，并檄令江南刺史余孝顷率兵会合，共同讨伐陈霸先。

此时江南的陈霸先对萧勃的叛情尚一无所知，北国又出现了朝代更替：西魏已经被北周所代替。接着，宇文护又渐渐掌握了北周的大权。

北周的变换，也使得早想称帝的陈霸先产生了急起直追的念头，他要努力效仿北国，做出改朝换代的美梦。于是，陈霸先成了丞相后，手握大权，遂将梁主萧方智视为多余。陈霸先加紧与亲信们策划于密室，活动于四方，准备自己篡取皇位。

这天，京都风和日丽。陈霸先正与众将在府中计议篡国的大事。

"启禀大丞相，南方萧勃业已起兵反叛，他说大丞相有谋篡之心，声称要讨伐大丞相！"这时周文育突然进殿叫道，"正当我们计划建国之际，萧勃却又来扰乱，应当立即讨伐——"

"反贼萧勃实是可恨，诸位暂且停止建国大事，首先齐心讨伐萧勃——"陈霸先听罢大怒，接着下令道，"平西将军周文育，现在我命令你首先调军抵御萧勃——"

于是，周文育应声率兵出了南郊，众将也纷纷整装待发，时刻听令。

临行时，周文育向陈霸先询问破敌之计。

"据说，巴山太守熊昙朗也曾接到萧勃、欧阳危串联共谋的书函，倘若他们共同谋反，我将如何击退他们？"周文育问陈霸先。

"对此，你大可放心，熊昙朗和高州刺史黄法现在已经归附了我们，至少在目前，他们还不会随萧勃起兵反叛的！"陈霸先对周文育说，"不过，你倒可以将计就计，让熊昙朗假意答应萧勃，愿与欧阳危同谋高州。你在暗中却与高州刺史黄法互相勾结，共商破敌之计！"

"哦，这样很好！高州城外山高地险，树木参天，我让熊昙朗提前在彼埋下伏兵！"周文育说道，"如此便能以计胜敌了！"

"哈，这样一来，萧勃之叛就可望一举被平息了！"陈霸先坦然笑道，接着又说，"只是……熊昙朗乃是反复无常之辈，你用他时，也必须时刻注意防他！"

"末将谨记大将军的嘱咐！"周文育答道。

话说郢州刺史欧阳危得知熊昙朗同意起兵反陈，遂率兵来到高州城下，并且下马走向假意前来迎接他的熊昙朗面前，不料此时，他突见四处人喊马叫，漫山遍野，都是官兵。欧阳危料知中计，陷入了高州层层埋伏的陷阱之中，难以出逃。他连忙指挥部众向山下冲去，却又没想到高州刺史黄法，早已在山侧设下了伏兵，使欧阳军马陷入险境。于是，欧阳军马在乱树丛中左右冲击，也未能杀出重围。

欧阳危只好丢弃了所有的军械，引兵向草丛中退逃。于是，熊昙朗收拾好马仗，满载而归，并将军需悉数送给了周文育大营。

"我军应当西去豫章御敌，但缺少舟船，如何是好？"接着，周文育又问众将。

"叛党余孝顷的船只，正好汇集在上牢，我军正可前去抢夺！"此时探马说道。

于是，周文育连夜派军潜入上牢，突然袭击，又从余孝顷的手中夺得了数百舟舰。接着，周文育引军溯江而上，到达豫章，立栅屯兵，准备御敌。

然而，此时粮运不济，周军已到弹尽粮绝的境地，众将因此惊慌不已。

"我军目下粮食缺乏，如何迎敌？不如还师！"众将纷纷向周文育请求道。

"大军行进将半，岂能中途而废？"周文育反对道，"我可以派人从山路去衡州，向刺史周迪借粮！周迪与我情同手足，他必会同意借粮给我们的，诸位不必忧虑！"

"既然如此，我们即凭将军做主！"众将惶惶不安地说道。

接着，周文育派使者持书来到衡州，面见了刺史周迪，递上书信，周迪接书见书上写道："迪兄无恙，今为弟破敌在即，无奈军中粮乏，欲借若干，切勿推辞……弟周文育敬上。"

看罢来书，周迪觉得有了为陈霸先军队出力的机会，喜不自禁，随即派兵将粮草运往周文育营中。周军得到粮食后，上下兴高采烈，正欲进军出战。

"不可轻易出兵！"周文育此时又劝阻将士们道，"如今叛军左右设营，正在窥测我军的动向，倘若我军大张旗鼓地出战，他必然会严加防守，那样我们就难以速胜了。"

"将军之意？"部将们问。

"芊韶深藏密林之中，左临欧阳危、萧孜的营寨；右靠傅泰、余孝顷的营寨，我们先让老弱各兵乘船东下，自毁营栅，故作粮草将尽、狼狈出逃之状。"周文育认真地说，"那时，余孝顷见我军东返，决不会再作防备。而其实，我军的主力此时已经绕过上游，潜据到芊韶，在那儿筑城养兵，修垒营寨，待时机一到，就突然出击。哈，到那时，敌兵再想逃跑也恐怕来不及了——"

众将听罢，无不心悦诚服，遂照计而行。

到了次日中午，余孝顷见周文育兵马的老弱病残东返后，真的以为周文育大军撤退了，于是，他立即坦然地解散了军阵，让兵士们立即饮酒作乐。然而，数日后，正当余孝顷扬扬自得、醉生梦死之际，忽然听得后山在芊韶方向，传来了周军哗然大作的吵闹之声。

"啊，坏了，我余孝顷已经中了周文育的懈兵之计——"余孝顷听了忙向部属们大叫，"众将们赶紧撤退！"

"我们要逃出山谷？"部属们急切地问。

"是的，全军转移！"余孝顷说。

随即余孝顷慌忙组织人马，率军逃出山谷。但在此时，他见欧阳危、萧孜等人都不愿率军抵御了，而是惊慌失措地移营以求自保，于是，他感到一阵惊慌和害怕。

接着，欧阳危率军刚刚移到泥溪，就见梁将周铁虎引军赶上，并且跃马挺枪。看看周铁虎的长槊就要刺到自己的马后，欧阳危只好回头大战，不料十个回合，他就被周铁虎大喝一声活捉了过去。欧阳危随即被周铁虎送进周文育的大营。

"败军之将，还有何说？"周文育见了欧阳危就厉声问道，"你也是个文武全才，且有清名在外，为何竟然随从了反贼？"

"将军息怒！"欧阳危见问，立马答道，接着他叹息道，"唉……末将本也不想与朝廷为敌，无奈受到萧勃的逼迫啊！"

"哦，既然如此，就请将军投降！"周文育说。

"末将愿降——"欧阳危答道。

周文育听罢大喜，立刻起身前来，亲为欧阳危松绑，并带他同舟饮酒，率兵来到庶口城下。

此时，傅泰也在仓促迎战，几个回合后，也大败而走。梁将丁法洪驱马追上，又将他亲手擒了过来。

萧孜、余孝顷见两将被擒，吓得魂飞天外，只得双双逃命。

德州刺史陈法武，前衡州刺史谭世远接到萧勃的檄文，正率兵前来准备给萧勃助阵，但是，他突然闻得萧勃大军已经溃败，于是，他灵机一动，立即倒戈，将矛头刺向萧勃。并且一哄而上，当场杀死了萧勃，将萧勃的首级取下，呈给梁军，以便邀功请赏。

经过几场拼杀，萧勃的叛变遂告平息。

于是，周文育率领着大军和俘虏胜利回京。陈霸先释放了好友欧阳危，并因他在岭南一向威信颇高，任命他为衡州刺史，让他去招抚岭南。果然，欧阳危一去，岭南各郡都望风归顺，因此广州告平。

七十二、讨王琳，陈主将离世

接下来，陈霸先就要着手篡位大事了。此时，在陈霸先亲信的逼迫下，傀儡梁帝萧方智已让陈霸先晋升为相国，封陈公，并给他加封九锡之礼，接着，再晋封陈霸先为陈王，建天子旗。后来，陈霸先又令部将亲信们逼迫梁主禅位。

在此强势威慑下，梁主无奈，只好立即将帝位拱手让给了陈霸先。尚书左仆射兼太保王通、司徒左长史兼太尉王锡向陈霸先捧上御玺。陈霸先也假意经过三揖三让，再经百官劝进，而后再欣然接受了梁主禅位。

"请将军沈恪带兵入殿，逼梁主出宫！"中书舍人刘师知说道。

"我事梁主萧氏多年，今日不忍心做这种逼宫之事，情愿受死，也不敢从命！"沈恪不愿遵命，并跪向陈霸先哭泣道。

"那么……就改派荡主王僧志胁迫梁主迁居别宫吧！"陈霸先看了沈恪一眼后，不悦地命令道。

于是，自萧衍篡齐以来，萧梁共传四主五十六年，终被陈霸先所灭。不久，陈霸先又令人秘密地处死了废帝萧方智。梁主萧方智被害时年仅十六岁。

此时，陈霸先在建康南郊即位，定国号为陈，改元永定。封梁主萧方智为江阴王。册立已故的世子陈昙朗为孝怀太子，夫人章氏为皇后，封被西魏掳走、困在长安的二子陈昌为衡阳王，侄儿陈顼为始兴王，在京的侄儿陈蒨为临川王。

陈霸先在即位之前，就曾经命令周文育、侯安都率军一万去攻打上江的异己将军王琳。大军到达武昌时，武昌守将樊猛就因抵挡不住王琳而弃城归附了王琳。侯安都正打算进兵，不料，陈主陈霸先受禅的文书到了军营，从而使军中将帅一时震动。

"唉，陈霸先……他已经篡位，如今，我们连出兵的借口也没有了！我军必败……"看了文书后，侯安都凄惨地叹息道，"况且，我为西道都督，周文育为南道都督，我们将士们意见又不相合，常有争吵，岂能有胜？"

"如今之势，令人担忧……"众将闻过则悲。

于是，部属们随侯安都进兵郢州，与王琳交锋，但因人心不振，所以，当阵上的战鼓刚刚"咚咚"擂起时，众兵不进反退，当然就被王琳打得一败涂地了。

接着，侯安都率引残部与周文育一起，兵进沌口，而此时，王琳却早已在此布置好了伏兵，当侯、周兵马刚进入到他的伏击圈后，就立即遭到王琳大军的袭击，全军溃散。结果，周文育、侯安都以及部将周铁虎都被王琳擒获，其麾下部众被擒者甚多。

当下，周文育、侯安都、周铁虎等人都被押送到王琳营中。

"身为梁朝的大将，却成了篡国逆贼陈霸先的帮凶，你们为虎作伥，助纣为虐，害我梁国军民。如今，你们已成我王琳的阶下囚，还有何话可说？"王琳怒发冲冠，向俘虏们叫道。

韶关南陈名将侯安都遗迹　　　　　　侯安都土司庙

"我帮助了篡位之人陈霸先，羞愧难当，今日到此，我无话可说……"周文育假装痛心疾首地说道。

"嗯，但求将军发落……"侯安都也垂头丧气地说。

"要杀便杀，还啰唆什么？"周铁虎大叫道，"你们也不过是一群逆贼而已！你以为你还能翻天覆地不成？"

"逆贼狂妄，速将他拉出去斩了——"王琳一听周铁虎说话，立即大怒，忙向左右下令道。

于是，王琳令人斩杀了周铁虎，并将周文育、侯安都用铁链锁在自己大船的后舱中，派宦寺王子晋看管，自己却走回前舱歇息去了。接着，王琳令人开船前往湓城。

夜深人静，江风呜咽。周文育、侯安都随船行到白水浦。此时，侯安都侧耳细听，觉得舱外王琳等人已经离开了后舱，走远了，于是，他回头看着眼前的王子晋，就要说话。

"子晋知否，如今已是陈主陈霸先的天下了，我与周将军都是当今天子陈霸先的大将，只要你能救得我们一命，我们一定会涌泉相报！"思考了一会后，侯安都向王子晋说道，"我们能保你荣华富贵！"

"倘若子晋能救得我和侯将军，将来你的高官厚禄，自然不在话下！"周文育也赶紧接上来，劝告王子晋，"现在已经夜深人静，子晋不如砸开我们的锁链，我们三人一同乘小舟上岸，去建康投奔陈主！"

"啊，万一被王琳将军发觉……"王子晋已经心动，但仍旧有点犹豫。

"王琳已经熟睡，他怎知我们会就此上岸呢？"侯安都急促地说，"事不宜迟，子晋尽快动手吧！"

王子晋听到这里，也就开始行动了。于是，三个人七手八脚，很快砸开了锁链，上了小船，立即将小船划到江岸，接着，又弃舟进入江岸山林之中。而在此后，王琳在船中一觉醒来，却发觉王子晋和侯、周二人已不见踪影，心知大事不好，十分懊恼。于是，为了采取补救的措施，王琳遂把湘州军府移至郢城，并令樊猛前去袭击江州。

陈主陈霸先得知讨伐王琳的部队全军覆灭，十分懊恼，忙召集众将计议。

"此番朕讨伐王琳失利，我们怎么办呢？"陈霸先垂头丧气地问众臣。

"这……应当再派大将前去征讨！"侍郎萧乾出班奏道。

"启奏陛下，周文育、侯安都二位将军业已安然脱险，他们回京面奏皇上来了！"此时，突然侍臣从外面进来，向陈主跪奏道。

同时，周文育、侯安都、王子晋三人风尘仆仆，跑了进来，同时跪伏于地。

"罪臣在战争中被王琳所擒，押在舰仓中，幸得王子晋侠义相救……"周文育、侯安都齐声向陈主哭诉道，"请陛下发落！"

"哦……既然卿等能够大难不死，朕……"陈霸先起身向他们说着。

"陛下应当让他们戴罪立功……"萧乾走上来，轻声地对陈主说道。

"卿等乃是国之名将，如今正是用人之际。朕决定立即下诏赦免卿等，让卿戴罪立功！"陈主听后说道，"此外，朕还要重赏王子晋！"

"诚感我主隆恩——"三人跪拜，齐声谢道。

"据说……王琳袭击了江州，朕本欲再伐王琳，可无奈西南各郡的降将情绪未稳……"过了一会，陈主又说。

"自然尚需兵来将挡，水来土掩……"萧乾斩钉截铁地说。

"倘若西南各郡的降将反复无常，将如何处理？"陈主说，"朕以为应当先行招抚西南，以免他们中途变故。现在，朕命令侍郎萧乾前往西南招抚各郡去吧！"

于是，萧乾应命而去。不久，萧乾向陈主呈来捷报，声称西南告平。

见西南都能屈服投降，陈主陈霸先遂任萧乾为建安太守，以便他镇抚远近，安抚西南各军。

为了再次讨伐陈霸先，王琳只好到溢城招兵买马，积蓄力量。

"如今我上江兵力不足，大将军还应笼络北江州刺史鲁悉达，以使江州为我所用！"樊猛向王琳说道。

"将军所言有理，我要立即任命北江州刺史鲁悉达为镇北将军，并给他送上珍宝和美女！"王琳说道。

"如此正好！"樊猛点头说道，"请王公马上行动！"

于是，王琳立刻派部将李孝钦来到江州，给鲁悉达送上礼品。但是，鲁悉达一向是个没有主见的人，诸事多听夫人做主。因此，这次见李孝钦欲施拉拢之计，鲁悉达就连忙走进内室向夫人说及。

"如今王琳已派李孝钦为我送来任命文书和珍宝，夫人以为应当如何处理？"鲁悉达问夫人，"而陈主陈霸先的诏书也已经到达江州，他任命我为征西大将军。双方都给我送来了鼓吹女乐和金银财宝……"

"礼物既然送来，老爷不如一概收受，做个骑墙将军，西不拒王琳，东不却陈霸先！"夫人非常得意，并且高兴地笑道。

"不过，如今尚不知东方、西方他们谁胜谁负，骑墙也很危险……"鲁悉达不安地说。

"其实……现今将军并不知谁是真正的靠山，说不定他们都会谋袭我江州呢！老爷只能坐山观望，两边不就！"夫人说，"将军务必要防备东西两面兵马的袭击啊！"

鲁悉达听罢，点头称是。结果，陈主派安西将军沈泰袭击鲁悉达，鲁悉达严密防守，从而未使敌人有隙可乘。但是，王琳想引兵东下时，也被鲁悉达截在中流，未能让他前进。

王琳见江州难下，急忙向北齐求援，并恳请北齐让萧绎之孙——永嘉王萧庄延续萧梁的国脉，将他立为梁主。

当初，江陵陷落时，七岁的萧庄藏匿在尼姑庵中，后来转到建康，最后成为人质留在北齐。齐主应允了王琳的请求，当即派兵护送萧庄到郢州即位，并封王琳为萧梁的大丞相、都督内外诸军事、录尚书事。王琳遂以侍中大将军的身份，传檄四方，讨伐陈霸先。

听说王琳再次起兵，陈霸先立即派司空侯真、领军将军徐度率水兵做前锋，让周文育策应，逆江前去讨伐王琳。周文育来到衡州城下，向西南衡州刺史周迪喊话。

"刺史大人，别来无恙？我蒙新主陈帝的差遣，来上江消灭叛将王琳，望将军你能一如既往，还要大力协助！"周文育向周迪叫道。

"哦，陈霸先又与王琳斗起来了？"周迪听后向部属们说，接着又大笑道，"哈哈，这样一来，我也可在陈、王两军的夹缝中得到一席生存之地了！"

"倘若王琳率兵东下，刺史大人即可占据南川，并以护卫建康为借口，联络邻近各郡，以便最后谋取建康！"周迪的部属兴味盎然地对周迪说。

"这是自然的，我这就发兵前去！"周迪兴高采烈地说。

陈霸先见王琳、周迪都已起兵反叛，十分烦恼，他立即派人前去招抚了附近各郡。但是，周迪见陈霸先有了战略的准备，只好又暂时偃旗息鼓、按兵不动，仍旧声称效忠于陈主陈霸先。

此时，陈主陈霸先因为即位不久，国内反情不断，所以，内心忧虑加重，积劳成疾，渐渐病卧在榻上了。

"陛下为何忧虑日深？"侯安都入宫时，向陈主问道。

"上江王琳凶悍，要派大军剿杀……"陈主慢慢地说。

"大将周文育已经遵旨率大军去了，他不久就会有捷报到京。陛下不必操心，应当静养龙体！"侯安都说。

"不不，周将军虽猛，然而，他仍不是王琳的对手，还得侯爱卿你亲往上江，合兵共击，才能剿灭王琳……"陈主忧心如焚地说道。

"好，微臣遵旨——"侯安都听罢答道。

于是，侯安都出宫，也应命率兵向西去了。

在京城中，见陈主病情日重，朝内王公大臣，更加焦急不安。

这时，郢州王琳与萧庄等人也正在计议军事。

"周迪等人，表面上依附建康的陈霸先，然而，其实，他暗中却另有他谋，他也企图占据一地，称霸一方。倘若我军东下，他们也会在我后方作乱，因此，我们不如首先平定了南川周迪，再率军东下。"余孝顷对王琳说道，"我愿意召集本部人马，为将军你效力！"

"此言有理！"王琳说，"我立即命令部将樊猛、李孝钦、刘广德出兵临川，你总督三将威镇周迪！"

余孝顷应允而去。他先是向周迪征粮，弄得周迪惊慌失措，急忙求和，表示愿意输送粮饷。但是，余孝顷在得到粮食之后，仍旧不走，企图再三敲诈，樊猛对这种不守信用的行径很是反感。

"诚信乃是做人的起码道德！将军向周迪要粮，既然他已经照给了，你就应当按约，立即撤兵，却为何仍旧不走？"樊猛向余孝顷叫道。

"樊将军差矣！兵不厌诈，打战岂能讲诚信？"余孝顷不以为然地笑道。

"将军如此为人，为我们所不齿——"樊猛大叫道，"你如此一来，终会要逼使周迪狗急跳墙。你会因小失大的！"

于是，樊猛与余孝顷争吵起来，以致军心涣散。

果然，见余孝顷仍然没有退兵，周迪忙声明投靠陈霸先，向邻郡乞援。于是，吴兴太守沈恪、宁州刺史周敷等郡都联合发兵，援助周迪。于是，周迪军威大振，进逼余孝顷，并擒获了刘广德、余孝顷、李孝钦三将。而樊猛此时，不但坐视未救，反而奔回了湘州，修整兵马去了。

余孝顷被押送到建康，随即向陈霸先投降了。于是，陈主将他赦免，但是，余孝顷的弟弟余孝劢却仍然在死命抗拒，据郡打击周迪。周迪忙向陈霸先求援。陈主遂派周文育率兵前去援助周迪。

深夜，余孝劢得知周文育大军将到，遂向熊昙朗求救。

"叛贼陈霸先窃取了大位，他一心一意要灭我大梁丞相王琳，今日竟派周文育前来杀我，将军有何良策救我？"余孝劢急切地问熊昙朗。

"时间太紧急了，我只有率军也与周文育一道，为陈霸先效力了！"熊漠然地笑道。

"熊将军，莫非你……"余孝劢听后大惊道，"莫非将军你也要与叛臣陈霸先一起……"

"不不，我立即带兵进入周营，潜伏在其中，等到时机一到，就立即从中反杀过来。这样，周文育和周迪才会大败而逃！"熊昙朗仍旧笑道。

"哦……"余孝励听了，这才如释重负，立刻高兴起来。

接着，骁勇善战的周文育大胆地进军，打算与周迪会师，此时，却见熊昙朗也率兵来援。于是，三军共达万人，齐向余孝励奔来。然而，正当周军就要攻击余孝励时，不料，熊昙朗忽然从军中反叛，杀了陈霸先的得力大将周文育，并将其部将全部收归在自己的麾下了。

同时，熊昙朗率军浩浩荡荡地来攻周敷。但是，周敷事先得知了消息，急忙布置好了伏兵，严阵以待，所以当熊昙朗率军前来时，立即遭到周敷伏兵的冲击，熊军遂纷纷落入陷阱，原来跟随周文育的部将们也趁机纷纷反戈一击，内外夹攻，致使熊昙朗的大军一败涂地。

熊昙朗最后只剩下一人一骑，落入山中，被山民们杀死。

七十三、高祖崩，陈蒨即帝位

陈主在派出周文育再讨王琳后，随即又派侯安都支援。而当侯安都到达豫章时，方知周文育已被熊昙朗谋杀，此时他感到敌军强悍，连忙率兵退向京师以图自保。

当侯安都率军东归时，在浔阳地面上，他突然遭到王琳部将们的袭击。但是，侯安都被逼无奈，他只得迎头还击。然而，当侯安都奋勇当先，智勇结合，进击敌兵时，结果，他竟然也取得了一系列的胜利，并且截获了王琳的部将周灵、周南归、余孝猷等人。

几场胜仗，鼓起了侯军的士气，于是侯安都大胆地麾众向王琳的前锋常众爱杀去，并将常军打得落花流水。常众爱逃入庐山，被山民斩杀。山民遂将常众爱的首级送到侯安都的营中。侯安都派人将常众爱的首级送到建康请功，随即率军退到皖南。

夏日的一天正午，天气炎热，江南山城赤地千里。

侯安都率军到达屯溪，准备顺便拜谒正在皖南筑城的临川王陈蒨，于是，他信步向山上走去。

在屯溪临川王府中，侯安都与临川王二人一见，便热烈地攀谈起来。然而，正当二人热烈谈话间，建康派来的使者竟突然破门而入。

"启禀王爷，在京都，陛下已经驾崩了。满朝文武亟待王爷回京料理后事！"京使进门后，立即跪倒在地上，大声哭道。

"竟有此事！"陈蒨听了大惊道，"上月陛下还是安然无恙，怎么……"

"既然如此，王爷也不必再三犹豫！王爷应当火速前去建康，处理皇帝的后事！"侯安都赶紧上前向呆若木鸡的陈蒨提醒道。

"啊……好吧！"陈蒨犹豫了一会后，遂向侯安都说，"将军且与我一同赶赴京都！"

于是，二人率众快马加鞭，于次日中午赶到京都建康。

都中突遭大丧，外有强敌压境，内无选定的储君，而朝中的要员大多远征在外，留守京都的中领军杜棱与中书郎蔡景历等人入宫商议，只好打算拥立临川王陈蒨为帝。得知陈蒨已经进京后，杜棱和蔡景历立即来到中书省，走到临川王面前，齐声向他劝进。

"……我不便继承大统，还请诸位另立贤能吧！"陈蒨在中书省，拒绝众人要他继位的请求。

"殿下错了！如今除了王爷你，还有谁更有资格继承大统呢？"侯安都见了陈蒨的神态，十分着急，他慌忙向陈蒨劝告，"请王爷顾全大局，当仁不让，再不要拘泥于小节——"

最后，陈蒨只得含糊地答应。当下，侯安都离开了中书省，立即紧急地召集百官商议。

"目下乃是非常之际，我建议诸位立即前往后宫，恭请章皇后下旨，迎立临川王陈蒨为嗣主！"侯安都心急如焚地叫道。

百官面面相觑，不敢出声。接着，侯安都、杜棱等人决定，赶紧前往后宫，去拜谒章皇后。此时，皇侄始兴王陈顼见情况有变，匆匆溜进后宫，想抢先面见章皇后。

"今日皇子陈昌尚安然在周，他虽非先帝特定的储君，但他总是先帝血脉，朝中杜棱、侯安都等人竟敢拥戴临川王陈蒨为帝，皇后对此，岂能听之任之？"陈顼急切地对章皇后道，"皇侄陈顼奏请皇后下旨，为皇子陈昌索回帝位！"

"……皇儿陈昌被北周掳走，一直未能南归，也没被立为储君，东宫位置虚待，先帝临终之时昏昏沉沉，也没法指定陈昌是继位人，本宫即使想说，心中也没有底气呀……"章皇后心有余悸地说，接着又问道，"始兴王，你是否与侯安都等人都商量过了？"

陈顼正想再说，却见此时侯安都等人已到后宫，于是，他只得欲言又止。

"微臣恭请皇后临朝下旨，迎立临川王陈蒨——"侯安都等人一进宫门，就向章皇后叫道。

"……哦，众爱卿之意如何？"章皇后仍旧犹豫不决地问。

然而，百官见皇侄始兴王陈顼也在场，又顾忌到章皇后的本意，所以多有疑虑，众人都不敢多言。

"皇侄岂能代皇子拥有天下？"突然，陈顼向众人叫了一声，接着他又喃喃地说，"诸位欲拥立临川王……然而，衡阳王陈昌他……"

"国家社稷事大，现在四方未能平靖，我们岂能去北周迎接衡阳王陈昌前来即位？"侯安都大怒道，"况且，临川王他曾经为我朝立下了汗马功劳，本该继承大统，有谁还有异议，就先向我的宝剑来大发牢骚吧！"

侯安都说到这里，遂抽出长剑咆哮起来，并走到条案前，瞪眼看着一位正在发愣的内侍，狠命地举剑劈下，将那条案削去了一半。全场的人见了，个个心惊。

"我们绝无异议……"众人见此，竟纷纷齐声叫喊起来。

"臣等恭请章皇后千岁下旨，拥立临川王——"侯安都、杜棱、蔡景历等人又趁机向章皇后跪谏道。

"哦……众卿请起，本宫应允——"章皇后无法，只得赶紧说道。

"那么，敬请皇后拿出御玺！"侯安都紧接着进一步逼道。

于是，章皇后无奈，只好让出御玺，同意陈蒨即位。

接着，侯安都率众臣回到中书省，向临川王陈蒨极力劝进。陈蒨经过再三推辞，最后才来到太极前殿，即皇帝位。

此时，文武百官齐向陈蒨山呼万岁。于是新皇颁诏，大赦天下，追尊大行皇帝陈霸先为武皇帝，庙号高祖。一个月后，葬高祖于万安陵。嗣主奉章氏为皇太后，册立王妃沈氏为皇后；晋封皇侄陈顼为安成王；晋升司空侯真为太尉，侯安都为司空，杜棱为领军将军，其他文武百官也都各得加官晋爵。

陈霸先万安陵石刻

朝罢，百官遂陆续退出。陈主向侯安都笑着，招了招手，示意让他留步。

"爱卿一意拥戴朕躬，可莫忘了北周的陈昌啊！"朝臣去后，陈主陈蒨走上前来，向侯安都说道。

"陛下勿忧！微臣早已胸有成竹，如今兵荒马乱，陈昌他岂能南归？倘若北周真能将衡阳王南放，那么臣料定他也决不能踏上我陈朝的国土……"侯安都笑道。

陈主听罢，微微一笑，回头却见安成王陈顼还逗留在阶下。

"皇弟还有何事要奏？"陈主转身向陈顼问道。

"……臣弟是想说明，臣当日所谓'皇侄岂能代皇子拥有天下'之言是错误的，望陛下恕臣弟的无知和言语唐突！"

"哦，此前的话，一概不必记挂在心上！"陈主笑道，并上前拍了拍陈顼的肩膀。

"安成王，你既然已知此理，今后当慎重处事！"侯安都上前向陈顼笑道。

陈顼点了点头，遂与侯安都一起出了皇宫。

再说，上游梁主萧庄的丞相王琳听说陈霸先已经过世，陈蒨即位，国内政局不稳，料定陈廷无力顾及边疆。于是，王琳任少府卿孙锡为郢州刺史，让他留守本土，自己亲率大军并奉请梁主萧庄屯军濡须口，准备南侵陈国。同时，王琳还致信北齐，请求扬州行台慕容俨接应。

慕容俨接到信后，立即率部出兵临江，遥为声援。王琳随即兵进大雷。陈主陈蒨得知王琳率兵袭击，急忙命令侯真、侯安都、徐度调兵遣将，严加防范。

首先，侯安都命安州刺史吴明彻率兵夜袭溢城。吴明彻本是著名的骁勇虎将，应当出兵必胜，不料，此次进军早被王琳得悉，王琳随即派遣巴陵太守任忠，设下了三重伏兵，所以把吴明彻打得一败涂地，让他单骑而归了。

接着，王琳遂乘胜东下，军抵栅口。陈将侯真出兵屯芜湖，相持百日，因水涨而退。于是，王琳带领着合肥、巢湖兵马进逼虎槛州。齐仪同三司刘伯球率水军万人，慕容子会率铁骑二千也赶来为王琳助战。

"将士们东进！我梁军此次定要与陈军决一死战——"王琳在马上举刀大叫道。

"启禀相爷，郢州有警，北周的荆州刺史史宁想乘虚袭击我郢州。孙锡将军求救，那里……"突然小校飞奔来到马前报道，并向王琳递上文书。

"何事，请低声报告！"王琳正要发兵，突然听得此报，慌忙接过文书，欠身轻声地嘱咐道。

"孙锡将军危急……"小校轻声地说。

"相爷是要回军救援郢州？"见此情景，齐将刘伯球慌忙上前问王琳。

"并非如此！"王琳藏好文书，抬头对刘伯球说，"倘若真的回退，我军势必就会因士气动摇而溃散。我不如依旧挥军领舟东下，直抵陈都，方可一鼓作气而破敌。"

"此话有理！"刘伯球点头称道。

于是，王琳整军待发。然而，恰在此时突然刮起了西南风。

"啊哈！陈军在我东北，此风正好助我军冲破陈军阵营——"王琳抬头看了一下天际，兴高采烈，欣然发令，"天助我也，请各部备好火器，准备火攻陈军。我军此番进击，定当直指建康！全军冲锋陷阵——"

然而，此时，陈将侯真其实已经偷偷地避开了王琳的锋芒，让王琳率舰急进，等到王琳的船队过去以后，侯真才慢慢地从芜湖杀出，截住了王琳军马的后路，这时西南风反而成了陈军的优势。王琳看到侯真船队从身后奔出，慌忙命令水军向他们投掷火炬，以便烧毁侯船。不料，那边风起云涌，火为风遏，竟然将火焰吹转到自己的船上来了。

这时，侯真见王琳船舰起火，又立即率众猛冲过来。于是，王琳军阵大乱，被烧死、杀死、淹死者无数。那些逃到岸上的王琳人马又被陈军阻杀殆尽。

结果经此一战，梁、齐联军大伤。此战使得齐将刘伯球被擒，王琳的兵马落荒而逃。慕容子会的军士在西岸，看到王琳兵败，立即转头就逃。接着，子会本人竟也陷入芦荻泥淖之中，被陈军擒获了，于是，梁军几乎全军覆没。

梁王的御史中丞刘仲威得知王琳败北，遂带着梁王萧庄逃往北齐去了。王琳的部将樊猛、樊毅见大势已去，只得向陈廷投降。

突围后，王琳只身一人，郁闷地赶回溢城，带着妻儿也投往北齐去了。

当时，齐国高演正在忙于谋篡，所以也无暇顾及南陈的战情了。

北周的权臣、大司马宇文护得知陈军威武不屈，十分震惊。

"启禀大司马，陈霸先威力无比，已得南朝，虽然如今他已死亡，然而，南陈仍旧势强，长此下去，恐于我大周不利，我们应当趁早除之！"北周朝臣们纷纷说道。

"……虽然如此，那么，今日我们对他们又能如何呢？"大司马宇文护不安地说。

"大司马，我们不如釜底抽薪，立即放出他们当初留在我朝的人质陈昌，让他回往陈国，去争夺皇位，以便使陈国产生自相残杀的局面！"另一些人进言道。

于是，大司马宇文护照此办理了。然而，不久宇文护正在殿上议事，却见殿下一名部将急匆匆地跑进来："禀报大司马，据前方探子报道：那陈昌刚刚踏上陈国土地，就被陈将侯安都事先派出的刺客设计，将他溺死于水中了。于是，陈蒨仍旧稳坐帝位！"

"怎么回事？"大司马宇文护惊问道。

"据来人说：当陈昌太子踏上陈地时，侯安都就以迎接陈太子为名，挥却了陈昌左右侍从，自己独自与这位'真太子'两人登于船楼顶处'赏景'，可是，没说几句，侯大将军就掏出绳子把陈昌双手捆缚，以布塞口，让他头朝下，将他扔到江中淹死了。然后，侯大将军带着自己的侍从换船，凿漏了陈昌的座船，杀遍陈昌侍从人员。诸事办完，侯安都上表，宣称陈昌渡江时遭遇'事故'。陈昌因船坏而被淹死在水中了！"

"啊，陈主何其歹毒！然而既然武斗无望，即请陛下派人去南陈示好求和去吧！"大司马宇文护黯然神伤道，"同时我们还需要照常暗派兵马攻陈！"

接下来，北周派使者来到陈廷，尽说两国友好之利。陈主陈蒨听信北周使者的话，也派侍中周弘正西去与周修好，却不知北周此时又派司马贺若敦、将军独孤盛率兵来援助湘州的梁军，借以抵御侯真的军力。

结果，侯真果真抵挡不住周军，正想退兵。然而，他忽然闻知周主中毒暴亡，北周改立新主，隋王杨坚即将篡位。侯真料定北周就要发生内乱，因而窃喜，以为自己可以守在湘州，伺机进取了。

由于南陈北方的北齐、北周两国的内争不断，所以他们暂时都无力南侵。于是，三国暂时仍然和平共处。

但是，逃亡在北齐而且当上了北齐扬州刺史的王琳，死不甘心，他屡次请求北齐南征陈国。北齐新主高湛本想发兵，然而，尚书卢潜一再谏阻，加上陈主又致信请和，所以，高湛便派散骑常侍崔赡前去与南朝示好，陈主陈蒨也派员去北齐修和。于是，齐主将王琳调回邺城，让卢潜代为扬州刺史，以免王琳总是求战，在扬州边境惹是生非。

此时，南陈的西南还很不平静：东阳太守留异盘踞西南，野心勃勃，一直在窥视陈国。

当年，因为留异迫于陈武帝霸先的军威，又见陈主将陈蒨之女——丰安公主下嫁给其子留贞臣为妻，并任留异为南徐州刺史，因此，留异这才勉强地隐忍野心而未能发作。如今陈霸先去世了，所以留异以为有机可乘，遂决心反叛南陈。

"启奏陛下，如今西南留异又兴兵反叛了——"侯安都出班向陈主奏道。

"哦，为了安抚他，朕已命留异为缙州刺史兼东阳太守，这留异竟然仍欲谋反？"陈主陈蒨勃然怒道，"看来，朕只能发兵征讨他了！"

"大陈对留异已经容忍了数年，既然今日，大陈北疆和靖，已经心有余力来讨伐西南留异了，陛下应当立即发兵，讨伐留异——"侯安都又奏道。

"朕准奏！"陈主思索了一会后，立即下旨，"派司空、南徐州刺史侯安都出征西南，令江州刺史周迪、豫章太守周敷、闽州刺史陈宝应一同入朝听用！"

于是，周敷听旨首先到达京都，并被封为安西将军。但是，周迪不听陈廷封赏，却暗中与留异勾结，并发兵偷袭周敷，结果被周敷打败。陈宝应是留异之婿，当然也不听陈主的利诱，并要坚持与岳父站在一边，与留异同叛陈廷。

陈主得知叛情后大怒，遂与众臣商议平叛。

"既然西南留异、陈宝应、周迪不愿归附陈朝，那么朕就只好命令侯安都再次出兵攻打留异，吴明彻和周敷夹击周迪，最后进击陈宝应了——"陈主说道。

众将应声去了。结果，侯安都出兵打败了留异，留异只好与儿子留贞臣一同投靠了陈宝应。周迪也在临川被安右将军吴明彻、豫章太守周敷夹攻，败逃到闽州去了。陈宝应虽然失去了留异、周迪这二位外援，但是他仍旧坚持依险抗陈。

此时，南国有个名士叫虞寄，他流寓在福建陈宝应的藩地，其兄——陈廷中庶子虞荔请陈主召回虞寄，但陈宝应珍惜人才，舍不得放虞寄回返建康，于是，虞寄只好躲进东山，借口生病，杜门谢客。

陈宝应失败后，随即前往深山问计于虞寄，然而，当虞寄极力劝谏、希望陈宝应归附南陈时，陈宝应却又始终不听，并分兵接济周迪，致使周迪又东山再起，并设计杀害了周敷。

陈主得知此事后，十分恼怒，遂一面抚恤周敷家属，一面派都督程灵洗讨伐周迪和陈宝应，并催促章昭达进攻闽州。章昭达率兵连拔陈宝应的水栅。同时，陈将余孝顷也奉命与章昭达会合，两军夹击，使陈宝应大败，以至亡命逃到莆田。

"唉，我真后悔当初未听虞公之言，否则，也不会有今日之败！"在逃往莆田的路上，陈宝应惨然地向其子弟们叹息道。

然而，此时后悔已晚，最后，陈宝应终于全军覆灭，全族被斩于建康市曹。

陈宝应失败后，陈军将虞寄送到京都，陈主陈蒨见到虞寄，很觉欣慰。"你能够安然无恙，回归陈国，这真让朕放心和高兴啊！"陈主陈蒨温和地对虞寄说。

"诚感陛下挂记！"虞寄激动地回答。

"爱卿广有才智，朕权任命你为衡阳王掌书记！"陈主陈蒨欣然地说，"自从原衡阳王陈昌溺亡后，朕已将七皇子陈伯信过继给他为嗣，改封陈伯信为衡阳王，并命他为丹阳尹。爱卿是个难能可贵的贤达之人，朕特意请你去辅佐他！"

"感谢陛下美意，奈何虞某不才，恐怕难以胜任！"虞寄不安地说。

"凭爱卿之才，不久当任国子监博士，当然可以胜任衡阳王掌书记！"陈主陈蒨又道，"希望爱卿不再推辞！"

虞寄感激而去，但不久又辞职，求归会稽，陈主陈蒨遂命他为东扬州别驾。虞荔病故时，虞寄辞官带枢归乡，陈主陈蒨出都门为他送别。

留异、陈宝应二人被斩后，漏网之鱼——周迪仍旧在东兴作乱，后来被南陈都督程灵洗诱入深山所杀。至此，西南全境平息。

七十四、储位空，陈顼篡江山

再说，陈廷司空侯安都本来拥戴陈蒨有功，西南既平后，他更加以为功高位显，于是，他日益骄横起来。侯安都幕下的文武多达千人，每次大宴时，都是人山人海，势可震国。其麾下将帅多有不守法度之辈，但朝廷追究起来，都有侯安都为其撑腰，这更令陈主愤恨。

"侯安都自恃功高位显，更加日益骄横，此非国家之福，望陛下下旨严惩他！"此时，朝臣们纷纷上奏道。

"侯安都虽然于国有功，但他不能自律，朕必须设法惩治他！"陈主陈蒨处事严明，对此十分愤恨，随即对众臣说道。

然而此时，侯安都对这一严重的事态却毫无觉察，他仍然为非作歹，甚至依仗拥戴有功，在入宫伴驾时，也不遵礼节，凭着酒醉，他甚至可以毫无拘束地对待陈主，尽失君臣颜面。

有一天，侯安都陪着陈主陈蒨在乐游苑喝酒，醉后闲聊。

"陛下，您认为今日与当初您做临川王的时候有何不同？"侯安都得意放肆地问陈主。

"朕……无以奉告！"陈主陈蒨不高兴地答道。

"莫非陛下毫无感慨？"侯安都又问。

"朕侥幸即位，这……自然出于天命，但也不能埋没爱卿当年拥戴的功劳啊！"陈主陈蒨淡淡地说。

"既然陛下也认为微臣有功于国，那么微臣想向陛下借用水饰，陛下不会推却吧？"侯安都得意忘形地再问陈主，"明日微臣想来此苑宴请家人和门客！"

"请便……"陈主陈蒨非常不悦地答应着。

次日，侯安都竟然真的带着妻妾和门客们来到皇帝的乐游苑，并且效仿陈主陈蒨宴请大臣的架势，自己坐上御座。

陈主陈蒨得知后，更加深了对侯安都的猜忌。于是，等到侯安都去京口之后，陈主立即多次派出台使调查侯安都部下们的劣迹，并且一一缉拿那些有罪的将领。

侯安都得到从京都传来的警报后，才知伴君本如伴虎，于是，他秘密嘱咐别驾周弘实，让他串通舍人蔡景历在京活动，为他刺探朝中的情报。然而，陈主陈蒨知道侯安都这种行为后，更加愤怒，因此，陈主决定调侯安都为江州刺史，诱他入京拜谢，并在其拜谢时，一举将他拿下，最后逼其自尽了。

侯安都死后，陈主陈蒨念及当年侯安都拥戴之功，赦免了他的所有家人，并以侯爵的礼仪为其办了丧事。

陈主陈蒨曾经与侯安都长期相处，深情厚谊，所以，在侯安都死后，他深感人生如梦，于是终日惶恐，精神疲惫，于是身体渐渐衰弱，不久便卧病在榻上。在二十九岁的北齐主高湛禅位给太子高纬不久病逝之后，陈主陈蒨也黯然英年早逝寿终正寝了。

在陈主重病期间，因为太子陈伯宗年幼力弱，后宫皇太后也无力料理国事，所以，安成王陈顼成了国中的柱石。眼看陈主陈蒨就将病逝，心怀大志的安成王陈顼感到自己的机会来了，因此，他急召亲信们商议后事。

"安成王爷，您功勋盖世，太子无能，不能护国，王爷何不趁机取而代之？"记室毛喜激动地对陈顼说。

"然而，虽然太子力弱，但是储君既定，考虑到朝内外的人心的向背，安成王目前还不能公然取代他啊。目前，安成王还是将太子扶上帝位，自己暂做辅政权臣为好！"领军吴明彻立即上前阻止道。

"这有何不可？国赖长君，这乃是古之常礼。今上当年也并非武帝的储君，只是侯安都竭力拥戴，才登上了大位！安成王本是皇叔，为何不可取其侄而代之呢？"毛喜极力地劝告道。

"毛将军之意不妥！古人云：'欲速则不达'啊——"领军吴明彻再次轻声地说道。

"领军所言有理，只是今日形势有所不同，况且……本王当年也曾有过所谓'皇侄岂能代皇子拥有天下'之言呢！"陈顼忧虑地说道，"本王可以先在中书省维持朝政，诸位也可以见机而行事吧！"

于是，众人齐声称是，随即散去。

接着，陈主陈蒨驾崩，陈太子陈伯宗在太极前殿即位，颁诏大赦天下，追尊父皇陈蒨为文皇帝，庙号世祖，尊皇太后章氏为太皇太后，皇后沈氏为皇太后，册立太子妃王氏为皇后，皇子陈至泽为太子。封皇叔安成王陈顼为司徒、录尚书事兼督管内外诸军事。陈嗣主改次年为光大元年。

中书舍人刘师知、仆射刘仲举受先皇遗命辅政，在禁中参决政事。安成王陈顼位高权重，入居中书省，遭到刘师知等人的忌惮。于是，他们暗中与尚书左承王暹商议。

"陈顼威倾朝野，外间曾传说他有不臣之心，这恐非国家之福，你有什么办法，可以抑制他？"刘师知问王暹。

"为今之计，应当设法将安成王调出京师，以免他在京中作乱！"刘仲举说，"以后……等到时机成熟后，我们再慢慢设法除掉他！"

"这如何能够办到?"东宫舍人殷不佞焦虑地问。

"我们可用太后的名义,将他远调京外!"左丞王暹说,"请殷公立刻向安成王传达太后的这一口谕!"

于是,殷不佞应命,赶紧跑到中书省,见陈顼恰好正在那里办公,尚未外出。

"禀报安成王,宫中太后传出消息,以为目前国内安定无事,王爷可以迁居东府,处理州府事务,不必在朝中理事!"殷不佞急匆匆地对陈顼说,"请王爷切勿迟疑!"

"如此说来,我当搬出中书省?"陈顼听罢,慢慢地说道,"既然如此,请大人暂且回宫,我当准备择日搬迁!"

殷不佞又急匆匆地走了。安成王陈顼感到事出突然,很觉可疑,于是,他立即将几个亲信招来商议。

"方才殷不佞传来太后的旨意,让本王迁居东府,此乃何意?"陈顼问。

"嗣主刚刚即位,坐拥天下不到几天,国内国外,危机四伏,太后为陈氏江山着想,特令王爷坐镇中书省,让王爷辅佐朝政,以固根基。朝廷岂能又让王爷迁出?"记室毛喜立即上前向陈顼劝告道,"殷不佞莫非是假传圣旨?他说的话恐非太后的本意,王爷应当立刻向太后求证,千万不要让朝中的这群小人的奸计得逞啊!"

"啊,领军将军之意如何?"陈顼听后犹豫不决,遂问领军吴明彻。

"末将之意与毛大人相同!"吴明彻答道,接下来说,"王爷不如借口身体不适,暂时仍旧留在中书省,同时向后宫询问,倘若太后真有此意,我们再另作理论。"

"你们言之有理!"陈顼听后点点头说,"不过,看来刘师知是对方的主谋,时间紧急,我应当立即设法将他囚禁起来,以免他们暗中串联,兴风作浪!"

"王爷高明!"毛喜、吴明彻齐声说道,"不过……刘师知乃是先帝特定的辅政重臣,没有圣旨,王爷怎能囚禁他?"

"本王可以召来刘师知,借口与他长谈宫中之事,以便拖延时间!"陈顼说。

"刘师知并非无能之辈,只怕是时间长了,他就会拂袖而去的!"吴明彻忧虑地说。

"本王可以立即造出一纸圣旨,说皇上令我们辅政大臣连夜拟好这份给北周的公文!"陈顼拿出案上的公文说道,"我们假传圣旨,不必蒙骗刘师知等人一世,只要蒙骗他们这一时就行了!"

众人点头称妙。

"好吧,毛将军你且前往内宫试探太后之意,我立即召刘师知前来谈话!"陈顼说道。

随即毛喜等人散去。刘师知应陈顼之命,来到了中书省。陈顼遂与刘师知促膝长谈。

"启禀王爷,时辰不短,下官不便打搅了,就此告辞!"正如吴明彻当初所预料的那样,过了不久刘师知遂起身向陈顼告辞。

"哦,时辰不短了,不过……陛下还让我们将这份文书拟订,以便明日送往北周!"陈顼说道,并且将事先备好的那份圣旨递给了他,"这是圣旨啊,大人今夜还要不辞劳苦!"

"哦! 竟有此事?" 狡猾的刘师知叫了一声。

随即,刘师知接过圣旨疑惑地翻来覆去看了两遍,似乎已经觉得其中有些蹊跷,但在"圣旨"面前,他也不便放肆,只得又坐了下来,与陈顼拟议公文。

"陈顼他想要搞什么鬼? 哼,等明日面圣时我再与他理论!"刘师知在一面与陈顼翻阅文书,一面在心中嘀咕着。

再说,毛喜快速地进入后宫,拜谒沈太后。见嗣主陈伯宗也在场内,毛喜随即向太后和皇帝分别跪拜。

"启奏太后: 安成王陈顼言道,太后既然已令刘师知、刘仲举处理政事,是否有意让安成王迁出中书省?"毛喜进入后宫之后,立即奏问沈太后。

"并无此事!"沈太后摇头否认道,"眼下嗣君幼弱,所以,本宫才决定委托二刘协助皇帝处理政事,这绝无让安成王迁出中书省的意思!"

"哦,原来如此,太后之意微臣已经知道了!"毛喜听罢,点头笑道,接着,他又回头问嗣主陈伯宗,"陛下之意呢?"

"朕也无要求安成王出省之意,此事都是刘师知等人所为。朕毫不知晓!"嗣主陈伯宗欠身说道。

"哦哦,原来如此!"毛喜听后,兴奋地说道,"既然如此,微臣就告退了——"

毛喜立即欢天喜地地赶到中书省,此时,陈顼还在与刘师知谈话。于是,毛喜笑嘻嘻地走到陈顼跟前,轻声向陈顼报告了实情,陈顼听罢,强压着怒火坐在案前发愣。

"启禀王爷,在下真的要告辞了!"此时,刘师知忍不住,再次起身向陈顼说道。

"嗬,你要告辞?"陈顼听罢大怒道,"你休想溜走——"

"啊,王爷何故口出此言?"刘师知闻罢大惊道。

"请立即逮捕奸贼刘师知!"陈顼没有回答刘师知的话,却接口向卫士们大声令道。

于是,中书省卫士立即前来拘留了呆若木鸡的刘师知。

接着,陈顼亲往后宫谒见太后和嗣主,陈诉刘师知等人的奸计,并拿出已经写好严惩刘师知等人的诏书,强行要嗣主盖上御玺。随即就持诏转身回返到中书省,开始提审刘师知。

然而,安成王陈顼前脚刚走,刘仲举和王暹后脚就立马赶到太后宫内,并且双双跪地痛哭起来。

"启奏太后和皇上,惊闻刘师知无端地被安成王拘押,我们甚觉不安。我们与刘师知都是受先帝之托,辅佐嗣君的,我们诚惶诚恐,日夜操劳,为何今日却遭此大难。"刘仲举一进门,就哭拜在阶下。

"逮捕刘师知,莫非这是皇帝的意旨? 倘若陛下不知,那么安成王自行处事,这竟将皇上放在何种地位?"尚书左丞王暹也在地上喊叫起来。

"这……这的确是朕所允许的……"嗣主陈伯宗听后,只得支支吾吾地承认。

"太后知否？微臣之所以要让安成王迁出，都是因为陈顼实在是目中无主，其大权在握、威压朝野的行径，路人皆知。这并非国家之福啊！陛下岂能听之任之？"刘仲举捶胸顿足地哭道，"倘若如此下去，国家社稷就将危险了！"

"唉，冰冻三尺，非一日之寒。安成王他气冲天宇，欲谋天下，早有其心，哀家母子也委实无法啊！"太后此时叹了一口气，愁眉苦脸地说道，"安成王陈顼他刚才还强行让皇帝在诏书上用玺了！"

"何诏？"刘仲举和王暹一听，更加惊慌地齐声问太后。

"就是那份要严办卿等的诏书……"太后无奈地回答说。

"啊，如此一来，微臣危险了，国家也危险了——"刘仲举和王暹听罢齐声大哭起来。

"覆水难收，哀家母子也万般无奈，望卿等谅解——"太后也跟着哭泣起来。

当晚，在安成王陈顼的指挥下，刘师知被捕入狱，随后被赐死了。刘仲举被降为光禄大夫，殷不佞被罢官职，王暹被处斩。从此，朝中少了刘师知、殷不佞、王暹等人，国中大小政务只得全经陈顼之手了。

遭此大祸后，刘仲举痛心疾首，终日闷闷不乐。

"唉，国将亡矣，我命苦矣——"刘仲举含悲忍泪，颓然地回到府中，倒在榻上叹息不止。

"右卫将军韩子高求见！"此时侍从进来向刘仲举报道。

"哦，韩将军到来，有请——"刘仲举听了，一阵振奋，忙从榻上站起来说道。

于是，侍从引右卫将军韩子高进府。二人相见施礼后，韩子高坐下来就向刘仲举发问。

"朝中权臣肆虐，陈顼为非作歹，我们性命难保，岂能束手待毙？莫非刘公你就如此忍让不成？"韩子高圆睁双眼，向刘仲举问道。

"唉，韩将军，你看我是那种贪生怕死之徒吗？"刘仲举愤慨地说，"况且，如今国仇家恨深重，我正在为此伤痛呢！"

"我们不能只是哀叹，要立即起而攻之——"韩子高叫道。

"将军且轻声！"刘仲举走到韩子高身边，轻声地说，"我们应当召集义士，从长计议！"

"如今，嗣主已经被架空了，莫非刘公你要向外藩发出檄文，号召他们起兵勤王啊？"韩子高问。

"此为下策，而且延缓时日，我有快刀斩乱麻之策！"刘仲举咬牙切齿地说道，"陈顼老贼，日落时辰，他常在中书省逗留。明日，将军可派死士夜入中宫，潜入省内，伺机杀了陈顼，岂不干净利落？"

"这样很好！"韩子高兴奋地站起来，向刘仲举告辞道，"末将回去，立刻安排此事！"

"祝愿我们成功，国家幸甚！"刘仲举上来抱着韩子高说道，接着二人挥泪而别。

韩子高回到府中，立即召集家丁们商议，决定密谋除掉陈顼，当夜派出刺客潜入中书省谋刺陈顼。

"不可！"部将刘平闻罢大叫，"安成王虽然飞扬跋扈，但是，他的党徒布满朝野，并非能够轻易就能除掉的。况且，他毕竟尚未祸及大人本身！刺杀安成王之事，乃是灭门之举，大人何必置全家数十口人的性命于不顾，走此险路？"

"如今国将不国，我家也将不保，还要顾及性命？"韩子高听了，立即怒吼起来，"倘若人人都像你刘平这样畏首畏尾，还能成何大事？请你滚出我韩门——"

在长干桥上，冷风穿袖，桥下河水波光粼粼。

刘平连滚带爬地跑出韩府，来到桥上举头望天。他看到苍穹无涯，自觉人生无常，前途渺茫，遂忧心如焚地茫然向前行走……

"哎呀！"过了一会，刘平又突然惊叫起来，"我岂能如此溜达在路上，倘若刘仲举、韩子高等人的图谋有失，作为韩子高的亲将，我虽未参与此事，也必然会遭受灭顶之灾呀！莫非我只有等死……不，我必须立即向安成王告密。这样一来，我不仅能够摆脱了干系，而且或许还能因此得到封赏呢！"

想到此，刘平立刻浑身来劲。于是他立即转头，趁夜色朦胧，向安成王府奔去。并且立即向陈顼报告了刘仲举、韩子高等人图谋之事。

这样，刘仲举与右卫将军韩子高企图密谋除掉陈顼的计划，最终还是泄密了，二人双双被斩。而且此时，太后和嗣主也完全失去了军政大权。

湘州刺史华皎得知好友韩子高被斩，遂向北周、后梁乞援，结果北周、后梁的援兵又被陈朝湘州刺史吴明彻等将所击败。

接下来，安成王陈顼被晋升为太傅、领司徒、加九锡殊礼，还可佩剑上殿，入朝不拜。陈顼成了陈国的第一权臣。

始兴王陈伯茂深恨陈顼专权，屡次在朝内顶撞陈顼，陈顼毫不示弱，并召毛喜、吴明彻等亲臣商议。

"如今本主虽然权势日隆，能够挟天子令诸侯，然而，陈伯茂等人仍旧不知天高地厚，敢于对我无礼，他将阻止我们的大事，有害于国家！诸位以为将如何处理他们？"安成王陈顼怒问道。

"如今王爷业已势倾朝野，不如干脆着手自己的大事，胁迫太皇太后章氏出面，召集百官，让嗣主禅位！"吴明彻听后说道。

"那么，我将如何对待陈伯茂、陈伯宗之流？"陈顼问，"我虽然想挽救陈国，然而也不愿让人说我不忠不义啊！"

"安成王，你只需将嗣主陈伯宗贬黜为临海王，将陈伯茂赶出京城，再予杀之即可！"吴明彻道。

"如何杀死陈伯茂而又不让我背负杀人之罪？"陈顼又问。

"王爷可以一面在城外暗中派人扮演成盗贼，将陈伯茂杀死在出城的车中，另一面再派人假意前去抓贼，结果自然是能够不了了之！"吴明彻又道。

"将军高见！"陈顼欣喜地笑道，"你真是我成就大业的功臣啊！"

　　随即，陈顼等人按计而行去了，结果太皇太后章氏只得应允。

　　于是，次年初，毛喜、吴明彻等朝中百官向陈顼劝进，让他登位。陈顼经过假意谦让之后，遂登殿即皇帝位，接受百官朝贺，改元太建，改尊太皇太后为皇太后，册封世子陈叔宝为太子，二皇子康乐侯陈叔陵为始兴王，三皇子建安侯陈叔英为豫章王，四皇子丰城侯陈叔坚为长沙王。接着，新帝陈顼贬嗣主陈伯宗为临海王。不久皇太后章氏去世后，十九岁的临海王陈伯宗也莫名其妙地突然暴亡了。

安成王陈顼即皇帝位

　　陈主陈顼窃位两年后，曾经出现了欧阳危之子——广州刺史欧阳纥反叛之事，然而，次年就被朝廷派兵平息了。

　　当年，华皎叛变陈廷投奔北周后，陈主陈顼的疑心加重，他怀疑欧阳纥要反，遂命欧阳纥为左卫将军，让他回京述职，以便趁机伏兵杀之。欧阳纥得知此信，十分惊恐，随即举兵谋变。陈廷车骑将军章昭达奉命讨伐，并且一举荡平了叛乱。

　　凯旋时，章昭达顺道进攻后梁，后梁主萧岿与北周总管陆腾联合起兵，也未能抵御住章昭达的锋芒，于是，他们只好向北周朝廷告急，周主派将军李迁哲前去支援。章昭达抵挡不住联军的进攻，随即失败而回，并且病逝在途中。

　　陈主陈顼刚刚失去大将，又怕北周趁机入侵，因此，他立即派使者前往北周通和示好。北周也派员来陈，于是，陈、周两国暂时宣告友好共存。

七十五、战北齐，西人渔得利

话说当年，北齐高洋自从称帝之后，在邺城曹魏所建的宫殿上大兴土木，无限奢侈豪华。其后主高纬更是极尽奢华之能事，他竟令人在晋阳西山佛寺中，设置油灯万台，让它燃烧彻夜如昼；宫中所饲养的狗鹰无数，并让它们凶食民膏民脂。此时，北齐的朝政，自然更是混乱不堪。

于是，五年后的仲春，天下大雪，夜有白虹一道自北进入北斗紫宫。陈廷太史公占卜星象，认为北齐将要发生内乱乃至灭亡。陈主陈顼得知后，野心勃勃，企图趁机进攻北齐。但公卿们大多反对，唯有镇前将军吴明彻赞成此时伐齐。

"既然苍天有此警示，我大陈岂能坐失此等良机？微臣愿率领兵马，前去为国战争！"吴明彻向陈主说道。

"很好，朕即命吴爱卿为主帅，率领兵马前去讨伐北齐！"陈主陈顼向吴明彻下令道。

"末将愿为吴大帅的副将，与他共同伐齐！"裴忌也出班奏道。

"朕准奏！此令吴明彻为主帅、裴忌为副将，共率十万大军去攻打北齐！"陈主陈顼兴奋地下令道。

于是，吴明彻率军西出秦郡，并派都督黄法出兵攻打历阳。北齐慌忙派兵去救援历阳，却被黄法击败。此时，秦州又开始危急，于是北齐主高纬派出开府尉破胡、长孙洪略、侍郎王琳率兵援助秦州。接下来，齐主又将西兖州刺史赵彦深召回，任命他为司空、封宜阳王，让他参与军机。

夜深人静，赵彦深来到齐国秘书监源文宗的府中，宾主落座，源文宗就要问话。

"赵公寅夜来到寒舍，有何吩咐？"源文宗立即探头问赵彦深。

"陛下召来下官，委以重任，下官诚惶诚恐，因此，今特地深夜拜访，还请源公向我赐教抵御陈兵之策！"赵彦深忧虑地说，"朝廷虽然兵多将广，但是，不知将如何运筹帷幄？"

"陈朝大军压境，我朝廷虽然拥兵数十万，但是，陛下是不会将兵马全部派出去的，倘若只派出数千兵马迎战，无异于以卵击石，或许都成了陈军案上的鱼肉，有来无回了。"源文宗悄悄地对赵说道。

"尉破胡等人能够为帅吗?"赵彦深又问源文宗。

"尉破胡人品卑劣,岂能为帅?难道说王爷你还不知道?让他挂帅,此战必败!"源文宗说道。

"以公之见?"赵又问。

"眼下,最好是让王琳统领各军,并招兵买马,募集三四万淮南兵士,抵御陈军。因为他们与陈军风俗相通,能知敌人之弱点,较容易取胜。"源文宗接着献计道,"况且,王琳与南朝积怨已久,他决不会中途倒戈的。倘若我们至今还不重用王琳,甚至还要从中掣肘,那么就是自取速亡!"

"唉,源公你的确是位人才,你的计谋确实足以拒敌制胜!这也与下官之计略同!"赵彦深叹息道,"然而,此计虽妙,奈何朝廷皇上不用,也是枉然!下官为此已经力争了三天,却仍旧不见陛下采纳此计。事已至此,下官岂有他法?恐怕国事家事都将不幸了!"

说罢,二人相顾流泪。接着,齐主调源文宗出任秦州刺史,源文宗只好拜别。

接着,吴明彻、萧摩诃率军抵达齐军尉破胡大帐前安营扎寨,而且吴明彻目空一切地设席和萧摩诃对饮。

"大帅也已经知道尉破胡乃是一个无能之辈,所以才会如此轻视他,居然敢在尉破胡大寨前安家!"萧摩诃见了,忙问吴明彻。

"正是!"吴明彻笑道,"莫非萧将军不以为然?"

"末将早就知道尉破胡不值一提!倘若他在此大帐中,末将即可轻易地给他一点教训!"

"好,好!据说尉破胡现在就在帐内。"吴明彻兴奋地说,"那身穿绛色衣服,腰挂桦皮弓袋,两端有骨弭的人就是尉破胡,将军可否前去激他一下?"

"这是自然!请大帅稍等!"萧摩诃听后说道。

于是,萧摩诃说罢、饮毕,跳到营外,驰马直冲北齐军帐。一个齐将见了,立刻挺身出阵跳前十余步,张满弓刚要发射,却被萧摩诃遥掷短矛,击中了他的前额,那齐将胡人当场毙命。接着,北齐军大批人马出战,双方几经搏斗,齐兵又都为萧摩诃所斩杀。随后,萧摩诃骑马回营,主将吴明彻对他大加称赞。

后来,北齐军在吕梁大败,尉破胡被陈廷勇将萧摩诃重创,最后逃脱,长孙洪略战死,王琳只得孤身进入彭城。

吴明彻分兵进取,连克北齐的瓦梁、阳平、庐江等城。黄法也攻占了历阳,进入合肥。陈军势如破竹,北齐城邑大多望风披靡,高唐、齐昌、瓜步、胡墅各城陆续进入了陈国版图。

接下来,陈军又攻克了濡口、青州、山阳、广陵诸城。北齐主令尚书左丞陆骞率两万人马援助齐昌,结果,反被陈西阳太守周炅打得大败而逃。齐主又令王琳移守寿阳,与扬州道行台尚书卢潜、刺史王景显共守寿阳外城。

吴明彻料知王琳兵疲,竟然发起了突然袭击,结果一举得胜,攻入外城,立即又破了内城。王琳随即被陈军擒杀。

因为吴明彻这时已知：王琳移守寿阳，与扬州道行台尚书卢潜，刺史王景显合守外郭。寿阳城内人心不稳，所以决定再度发动奇袭，以水灌城，寿阳果然陷落，王琳、王贵显、卢潜等同时被俘。因为王琳深得民心，所以当时在陈军中的王琳老部下，见了王琳，都争来致请，前来问候。陈军大将吴明彻见到王琳的影响力如此之大，害怕他继续造反作乱，遂派人追上去将他杀害。兵民见此，一片哭声。

此时，北齐将领皮景和本是奉命来救寿阳的，但是，他见齐兵败退，不可收拾，却在离城三十里处，拥兵观望不前，眼睁睁地看着寿阳沦陷。

齐主高纬得知败讯，十分忧虑，忙与穆提婆等人商量。

"唉，如今大片国土失陷，如何是好？"齐主高纬向穆提婆叹息道。

"陛下不必忧愁，寿阳本是南朝的土地，现在就算是物归原主了吧，有何值得叹息的？"穆提婆随即说道。

"就算我国黄河南岸的土地都失去了，仍然还算得上是一个龟兹国。人生苦短，陛下应当及时行乐，何必为此国事而烦恼呢？"韩长鸾也上来安慰齐主。

"唉，爱卿之言有理！朕何必为此忧虑呢！"齐主高纬于是转忧为喜，"且拿酒来，我们君臣还是'今朝有酒今朝醉'，一醉方休吧——"

不久，抛兵弃甲的皮景和逃回京都平城，反而得到齐主的奖赏，齐主说他竟然能够全师北归，也算是万幸了，因而封皮景和为尚书令。

北齐仆射祖廷原是专向齐主献媚邀宠的小人，得权后，他一面为了沽名钓誉，另一面也是想大权独揽，所以，祖廷他又想排挤其他的佞臣小人。因此，祖廷与陆令萱母子矛盾加深，互相攻击。在狗咬狗的争斗中，祖廷的旧账被翻了出来了，齐主只得将他调任北徐州刺史。然而，此时陈军大举进入齐国，淮阴、胸山、济阴接连失守，陈军又攻入南徐州，直逼北凉州。

祖廷这个盲人瞎马，督领州军出城迎战，竟然大获全胜。穆提婆因憎恨祖廷，不肯发兵援助，以为祖廷必定城破身死，没想到祖廷竟然上奏报捷。原来祖廷是谎报了军情，结果，他仍是死在军中。

陈廷都督吴明彻大破齐军，凯旋还京。陈主陈顼加封吴明彻为车骑大将军、豫州刺史。

齐主高纬丧师失地，在群小们的安慰下，竟然不知忧愁，反而热衷于窝里斗。

兰陵王高长恭不仅是齐国出名的战将，而且又是忠诚的谏臣，因此齐主高纬对他很是猜忌和不满，并和群小们一起欲置他于死地而后快。后来，高长恭被勒令自尽。高纬反而很是高兴，只是表面上还要掩饰一下，追封高长恭为太尉。

朝中少了一员战将，齐主反而以为除掉了心腹大患，高兴异常。于是，他立即发动群小，一面大修宫苑，穷极庄严；另一面广采妃嫔，左拥右抱。

穆皇后含酸吃醋，当然要忙于消灭情敌。然而，实际上却是：她除了一个又来了一双。齐主封了无数夫人，恣意淫乐，通宵达旦，渐渐远离了穆皇后。

穆皇后无奈，只得与自己的宠婢冯小怜冷宫冷泣。

宠婢冯小怜聪明伶俐，相貌可人，会弹琵琶，能歌善舞，同时还是个才智过人的美女。

"陛下如今竟能如此妄为，宠爱群妃，远离了本宫，我们有何良策？"穆皇后痛苦地问宠婢冯小怜。

"看来……眼下只有一个办法可以救娘娘了！"冯小怜凄楚地说道。

"哦，何计可以救得本宫？倘若你能救本宫于水火，本宫当将你视若亲妹妹！"穆皇后立即问道。

"……皇上不是只图色情吗？"冯小怜轻声而又迟疑地说，"既然如此，娘娘可将奴婢送给陛下，奴婢即可从中离间皇帝与诸妃嫔的关系，如此方可保万无一失！"

"唉……也只好如此了！"穆皇后犹豫了一会后，遂凄惨无奈地答应道，"你也是本宫宠爱之人啊，但愿你此去能有所作为！"

于是，皇后吩咐侍从，将冯小怜盛装打扮起来。然而，当穆皇后眼看着打扮成如此美貌、楚楚动人的一个女子，将要前去服侍齐主时，心中又不免涌起万般愁丝。

北齐高纬的宠妃冯小怜

"小怜，倘若你此去成功，切莫忘了本宫啊……"穆皇后流泪道。

"这个……自然……"冯小怜轻声答道。

说罢，冯小怜被送入齐主深宫。

齐主高纬见了冰肌玉骨的冯小怜后，十分兴奋，他顿时感到冯小怜妖艳妩媚，自觉神魂颠倒。齐主与之巫山一梦后，更加爱不胜言。

从此，齐主少恋旧欢，格外宠爱冯小怜。大小宴席，他总与冯小怜一起，外出游戏也必与冯小怜同骑。高纬还亲作无愁曲，谱入琵琶，与冯小怜对唱，并册立她为淑妃，对她言听计从。

同时，齐主为了专心致志享受快乐，遂将内外国政全部交给了陆令萱、穆提婆、韩长鸾、高阿那肱等群小处理。于是，齐廷恶风越刮越大了。除了原来的群小，后来连宦官邓长遇、陈德信等人也能参与机要，并能得到高官厚禄。

接着，齐廷卖官鬻爵，收受贿赂之风盛行。一时间，小小的齐廷竟然封出了一百多个王爷，数千个仪同郡君。朝廷挥金如土，国库空虚，民不聊生。齐主高纬竟在御园中身穿破衣，假装行乞，以此为乐。北齐的命运已经到了垂危的边沿。

北齐国内不堪收拾，加上陈军的打击，已临垂亡。消息传到北周，野心勃勃的周主宇文邕遂决定趁机伐齐，以便从中得利。所以，在处理好国内纷乱的事务之后，北周伐齐的大军东向，顷刻间，金戈铁马，杀向北齐。终于，经过几场拼搏，北齐遂被北周所灭，齐地大部分进入了北周的版图。

七十六、陈顼崩，后主登大宝

陈朝众军北伐攻齐，得到淮南千里之地，毛喜陈述安定边地的谋术，陈主陈顼采纳并取得成功，因此陈主高兴异常。

"朕想进兵彭、汴，你的意见如何？"陈主又问毛喜说。

毛喜回答说："微臣才智不佳，怎么敢预测尚未发生的事？我以为淮左刚平定，边地草野之民不太平，北周开始吞并齐国，我们难与他争锋，怎能以敝卒疲兵，再次深入？况且弃了有利的舟船，去践踏车骑之地，这是去长就短，不是我们吴人所能做的事。我以为我们不如安民保国，停止兵戈，恢复和约，然后广泛招募英才奇士，顺时而动，这才是长久的计策。"

"这次你的意见未必……"陈主不悦地说，"朕立即命吴明彻率兵北伐！"

陈主陈顼得知北周灭掉了北齐，便想趁机争得徐兖两地。于是，陈主令吴明彻督军北伐周军。吴明彻行军到达吕梁，击败了北周的徐州总管梁士彦，并乘胜围攻彭城。然而，在此，陈军却遭到了空前的阻力，大战一个多月，仍旧没有攻克彭城。陈主陈顼急召群臣计议。

"目下，我军士兵疲劳，将领骄奢淫逸，不能长期远征，请陛下从速降旨，令他们班师回朝！"中书舍人蔡景历忧虑地奏道。

"此言差矣，胜败乃是兵家常事，或许，我军再坚持奋斗一时，朕就可以得到捷报了！"陈主说，"你的话莫非要蛊惑军心？倘若再说，朕将罢去你的官职！"

然而，正在此时，周廷已经派出大将军王轨率领援军南下，急赴彭城。吴明彻得知，只得拼命大战，天天率军猛扑，企图在敌人的援军到来之前，拿下彭城。无奈城内周军激昂，在梁士彦率兵多方抵御下，彭城依然久攻不动。

"禀报大帅，北周大将军王轨的大军已经进入淮口了——"探马火急地向吴明彻报来，"他们在部署战备，在淮水两岸筑垒屯军，欲遏断我军的归路！"

"这将如何是好？大帅，请立即作出决策！"众将听了，惊慌失措地大声叫喊道。

"这……容我慢慢筹划！"吴明彻轻声地说道。

"眼下王轨开始封锁下游，虽然……他们在淮河两岸已经筑好堡垒，但是尚未屯兵进去，大帅不如迅速派兵抢占堡垒，否则，我军失去了归路，就都成了瓮中之鳖了!"壮年气盛的将军萧摩诃向吴明彻献计道。

"哦,你最为勇猛,所以冲锋陷阵,这是将军你的长处啊。但是……对长远的谋略,你们还都得听老夫我的高招呀!老夫我自有安排,不用将军你操心!"吴明彻捻着胡须微笑道。

于是,萧摩诃只得扫兴而退。

十多天后,下游已经被周人封死,陈军南退的水路业已被截断,北周军马数万,随即赶来救援彭城,吴明彻的大军立刻感到腹背受敌,困难重重,难以支撑了。

"唉,当前只有突围的一条路了!"见此情景,萧摩诃百无良策,遂入帐向吴明彻叹息道,"请大帅总督大队步兵乘车先行,由末将率数千精兵铁骑为大将军断后,阻遏敌锋!"

"哎呀!少将军的一片好心,我吴明彻心领了。然而,人生终有一死,身为主将,我已将生死度外。"吴明彻叹了一口气,感慨地说道,"你的计策本是不错的,奈何……我身为主将,必须亲自断后,骑兵最好还是放在前面开路吧,所以……请你率骑兵先行!"

军事紧急,萧摩诃无奈,只好自己率兵先行出发,杀出了一条血路。吴明彻挥动大军随后撤退。不料,吴明彻刚率水兵退至清口,就被正守候在此的北周大军包围了过来,一阵冲杀,陈军无路可退,纷纷跳水逃生,结果纷纷在水中丧命了。

吴明彻因身患重病,无力作战,随即连人带马,被北周军士抓去。唯有萧摩诃和将军任忠等人从陆路偷偷绕过周军营盘,星夜逃避,才得以全师而回。

陈主没有听从毛喜和蔡景历之言,结果使吴明彻陷没于北周。

于是,陈主后悔地对尚书仆射袁宪说:"朕没有采用毛喜的计谋,才有了今天吴明彻之败。"

但是,毛喜既然已被陈主亲信,所以自然说话更没有什么可回避的,因此皇太子陈叔宝喜好饮酒为乐,每每同宠幸之人长夜共宴之事,常常被毛喜告到陈主面前,陈主陈顼听后气愤,于是常以毛喜之言告诫太子,所以,太子陈叔宝从此就暗暗对毛喜怀恨在心,并开始渐渐地疏远老将军毛喜。

陈主陈顼得知吴明彻被擒,也后悔当初未能听从蔡景历之言,因此他对蔡景历既觉敬畏,又感抱歉。蔡景历本是当初拥立陈主陈蒨的元勋,于是,他将蔡召入京都,封为鄱阳王,命他为咨议参军。不久,陈主又升任蔡景历为外散骑常侍,兼任御史中丞,以便他能为国再次尽力尽忠。然而不幸的是,因为思虑过度,蔡景历积劳成疾,加上年老体弱,遂于当年病故。

六十七岁的老将吴明彻被周军俘获,囚禁在长安,结果也在长安忧愤而终了。

陈主陈顼共有四十二个儿子,他们的名字中都有一个"叔"字。因为当年皇兄陈蒨曾经对陈顼说,"既然我的儿子叫'伯',那么你的儿子就应当叫'叔'啊。"于是,陈顼向记室毛喜咨询,结果得到毛喜引经据典的说服之后,接受了这个建议。

陈主陈顼的长子是已经册封为太子的陈叔宝。

二子是野心勃勃的始兴王陈叔陵。

陈叔陵十六岁就被封为始兴王，掌握着江、郢、晋三州军事。始兴王陈叔陵虽欲谋篡，而且性情淫暴，但却又会掩饰自己，他在外恣意妄为，却又能在父皇陈顼的面前装出一副谦逊好学模样。陈主陈顼被其蒙骗，对其格外宠溺，并令他为扬州刺史，都督扬、徐、东扬、南豫四州军事，后来又允他入居东府，参政议事。

三子是江州刺史豫章王陈叔英。

四子是长沙王陈叔坚。

陈叔坚也是个野心勃勃之徒。陈叔坚之母何氏曾是酒家女，因而其出身常被陈叔陵所轻视，所以始兴、长沙二王各拥兵马部属，一直相互仇视。

陈叔陵见堂弟新安王陈伯固深受陈主和太子宠爱，也十分忌妒，并想设计杀了他。然而，陈伯固聪明能干，他能见风使舵，不仅成功地化解了眼前的危机，反而成为陈叔陵的心腹。

太建十年，陈主陈顼派人在娄湖旁边修筑明坛，任陈叔陵为王官伯，统领百官。陈叔陵成了盟主后，更想加紧谋划，执意伺机篡夺太子之位。

此时，陈伯固却也能成了陈叔陵的帮凶。

太建十四年春，陈主陈顼忽然病倒，渐渐地病势加重。太子陈叔宝急忙入宫照顾父皇。陈叔陵、陈叔坚等皇子们也入宫侍疾。平时，陈叔坚因为母亲何氏地位低下，常常不敢与陈叔陵同行，二人水火不容，每次入朝，陈叔坚总要逃避陈叔陵的视线，以免身遭不测。但是，这一次探视入宫，侍奉病危的父皇，由于时间紧急，他们也就顾不了这些了，所以，他们只好一同进宫视父，一同来到父皇的寝宫。

既然二人同行，这自然就会引起诸多矛盾。

"你们切药的刀子太钝，请你们一定要将刀子磨利，以便我用！"在御寝宫门前，陈叔陵突然向典药吏厉声地嘱咐道。

"这是何意？药刀也不必太利呀！"典药吏不解其意，急忙反问陈叔陵。

"你自己想一下吧，何必多问？"陈叔陵不耐烦地边说边向内宫走去。

"殿下之意？"典药吏还要问。

然而，在此时，陈叔陵已经进了内宫，没有再向典药吏说明，所以，典药吏仍旧未能明白，只好带着常用的并不锋利的药刀进了宫寝。

日暮天晚，陈主陈顼突然病发过世，享年五十三岁。陈主驾崩时，满朝恐慌，丧事匆匆，人人忙碌，朝内宫中，一遍混乱。

"请你们速去取剑！"此时，游手好闲的陈叔陵百事不管，却只是大叫着，赶紧向典药吏和亲随们下令要剑。

"剑，要剑何用？"亲随们仍然未解其意，遂自言自语道，"哦，是丧礼要用的！"

"哦，殿下，朝服木剑送到——"陈叔陵的亲随听了，遂莫名其妙地从典药吏那儿取来朝服木剑，递给了陈叔陵，并且大声说道。

陈叔陵拿过看时，不觉大怒。

"混蛋，蠢猪！这种木剑能杀死人吗？"陈叔陵对那亲随大声骂道，随即一掌重重地打向那亲随的头上。

站在一旁的陈叔坚看到了这种情景，已然明白了陈叔陵的阴险用意，于是，他立即警惕起来。

"哦，莫非他要谋杀？"陈叔坚轻声地自言自语。

陈叔坚说罢，遂暗随在陈叔陵身后，以防陈叔陵对太子陈叔宝下手。

接下来，在人们给大行皇帝穿寿衣时，太子陈叔宝伏地痛哭，陈叔陵却瞅准机会，抽出了那锉药之剑刀，走到陈叔宝背后，瞅准位置，突然狠命地向陈叔宝砍下，剑锋从陈叔宝的颈旁削过。

陈叔宝惊叫了一声，晕倒在地。柳皇后见此，异常惊慌，赶忙扑上去救护陈叔宝，也挨了陈叔陵的数刀。陈叔宝的乳母吴氏急忙跑到陈叔陵的身后，扯住陈叔陵的右肘。

这时，陈叔坚也已经赶到，一面上前叉住了陈叔陵的喉管，一面夺下了他手上的药剑刀，并将他拖到大柱边，撕破自己的衣袍，用残破的锦缎把陈叔陵捆绑在大殿柱子上。

幸好，因为药剑刀太钝，所以陈叔宝和柳皇后的伤势都不太重，二人早已仓皇地爬起来，随着吴氏逃到内宫里去了。

"如何发落叛贼陈叔陵？是马上杀死呢，还是留下，待以后审讯斩杀？"陈叔坚赶紧进来向太子请示。

"哦，你先……"这时，太子陈叔宝已离大殿较远，只是含糊地回头说了一声。

此时，陈叔坚想向前再走几步追问时，这边陈叔陵却早已扯断了锦缎逃跑了。

回到东府，陈叔陵急忙召集亲信，并派人封锁了东府到台城之间通道，释放了东府的所有的囚犯，用重赏诱使他们充军，并派人去新林，征集部将准备开打内战，掀起宫廷政变。

部署已毕，陈叔陵身披铠甲，头戴白帽，披挂上马，登上东府西城门，号召兵民及各王府将帅起兵反叛。不料，此时竟没有几个人响应他，只有新安王陈伯固单骑赴召，帮助陈叔陵指挥叛众。

此时，因为太子陈叔宝受伤，不能亲理朝事，只好由长沙王陈叔坚发号施令，筹划讨伐叛王陈叔陵的事宜。

"启奏皇后，叛贼陈叔陵已经逃走，请下旨讨伐！"这里边，陈叔坚见陈叔陵已经逃脱，急忙向柳皇后请命。

"现在由你指挥，请令萧摩诃速率兵马，攻打东府，屯驻城东门——"柳皇后立即说道。

于是，长沙王陈叔坚、大将萧摩诃等人急忙率兵赶到东府。陈叔陵见大军压境，自己身边的人马却寥寥无几，不觉惶恐起来，他连忙遣使给萧摩诃送礼求和。

"始兴王今日虽困，然而其势力无限，不久就将入居大宝。他已承诺：倘若大将军你能掉转枪头，拥戴始兴王登基，他就一定拜你为相！"陈叔陵的使者向萧摩诃说道。

"哦，既然如此，就请始兴王令心腹大将带着他的亲笔文书来此商议！"萧摩诃灵机一动，遂对来使说道。

于是，陈叔陵派出自己的得力干将戴温、谭麒麟来见萧摩诃。萧摩诃立即将戴温、谭麒麟当场拿下，押送到台城斩首示众。于是，始兴王陈叔陵的人马纷纷惊慌四散去了。

陈叔陵无奈，只好将王妃和爱妾七人全部投入景阳殿的胭脂井之中，然后，他带着陈伯固连夜外逃。然而，陈叔陵他们未能逃出几里路，就被萧摩诃的部将全部擒杀了。

接着，陈叔宝登上帝位，颁诏大赦。封陈叔坚为骠骑大将军兼扬州刺史，萧摩诃为车骑将军兼南徐州刺史、绥远公，册立皇十四弟陈叔重为始兴王。追尊大行皇帝为孝宣皇帝，庙号高宗；尊皇后柳氏为皇太后。

陈主东府一角

陈后主陈叔宝

陈叔宝嗣位后，次年改元至德，册立妃子沈氏为皇后，皇子陈胤为皇太子、永康公。陈胤聪颖好学，博古通今，擅长文辞，满朝对他都十分钦佩和喜欢。陈主因为颈伤未能愈好，所以便将宫内事务委托给柳太后决断，将朝中大事委托给长沙王陈叔坚决策。此时，陈叔宝自己只知荒淫无度地享受生活，不理政事。

于是，渐渐地陈叔坚势倾朝野，竟生骄纵之情。陈主陈叔宝虽然忌恨陈叔坚，但是念及他当年护驾讨逆有功，所以仍然加封陈叔坚为司空。

陈叔宝亲政后，畏惧陈叔坚的势力，于是，决定将陈叔坚调往外藩。但陈主性格优柔寡断，在陈叔坚入朝辞谢时，一番软话说下来，陈主竟又将他留在京都。结果，陈叔坚既未能专权，又未能外调，因此，他已知陈主犹豫之意，遂郁郁寡欢起来。

最后，陈叔坚为了消灾驱祸，特地回府令人刻了一个木偶，以便作法行蛊，为自己祈福。不料，此事被人发觉，陈叔坚竟被诬告行蛊，诅咒陈主。所以，陈主将他抓捕下狱，想将他问成重罪。

"唉……朕待你不薄啊，你因何恨朕，以致诅咒朕躬？"陈主陈叔宝疑惑地问陈叔坚。

"微臣并没有诅咒陛下，只因……陛下对臣先亲后疏，臣觉得害怕，所以，想以木偶来为自己祈福。不料，这却触犯了陛下的龙颜！"陈叔坚答道。

"你不怕身死？"陈主问。

"臣罪该万死，只是乞求陛下先下明诏，责备九泉之下的陈叔陵，以免微臣下世之后，在阴间被陈叔陵欺侮！"陈叔坚哭泣道。

陈叔坚说罢，泪如雨下。陈主见了心酸，遂想起了当年陈叔坚为他而得罪陈叔陵之事，心中悲怜，也泪流涟涟。

"唉，既然如此，朕即恕你不死，请你回府去吧！"陈主听罢，感慨了一番后说，"你前次有功，可任侍中兼镇左将军，望你继续为国出力！"

"诚感我主厚恩——"陈叔坚感激涕零地从地上爬起来说道。

七十七、主昏庸，忠臣多遭贬

　　原太子詹事江总虽然也是个满腹锦绣的文士，但是，在品德上，他却是个无恶不作的佞臣，他最忌恨的是朝内外忠臣志士。因为他是当年引导太子陈叔宝纵酒近色的少年朋友，所以，后来，先帝陈顼罢黜了江总的职务。陈叔宝嗣位后，立刻将江总任命为祠部尚书，接下来，又升任他为吏部尚书，尚书仆射，让他身居相位。

　　史书上曾说：江总出身高门，早年即以文学才能被梁武帝赏识，官至太常卿。侯景之乱后，他避难会稽，又转到广州，至陈文帝天嘉四年才被征召回建康，任中书侍郎。陈后主时，官至尚书令。历史书上又说："总当权宰，不持政务，但日与后主游宴后庭""由是国政日颓，纲纪不立"。

　　大权在握的江总首先憎恨的是三朝元老侍中——毛喜。侍中毛喜在陈主被陈叔陵刺杀时，与陈叔坚共主军事，功劳不小。陈叔宝对他也十分敬重，常常召他入宫宴饮。只是在宴席上，毛喜忧国忧民，不满陈主醉生梦死的行为，因此他常因为劝谏而使陈主不悦。

　　"老将军乃是国之勋臣，为何在宴席上，常有不悦之情？"一天，在宴会上，陈主陈叔宝突然向愁眉不展的毛喜问道。

　　"老臣有罪！"一听陈主问话，毛喜慌忙跪下来答道，"诚感我主皇恩浩荡，让微臣赴宴！然而……只是先帝刚刚安葬，丧期未过，陛下就……"

　　"卿意如何？"陈主听了，突然脸色一沉，起身问，"莫非你又想来阻止朕躬饮酒欢宴？"

　　"老臣……不敢……"毛喜见问，顿时心慌语塞。

　　毛喜急忙起身，走到皇帝榻前支吾着，刚到台阶前，突然摔倒在地，假装发病。

　　"侍卫赶紧前来扶持毛老将军！"陈主一见，慌忙令人扶起毛喜。

　　待毛喜和侍从一起走出皇宫后，陈主的酒宴醉意也已经醒了一半，回想方才毛喜的举止，不禁疑虑起来，随即面呈怒容。

　　"唉，毛喜竟是如此多病。"陈主叹道。

　　"陛下以为毛喜他是真病？他藐视皇威……"宴席上，江总向陈主说道。

　　"哦，朕后悔今日召来毛喜了！他其实无病，却以此来欺骗朕，想来阻止朕欢宴，真是奸诈！"陈主陈叔宝思索了一会后，顿时感觉气愤，遂大叫道，"来人，将毛喜这老匹夫捉拿下狱——"

"陛下，不可！"中书舍人傅综听了，赶紧出来求情，"毛大人虽然做法欠妥，然而他也是为了国家，念他多年功劳的分上，暂且宽恕了他吧！"

"唉……好吧！念他是三朝元老，朕且免了他的死罪，将他贬为永嘉内史，以儆效尤！"陈主说道。

于是，自从毛喜遭贬出京之后，满朝文武噤若寒蝉，再也无人敢劝谏陈主了。

再说此时，永嘉有个恶霸名叫江朋。其鱼肉乡里，残害乡民，欺男霸女，无恶不作，引得当地群情激愤。因此，在永嘉，状告江朋的状纸如雪片一样飞到永嘉内史毛喜的衙中。毛喜决心为民做主，为国除害，遂悲愤地将江朋的罪状逐条整理，准备上报朝廷。但是，因为江朋原是江总的少年酒肉朋友和兄弟，所以，毛喜深感惩办江朋是件不易之事。因此，数月以来，毛喜夙夜忧叹，为此绞尽了脑汁，仍旧一筹莫展，始终无法排解，心中十分痛苦。

"老爷岂能不知，江朋乃是江总的爪牙。你这个受贬的小吏怎能惩办得了权倾朝野相王的爪牙呢？你这只会徒然送了自己的性命啊！"毛喜的夫人见了，哭叫着，并且从毛喜手中抢下毛喜所写的状纸，当场将它丢在火炉上。于是，那状纸立即燃起了火焰。

毛喜见了，慌忙赶上来夺回那些余烬，并且痛苦地放在手里反复观看。但是，毛喜看着看着，过了一会，他竟突然看着手中的纸烬哑然失笑。

"老爷为何突然又发笑了，莫非你是急疯了、气疯了不成？"夫人见了，惊恐地瞪着双眼问毛喜。

"哈，我本来害怕江朋的这份罪纸不能通过朝中江总那佞贼之手，如今我有法子了！"毛喜兴奋地说，"夫人请看：这'朋'字被火烧掉了一半，成了'月'字了！我何不将'江朋'换成'江月'上报其罪，量那江总也会被我蒙混过去的，而待刑部将文书批回来后，我再将其姓名仍旧添加成'江朋'，那时我自然就能够杀了江朋这个奸佞恶霸了！"

"哈，老爷高明，也只能如此办理了！"夫人也兴奋地笑说道。

万恶的江朋就这样被毛喜用智慧斩杀了，百姓们因之欢欣鼓舞。

然而，消息传到京城，相王江总闻后又气又悔，立即派出亲随率众赶往永嘉，发誓要向毛喜复仇，并搜集毛喜的罪证，企图立即将毛喜处死。结果经过江总等人的编造，毛喜竟然成了个罪恶滔天的"滥杀无辜、伪造公文"的酷吏。接着，江总骗得陈主陈叔宝的一纸诏书，就要将毛喜就地斩杀。

中书舍人傅综听了此信，立刻大惊，遂连夜面见陈主，并且呈上永嘉称颂毛喜的万民书，详解了毛喜所办的江朋之案的实情。陈主听罢，恍然大悟，立即下旨，让刑官停止对毛喜行刑。然而此时，执行监斩毛喜的刑官在江总的催促下，已经持诏向永嘉出发了。于是，中书舍人傅综一行只好快马加鞭，赶往永嘉。无奈路途遥远，当傅综他们到达永嘉时，忠臣毛喜的人头已经落地，引起永嘉万民痛哭一片了。

朝中的忠臣陨落，却未使陈主感到痛心，他觉得身边少了一个谏劝之人，反倒更为自由和清静了。接着，陈主陈叔宝荒淫日甚，每日里，不是纵酒，就是纵欲。因为沈皇后清新寡欲，所以，陈主就另外召封了龚氏、孔氏为良娣，带她们进入宫内，日夜陪伴歌舞。

龚氏有一名女婢，名叫张丽华，在年仅十岁时，她就随龚氏一起入宫侍奉陈叔宝。张丽华凭着自己娇艳玲珑、善解人意，很快，她就赢得了陈主陈叔宝的欢心。

陈后主在即位之前，曾经因为始兴王陈叔陵作乱而被砍受伤，遂躺卧在承香殿休养。当时，一些姬妾都不能随意靠近他，只有张丽华进殿侍奉陈叔宝。因为，当时柳太后还居住在皇后的正殿——柏梁殿。沈皇后又一直无宠，居住在求贤殿。她们都不能够侍候伤病中的陈叔宝。于是，这就使得张丽华有了可乘之机，因为只有她才能够与陈叔宝朝夕相处。

两三年后，张丽华更是长得娉婷袅娜、娇艳风流，竟使陈叔宝与之形影相伴，几乎不能与她寸步相离。不久，陈主遂与她淫狎，她半推半就，曲尽绸缪。接下来，张丽华竟为陈叔宝生下一个男孩，取名陈深。因为陈叔宝宠爱他们母子，所以更将张丽华视为珍宝了。

不久，陈主将张丽华升为贵妃，但此时龚、孔二人还只是贵嫔。沈皇后此时居住在求贤殿，专心于静阅图史，闲诵佛经，干脆将后宫之事全部交给了张丽华张贵妃主持去了。

有一天，陈主在乐游苑大宴宾客。他将妃嫔、内侍、宠臣们召集在一起，晨昏醉饮，并令人们在席上大放赞美之词。

"张爱妃才貌双全，众卿能为之赞颂？"陈主醉然，昏沉沉，伸手抓着张贵妃的玉臂，又笑着回头向众人问道。

"哦，先……听微臣唱颂张娘娘的容貌！"此时，醉意朦胧的都官孔范急忙起身，跌跌绊绊地扭唱起来，"张……娘娘呀……一头青丝七尺长，发黑如漆，光彩夺目，脸如朝霞，肤如白雪，目似秋水，眉比远山……"

"啊，爱妃……她在阁上靓妆玉立，凭轩远眺，其飘然若仙……"陈主也兴味盎然地接口唱和起来。

"微臣再颂张贵妃的才智……"宫人袁大舍也起身笑唱道，"张娘娘……聪明灵巧，琴琪书画……无不通，史经百家多……博闻强识……"

"嗬，好好……"陈主听罢，走下榻来，手扶袁大舍叫道，"袁大宫人才华出众，也是当今的才女呀，应当为朕的张爱妃填词普曲，让宫廷乐坊日夜颂唱！"

"哦哦……微臣领旨——"袁大舍笑容可掬，赶紧应答。

于是此后，京城内外，到处都是一遍歌颂张贵妃美貌才智之声。因此，陈叔宝虽然后来又采选了王、李二美人，张、薛二淑媛和袁、何、江等七女，但是，他仍旧只宠爱张贵妃这一人。

渐渐地，张贵妃从执掌后宫，转移到了干预朝政。陈主陈叔宝荒于酒色，很少视朝，于是，百官有事，都需将奏事写在册簿上，由宦官蔡脱儿、李喜度传递给张贵妃。

陈叔宝常将张贵妃抱在膝上，和她一同批阅奏章。同时，张贵妃还极能笼络内侍，所以，宫女、太监对她也感恩戴德，这就使得陈主更是对她宠爱有加了。

从此，陈朝内外联结，表里为奸，后宫亲属招摇犯法，甚至犯了死罪，只要向张贵妃乞求，便可一律恕免。王公大臣也只要张贵妃的一句话，便可灰飞烟灭，或鸡犬升天。因此，张贵妃名声大震，在江东小朝廷之内，南朝陈王国之中，有不知陈叔宝的人，但绝没有不知张贵妃的人。

都官孔范更是与孔嫔结为姐弟，一味阿谀迎合。陈主宠信奸佞，弄得朝臣上下，无所适从，使得百姓怨声载道，哀鸿遍野。

接下来，江总奏请修筑新阁，以展盛世气象。于是陈主下旨，要大兴土木，命朝臣在光照殿前添筑临春、结绮、望仙三座楼阁。

"建造如此辉煌的殿阁，需要擅长计算的能人，因为其结构设计、材料购买、人工调用，这些都离不开计算。陛下应当任用舍人施文庆主持此项工程为宜！"都官孔范向为了讨好其孤朋好友，急陈后主上奏道。

"这是当然！"陈后主笑道，"施爱卿计算的本领闻名遐迩，这次他当然可以大显身手了！"

"微臣自当呕心沥血，为陛下尽忠！"施文庆听了，兴奋异常，赶忙奏道，"不过……这辉煌的建筑，微臣也不能一人独专。微臣特此荐引沈客卿、阳惠朗、徐哲、暨慧景等人参与此项工程，望陛下特旨，赐给他们官职！"

"……好吧，现在命他们为都中书舍人，让沈客卿、阳惠朗、徐哲、暨慧景分任大市令、刑法监、尚书都令史等！"陈主立即笑逐颜开地说道。

于是，众佞欢欣鼓舞。工程开始了，施文庆遂伙同沈客卿、阳惠朗、徐哲、暨慧景等人一起，狼狈为奸。为了迎合陈主的欢心，他们力图将工程建造得无限奢华，并且借着工程实施，他们大肆挥霍钱财，趁机纷纷从中聚敛财富，中饱私囊。

宰辅江总、都官孔范也趁机从中各自受贿两千万。他们在大兴土木中，劳民伤财，动用上万工匠，无数的木石。他们挥金如土，致使国库数以亿计的钱财被挥霍殆尽。

结果，临春、结绮、望仙三阁相继建成，各高数十丈，雕梁画栋，并且都用沉檀香木制成，炫饰金玉，杂嵌珠翠，一眼望去，金碧辉煌。

这三阁，外施珠帘，内设宝床。陈叔宝自居临春，张贵妃独居结绮，龚、孔二嫔共居望仙阁，而且各个楼阁之间，均由复道画廊相连，人从长廊往来，悠然便捷。阁下更是积石为山，引水为池，奇花异草满目，胜是蓬莱仙岛。

陈朝增加各种兴建，使国库空乏，于是只得加紧向百姓搜刮，因此百姓的日子更为艰难，民心沸腾，怨声载道。

除了大兴土木外，陈主荒淫的生活方式，还数不胜数，其每次夜宴，更是展现了无尽奢华风光。

仆射江总，虽为宰辅，但是，他也不亲政务，常与都官尚书孔范、散骑常侍王差、宫人袁大舍等人入阁为陈主侍宴，当时他们都被称为"狎客"。

这一天，新阁竣工，陈主又在华林园中大摆宴席，席上妃嫔群集，女学士、狎客两旁层层列坐。

"袁爱卿，你是女学士，又颇通文墨，能即兴创作诗赋，今日何不再献佳句？"陈主陈叔宝坐在高高的榻上向袁大舍说道。

"微臣新作《临春乐》在此，今欲奉上，唯恐……有辱圣听……"女学士袁大舍笑容可掬，轻盈地走了上来，向陈主递上一笺。

"太好了——"陈主接过，略看了一眼后，随即笑逐颜开，说道，"今日就请乐工谱曲，召来慧女唱舞《临春乐》《玉树后庭花》！众卿都要参与，朕君臣同乐，一醉方休——"

"谢我主——"江总首先起身向陈主说道。

接着众人齐声欢呼，随即飞觞醉月，即夕联吟，彼此唱和，无限热烈。

"哦，今日新阁初竣，国家吉祥，朕不仅要赏赐袁爱卿，还要重赏江、孔诸位爱卿啊！他们不辞劳苦、劳苦功高——"陈主又笑道。

"臣等彼此唱和，向陛下谢恩——"江总、孔范、袁大舍等人说着，逶迤进入舞池。

"……从今往后，众卿每次饮宴都要彼此唱和、共舞……"陈主接着笑道。

此时，江总、孔范、袁大舍等人起身谢恩后，两千慧女也随之进场。于是，全场欢声雷动，众臣与慧女们一齐唱舞《玉树后庭花》《临春乐》等新词。

更深夜半，夜宴歌舞仍然不止。

"璧户夜夜满，琼树朝朝新"的曼词艳曲之音绕梁不息……

南陈醉生梦死。长此以往，南陈小朝廷的内忧外患更为加剧了。

陈主见朝内外混乱，也略显忧虑，遂与都官孔范商议平乱之事。

"如今……民怨沸然，莫非国中有事，外间屡有反叛之事。外藩的将士们能够处理好平叛的大事吗？"陈叔宝问孔范。

"微臣不才，然而，与朝内外的文武官员相比，臣还是略高一筹的。臣也算得上是个文武双全之人啊。至于……朝外藩地的那些将士……他们更不足挂齿！他们行伍出身，只不过一介武夫而已。他们没有远见卓识，陛下决不能指望他们处理国家大事！"孔范傲然地向陈主直言。

"好好好，朕的江山社稷将来就只能指望爱卿你了！"陈主点头称是，并说，"今后，王公大臣们只要有过失，朕就对他们严惩不贷，夺去他们的兵权，并将其部众交给你们掌控。"

"哈哈，陛下倘若能够如此，国家就无忧无虑了！"孔范大笑道。

"如今，北国……北周灭掉了北齐，周国的隋王又篡得北周的社稷……北方已成隋朝的天下了，先帝大丧时，隋主杨坚曾经派人前来吊唁，你们对他们也不要太无礼貌了，或许北隋将会兴兵进犯我朝？"陈主忧郁地问。

"陛下不必担心，隋国乃是北虏的一个小邦，迟早都要被微臣率兵消灭的——"孔范又信心百倍地向陈后主说道。

"哦，既然如此，朕也就放心了！"陈主听了，又一次点头称道，笑逐颜开。

七十八、隋杨兴，南陈渐衰落

不久，隋主杨坚扫荡了西北之后，已经一统了北方天下，国中只剩下南陈和后梁了。得知南陈皇帝陈叔宝昏庸力衰，隋主就准备兴兵南侵，无奈后梁此时竟敢前来寻衅，牵制了隋军的力量。于是，隋主经过朝议之后决定：分兵进击，首先消灭后梁，再率大军南下，以使后梁和南陈相继而亡。

当年，后梁主萧詧据守江陵，在北周的庇护下，苟延残喘，不久也因郁郁寡欢而病逝了。太子萧岿嗣位，虽经振兴，但也难有发展，最后嗣君萧琮即位，与隋反目成仇，后梁遂灭。此时，永嘉王萧庄也死在北齐。

至此，国中萧氏宗亲完全灭绝了。

然而，当初因后梁主萧岿仁义俭朴，深得民心，因此，虽然国小力弱，但是国家还算平安。

在当年隋王杨坚刚刚篡夺北周建立隋朝时，拥军数十万的北周大将军尉迟迥，曾经举兵发难造反，力图率军讨伐北隋杨坚，并且威胁后梁。为此，后梁主萧岿曾经召来谋臣柳庄商议对策。

"我朝廷并未怠慢尉迟迥，他依靠着自己所掌握的北周的力量举兵反隋，却要同时反对朕的梁朝，如今杨坚和尉迟迥互相争斗，朕应站在哪一边？朕后梁将如何应对此种局面？朕要迎合尉迟迥，出兵攻击北隋杨坚吗？"萧岿问柳庄。

"陛下不可！"柳庄说，"凭我朝如今的实力，还是暂不与隋国为敌的好！"

"先生请细说理由。"梁主萧岿疑惑地说。

"目前隋王杨坚虽然拥有的军队力量还没有尉迟迥强大，但是，他身为北周的国戚、大丞相，长期把持着北周朝政，威慑朝野，甚至能够'挟天子令诸侯'，这不是胸无大志的尉迟迥之流所能够战胜的！"柳庄慢慢地说道，"历史上，拥兵甚少的曹操所以能战胜强大的袁绍、袁术，其道理也正是在此！前次，杨坚曾经一举剿灭了赵王等国内的反叛势力，这就足以说明杨坚的老谋深算了！因此，微臣奉劝陛下要对隋朝友善！"

"啊，既然如此，朕就依先生的建议，暗中联络隋杨，投其所好，以求自保！"后梁之主萧岿下决心地说道。

不久，外藩传来了尉迟迥反叛隋朝，又兵败西疆的消息，梁主又心有余悸地召来柳庄，与之谈话。

"朕诚感先生的大德，倘若当初没有先生'对隋朝友善'的主张，而是朕盲目地发兵进攻了杨隋，恐怕今日朕就已经和尉迟迥一起灭亡了！"梁主萧岿暗自庆幸地向柳庄说，"今日北隋杨坚业已稳居帝位，朕的梁朝将何以应对？"

"我朝当与隋国交好，派员前往隋国祝贺！"柳庄又说。

"朕将听从先生的计策，派人前去祝贺，并答应每年按时向隋朝进贡！"梁主说。

"如此说来，隋主暂时就不会兴兵讨伐我朝了！"柳庄信心十足地说。

"据说，隋主杨坚也将赐我朝以珍宝，并答应将迎娶朕的小女为其子晋王杨广做王妃。"接着，后梁主萧岿对柳庄说。

"是的，隋主对我主恩礼有加，还礼聘公主为其晋王杨广之妃，又打算废掉北周朝监护我梁国的江陵总管府，终于……他们能让陛下得到了统治所辖区域的全权。"柳庄说着，并向梁主躬身施礼道，"两国联姻，这样很好！"

隋文帝杨坚

隋朝大将高颎

接下来，梁朝的小公主北嫁了隋杨，成了晋王杨广的萧妃。此时，隋、梁欢天喜地，太平和睦。

然而，好事不长，天不从人愿。在隋朝开皇五年五月时，萧岿突然病故，嗣君萧琮不自量力，竟屡次企图发兵侵犯强隋，妄想侥幸取胜。

于是，次年，隋主杨坚恼羞成怒，与后梁反目成仇，并率兵伐梁。大兵压境之后，隋主起了灭梁之念，他征召萧琮来隋廷受审，并要剥夺梁主的镇藩之权。

江陵父老在悲送梁主萧琮到江边上船时，知道荆州大祸将至，于是哭声震天动地。

"我们的国君恐怕将一去不复返了！"父老们相对哭泣道。

"朕……今日西去，恐怕隋军就会东来，请皇叔、皇弟调军守好国土！"萧琮哭向叔父萧岩和弟弟萧瓛说道。

于是，众人挥泪而别，梁主率领群臣百官由荆州出发，乘船西去，一路北上，不久即到达长安。

在萧琮去后，隋廷立即派武乡公崔弘度率兵前去镇守江陵。隋兵到达都州时，萧瓛、萧岩害怕隋军进袭江陵，急忙向陈朝荆州刺史陈慧纪求救。陈慧纪赶到江陵后，萧瓛、萧岩随即率一万兵马投降了南陈。崔弘度势单力弱，招架不住陈、梁联军的进攻，随即惨败。

隋主得知失败的消息后，急忙命大将军高颎率兵去支援崔弘度。陈军见隋国大军压来，只得撤军。于是，高颎进驻江陵，并派将把守，自己回国报捷。隋主杨坚扣留了萧琮，封萧琮为莒国公，并将后梁江陵收入隋土，改为郡县。于是，后梁灭亡了。

后梁虽灭，后梁国的那位小公主——萧妃却仍然故事不断。后来，萧妃却随着晋王杨广登基称帝，成了隋国的萧皇后。结果，她竟在隋、唐年间，演绎了一场命运多舛、风云传奇的故事。

据有关文献记载，这萧皇后本来天生不凡：

她于后梁天保二十年二月十九日卯时出生在江陵城里。当时，本地有种习俗，认为凡是二月出生的孩子，就不应当向外张扬。

此女出身在帝王之家，因此被认为是"不祥之物"，于是，梁主只得将她交由叔父萧岌抚养。后来萧岌夫妇相继过世，这位小公主又被送到舅父张轲家，由其舅张轲收养。

由于张轲家境贫寒，所以，她从小过的就是一种贫穷劳苦的生活。

有一天，城里来了一位有名的占卜高人，名叫袁天纲。舅父张轲遂请袁天纲代为小公主测算命运。袁天纲先生询问了公主的身世后，再将这个尚处在幼年时代的女孩子上下打量了一番。结果，他为这位小公主倾国倾城的绝世容貌所称奇。

隋炀帝萧皇后

"美哉，上天之花！"袁天纲看罢，大叫起来。

"先生以为小公主……她将来会……"张轲茫然地问袁天纲，"请直言细述！"

"哦，请你让我再仔细推算她的生辰八字！"袁天纲满面春风地笑道，并闭门掐算了半天，随即他睁大眼睛，欣喜地向众人说道，"此女命带桃花，将来……必然她要母仪天下！"

"果能如此？"张轲惊叹道。袁天纲信心百倍地点了点头。

接着，北隋与后梁联姻，于是，梁主将这位小公主送到隋国。

萧公主十三岁做了晋王妃，二十四岁就当上了隋帝杨广的皇后。不过，她只风风光光地

隋炀帝杨广

535

过了十三四年光阴，因为不久隋炀帝就国破人亡了。

隋炀帝死后，接着，她就被缢杀其夫的凶手之一——右屯卫将军宇文化及纳为偏房。

不久，农民义军首领窦建德杀死了宇文化及，又将她抢回，并将其接收为妾。

这时，北方突厥势力声势不断浩大，直逼中原，原来远嫁给突厥可汗的隋炀帝之妹——义成公主派使者来到窦建德处交涉，并前来迎接前皇后萧氏。窦建德畏于突厥可汗的势力，只好俯首将萧氏交出。于是，萧皇后又成了突厥可汗的侧妃。

接着，突厥老番王死了，由颉利可汗继位，按突厥人的风俗，前皇后萧氏与义成公主姑嫂两人又同时被颉利可汗收纳到帐中，成为新主的妃嫔。

唐贞观四年，唐太宗派大将李靖打败了突厥，索回了萧氏。这时，萧皇后虽然已是四十八岁的半老徐娘，而唐太宗李世民只有三十三岁。但是，李世民见萧氏云鬟高耸，雾鬓低垂，美眸流盼，仪态万千，不禁心旌摇曳，竟破格举行了一次盛大的宴会来迎娶她，并封她为萧昭容……

后来，萧昭容在唐宫内苑度过了十八年。六十七岁时，萧昭容才溘然长逝，结束了其传奇的一生。

再说，杨隋灭了后梁之后，隋军便可一意南下讨伐陈国了。为此，隋主杨坚向高颍询问灭陈之计。

"爱卿以为，灭陈应当注意什么？"杨坚问高颍。

"攻陈应当注重季节！"高颍向杨坚说道。

"请详尽说来！"隋主令道。

"江北天寒，江南天暖。"高颍说，"倘若我军在南陈的收获季节向他们炫耀兵马，扬言要攻击陈国，他们必定要屯兵守御，旷废农时。而一旦他们真的处于严戒状态之后，我军应随即收兵北去，以便保存实力。如此三番五次之后，陈军必定疲乏，进而会以为我军只是虚张声势，并不会真正袭击南陈。久而久之，他们就会放松警惕，身心倦怠。到那时，倘若陈国的粮草又断，我军便可直指建康，一鼓作气击败南陈了！"

"'疲军、怠军之计'，爱卿之计很好！"隋主笑道，接着又问，"那么，如何才能断绝南陈的后备粮草呢？"

"江南房屋大多是茅木所筑，他们少有储粮地窖，我军可以秘密派人顺风纵火，即可烧毁其粮草，其粮草一毁，兵马缺粮少草，就更不是我军的对手了！"高颍说道。

"此计非常妙！"隋主杨坚大声赞叹道，"朕就将按此计行动——"

"启奏陛下，陈朝已经收纳了萧献、萧岩等后梁的降将！"此时，有军士进殿报道，"陈军扬言，有长江阻隔，隋军不能南渡，攻击江南！"

"岂有此理，陈国竟是如此鼠目寸光，朕立即发兵攻陈——"隋主杨坚大声叫道，"立刻发兵！"

"我军渡江作战？"部将们问道。

"当然！"隋主道，"朕身为百姓父母，岂能因为有了一条小河的阻挡，就不去拯救江南受难的子民了？"

"既然陛下欲战，微臣愿做先锋，恳请率军前行！"高颍奏道，"不过，此次进军，是否还要秘密进行？"

"爱卿可以协助晋王，和晋王一起讨伐南陈！"隋主答应道，接着，他又满怀信心地说，"如今伐陈，再不必秘密行动了！朕将要替天行道，必获大胜！诸位可以随意将船桨丢入水中，任它东下，以便造就声势，来恐吓陈廷。朕以为陈廷也已经无法应对我隋朝大军的了！"

说罢，隋廷招兵买马，军民打造舟舰，齐心协力备战，满城风雨，声势浩大。而且，隋主还大张旗鼓地向朝野颁诏声明：

"陈朝倘若知道改过自新，朕就不会立即讨伐陈朝，否则，朕将向南陈兴师问罪——"

正在隋主摩拳擦掌、即将挥军南下的危急之际，在陈朝宫中，却仍旧是朝朝楚馆，夜夜秦楼。陈主陈叔宝仍旧深居高阁，终日花天酒地，醉生梦死，两耳不闻朝中朝外诸大事。

至德五年元旦，陈廷陈叔宝君臣又在未央殿中，寻欢作乐，终日饮宴和歌舞。

"启奏陛下，如今，北方隋国大军压境，我陈国垂危！"见陈主仍然一如既往地欢宴，中书舍人傅综忍不住，再次向陈主劝谏道。

"国中歌舞升平，傅综你为何总是要危言耸听？"陈主不耐烦地问。

"国中并非歌舞升平，隋主摩拳擦掌，就要挥军南来——"傅综急切地向陈主叫道，"天有不测风云，陛下应当自我收敛！"

"如今天下太平，有何不测？老匹夫一再搅扰御宴，让朕烦恼扫兴，罪不容赦！"陈叔宝听罢大怒道。

"启奏陛下，如今天下祥瑞，山人已经报道：甘露降，灵芝生。这乃是吉祥之兆啊！"此时，江总、孔范齐声地向陈主奏报道。

"哈哈，既然如此，今日应当立即下诏，改元祯明！江总、孔范二位爱卿都应当得到重赏——"陈主陈叔宝听后大喜，立即说道。

"谢主隆恩！"江总、孔范听罢，双双开口谢恩。

"天下祥瑞，傅综你听见了？"陈叔宝回头看了一下傅综，并问，"傅综，你还有何话可说的？"

"大陈社稷危在旦夕！忠臣死谏，倘若微臣今日仍旧不向陛下死谏，那么我大陈之国，就将不国了！对此，微臣傅综岂能漠然视之？"傅综更加焦急地喊起来，并且走向御榻前叫道，"忠臣老将毛喜都早被陛下误杀了，微臣今日虽死何惜？即使陛下今日杀了微臣，微臣也要直谏到底——"

"……好吧，既然你至死不悟，仍旧要与朕为敌下去，那么，也就怪不得为君者无情了！"陈叔宝听了傅综的话后，气得咬牙切齿，立即向左右下令道，"且将傅综推出去斩了！"

"昏君，昏君，你死到临头，还执迷不悟！"傅综一面被侍卫拖拉着，一面还在叫喊，随即又奔下头来叹道，"唉，叹只叹……我陈国的江山社稷……"

于是，中书舍人傅综被侍卫带出去就地处斩了。江总、孔范等人却又兴味盎然地走向御榻来，向陈主阿谀奉承。

"众爱卿还有事要奏？"陈主兴高采烈，遂又转头问道。

"……然而，外藩方才上报，说是已经地震东南了……这莫非真有何不祥？"宫人袁大舍惶然走出来问道。

"……这会如何？莫非……"陈主也有些茫然地问众臣。

"地震乃是阳气震荡、万汇昭苏的吉兆啊，这说明我陈国之中必然大吉——"江总立刻走上来说道，"这岂有不吉之理？"

"此言太对了！前次，后梁的萧岩、萧献来投，正是说明了这个道理！"孔范也赶紧补充道。

"哦，这样很好！"陈主立刻高兴地说道，"朕君臣还是共同迎风把酒，一醉方休吧！"

"可以颁诏，大封归降的后梁将士。"张贵妃也笑嘻嘻地上来说道。

"啊，正是！"陈主一把将张贵妃抱到怀中笑道，"倘若不是爱妃提醒，朕倒是忘了！现在应当立即开始举国庆贺，颁诏大赦。这也是近悦远来啊！朕要加封萧岩为平东将军、兼东扬州刺史；加封萧献为安东将军、吴州刺史。"

几天后，张贵妃得意扬扬地和孔贵嫔一起，率着几个侍女，向后宫而去，绕过灯火辉煌的未央殿，在御河桥边，他们迎面看到孔范和宫人袁大舍也笑逐颜开地朝这边走来。

"张娘娘万福——"宫人袁大舍笑着向张贵妃躬身施礼道。

"娘娘洪福齐天——"孔范看到张贵妃，遂立即上前偷偷地将她后裙带扯了一下，然后笑容可掬地问候。

"哈哈……免礼！孔大人客气了，我们同是陛下的忠义之士！"张贵妃笑声如铃地答道。

"微臣岂能与娘娘相比？娘娘乃是万民的国母，集三千宠爱于一身！"孔范又上来轻声地笑着献媚，"微臣今后还望娘娘在陛下面前多多给予美言呢！"

"孔将军是陛下的宠臣，势倾朝野，来日就要飞黄腾达，哀家还要有求于孔大将军呢！"张贵妃接着笑嘻嘻地向孔范说道。

"哦，娘娘此说，莫非真的有事要与微臣相商？"孔范听罢，觉得张贵妃的话中有话，忙向四周看了一下，遂停止了脚步，对张贵妃说，"微臣是陛下的奴才，自然会唯皇上和娘娘之命而是从。倘若娘娘有事，即请娘娘吩咐，微臣虽赴汤蹈火，也在所不辞！"

"哀家虽然万事如意，但也的确尚有……"张贵妃看了一下四周，欲说还休。

"娘娘是……"孔范望着张贵妃，轻声地问道。

"孔大人聪明才智盖世，难道说还要娘娘明言？"此时，孔贵嫔忍不住向孔范叫道。

"此事我也能略知一二！"站在一旁的袁大舍见此，忙插嘴说道，"是皇子之事吧？"

"哦，微臣明白了！是皇子立储之事吧？"孔范恍然大悟。

"正是此事，孔大人有何良策？"孔贵嫔与袁大舍对视了一下后，齐声问孔范，接着又说，"倘若此事办成，我们姐妹与孔大人都能攀龙附凤，前途无量啊！"

"是的，这……微臣知晓！"孔范慢慢地说道，接着，他又为难地低下了头，轻声说道，"依微臣看来，张娘娘洪福在上，加上陛下又钟情于娘娘母子，娘娘要想让陛下重新册立皇储，本是不难！不过……"

"不过什么？孔大人堂堂的朝廷权臣，竟也有办不了的事？"张贵妃见此，凤眼圆睁地质问孔范。

"陛下宠爱娘娘母子，改立储君本为易事。只是朝中王公大臣们都说：如今太子陈胤仍然一如既往，勤奋好学，在太学讲诵《孝经》，并且身体力行，时常探视母后，嘘寒问暖。而贤德的皇后也不断派人嘱咐太子，要他不忘努力向上。像这样的太子怎能废黜？"

"事在人为，孔大人不必犹豫！"此时，孔贵嫔大发雷霆道，"皇后和太子来往密切，我们正可以以此为借口，向陛下诬陷皇后和太子，说他们秘密往来，图谋不轨呀！"

"然而……又有谁人可以做证呢？"孔范抬头笑问道。

"我可作证——"孔贵嫔随口答道，"你堂堂一个男子汉，莫非还没有本嫔的气概和胆量？"

"好好，一言为定！明天早朝，我就立即联络一批朝臣，向皇上呈递奏章，说皇后和太子秘密往来，图谋不轨，皇后是想谋害皇上，以便让太子早登大位！"孔范思索了一会后，斩钉截铁地答应道。

"孔贵嫔也与哀家一道，同时在宫中向皇上奏报！"张贵妃立刻笑道，"一旦陈深能够册立为储君，哀家将万分感激诸位——"

"祝愿贵妃之子陈深早册储君——"众人齐声说道，说罢分头行动去了。

张贵妃为了要让儿子陈深谋取皇储之位，竟与孔贵嫔串联在一起，多次诬陷皇后和太子，说他们秘密往来，共商抢班夺权之事，而且就将谋害皇帝。甚至孔范也跑来做证人，陈主陈叔宝得到内外两本奏章，他虽知道其中有诈，然而，由于他本来就对张贵妃母子格外宠爱，所以自然也就不想细究，并且毅然同意了众人废黜原来的太子陈胤的建议。

听说陈主要废立太子，尚书仆射袁宪极力反对。谏表援引古今，言辞恳切，所列理由数十条。并且，他还敢于向提出废立太子大臣们义正词严地怒斥道："皇太子国家储嗣，亿兆宅心。卿是何人，轻言废立！"

然而，可惜陈主始终未听袁宪的忠言！

于是，仁义的储君陈胤，就这样轻易地遭到了废黜，被降为吴兴王，而张贵妃的儿子陈深竟然被改立成为陈国的太子了。

接下来，陈国国内怪象丛生。

开始时，暴雨成灾，郢州水黑，淮渚暴溢，大量的老鼠公然奔向河岸，想要渡江，河中死鼠无数；接着，东冶铸铁时，天上突然雷声大作，坠落下一个火球，弄得铁汁四溅，毁坏了民居；然后，临平湖的蔓草忽然大片死亡，水湖干涸。

凡此种种，都使陈廷朝野上下，十分惊诧，哗然之声遍及全国。陈主陈叔宝得知，也很忧虑。

"国中奇异频出，朕决定学习梁武帝，卖身佛寺，化作佛寺中的奴隶，是否能够化解噩运？"陈叔宝问。

"妾曾经得到神仙的嘱咐：陛下应当召集巫师在宫中祈求福祉，修筑大皇寺，并在寺中雕造七级浮屠。如此或可避免祸殃！"张贵妃更是以妖神之言，蛊惑人心。

陈主应允，但是结果，在大皇寺将竣工之际，却出现了一场大火，将它化为灰烬。

"苍天告警，微臣乞求陛下以江山社稷为重，勤于国事，切勿终日荒淫，不理朝政——"大市令章华因多年不见驾临，郁闷地向陈主递上奏章，并且冲进大殿，直言相谏道。

"章华，你算什么？竟敢大逆不道，蔑视皇威？"陈主见了大怒，"莫非你忘了前车之鉴，忘了傅綜之死了吗？"

隋将贺若弼

"微臣怎么会忘？中书舍人傅綜大人正是为了大陈的社稷而被昏君所杀了！"章华愤怒地说道，"微臣虽无傅大人的雄才大略，但也有一颗为国之心——"

"啊！章华恃才傲物，胆大妄为，出言不逊，应当立即斩首！"陈主听了章华之言，立刻愤怒地叫道。

于是，章华又应旨被斩。章华死后，朝中更加无人再敢劝谏了。因此，陈主日益荒淫，国力日益衰弱，军备日益荒废。

陈主一面将希望寄托在与杨隋通好的外交上，一面又不自量力地企图向隋示威。因此，他一面遣

隋帅杨素

散骑常侍袁雅出使隋国，一面又派散骑常侍周罗侯，出兵峡口，侵隋峡州，企图侥幸取胜。

　　起初，隋主虽然自知国力充沛，目空一切，屯兵在北疆，但那时他并未决定立即南下，甚至还有与陈廷暂时和亲的计划，而在此时，隋主却得知陈军竟敢入侵隋国，他勃然大怒，遂决定立即麾军南下，正式讨伐陈国了。

　　陈主陈叔宝得知隋朝大军已经决定南下，又急派散骑常侍许善心前往长安，向隋朝乞求修和。

　　来到隋都长安后，隋主杨坚得知许善心乃是一位忠君义士，于是，他派人对许善心以好言相劝，希望许善心能够留在隋国。在遭到许善心反对后，隋主只好将陈使许善心软禁在长安的客馆之中。

　　接着，隋主派人致书陈廷，细数陈叔宝罪恶二十条，将敕文印刷数万，发到各州郡。并在寿春设置了淮南行省，任杨广为行省尚书令，在太庙祭祀后，下令大军南征。

　　然后，隋主杨坚又任杨俊、杨素为行军元帅。令杨广出六合，杨俊出襄阳，杨素出永安；并令荆州刺史刘仁恩出兵江陵，蕲州刺史王世积出兵寿春，庐州总管韩擒虎率兵出庐江，吴州总管贺若弼率兵出广陵。

　　隋主再授任左仆射高颖为晋王元帅府长史，实际上督管讨陈诸军事，命右仆射王韶为司马，参决军事。集中五十二万大军统由晋王杨广节度，麾兵南下。其时，隋军旌旗舟楫横亘数十里，兵马声震万重山。

七十九、隋军出，后主始惊愕

此时，随着隋主杨坚大军行进，高颎与郎中薛道衡趋兵来到临江，二人并骑，在马背上商谈军事。

"……这一次我隋军大队南下，江东是否能够一举取得?"高颎问薛道衡。

"此去我军必然成功!"薛道衡轻松地说道，"晋朝郭璞曾经预知：'江东分王三百年后，将会与中国统一。'如今华夏分国的时间，恰好已经达到三百年了，这是可取胜的第一个原因；其第二个原因是：隋主恭敬勤俭，而陈叔宝荒淫骄奢；其第三个原因是：国家的安危，都是寄托在将相身上的，而陈朝以只会诗酒的江总为相，以只有匹夫之勇的萧摩诃、任蛮奴为大将，他们这样，自然难敌我军啊；其第四个原因是：我大隋有道，国势宏大，而南陈无德，国势又小，他们兵甲不过十万，却要驻守在'西自巫峡，东至沧海'莽莽数千里的边疆国土上，其屯兵顾此失彼。有了上述这四个原因，我隋国大军席卷江东，就将指日可待了! 大将军，你何必多疑呢?"

"闻君一席话，胜读十年书!"高颎欣喜地说道，"我已经知道成败可以预定了!从前，人们都说薛公有大才，今日看来，果真不假! 你今日之言令在下叹服啊!"

说罢，他们兴高采烈，率兵策马继续前行。

惊悉隋军南下，陈主陈叔宝遂命令散骑常侍罗侯督率巴峡沿江各军，前往抵御。隋秦王杨俊屯兵汉口，节制上流。杨素率水师下三峡，打败了驻守在狼尾滩的陈将戚昕，而后秋毫无犯，继续督军东下，舳舻遮江，旌旗蔽日，声势浩大。

杨素容貌奇伟，端坐在大船之中，宛若天将，惊得沿途陈军都将他视为江神，望风披靡，于是，江滨各地纷纷告警。文书发到京都建康，而陈廷中书舍人施文庆、沈客卿等人为了粉饰太平，却将告急文书全部收扣了下来，不肯上报给陈主。

陈廷朝臣闻得隋军紧逼，前方军讯吃紧，慌忙向陈主陈叔宝献策抗敌。但是，陈主却偏听偏信施文庆、沈客卿等人的谎言，真的以为陈国安然无忧。朝臣中有人再劝时，陈主却不耐烦地摇手不听，让人们退出。

"众位爱卿，不必惊慌!"陈主慢慢地笑道，"金陵素钟王气，齐兵三次到来，周师再次侵袭，他们最终都被我们摧败而归。如今隋军又能有何作为? 施文庆、沈客卿等人都认为隋军不能渡过长江天堑来犯朕的社稷呢!"

因此，陈主依然泰然，朝廷之中，依然歌舞升平如故，终日欢饮淫乐不停。

祯明三年正月初，日月昏沉，天低云暗。陈主上朝时，大雾弥漫，伸手莫辨五指，殿中漆黑一片。

陈主仍旧不以为奇怪，仍旧醉酒不休，荒淫无度。当日，陈廷依然如故，满朝纷乱，清谈诗酒，无事纠缠，退朝后，时间竟然已到日暮时分。

此时，陈主看到了从战场前方逃回来的施文庆，遂引他走进未央殿。

"施爱卿此来，前方战情尚好？"陈主方才坐下，就抬头问了一声。

"是的，一切尚好！"施文庆颤抖着双腿说，"但……微臣不愿再去前方！"

"……也好，卿要在京中任职？哦，朕任命爱卿为湘州刺史，不日上任去吧！"陈主漫不经心地说道，随即又坐上御座，向施文庆说，"嗬，'今朝有酒今朝醉，岂管门外是与非'。现在，朕君臣还是喝酒听曲去吧！"

"微臣遵旨，谢主隆恩——"施义庆感激地说道，随即也坐了下来。

此时，张贵妃带着众妃嫔和往常一样，前来向陈主庆贺。接着，孔贵嫔、袁大舍也姗姗而来。陈主陈叔宝忙令乐坊重新奏唱《玉树后庭花》。于是，当下，陈庭的歌舞笙箫之音又起，众人开筵欢饮。张贵妃、孔贵嫔带着众妃嫔喝罢御酒，遂引领歌舞唱和，满庭依然热烈。听那《玉树后庭花》词道：

> 丽宇芳林对高阁，新装艳质本倾城。
> 映户凝娇乍不进，出帷含态笑相迎。
> 妖姬脸似花含露，玉树流光照后庭。
> 花开花落不长久，落红满地归寂中！

此时，歌声似诉似泣，直唱得日暮月色又昏暗，声绕江南晓夜明。

陈主饮罢起身，走向歌舞池中，将正在歌舞的张贵妃、孔贵嫔等人左拥右抱，也跟随着场上的节拍转动，随着她们嬉笑着歌舞起来。

此时，堂上碗倾杯倒，已是一片狼藉；池中蝶飞燕起，更有数场风尘。

接下来，陈主歌罢再饮，灌得烂醉如泥，遂被侍者扶持，步入德教殿寝宫，拥着张贵妃、孔贵嫔颠鸾倒凤，翻云覆雨，接着又沉沉鼾睡过去。

东方发白，在台城陈主德教殿的寝宫上，晨雾缭绕。殿外兵马慌乱，从采石镇传来一封急报。

"启奏陛下，前方急报报道：隋朝将军贺若弼已经率兵从广陵渡江，韩擒虎已自横江夜渡采石，沿江郡城大多业已失守——"散骑常侍文奏摸黑跟跄进宫，走到陈主榻前，向陈主大叫起来道。

"哦……敌军已经入境？可是，当初施文庆……他们为何未能报告？"陈主在梦中被惊醒，随即披衣，靠在榻上惊慌地问道。

"施文庆、沈客卿等人报喜不报忧，其实前方早……早就吃紧，他们一直将急报拖到今日，还未向陛下报来——"此时，中领军鲁广达冲进来，气愤地喊叫道。

"唉，事已如此，朕只好立即发兵应对！"陈主陈叔宝这时才惊叫起来，"快快，内外戒严，召集公卿入宫商议军情急事！"

于是，众臣齐集在太极殿中，陈主慷慨陈词。

"现在，朕急令骠骑将军萧摩诃、护军将军樊毅、中领军鲁广达三人为都督，司空马消难、湘州刺史施文庆为大监军。令南豫州刺史樊猛率水军出白下阻遏隋军，散骑常侍文奏率兵镇守南豫州……"陈主惊慌失措地大叫道。

"……嗯……兵力依然不足，陛下以为应如何出兵？"施文庆此时跑进来哭诉道。

"啊，现在……已是非常时期，且将僧尼道士们也一同拉来充军——"陈主哭着下令道。

烟波江上，风雨呼号，白浪滔天。

这边陈主的援兵方才陆续出发，那边隋军将帅却已在顺水行舟南下、大刀阔斧地斩关夺隘。隋军的水师战舰乘风破浪，纷纷来到建康的江面。

随即，贺若弼攻克了京口，擒获了南徐州刺史黄恪。韩擒虎攻下了采石后，继而攻克了湖孰，接着又拿下了南豫州城池，擒获了樊猛的妻子儿女。

樊猛正与左卫将军蒋元逊率军游弋白下，巡查江面，惊闻妻儿被掳，顿时心惊肉跳。

陈叔宝怕他产生异心，遂派镇东大将军前去代替他的军职，先派萧摩诃前去试探樊猛的意思。樊猛当然不同意被人所代替，只好坚持出战。

接下来，屯驻新蔡的鲁世真与弟弟鲁世雄一同投降了隋军，并且来书招降其父亲鲁广达。

"陈主昏庸，南陈将亡，望父亲大人改弦易辙……"劝降书送到鲁广达的手中，鲁广达急忙在大厅上观看。

"爱卿所看何书？"陈主高坐在榻上，见此情形，悚然向鲁问道。

"唉，家门不幸，微臣不孝的二子——鲁世真、鲁世雄双双投隋了……"鲁广达见问，忙向陈廷请罪说道。

"唉，国运至此，鲁爱卿，你也不必过于伤心！你还是继续督军抵敌吧！"陈主抚慰了鲁广达一阵后，继续向鲁下令。

"微臣当为国效忠——"鲁广达激动地答道。

接着，鲁广达挥军冲向前线，与隋军拼搏。无奈隋军所向披靡，贺若弼从南路逼近，韩擒虎从北路挺出，势如破竹，如入无人之境。鲁广达抵御不住，只得节节败退。

此时，陈主不断地收到外地兵败的警讯，他急忙命令司徒豫章王陈叔英屯驻朝堂，萧摩诃屯驻乐游苑，樊毅屯驻耆阇寺，鲁广达屯驻白土冈，孔范屯驻宝田寺，吴兴援将任忠屯驻朱雀门。

不料，隋将贺若弼掉头进了钟山，韩擒虎回头入了新林，隋国元帅晋王杨广又派总管杜彦协助屯驻在新林的隋军。

此时，驻守在蕲口的陈将纪真被隋蕲州总管王世积逼走，形势急转直下，陈朝军民大骇，相继投降了隋军。

陈主陈叔宝向来只会玩乐，到了此时也只有哭泣，别无他法。

"启奏陛下，外面大战正酣，微臣愿出马杀退隋军！"见建康四围兵战激烈，萧摩诃如热锅上的蚂蚁，急忙向陈主请战。

"外面敌强我弱，爱卿未必能胜，还是观望之后再说吧！"陈主犹豫不决地说道。

"隋军就要占据宫墙台城！"有内侍进来奏报。

"台城之外的战争形势如何？"陈主惶惶然，仓皇四顾，轻声地问道。

"敌我还在奋战！"内侍答道。

"唉，如此相持对抗何时是了？"陈主不耐烦地说道，接着跳到殿外大叫，"如此相持的日子，朕将忍无可忍了，不如让萧郎萧摩诃出战！朕要看看胜负到底在哪一方！"

于是，萧摩诃被召入了后宫。

"将军此去，一定要为我陈国取得大胜！"陈主哭着向萧摩诃说道。

"啊，为将者出兵打仗，无非是为国为家。微臣今日出战，不仅是为国征战，同时也是为了妻子儿女们奋斗啊！微臣岂能不勇往直前——"萧摩诃大哭道。

"倘若将军能击败隋敌，朕就要与卿休戚与共，生死一家，结为兄弟！"陈主也哭泣道。

萧摩诃感激涕零，拜谢而去。

"外面大敌出没，为保京都，陛下切莫轻易派兵出城，以免台城有失！"任忠见了，再三向陈主叩首力谏道。

"事到如今，朕只有孤注一掷了！"陈主悲怆地说道，最后又突然大叫道，"召萧将军的妻儿入宫——"

出城后，萧摩诃正在加紧调军备战，往来拼杀。

"报告将军，您那年轻的夫人已被皇帝召来入宫，与皇帝同居共寝了！"突然，在阵地上，一位部将不安地走上来，向正在奋战的萧摩诃报告。

"啊，竟有此事？昏君此时……竟然还有这种心情？"萧摩诃一听，不禁狂叫起来，"苍天呀，皇帝如此昏庸，我何必还要为他冲锋陷阵？"

"大将军，我们还是驻军观望，向前即死，我们何必向前？"部将们也十分气愤，纷纷向萧摩诃劝告说道。

"……唉，好吧……"萧摩诃叹了一口气，心灰意冷地说道，"隋军已经从四面八方杀来，鲁广达、孔范、樊毅、任忠四位将领都招架不住了，我们也不能独自力挽狂澜。我只能集中兵马，保存实力了……"

"将军，众位将军们都已经跳墙逃归台城之内去了，你也回城去吧，否则性命不保！"此时，部属们又急切地向萧摩诃叫道。

"唉，我已经老了，来日无多，只得听天由命。你们还是赶紧杀回城中逃命去吧！"萧摩诃叹息道。

于是，众将陆续退回。战场上，萧摩诃更加孤立无援，接着，他便渐渐地陷入隋军的重围之中。萧摩诃挣扎了几番后，终因寡不敌众，还是被冲上来的隋军擒获了。

隋军立即将萧摩诃送到贺若弼面前。

"顽固不化的陈将，还要拼命反抗，将他推出去斩了——"贺若弼一见，立即愤怒地向左右下令道。

于是，萧摩诃昂首阔步，漠然地向营外刑场上走去。

"哦，原来萧摩诃是条铁汉！请回来——"贺若弼看了一会萧摩诃的背影后，突然改变了主意，遂下令道，"将萧将军带回来！"

萧摩诃被带回来以后，贺若弼赶紧上来，亲自为他松绑，并极力抚慰他，将他留在营中，待如上宾。

回到台城殿旁，任忠情不自禁地走到陈主陈叔宝的面前。

"外面……我陈国军兵已败，陛下好自为之，微臣已经无能为力了！"任忠颓然地依在城头女墙边凄惨地说道。

"朕这里边……还搜集了黄金两筐，请你将它拿去募兵守城如何？"陈主沙哑着嗓子哭泣道。

"事已迟了，如今陛下只有逃走的一条路了！外面军情紧急，微臣再三恳请陛下暂时离京，以避贼兵锋芒！"任忠上来，跪向陈主请求道，"倘若陛下愿走，微臣仍愿竭力为陛下杀开一条血路！"

"如今兵荒马乱，朕能何往？"陈主惊慌失措地问，接着他沉思了一会后又说，"……也好，请爱卿出城搜集舟师，朕在这里，让宫中侍从们收拾好行装，等待你来接朕！"

"……也罢……"任忠迟疑了一会后说道。

任忠说罢，翻身上马向城外冲去了。

但是，任忠出城后，只见遍地都是隋军。任忠自己觉得已是走投无路，遂一路跑到石子冈，向隋将韩擒虎投降了，并将韩擒虎等隋军的人马引到朱雀门。朱雀门前的陈国守军们见了隋军，赶紧举起长枪，准备起而奋战。

"孩儿们……如今陈朝大势已去，连老夫尚且投降了隋军，你们还打什么仗呢？都……散了吧！"任忠见了，急忙上前阻止了欲战的陈军。

于是，陈军四散而走。

隋军已经杀到京都台城，陈朝文武百官纷纷逃命，满廷如鸟兽散。殿中只剩下了尚书仆射袁宪和留在省中的江总。

见空旷的大殿中只剩下了一个袁宪，陈后主陈叔宝不禁悲从中来。

"袁爱卿呀，当初，你对朕并未常常恭维，所以朕待你也向来不好，可是朕想不到……如今却只有你一人，尚肯留在殿中，坚守职责。真是国破现忠臣啊！"陈主感动地向袁宪哭诉，接着叹息道，"唉，看来……江东的气数真的已经将尽了！"

"唉，国家虽破，但微臣也不能忘了君臣之礼……"袁宪也大哭道，"为臣者，我欲为国尽忠，希望陛下也……"

"哦，爱卿你说得对啊……"陈主继续泣道。

说罢，陈主匆忙翻身入内躲藏。袁宪却立即赶上来向陈主叫喊。

"如今隋军已经杀进来了，陛下你还想逃到哪里去安身？"袁宪正色地说道，"事到如今，陛下不如正冠衣，御大殿，傲然面对隋军，就像当年梁武帝面对侯景那样。这样……尝试一下，反倒有些帝王将相的气概！陛下何必……"

"不不不，兵锋锐利，朕岂能轻易'尝试'？朕不如设法逃避！"不等袁宪说完，陈后主赶紧摇头说道，并且匆匆忙忙地向内室溜去。

"事到如今，陛下能有何法逃生？"袁宪茫然，又紧问陈主。

"朕自有妙法！"未等袁宪问完话，陈主边说边逃。

说话时，后主陈叔宝却早已经钻入了内间。

入内室之后，陈叔宝急忙带着张贵妃、孔贵嫔两人来到景阳殿。接下来，他紧张地扑向殿前的胭脂井台上大叫。"快快，快用绳将朕和妃子们系好，放入井中，以避敌兵的锋芒——"陈叔宝急切地向站在一旁发愣的侍卫们喊道。

于是，侍者应命，七手八脚地将他们三人捆成一束，一同投藏入胭脂井中。

八十、后庭残，隋主葬陈朝

此时，台城已早无守吏，一任隋军驰入。

隋将韩擒虎来到殿中，令人四处寻找陈叔宝，但一直未见其踪影。最后，见胭脂井边有一条绳子伸入井中，并且系着的绳索还在井口抖动。于是，韩擒虎走近观看，此时，他才见下面竟然悬挂着几个人身。

见此，韩擒虎连呼数声，但不见井下有人回应，他只好令人向井下扔掷石头探察。这时，他才仿佛听到下面有人痛哭之声。隋军立即将绳子拉了上来，韩擒虎这才发现竟有一男二女被捆在绳子的下一端，那男子就是陈叔宝，女的却是张贵妃和孔贵嫔。韩擒虎见了，自然兴奋不已，遂立即将他们捆住，带了出来。

隋军入宫时，豫章王陈叔英已经投降了隋朝。

沈皇后却仍旧一如既往，安闲淡定，对进来的隋军，漠然置之。因此，隋人对她却反而心生敬畏。

十五岁的太子陈深，开门静坐在殿中。等隋兵进来后，陈深尚能从容不迫地问隋人，作战是否辛苦。因此，隋人对陈深倒还是尊敬，并未给予特别的刁难。

鲁广达退守乐游苑，拼命地与隋军争战，最后兵败受伤，连忙退到江边。

台城胭脂井亭

"啊，国破家亡！为臣者，我身不能救国，负罪深重，唯有以死殉国而已！"鲁广达向上天大叫一声，说罢，纵身跳入滔滔的江水之中，自尽了。

贺若弼在台城西府，听得韩擒虎抓到了陈叔宝，便前来要和陈叔宝相见。

听说隋国大将军贺若弼要来，陈叔宝异常惶恐，见了贺若弼，他立即下拜不迭。

"哈哈，小国君主只算是大国的上卿，下拜也是常礼！"贺若弼见此，开始一怔，接着哑然失笑，后来又狂妄地向陈叔宝喊起来，"我们不会杀你啊！你入朝我隋之后，仍不失为一个归命侯，你却又为何还要这样地惊怕我们呢！"

"大将军打算如何发落陈主？"这时，贺的一位部将走上来，轻声地问贺若弼。

"让他仍居住在德教殿，你派兵把守，并令他写出降表，交给我，以便我去上报给我的大隋皇上。这等大的功劳，我们不宜让韩擒虎拿走。"贺若弼轻声地对那位部将说道，"我要处理好这里的一切！"

那部将会意地点了点头去了。

在隋军晋王的行营中。

晋王杨广正在与高颎等部众们商议对南陈如何施以怀柔之计的问题，突然小校带着探马匆匆地进来。

"启禀晋王殿下，前方贺若弼、韩擒虎将军已经拿下了南陈京都建康！"小校和探马急忙跪地向杨广报道。

"好，长史高颎将军，请你立即赶往建康，处理陈廷后事，接收陈都！"杨广立即令道。

于是，高颎应声，率众向建康去了。此时，杨广又转身走向那探马。

"如今……陈都如何了？"杨广问那探马。

"台城既破，陈主及其后妃均已被俘——"那探马答道。

"啊！贺若弼、韩擒虎他们的将士何在？"晋王杨广再次询问。

"如今……他们业已进入台城皇宫——"探马再答道。

隋朝晋王杨广仰慕张丽华张贵妃的美貌，并且已经达到如痴如醉的地步。于是，

陈宫乐事图

他在得知陈宫被攻破之后，立刻就想到了张贵妃，很是不安。于是，他急与部下们商议。

"台城既破，将士武夫们进宫，那张贵妃将命悬一线了……"杨广暗自思忖，并自言自语道。

"莫非殿下……你是要美人？"此时，站在一旁的高颎之子高德弘听到后，遂轻声地提醒杨广，"那美人可是……贻误江山的祸水啊！"

"嗯，胜败乃是男人们所为，女人未必是祸害江山的祸水！本王既要江山，也要美人！"杨广向高德弘笑道。

"哦，殿下是要'鱼和熊掌，兼而得之'！"高德弘问，遂急忙说道，"既然如此，殿下就应当立即派员前去办理此事，否则，夜长梦多，恐怕将士们入宫会糟蹋了贵妃……"

"正是！兹令你先行赶到建康传令，接收张丽华！"杨广急忙命令道。

于是，高德弘也应命快马加鞭，直奔建康去了。

在台城景阳殿前，贺若弼正在与众将商议处理陈廷之事。

"启禀贺大将军，晋王帅府长史高颎大将军奉晋王之命，就要来建康——"此时，突然一位小校匆匆地走上来，向贺若弼报告。

"哦，高颎奉晋王之命，要来建康料理后事？"贺若弼不情愿地反问道。

"正是！"那小校说，而当他回头时却突然惊叫起来道，"哦，高颎的公子——高德弘将军已经先行到来了！"

"哦，高将军到来，有何吩咐？是来传达晋王之令的？"贺若弼回头，也已经看到飞马而来的高德弘，并赶紧上前向高问道。

"是的，晋王有令，留下张贵妃——"高德弘看了贺若弼一眼后，转身向众将大声说道。

然而，高德弘的话音未落，其父高颎却已经率兵飞奔赶到跟前，听到儿子传达的杨广口谕，高颎勃然大怒起来。

"岂有此理！"高颎一听，怒气冲天道，"从前，姜太公消灭商纣之时，曾经蒙脸斩杀了苏妲己。像张丽华此等妖妃，岂能还将她留在世上，继续毒害世人？"

"元帅长史将如何处理张贵妃？"贺若弼惊问高颎。

"且将她立即斩首！"高颎义无反顾地大声令道。

于是，张贵妃立即被斩下头颅。并且，高颎还令人在青溪桥边张贴白榜，历数张贵妃淫乱宫闱的罪行。

高颎为何有此大胆，竟敢公然违背隋朝晋王杨广之意？因为高颎立有大功，历来都被皇上杨坚所倚重。

当年，尉迟迥起兵叛乱反隋，派遣自己的儿子尉迟惇率步骑兵八万，进驻武陟。杨坚命令韦孝宽攻击叛军，官军到河阳，诸路大军都不敢领先出战。高祖杨坚见诸将拒听统一指挥，便命令崔仲方前去监军，崔仲方也以父亲在山东为由而推辞。当时杨坚见郑译、刘昉都没有前往前线的意向，但高颎却能主动请缨，这很合高祖的心意，于是，高祖杨坚派遣高颎出战。高颎接受指令并立即出发，派人代为辞别母亲，说忠孝不能两全，便感慨叹息着上了路。

这颇有"风萧萧兮易水寒"般的壮烈情景！到军中，他号令三军在沁水上架桥，尉迟迥贼军在上游放下点着火的小船，高颎预先制作土狗阻墩，以抵御火船。渡过沁水后，高颎又烧掉路桥与叛军背水一战，结果大败了叛军。

因此，这次"平陈"大军还京后，高颎因功加授为上柱国，晋爵位为齐国公，赏布匹九千段，定食邑为千乘县的一千五百户。

"你伐陈国后，有人说你要谋反，我已杀了他。君臣和好，不是小人所能离间得了的。"杨坚心胸开阔地慰劳高颎说。

高颎曾经请求让位，可是，隋主杨坚却来诏书说："你见识远大，谋略很深，出京参谋军事，帮助平定淮海一带；回京掌管禁军，我把你当作心腹。自从我受禅登基以来，你常常参与机要，尽忠竭力，心迹俱尽。这是天降良臣于我，让你帮我，望你不要再费口舌辞职了。"

杨坚就是这样优待、奖励高颎的。此后，右卫将军庞晃及将军卢贲等人，曾经先后在杨坚面前进献高颎的谗言，杨坚都曾发怒，并疏远贬黜了他们。

接着，隋晋王杨广也率军向建康进发。然而，正当杨广兴致勃勃地来到建康，欲与张贵妃相见时，却在途中闻知张贵妃已被高颎斩首。因此，晋王杨广十分惊讶，万分愤怒。

"可恨呀高公！你竟敢杀了贵妃，本王将来一定要好好地报答你！"杨广愤恨地叫道。

"进城后，晋王爷应当立即严惩高颎？"贺若弼问杨广。

"高颎是父皇的得意战将，在'平定陈国'和'平息尉迟迥'的大战中立有大功，他曾经得到我父皇的特别犒赏，本王岂能杀之！"杨广无可奈何地说。

"莫非殿下就忍了不成？"贺若弼又问。

"不！君子报仇，十年不晚！如今还是用他高颎父子的时候，本王还是要好好地抚慰他们的！"杨广冷笑道。

"哦，王爷高见！"贺若弼和其他亲信们同声说道。

于是，杨广进入台城，高颎上前迎接。杨广虽然愤恨不已，但却仍然像往常一样，谈笑风生，慰劳了高颎父子。

接下来，杨广监斩了施文庆、沈客卿、阳惠朗、徐哲、暨慧景等五人；而后令高颎、元帅府记室裴矩收图籍，封府库。

当时，对陈宫金帛珍玩，杨广分毫不取，人们都以为晋王真是位贤德之人，谁知杨广他其实是个沽名钓誉、别有用心、深藏未露的小人呢！

隋主杨坚得知江南已平，很是高兴，当即褒奖了各位有功的勇将，并且下诏给杨广：

"平定江东，高、韩、贺都立了大功，朕不能因他们有些小过错而掩盖了他们的大功劳，当给他们每人赐帛万匹！"

看了隋主杨坚的诏旨后，贺若弼和韩擒虎都很不服，等到回到京城长安，贺若弼和韩擒虎立即同时前往皇宫金殿申诉。

"启奏陛下，我在蒋山殊死作战，打败敌人精锐的部队，活捉敌人的勇将，威风大振，于是平定了陈国。韩擒虎并不怎么与敌人交锋，他怎么能与我相提并论？"贺若弼向隋文帝奏道。

"我奉晋王之命，他让我和你的军队合在一起，来攻打陈国都城，你贺若弼竟敢在我前面冒险出兵，一遇到贼人就展开战斗，致使将士们死伤无数。我带领精锐的骑兵五百人，武器不沾血，就攻下了金陵，使任蛮奴投降，捉住了陈叔宝，占据了他们的府库，把他们的巢穴都倾覆。贺若弼到晚上，方才叩响北掖门，我打开城门接纳了他。他连补救罪过都来不及，怎能与我相比！"韩擒虎喊叫道。

"哦，你们两个都是平陈的功臣，都应得到特殊功勋。"隋文帝调解道。

于是，二将争吵暂停。

西北秋风渐紧，在隋都长安驿馆前，雨雪飘飘。

自从被隋主软禁在驿馆之后，陈廷使臣许善心终日凭窗南望，不知南国的军情如何，他悲愤交集。在此，陈使许善心真是度日如年！突然，此时，隋廷侍卫长手持文牒走了进来。

"我今受隋主之命，特来向贵使转告一事：如今陈国已经灭亡了！"侍者认真地对陈使许善心说道，"我大隋皇帝英明，望阁下改投大隋——"

"果有此事？"许善心闻罢，大惊失色，并且难以置信。

"我隋朝大军拿下建康后，隋主立即派在下来到长安驿馆，晓喻仍然居住在驿馆中的许先生，向你说明南朝已亡的事实！"侍者接着说道，"望先生能够改弦易辙，投我大隋！"

"啊……陈主皇帝，微臣痛不欲生——"陈使许善心闻罢，怅然东向，随即仰面长啸，大哭不止，泪如泉涌，不能言语。

侍卫长漠然伫立许久，只得慢慢退出。

接着，许善心改穿着粗布孝服，在客馆西面的台阶上铺下草席，向东大哭了三天三夜。隋主得知后，甚为感动，遂任命许善心为通直散骑常侍，并送上官袍。

起初，许善心总是啼哭，推辞不受隋封。他声称不忍改投杨隋。

"改朝换代本是天意，也是人心所向，先生乃世之大才大德，何必一意孤行，要为陈氏殉葬呢？"见状，隋主亲往驿馆，再三向许善心说道。

"呜……我为人臣子，未能保国护国……"许善心仍旧哽咽道。

"先生你已经尽力了，陈朝灭亡，乃是天意，也是陈氏自己之过，既然陈氏无道，先生又能奈之如何！"隋主又慨然说道，"朕深爱先生的才德，因此欲留取先生为朕所用，望先生能顺从天意，改投明主！"

"啊……罪臣诚感明主……"许久后，许善心才抬起泪眼向隋主说话。

"呵呵，良禽择木而栖，先生改弦易辙，乃国家之幸……"隋主向他点头笑道。

许善心哭罢，才缓缓地回到房间换衣，出门北拜之后，接受了隋主的诏书。

次日，许善心入朝向隋主谢恩时，没说上几句话，又情不自禁，伏地悲啼不止。

"啊，朕今灭了陈国，不仅得到了陈国的国土，更可宝贵的是朕得到了此人！"隋主见了许善心的此情此景，兴奋地指着许善心，对朝臣们说道，"他既然能如此怀念旧主，将来他一定也是我朝的忠臣。"

"皇上英明！"朝臣们齐声说道，"陛下应当让此人为我朝出力！"

"当然！"隋主笑逐颜开地说道，接着令道，"让许爱卿去门下省上任——"

于是，许善心泣拜而去，从此，成了大隋的忠实臣仆。

果然，隋文帝一语中的！后来，在宇文化及杀隋炀帝时，隋朝官员都到朝堂拜谒称贺。唯独许善心未去。

"天子已经驾崩，宇文将军摄政，满朝文武都去会集道贺。天道人事，自然有代替终结，你何必竟如此犹豫迟疑？"当时，许弘仁骑马跑来告诉许善心说，"宇文将军对您全无恶意，您竟对他不恭敬，自寻死路，岂不痛心吗？"

许善心不听，许弘仁只好上马，向唐奉义报告，唐奉义再把此情告诉了宇文化及，宇文化及愤怒地派遣士兵到许善心家中，将许捉拿到朝堂。但是，当初宇文化及仍旧不想难为他，反而命人放了他，然而，许善心竟没有拜谢就气愤地出去了。

"唉，这人太看重气节了！"宇文化及看着许的背影说道，思索了一会，宇文化及又突然大叫，"哎呀，或许他……他是太仇恨我了？将他捉拿回来严惩——"

于是，许善心被带了回来。

"我好意想放你，你竟敢如此无礼！你居心何在？"宇文化及斥骂道，并向左右命令道，"岂有此理，将他杀死！"

接着，许善心被带走杀害了，时年六十一岁。此时他的母亲范氏已经九十二岁，范氏在治丧时没有哭泣，却抚着灵柩说道："能为国难而死，我真是有个好儿子啊！"于是她卧床不食，十多天后也去世了。

陈廷虽然已经溃散，然而，此时陈国的一些地方抗隋战争还在持续不断。

水军都督周罗候与郢州刺史荀法尚还在坚守江夏，抵御上江的隋军。隋秦王杨俊督统三十六路，总管水陆十万之众，屯驻汉口；陈国的荆州刺史陈慧纪也正在派遣内史吕忠肃进逼巫峡，凿岩系链，锁住上游，力图坚持抗隋。众位陈将还在满怀国仇家恨，同仇敌忾，挥军杀敌，致使隋秦王杨俊和清河公杨素都被陈军阻挡，无法前进。于是，他们与陈将忠肃大战数十场，终未能取胜。

然而，正当双方激战正酣之际，陈将们忽闻建康吃紧，接着，得知陈都建康已被隋军攻克。陈都被平定的消息传来，上游的陈军斗志节节受挫，兵阵大溃。于是，隋主让陈叔宝下旨，让上江各位抗隋的将士停止抵御，投降隋军。

周罗候和将士们接到陈叔宝的圣旨，大哭数天之后，惨然投降。陈慧纪感叹了一阵后，遂跳江自杀。从此，上江平定了，自巴陵以东，尽为隋朝所有。

接着，隋将王世积在蕲口，将陈亡的大势，告谕江南诸郡，于是江州、豫章依次投隋。隋廷撤掉了淮南行省，让各将分别前去平灭各州郡的抗隋余烬。

陈吴州刺史萧献原是从后梁投陈的降将，他自知隋人不会容纳自己，所以拼命反抗，直至兵败被隋将宇文述擒拿。

陈将东扬州刺史萧岩也是从后梁投陈的降将，知道自己不能为隋人所容，因此百般挣扎，但仍然无法抗拒隋军，所以，最后也只好向宇文述投降。

宇文述将他们二人关在同一辆囚车中，押往长安。隋主杨坚责骂他们负国忘恩之后，随即将他们同时斩首于长安市曹。

在湘州，陈顼的第十六子、湘州刺史、岳阳王陈叔慎，正在府中进行接受藩王之位的加冕仪式，众将齐集在筵席大厅上，举杯相庆。突然听得外面传来隋军占领了湘州荆门的消息，在筵席上的大大小小的将士都惊慌失措起来，许多人都主张开门迎降。但是，陈叔慎却惨然痛哭起来，哽咽不能再语。

"如此说来，诸位都希望从此我们君臣大义就此完结了？"陈叔慎凄然地向众位举杯祝酒时哭叫道。

"隋军渡江，破我台城，前刺史晋熙王陈叔文返回巴州，与巴州刺史毕宝、荆州刺史陈纪一同投降了隋军。隋军元帅清河公杨素兵下荆门，另派他的将领庞晖率兵略地，南下到了湘州，城内将士少有固守之志，请求投降！这如何是好？"一位将领惨然进来向陈叔慎哭道。

"国家蒙难，主上蒙受耻辱，臣子应当尽忠！莫非诸位不是陈国的旧臣？如今，天下有难，我们正应临危受命，抵御隋军，即使不能成功，也要表明自己的忠心，以命殉节，在所不辞！"长史谢基见此，突然跳了起来捶胸顿足，接着又伏到地上痛哭道。

"……今日国家危亡，事不宜迟，我们理当力图复国——"这时，遂兴侯陈正理也慨然大叫起来。

众人听了，纷纷含泪点头许诺，都要誓与国家共存亡。于是，全场不禁放声大恸，声震殿宇，引得殿外西风阵阵，落叶纷飞。

"请王爷放心，我们将血战到底，救我陈国——"众人哭罢，齐声大呼大叫，纷纷向岳阳王陈叔慎发誓。

此时，恰逢隋将庞晖奉杨素之命前来招抚湘州，并且要求与岳阳王陈叔慎谈判。

"正好！"陈正理向陈叔慎说，"我们可趁机令人前往隋营送去诈降之书，往迎庞晖，等到庞晖率军贸然驰入时，我们便可让埋伏的兵将出而杀之，以泄国恨！"

"此计非常妙！"陈叔慎听后叫道。

于是，陈军依计而行。结果，隋军竟然相信了岳阳王陈叔慎的诈降之举，文书真的诱得庞晖及其数十人前来自投罗网，最后，他们全部被陈军用此计杀死。

接着，陈叔慎又大力招募援兵，衡阳太守樊通、武州刺史邬居业都率军加入。陈叔慎因此又得到五千兵马，在此，陈军与隋军继续在奋战。

隋新任湘州刺史薛胄得知陈湘州拒绝投降，急忙同杨素一起率大军进攻湘州。陈正理、樊通虽然勇猛，但是，他们又怎能敌得住数万隋军的进攻呢？因此，战不多时，陈军遂四溃散逃去了。陈、樊只好撤回城中，闭门御敌。

而此时，隋军在陈军叛徒的引导下，破门而入，先抓住陈正理，后抓到陈叔慎。接着，隋军直冲横桥，横桥守将邬居业拒战失利，也被当场拿下。于是，湘州告破。

"小小的一个湘州，岂能阻止我隋朝大军？"战胜后，隋帅杨素走上前来，向陈叔慎大声吼叫道。

"我陈国湘州今日虽灭，然而你们隋国小小的北虏又能猖狂几时？"陈叔慎暴跳如雷地大声反驳道，"中原大国，谅你们胡虏也不能猖獗几年！"

杨素无话以对，遂将十八岁的陈叔慎送到汉口的隋秦王杨俊的面前。在秦王大营中，陈叔慎言辞仍然激烈，于是被杨俊愤怒而杀。陈正理、邬居业也都同时慷慨就义，杀身成仁了。

此时，岭南是由巾帼英雄——冼太夫人冼英掌权。

南梁时，冯融继任罗州刺史，知道高凉有大姓冼氏，世代为俚族首领，部落十余万家。冯融还得知冼氏有女冼英，很有谋略，善于抚循部众，信义著于溪同。冯融闻其贤，遂于梁大同初年为其子高凉太守冯宝聘以为妻。此后，冼英曾带兵平海南黎族动乱，后来又奏请朝廷建置崖州，致使海南与中原恢复了直接联系。她积极为群众办实事，引进种植技术，发展生产，使当地群众获益非常，因此，她深得民众的拥戴。

拿下了湘州后，隋军继续向岭南进军。陈国灭亡，岭南军民闻之振动，高凉郡太夫人冼英急忙调兵遣将，卫护地方。接着，隋军围攻岭南高凉、石龙郡，但多日未能攻下，于是，隋朝晋王杨广百无办法，遂掉头来问计于大将高颎。

"如今，这岭南的内情如何？"晋王杨广问高颎，"此地竟如此难攻，其掌权人是谁呢？"

"目下，岭南已由高凉郡太夫人冼氏当权。因为冼氏颇有才德，治军时，恩威并重，所以，她深得民心，其声望响遍了郡内郡外。原掌权人是她的儿子——岭南石龙太守冯仆，然而，冯仆壮年早逝，而高凉郡太夫人冼氏之孙冯魂又年少力弱，所以，郡内诸事都由冼夫人本人做主。人们都称她为圣母。她也觉得责无旁贷，于是，就担起了掌门的责任。"高颎慢慢地说道。

"哦，那么，这岭南一隅，常攻不下，高公有何妙计？"杨广忧虑地问。

"唉，这岭南虽属南隅不毛之地，然而，地形复杂，民风殊异，更有冼夫人运筹帷幄，我隋军恐不宜硬攻啊！"高颎接着又叹息道。

"高公以为……"杨广又问。

"如今应当以'攻心'为上！当年诸葛孔明所以要'七擒孟获'，他旨在平定南人之心啊！"高颎笑容可掬地对杨广说道，"殿下莫非忘了，此次平陈，皇上对殿下您的嘱咐？"

"哦，陛下曾要我怀柔南国。对待岭南，我们也应当施以'怀柔之策'啊。"杨广恍然大悟道，"如今我军当立即息兵安民，请陈后主陈叔宝致函冼太夫人，让他劝导冼太夫人归顺我隋朝。"

"殿下英明！"高颎点头笑道。

于是，隋朝晋王杨广火速派员从陈主陈叔宝那里取得劝降圣旨，送达岭南。

冼太夫人得到陈主劝降御书之后，随即召集众首领共同商议，众人相对痛哭了一天之后，遂决定停止反抗，率军归隋。

"请传唤隋朝使臣——"冼太夫人叹息了一阵、沉思良久之后，急忙向侍卫叫道，"立即安排香炉，迎接隋朝大臣——"

当即，冼太夫人之孙冯魂率众迎接隋使。于是，隋军招降了石龙郡。接着，又趁机剿灭了其他一些顽固不化的陈朝遗臣，平定了整个岭南。接着，隋廷封冯魂为仪同三司，封冼太夫人为安康郡夫人。

当夜，在衡州都督府中，灯火辉煌。

任襄遁入深山

"启禀大都督，如今国中已被北隋所占领，岭南也亡，然而，我大陈的臣民们岂能就如此束手就擒、毫无为人臣子的骨气呢？"司马任襄慷慨激昂地向衡州都督王勇大声叫道。

"司马任襄大人，你将欲何为呢？"衡州都督王勇忧愁地反问任襄。

"回顾我衡州上下，眼下还有万余大军，大都督不如立即调兵遣将，尽快占据岭南，拥立陈氏子孙为帝——"任襄哭泣道，"这也是力挽狂澜啊！"

"唉，大势已去，我们小小的衡州岂能力挽狂澜……"都督王勇泪流满面地叹息道。

"即使将来我们或有不测，但是我们英勇赴难，也可青史留名呀！"任襄仍旧哭劝道。

"啊，司马大人乃是国中大儒，你的高风亮节向来为我们所钦佩……"王勇轻声说道，"然而，人各有志，我们还是各奔前程吧。请司马大人勿再多言！"

说罢，王勇转入后堂。

结果，王勇深知大势已去，因此不听司马任襄的建议，并且立即率军投降了隋军。任襄见此，百无良策，只得仰天远望，长长地叹了一口气，随即辞官离去，遁入深山为僧去了。

至此，陈国全境尽归大隋。陈国从陈霸先篡位，到陈后主陈叔宝投降，被掳北去，共立国三十二年，经历了五帝，遂告灭亡。

全书尾声响起：

> 云山无限日月渺，新亭对泣醉江滔。
> 回眸建康繁华尽，后主歌残送南朝……

中国自晋元帝南渡、安居建康以来，经历了东晋、宋、齐、梁、陈五朝，共二百七十三年，最后被北周权臣——隋朝开国皇帝杨坚派军吞灭。于是，中国一统江山归隋朝。

也谈中华传统文化

（代跋）

写罢《血色南朝》后，有人曾对我说："而今崇尚研习传统文化，你怎么竟沉溺于偏安南隅的'南朝'了，这是否有悖于时代主流？"

然而，我却认为我写《血色南朝》，这恰恰正是研习中华传统文化的行为！

因为，虽然在汉唐时期，中华传统文化常常存在于所谓长安、洛阳等中原大地之上，但是，在晋末南北朝时期，我国经历了一场大的"衣冠南渡"的变革，当时北方的名士、望族、精英如过江之鲫，纷纷拥向江左，北方乃至西北方的帝王士族们不仅连人带物都过了大江，而且其大脑连同其中的思想观念以及文化习惯也都随之而来到南国了。也就是说，此时，其实中华文化的中心已经转移到了大江之南。

由于人类文化的传承载体原是人类本身，所以，南北朝时期的中华传统文化就存在于江南一隅之内，此时，就连以北魏为首的北方诸国的帝王将相们也都以中国文化为自己学习的楷模！事实上，我国南方在此期间，不仅在文史哲学领域中出现了像陶潜、陶弘景、范晔、刘湛、谢灵运以及后来的范云、沈约等竟陵八友，而且还出现了祖冲之等自然科学家，他们的成就构成了这一期间灿烂的中华传统文化。有人曾说："此时，南朝是中华传统文化主体大树的'树干'，而北朝则不过只是其向外拓展的'树枝'。"

我国的南京，在晋末的"衣冠南渡"与唐末的"南唐割据"的情况迥然不同。前者是中央主力整体南迁，而后者则是南京地方势力的建国与独立，后者是不能与当时居于中央地位的五代力量相抗衡的，五代时期中国的主脉仍然为中原的梁、唐、晋、汉、周所承袭。

晋末南渡之初，北方士族豪门曾在南京江畔凤凰台边建造了一座著名的"新亭"，作为他们回眸北疆的"望乡台"，他们经常聚集在新亭上把酒酹江，北望故国，长歌当哭。后来赵宋时期的志士们曾经说出了他们的心声，他们悲愤地叹息："西北望长安，可怜无数山"！他们以主人翁的态度，力图收复北国，不甘心"直把杭州作汴州"。

接着，随着时间的推移，南渡的人们渐渐地将自己的思想文化都融入了江南文化和江南山水之中了，他们智慧的人文资源与江南秀丽的湖光山色结合，融为一体，共同发展，奠定了南朝文化基础，从而造就了我国该时期璀璨独特的传统文化——中华民族文化。当时，南朝梁的都城建康无比繁华，其人口曾经超过了百万，成为世界上首个人口过百万的大都市，其发达的盛况毫无疑义地表明了它当时处于中国的中心地位。虽然，在政治和军事上南朝最后还是被西北的杨隋统一了，但是，在文化和精神上其实是杨隋被南朝同化了，它们最后形成了后来的隋唐大一统的中华传统文化。

在写作《血色南朝》时，我曾游阅了南京周围的众多名胜古迹和今日的许多山川阡陌，发现了一些有趣的事实：在南北朝时期，南渡来的北方士族们为了追忆和纪念他们北方的故国，他们在建设南都建康时，甚至将他们北方家乡某些地方名称和建筑物的名称也一同带到了江南。这就像当年开拓新大陆的英国人将英国某些地名带到美洲和大洋洲大陆一样。譬如，建康城及皇宫台城的许多路、桥、宫、殿、门、寺都与长安、洛阳相应地方同名，南京钟山独龙阜下的定林寺，原在现在山东省的莒县等等。

这一切均已表明：那时的南京文化其实就是代表了中国传统文化，它从外貌到内骨都与传统文化毫无二致，乃至它的每一个细胞中、每一管血液里都浸透着中华文化之精髓。

包明宝

2013 年 6 月于南京东郊

2014 年 6 月修改于南京

附录：南北朝朝代年表

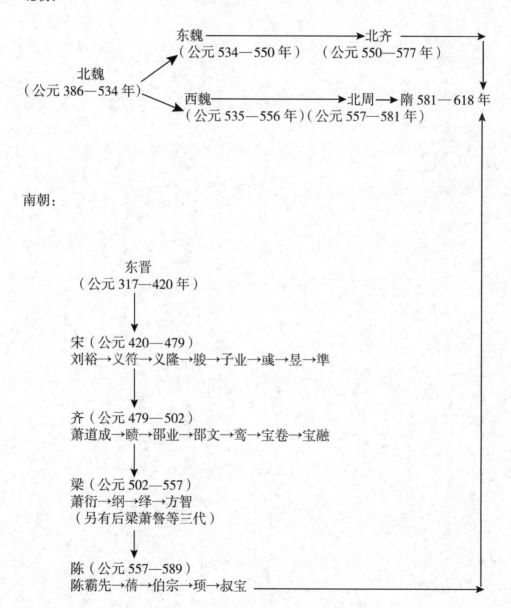

北朝：

东魏 ——————————————→ 北齐 ——————
（公元 534—550 年） （公元 550—577 年）

北魏
（公元 386—534 年）

西魏 ——————————————→ 北周 → 隋 581—618 年
（公元 535—556 年）（公元 557—581 年）

南朝：

东晋
（公元 317—420 年）

宋（公元 420—479）
刘裕→义符→义隆→骏→子业→彧→昱→準

齐（公元 479—502）
萧道成→赜→邵业→邵文→鸾→宝卷→宝融

梁（公元 502—557）
萧衍→纲→绎→方智
（另有后梁萧詧等三代）

陈（公元 557—589）
陈霸先→蒨→伯宗→顼→叔宝